Boutros Boutros-Ghali
Hinter den Kulissen der Weltpolitik

Boutros Boutros-Ghali

Hinter den Kulissen
der Weltpolitik

Die UNO – wird eine Hoffnung verspielt?
Bilanz meiner Amtszeit als Generalsekretär
der Vereinten Nationen

Aus dem Englischen von
Norbert Juraschitz, Cäcilie Plieninger
und Heike Schlatterer

discorsi

Titel der Originalausgabe: Unvanquished
Originalverlag: Random House, New York

Die Deutsche Bibliothek – CIP-Einheitsaufnahme
Buṭrus Ġālī, Buṭrus:
Hinter den Kulissen der Weltpolitik : die UNO – wird eine
Hoffnung verspielt? : Bilanz meiner Amtszeit als
Generalsekretär der Vereinten Nationen /
Boutros Boutros-Ghali. [Übers.: Norbert Juraschitz ...]. –
Hamburg : Discorsi, 2000
Einheitssacht.: Unvanquished <dt.>
ISBN 3-9807330-0-9

Copyright © der deutschen Ausgabe:
Discorsi Verlag, Hamburg 2000
Copyright © by Boutros Boutros-Ghali

This translation published by arrangement with Random House Trade Publishing,
a division of Random House, Inc.
Übersetzung: Norbert Juraschitz, Cäcilie Plieninger und Heike Schlatterer
Lektorat: Werner Wahls, Köln
Satz: Dr. Ulrich Mihr GmbH, Tübingen
Umschlaggestaltung: Groothuis & Consorten, Hamburg
Druck und Bindung: Clausen & Bosse, Leck

Gedruckt auf chlorfrei gebleichtem und säurefreiem,
alterungsbeständigem Papier. Die Einschweißfolie sowie
aufgeklebte Etiketten sind recyclingfähig.

Printed in Germany
ISBN 3-9807330-0-9

Ich widme dieses Buch den Frauen und Männern der Vereinten Nationen, den Zivilisten und Soldaten, die ihre Arbeitskraft, ihre Begabung und ihr Wissen zur Verfügung gestellt und in vielen Fällen auch ihr Leben gegeben haben – für die Sache des Friedens, der Entwicklung und der Demokratie für alle Völker.

Inhalt

Vorwort zur deutschen Ausgabe

Um die Geduld der Leser nicht allzu sehr zu strapazieren, musste ich unter den zahlreichen, während meines fünfjährigen Mandats vorgefallenen Ereignissen eine Auswahl treffen. Daher habe ich die Anstrengungen verschwiegen, die ich unternahm, um die wichtigen Staaten wie Deutschland, China, Frankreich, Italien, Russland und Japan dazu zu bringen, eine dynamischere Rolle innerhalb der Vereinten Nationen zu spielen. Damit wollte ich dem Bedeutungsverlust, von dem die Weltorganisation bedroht ist, entgegenwirken.

In diesem Zusammenhang war ich schon immer dafür, Deutschland und Japan einen ständigen Sitz im Sicherheitsrat zu gewähren, obwohl sie anfangs gezögert hatten. Ich bin regelmäßig nach Bonn gereist, um mich vor dem Ausschuss für auswärtige Angelegenheiten im Bundestag für die Sache der UNO einzusetzen. Ich habe meinen persönlichen Stellvertreter zum Bundesverfassungsgericht nach Karlsruhe geschickt, um zu erklären, dass die Präsenz der deutschen Blauhelme nicht verfassungswidrig sei. Eine Präsenz deutscher Truppen habe ich erstmals endlich in Somalia erreicht. Es gäbe viele Beispiele, anhand derer die Rolle verdeutlicht werden könnte, die Deutschland meiner Meinung nach innerhalb der Vereinten Nationen spielen sollte und die dieses wichtige Land sich schuldig ist, für die internationale Gemeinschaft zu spielen.

Auch anderes bleibt unerwähnt. Ich befasse mich weder mit dem bemerkenswerten Erfolg in El Salvador noch mit anderen unbestrittenen Leistungen der UNO, wie beispielsweise ihren entscheidenden Bemühungen, die Apartheid zu beenden oder Mosambiks Übergang von einer isolierten zu einer offenen Gesellschaft zu fördern. Auch habe ich, trotz jahrelangen Engagements, bestimmte Probleme nicht berücksichtigt, die die Vereinten Nationen nach wie vor beschäftigen, etwa in Zypern oder in der West-Sahara. In diesem Buch habe ich den Schwerpunkt auf die umstrittensten, schwierigsten und gravierendsten Probleme der UNO gelegt.

Nach dem US-Veto gegen meine Wiederwahl als Generalsekretär herrschte die weitverbreitete Ansicht, dass ich von Beginn an ein feindseliges Verhältnis zu den Vereinigten Staaten gehabt haben müsse und dass sich diese Entfremdung in Folge der Tatsache, dass ich der einzige UN-Generalsekretär war, dem eine zweite Amtszeit verwehrt blieb, verstärkt haben müsse. Dieses Buch erzählt von vielen schwierigen Begegnungen. Auf welche Kritik der Leser auf diesen Seiten auch stößt, sie rührt von Enttäuschungen her, denn meine Bewunderung für die Vereinigten Staaten ist nach wie vor groß. Ich hoffe, dass die Vereinigten Staaten, die die Vereinten Nationen 1945 geschaffen haben, der Organisation schließlich erlauben werden, ihr ursprüngliches Versprechen zu erfüllen.

Zu dem Zeitpunkt, zu dem diese deutsche Ausgabe erscheint, hat sich die Krise, die die UNO durchmacht, noch verschärft. Die finanzielle Lage hat sich verschlechtert, die ausstehenden Beiträge sind noch immer nicht beglichen, die Reform des Sicherheitsrates ist an einem toten Punkt angelangt und die UNO wird durch die einseitigen militärischen Aktionen und Wirtschaftssanktionen im Kosovo und im Irak zunehmend an den Rand gedrängt. Die UNO wirkt resigniert und ratlos angesichts des weltweiten Chaos.

Dennoch ist sie nach wie vor die einzige Institution, die in der Lage ist, in der Zeit nach dem Kalten Krieg und bei der Globalisierung des Planeten im Rahmen einer internationalen Demokratie die Führung zu übernehmen.

Boutros Boutros-Ghali
Juni 2000

KAPITEL I

Die Unterstützung Amerikas:
Wie gewonnen so zerronnen

(1991–1992)

Gegen Ende meiner fünfjährigen Amtszeit als UN-Generalsekretär forderten mich Freunde, Kollegen und Mitgliedstaaten der Vereinten Nationen auf, für eine zweite Amtszeit zu kandidieren. In ihren Augen hatte ich die Unabhängigkeit des Generalsekretärs gestärkt und meine Sache gut gemacht. Alle meine Vorgänger hätten das Amt zweimal hintereinander ausgeübt; eine Abweichung von dieser Gepflogenheit käme einem Affront gegen mein Land Ägypten und meinen Kontinent Afrika gleich. Dem stimmte ich zu. Und um ehrlich zu sein, ich war so stolz auf das bislang Erreichte, dass ich mich gern für eine zweite Amtszeit zur Verfügung stellte. Das war jedoch mit einem gewissen Risiko verbunden: Im Jahr 1996 fand nicht nur die Wahl des UN-Generalsekretärs statt, sondern es waren auch Präsidentschaftswahlen in den Vereinigten Staaten. Das passierte nur alle 20 Jahre gleichzeitig und ich wusste, dass die Entscheidung über den UN-Generalsekretär in den Strudel des amerikanischen Wahlkampfes hineingezogen werden konnte. Und so kam es denn auch.

Im Januar 1996 wurde ich eingeladen, an der Oxford University einen Vortrag zu halten. Zwei meiner Vorgänger hatten dort bereits gesprochen: Dag Hammarskjöld im Jahr 1961 und Javier Pérez de Cuéllar 1986. Beide hatten sich in ihrer Rede mit der Rolle des Generalsekretärs befasst. Ich folgte ihrem Beispiel, obwohl sich die Welt seit damals dramatisch verändert hatte. Ich unterstrich die Bedeutung eines unabhängigen Generalsekretärs, wie er in der Charta der Vereinten Nationen vorgesehen war, sowie die dringende Notwendigkeit, für die Finanzierung von UN-Operationen neue Wege zu finden, da die Vereinigten Staaten sich weigerten, ihren Beitrag zu zahlen.

Meine Worte brachten das Weiße Haus und den Kongress auf. Regierungsmitglieder und Sprecher beider Parteien erklärten, dass ich in den vergangenen fünf Jahren allzu unabhängig gehandelt hätte. Mein Vorschlag, mit Hilfe einer leichten Anhebung der internationalen Flugge-bühren die UN-Ausgaben zu finanzieren, wurde im Senat als ein Versuch diskreditiert, den amerikanischen Bürgern unter Missachtung der Ver-fassung Steuern aufzuerlegen. Das UN-Informationsbüro in Washington nannte die Reaktion der amerikanischen Politiker auf meinen Vortrag in Oxford einen »Feuersturm«. Ein Schreiben, in dem ich scharf kritisiert wurde, trug die Unterschriften von rund vierzig Kongressmitgliedern aus beiden politischen Lagern. Und das, obwohl ich lediglich eine Idee wieder aufgriff, die Pérez de Cuéllar fünf Jahre zuvor angeregt und ich damals unterstützt hatte.

Mitte Februar 1996 gab ich einen Empfang in der Residenz des Ge-neralsekretärs am Sutton Place in New York City. Bei dieser Gelegenheit bat ich zwei Freunde um eine Unterredung, den ehemaligen US-Außen-minister Cyrus Vance und David Hamburg, den Vorsitzenden der *Carne-gie Corporation*. Ich suchte ihren Rat. Sollte ich meine Kandidatur für ei-ne zweite Amtszeit als Generalsekretär bekannt geben? Oder sollte ich das Thema meiden und mich während des Wahlkampfes in den USA »unent-schlossen« geben?

Cy meinte, dass die beiden Ereignisse – die US- und die UN-Wahlen – in der öffentlichen Debatte möglichst unabhängig voneinander disku-tiert werden sollten. Damals wurde ich regelmäßig von Senator Bob Do-le, dem Präsidentschaftskandidaten der Republikaner, lächerlich ge-macht und angegriffen. Seine spöttische Aussprache meines Namens – Buu-tros, Buu-tros – klang wie die Buhrufe einer Menge, und seine Be-hauptung, amerikanische Soldaten dienten unter meinem »Befehl«, brachte regelmäßig sein Publikum in Rage. Kandidaten des rechten Flü-gels machten den Amerikanern weis, dass die Vereinten Nationen eine globale Verschwörung seien mit dem Ziel, die USA ihrer Souveränität zu berauben, und dass »schwarze Hubschrauber« der Vereinten Nationen die Rocky-Mountains-Staaten überflogen hätten, um eine Übernahme des Landes durch die UNO vorzubereiten. Cy meinte deshalb, ich solle meine Kandidatur schon jetzt ankündigen, lange vor den amerikanischen Parteikonventen im Sommer. Ich war mir da nicht so sicher, weil ich fürchtete, dass eine solche Ankündigung den amerikanischen Wider-stand gegen meine Wiederwahl nur verstärken würde. Ich bat Cy und David, in meinem Namen diskret Erkundigungen einzuziehen.

Wenig später veröffentlichte die Vierteljahreszeitschrift *Foreign Af-fairs* eine Fassung meines Vortrags in Oxford, in dem ich betont hatte, dass ein unabhängiger Generalsekretär für die Glaubwürdigkeit der Vereinten Nationen unabdingbar sei. Zahlreiche Leitartikler werteten die Publikation dieses Beitrags als eine gezielte Provokation der Vereinigten Staaten. Mein Artikel, so hieß es, komme praktisch einer Absichtserklärung gleich, für eine zweite Amtszeit zu kandidieren.

Gezielte Indiskretion

Am Sonntag, dem 14. April 1996, statteten mir dann Vance und Hamburg um 20 Uhr einen Besuch ab. Cy wirkte sehr verlegen und wusste nicht recht, wie er anfangen sollte. Er zog ein kleines Stück Papier aus der Tasche und las mir eine Botschaft des amerikanischen Außenministers Warren Christopher vor: »Die Regierung hat nicht zugunsten Ihrer Wiederwahl entschieden.«

Ich sagte Cy und David, dass ich über diese Nachricht überrascht sei, von meiner Haltung aber auch dann nicht abrücken würde, wenn die Vereinigten Staaten ihr Veto gegen mich einlegten: »Aus Afrika, Lateinamerika, Russland, Frankreich und China habe ich starke Rückendeckung erhalten.« Ich bat Vance und Hamburg, über Christophers gestelzt formulierte Botschaft und meine Antwort Stillschweigen zu bewahren. Sollte nämlich etwas darüber bekannt werden, könnte ich nicht mehr in Ruhe meiner Arbeit bei den Vereinten Nationen nachgehen; und in den kommenden Monaten gab es viel zu tun. Ich ersuchte die Beiden, Christopher mitzuteilen, dass ich beabsichtigte, während des Präsidentschafts- wahlkampfes kein Wort über meine weitere Zukunft zu verlieren. Zwar würde ich nach dem 5. November für eine volle zweite Amtszeit über fünf Jahre kandidieren, doch würde ich – und das wolle ich der US-Regierung versichern – noch vor Ende der zweiten Amtszeit zurücktreten, sobald mein Werk, in erster Linie die Reform des UN-Sekretariats, auf eine solide Grundlage gestellt wäre.

Acht Tage später rief mich Christopher von Jerusalem aus an. Ich hatte nicht erwartet, dass er meine Wiederwahl für ein so wichtiges Thema hielt, dass er eigens seinen Terminplan im Nahen Osten für einen Anruf bei mir unterbrach. Er drückte sich doppeldeutig aus, da er offensichtlich fürchtete, dass das Gespräch abgehört wurde. Dennoch verstand ich seine Absicht, nochmals zu bekräftigen, dass die Clinton-Administration sich »nicht zugunsten« von mir ausgesprochen habe. Ich antwortete ihm so, dass jeder eventuelle Lauscher heraushörte: »Ich bin ein Kandidat für die Wiederwahl, trotz des Widerstandes der Vereinigten Staaten.« Am 3. Mai 1996 druckte das *Wall Street Journal* einen kurzen Artikel mit der Überschrift »Bye-Bye Boutros«, in dem es hieß, dass die amerikanische Regierung beschlossen habe, mich als Generalsekretär abzusetzen – zweifellos eine gezielte Indiskretion seitens der Regierung. Die Vereinigten Staaten waren bereits aktiv geworden. Jean Daniel, der Chefredakteur der Zeitschrift *Le Nouvel Observateur*, sagte mir, die USA hätten bereits Spaniens Ministerpräsident Felipe González aufgefordert zu kandidieren. »Nein«, habe González erwidert, »wir haben zur Zeit einen guten Generalsekretär.«

Am frühen Vormittag des 13. Mai stattete mir Warren Christopher auf seine eigene Bitte hin einen Besuch ab. Wir saßen in dem Großen Saal, der sich über die ganze Länge der Residenz des Generalsekretärs in New York erstreckt. An beiden Enden steht ein Kamin, den einen zieren die Köpfe George Washingtons und Benjamin Franklins und den anderen Porträts von Thomas Paine und Alexander Hamilton. Dort saßen wir und ich war wie immer von Christophers tadellos sitzendem Anzug beeindruckt. Mir fiel ein, dass meine Frau Leah ihn bei der Feier anlässlich des 50-jährigen Jubiläums der Vereinten Nationen ein Jahr zuvor gefragt hatte, wo er denn seine Anzüge anfertigen lasse. Christopher hatte einen Savile-Row-Schneider namens Chester Barrie genannt. Der Majordomus servierte Gebäck und Kaffee nach nahöstlichem Brauch. Mein Gast griff herzhaft zu, wirkte aber verlegen und zurückhaltend. Er sagte, er sei gekommen, um nochmals zu bekräftigen, was er mir bereits von Jerusalem aus mitgeteilt habe: Die Clinton-Administration habe beschlossen, ich solle das Amt des Generalsekretärs abgeben. »Warum?«, fragte ich.

Christopher sagte, diese Frage könne er »wegen unserer Freundschaft« nicht beantworten. Ich entgegnete: »Ach, komm, Chris, gerade als Freund schulden Sie mir eine Antwort. Ich möchte gern wissen«, fuhr ich fort, »welche Fehler ich gemacht habe und welche meiner Handlungen ein solches Vorgehen rechtfertigen.« Für den Generalsekretär, fuhr ich fort, müsse die Beziehung zwischen den Vereinigten Staaten und den Vereinten Nationen oberste Priorität haben. Amerika sei die einzige Supermacht, und das bedeute, dass den USA schon allein der Gedanke an multilaterale Politik nicht behage. Es gebe ständig Spannungen und Differenzen zwischen den Vereinigten Staaten und den Vereinten Nationen. »Das ist ganz normal. Was habe ich also getan, das diese ungewöhnliche Entscheidung der USA auslöste?«

Christopher wiederholte, er könne mir den Grund nicht nennen. »Du bist doch ein hervorragender Anwalt«, sagte ich. »Warum vertrittst du nicht meinen Fall gegenüber Präsident Clinton?« Er zwang sich zu einem Lächeln. »Ich bin der Anwalt des Präsidenten«, sagte er, »nicht dein Anwalt.« Ich erwähnte die vielen Amerikaner, die ich auf Bitten Washingtons hin gegen die Einwände anderer Mitgliedstaaten auf UN-Posten berufen hatte. Ich sagte, das hätte ich deshalb getan, weil ich mir erhoffte, mit Amerikas Unterstützung meinen Job erfolgreich zu Ende bringen zu können. Christopher entgegnete nichts.

Als er gehen wollte, bat ich ihn noch auf ein paar Minuten in die Bibliothek, von der man einen wunderbaren Blick auf den East River mit seinen Kähnen und Schleppern hat. Ich überreichte ihm einen Bildband: *The Portraits of Fayoum: Faces from Ancient Egypt*. Gegen Ende der pharaonischen Periode im alten Ägypten wurden die Deckel der Sarkophage mit lebensechten Porträts des darin aufgebahrten mumifizierten Herrschers verziert. Ein auf wundersame Weise gut erhaltenes »Porträt von Fayum« war bei der gleichnamigen Oase in der Nähe von Kairo entdeckt worden. Ich hätte immer davon geträumt, eines dieser herrlichen Kunstwerke mein Eigen zu nennen, erzählte ich Christopher, da sie aber unbezahlbar seien, könne ich sie nur mit Hilfe solcher Bücher bewundern, wie diesem, das ich dem Außenminister bei dieser Gelegenheit schenken wolle. Christopher schien erfreut und interessierte sich offensichtlich für das Buch. Dann wurde er noch einmal ernst und bestand darauf, dass unser Gespräch vertraulich bleiben müsse. Er bat mich, meine Absicht, für eine Wiederwahl zu kandidieren, nicht anzukündigen. Ich stimmte ihm sofort zu, weil diese Art von Publicity meine Arbeit behindern würde. Da die Presse vermutlich von unserem Treffen wusste, vereinbarten wir beim Abschied, dass wir offiziell über die finanziellen Probleme der UNO gesprochen hätten.

Obwohl sich Christopher geweigert hatte, mir den Anlass für die Entscheidung der Vereinigten Staaten zu nennen, wusste ich, dass der wahre Grund in der Dynamik der amerikanischen Präsidentschaftswahl von 1996 zu suchen war. Hinzu kamen die bemerkenswerten Ereignisse der vergangenen fünf Jahre.

Der Mechanismus einer internationalen Wahl

Mein UN-Abenteuer hatte vor fast genau fünf Jahren begonnen, als ein kurzer Wortwechsel mein Leben veränderte. Im Mai 1991 teilte mir Ägyptens Staatspräsident und Regierungschef Hosni Mubarak über dem Mittelmeer auf einem Flug von Kairo nach Paris mit, er werde mich zum Stellvertretenden Ministerpräsidenten für auswärtige Angelegenheiten ernennen. »Und, Boutros, da Sie gerne arbeiten, werde ich Ihnen auch den Posten des Ministers für Auswanderungsfragen geben, ein Ministerium, das wir unbedingt unter Kontrolle bringen müssen.« Das Ministerium für Auswanderungsfragen war für über drei Millionen ägyptische Auswanderer in der arabischen Welt, in Europa, Australien, Kanada und in den Vereinigten Staaten zuständig.

In meiner Funktion als Mubaraks neuer Vizepremier wurde ich mit diplomatischen Sondermissionen beauftragt. Im Juni 1991 vertrat ich ihn bei der Konferenz der Staats- und Regierungschefs der *Organisation für die Afrikanische Einheit* (OAU) in Abuja, Nigeria. Bei einer vertraulichen Sitzung kam das Gespräch auf den Posten des UN-Generalsekretärs, weil Afrika »an der Reihe war«, jemanden für den Posten auszuwählen. Kandidaten aus Kamerun, Ghana, Nigeria, Sierra Leone und Simbabwe wurden erwähnt.

»Auf dieser Liste ist kein einziger Französisch sprechender Kandidat«, sagte Staatspräsident Omar Bongo aus Gabun. Jemand fügte hinzu: »Sie kommen alle aus Westafrika.« Dann sprach Präsident Bongo mich an: »Boutros, weshalb kandidieren Sie nicht selbst? Sie sprechen Arabisch, Französisch und Englisch; Sie wären ein ausgezeichneter Generalsekretär.« All diese Politiker kannte ich seit über 15 Jahren. Ich hatte einen Sonderfonds für Zusammenarbeit in Afrika mit einem Budget von mehreren Millionen Ägyptischen Pfund unter meiner Verwaltung gegründet, der es mir ermöglichte, jedes Jahr Hunderte von ägyptischen Experten in afrikanische Länder zu entsenden und Hunderte von Afrikanern zur Ausbildung nach Ägypten zu holen. Trotz des relativ bescheidenen Budgets war die Stiftung beliebt und erklärte, weshalb die afrikanischen Regierungschefs sich plötzlich meine Person sehr gut an der Spitze der UNO vorstellen konnten.

Das erste Buch über die Vereinten Nationen, das in Arabisch erschien, hatte ich geschrieben. Als junger Gastprofessor an der Columbia University im Jahr 1954 hatte ich mir gewünscht, bei den Vereinten Nationen zu arbeiten. Einmal hatte ich gehofft, die UNESCO in Paris leiten zu können. Und in den letzten Jahren hatte ich selbst an den Posten des UN-Generalsekretärs gedacht. Während des Kalten Krieges, als die Vereinten Nationen von den Supermächten an den Rand gedrängt wurden, hatte ich niemals einen solchen Wunsch verspürt. Aber jetzt hatten sie wirklich etwas zu sagen und es bestand eine reelle Chance, die Ideen umzusetzen, an denen ich seit Jahren arbeitete.

Ich sagte Präsident Ibrahim Babangida von Nigeria, dem Vorsitzenden der Konferenz, dass ich mich geehrt fühlte, dass Präsident Mubarak aber seine Zustimmung geben müsse. Die afrikanischen Staatschefs erwiderten beinahe unisono, dass sie Mubaraks Zustimmung einholen würden.

Als ich Präsident Mubarak erzählte, was sich in Abuja zugetragen hatte und dass ich durchaus interessiert sei, war er nicht gerade begeistert. »Wenn Sie scheitern, wird es eine Niederlage für Ägypten sein«, sagte er.

»Mr. Präsident«, sagte ich, »es gibt Wahlen. Man kann ebenso gut gewählt werden, wie man auch nicht gewählt werden kann. Als ich mich für die Wahl ins Parlament aufstellen ließ, obwohl ich ohnehin Mitglied Ihres Kabinetts war, ging ich auch ein Risiko ein; ich hätte scheitern können.« Ich hatte über meine Aussichten bereits mit Ägyptens neuem Außenminister und mit den Beratern des Präsidenten gesprochen. Sie waren sich einig, dass meine Wahl eine große Ehre für Ägypten wäre, dass es aber nicht leicht sein würde. Präsident Mubarak zögerte immer noch; immerhin hatte er mich erst kürzlich befördert und jetzt wollte ich ihn schon wieder verlassen. Am 16. Juni 1991 willigte er aber schließlich ein. Innerhalb nur eines Monats hatte meine Karriere eine radikale und unerwartete Wendung erfahren.

Oft war die Wahl des UN-Generalsekretärs eine qualvolle Prozedur gewesen und hatte einen bitteren Beigeschmack hinterlassen. Erst vor kurzem haben Beobachter der Vereinten Nationen entdeckt, dass es kein eigenes Regelwerk für die Wahl des Generalsekretärs gab. Es ist lächerlich, ja schändlich, sagen sie, »den höchsten Diplomaten der Welt« für »den unmöglichsten Job der Welt« auf eine so unstrukturierte, chaotische Weise zu wählen. Als Alternative haben sie vorgeschlagen, eine Reihe von Kriterien für die Kandidaten aufzustellen, die dann von einem Ausschuss geprüft werden sollten, statt einfach irgendeinen Rhodes-Stipendiaten oder den Präsidenten eines Colleges zu wählen. Schon Aristoteles vertrat in seiner *Politik* diese Ansicht: »Es ziemt sich nicht, dass sich die zu wählende Person um das Amt bewirbt; der Würdigste sollte ernannt werden, ob er will oder nicht.«

Aber das würde für die Vereinten Nationen nur noch mehr internationale Bürokratie mit sich bringen. Die Autoren der UN-Charta ließen die Angelegenheit offen, damit sie weitgehend den wechselnden internationalen Erfordernissen angepasst werden kann. Sie verlangten lediglich, dass »der Generalsekretär auf Empfehlung des Sicherheitsrates von der Vollversammlung ernannt werden« soll. Der Rest ist den vertrackten Mechanismen der Politik überlassen.

Das Amt des Generalsekretärs ist seinem Entwurf nach schwach und zentral zugleich. Der Amtsinhaber hat keine finanzielle Basis und kein wesentliches Mitspracherecht zu dem Geschehen im System der Vereinten Nationen. In einer Weltorganisation, deren Mitgliedstaaten sich in ihrem Vermögen, ihrer Macht und Größe gewaltig unterscheiden, dient der Generalsekretär jedoch häufig als Initiator für einen gemeinsamen Fortschritt. Aber am Ende dreht sich alles um Politik, Einfluss und Interessen.

Ich freute mich auf die Bewerbung um den Posten wie auf ein wunderbares Abenteuer. Ich schlug Aristoteles mit seinen eigenen Waffen. Er sagt nicht: »Der Mensch ist von Natur aus ein ernanntes Wesen«, sondern »Der Mensch ist von Natur aus ein politisches Wesen.« Und ich erkannte dieses politische Wesen in mir. Bei der Planung meiner Kandidatur wurde mir klar, dass drei Grundvoraussetzungen gegeben sein mussten: die Unterstützung meines eigenen Landes, die Akzeptanz als Vertreter meiner Region oder meines Kontinents und die Vertrautheit mit den Problemen und Staatsführern in allen Teilen der Welt. Ich würde meine Sache auf politischer Ebene vertreten müssen, um die Unterstützung der Schlüsselländer, Regionen, Gruppierungen und internationalen Netzwerke zu erhalten, nicht nur damit ich das Amt gewann, sondern damit ich meine Arbeit gut machte.

Die Unterstützung Frankreichs war unerlässlich. Paris legte großen Wert darauf, dass die Vereinten Nationen weiterhin dem Französischen seine ihm gebührende Rolle als traditionelle Sprache der Diplomatie einräumten. Ich hatte Ägyptens Eintritt in die weltweite Gemeinschaft aller Staaten mit einer französischen Sprache und Kultur erreicht, und ich hatte persönlichen Kontakt zu Staatspräsident François Mitterrand. Neben Frankreich benötigte ich die Unterstützung der anderen ständigen Mitglieder des Sicherheitsrates: Großbritannien, China, Russland und, am wichtigsten, die Vereinigten Staaten.

Ich bat Botschafter Joseph Verner Reed, den eleganten, außerordentlich kultivierten und begabten ehemaligen Protokollchef des State Department, dessen ironische Sichtweise der Welt mich stets amüsiert hatte, in meinem Namen mit Präsident George Bush zu sprechen. Im Juli traf ich mich in Kairo mit Außenminister James Baker. Er war sehr freundlich, richtete sein Augenmerk jedoch auf die nichtafrikanischen Kandidaten. Neben diesen Rivalen hatte ich auch einen afrikanischen Konkurrenten um den UN-Posten: Bernard Chidzero, Simbabwes amtierenden Finanzminister, der im System der Vereinten Nationen Erfahrung hatte und der vom Commonwealth und Großbritannien unterstützt wurde. Chidzero sprach mich auf Französisch an, um zu zeigen, dass auch er die Sprache Molières beherrschte. Ich kannte ihn so gut, dass ich ihn neckte: »Wenn Sie die Unterstützung Frankreichs wollen, dann müssen Sie nicht nur Französisch sprechen, sondern auch Englisch mit einem französischen Akzent.«

George Bush schaut vorbei

Am 10. September 1991 erfuhr ich in Paris am Quai d'Orsay* unter dem Siegel der Verschwiegenheit, dass das amerikanische State Department sich meiner Kandidatur widersetzte.

Am 13. September fuhr ich nach Washington zu einem Treffen mit dem Nationalen Sicherheitsberater General Brent Scowcroft im Weißen Haus. Präsident Mubarak hatte mir einen Brief mitgegeben, den ich Präsident George Bush persönlich überreichen sollte. Wie besprochen, kam Bush vorbei und begrüßte mich. Wenn er mich ins Oval Office geladen hätte, dann hätte Bush auch alle anderen Kandidaten dort öffentlich empfangen müssen, erklärte Scowcroft. Der hochgewachsene Bush mit dem strengen Blick war eine faszinierende Persönlichkeit, er hatte im direkten Kontakt weit mehr Charme, als es im Fernsehen oder auf Zeitungsfotos den Anschein hatte. Er war viel stärker an der Lage im Nahen Osten interessiert – Muammar al-Gaddafi, Saddam Hussein – als an Mubaraks Brief zu meiner Kandidatur.

Anschließend auf dem Kapitol sagte mir der Vorsitzende des Senatsausschusses für auswärtige Beziehungen, Claiborne Pell, er befürworte

---

* Das französische Außenministerium, benannt nach seinem Sitz am Seineufer in Paris.

die Kandidatur von Prinz Sadruddin Aga Khan, ein Sohn des geistlichen Führers der Ismailiten und ein ehemaliger UN-Flüchtlingshochkommissar. Der Schriftsteller Arnaud de Borchgrave, ein alter Freund von mir, vertraute mir an:»Das Weiße Haus hat sich bereits für Sadruddin Aga Khan entschieden.« Außerhalb der sich entwickelnden Welt schienen nur wenige zu wissen, dass Afrika jetzt»an der Reihe« war.

Nach diesem kurzen Besuch in den Staaten fuhr ich in meiner Funktion als Minister für Auswanderungsfragen, eine Rolle, die ich beinahe vergessen hätte, nach Kanada, um mit Mitgliedern der ägyptischen Diaspora zusammenzukommen. In Ottawa sprach ich bei Premierminister Brian Mulroney vor, der sich wortlos anhörte, was ich von meinen Hoffnungen bezüglich der UNO zu berichten hatte.

Ich erfuhr auch bald warum. Mulroney war Präsident Bushs erste Wahl für den Posten des UN-Generalsekretärs gewesen, doch das Weiße Haus hatte erfahren, dass eine Unterstützung Mulroneys als Kränkung Afrikas und der Dritten Welt gewertet würde, die auf keinen Fall einen Kandidaten aus dem reichen, industrialisierten»Norden« wollten. Bush war danach zu dem Iraner Sadruddin Aga Khan gewechselt, von dem er meinte, die Entwicklungsländer würden ihn akzeptieren.

Auf derselben Reise besuchte ich den Chefredakteur der *New York Times*, A. M. Rosenthal, der mich ganz direkt fragte:»Wollen Sie Generalsekretär werden?«»Natürlich«, entgegnete ich,»deshalb bin ich ja hier.«»Endlich!«, rief Rosenthal aus.»Ein Mensch, der ehrlich sagt, was er will!«

Im September 1991 begleitete ich Präsident Mubarak auf einem offiziellen Besuch in Moskau, wo nach dem gescheiterten Augustputsch helle Aufregung herrschte. Mubarak sagte mir, Michail Gorbatschow habe ihm gegenüber bei einem Gespräch unter vier Augen als erster meinen Namen erwähnt und erklärt, er werde mich massiv unterstützen. Ich hatte seit langem ein gutes Verhältnis zu Moskau und hatte mit dazu beigetragen, die ägyptisch-sowjetischen Beziehungen wieder aufzunehmen, nachdem Präsident Anwar as-Sadat 1979 mit der UDSSR gebrochen hatte. Ich war Vorsitzender der *Gesellschaft ägyptisch-sowjetischer Freundschaft*, eine Stellung, die ich mir gerade deshalb ausgesucht hatte, weil ich den Amerikanern gegenüber freundlich gesinnt war und nicht mit jemandem enge Beziehungen unterhalten wollte, der möglicherweise die Nahostpolitik der Vereinigten Staaten torpedierte. Gorbatschow erzählte mir später, dass kurz nach unserer Abreise aus Moskau der britische Premier John Major angerufen und Gro Harlem Brundtland, die norwegische Ministerpräsidentin, für den UN-Posten vorgeschlagen hätte. Er habe erwidert: »Wir haben Ägypten bereits zugesagt.«

Ein Brief von Freunden

Wieder in Kairo, rief ich den amerikanischen Botschafter Frank Wisner an und erzählte ihm von der Moskauer Rückendeckung, damit er das an das State Department durchsickern ließ. Ich sammelte Zusagen, aber ich hatte keine Ahnung, wie ich Washington gegenüber vorgehen sollte. Botschafter Roy Atherton mobilisierte die Botschafter Lucius Battle, Hermann Eilts und Nicholas Veliotes – allesamt einmal in Kairo akkreditiert – und schrieb gemeinsam mit ihnen einen Brief an US-Präsident Bush. Wisner hätte ihn ebenfalls unterzeichnet, wenn ihm das als Mitglied der US-Administration nicht untersagt gewesen wäre, sagte mir Atherton. »Unserer Einschätzung nach«, schrieben die vier Botschafter, »verfügt Dr. Boutros-Ghali über das Format, die breite Erfahrung, den internationalen Respekt und das Ansehen, die Verstandesschärfe und die Kreativität sowie das diplomatische Geschick, die erforderlich sind, um die Institutionen der Vereinten Nationen in den kommenden Jahren zu leiten.« Joseph Verner Reed händigte den Brief Bush persönlich aus. Später sagte mir Reed, Baker habe Bushs günstige Meinung von Sadruddin Aga Khan nicht geteilt, weil er mit Sadruddins Leitung des humanitären Programms der UNO für den Irak und Kuwait zur Zeit des Golfkrieges nicht zufrieden war. Baker unterstützte Hans van den Broek, den ehemaligen niederländischen Außenminister. Bei der Sitzung der Vollversammlung in New York im Oktober kam es zu einer heftigen Diskussion zwischen Reed und Baker, als Reed ihm mitteilte, dass der nächste Generalsekretär aus Afrika kommen müsse. Unterdessen lagen Bernard Chidzero und ich Kopf an Kopf, alle anderen afrikanischen Kandidaten waren praktisch bereits aus dem Rennen.

Am Donnerstagmorgen, dem 20. November, sprach ich im Hotel Crillon in Paris mit dem stellvertretenden US-Außenminister für internationale Organisationen John Bolton. Er sei »über Kreuz« mit Generalsekretär Javier Pérez de Cuéllar, hatte ich mir sagen lassen, weil er augenscheinlich den Eindruck hatte, dass Pérez de Cuéllar die amerikanischen Interessen zu wenig berücksichtigt habe. Ich versicherte Bolton, dass ich selbst starkes Interesse an der US-Politik hätte: »Ohne Unterstützung der USA wären die Vereinten Nationen lahm gelegt.« Nicht lange nach unserem Gespräch hielt Bolton eine Rede vor dem Kongress und erklärte, dass »die UN-Friedensmissionen für die Wahrung des Weltfriedens eine außerordentlich gute Investition sind«. Es sei doch augenfällig, teilte er dem Kongress mit, »dass die Summen, die die Welt für UN-Friedensmissionen bereitstellt, lediglich einen geringen Bruchteil dessen betragen, was die Welt für Rüstung ausgibt.«

Noch am selben Tag in Paris teilte mir Abdel Raouf al-Ridy, Ägyptens Botschafter in Washington, mit, dass Baker bereit sei, mich zu unterstützen. Konnte das wahr sein?

Ich flog nach Bonn und bat Außenminister Hans-Dietrich Genscher darum, mir behilflich zu sein, die Unterstützung der Amerikaner zu gewinnen. Die entscheidende Abstimmung konnte noch am selben Abend in New York bei den Vereinten Nationen stattfinden, aber ich war zu erschöpft und legte mich schlafen. Um Mitternacht wurde ich von Lärm an der Tür und Siegesgeschrei geweckt: »Wir haben gewonnen! Wir haben gewonnen!«

Am nächsten Morgen rief ich meine Frau Leah und Präsident Mubarak an. Ganz Kairo feiert, sagten sie. Menschenmassen füllten die Strassen, alle beglückwünschten sich gegenseitig. In der ganzen Stadt ertönte ein Hupkonzert, als hätte Ägypten die Fußballweltmeisterschaft gewonnen. Zum ersten Mal war ein Araber in ein hohes internationales Amt gewählt worden! Ich rief Präsident Mitterrand an und dankte ihm. Dann suchte ich Außenminister Genscher auf. »Ich wusste, dass Sie gewinnen würden«, sagte er. »Ich setze immer auf das Siegerpferd.« Noch am selben Nachmittag nahm ich in Deutschland Präsident Bushs Glückwünsche entgegen. Später erfuhr ich, dass sich Bush und Baker nicht auf einen Kandidaten einigen konnten und deshalb dem US-Botschafter bei den Vereinten Nationen, Thomas Pickering, keine genauen Anweisungen gegeben hatten. Die Vereinigten Staaten hatten sich enthalten, als ich zum sechsten Generalsekretär der Vereinten Nationen gewählt wurde.

Am 3. Dezember 1991 wurde ich von der Vollversammlung in New York im Amt bestätigt. Ich legte den Eid auf Arabisch ab und hielt meine Rede in drei Sprachen: Arabisch, Englisch und Französisch. Ich berief mich auf den mittelalterlichen islamischen Philosophen al-Farabi, der von der »mustergültigen Stadt« geträumt hatte. Der größte Traum überhaupt, sagte ich, sei eine mustergültige Staatengemeinschaft und dass ich die Hoffnung hätte, die Vereinten Nationen würden diese Vision Wirklichkeit werden lassen. Ich nannte die Themen, die meine fünf Jahre im Amt prägen sollten: Frieden und die Notwendigkeit, auf diplomatischem

Weg Konflikten vorzubeugen; Entwicklung, um die Kluft zwischen Nord und Süd zu verkleinern; Reformen, um die Vereinten Nationen auf die Welt nach dem Kalten Krieg vorzubereiten; und Demokratisierung, nicht nur innerhalb der Staaten, sondern auch innerhalb der internationalen Staatengemeinschaft.

Zufällig war Nelson Mandela aus Südafrika, der damalige Präsident des ANC, in New York anwesend. Seine Gegenwart machte die Inauguration des ersten Generalsekretärs aus Afrika zu einem besonderen symbolischen Akt.

Am Dienstag, dem 5. Dezember, führte ich in Washington herzliche Gespräche mit Baker, Scowcroft, Lawrence Eagleburger und Bolton, die allesamt die komplizierten Mechanismen der Vereinten Nationen besser kannten als ich. Präsident Bush empfing mich im Oval Office, wo ich meine feste Absicht bekräftigte, das UN-Sekretariat zu reformieren. Als ich das Weiße Haus verließ, wich ich den Presseleuten aus und ging in ein Krankenhaus zu Moussa Sabry, einem ägyptischen Zeitungsredakteur und ehemaligen Vertrauten von Präsident Sadat. In seiner üblichen lebendigen Art und mit der gewohnten Wissbegierde fragte mich Sabry nach jedem kleinen Detail der Geschehnisse. Gemeinsam hatten wir viele schwere Zeiten durchgemacht. Er litt an Krebs und ich wusste, dass ich bald einen Kollegen und teuren Freund verlieren würde.

Nach meiner Rückkehr nach Ägypten reichte ich meinen Rücktritt als stellvertretender Regierungschef und Minister ein, als Mitglied des Parlaments und der *National Democratic Party*, als Vorsitzender der *Society of African Studies*, als Vorsitzender der *Gesellschaft ägyptisch-sowjetischer Freundschaft* und als Chefredakteur von *Siassa Daulija* (Internationale Politik), einer Zeitschrift, die ich vor Jahren gegründet hatte.

Bei meiner letzten Parlamentssitzung erklärte der Präsident des Abgeordnetenhauses, Fathi Sorour: »Ihre Ernennung ist eine Ehre für jeden Ägypter, jeden Araber, jeden Afrikaner … die Wahl eines Gelehrten, eines Ministers, eines Parlamentariers, wie Sie es sind, auf diesen Posten in dieser Periode der Geschichte ist ein Tribut an die ägyptische Diplomatie.« Seine Worte wurden immer wieder von Beifall unterbrochen. Lob steigt einem schnell zu Kopf und man findet zu viel Gefallen daran. Doch der Applaus galt dem Staat und dem Volk Ägyptens und wir alle waren von Stolz erfüllt über diesen internationalen Tribut an unser Land.

Am 18. Dezember 1991 umarmte mich Hosni Mubarak ganz offiziell und verlieh mir das Große Ordensband des Nil. Als er mir die Auszeichnung anheftete, flüsterte er: »Ich werde jetzt Ihren Anzug ruinieren, aber Sie können sich ja in New York einen neuen machen lassen.« Mubarak und ich hatten beide eine Vorliebe für feine Anzüge. Viel später lächelte ich nur, als ein Kritiker mich den »Anzug in der Geschichte« nannte. Im Alter von 69 Jahren begann für mich ein neuer Lebensabschnitt.

Das Haus am Sutton Place

Das dreistöckige georgianische Stadthaus mit der Adresse 3 – 5 Sutton Place war in den dreißiger Jahren für eine Tochter des Bankiers J. P. Morgan erbaut und später von Arthur Houghton erworben worden. Dieser wiederum hatte es der us-Regierung als Residenz für ihren Botschafter bei den Vereinten Nationen angeboten. Als sein Angebot 1972 abgelehnt wurde, überließ er es der *United Nations Association* der usa, als diese private Organisation nach einer angemessenen Residenz für den un-Generalsekretär Ausschau hielt.

Ich könne jedoch nicht einziehen, wurde mir mitgeteilt, weil das Gebäude in Kürze aufwendig renoviert und umgebaut werde. Von meinem Vorgänger war ein Budget in Höhe von zwei bis drei Millionen Dollar genehmigt worden. Das Dach musste erneuert und die Fenster kugelsicher gemacht werden. Außerdem sollte das ganze Haus eine Klimaanlage erhalten. Während die Arbeiten im Gang waren, sollte ich im Waldorf-Astoria wohnen, für den Preis von 40 000 Dollar im Monat – eine unvorstellbare Summe. Wie konnte ich bei diesem Preis im Waldorf-Astoria wohnen? In meinen Augen war das Haus ganz in Ordnung. Kugelsichere Fenster hielt ich für überflüssig. Ich ließ das Dach inspizieren und nach kleineren Reparaturen wurde es für »Okay« befunden. Es missfiel mir, von der un-Bürokratie, wie es ihr offenbar vorschwebte, wie ein arabischer Scheich behandelt zu werden. Ich beschloss, nach einigen Wochen grundlegender Renovierungsarbeiten in das Haus am Sutton Place einzuziehen.

In Ägypten steht der Sonnenaufgang für Leben, aus diesem Grund liegen alle Gräber der Pharaonen am Westufer des Nils mit Blick gen Osten. Von unserem Haus in Kairo aus hatten wir einen herrlichen Blick auf den Sonnenaufgang über dem Nil. Leah und ich freuten uns, dass unser Haus am Sutton Place einen Blick auf den East River gewährte. Wir bemühten uns, die Räume so einzurichten, dass sie uns an unser Leben in Kairo erinnerten. Ich stellte meine umfangreiche Sammlung von Bronzevögeln aus China, Ägypten, Indien, Japan, Syrien und dem Iran auf, die zum Teil eine beachtliche Größe hatten. In der Bibliothek arrangierte ich meine Sammlung osmanischer Federhalter, die offizielle Schreiber und hohe Sekretäre des Reiches benutzt hatten. Diese Sammlung hatte ich als Student begonnen, als meine Mutter mir den Federhalter meines Großvaters, eines Historikers, mit den Worten überreichte: »Das ist für dich, weil du jetzt der Gelehrte der Familie bist.« Unsere Freunde im *Metropolitan Museum of Art* liehen uns Gemälde von französischen Künstlern, deren Werke uns während unseres Aufenthalts in Paris sehr gefallen hatten: zwei Gemälde aus Matisses marokkanischer Periode für die Bibliothek, einen Dufy für das eine Ende des Großen Saals und einen Utrillo für das andere. In dem kleinen Arbeitszimmer hängten wir einen Léger auf. Im Speisezimmer fanden ein Gemälde von Kandinsky und eine Skulptur von Archipenko ihren Platz, wir nannten es das Russische Zimmer. Ich ließ mir aus Ägypten zwei koptische Skulpturen aus dem fünften und sechsten Jahrhundert schicken und stellte sie gegenüber einer zeitgenössischen Steinmaske aus Simbabwe auf – der Effekt war außerordentlich.

An den ersten Wochenenden des Jahres 1992 verbrachte ich einen Großteil meiner Zeit damit, die Kunstgegenstände, Bücher und Antiquitäten zu arrangieren. Im kleineren Maßstab versuchte ich, etwas Vergleichbares in meinem Büro bei den Vereinten Nationen zu schaffen und hängte ein Gemälde von Kees van Dongen auf, das mir das *Museum of Modern Art* geliehen hatte. Als Mrs. Margaretta Murphy, genannt »Happy« Rockefeller später einmal in den 38. Stock hochkam, rief sie aus: »Das ist *mein* van Dongen!« Sie hatte ihn dem *Museum of Modern Art* geliehen und in ihrem Haus eine Kopie aufgehängt.

Punkt eins der Tagesordnung: Reform

Bereits in den ersten Wochen nach dem Einzug in den 38. Stock des UN-Sekretariats dämmerte mir, dass die Vereinten Nationen alles andere als bereit sind, eine zentrale Rolle in der internationalen Politik zu spielen. Ihre Effizienz konnte sich nicht mit der der großen Außenministerien der Welt messen. Im Jahr 1992 hatten die Vereinten Nationen gerade erst damit begonnen, auf die Informationstechnologie umzustellen, die bei Regierungsbehörden, Unternehmen und akademischen Einrichtungen, die sich mit der Weltpolitik befassten, bereits Standard war. Die Belegschaft war trotz der vielen engagierten, intelligenten und gebildeten Mitarbeiter aufgeblasen, träge und nicht mehr auf der Höhe der Zeit, zum Teil die Folge der Marginalisierung der Vereinten Nationen während des Kalten Krieges von Seiten der Supermächte. Einige UN-Beamte verdankten ihre Posten und einen großen Teil ihres Einkommens ihren nationalen Regierungen, und häufig dachten sie bei ihrer Arbeit vor allem an die Folgen für ihr Verhältnis zu ihren Heimatländern, statt einfach ihre Arbeit zu erledigen. Dem internationalen Staatsdienst fehlte es insgesamt an der Intensität und Unabhängigkeit, die in der Charta vorgesehen waren.

Als Generalsekretär war ich nicht befugt, das System auf eigene Faust umzuwandeln, aber ich ging sofort daran, drastische Reformmaßnahmen einzuleiten. Der ersten Broschüre, die ich erhielt, entnahm ich, dass das Sekretariat in »rund 35 Departments« organisiert sei, als sei die genaue Zahl nicht bekannt. Ich setzte mir selbst eine Frist von 60 Tagen für die Straffung des Sekretariats und nahm rasch die Reorganisation des 38. Stockwerks in Angriff, der »Schaltzentrale« des UN-Hauptquartiers. Mein Dienstzimmer lag am Nordende des Korridors, mit Blick auf den East River. Ich entdeckte mit Vergnügen, dass einige winzige Vögel außerhalb meines Fensters zu Werke waren, offensichtlich versuchten sie, sich dort einzunisten. Es waren Finken, wurde mir gesagt. Ich staunte, dass so kleine Wesen sich bei den starken Winden so hoch über der Erde noch halten konnten. Ich fragte mich, ob mir das ebenfalls gelingen würde.

»Wenn Sie einen oder zwei Posten streichen können, dann haben Sie schon viel erreicht«, hatte Generalsekretär Pérez de Cuéllar mir gesagt, als er mir das Dienstzimmer übergab. Ich hatte mir weit mehr vorgenommen. Im Februar 1992 kündigte ich die ersten Veränderungen an, mit deren Hilfe die Funktionen der UNO in klar festgelegten Kategorien zusammengefasst werden sollten. Beispielsweise schuf ich ein *Department of Political Affairs*, das sechs ehemalige Abteilungen umfasste: Angelegenheiten des Sicherheitsrats, politische Sonderfragen (die sich in erster Linie mit der Entkolonialisierung befasste), das Zentrum gegen Apartheid, Angelegenheiten der Vollversammlung, Abrüstung und Forschung. Danach schaffte ich 18 hochrangige Posten ab, unter anderem den Generaldirektor für Entwicklung sowie die beiden Untergeneralsekretäre für Seerecht und für Konferenzdienste. Diese Einschnitte sparten rund vier Millionen Dollar ein. Darüber hinaus delegierte ich die Verantwortung und dezentralisierte das System, indem ich die Praxis beendete, dass Dutzende von Spitzenfunktionären mir direkt Bericht erstatten mussten. Andere Reformen hatten zum Ziel, Budget und Belegschaft des Sekretariats zu reduzieren.

Ich war entschlossen, Ineffizienz und Kompetenzüberschneidungen auszumerzen, aber alle Mitarbeiter, die ich versetzte, degradierte oder absetzte, wandten sich hilfesuchend an ihre nationalen Regierungen. In der Folge wurde ich von Botschaftern belagert, die wissen wollten, weshalb ich »Strafmaßnahmen« gegen ihre Nation verhängt hätte. Mit meinen öffentlichen Kommentaren, der bürokratische Apparat der UNO sei noch schlimmer als der meiner eigenen Regierung, in dem ich über 40 Jahre lang tätig gewesen sei, machte ich mir die Belegschaft zum Feind.

Am alarmierendsten war jedoch die Entdeckung, dass die Vereinten Nationen, denen in Kürze neue und noch nie dagewesene Verantwortungen übertragen werden sollten, am Rande der Zahlungsunfähigkeit standen. In seiner Abschiedsrede vor der Vollversammlung sagte Pérez de Cuéllar, dass er trotz heldenhafter Anstrengungen, die Finanzkrise der UNO zu lösen, berichten müsse, dass er gescheitert sei. Da die Vereinigten Staaten ihrer gesetzlichen Verpflichtung, ihre Schulden (offiziell ihren »Beitrag«) in voller Höhe und pünktlich zu bezahlen, nicht nachkommen wollten, nahmen sich viele Länder die Freiheit heraus, ihre eigenen Verpflichtungen ebenfalls zu ignorieren, mit der Begründung, sie würden sonst nur das zahlen, was im Grunde die Amerikaner schuldeten.

Zu Beginn meiner Amtszeit betrug die Summe der ausstehenden Beiträge annähernd eine Milliarde Dollar, etwa die Hälfte davon betraf die Pflichtbeiträge für den regulären Haushalt, die andere Hälfte die Friedensmissionen. Lediglich 67 von 159 Mitgliedstaaten hatten ihre Beiträge regelmäßig und in voller Höhe gezahlt. Die Vereinten Nationen hatten die laufenden Ausgaben bislang aus den Rücklagen bestritten, doch im August 1991 waren die Rücklagen aufgezehrt. Es blieb keine andere Wahl. Die Vereinten Nationen mussten sich von den wenigen liquiden Friedensmissionen Geld leihen, damit der Betrieb aufrecht erhalten wurde. Als ich zum ersten Mal mein Amtszimmer betrat, wurde mir mitgeteilt, dass »die Möglichkeit des Generalsekretärs, spontan Vorkehrungen und Notmaßnahmen zu treffen, praktisch ausgereizt« sei. Pérez de Cuéllar hatte mir eine ganze Reihe von Maßnahmen hinterlassen, die ein Ende der Finanzkrise zum Ziel hatten, beispielsweise die Kreditaufnahme oder das Fordern von Zinsen für nicht pünktlich bezahlte Beiträge. Ich war dankbar für seine Ideen, sah aber keine Möglichkeit, jemals Unterstützung für diese Vorschläge zu finden.

Ich wusste, dass ich ohne zu zögern auch schmerzliche Entscheidun-

gen treffen musste, wenn ich versuchen wollte, die Organisation wirklich
zu reformieren. Im Mai 1992 stellte ich eine Liste von Vorschlägen zur
Diskussion, wie die neuerlich von Mitgliedstaaten angeforderten UN-
Friedensmissionen finanziert werden könnten. Einige Ideen stammten
von meinem Vorgänger, andere waren neu. Ich bat die Mitgliedstaaten
um einen Fonds für friedenssichernde Notmaßnahmen in Höhe von 50
Millionen Dollar und um einen Stiftungsfonds in Höhe von einer Milliarde Dollar. Ich schlug verschiedene Maßnahmen vor, die anhaltende
Finanzkrise der Vereinten Nationen in den Griff zu bekommen, beispielsweise eine geringe Steuer auf internationale Flugtickets, eine Abgabe auf
Waffenexporte, Zinsforderungen auf ausstehende UN-Beiträge und die
Bezahlung von UN-Friedensmissionen aus den nationalen Verteidigungs-
haushalten. Auf diese Weise würde deutlich werden, wie niedrig im Vergleich zu den gewaltigen Militärausgaben der Großmächte die Kosten für
friedenssichernde Maßnahmen sind. Da die Anforderungen, die an die
Vereinten Nationen gestellt wurden, jedoch um das Vierfache gestiegen
waren – und das in einer Zeit, in der sie am Rande des Ruins schweb-
ten –, musste ich neue Ideen entwickeln, um Geld aufzutreiben.

Der Volcker-Ogata-Report

Ich bat Paul Volcker, den ehemaligen Vorsitzenden der *U.S. Federal Re-
serve Bank* und Shujiro Ogata, den ehemaligen stellvertretenden Gouverneur der *Bank of Japan,* eine unabhängige, internationale Beratergruppe
um sich zu sammeln, um die Finanzkrise der Vereinten Nationen zu un-
tersuchen. Der zwölf Monate später vorliegende Bericht unterstrich »den
Gegensatz zwischen den Anforderungen, die an die Vereinten Nationen
gestellt werden, und ihrer schmalen und unsicheren finanziellen Basis«.

Die Vereinten Nationen, so Volcker und Ogata, bieten »das einzig
bestehende Gerüst für den Aufbau der Institutionen einer globalen Gesellschaft. Während sie all die erforderliche unternehmerische Strenge
und finanzielle Sparsamkeit praktizieren, benötigen sie die notwendigen
Ressourcen – im Vergleich zu den Rüstungsausgaben unserer Gesellschaft
eine kümmerliche Summe –, die großen Ziele zu verfolgen, die in der
Charta abgesteckt worden sind.«

Zu den wichtigsten Empfehlungen zählte, dass sämtliche Länder ihre UN-Beiträge pünktlich und in voller Höhe zu bezahlen hätten, dass die
Vereinten Nationen befugt sein sollten, für verspätete Zahlungen Zinsen

zu fordern, dass die Regierungen Zahlungen für UN-Friedensmissionen in ihre nationalen Verteidigungshaushalte aufnehmen sollten und dass als Rücklage ein Umlauffonds in Höhe von 400 Millionen Dollar für Friedensmissionen geschaffen werden solle, finanziert aus drei Jahresbeiträgen.

Das große Verdienst des Berichts lag in der klaren und einfachen Botschaft: Die Vereinten Nationen sind voller Vitalität und die Mitgliedstaaten sind verpflichtet, ihre Beiträge zu zahlen. Zahlreiche Leser waren der Ansicht, der Report richte sich direkt gegen die Vereinigten Staaten. Ich überreichte den Volcker-Ogata-Report US-Präsident Bush und verteilte Exemplare an alle Mitgliedstaaten. Dann legte ich ihn der Vollversammlung vor, aber es wurde nichts unternommen.

Bush fragte mich, welchen Amerikaner ich mir für meinen Stab wünschte. »Sie sind interessiert an Reformen«, sagte ich, »also geben Sie mir einen guten Verwaltungsbeamten, jemanden, der zeigt, dass die USA den Wandel vehement unterstützen.« Bush schlug den ehemaligen Gouverneur von Pennsylvania und US-Justizminister Richard Thornburgh vor, den ich zum Untergeneralsekretär für Finanzen und Verwaltung ernannte. Thornburgh engagierte sich stark in humanitären Fragen, insbesondere für die Behinderten, und lud mich zu einem Empfang bei den Vereinten Nationen ein, den er organisiert hatte. Als ich einem der Delegierten vorgestellt wurde, streckte ich automatisch meinen Arm vor, um ihm die Hand zu geben, aber er hatte keine rechte Hand. Ich wandte mich seiner linken Hand zu, aber er hatte auch keine linke Hand. Er lächelte und sagte: »Legen Sie Ihre Hände auf meine Schultern.« Das tat ich denn auch, aber ich war so gerührt von seinem Mut, dass ich kein Wort herausbrachte. Ich übertrug Thornburgh die Verantwortung für Reformfragen und sagte, ich würde alles unterstützen, was er empfehlen würde. Ich war der Ansicht, dass das Augenmerk der Vereinten Nationen auf der Arbeit vor Ort liegen müsse, dort, wo wirtschaftliche, soziale und politische Entscheidungen tatsächlich greifen. Eine vereinheitlichte UN-Präsenz auf der Ebene der Mitgliedstaaten würde die Effektivität der verschiedenen Bemühungen der Vereinten Nationen verstärken. Die Vereinigten Staaten stimmten dem zu und rieten mir, ich solle einheimische UN-Koordinatoren ernennen. Ich bestand darauf, dass jedes UN-Programm in einer Hauptstadt in einem einzigen Gebäude oder Komplex untergebracht wird, um die Hilfstätigkeiten zu zentralisieren und die Kosten drastisch zu senken.

Eine meiner ersten Reisen als Generalsekretär führte mich zu einem

UN-Einsatz in Accra, Ghana. Dort waren Operationen verschiedener UN-Behörden durch eine Mauer getrennt und jede Behörde hatte ihren eigenen Verwaltungsapparat. In einem Zornesausbruch verlangte ich, dass die Mauer sofort eingerissen werde – den Zuschauern blieb vor Erstaunen der Mund offen stehen.

Bei diplomatischen Empfängen in einer ganzen Reihe von Hauptstädten war mir der absurde Anblick eines halben Dutzends oder gar mehr Fahrzeuge aufgefallen, die vor der gastgebenden Botschaft geparkt waren und allesamt die blaue UN-Flagge trugen. Nun, da ich Generalsekretär war, wollte ich die UN-Präsenz in den Hauptstädten der Mitgliedstaaten konzentrieren und sicherstellen, dass es nur eine »UN-Vertretung« gab, ohne jedoch die Fähigkeit der Behörden, ihre jeweiligen Aufgaben auszuführen, zu beeinträchtigen.

Glücklicherweise hatte ich auch die Gelegenheit, neue UN-Vertretungen einzuweihen. Die Vereinten Nationen begannen sich in den Hauptstädten der unabhängig gewordenen Republiken der ehemaligen Sowjetunion einzurichten. Im Lauf des Winters 1992/93 gelang es mir, in sieben Hauptstädten der GUS Interimsdienststellen der UNO zu eröffnen. Neu daran war, dass diese Dienststellen in gewöhnlichen Räumlichkeiten untergebracht waren, dass ihre Leiter den Titel UN-Repräsentant trugen und dass sie nicht nur für die Koordination der Entwicklungs- und humanitären Hilfsprogramme der UNO zuständig waren, sondern auch für Friedensmissionen und andere politische Aktivitäten, einschließlich der Informationspolitik. Von meinem kleinen Erfolg beschwingt, stellte ich eine Arbeitsgruppe zusammen, die einen Plan für die Ausweitung dieses Modells vorbereiten sollte.

Nach monatelangen zähen Verhandlungen zwischen den Behörden empfahl die Arbeitsgruppe, der Vollversammlung Vorschläge zu unterbreiten, wie das Erreichte konsolidiert werden könne und wie die gleiche Regelung auch auf Staaten übertragen werden könne, die, wie Eritrea, erst vor kurzem unabhängig geworden waren oder, wie Kambodscha, eine lange Zeit des Bürgerkriegs hinter sich hatten. Die Diensstellen sollten in »integrierte Dienststellen« umbenannt werden. Ich hatte die Absicht, dieses Arrangement zum Standard in der ganzen Welt zu machen.

Doch selbst diese bescheidenen Vorschläge wurden in der Vollversammlung abgelehnt. Die Opposition wurde von meinen einstigen Kollegen aus der Bewegung der blockfreien Staaten angeführt, die mir verschiedentlich vorwarfen, durch die Ernennung von »UN-Botschaftern« unkontrollierbare Macht anzustreben, Informationen zu sammeln und mit politischen Zielen Gelder zu verteilen, die eigentlich für Entwicklung und humanitäre Hilfe vorgesehen waren. Dieser letzte Punkt ließ bei einigen Zahlern die Alarmglocken klingeln, und mir wurde zugetragen, dass die Behörden Stimmung gegen mich machen würden. Ich versuchte, das Projekt zu retten, doch meine Vorschläge wurden abgelehnt. Mir wurde schnell klargemacht, wie schwer es war, die Vereinten Nationen zu reformieren.

Der UN-Apparat war noch stärker geschockt, als ich anordnete, dass künftig kein Untergeneralsekretär ohne meine Zustimmung verreisen dürfe und die Dienstreisen der anderen hohen Funktionäre von einer entsprechenden Aufsicht gebilligt werden müssten. Zu dieser Maßnahme entschloss ich mich, nachdem ich kurz nach meinem Amtsantritt herausgefunden hatte, dass die Mitglieder des »inneren Kabinetts«, das ich gegründet hatte, häufig ins Ausland reisten und ich als letzter von ihren Reisen erfuhr. Für unnötige »Sondermissionen« wurde Geld verschwendet. Außerdem brachte ich den Apparat dadurch auf, dass ich allen hohen politischen Funktionären nur einen Einjahresvertrag anstelle der bislang üblichen Drei- oder Vierjahresverträge anbot. Nur wenn sie gute Arbeit leisteten, sollte der Vertrag verlängert werden. In meinen Augen war dies ein ganz vernünftiges Vorgehen, doch ein Journalist aus dem Pressekorps der Vereinten Nationen schrieb, ich würde das »Damoklesschwert« über meine Kollegen hängen.

Die Belegschaft beklagte sich, dass sie sich nach diesen Reformen noch stärker überarbeitet, unterschätzt und unterbezahlt fühlte. Von den Mitgliedstaaten wurde ich jedesmal angegriffen, wenn ihre jeweiligen Pfründen bedroht waren. Ein Überblick der *New York Times* über meine ersten Reformen trug die Überschrift: ROTSTIFT ANGESETZT, FEDERN GERUPFT, GELDER AUSGEGANGEN. An den ersten beiden Schlagworten war ich Schuld, das dritte war auf das Versäumnis der Vereinigten Staaten zurückzuführen, ihre Beiträge zu bezahlen.

Wegen der amerikanischen Rückstände war ich gezwungen, mich fast ausschließlich auf die Finanzen zu konzentrieren, beispielsweise auf die Verschiebung von Geldern aus den Mitteln für Friedensmissionen, um die laufenden Haushaltskosten zu decken. Die Vereinten Nationen lebten von der Hand in den Mund. Mitte Sommer 1992 musste ich den bislang einmaligen Schritt machen, die Mitgliedstaaten darüber zu informieren, dass die Vereinten Nationen möglicherweise aus Geldmangel nach dem Sommer die Arbeit einstellen mussten. Die monatlichen laufenden Kosten betrugen 310 Millionen Dollar und unsere Geldreserven

waren auf 380 Millionen Dollar geschrumpft. Inzwischen schuldeten
UN-Mitgliedstaaten 848 Millionen Dollar an Pflichtbeiträgen für den
UN-Haushalt sowie 1,2 Milliarden Dollar für Friedensmissionen. »Sofern
die Vereinten Nationen nicht innerhalb des kommenden Monats bedeu-
tende Zahlungen der ausstehenden Beiträge erhalten ... werden sie nicht
imstande sein, neue Missionen zu finanzieren und selbst laufende Operationen geraten in Gefahr«, schrieb ich in einer Reihe persönlicher Briefe
an die Führer der Länder, die im Zahlungsrückstand waren. Die Vereinigten Staaten waren mit Rückständen in Höhe von 517 Millionen Dollar
für den regulären Haushalt der schlimmste Übeltäter.

Ich kündigte drastische Sparmaßnahmen an. Das Sekretariat wies
ich an, Dienstleistungen zu streichen, u. a. die Übersetzung für Konferenzen und Arbeitsgruppen. Ich reduzierte die Zahl der Dienstreisen deutlich und sagte Sitzungen am Wochenende ab. Ich beschloss, die Zahl der
üblicherweise während der Sitzung der Vollversammlung beschäftigten
Mitarbeiter um über 20 Prozent zu senken. Ich erklärte, dass der Vollversammlung nach 18.00 Uhr keine Mitarbeiter mehr zur Verfügung gestellt würden. In Anbetracht der Tagesordnung bei den Vereinten Nationen war dies sicher die umstrittenste Maßnahme. Diese Schritte sollten
eine neue Arbeitskultur schaffen.

Die Reformen stoßen auf Widerstand

Mir wurde zugetragen, dass die Feier für das Personal bei den Vereinten
Nationen, der sogenannte Staff Day, wegen der »wilden Gerüchte über
Veränderungen und bevorstehenden Personalabbau « in diesem Herbst
kein Fest werden würde. Folglich versuchte ich den UN-Mitarbeitern
klarzumachen, dass mir durchaus bewusst sei, dass sie unterschätzt, unterbezahlt und überlastet seien. Dass ihre Familien unter dem Druck litten und dass viele von ihnen bei Friedensmissionen ihr Leben riskierten.
Ich sagte, ein Sekretariat mit einer strafferen Struktur, mit klar abgesteckten Zuständigkeiten und einer unternehmerischen Verantwortung werde
nicht nur den Mitgliedstaaten bessere Dienste leisten, sondern auch für
das UN-Personal eine größere Befriedigung bei der Arbeit bedeuten.

Alexis de Tocqueville bemerkte einmal, dass Revolutionen nicht ent-
stünden, wenn die Verhältnisse nicht mehr schlimmer werden konnten,
sondern wenn Reformen sie verbesserten. Das schien in meinem Fall ein-
zutreten. Als ich mich auf die Reformen konzentrierte, forderten langjäh-

rige Kritiker der Vereinten Nationen – vor allem der US-Kongress und die amerikanische Presse – immer mehr. Ihre Forderungen gingen so weit, dass sie nur mit Entscheidungen zu erfüllen gewesen wären, die einigen Mitgliedsregierungen ganz und gar nicht gefielen.

Die Angriffe gegen mich wurden von einer vierteiligen Artikelreihe in der *Washington Post* im September 1992 angeführt, die William Branigan geschrieben hatte: IN DEM MASS, WIE SICH DIE UN AUSWEITET, MEHREN SICH AUCH DIE PROBLEME: KRITIKER KLAGEN MANAGEMENT UND VERSCHWENDUNG AN. Die Reihe war eine Chronik der jahrzehntelangen Aufblähung der Bürokratie und der Mängel in der Verwaltung. Weder das Eine noch das Andere war meine Schuld. In der Tat bestätigte die Serie meine Berechnung der Kosten von Friedensmissionen. Dennoch machte sich eine Vielzahl von Leitartiklern und Politikern daran, mir persönlich die Schuld an dem jahrzehntelangen Missmanagement zu geben und erwarteten von mir, dass ich von Heute auf Morgen reinen Tisch machte. Ich tat mein Möglichstes, aber mit meinen eingeschränkten Befugnissen konnte ich nur wenig ausrichten. Die Mehrzahl der Exzesse, die Branigan zitierte, waren auf die Forderungen der Mitgliedstaaten zurückzuführen, nicht auf die Organisation der Vereinten Nationen selbst. Das Hauptproblem bei den Reformen war, wie die *Washington Post* ganz richtig darlegte, das Nord-Süd-Gefälle. Für die reichen Staaten bedeutete Reform eine Senkung der Kosten, die Abschaffung von Verschwendung und ein allgemeines Kürzertreten. In den Augen der armen Staaten schien eine solche Reform den Zweck zu verfolgen, ausgerechnet diejenige Organisation zu schwächen, die ihren Interessen noch am ehesten diente und sie am besten vertrat – die Vereinten Nationen. Bei jedem Reformansatz baten die betroffenen Apparate ihre Heimatregierungen um Unterstützung, die sie in der Regel auch erhielten – selbst wenn ihre eigenen Regierungen als erste die UN-Reform gefordert hatten.

Beispielsweise schlug ich vor, das ineffektive Hauptquartier des *International Research and Training Institute for the Advancement of Women* (INSTRAW) mit Sitz in Santo Domingo mit dem in New York untergebrachten *UN Development Fund for Women* (UNIFEM) zu verschmelzen, um ein leistungsfähigeres und einheitlicheres Programm zur Frauenförderung zu schaffen. Da ich auf eine politische Auseinandersetzung gefasst war, sicherte ich mir die Unterstützung einer achtköpfigen Arbeitsgruppe, der Vertreter von INSTRAW und UNIFEM sowie des *UN Development Program* (UNDP), des *UN Population Funds* und des Sekretariats angehörten.

Doch der zuständige Ausschuss, das *Advisory Committee on Admini-strative and Budgetary Questions* (ACABQ), sagte Nein. Das ACABQ war ein sehr rühriges und einflussreiches Gremium, das sich aus einzelnen, von den Mitgliedstaaten, damals auch von den Vereinigten Staaten, gewähl-ten Experten zusammensetzte. Das vorgeblich unabhängige Gremium war in Wirklichkeit hochpolitisiert. Es kam zu dem Schluss, dass mein Plan, 19 Stellen bei INSTRAW zu streichen, neun Stellen nach New York zu verlegen und über 600 000 Dollar einzusparen, sich nachteilig auf Forschung und Lehre auswirken könne. Außerdem widersetzte sich die Dominikanische Republik, das Gastland für INSTRAW, energisch meinem Vorschlag. Als ich meine Idee, die beiden Organisationen zu verschmel-zen, im November 1993 in einem Bericht an den Dritten Ausschuss der Vollversammlung, zuständig für soziale, humanitäre und kulturelle Fra-gen, verteidigte, wurde mir vorgeworfen, ein *fait accompli* zu schaffen und eine Entscheidung vorwegzunehmen, die der Vollversammlung vor-behalten gewesen wäre. Mein Versäumnis, die Interessen der Dominika-nischen Republik zu berücksichtigen, wurde als »herablassend und arro-gant« bezeichnet.

Ich suchte die Unterstützung der großen Staaten, die lautstark Re-formen forderten, zu gewinnen, doch die meisten, auch die Vereinigten Staaten, blieben stumm, weil sie Angriffe seitens wütender Länder der Dritten Welt fürchteten und vor allem China nicht kränken wollten. Im Apparat sitzende Gegner meines Reformansatzes warnten, dass eine durch einen solchen Schritt verursachte Störung eventuell die Vorberei-tungen für die Weltfrauenkonferenz in Peking 1995 behindern könnten. Das Ende kam, als der Dritte Ausschuss der Vollversammlung einstim-mig beschloss, das Thema zu verschieben und es dem ACABQ für eine »tiefgreifende Analyse« zu übertragen. Dieses Gremium berät die Voll-versammlung in allen Haushalts- und Verwaltungsfragen. Seine Mitglie-der sollten Experten sein, die nach eigenem Ermessen handelten. In Wirklichkeit sprachen sie aber für ihre Regierungen. Um meine Initiative abzublocken, führte der ACABQ lediglich Scheinargumente ins Feld: Die Reform sei möglicherweise nicht im Interesse des einen oder anderen Mitgliedstaates, sie unterminiere womöglich die Moral der Belegschaft oder sie solle verschoben werden, bis sie Teil einer umfassenden Refor-mierung des gesamten UN-Systems sei.

Ein einzigartiges Gipfeltreffen

Nur vier Wochen nach meinem Amtsantritt sollte ein in der Geschichte der UNO einzigartiges Ereignis stattfinden: das erste Gipfeltreffen des Sicherheitsrates, denn anstelle der Botschafter sollten die höchsten politischen Repräsentanten, die Staats- und Regierungschefs, um den Tisch des Sicherheitsrates Platz nehmen. Hinter ihnen sollten als Berater die Außenminister sitzen. Je näher das Ereignis rückte, desto mehr fühlte ich mich wie ein Neuling an einer Schule, der vor 15 Weltführern ein Examen ablegen musste. Es sollte ein noch nie dagewesener Moment der Solidarität in der Weltpolitik sein. Es war die erste *konzeptionelle* Zusammenkunft seit Beendigung des Kalten Krieges. Als der Moment näherrückte, wurde ich nervös.

Premier John Major würde das Treffen leiten, weil Großbritannien im Januar turnusmäßig den Vorsitz über den Sicherheitsrat inne hatte. Es kursierten Gerüchte, Major hätte den Gipfel einberufen, um sein Ansehen für die nächsten Parlamentswahlen aufzupolieren. Die französische Delegation deutete jedoch an, der Gipfel sei Mitterrands Idee gewesen und die Briten hätten zugestimmt. Wer immer das Treffen angeregt hatte, ich wünschte mir als Ergebnis eine effektivere Rolle für den UN-Generalsekretär.

Bis zum Vortag des Gipfels war ein Entwurf ausgearbeitet worden, in dem das Hauptziel genannt wurde: den UN-Generalsekretär aufzufordern, einen neuen Ansatz für internationale Stabilität und Sicherheit in einer neuen Ära auszuarbeiten. Ich hatte den Entwurf bereits im Voraus zu Gesicht bekommen und befürwortet. Am 31. Januar 1992, dem großen Tag, stand ich am Eingang der Vereinten Nationen und erwartete die Staats- und Regierungschefs.

John Major traf mit einem freundlichen Lächeln ein; König Hassan II. von Marokko ganz in Weiß gekleidet mit einer Kapuze auf dem Kopf und weißen Pantoffeln an den Füßen. George Bush kehrte offensichtlich gern an den Ort zurück, an dem er als ständiger Vertreter der USA Dienst getan hatte. Von dem Auftreten François Mitterrands war ich fasziniert. Seine Augen strahlten vor Freude; er schien in meiner Wahl einen persönlichen Triumph zu sehen.

Darüber hinaus kamen der Premierminister Indiens, Narasimha Rao, der mich im Gedenken an unsere gemeinsame Arbeit für die Bewegung der blockfreien Staaten umarmte; der Präsident Venezuelas, Carlos

Andrés Pérez, ein Freund und Mitarbeiter in der Sozialistischen Internationale und in der Gruppe der Vier (Ägypten, Indien, Senegal und Venezuela, 1989 in Paris gegründet); und Bundeskanzler Franz Vranitzky aus Österreich, ein weiterer Genosse aus der Sozialistischen Internationale. Anstelle von Präsident Robert Mugabe von Simbabwe kam Außenminister Nathan Shamuyarira. Ihn hatte ich 1969 als jungen Professor an der Universität von Daressalam in Tansania und als militanten Kämpfer für die Unabhängigkeit seines Landes, das damals noch Rhodesien hieß, kennengelernt. Ich erneuerte meine Bekanntschaft mit Kiichi Miyazawa, dem japanischen Ministerpräsidenten, Wilfried Martens, dem belgischen Ministerpräsidenten, und Li Peng, dem chinesischen Regierungschef. Es war meine erste Begegnung mit Boris Jelzin, dessen derbe, aber herzliche Begrüßung mich überraschte.

Wir setzten uns um den Tisch des Sicherheitsrates. John Major hatte den Vorsitz, ich saß zu seiner Rechten. Rechts von mir saß Boris Jelzin. Bush flüsterte immer wieder amüsiert einige Worte Baker zu. John Major eröffnete die Sitzung: »Unsere Anwesenheit hier und heute stellt einen Wendepunkt für die Welt und für die Vereinten Nationen dar.«

François Mitterrand ergriff als erster das Wort. Er kündigte an, dass Frankreich bereit sei, »dem Generalsekretär der Vereinten Nationen jederzeit innerhalb einer Frist von 48 Stunden ein Kontingent von 1000 Mann für friedenssichernde Maßnahmen zur Verfügung zu stellen – diese Zahl kann innerhalb von einer Woche verdoppelt werden«. Mit Genugtuung hörte ich, dass Mitterrand einen Aufruf wiederholte, den ich für eine Rede geschrieben hatte, die Mubarak 1990 gehalten hatte: Das Ende des Kalten Krieges und der Konfrontation zwischen Ost und West dürfe nicht durch einen Eisernen Vorhang zwischen Nord und Süd abgelöst werden.

Da tönte Boris Jelzins Stimme durch den Saal: »Vielleicht zum ersten Mal in der Geschichte besteht jetzt die echte Chance, den Despotismus zu beenden und totalitäre Gesellschaftsordnungen auszumerzen, welche Gestalt sie auch annehmen mögen.« Dann verkündete er, dass die letzten zehn politischen Gefangenen in Russland begnadigt worden seien: »Im freien Russland gibt es niemanden mehr, der wegen seiner Überzeugung gefangen gehalten wird.« Alle spürten die dramatische Tragweite dieser Worte.

Präsident Bush ging sofort zu Detailfragen über und stellte zwei Forderungen: Eine Normalisierung der Beziehungen zu dem Irak sei nicht möglich, solange Saddam Hussein an der Macht bleibe. Und Libyen müsse rückhaltlos die Bedingungen erfüllen, die die Vereinigten Staaten, Großbritannien und Frankreich im Zusammenhang mit den Bombenanschlägen auf die Flüge 103 der PanAm und 772 der UTA gestellt haben. Bush betonte, dass der Sicherheitsrat einstimmig Libyen aufgefordert habe, der Resolution 731 von 1992 Folge zu leisten.

Die Forderungen des US-Präsidenten beunruhigten mich, weil der Irak und Libyen von mir als Araber erwarteten, dass ich Verständnis für ihren Standpunkt hatte, während die Vereinigten Staaten erwarteten, dass ich ihrer Linie folgte, Druck auf diese »Parias« auszuüben. Ich war entschlossen, mich an folgende Regel zu halten: sämtliche Resolutionen der Vereinten Nationen zu unterstützen und auf ihre Befolgung hinzuwirken.

Ich servierte den Staatsführern auf kleinen Tischen einen Imbiss. George Bush und Boris Jelzin saßen jeweils rechts und links von mir. Ich tippte mein Glas an und erhob mich: »Heute haben wir zum ersten Mal das Vergnügen gehabt, uns in dieser Weise um einen Tisch zu versammeln und miteinander Brot und Salz zu teilen, wie die Araber sagen.« Ich setzte mich wieder und hatte total vergessen, mein Glas auf die Gesundheit meiner ehrenwerten Gäste zu erheben. Beschämt entschuldigte ich mich bei Boris Jelzin. »Das ist nicht so wichtig«, sagte er mir. »Was zählt, ist die freundliche Atmosphäre um diesen Tisch.«

Am Ende der Sitzung verlas Premierminister John Major die Gipfelerklärung, dass ich dem Sicherheitsrat einen Bericht vorlegen solle, wie die Kapazitäten der UNO zur Friedensstiftung und -bewahrung mittels vorbeugender Diplomatie verbessert werden könnten und wie die Vermittlungsdienste und anderen Funktionen des Generalsekretärs laut UN-Charta besser genutzt werden könnten. Major fügte hinzu: »Unser neuer Generalsekretär hat großes Glück. Als erster Generalsekretär seit vielen Jahren übernimmt er Vereinte Nationen, die auf ihre eigene Fähigkeit, Probleme zu lösen, vertrauen und sich doch der Größe der Aufgabe bewusst sind.«

Nach der Schlusssitzung am Nachmittag des 31. Januar 1992 setzte mir Chinas Ministerpräsident Li Peng in einem Gespräch höflich auseinander, ich müsse lernen, zwischen internationalen Kriegen und Bürgerkriegen zu unterscheiden. Er war der Auffassung, dass die Rolle der Vereinten Nationen sich auf Kriege im klassischen Sinn beschränke: wenn ein Land ein anderes über international anerkannte Grenzen hinweg angreift. Bei einem inneren Konflikt würde jedoch jede UN-Einmischung die Souveränität des betroffenen Staates einschränken, beharrte China.

Li dachte zweifellos in erster Linie an Taiwan und Tibet, aber China sollte sich an das Prinzip der strikten Nichteinmischung in die inneren Angelegenheiten halten, wo immer das Thema auf die Tagesordnung kam.

Ich dachte über Lis Worte nach und erkannte: Das eigentliche Problem lag darin, dass die meisten aktuellen Konflikte sich zwar tatsächlich *innerhalb* der Grenzen eines einzigen Staates abspielten, dass sich von vielen aber zu Recht sagen ließ, sie würden den internationalen Frieden und die Sicherheit gefährden.

Die Stellung des Generalsekretärs »besser nutzen«

Bei diesem ersten Gipfeltreffen des Sicherheitsrates war ich aufgefordert worden, mehr Verantwortung zu übernehmen als irgendeiner meiner Vorgänger. Um diesem Auftrag gerecht werden zu können, musste ich die Unabhängigkeit meines Amtes verteidigen und jeden Mitgliedstaat zur Rede stellen, sei er klein oder groß, der sich der Ausübung meiner Zuständigkeiten widersetzte, die mir die Mitgliedstaaten insgesamt übertragen hatten. Ich machte mir keine Illusionen über die Schwierigkeiten, die das mit sich bringen würde. Ich hatte meinen Posten aufgrund politischer Auseinandersetzungen erhalten und wurde jetzt aufgefordert, eine politische Führungsrolle zu übernehmen. Wollte ich dieser Rolle gerecht werden, musste ich die Unabhängigkeit meines Amtes sicherstellen, und das konnte mich wiederum auf politischer Ebene vernichten.

Mir blieb keine Zeit, lange über diesen Teufelskreis nachzugrübeln. Eilig machte ich mich daran, den Bericht zu verfassen, den der Sicherheitsrat angefordert hatte. Ich wusste, dass Politik vom geschriebenen Wort lebte, dass Texte dafür sorgten, dass sich im Reich der Diplomatie und der Staatskunst etwas bewegte. Das Schreiben füllt Konzepte mit Leben. Bevor ich Generalsekretär wurde, schrieb ich, wenn es mir möglich war, fast jeden Tag acht Stunden lang: vom späten Nachmittag bis etwa 2.00 Uhr morgens. Ich trainierte mich mit Übungen und der richtigen Ernährung, selbst auf die passende Kleidung achtete ich – bequem, aber nicht nachlässig. Durch ein Schläfchen am Nachmittag, bevor ich zu schreiben begann, gelang es mir, praktisch aus einem Tag zwei zu machen. Mir schien das ganz natürlich. Ich war stets versucht weiterzuschreiben, wenn die acht Stunden vorüber waren, aber ich wusste, dass ich aufhören musste, weil ich sonst am nächsten Tag nicht fit wäre. Leah sagte, mein Schreiben würde mich erschöpfen und drängte mich immer wieder, mich zu erholen. Aber das Schreiben war für mich Erholung.

In meiner neuen Stellung war ich nicht imstande, diesen Zeitplan beizubehalten. Ich stand im Zentrum politischer Bemühungen um einen Konsens, ausgestattet mit einem Mandat, das in der Geschichte der UNO beispiellos war. Mit der Aufforderung an den Generalsekretär, ein neues Programm für den Frieden vorzulegen, hatte der Sicherheitsrat eine Aufgabe delegiert, die ihm bislang selbst vorbehalten war. In einem kanadischen Artikel hieß es später: »Mit diesem Ansatz war die Aufforderung an den neuen Generalsekretär verbunden, seine Autorität als Chef der Vereinten Nationen und als einflussreiche internationale politische Gestalt zu behaupten. Boutros-Ghali ... war nur zu gern bereit, diese frühe und anspruchsvolle Einladung anzunehmen, ein starkes politisches Profil zu beweisen.«

Während die Wochen vergingen, bereitete mir jeder Entwurf meines Berichts Kummer. Nach der zwölften oder dreizehnten Fassung hörte ich auf zu zählen. Der Sicherheitsrat hatte mir bis zum Juli 1992 Zeit gegeben, doch Mitte Mai hatte ich endlich das Gefühl, der Text sei druckreif. Da der Sicherheitsrat mich gebeten hatte, das Dokument »den Mitgliedern der Vereinten Nationen« zukommen zu lassen, gab ich es in dem üblichen Typoskript der Vereinten Nationen als Bericht an die Vollversammlung heraus. Ich beschloss aber auch, es unter dem Titel *Eine Agenda für den Frieden* in einer in das Blau der Vereinten Nationen gebundenen Broschüre der Öffentlichkeit zugänglich zu machen.

Eine Agenda für den Frieden

Die Medien und die Mitgliedstaaten schenkten den Punkten, die ich in der *Agenda für den Frieden* aufzählte, große Beachtung. Als erstes sprach ich mich in Situationen, in denen die Vereinten Nationen bislang nicht imstande gewesen waren, rasch zu handeln, für den präventiven Einsatz von UN-Missionen zur Friedenssicherung aus. In der Vergangenheit waren UN-Truppen erst entsandt worden, nachdem der Konflikt bereits ausgebrochen und ein Waffenstillstand zustande gekommen war. Ein präventiver Einsatz würde bedeuten, dass UN-Truppen schnell aufgestellt werden können, schon bei den ersten Anzeichen eines drohenden ernsten Konfliktes.

Zum Zweiten schlug ich als Konzept der »Friedensdurchsetzung«

(*peace enforcement*) eine schnelle Eingreiftruppe vor. Kampfbereite Einheiten, die von den Mitgliedstaaten gestellt werden, sollten die Lücke zwischen traditionellen friedenssichernden UN-Einheiten – die leicht bewaffnet waren, mit Zustimmung aller Parteien ins Land kamen und nicht für Kampfeinsätze vorgesehen waren – und umfassenden militärischen Operationen schließen, wie der von den Vereinten Nationen gebilligte Einsatz während des Koreakrieges zur Wahrung des internationalen Friedens und der Sicherheit. Derartige Einheiten von Mitgliedstaaten sollten auf Abruf einsatzbereit sein und sich aus Freiwilligen zusammensetzen. Diese Truppen sollten schwerer bewaffnet sein als die friedenssichernden Kräfte und innerhalb ihrer nationalen Armeen umfassend auf den Einsatz vorbereitet werden. Meine Idee stieß zunächst auf großes Interesse, wurde aber wenig später ignoriert oder für politisch undurchführbar erklärt.

Ich forderte, dass so viele Länder wie möglich bis zu 1000 Soldaten auf Abruf bereithalten sollten, damit Operationen künftig schon nach wenigen Tagen beginnen konnten und nicht erst, wie zur Zeit, nach zwei oder drei Monaten. Schon allein diese Aktionsfähigkeit würde eine Form der Abschreckung und der präventiven Diplomatie sein. Dies war kein radikaler Aufruf zur Gründung eines stehenden Heeres, sondern stützte sich auf Artikel 43 der Charta, nach dem sich alle Mitglieder der Vereinten Nationen verpflichten, dadurch zum Weltfrieden beizutragen, »…dass sie nach Maßgabe eines oder mehrerer Sonderabkommen dem Sicherheitsrat auf sein Ersuchen Streitkräfte zur Verfügung stellen, Beistand leisten und Erleichterungen bis einschließlich des Durchmarschrechts gewähren, soweit dies zur Wahrung des Weltfriedens und der internationalen Sicherheit erforderlich ist.«

Die amerikanische Presse begrüßte den Vorschlag. Die *New York Times* fasste die Kernaussage meines Berichts folgendermaßen zusammen:

GESUCHT: Kleine, äußerst mobile Armee, imstande, über Nacht auf Unruhen zu reagieren. Muss in der Lage sein, Waffenstillstände durchzusetzen, Naturkatastrophen in den Griff zu bekommen, Hilfsmaßnahmen zu erleichtern und alle kriegführenden Seiten unparteiilch zu behandeln. Zuschriften an Vereinte Nationen, N.Y.

So lautet die Kernaussage der Anzeige, die UN-Generalsekretär Boutros Boutros-Ghali in seinem bemerkenswerten Bericht jetzt beim Sicherheitsrat aufgegeben hat. Er plädiert für eine Welt, die, wenn sie Frieden haben will, auch ihre Friedenswächter haben muss... Mit diesem Vorstoß liefert Herr Boutros-Ghali einen in sich schlüssigen Ansatz für eine Strategie, der über das bloße Reagieren auf die jeweiligen Krisen hinausgeht. Er bietet Präsident Bush und den anderen Staatschefs ein konkretes Beispiel für die Führungskraft, die in dieser neuen Ära benötigt wird.

Die *Washington Post* schrieb in ihrem Leitartikel:

Boutros-Ghali vertritt eine weitreichende internationalistische Vision der Vereinten Nationen: Er will die Mitgliedstaaten dazu bringen, einige souveräne Vorrechte an größere, gemeinsame politische Organisationen abzutreten. Seine Sicht der tatsächlichen Funktionsweise der UNO ist stark von ihrem Apparat geprägt. Aber von dem Generalsekretär ist auch nichts anderes zu erwarten.... Seine beharrliche Forderung, die UNO müsse die erforderlichen Ressourcen, Erfahrungen und Fähigkeiten mobilisieren können, um die Spannungen des internationalen Lebens zu mildern, erscheint uns unwiderlegbar.

Die Agenda für den Frieden, so heißt es weiter, »reagiert auf die zögerliche Haltung der heutigen Zeit«. Ich hätte meinen »Vorgesetzten im Sicherheitsrat den Bericht vorgelegt, den sie im Januar angefordert hatten«. Ich hätte »der UNO neues Leben eingehaucht«. Die europäische und die arabische Presse reagierten noch begeisterter. Einen besseren Start für meine Arbeit hätte ich mir gar nicht wünschen können.

Die 47. Vollversammlung trat im September 1992 zusammen. In der allgemeinen Debatte im September und Oktober unterstützten fast alle nationalen Führer, die zu Wort kamen, meinen Vorstoß, der UN-Friedenssicherung bewaffnete Streitkräfte auf Bereitschaftsbasis zur Verfügung zu stellen, oder forderten zumindest, dass der Vorstoß ernsthaft geprüft werde.

Das US-State Department war anscheinend bereit, Militäreinheiten für die UN-Friedenssicherung abzustellen, doch der US-Verteidigungsminister wollte keine US-Soldaten dem Kommando ausländischer Offiziere unterstellen und fürchtete, in langwierige Konflikte hineingezogen zu werden, in denen US-Soldaten zu Angriffszielen werden könnten. Bill Clinton, der mitten im Präsidentschaftswahlkampf steckte, erklärte: »Der Schlüssel liegt darin, der UNO die notwendigen Mittel in die Hand zu geben, damit sie rasch eingreifen und Spannungen entschärfen kann, ehe sie eskalieren. Wir sollten die Möglichkeit prüfen, eine schnelle UN-Eingreiftruppe aus Freiwilligen zu schaffen, um vor Angriffen gegen kleine Staaten abzuschrecken und humanitäre Hilfslieferungen zu schützen.« Am Rand der Debatte waren aber auch extrem radikale Stimmen zu hören, die behaupteten, die *Agenda für den Frieden* sei ein Versuch, eine stehende UN-Armee unter meinem Kommando zu schaffen.

Nach sechs Monaten im Amt hatte ich meine engsten Berater ausgewählt: Marrack I. Goulding, ein gebildeter Brite mit einer starken und zugleich tröstlichen Ausstrahlung; Jean-Claude Aimé, ein Haitianer mit langjähriger Erfahrung in UN-Angelegenheiten und ein Diplomat mit dem Feingefühl eines Renaissancefürsten; Fayza Abulnaga, eine ehemalige Studentin von mir und inzwischen eine hervorragende ägyptische Diplomatin; Alvaro de Soto, ein echter Kosmopolit aus Peru, der über die brennenden Fragen in Lateinamerika bestens Bescheid wusste; und Charlie Hill, ein stiller Amerikaner mit einem profunden Wissen über Theorie und Praxis der auswärtigen Beziehungen. Hinzu kamen später Ismat Kittani, ein Kurde aus dem Irak, Chinmaya Gharekhan aus Indien und Rosario Green aus Mexiko. Als meine wichtigsten politischen Berater brachten sie für die Aufgabe Erfahrung, Klugheit und Kreativität mit.

KAPITEL 2

Neue Konflikte: Die Krisenherde der Welt

(1992)

Meine Amtszeit begann mit einer beispiellosen Operation der Vereinten Nationen in Kambodscha. Sie übernahmen für dieses verwüstete Land eine Art Konkursverwaltung, bis es durch eine von der UNO geleitete Wahl wieder staatliche Legitimität und internationale Anerkennung erlangte. Kambodscha würde das erste – und bislang einzige – Land sein, in dem die Vereinten Nationen die Wahl tatsächlich durchführten, statt eine von anderen Stellen organisierte Wahl zu überwachen.

Am Tag vor meinem Amtsantritt traf ich mit Yasushi Akashi zusammen, einem Japaner, der sich bei den Vereinten Nationen bis zum Untergeneralsekretär für Abrüstung hochgearbeitet hatte. Der intelligente, schnelle und im Stakkato sprechende Akashi war mit der Arbeitsweise des Sekretariats bestens vertraut. Ich bat ihn, seinen UN-Posten in New York aufzugeben und die kambodschanische Operation zu leiten. Akashi zögerte nicht.»Ich bin ein Samurai«, sagte er.»Also muss ich diese Herausforderung annehmen.«

Zu meinem Plan, das Sekretariat zu reformieren, gehörte die Eingliederung von Akashis Abteilung ins Department of Political Affairs und damit die Abschaffung seines Postens. Aber ich wollte, dass er die UN-Friedenssicherung in Kambodscha leitete, da es mir wichtig erschien, Japan stärker in die Aktivitäten der UNO einzubeziehen. Akashi würde der erste Japaner sein, der als Sonderbeauftragter des UN-Generalsekretärs in einer der Friedenssicherung dienenden Operation fungierte, und dieses Unternehmen würde größere Dimensionen haben als alle vorherigen UN-Friedensmissionen.

Als sich das Gerücht verbreitete, Akashi würde nach Kambodscha gehen, wurde ich kritisiert, weil ich einen Japaner auf eine solche Mission schicken wollte. Asien sei noch immer durch den Zweiten Weltkrieg trau-

matisiert, erklärte man mir. »Sie verstehen zwar die arabische und afrikanische Welt, doch offensichtlich sind Sie ein Ignorant, wenn es um die
Gefühle der Asiaten geht.« Claude Cheysson, der ehemalige französische
Außenminister, schrieb mir in einem Brief, er sei über meine Entscheidung schockiert. Ich bat Akashi, nichts von seiner Nominierung zu sagen, bis ich die Zustimmung Prinz Sihanouks hätte, seit Ende des Jahres
1991 Chef der Übergangsregierung Kambodschas.

Prinz Sihanouk

Ich kannte Prinz Norodom Sihanouk aus der Zeit, als ich zwischen Ägypten und Kambodscha diplomatische Beziehungen knüpfte. Als ich den
Prinzen anrief, akzeptierte er wohlwollend Akashis Nominierung und
gab sie sogleich bekannt, was mich gegenüber dem Sicherheitsrat in eine
heikle Lage brachte. Denn dieser hatte meine Wahl noch nicht gebilligt.
Doch am 9. Januar 1992 konnte ich sie offiziell bekanntgeben.

Prinz Sihanouk war der große Hoffnungsträger Kambodschas. Er
war intelligent und in den schönen Künsten, der Musik, dem Film und
der Literatur bewandert. Und er hatte seit seiner Jugend die leidvolle Geschichte seines Landes miterlebt. Möglicherweise in Folge seiner Krebserkrankung, die er tapfer gemeistert hatte, war er ein wenig flatterhaft
und ließ sich leicht entmutigen. Häufig sprach er davon, zurückzutreten
oder zwecks ärztlicher Behandlung nach Peking zurückkehren zu müssen. Ich versuchte, ihn von diesen Gedanken abzubringen, führte einen
langen und sehr persönlichen Briefwechsel mit ihm und bat ihn inständig darum, weiterhin in seiner Rolle als Einiger des kambodschanischen
Volkes zu wirken.

Die Briefe an Sihanouk musste man mit größter Vorsicht schreiben.
Ich pflegte mehrere Entwürfe anzufertigen, bevor ich mich für den angemessenen Ton der Bewunderung und des Lobes entschied, was ihm von
Seiten des kambodschanischen Volkes selbstverständlich, von der Außenwelt jedoch nur unzulänglich zuteil wurde. Prinz Sihanouk liebte es,
Briefe zu erhalten, die in anspruchsvollem und literarischem Französisch
geschrieben waren. Ich versuchte, ihm eine Freude zu machen und hoffte, mir weiterhin seiner Aufmerksamkeit und Unterstützung gewiss sein
zu können. Stundenlange Bemühungen waren nötig, um ihn zu überzeugen. Ein winziger Fehltritt, so dachte ich, könnte als Kränkung gewertet
werden, und alles wäre verloren.

Kambodscha hatte in den Auseinandersetzungen um Südostasien während des Kalten Krieges schwer gelitten und war von den mörderischen Roten Khmer verwüstet worden. 1978 wurde das Land von der vietnamesischen Armee besetzt und ab 1979 von einem durch Hanoi eingesetzten Regime beherrscht. Für mehr als ein Jahrzehnt wurde das Land Schauplatz eines Bürgerkriegs zwischen den von Vietnam und der Sowjetunion unterstützten Regierungstruppen und den Roten Khmer, die China und Thailand auf ihrer Seite hatten.

Das Ende des Kalten Krieges bot die Möglichkeit, ein neues, legitimes Kambodscha zu schaffen. 1991 hatten neunzehn Staaten in Paris ein internationales Abkommen unterzeichnet, darunter die Mitgliedstaaten der ASEAN (Association of South East Asian Nations), die fünf ständigen Mitglieder des UN-Sicherheitsrates (Frankreich, Großbritannien, Volksrepublik China, Rußland, USA) sowie alle vier kambodschanischen Parteien: die Regierung Hun Sens, die Roten Khmer, die Vereinigte Nationale Front für ein Unabhängiges, Neutrales, Friedliches und Kooperatives Kambodscha (FUNCINPEC) und die Nationale Befreiungsfront der Khmer.

Nach diesem Friedensabkommen sollten die Vereinten Nationen die direkte Kontrolle über die wichtigsten Abteilungen der von den Parteien geleiteten Regierungsbehörden ausüben. Sie sollten Wahlen durchführen, die Rückführung von Flüchtlingen koordinieren sowie den Rückzug ausländischer Truppen, den Waffenstillstand und die Demobilisierung der Konfliktparteien überwachen. Gemeinsam mit dem Internationalen Komitee vom Roten Kreuz sollten sie die Freilassung von Kriegsgefangenen koordinieren. Am 19. Februar 1992 schlug ich eine UN-Einheit vor, bestehend aus zwölf Infanteriebataillonen mit etwa 16 000 Soldaten, 3 600 Polizisten und 1 000 internationalen Mitarbeitern. Die Kosten beliefen sich schätzungsweise auf über 1,7 Milliarden Dollar. Das Unternehmen war somit weitaus größer als sämtliche in der Vergangenheit durchgeführten UN-Operationen und sprengte den Rahmen der traditionellen UN-Friedenssicherung. Die UNO war darauf nicht vorbereitet. Die Stationierung der Truppen ging furchtbar langsam vonstatten und beim Versuch, die Operation in Gang zu bringen, wurden zahlreiche Fehler gemacht.

Mit diesen Sorgen belastet, beschloss ich einige Monate nach meinem Amtsantritt, Phnom Penh zu besuchen. Die Roten Khmer, die sich aufgrund des Pariser Friedensabkommens an dem politischen Prozess beteiligen konnten, kritisierten diesen und warfen der UNO vor, das von

Vietnam eingesetzte Regime Hun Sens zu begünstigen. Die meisten Beobachter sagten voraus, dass von der UNO durchgeführte Wahlen Hun Sens Regierung lediglich legitimieren würden.

Am 18. April 1992 wurde ich auf dem Flugplatz von Prinz Sihanouk begrüßt. Als wir in die Hauptstadt fuhren, die mich an eine französische Provinzstadt erinnerte, standen an der Straße Tausende von Kindern, die hellblaue UN-Flaggen schwenkten. Der Prinz lächelte mich an und verbeugte sich mehrmals, während er im Auto saß. Als Zeichen des Respekts presste er die Handflächen zusammen: »Sie sehen, wie sehr das kambodschanische Volk Sie liebt, wie sehr es anerkennt und zu schätzen weiß, was Sie für Kambodscha getan haben.« Ich war überrascht, dass das Zentrum von Phnom Penh nur wenige Anzeichen von Kriegszerstörungen aufwies. Auch von Armut war nichts zu sehen.

Wir erreichten den Khemerin-Palast, die königliche Residenz, in der ich nach dem Willen Sihanouks wohnen sollte. Seine Frau Prinzessin Norodom Monineath, genannt Monique, hatte das Arbeitszimmer des Prinzen für mich hergerichtet. Ich war verblüfft über ihre Gastfreundschaft, ihre Liebenswürdigkeit und außerordentliche Höflichkeit. Bei einer Zusammenkunft mit dem Prinzen und seinen Mitarbeitern erklärte Sihanouk, dass die beiden wichtigsten Nachbarn seines Landes – Thailand im Nordwesten und Vietnam im Südosten – ständig versucht hätten, Kambodscha zu beherrschen. »Die Roten Khmer behaupten zwar das Gegenteil, aber die vietnamesischen Truppen haben unser Territorium verlassen, um sich auf ihr eigenes Gebiet zurückzuziehen«, sagte er. Er müsse darauf bestehen, dass die UN-Präsenz noch drei Monate nach den im folgenden Jahr stattfindenden Wahlen andauere. Doch ich fühlte bereits Druck seitens der Vereinigten Staaten und anderer wichtiger Länder, den Einsatz der UNO nach den Wahlen zu beenden.

Schon der Name unserer Operation, UNTAC – United Nations Transitional Authority in Cambodia –, ließ ihren geplanten Umfang erkennen. Obwohl der Oberste Nationalrat während der Übergangszeit als Hüter der kambodschanischen Souveränität fungierte, war mein Sonderbeauftragter nur dann verpflichtet, auf deren Rat zu hören, wenn dort Konsens herrschte. Gab es ihn nicht, was oft der Fall war, konnte er selbst die Entscheidung treffen. Theoretisch verlieh ihm das eine große Autorität, ja beinahe die Vollmacht einer Treuhandschaft. Doch leider versäumte es die UNTAC, die zentralen Ministerien und Funktionen zu kontrollieren – zugegebenermaßen eine schwierige Aufgabe. So konnten die Vereinten Nationen niemals den Einfluss ausüben, wie er der Pariser

Konferenz nach beabsichtigt war. Sie erfüllten ihr Mandat, dem kambo-dschanischen Volk dabei zu helfen, eine rechtmäßig anerkannte Regie-rung zu wählen, damit ein durch den Völkermord der Roten Khmer ver-wüstetes Land wieder aufgebaut werden konnte. Doch die Roten Khmer waren noch immer auf freiem Fuße und bedrohten das Land von ihren abseits in den Wäldern gelegenen Stützpunkten aus. Doch auch sie wür-den auf irgendeine Weise in das neue kambodschanische Staatswesen in-tegriert werden müssen.

Prinz Sihanouk hatte Hilfe aus dem Ausland erhalten, um die bud-dhistischen Tempel der Hauptstadt, Prunkbauten und Kunstobjekte aus der Antike zu restaurieren. Er war stolz auf die Pracht kambodschani-scher Kultur und zitterte vor Freude, als er mich auf die Eleganz seines mit Gold dekorierten Thronsaales aufmerksam machte. Sihanouks kulti-vierter Hof verband Pariser Eleganz mit der alten Würde des asiatischen Königtums. Überall waren Diener, die sich vor Sihanouk demutsvoll bis zum Boden verneigten und sich ehrfürchtig aus seiner Gegenwart zu-rückzogen. Für sie war er nicht nur König, sondern ein Gott.

Das Problem der Landminen

Außerhalb der Stadt wurde ich in einer minenverseuchten Gegend, in der große Angst vor den Roten Khmer herrschte, mit den Folgen eines grau-enhaften Blutbades konfrontiert. Fassungslos sah ich, zu welchen Gräueln die Landminen geführt hatten. Viele Jahre zuvor war ich in meiner Funk-tion als ägyptischer Staatsminister für auswärtige Angelegenheiten zu ei-nem Hospital an der thailändisch-kambodschanischen Grenze gereist, wo Hunderte von Kindern wegen verlorener Gliedmaßen und Verwundungen behandelt wurden, die durch Landminen verursacht worden waren. Hier, in Kambodscha, sah ich nun, wie Tausende von Menschen, die gezwun-gen waren, Felder zu bebauen und Wasser herbeizuholen, oder die einfach ihre Kinder spielen lassen wollten, dies in Gegenden taten, wo jeden Mo-ment Minen explodieren konnten. Tagtäglich wurden Menschen ver-stümmelt oder getötet, Kinder, Bauern, humanitäre Helfer, Touristen…

Ein häufiger Anblick waren die beinlosen, erblindeten, übel zuge-richteten Überlebenden, oftmals Kinder, die dazu verdammt waren, von der Gesellschaft ausgegrenzt zu sein, und die einer nach Entwicklung strebenden Nation eine tragische Last aufbürdeten. Als die verkrüppelten Kinder größer wurden, mussten ihre Prothesen ausgewechselt werden und die Kosten erreichten Schwindel erregende Höhen. Rote, vor Minen warnende Schilder wurden nur wenige Meter neben der stark befahrenen Straße nach Angkor Thom aufgestellt, der seit 1431 verlassenen ehemaligen religiösen und politischen Hauptstadt des Reichs der Khmer mit dem bedeutenden Tempel Angkor Wat. Minen wurden bei Elektrizitätswerken, Überlandleitungen, Wasseraufbereitungsanlagen sowie entlang von Hauptverkehrsstraßen gelegt, auf Märkten, Lagerplätzen und in Hafenanlagen. Riesige Flächen möglicherweise fruchtbaren Landes waren wegen der Minen aufgegeben worden, was nach Beendigung des Bürgerkriegs für die wirtschaftliche Erholung Kambodschas ein praktisch unüberwindbares Hindernis darstellte.

Noch viele Generationen lang würden im Boden Minen verborgen liegen. In der westlichen Wüste Ägyptens versuchten wir immer noch, die von den britischen und deutschen Armeen im Zweiten Weltkrieg gelegten Landminen zu räumen. Die Vereinten Nationen schätzten, dass über 100 Millionen Minen, die die Menschen nicht töten, sondern zu Krüppeln machen sollten, in 62 Ländern eingesetzt wurden, meist an zivilen und gewerblichen Orten. Jeden Tag wurden große Teile der Bevölkerung in Angst und Schrecken versetzt.

Hier in Kambodscha fasste ich den Entschluss, mich für ein weltweites Verbot von Landminen einzusetzen.

Der Verrat der Roten Khmer

Das einzige angesehene Restaurant Phnom Phens trug einen englischen Namen: »No Problem«. Akashi erklärte, der Name spiegele den Enthusiasmus von Soldaten wider, die sich auf eine neue Mission begeben. Ein Kollege behauptete, der Namen deute darauf hin, dass der traditionelle kulturelle Einfluss Frankreichs durch den »der Angelsachsen« verdrängt worden sei. Andere betrachteten ihn als Zeichen der Bedrohung der einheimischen Kultur durch die starke Präsenz des Auslands, die damit einhergehende Prostitution und andere verderbliche Einflüsse. Bedauerlicherweise stimmte das, trotz unserer Bemühungen, diese Dinge zurückzudrängen. Die Situation verschlimmerte sich noch, weil die Minen es vielen Landbewohnern unmöglich machten, zu ihren Farmen und in ihre Dörfer zurückzukehren. Die Stadt war der einzige Ort, wohin sie gehen konnten; sie überlebten einzig, indem sie ihren Körper verkauften und sich mühsam durchschlugen.

Prinz Sihanouk sollte bei den Sitzungen des Obersten Nationalrates den Vorsitz führen, doch die meiste Zeit hielt er sich in Nordkorea auf, wo ihn Kim Il Sung willkommen hieß, oder in Peking, wo seine Krebserkrankung behandelt wurde. Die Regierung Hun Sens nutzte ihr politisches Netzwerk, um ihren Hauptkonkurrenten Prinz Ranariddh, Sihanouks Sohn, und dessen Partei, die FUNCINPEC, einzuschüchtern. Ranariddh weigerte sich zurückzutreten, seine Partei jedoch schien eher teilnahmslos. Die Nationale Befreiungsfront der Khmer wirkte heillos zerstritten, während die vierte der kambodschanischen Parteien, die Roten Khmer, sich immer stärker auf gewaltsamen Widerstand verlegte. Die Roten Khmer verletzten den Waffenstillstand, weigerten sich, eine Demobilisierung durchzuführen und behinderten die Stationierung der Blauhelme in den ländlichen Regionen. All dies waren klare Verletzungen des auch von dieser Organisation in Paris unterzeichneten Abkommens. Als Akashi und Generalleutnant John Sanderson, der australische Kommandeur der UNTAC, sich dem in Pailin an der Grenze zu Thailand gelegenen Hauptquartier der Roten Khmer näherten, versperrte ihnen ein einzelner, quer über der Straße platzierter Bambusstamm die Zufahrt. Es war ein entscheidender Augenblick. Das Mandat der UNTAC erlaubte keine bewaffnete Auseinandersetzung mit den Roten Khmer.

Ab Mittsommer 1992 durfte sich die UNTAC in den von den Roten Khmer besetzten Landesteilen nicht mehr aufhalten. Als die Roten Khmer es ablehnten, sich in Truppenunterkünfte zu begeben und dort die Waffen niederzulegen, begannen auch die übrigen drei kambodschanischen Parteien, sich der Demobilisierung und Entwaffnung zu widersetzen. Und die Blauhelme besaßen keine Genehmigung des Sicherheitsrates, irgendeine dieser Gruppierungen zu zwingen, sich an das Pariser Friedensabkommen zu halten. Wir hatten geplant, die Zusammenführung der einzelnen Armeen an Sammelplätzen im Juli 1992 abzuschließen, doch zu diesem Zeitpunkt hatten sich erst 13 500 Kämpfer in den Truppenunterkünften eingefunden, weniger als sieben Prozent der geschätzten Gesamtzahl. Am 14. Juli 1992 teilte ich dem Sicherheitsrat mit, dass alle zur Verfügung stehenden Mittel eingesetzt werden sollten, um die Roten Khmer zur Kooperation mit den Vereinten Nationen zu bewegen.

Zwei Wochen später erhielt ich ein Schreiben von Akashi, in dem er eine tiefe Besorgnis zum Ausdruck brachte: »Im Land wächst die Unsicherheit proportional zu den Taten von Verbrechern, den Morden an

Bauern und dort lebenden Vietnamesen. Die wirtschaftliche Lage ist prekär.«

Ungeachtet der intensiven diplomatischen Bemühungen Japans, Thailands, Frankreichs und Indonesiens verhärtete sich die Haltung der Roten Khmer weiter. Sie behaupteten, für den Wahlprozess sei kein unparteiisches Umfeld geschaffen worden. In einer Kampagne brutaler Einschüchterung begannen die Roten Khmer, UN-Hubschrauber anzugreifen und UN-Personal gefangenzunehmen. Vielleicht, dachte ich, sehen die Roten Khmer keine Alternative zum gewaltsamen Widerstand. Ich wies den Untergeneralsekretär Marrack Goulding an, er solle versuchen, mit der Khmer-Organisation auf inoffizieller Ebene Gespräche anzuknüpfen – jedoch ohne Erfolg. Würden wir den Friedensprozess ohne die Roten Khmer fortsetzen müssen? Wenn ja, dann müssten wir sie isolieren und daran hindern, Angst als Waffe zu gebrauchen, um den Wahlprozess zu untergraben.

Die komplizierten Bestimmungen des Pariser Friedensabkommens liefen tatsächlich auf ein einziges Ziel hinaus: eine neue kambodschanische Regierung mit internationaler Legitimität zu schaffen. Die nationalen Wahlen würden hierfür der endgültige Test sein. Doch der Einfluss der Hun-Sen-Regierung war so groß, dass es unmöglich schien, eine Wahl durchzuführen, die nicht lediglich Hun Sens Herrschaft bestätigen würde. Und genau das werde geschehen, so behaupteten die Roten Khmer.

Dennoch gewann die UNTAC allmählich Einfluss auf die kambodschanische Gesellschaft. Das UN-Team, das für die Wahrung der Menschenrechte zuständig war, erreichte die Freilassung von politischen Gefangenen. Das zivile Bildungsprogramm trug zur Entstehung wirklicher politischer Parteien bei. Der Rundfunksender der UNTAC war für die Menschen die erste verlässliche Informationsquelle, aber auch eine Unterweisung in demokratischem Verhalten. Der UN-Hochkommissar für Flüchtlingsfragen siedelte Hunderttausende von Flüchtlingen aus den an der thailändischen Grenze gelegenen Lagern um.

Trotz bürokratischer Trägheit trafen schließlich mit großer Verzögerung Fertigteile für den Wohnbau, Bürobedarf und Material für das Fernmeldewesen ein. Mitte Juli 1992 erreichte die in Kambodscha eingesetzte militärische UN-Einheit eine Truppenstärke von 14 300 Mann. Die Verzögerungen waren zum Teil auf die komplizierten Vorschriften der Vereinten Nationen für das Verwaltungs- und Finanzmanagement zurückzuführen. Der Hauptgrund dafür war aber die Tatsache, dass der Sicherheitsrat im Begriff war, andere großangelegte un-Operationen zu genehmigen.

Es fiel mir schwer, daran zu glauben, dass wir in diesem verwüsteten Land die Voraussetzungen für freie und gerechte Wahlen schaffen konnten. Doch als mich Prinz Sihanouk, sich wie zuvor verbeugend, zum Flugplatz begleitete, versprach ich ihm, in zwölf Monaten, vor den Wahlen im Mai 1993, zurückzukehren.

Im Hexenkessel des Balkans

Auf dem Gipfeltreffen des Sicherheitsrates am 31. Januar 1992 hatte mir Li Peng geraten, ich solle lernen, was der Unterschied zwischen einem inneren und einem internationalen Konflikt sei. Es war ein guter Rat, denn diese Unterscheidung war ein wesentlicher Bestandteil der un-Charta. Doch die Umwälzungen auf dem Balkan waren sowohl innerstaatlicher als auch internationaler Natur und es war schwierig, mit dieser Überschneidung umzugehen.

1991 setzten die ersten ernsthaften Kämpfe in Jugoslawien ein. Nach dem Ende des Kalten Krieges begann die Sozialistische Föderative Republik Jugoslawien, wie schon zuvor die Union der Sozialistischen Sowjetrepubliken (udssr), zu zerfallen. Serbien weigerte sich, eine bundesstaatliche Autorität anzuerkennnen und sagte sich damit im Grunde von Jugoslawien los. Dann erklärten die kroatischen und slowenischen Teile Jugoslawiens ihre Unabhängigkeit und erweckten dadurch, mit Unterstützung der jugoslawischen Volksarmee, den Widerstand der in Kroatien lebenden Serben. Die Bemühungen der Europäischen Gemeinschaft, den Feindseligkeiten Einhalt zu gebieten, waren erfolglos.

Generalsekretär Pérez de Cuéllar beauftragte den ehemaligen us-Außenminister Cyrus Vance, gemeinsam mit dem Abgesandten der Europäischen Gemeinschaft, Lord Carrington, eine diplomatische Lösung zu finden. Eine von Pérez de Cuéllars letzten Amtshandlungen war, Deutschland mit eindringlichen Worten aufzufordern, Kroatien, ein Land mit historischen Bindungen an Deutschland, diplomatisch nicht anzuerkennen. Denn würde Kroatiens Unabhängigkeit international akzeptiert, dann würden auch andere Teile Jugoslawiens ihre Unabhängigkeit erklären und ein gefährlicher Kampf um Gebiete könnte ausbrechen.

Pérez de Cuéllars Bitte wurde ignoriert. Am 16. Dezember 1991 willigte die Europäische Gemeinschaft ein, Kroatien und Slowenien binnen 30 Tagen als unabhängige Staaten anzuerkennen. Vier Tage später äußerte die Republik Bosnien-Herzegowina den Wunsch, als unabhängiger Staat anerkannt zu werden. Bosnien war eine multiethnische Gemeinschaft, deren lange Geschichte von Perioden gegenseitiger Freundschaft, aber auch hasserfüllter Gewalt geprägt war. Die Umwälzungen, die Bosnien im weiteren Verlauf erfassten, können nicht allein dem törichten Akt der diplomatischen Anerkennung zugeschrieben werden, doch zweifellos brachte diese das Fass zum Überlaufen. Streit brach aus zwischen jenen, die die Unabhängigkeit wollten (die Muslime), jenen, die sie ablehnten (die Serben), und jenen, die den Konflikt zwischen Muslimen und Serben ausnutzten, um ihren Einfluss auf die eigenen Gebiete zu verstärken (die Kroaten). Erst später, als klar wurde, dass der Westen und die blockfreien Staaten auf der Unabhängigkeit bestanden, begannen die Gruppierungen ihren Kampf um die Vorherrschaft in dem neuen bosnischen Staat.

Als ich am 1. Januar 1992 mein Amt antrat, war der Golfkrieg unlängst beendet worden. Bei diesem Konflikt hatte es sich um einen internationalen Krieg eines Staates, nämlich des Irak, gegen einen anderen, Kuwait, gehandelt. Einige betrachteten die vom UN-Sicherheitsrat autorisierte und von den Vereinigten Staaten angeführte Koalition als ein Modell, mit dem künftige Sicherheitsprobleme gelöst werden konnten. Es war jedoch unwahrscheinlich, dass grenzüberschreitende Kriege wie jener, der zur Operation Wüstensturm führte, in der Zeit nach dem Kalten Krieg die Hauptbedrohung des Weltfriedens darstellen würden. Ethnische, religiöse und kulturelle Konflikte brachen *innerhalb* von Staatsgrenzen aus. Artikel 2 (7) der UN-Charta untersagte die Intervention in Angelegenheiten von Mitgliedstaaten. Zugleich verpflichtete die UN-Charta den UN-Sicherheitsrat zu einer Handlungsweise, durch die »der internationale Frieden und die Sicherheit« gewahrt wurden. Die Gründer der Vereinten Nationen und die Grundprinzipien der gegenwärtigen internationalen Ordnung sahen keine Möglichkeit vor, mit innerstaatlichen Konflikten umzugehen, Konflikten, die nicht offenkundig oder sofort als Bedrohung des internationalen Friedens und der Sicherheit zu verstehen waren. Der sich im ehemaligen Jugoslawien zusammenbrauende Konflikt war kompliziert, und die Gefahr, darin verwickelt zu werden, offensichtlich. Auch die Umstände – in historischer, kultureller und rechtlicher Hinsicht – waren schwierig zu verstehen. Angesichts dieses verwirrenden und unbeständigen Krieges wollten weder die Vereinigten Staaten noch die Europäer die Führung übernehmen; statt dessen drängte man die Vereinten Nationen in die vorderste Reihe.

Die Verwicklung der UNO in die Vorgänge im ehemaligen Jugoslawien begann ganz traditionell mit der Friedensschaffung und Friedenssicherung. Im Januar 1992, am zweiten Tag meiner Amtszeit als Generalsekretär, erreichte Cyrus Vance einen Waffenstillstand zwischen Kroatien und der jugoslawischen Volksarmee. Vance kam in mein Dienstzimmer im 38. Stock und drängte mich, eine UN-Friedenstruppe zur Einhaltung des Waffenstillstands zu entsenden. Nach den traditionellen Prinzipien war dies als Friedenssicherung gedacht, doch die erbitterte, durch den Zerfall Jugoslawiens ausgelöste Gewalt auf dem Balkan hatte bei jedermann Besorgnis und den Widerwillen erweckt, sich dort hineinziehen zu lassen. Marrack Goulding, der Untergeneralsekretär für Operationen zur Friedenssicherung, argumentierte gegen Vance. »Die Friedenstruppe wird in Leichensäcken zurückkehren«, warnte er.

Diese Angst hatte auch ich. Ich befürchtete, dass das, was die Kongo-Operation den Vereinten Nationen unter Dag Hammarskjöld 1960 beschert hatte, auch für den Konflikt im ehemaligen Jugoslawien galt, und diesmal waren es die Vereinten Nationen des Jahres 1992 unter meiner Führung. Dennoch brauchte ich nicht darüber nachzudenken. »Ich muss auf den Ratschlag meines alten Freundes Cy hören«, sagte ich. Meine Freundschaft mit Cyrus Vance reichte bis in die sechziger Jahre zurück, als wir beide an einer in London stattfindenden Konferenz über den Nahen Osten teilnahmen. Als wir 1978 bis 1979, während seiner Zeit als Außenminister, am arabisch-israelischen Friedensprozess arbeiteten, gewann Cy das Vertrauen und die Bewunderung von Ministerpräsident Menachem Begin und Präsident Anwar as-Sadat, und das war gewiss nicht einfach. Er war ehrlich, objektiv und klug.

Als erste wesentliche Amtshandlung entsandte ich also, mit Genehmigung des Sicherheitsrates, UN-Blauhelme als United Nations Protection Force (UNPROFOR) in das ehemalige Jugoslawien. Sie wurden in drei Gebieten Kroatiens stationiert, wo die Serben einen beträchtlichen Anteil der Bevölkerung ausmachten und wo ethnische Spannungen zu bewaffneten Auseinandersetzungen geführt hatten: In Ostslawonien, Westslawonien und in der Krajina. Das Mandat der Vereinten Nationen sollte sicherstellen, dass diese drei kroatischen Gebiete entmilitarisiert und überwacht wurden und dass sich die jugoslawische Armee aus Kroatien zurückzog. In den darauffolgenden Monaten würde das Mandat in Kroatien mehrmals erweitert werden.

Das ursprüngliche UN-Mandat betraf ausschließlich Kroatien, doch die Lage in Bosnien verschlechterte sich nach dem dort am 3. März abgehaltenen Referendum zur Unabhängigkeit rasch. »Die sich verschlechternde humanitäre Situation in Bosnien-Herzegovina macht mir große Sorgen«, sagte ich vor der Presse. »Die Kämpfe machen es schwer, wenn nicht gar unmöglich, die grundlegenden menschlichen Bedürfnisse der unschuldigen Opfer dieses tragischen Konflikts zu befriedigen.«

Die Erklärung, die der stellvertretende US-Außenminister John Bolton am 25. März 1992 vor dem Kongress abgab, ermutigte mich etwas. Die Stationierung von UN-Friedenstruppen im ehemaligen Jugoslawien, so Bolton, sei in besonderer Weise mit den Bemühungen der Europäischen Gemeinschaft verknüpft, eine Lösung des Konflikts auszuhandeln. »Sollten diese Gespräche nicht zum Erfolg führen«, sagte Bolton, »und sollten die Parteien ihre redlichen Bemühungen, die Differenzen beizulegen, aufgeben, wird der Sicherheitsrat das Mandat dieser Mission nochmals überprüfen müssen.« Boltons Worte waren eindeutig und entschlossen und sie entsprachen genau meiner Einstellung: »Wir betrachten die UN-Friedenssicherung nicht als Rettungsmaßnahme für eine verlorene Sache, die in einer Krise ergriffen wird, wenn alle anderen Mittel versagen.«

Zu diesem Zeitpunkt hatten die Vereinten Nationen ihr Hauptquartier in Sarajevo eingerichtet (da es im Bezug auf den kroatischen Konflikt neutraler war als Belgrad oder Zagreb), doch in Bosnien hatte die Truppe nur wenig andere Verpflichtungen. Im Sicherheitsrat gab es jedoch Gespräche darüber, ob man das Mandat dort erweitern sollte. Ende April entsandte ich Marrack Goulding, um die Durchführbarkeit dieses Planes zu prüfen. Und als Zeichen meiner Besorgnis brachte ich den bereits geplanten Einsatz von vierzig Militärbeobachtern in Bosnien zur Sprache.

Goulding kehrte mit einem schlimmen Bericht zurück. Wie ich am 12. Mai 1992 dem Sicherheitsrat meldete, war Sarajevo nachts schwerem Granatenbeschuss und dem Feuer von Heckenschützen ausgesetzt. »Alle internationalen Beobachter sind sich darüber einig, dass es sich bei den Vorgängen um eine gemeinsame Aktion der in Bosnien-Herzegowina lebenden Serben handelt, die mit der Einwilligung und zumindest teilweisen Unterstützung der jugoslawischen Volksarmee ›ethnisch reine‹ Regionen schaffen wollen… Die angewandten Methoden sind: Die Eroberung von Territorium mit militärischer Gewalt und die Einschüchterung der nichtserbischen Bevölkerung. Der Abschluss eines teilweisen Waffenstillstandsabkommens zwischen kroatischen und serbischen Führern am 6. Mai 1992 hat erneut den Verdacht einer kroatisch-serbischen Aufteilung Bosnien-Herzegowinas erweckt. Auf diese Weise würde der muslimischen Gemeinschaft, die die Mehrheit (44 Prozent) der Bevölkerung stellt, nur ein äußerst kleines Gebiet bleiben ... Die Lage in Bosnien-Herzegowina ist tragisch, gefährlich, von Konfusion und Gewalt geprägt.«

Mitte Mai 1992, als ich *Eine Agenda für den Frieden* fertigstellte, erläuterte ich dem Sicherheitsrat meine Meinung über die Realisierung einer UN-Operation zur Friedenssicherung in Bosnien. Ich hatte eingewilligt, dass sich die Vereinten Nationen in Kroatien engagierten, weil Vance dort einen Waffenstillstand erreicht hatte. In Bosnien dagegen tobte ein Krieg.

Präsident Alija Izetbegović hatte auf eine Operation zur Friedenssicherung gedrängt, obwohl er einräumte, dass zwischen den Parteien keine Vereinbarung existierte, auf die sich das Mandat stützen könnte. Die UNPROFOR wurde gebraucht, um Flüchtlingskonvois Geleitschutz zu geben. Doch die bosnischen Serben hatten jede Verstärkung der UN-Präsenz in Bosnien abgelehnt und den Nutzen der wenigen Militärbeobachter, die sich dort bereits aufhielten, abgestritten.

Ich wies den Sicherheitsrat darauf hin, dass »der Konflikt sich augenblicklich in einer Phase befindet, in der Maßnahmen zur Friedenssicherung durch die Vereinten Nationen [nicht] greifen«. Es gab keine Basis für ein durchführbares Mandat. Falls die gegenwärtigen Verhandlungen der Europäischen Gemeinschaft zu einer Einigung führten, würde sich die EG vielleicht als geeigneter als die Vereinten Nationen erweisen, um die dann möglich werdende Friedenssicherung durchzuführen. Außerdem, fügte ich hinzu, »setzt eine erfolgreiche Operation zur Friedenssicherung voraus, dass die Parteien die Vereinten Nationen, ihre Mitarbeiter und ihr Mandat respektieren«. Dies traf auf keine der drei bosnischen Parteien zu. Durch die Bereitstellung bewaffneter Eskorten für humanitäre Konvois riskiere man, dass die Vereinten Nationen in feindliche Auseinandersetzungen mit jenen gerieten, auf deren Kooperation sie angewiesen waren, wenn sie ihre Aufgaben in Kroatien erfolgreich durchführen wollten.

Der Sicherheitsrat ignorierte die Empfehlung, auf eine Erweiterung des UN-Mandats in Bosnien zu verzichten. Seine Resolution 752 vom 15. Mai verlangte, dass die UNPROFOR bewaffnete Eskorten für humanitäre Konvois bereitstellte und dass »alle irregulären Truppen ... aufgelöst und entwaffnet werden«. Und alle Parteien wurden aufgefordert, mit den

Vereinten Nationen zu kooperieren, um dies zu erreichen. Das war der Anfang der unrealistischen, furchtbaren und sich lange hinziehenden Mission, die die Vereinten Nationen in Bosnien in die Katastrophe führen sollte.

Unter der Titelzeile »Boutros Boutros and the Weight of the World« (Boutros Boutros und die Last der Welt) berichtete *The Economist* am 23. Mai 1992:

> Boutros Boutros-Ghali teilte dem Sicherheitsrat mit, es sei unklug, UN-Schutztruppen nach Bosnien zu entsenden, während der Krieg dort noch immer mit derartiger Heftigkeit tobe. Wenn die Ratsmitglieder ein Eingreifen wünschten, so sollten sie nicht versuchen, dies auf die billige Tour zu tun. Vielmehr müssten sie es in Betracht ziehen, Zehntausende von Soldaten zu entsenden, die die Fähigkeit zu einem offensiven Einsatz besäßen. Selbst wenn sie sich zu diesem Zeitpunkt lediglich für bewaffnete Eskorten entschieden, die die humanitären Konvois schützen sollten, müssten sie über eine ähnlich teure Taktik nachdenken. Ein von der UNO geleiteter Konvoi war von muslimischen Milizen brutal aus dem Hinterhalt überfallen worden. Doch der Rat ignorierte Boutros-Ghalis Warnung und stimmte zwei Tage später für die Bereitstellung bewaffneter Eskorten, ohne sich um die militärischen Erfordernisse zu kümmern.

In dem Artikel heißt es weiter:

> Der neue Generalsekretär, viele Jahre lang die graue Eminenz der ägyptischen Außenpolitik, ist weder Machtmensch noch Politiker, ja nicht einmal ein guter Redner. Doch allmählich zeigt er eine sichere Hand und hat vielleicht weniger Angst als sein Vorgänger, sich Feinde zu machen. Ein Anzeichen dafür ist seine Bereitschaft, dem Rat vorzuwerfen, dass er ihm sage, er solle Leute für schwierige und gefährliche Aufgaben auftreiben, ohne ihm die dafür nötigen Mittel zur Verfügung zu stellen.

Einige Tage später, als der Krieg sich verschärfte, musste ich den Großteil des UN-Personals anweisen, Bosnien zu verlassen, weil Lebensgefahr bestand. Ungefähr hundert UN-Beamte blieben im UN-Hauptquartier in Sarajevo, wo sie versuchten, den Waffenstillstand wieder herzustellen und humanitäre Hilfe zu leisten. Die EG zog zu diesem Zeitpunkt ihre Beobachter zurück und die Vereinigten Staaten riefen ihren Botschafter, Warren Zimmerman, aus Belgrad zurück.

Am 30. Mai musste ich dem Sicherheitsrat berichten, dass die in der Resolution 752 vorgesehene Entwaffnung und Auflösung von Truppeneinheiten wahrscheinlich nur in Verbindung mit einer gesamtpolitischen Vereinbarung durchführbar sei, die eine verfassungsmäßige Regelung für Bosnien-Herzegowina zum Inhalt habe. Obwohl dies in der Resolution des Sicherheitsrates nicht erwähnt werde, erklärte ich, bestehe die einzige Alternative darin, »dass internationale Truppen einige oder alle von den aufgelösten Einheiten oder von Individuen stammenden Waffen einziehen und/oder vernichten«.

Der Alptraum des Lord Carrington

Ich mochte und bewunderte Peter Carrington. Vor vielen Jahren hatte er eine Lösung für die scheinbar unlösbaren Probleme gefunden, die sich bei der Umwandlung der britischen Kolonie Rhodesien in den unabhängigen afrikanischen Staat Simbabwe ergaben. Ich beobachtete dies aus dem Blickwinkel der OAU (Organization of African Unity, Organisation für die Afrikanische Einheit), die bei der Befreiung Simbabwes die Rolle eines griechischen Chores übernommen hatte. Doch jedesmal, wenn ich Carrington sah, erinnerte ich mich an die Zeit vor zehn Jahren, als er beim arabisch-israelischen Friedensprozess die europäische Position vertreten hatte. Dies führte häufig zu Konflikten mit dem israelischen Ministerpräsidenten Begin, der Carrington stets »Boutros« nannte, das arabische Wort für »Peter«. In meiner Eigenschaft als ägyptischer Staatsminister für auswärtige Angelegenheiten nannte mich Begin immer dann »Boutros«, wenn er mich als kooperativ betrachtete, und »Peter«, wenn er gegenteiler Meinung war. Ich glaube, Carrington war sich dieser eigenartigen Verbindung nicht bewusst.

Ich traf Lord Carrington am 2. Juli 1992 im Dorchester Hotel in London. »Die letzten Monate habe ich wegen Jugoslawien kein Auge zugetan«, sagte ich zu Carrington. »Ich hatte Alpträume deswegen«, antwortete er. Zum ersten Mal, erklärte ich, würden die Vereinten Nationen möglicherweise in eine widersprüchliche Operation verwickelt werden: Friedenssicherung, die völlige Unparteilichkeit gegenüber den Parteien erfordert, und die Friedensdurchsetzung im Bezug auf eine Partei. Der Druck der Öffentlichkeit nahm zu und der Sicherheitsrat drängte zum

Handeln. »Der Rat«, sagte ich, »benimmt sich allmählich wie die Vollversammlung: Er drischt Phrasen und stellt Forderungen, die, wie er genau
weiß, unrealistisch sind, nur um die öffentliche Meinung zu befriedigen.«
Die Vereinten Nationen müssten ihre Glaubwürdigkeit für andere Aktivitäten in der Welt bewahren, betonte ich. In Afrika, fuhr ich fort, werde
den Vereinten Nationen vorgeworfen, sie würden ihre Aufmerksamkeit
nur deshalb Jugoslawien zuwenden, weil es ein europäischer Staat sei,
und Konflikte in Ländern wie Moçambique und Angola ignorieren.

Carrington sagte, er werde nach Sarajevo gehen, um sich dort mit
Izetbegović und Radovan Karadžić zu treffen. »Sollte ich dann nach
New York kommen?«, fragte er und fügte hinzu: »Das möchte ich eigentlich nicht.« Ich drängte Carrington, zu den Vereinten Nationen zu kommen, weil ich Interesse an einer internationalen Konferenz über das
ehemalige Jugoslawien wecken wollte, möglicherweise auch unter Einbe-
ziehung der Konferenz über Sicherheit und Zusammenarbeit in Europa
(KSZE), der Europäischen Gemeinschaft sowie des Sicherheitsrates. Carrington seufzte und meinte: »Tito, komm zurück.« Damit erinnerte er
daran, wie Tito Jugoslawien zusammengehalten hatte.

Eine Woche später traf ich mich im 38. Stockwerk des UN-Gebäudes
mit Carrington. »Wenn ich Sie über die aktuelle Lage in Bosnien-Herzegowina informieren darf«, sagte er, »so sind die meisten Leute der Ansicht, dass die armen Muslime ausgenutzt werden, die Serben die Bösen
und die Kroaten neutral sind. Die Serben *sind* tatsächlich böse, aber die
anderen sind es ebenso.« Ich war geneigt, ihm zuzustimmen. Der Westen
schien die Serben als die einzigen Übeltäter zu betrachten, wohingegen
ich glaubte, dass keine der Parteien in Bosnien völlig unschuldig an dem
grausamen Konflikt war.

Am 17. Juli 1992 wurde unter Carringtons Vorsitz im Londoner
Auktionshaus Christie's ein Abkommen ausgehandelt, in dem die bosni-
schen Serben, Kroaten und Muslime einen Waffenstillstand unterzeich-
neten und sich bereit erklärten, alle schweren Waffen, wie zum Beispiel
Kampfflugzeuge, Panzer, Granat- und Raketenwerfer, internationaler
Kontrolle zu unterstellen. Binnen 24 Stunden begrüßte der Sicherheits-
rat die Vereinbarung und forderte die Parteien auf, die Standorte und die
Anzahl der schweren Waffen sofort der UN-Schutztruppe mitzuteilen.
Der Rat bat mich außerdem darum, innerhalb von drei Tagen über die
Durchführung des Beschlusses zu berichten. Dies war lächerlich. Ich er-
klärte Carrington, das von ihm ausgehandelte Abkommen sei unrea-
listisch, wobei er mir nicht widersprach. Die UNO war aufgrund ihrer

dürftigen Präsenz im Krisengebiet einer solch gigantischen Aufgabe nicht gewachsen, selbst wenn die kriegführenden Parteien es mit der Unterzeichnung des Abkommens ernst gemeint hätten. Doch das war, wie sie offenbarten, nicht der Fall, denn als der UN-Befehlshaber in Bosnien mit den drei Parteien Kontakt aufnahm, erklärte sich keine davon zur Kooperation bereit.

Ich berichtete dem Sicherheitsrat am 21. Juli 1992, die Vereinten Nationen hätten weder die Vollmacht noch die Mittel, um dem Ansinnen des Rats zu entsprechen. Trotz des bei Christie's unterzeichneten »Waffenstillstands« hatten die Kämpfe nicht aufgehört. Die Parteien kooperierten nicht. In Wirklichkeit verlegten sie ihre schweren Waffen an Orte, wo sie nicht kontrolliert werden konnten. Darüber hinaus standen keine UN-Soldaten für diese Aufgabe zur Verfügung.

Mein Brief an den Präsidenten des Sicherheitsrates vermittelte die Spannungen: »Ich befinde mich nun in der unangenehmen Position, den Rat bei der Durchführung eines Mandats beraten zu müssen, dem der Rat bereits seine ganze politische Unterstützung verliehen hat. Das Handeln des Rats hat Erwartungen geweckt. Ich muss meine wohlüberlegte Ansicht zum Ausdruck bringen, dass es vorzuziehen gewesen wäre, wenn der Sicherheitsrat, wie es bislang immer der Fall gewesen war, eine technisch fundierte Meinung der UNPROFOR erbeten und abgewartet hätte, bevor er diese Position einnahm. Angesichts der schlimmen Nachrichten, die uns in den vergangenen Wochen aus Bosnien-Herzegowina erreicht haben, kann ich den Wunsch des Rats verstehen, die Situation, welche sich offenbar durch die Londoner Gespräche ergeben hat, zu nutzen. Zugleich hoffe ich sehr, dass es für den Rat und den Generalsekretär möglich sein wird, ihre Arbeit besser zu koordinieren. Ich stehe dem Sicherheitsrat selbstverständlich zur Verfügung. Gleichzeitig würde ich mir jedoch wünschen, dass meine Ansichten in Bereichen, die eindeutig in meinem Kompetenzbereich liegen, sondiert werden.«

Am gleichen Tag beriet der Sicherheitsrat über die Angelegenheit. Der Präsident des Rats bemerkte vorsichtig, dass mein Brief »grundlegende Fragen« berühre, die die »Beziehungen zwischen Generalsekretär und Sicherheitsrat betreffen und die der Rat vielleicht für die Zukunft im Auge behalten möge«. Sir David Hannay, der britische Botschafter bei den Vereinten Nationen, lehnte es ab, meinen Brief zu kommentieren, nach dem Grundsatz »je weniger geredet wird, desto rascher wird alles wieder gut«. Hannay und ich waren manchmal unterschiedlicher Meinung, wir haben uns aber immer gut verstanden. Er hatte eine herrische

Art – ähnlich wie ich, wie einige behaupten –, aber er war einer der besten Botschafter bei den Vereinten Nationen, den ich kannte.

Der *Globe* in Toronto schrieb: »Boutros-Ghali entlarvte die Aktionen des Rats als das, was sie waren: Phrasendrescherei, in der typischen Art der UNO.« Der Sicherheitsrat hatte eine Maßnahme beschlossen, ohne die damit verbundenen Verpflichtungen, über die er sich keine Gedanken gemacht hatte, zu akzeptieren.

Ich war noch keine sechs Monate im Amt, hatte aber bereits Schwierigkeiten mit meinen wichtigsten Vollmachtgebern. Die europäischen Regierungen, aber auch die Vereinigten Staaten, hatte ich verärgert, indem ich ihrem Wunsch nach größeren UN-Operationen zur Friedenssicherung auf dem Balkan nicht nachgekommen war. Ich hatte darauf hingewiesen, dass der Sicherheitsrat nicht gewillt war, die UN-Streitkräfte mit den Waffen und Vollmachten auszustatten, die nötig waren, um inmitten eines erbitterten und blutigen Krieges effektiv operieren zu können. Selbst meine Heimatländer waren unzufrieden mit mir: Afrika, weil ich der Friedenssicherung mehr Aufmerksamkeit widmete als der Entwicklung der ärmsten Länder; und die islamische Welt, die wollte, dass die UNO im Namen der bosnischen Muslime Krieg gegen die Serben führte.

Mitte Juli 1992 kritisierte ich Lord Carrington, den EG-Repräsentanten für Bosnien, und damit implizit auch die Europäer im allgemeinen wegen ihrer Vorgehensweise in Bosnien. Sie interessieren sich mehr für diese Katastrophe in Europa, sagte ich, als über vergleichbare oder größere Katastrophen in der nicht-europäischen Welt. Das sei verständlich, aber die Europäer sollten von den Vereinten Nationen nicht das gleiche Verhalten erwarten. Die Vereinten Nationen, betonte ich, könnten sich nicht um einen Flächenbrand kümmern und einen anderen ignorieren. Wenn die Europäer ein größeres Engagement für Bosnien wünschten, sollten sie selbst mehr tun und nicht von den Vereinten Nationen erwarten, dass sie entscheidende Mittel für einen Konflikt in Europa auf Kosten von Konflikten in Afrika, Asien und Lateinamerika abzweigen.

Am 27. Juli 1992 berichtete ich dem Sicherheitsrat, dass die Entwicklung auf dem Balkan die Grundlagen, auf denen der UN-Friedensplan für Bosnien formuliert worden war, radikal geändert hatte. Die Lage in Bosnien zwang die UN-Streitkräfte zu Aufgaben und zog sie in Auseinandersetzungen hinein, die weit über das übliche Maß der Friedenssicherung hinausgingen. Es war an der Zeit, Boltons Erklärung vor dem Kongress in die Tat umzusetzen: Der Sicherheitsrat sollte das Mandat der

Vereinten Nationen im ehemaligen Jugoslawien einer erneuten Prüfung unterziehen.

Am 8. August 1992 hieß es in *The Economist:* »Der neue Generalsekretär zeigte sich der Lage außerordentlich gewachsen. Doch durch sein Verhalten sorgt er in seiner Umgebung für Verstimmung.« In einer Welt der aufgeblähten Egos, hieß es weiter, gehe Boutros-Ghali vielleicht zu weit. Die britische Presse gehe »ihm eindeutig auf die Nerven. Dennoch war es absurd von ihm und seiner unwürdig, zu behaupten, wie er es kürzlich tat, dass die Kritiker über ihn herzögen, weil er ein ›Wog‹, ein ›Ausländer‹, sei.« Seit meiner Jugend unter dem britischen Kolonialismus war »Wog« ein abwertender Begriff. Er stand für »verwestlichter, orientaler Gentleman«. Ich erinnerte mich an ein Ereignis aus dem Ägypten des Zweiten Weltkriegs: Ein britischer Soldat sagt in Alexandria zu seinem vorgesetzten Offizier: »Sir, ich habe zwei Wogs am Strand spazieren gehen sehen.« Der Offizier entgegnet streng: »Das waren König Faruk und sein Leibwächter.« Der Soldat korrigiert sich selbst: »Sir, ich habe König Faruk gesehen, wie er mit einem anderen Wog spazierenging.« Meine »Wog«-Bemerkung hatte ich mit einem Lächeln gemacht.

»Boutros-Ghali, der erste vom afrikanischen Kontinent stammende UN-Chef, hat es bereits fertiggebracht, die Diplomaten Afrikas und anderer Länder der Dritten Welt, UN-Mitarbeiter, einen Großteil des Pressekorps und ... die unantastbaren Mitglieder des Sicherheitsrates, die ›Großen Fünf‹, vor den Kopf zu stoßen«, schrieb die Tageszeitung *Australian* Mitte August 1992. »Ausdrücke wie ›arrogant‹ und ›plump‹ sind auf den Gängen des UN-Gebäudes mittlerweile häufig zu hören. Und der spöttische Name ›Boo-Boo‹ blieb fest am kampfbereiten Generalsekretär haften.« Die Auseinandersetzungen hatten sogar zu einer Verleumdungskampagne geführt, derzufolge ich möglicherweise vor Ablauf meiner fünfjährigen Amtszeit meinen Posten aufgeben müsse. An diese Dinge verschwendete ich allerdings keine weiteren Gedanken.

Die Reaktion Europas, des Westens und der restlichen Welt auf die Gräuel in Bosnien war zusammenhangslos und von Selbsttäuschung geprägt. Die Vereinigten Staaten, die Nato, die KSZE und die G-7-Länder vertraten in Bezug auf Bosnien jeweils einen individuellen Standpunkt. Manchmal gab es Übereinstimmungen, häufig aber unterschiedliche Auffassungen. Alle jedoch benutzten die Vereinten Nationen als eine Art Strohmann, als Ersatz dafür, ihre eigenen schweren Entscheidungen zu treffen und die entsprechenden Mittel einzusetzen. Die UN-Soldaten in Bosnien befanden sich in einer zunehmend unhaltbaren Position. Sie waren dorthin entsandt worden, um jene zu unterstützen, die humanitäre Hilfe leisteten, und die serbischen und bosnischen Truppen wussten, dass sie, sollten sie provoziert werden, keine Gewalt anwenden durften. Ein Netz von Straßensperren und Erpressung kam den Kämpfern im ehemaligen Jugoslawien zugute und erniedrigte die UN-Truppen in zunehmendem Maße. Zum ersten Mal wurden die Blauhelme, die früher als Friedenswächter willkommen geheißen wurden, von jenen bedroht und mit Verachtung behandelt, denen sie zu Hilfe geeilt waren. Viele Menschenleben wurden gerettet, doch die Vereinten Nationen waren nicht ermächtigt, das Gleichgewicht der Streitkräfte zu beeinflussen. Meiner Meinung nach wurde die UN-Schutztruppe von Europa und den Vereinigten Staaten benutzt, um zu zeigen, dass gegen die Hölle, in die sich Bosnien verwandelt hatte, »etwas« getan wurde. Gleichzeitig diente die Schutztruppe als Sündenbock für das Versäumnis, die Gräuel gänzlich zu beenden.

Trotz der kürzlichen Wortgefechte mit der Presse waren meine Beziehungen zur Bush-Regierung gut. Obwohl mein »schroffer« Stil zunehmend kritisiert werde, »ist die US-Regierung im Grunde zufrieden mit ihm«, sagte ein amerikanischer Beamter der *Washington Post.* »Wir scheren uns weniger als alle anderen um die Feinheiten. Wir *wollten* einfach einen energischen Generalsekretär, der durch Management, Innovation und eine neue Denkweise der Vereinten Nationen überzeugt.«

In den neunziger Jahren hatte Präsident Bush eindeutig eine große Vision für die Vereinten Nationen. In seiner politischen Denkschrift »Die nationale Sicherheitsstrategie der Vereinigten Staaten« hatte er erkannt, dass sich wahrscheinlich viele Konflikte außerhalb der Reichweite traditioneller Sicherheitssysteme ergeben. Die Vereinten Nationen würden für eine Möglichkeit sorgen, die internationalen Reaktionen zu organisieren. Bushs Ziel war es auch, die Schulden, die die Vereinigten Staaten bei den Vereinten Nationen hatten, bis 1995, dem Jahr des 50-jährigen Bestehens der UNO, zu bezahlen. Während des ganzen Sommers 1992 hatte ich den Eindruck, als wisse die Bush-Regierung, dass ich mit meiner Politik verhindern wollte, dass jene schwierigen Entscheidungen, die Europa und die Vereinigten Staaten hinsichtlich der Krise in Bosnien zu treffen hatten, auf die Vereinten Nationen abgewälzt wurden.

Die Londoner Konferenz

Um einen gewissen Gleichklang in die verschiedenen Ansätze zu bringen, mit denen man den Balkankonflikt lösen wollte, nahm ich im Sommer 1992 die Einladung der EG an, als UN-Generalsekretär gemeinsam mit dem britischen Premierminister John Major in seiner Eigenschaft als gegenwärtiger EG-Kommissionspräsident den Vorsitz bei einer »Internationalen Konferenz über das ehemalige Jugoslawien« zu führen. Als erste größere Zusammenarbeit dieser Art zwischen den Vereinten Nationen und einer regionalen Organisation war es eine beachtliche verfahrenstechnische Innovation in der internationalen Politik.

Premierminister Major und ich beriefen am 26. August 1992 die Londoner Konferenz ein. Ich hob die Tatsache hervor, dass die Gebiete des ehemaligen Jugoslawien, wo nun Krieg geführt wurde, diplomatisch anerkannt und in die UNO aufgenommen worden waren. »Dadurch werden diese Vorgänge«, sagte ich, »zu einem internationalen Konflikt.« Es standen nicht nur die künftige Form oder Sicherheit eines oder mehrerer UN-Mitgliedstaaten auf dem Spiel, sondern in gleichem Maße ihre bloße Existenz.

Die Europäische Gemeinschaft und die Vereinten Nationen hatten sich auf eine Arbeitsteilung geeinigt, wobei die EG bei der Überwachung des Waffenstillstands und den Verhandlungen um eine friedliche Lösung die Führung übernahm. Die UN-Friedenswächter sollten sich dagegen auf den Schutz der humanitären Aktionen konzentrieren. Als sich die Kämpfe jedoch zuspitzten, zog die Europäische Gemeinschaft ihre Mitarbeiter aus Sarajevo zurück. Somit bildeten die Vereinten Nationen die einzig verbliebene internationale Präsenz in Bosnien.

Auf der Londoner Konferenz sprach ich offen über das, was die Teilnehmer zwar wussten, aber nicht anerkennen wollten: »Die Erwartungen der internationalen Gemeinschaft – die über die Gräuel des Konflikts in Bosnien-Herzegowina zutiefst erschüttert ist – übersteigen nach wie vor Mittel und Belastbarkeit der UN-Schutzmacht... Und das, obwohl der Sicherheitsrat wegen des Konflikts Aktionen von allen Seiten forderte... Die UN-Streitmacht wurde ausdrücklich ermächtigt und entsprechend ausgestattet, lediglich die Vereinbarung vom 5. Juni 1992 [die Wiedereröffnung des Flughafens von Sarajevo zum Zwecke humanitärer Hilfe] in die Tat umzusetzen. Dies hat sie unter sehr schwierigen und gefährlichen Bedingungen getan.«

Man müsse sich klarmachen, sagte ich, dass das UN-Personal, sollte es seinen Auftrag erfolgreich durchführen, auf die Kooperation der irregulären Kampftruppen der Konfliktparteien angewiesen sei. Doch all diese Gruppierungen hegten eine bittere Feindseligkeit gegenüber allen Versuchen, dem Blutvergießen ein Ende zu bereiten und den Frieden wiederherzustellen.

Ich wollte die Teilnehmer der Londoner Konferenz zwingen, der Realität ins Auge zu sehen: »Ich möchte betonen, dass die UNO-Mission allein und mit dem gegenwärtigen Mandat diese Krise nicht beenden kann. Ebenso wenig kann dadurch eine dauerhafte politische Lösung gefunden werden. Es ist mehr, sehr viel mehr erforderlich, und zwar dringend. Deshalb sind wir heute in London!« Ich versuchte, einen Rahmen zu setzen, an dem jeder sehen konnte, wie, wann und ob interveniert werden sollte. Zwei Punkte wollte ich klarstellen.

Erstens, sagte ich, könne die internationale Gemeinschaft nicht in jedem von Gewalt beherrschten Gebiet der Erde eingreifen. Doch einigen Konflikten müssten wir unsere Aufmerksamkeit zuwenden: Denjenigen, die den internationalen Frieden und die Sicherheit bedrohen; denjenigen, die die grundlegenden moralischen, die Menschlichkeit im allgemeinen auszeichnenden Normen verletzen; und denjenigen, die, wenn sie nicht gelöst werden, leicht das Fundament des internationalen Systems untergraben könnten. Die Krise in Bosnien erfüllte eindeutig alle drei Kriterien.

Zweitens drängte ich die Teilnehmer der Londoner Konferenz, eine gemeinsame Formel zu finden, mit der einerseits die Verschiedenheiten der Region respektiert würden, andererseits die Regierung aber in die Lage versetzt werde, ein gemeinsames Ziel zu verfolgen und allgemeine Loyalität zu erhalten. »Wenn jede ethnische, religiöse oder linguistische Gruppe Souveränität beanspruchen würde, wären der Zersplitterung keine Grenzen gesetzt«, warnte ich. Dies bedeutete, dass Bosnien einen Anspruch darauf hatte, als multiethnischer Staat fortzubestehen.

Ich forderte die Teilnehmer der Londoner Konferenz auf, einer brutalen Alternative ins Auge zu sehen: Falls die friedenssichernde Aufgabe der UN-Operation zunichte gemacht würde und die Feindseligkeiten sich verstärkten, sollte die UN-Streitmacht entweder zurückgezogen oder Teil einer umfassenderen internationalen Bemühung werden, die Krise nicht nur auf diplomatischem Wege, sondern mit Militärgewalt zu lösen.

Lord Carrington erschien zur Eröffnung der Londoner Konferenz, doch im weiteren Verlauf der Konferenz sah man ihn kaum noch. In den Medien wurde das Gerücht verbreitet, ich hätte seinen Rücktritt gefordert, weil er versucht habe, den UN-Friedenstruppen mehr Verantwortung zu übertragen, ohne mich zu konsultieren oder zu bedenken, dass solche weitreichenderen Aufgaben auch weitere Mittel erfordern. In Wirklichkeit habe ich Carrington nie gedrängt, sein Amt niederzulegen. Er war von der Europäischen Gemeinschaft eingesetzt worden und ich hatte keine Machtbefugnis über ihn. Carrington war der Kompromisslosigkeit der Serben, Bosnier und Kroaten überdrüssig geworden und hielt sich nur selten im Krisengebiet auf. Er zog es vor, von London aus zu arbeiten. Zu Beginn der Londoner Konferenz wusste jeder, dass er bald durch Lord Owen ersetzt würde. Der als Arzt ausgebildete David Owen war von 1977 bis 1979 britischer Außenminister gewesen. Nach dem Sieg der Konservativen wurde Owen Anfang der achtziger Jahre einer der Mitbegründer der Sozialdemokratischen Partei (SDP), und als die SDP 1990 aufgelöst wurde, schien Owen keine politische Zukunft zu haben. Ich fand Owen elegant, mutig und erfrischend unabhängig. Wir hatten vieles gemeinsam: beide galten wir als arrogant und schroff; wir teilten die Überzeugung, dass alle Parteien im ehemaligen Jugoslawien eine Mitschuld trugen, und wir waren beide skeptisch, was Washingtons Vorgehensweise betraf.

Die Teilnehmer der Londoner Konferenz erklärten, sie würden die fortdauernde Existenz Bosnien-Herzegowinas als Staat unterstützen, sich weigern, die gewaltsame Eroberung von Territorium zu akzeptieren und die Schaffung eines ständigen, institutionalisierten Verhandlungsprozesses befürworten. Die Londoner Konferenz schuf zudem ein klar strukturiertes System, um eine gemeinsame internationale Anstrengung zu ermöglichen. Sechs Arbeitsgruppen wurden gegründet: drei unter den Vereinten Nationen und die anderen drei unter der Europäischen Gemeinschaft. Sie würden einem Lenkungsausschuss unterstellt sein, dessen Sitz sich in Genf befand und der von Cyrus Vance als UN-Gesandter und Lord Owen als neuer EG-Gesandter gemeinsam geführt würde. Anders ausgedrückt: die Londoner Konferenz würde durch die Tätigkeit des neuen Verhandlungsteams aktiv fortgesetzt werden.

Gegen Ende der Konferenz fragte ich die Delegierten, wer das Ganze finanzieren würde. Allgemeines Schweigen. Ich sagte, die Vereinten Nationen befänden sich in einer finanziellen Notlage und hätten keine Mittel. »Sie müssen einen Sonderfonds einrichten«, riet ich den Konferenzteilnehmern. Wieder Schweigen. Dann entspann sich eine Debatte über eine Formel, nach der die Beiträge zu einem solchen Fonds festgelegt werden könnten. Sollten die Kriterien der UNO maßgeblich sein? Oder jene der EG? Der japanische Delegierte erklärte, dass Japan ohne klare Richtlinien nichts beisteuern könne. Wieder Stille. Premierminister Major fühlte sich sichtlich unbehaglich angesichts dieser Pattsituation und fragte seine Mitarbeiter verärgert, warum man ihn nicht über dieses offenkundige Problem unterrichtet habe. Larry Eagleburger hob die Hand: »Die Vereinigten Staaten verpflichten sich zur Zahlung von drei Millionen Dollar«, sagte er. Da war der Bann gebrochen – zumindest für die restlichen Stunden der Konferenz. Später waren zehn Telefonate erforderlich, bis ich dem amerikanischen State Department die versprochenen drei Millionen Dollar abknöpfen konnte. Alle internationalen Konferenzen verlaufen so: Die Delegierten vermeiden es tunlichst, vom Geld zu sprechen, da Geld immer ein heikles Thema ist. Das soll jemand anders später regeln, sagen sie sich.

Als der Sicherheitsrat 1992 die neue Souveränität Bosniens, Kroatiens und Sloweniens bestätigte, beschloss er auch, dass die Bundesrepublik Jugoslawien, die aus den beiden verbliebenen Teilrepubliken Serbien und Montenegro bestand, nicht automatisch die UN-Mitgliedschaft der früheren »Sozialistischen Föderativen Republik Jugoslawien« annehmen könne und dass das neue Regime in Belgrad eine Mitgliedschaft beantragen müsse. Dies war ein wichtiges Druckmittel. Die Charta verlangte, dass neue Staaten »friedliebend« waren; somit müsste die Bundesrepublik Jugoslawien aufhören, den Krieg in Bosnien zu unterstützen, wenn sie je ein vollwertiges Mitglied der UNO werden wollte. Im Lauf der Zeit schwand die Bereitschaft der internationalen Gemeinschaft, dieses Druckmittel anzuwenden, und die UN-Mitgliedschaft der Belgrader Regierung warf keine Fragen mehr auf.

Zwischen unseren Bemühungen und den Ereignissen in Bosnien bestand nach wie vor eine gewaltige Kluft. Generalleutnant Barry McCaffrey sagte vor dem Senat aus, es seien möglicherweise bis zu 120 000 Soldaten nötig, um die humanitäre Hilfe sicherzustellen. Das damals zur Friedenssicherung eingesetzte UN-Personal zählte rund 14 000 Personen, die jedoch nicht als »Soldaten« bezeichnet werden konnten, die in der Lage waren, gewaltsam Sicherheit zu gewährleisten. In Washington erregte Mitte 1992 George Kenney, ein Beamter des US Foreign Service, Aufsehen mit seinem Rücktritt – ein Protest gegenüber der »ineffektiven und kontraproduktiven« Vorgehensweise der Bush-Administration in Bosnien.

Der Vance-Owen-Plan

Unterdessen bemühten sich Vance und Owen hartnäckig, einen gemeinsamen Friedensplan der UNO und der EG zu entwerfen. Ihr Konzept bestand darin, »Kantone« nach dem Vorbild der Schweiz zu schaffen, von denen jeder mit einer der drei Parteien identifiziert würde: Serbisch/orthodox, kroatisch/katholisch, und bosnisch/muslimisch. Jede ethnische Partei hätte drei Kantone, insgesamt also neun. Der zehnte Kanton wäre Sarajevo, welches von allen dreien gemeinsam regiert würde. Dies war eine gute Möglichkeit, die Realitäten unterschiedlicher Bevölkerungsgruppen in der Region widerzuspiegeln, und gleichzeitig Bosnien-Herzegowina als multiethnischen und multikonfessionellen Staat zu erhalten. Die Serben müssten allerdings 60 Prozent des gewaltsam eroberten Territoriums abtreten.

Vance und Owen wussten, dass dieser Plan alles andere als ideal war, Owen nannte ihn »einen Frieden aus der Hölle«. Doch meiner Meinung nach konnten wir nicht viel mehr erreichen.

Am Jahresende berichtete ich der Vollversammlung, dass die Vereinten Nationen und die Europäische Gemeinschaft sehr viel dazu beigetragen hatten, die Form einer künftigen politischen Regelung in Bosnien festzulegen.

Zur neuen und wachsenden Sorge wurde Mazedonien, wo eine »gärende Situation«, wie Cyrus Vance am 13. November 1992 dem Sicherheitsrat mitteilte, Anlass zu Befürchtungen gab, der Krieg könne auf diese ehemalige jugoslawische Republik übergreifen. Bislang tobte der Krieg nur innerhalb der traditionellen Grenzen Bosniens. Es musste unbedingt verhindert werden, dass auch Mazedonien mit hineingezogen wurde. Denn dies könnte zu weiteren gewaltsamen Konflikten außerhalb Bosniens führen. Mazedonien war mit seiner großen albanischen Minderheit besonders für Griechenland und Albanien, aber auch für Bulgarien von Bedeutung. Ein Krieg in dieser Region könnte dem Balkankonflikt eine völlig neue Dimension verleihen.

In Folge eines dem Sicherheitsrat unterbreiteten Vorschlags und des Berichts einer Untersuchungsgruppe riet ich dem Sicherheitsrat am 9. Dezember 1992,» an der mazedonischen Grenze zu Rest-Jugoslawien eine kleine UNPROFOR-Präsenz einzurichten… mit einem im wesentlichen präventiven Mandat«. Ich verlangte ein Infanteriebataillon und eine Gruppe von 35 UN-Beobachtern. Die USA stellten Soldaten zur Verfügung und die Operation war das erste Beispiel in der Geschichte der UNO für einen erfolgreichen »Präventiveinsatz«. Es erfüllte mich mit Befriedigung, dass ein Konzept aus der *Agenda für den Frieden* im Krisengebiet realisiert wurde.

Ende 1992 trafen Vance, Owen und ich im Palast der Nationen in Genf mit Bosniens Präsidenten Alija Izetbegović und seinem Außenminister Haris Silajdžić zusammen. Die Bosnier erklärten, die Lage sei schlimmer denn je: die Serben würden immer mehr Land erobern und ihre »ethnische Säuberung« verstärkt fortsetzen. Die Vereinten Nationen, sagten sie, sollten das Waffenembargo aufheben und der muslimischen Bevölkerung gestatten, sich selbst zu verteidigen.

Gemäß der UN-Charta besitzt ein Staat das Recht zur Selbstverteidigung, sofern der Sicherheitsrat nicht in Aktion getreten ist. Der Sicherheitsrat hatte, kurz nachdem im Sommer 1991 in Kroatien die Kämpfe begonnen hatten, für ganz Jugoslawien ein Waffenembargo verfügt. Die muslimische Seite in Bosnien versuchte den Eindruck zu erwecken, als wäre allein sie von dem Embargo betroffen und bezeichnete es als unfair: Die Welt sollte entweder gewaltsam eingreifen oder dem Volk erlauben, Waffen zu beschaffen, um sich zu verteidigen. Obwohl diese Aussage unaufrichtig war, hatte sie am Anfang doch eine große Wirkung: Die Muslime besaßen in der Tat kaum Waffen, während die bosnischen Serben Zugang zu den immensen Beständen der jugoslawischen Volksarmee hatten und die bosnischen Kroaten von Kroatien mit Waffen versorgt wurden. Doch zu diesem Zeitpunkt wusste ich, dass die bosnischen Muslime bereits heimliche Waffenlieferungen aus muslimischen Ländern erhielten. Und die Staaten, die Soldaten für UNPROFOR zur Verfügung stellten, darunter einige Nato-Mitgliedstaaten, machten klar, dass sie, sollte das Waffenembargo aufgehoben werden, ihre Truppenkontingente zurückziehen würden. Sie wollten es vermeiden, in einen hochgerüsteten Krieg verwickelt zu werden.

Ich erklärte Izetbegović, die internationale Gemeinschaft wolle den Friedensprozess fortsetzen, weil sie daran glaube, dass eine Beilegung des Konflikts erzielt werden könne. »Die internationale Gemeinschaft favorisiert momentan die muslimische Bevölkerung Bosniens«, sagte ich, »und schickt Ihnen humanitäre Hilfe.« »Dagegen«, sagte ich, »könnte ich Ihnen eine ganze Liste mit Ländern vorlegen, die nichts erhalten und deren Probleme noch erheblich gravierender sind als die Bosniens.« Die Meinung der Weltöffentlichkeit könne sich binnen weniger Stunden ändern, betonte ich. Ich erwähnte Angola, wo die USA und Südafrika ihre Unter-

stützung für Jonas Savimbi von einem Tag auf den anderen eingestellt
hatten, als Anfang November Kämpfe ausgebrochen waren. Ich warnte
Izetbegović, dass mit internationalem Beistand nicht mehr zu rechnen
sei, sollten die Muslime Waffen erhalten und in die Offensive gehen.
»Das wissen wir bereits«, meinte Silajdžić.

Silvester in Sarajevo

Am 31. Dezember 1992 – es war bitterkalt – stiegen Cyrus Vance und ich
in Sarajevo aus dem Flugzeug, zogen kugelsichere Westen an und setzten
blaue Helme auf. Wir statteten den UN-Soldaten, einschließlich des ägyptischen Kontingents, einen Besuch ab. Dies war seit der Kongo-Operation, mehr als 30 Jahre zuvor, das erste Mal, dass ägyptische Soldaten in
einer UN-Streitmacht gedient hatten. Es war nicht einfach gewesen, diese
ägyptische Armeepräsenz in Bosnien durchzusetzen. Mubarak, stets ein
vorsichtiger Führer, wollte »seine Jungs« nicht in Gefahr bringen. Die
ägyptischen Soldaten bereiteten mir einen überschwenglichen Empfang,
wodurch sich meine Stimmung gleich erheblich besserte. Anschließend
besuchte ich die Kranken und Verwundeten im Hospital. Die Tatsache,
dass der zuständige Arzt ein Kroate war, wurde als bedeutendes Zeichen
des multiethnischen Charakters Sarajevos hervorgehoben.

In dem Gebäude, in dem der bosnische Präsident amtierte, sprach
ich in Anwesenheit einer großen Gruppe von Reportern mit dem Vize-
präsidenten Ejup Ganić. »Bosnien ist ein vollwertiges Mitglied der Vereinten Nationen«, sagte ich, »und deshalb müssen die Vereinten Nationen Bosniens Unabhängigkeit und territoriale Integrität erhalten.« Ich
versicherte den Bosniern, dass die Vereinten Nationen ihre Bestürzung
über all die geschehenen Gräuel teilten. Ich verurteilte die Verbrecher,
die diese entsetzlichen Taten zu verantworten hatten, und verlieh meiner
Hoffnung Ausdruck, dass ein internationaler Gerichtshof sie ebenfalls
verurteilen werde. Ich bat alle Parteien inständig darum, die Verhandlungen fortzusetzen und den Vance-Owen-Plan zu unterstützen.

Als ich aus dem Gebäude trat, versammelte sich draußen eine Menschenmenge. Sie drohte mir mit den Fäusten, nannte mich einen »Fa-
schisten« und »Mörder« und beschimpfte die Vereinten Nationen. Ich
versuchte, mit dem Mob zu reden, doch ein ägyptischer General aus
dem Kontingent der Blauhelme, der mich begleitete, hielt mich zurück.
»Bitte tun Sie es nicht«, sagte er. »Warum?«, fragte ich. »Weil Mubarak

mich aufhängen wird, wenn Ihnen etwas zustößt«, antwortete er. »Sie haben also Ihretwegen Angst, nicht meinetwegen?«, meinte ich. »Ja, Sir«,
sagte er. Ich nahm seinen Arm. »Kommen Sie, gehen wir gemeinsam
das Risiko ein«, sagte ich und zog ihn zu der Menschenschar herüber.
Ich erläuterte ihnen vergeblich die Beschränkungen, unter denen die Vereinten Nationen handeln mussten. Doch die Erörterung übte eine beru-
higende Wirkung auf die Menge aus und wir konnten uns unbehelligt
entfernen. »Al Hamdulillah! [Gott sei Dank!]«, rief der ägyptische General aus. »Sehen Sie«, sagte ich, »wir stehen unter dem Schutz Gottes.«

Das ägyptische Kontingent wollte mit mir zusammen essen. Das UN-
Hauptquartier lehnte dies jedoch ab mit den Worten, der Generalsekretär gehöre nicht nur zur ägyptischen, sondern zur gesamten UN-Mission.
Also einigte man sich auf einen Kompromiss. Ich aß zwar im UN-Hauptquartier, doch die ägyptischen Soldaten brachten mir ägyptische Speisen,
darunter mein Lieblingsgericht, foul oder Saubohnen. Das Essen bereitete mir Heimweh.

Zurück am Flughafen von Sarajevo, traf ich mit dem Stellvertreter
Radovan Karadžićs zusammen, dem Anführer der bosnischen Serben.
Die Serben, erklärte er, betrachteten den Vance-Owen-Plan als eine gute
Grundlage, »nicht nur für die gegenwärtige Verhandlungsrunde, sondern
auch für künftige Gespräche«.

Als ich mich anschickte, Sarajevo zu verlassen, wurde ich von Reportern gefragt, ob ich mich durch die feindseligen Bemerkungen, die die
Einwohner der belagerten Stadt gemacht hatten, gedemütigt fühle. »Ich
muss ihre Beleidigungen akzeptieren«, antwortete ich, »weil sie leiden.«

Die Presse hörte mich in Sarajevo in der Öffentlichkeit sagen, was
ich in Genf den Bosniern im privaten Gespräch gesagt hatte, nämlich
dass ich die Bewohner Sarajevos mit folgenden Worten ermahnt hatte:
»Ihr befindet euch in einer besseren Lage als zehn andere Orte auf der
Welt.... Ich kann euch eine Liste geben.« Dies wurde als brutal und ge-
fühllos meinerseits interpretiert. Es war Silvester und ich wollte den
Menschen in Sarajevo Hoffnung geben. Ich meinte damit, dass die bosnischen Muslime nicht allein waren; dass sie die Unterstützung und das
Wohlwollen der internationalen Gemeinschaft sowie von Freunden auf
der ganzen Welt hatten. Und dass deshalb eine größere Chance bestand,
dass die Weltöffentlichkeit auf Frieden und Gerechtigkeit in Bosnien
dringen werde. Bedauerlicherweise, sagte ich, gelte das nicht für die
»Waisenkonflikte« in Afrika. Nur wenige Menschen wussten davon,
machten sich darüber Gedanken oder versuchten gar zu helfen. Die Eu-

ropäer erwarteten von mir, dass ich mich auf Bosnien konzentrierte. Obwohl ich mir um Bosnien große Sorgen machte, bestand meine Aufgabe darin, mich auch um andere Krisen zu sorgen. In der Tat hatte der Sicherheitsrat verlangt, dass die Maßnahmen der Vereinten Nationen sehr einseitig zugunsten der Probleme des ehemaligen Jugoslawien ausfielen. Mich dagegen beschäftigte mehr und mehr Somalia.

Somalia: Die Plünderung humanitärer Hilfslieferungen

Das am Horn von Afrika gelegene Somalia ist ein bitterarmes, trockenes Land. Seine jüngere Geschichte ist geprägt von Kolonialismus, Hunger und Krankheiten sowie von Waffen, die während des Kalten Krieges ins Land gebracht wurden. Im Dezember 1990 war die Regierung von Präsident Mohammed Siad Barre am Ende. Das Jahr 1991 hindurch war Somalia von Kämpfen zwischen den verschiedenen Clans zerrissen. Ohne Zentralregierung zerfiel das Land, als rivalisierende Milizen um Nahrungsmittel, Ansehen und Territorien kämpften. Als eines der zehn ärmsten Länder der Welt hatte Somalia wenig, worauf es in Krisenzeiten bauen konnte. Die Schulen wurden geschlossen. Es gab keinen elektrischen Strom. Die Regionalverwaltungen verschwanden.

1992 war Somalia ein »gescheiterter Staat«. In den vergangenen fünfzig Jahren hatte man geglaubt, dass Länder, die aus dem Kolonialismus hervorgingen und den Vereinten Nationen beitreten durften, »Eigenstaatlichkeit« als permanenten Zustand erlangen würden. Man dachte nie daran, dass diese Länder ihre Souveränität verlieren könnten. Somalia jedoch war in jenen vorstaatlichen Zustand zurückgefallen, den Hobbes mit den Worten »keine Künste, keine Wissenschaft, keine Gesellschaft ... ständige Angst und Gefahr eines gewaltsamen Todes« beschrieb. In Somalia herrschte »der Krieg jeder gegen jeden«. Bewaffnete Banden von Abtrünnigen machten mit ihren leichten, mit Maschinengewehren ausgestatteten Lastwagen – in Wirklichkeit selbstgebaute Panzer – die Städte und Landstraßen unsicher. Die Milizen und Banditen plünderten in den Hafenanlagen und Lagerhäusern von Handelsagenturen die für das somalische Volk vorgesehenen Hilfsgüter. Diese Banden griffen humanitäre Helfer an und verhinderten, dass die Nahrungsmittel die Verhungernden erreichten. Statt dessen nahmen sie die Lebensmittel für sich selbst. Das Fernsehen zeigte Szenen, in denen Bewaffnete sich daran gütlich taten, während ausgemergelte Frauen und Kinder zusahen.

Die meisten erwachsenen Männer in Somalia, ebenso wie in den anderen Ländern auf der afrikanischen und nahöstlichen Seite des Golfs von Aden, sind süchtig nach *qat*. Kaut man den ganzen Tag über große Mengen der Blätter dieser Pflanze, so erzeugt dies zunächst einen Zustand der Heiterkeit und des trügerischen Mutes, auf den während des heißen Nachmittags und Abends eine betäubende Lethargie folgt. Die *qat*-Pflanze wird in Äthiopien, Kenia und im Jemen angebaut. Die Kontrolle über die riesigen, täglichen Lieferungen der Pflanzenblätter per Flugzeug war für die Kriegsherren Somalias zur Haupteinnahmequelle geworden. Gleichzeitig bezahlten sie mit diesen Blättern die Kämpfer unter ihrem Kommando.

Anfang Januar 1992 schickte ich James O. C. Jonah, den Untergeneralsekretär für politische Angelegenheiten, nach Mogadischu, um mit den beiden höchsten Kriegsherren, Mohammed Farah Aidid und Ali Mahdi, zusammenzutreffen. Er sollte versuchen, einen Waffenstillstand in der Hauptstadt zu vereinbaren und Zugang zu internationalen Hilfslieferungen zu erhalten. Beide Seiten erklärten, sie würden die UNO bei deren Aufgabe unterstützen, eine nationale Aussöhnung zu erreichen, auch wenn Aidid kein Hehl aus seiner entschiedenen Ablehnung der Stationierung von UN-Truppen machte. Nach vielen Bemühungen wurde im April 1992 ein Waffenstillstandsabkommen erzielt und ich bat den Sicherheitsrat, ein kleines militärisches Sonderkommando entsenden zu dürfen, um den Waffenstillstand zu überwachen und die humanitären Hilfslieferungen für die Bevölkerung Mogadischus zu sichern. Doch der Sicherheitsrat genehmigte zu diesem Zeitpunkt nur Militärbeobachter. Sobald die Mission gebilligt war, ernannte ich Botschafter Mohamed Sahnoun von Algerien, einen früheren stellvertretenden Generalsekretär der OAU, zu meinem Sonderbeauftragten in Somalia. Ich kannte Sahnoun seit vielen Jahren und freute mich auf die enge Zusammenarbeit mit ihm. Ich entschied mich nicht nur wegen seiner genauen Kenntnis afrikanischer Verhältnisse für ihn, sondern auch, weil ich die Anzahl von Afrikanern in Schlüsselpositionen der UNO erhöhen wollte.

Doch in Somalia stieg die Zahl der Verhungerten weiter an und ich gelangte mehr und mehr zu der Überzeugung, dass bewaffnete Streitkräfte nötig seien. Die vorhandene UN-Präsenz in Somalia konnte die Hungersnot nicht eindämmen. Die Städte quollen über vor Menschen, die der Gewalt entflohen waren und sich auf der Suche nach Nahrung befanden; doch sämtliche staatlichen Sozialleistungen waren abgeschafft worden. Hunderttausende lebten in Lagern ohne jeden Zugang zu Lebensmitteln, Wasser, sanitären Einrichtungen oder zur Gesundheitsfürsorge.

Die sterbenden Menschen in Afrika sind keineswegs weniger wichtig als die in Europa. Ich versuchte, den Sicherheitsrat zum Handeln zu bewegen, indem ich ihm die Dringlichkeit der Aufgabe vor Augen hielt. Ich konfrontierte ihre Sorge um den »Krieg des reichen Mannes« im ehemaligen Jugoslawien, wo die Gräuel der so genannten »ethnischen Säuberungen« stattfanden, mit ihrer Gleichgültigkeit gegenüber den schrecklichen Ereignissen am Horn von Afrika und betonte, man müsse aufhören, mit zweierlei Maß zu messen.

In den heiligen Büchern gilt derjenige als reich, der von treuen Freunden und Verwandten umgeben ist; diese helfen ihm in schwierigen Zeiten. Wer verwaist ist oder allein, der gilt als arm. In diesem Sinne waren die Menschen im ehemaligen Jugoslawien »reich«, auch wenn sie unter dem Krieg furchtbar zu leiden hatten. Denn die Welt kümmerte sich um sie. Somalia dagegen war »verwaist«. Als ich fragte, warum der Sicherheitsrat Bosnien so viel Aufmerksamkeit zuwende, während er Somalia ignoriere, antwortete Sir David Hannay, der britische UN-Botschafter: »Der Sicherheitsrat ist bemüht, alle Vorschläge des Generalsekretärs in die Tat umzusetzen. Bei der Realisierung des Planes für Somalia ergeben sich jedoch große Probleme.« Er erläuterte diese Probleme allerdings nicht näher. Ich wandte ein, dass »die Situation in Bosnien im Grunde dieselbe ist wie in Somalia – außer der Tatsache, dass die Parteien in Somalia kein Eingreifen der UNO wünschten, während die Parteien in Bosnien viel geschickter vorgehen und die UNO willkommen heißen, aber die Vereinbarung verletzen, die sie mit Hilfe der UNO eingegangen sind.«

Mitte 1992 jedoch wurde die internationale Gemeinschaft endlich aufgerüttelt, als in den westlichen Medien verstärkt Fotos aus Somalia auftauchten, insbesondere das Bild eines knochigen, sterbenden somalischen Babys, das geschwächt im Schmutz herumkroch, während ein Geier geduldig zusah.

Im August beschloss der Sicherheitsrat, weitreichendere Maßnahmen zu ergreifen. Humanitäre Behörden bereiteten für Mogadischu und einige Orte im Landesinneren eine Notversorgung aus der Luft mit Lebensmitteln und Medikamenten vor. Gleichzeitig billigte der Sicherheitsrat die Stationierung eines UN-Bataillons, um die Verteilung der Güter zu überwachen. »Gesicherte humanitäre Hilfe« nannten wir das, und es war für die UNO etwas Neues, eine Form der in der *Agenda für den Frieden* erwähnten »Friedensdurchsetzung«. Von der somalischen Regierung wur-

de keine Genehmigung für die Mission eingeholt, weil es keine somalische Regierung mehr gab.

Es wurde jedoch bald deutlich, dass Aidid die Vereinten Nationen
einfach als ein weiteres Ziel für die Raubzüge seiner bewaffneten Banden
betrachtete. Drohungen und Behinderungen waren an der Tagesordnung. Im September 1992 erkannten wir, dass die UN-Streitmacht zwar
in der Lage war, die Hafenanlagen und den Flughafen von Mogadischu
zu bewachen, aber nicht im Landesinneren operieren konnte, wo die
Hungersnot am schlimmsten wütete. Zusätzliche UN-Truppen waren erforderlich, um im ganzen Land einen Waffenstillstand zu erreichen, die
humanitären Hilfslieferungen zu schützen und eine nationale Aussöhnung zu fördern.

Bei einer Rede vor den Vereinten Nationen erkannte US-Präsident
Bush die Notwendigkeit für die Staatengemeinschaft an, Soldaten für solche Aufgaben auszubilden und sie der UNO für kurzfristige Einsätze, wie
jetzt in Somalia, zur Verfügung zu stellen. Er erklärte, er würde das Pentagon anweisen, für eine solche Ausbildung zu sorgen. Bushs Entscheidungen wurden am 1. September 1992 von der *New York Times* begrüßt.
»Doch wann wird Mr. Bush«, fragte die *Times*, »den politischen Mut auf-
bringen, zu sagen, was diese spezielle Operation in Somalia hinsichtlich
eines größeren Problems offenbart – dass die Welt eine ständige, multinationale Kavallerie benötigt, die auf Abruf für solche Notfälle bereit-
steht?« Dieser Gedanke, hieß es in der Zeitung, sei in der UN-Charta ver-
ankert und »fast in Vergessenheit geraten, bis Generalsekretär Boutros
Boutros-Ghali vor einigen Wochen ein solches stehendes Heer vor-
schlug« – eine einsatzbereite Truppe also, wie ich es in der *Agenda für
den Frieden* gefordert hatte.

Doch der Widerstand seitens der somalischen Milizenführer verhinderte eine solche Stationierung. Diese Führer nahmen eine aggressive,
drohende Haltung gegenüber den Vereinten Nationen ein und verbreite-
ten das Gerücht, dass die Vereinten Nationen beabsichtigten, in das Land
»einzumarschieren«. Diese Kriegsherren betrachteten die UN-Operation
in Somalia als eine Bedrohung ihrer eigenen privilegierten Positionen
auf Kosten des somalischen Volkes.

Amerikanische Politiker und Beamte, die Mogadischu besuchten,
lobten die »großartige Arbeit« meines Sonderbeauftragten für Somalia,
Mohamed Sahnoun, und bemerkten, dass Sahnoun einen Dialog mit allen somalischen Führern zustande gebracht habe. Sahnouns Tätigkeit
stieß bei den Mitgliedern der privaten Hilfsorganisationen, die sich in

Somalia aufhielten, auf große Zustimmung. Mir bereiteten jedoch seine Bemühungen, die Milizenführer Aidid und Mahdi zu »verstehen« und »herzliche Beziehungen« zu ihnen herzustellen, große Sorge. Dies ermöglichte zwar Hilfsleistungen und die Lieferung von Nahrungsmitteln, doch gleichzeitig stützte es die kriminelle Führungsschicht, die im Land die Herrschaft übernommen hatte. Außerdem bedurfte es langwieriger Verhandlungen zwischen den einzelnen Warlords, bevor die Nahrungsmittel innerhalb der verschiedenen Gebiete, die sie unter ihrer Kontrolle hatten, verteilt werden konnten. Die *Financial Times* schilderte den Vorgang folgendermaßen: »Jede Lieferung muss von Hunderten bunt zusammengewürfelter Bewaffneten in makabren ›Mad Max‹-Fahrzeugen begleitet werden, die von humanitären Organisationen angeheuert werden. Denn in einem verhungernden Land, wo fast alle, sogar die Sechsjährigen, im Besitz von Maschinengewehren, Bazookas und raketengetriebenen Granaten sind, werden Nahrungsmittelkonvois häufig umgeleitet oder geplündert.«

Zunächst gingen zehn, dann zwanzig und schließlich bis zu fünfzig Prozent der Nahrungsmittel an die Warlords – was einen endlosen UN-Einsatz und dessen sicheres Scheitern garantierte. Mitte 1992 beschloss Sahnoun, eine UN-Konferenz über Somalia einzuberufen. Das war erfreulich, doch er wollte die Versammlung auf den Seychellen abhalten, was unnötig und teuer war. Als ich ihn fragte, warum er ohne meine Zustimmung eine solche Sitzung abhielt, reichte er seinen Rücktritt ein. Ich bat meinen Stabschef, Sahnoun eine Nachricht zu schicken, mit dem Inhalt: »Vergessen wir die Angelegenheit und arbeiten wir weiterhin zusammen.« Dennoch trat Sahnoun am 1. Oktober 1992 zurück. Ich bedauerte das, denn er war ein guter Diplomat und geschätzter Kollege. In seinem an mich gerichteten und auf den 12. Oktober 1992 datierten Abschlussbericht schrieb Sahnoun, er habe auf Ad-hoc-Basis »kooperative Beziehungen zu einigen somalischen Partnern hergestellt«. Diese Verhandlungen hatten zu »eskalierenden Forderungen« seitens der bewaffneten Gruppen geführt, die mit Gewaltanwendung drohten, sollte man ihre Forderungen nicht erfüllen. Damit Konvois die verhungernde Bevölkerung erreichen konnten, war Sahnouns UN-Operation Opfer einer organisierten Erpressung der Somalier geworden. Nachrichtenagenturen berichteten, dass »Mr. Sahnoun zurückgetreten ist, trotz zahlreicher Appelle der Briten – die Mr. Sahnoun als ›unentbehrlich‹ bezeichneten – sowie anderer Regierungen und Hilfsorganisationen an Boutros Boutros-Ghali. Am Flughafen von Mogadischu sprach er, mit den Tränen kämp-

fend, vor laufender Kamera von ›bitteren Erfahrungen bei der UNO‹ und
seiner Enttäuschung ›über die mangelnde Unterstützung seitens des gesamten UN-Systems‹.«

   Im Oktober 1992 wurde Ismat Kittani der Nachfolger Sahnouns.
Kittani, ein ehemaliger führender irakischer Diplomat kurdischer Herkunft, war Staatssekretär im Außenministerium in Bagdad gewesen. Als
ehemaliger Präsident der UN-Vollversammlung kannte Kittani die Vereinten Nationen aus zwanzigjähriger Erfahrung. Er war ein hochbegabter
Diplomat und Gentleman, dessen sorgfältig formulierter Rat stets von
großem Wert war. Als Kittani in Mogadischu eintraf, berichtete er, dass
Sahnouns Taktik, Schutzgelder zu zahlen, zu einer überaus gespannten
Lage geführt habe. Aidid, offenbar auf weitere Bestechungsgelder aus,
verlangte, dass die UN-Soldaten den Flughafen verlassen sollten. Kittani
weigerte sich, die Soldaten zurückzuziehen, und am nächsten Tag geriet
das pakistanische UN-Bataillon unter schweren Beschuss. Zur gleichen
Zeit drohten Mahdis Leute, jedes Schiff mit Granaten zu beschießen,
das versuche, im Hafen von Mogadischu anzulegen. Sie behaupteten,
dass Lebensmittelsendungen an Aidids Partei umgeleitet würden. Im
Südwesten Somalias wurden unterdessen Mitarbeiter von UNICEF, des
Welternährungsprogramms der UNO sowie privater Hilfsorganisationen
in der Stadt Bardera in Folge von Kämpfen rivalisierender Gruppierungen eingeschlossen. Dabei wurden auch die Nahrungsvorräte geplündert.

Bush wagt den entscheidenden Schritt in Afrika

In einem Brief vom 24. November 1992 berichtete ich dem Sicherheitsrat, dass die Menge an Hilfsgütern, die die vorgesehenen Empfänger er-
reiche, oftmals nur ein Tropfen auf den heißen Stein sei. »Plünderungen
und Banditentum sind weit verbreitet. Inmitten dieses Chaos sind die
von den Vereinten Nationen und von humanitären Organisationen gelieferten Hilfsgüter zu einer wichtigen (und in einigen Regionen einzigen)
Einkommensquelle geworden und als solche das Ziel all jener ›Behörden‹, die oft aus nicht mehr als zwei oder drei bewaffneten Banditen bestehen. Im Grunde sind die humanitären Hilfslieferungen die Basis eines
ansonsten nicht mehr existierenden somalischen Wirtschaftssystems geworden.« Der Teufelskreis der Erpressungen müsse unterbrochen werden, betonte ich, und es müssten Sicherheitsvorkehrungen getroffen werden, die die Verteilung der Hilfsgüter gewährleisteten. »Ich kann dem

Sicherheitsrat nicht vorenthalten, dass sich die Situation keineswegs verbessert hat und dass die Zustände, die sich entwickelt haben, ... es der UN-Operation äußerst schwer machen, die vom Sicherheitsrat gebilligten Ziele zu erreichen.«

Am folgenden Tag erhielt ich Besuch von Lawrence Eagleburger. Larry und ich kannten uns erst seit kurzer Zeit, hatten jedoch rasch eine freundschaftliche, lockere Beziehung aufgebaut. Binnen weniger Tage (am 8. Dezember 1992) wurde Eagleburger selbst zum Außenminister ernannt, als James Baker zurücktrat, um Präsident Bushs Wahlkampf zu organisieren

Eagleburger begrüßte mich mit seinem gewohnt charmanten Sarkasmus. Er begegnete mir in meiner neuen Funktion mit ironischer Ehrerbietung und nannte mich »Effendi« – ein Ausdruck des Respekts, der im ottomanischen Reich soviel hieß wie »Gelehrter«. Ich ging auf den Scherz ein und meinte: »Du musst mich Pascha nennen, denn das ist der Titel, der meinem Rang gebührt.« Eagleburger, der immer das letzte Wort haben musste, erwiderte: »Okay, Sultan.«

»Sieh doch, mein Freund«, sagte Larry, als wir allein waren. »Du brauchst Hilfe und wir können sie dir beschaffen.« Dann fuhr Eagleburger im geschraubten Diplomatenjargon fort: »Sollte sich der Sicherheitsrat entschließen, Mitgliedstaaten zu ermächtigen, gewaltsame Mittel anzuwenden, um die Lieferung von Hilfsgütern an das somalische Volk sicherzustellen, wären die Vereinigten Staaten bereit, bei der Organisation und auf der Befehlsebene der Operation, an der sich auch eine ganze Anzahl weiterer Mitgliedstaaten beteiligen würde, die Führung zu übernehmen.« Dies war Präsident Bushs »Koalitionsmodell«, das im persischen Golfkrieg gegen Saddam Hussein angewandt worden war. Die Vereinigten Staaten glaubten, dass es auch bei den Warlords Somalias funktionieren könnte.

Ich berichtete dem Sicherheitsrat von dem Gespräch und drängte ihn, möglichst rasch eine Entscheidung für eine neue Vorgehensweise in Somalia zu treffen. Die Erfahrung hatte gezeigt, dass die chaotischen Kämpfe dort nicht durch eine UN-Operation zu beenden waren, die auf den allgemein anerkannten Prinzipien der Friedenssicherung basierte. Es gab keine Alternative zu einer Operation gemäß Kapitel VII der UN-Charta (dieses Kapitel befasst sich mit friedensschaffenden Zwangsmaßnahmen) – in anderen Worten: zur Gewalt. »Wird Gewalt angewandt«, sagte ich, »sollte dies vorzugsweise unter dem Kommando und der Kontrolle der Vereinten Nationen geschehen. Ist das nicht durchführbar, bestünde eine Alternative darin, dass Mitgliedstaaten vom Sicherheitsrat zur Durchführung einer Operation ermächtigt werden.«

Der Sicherheitsrat erteilte also seine Ermächtigung und die Vereinigten Staaten erklärten sich bereit, eine bislang einmalige Operation zur Friedenssicherung zu leiten, um ein sicheres Umfeld für die humanitäre Hilfe zu schaffen. Die Nachricht, dass US-Militäreinheiten nach Somalia einmarschieren würden, schockte die kämpfenden Gruppen und brachte sie aus dem Gleichgewicht. Sowohl Aidid als auch Mahdi beeilten sich, die Initiative zu »begrüßen«. Am 4. Dezember 1992 schrieb mir Präsident Bush, dass die Mission der Vereinigten Staaten darin bestehe, »Sicherheitsvorkehrungen zu treffen, die die Ernährung des verhungernden somalischen Volkes gewährleisten und die Übertragung dieser Sicherungsaufgabe auf die Schutzmacht der Vereinten Nationen ermöglichen«. Sobald diese Ziele erreicht seien, schrieb Bush, »wird die Bündnisstreitmacht aus Somalia abziehen und ihre Sicherungsaufgabe der UN-Schutzmacht übertragen«.

Mit der Resolution 794 vom 3. Dezember 1992 beschloss der Sicherheitsrat, gemäß Kapitel VII in Somalia militärisch einzugreifen. »Alle notwendigen Maßnahmen« sollten ergriffen werden, um ein sicheres Umfeld für die ungehinderte humanitäre Unterstützung zu schaffen. An der Spitze der Unified Task Force (UNITAF) würden die US-amerikanischen Militäreinheiten stehen.

Entwaffnung der Banden?

Als die Vereinigten Staaten Vorbereitungen für einen Einsatz in Somalia trafen, teilte ich dem Sicherheitsrat mit, dass es »die erste Aufgabe der Unified Task Force sein sollte, effektive Maßnahmen zu ergreifen, um sicherzustellen, dass die schweren Waffen der Parteien neutralisiert und unter internationale Kontrolle gebracht und dass die irregulären Streitkräfte und Gruppen entwaffnet werden, bevor die am 8. Dezember 1992 entsandte UNITAF sich wieder zurückzieht«. Die gleichen Punkte nannte ich auch in einem Brief an Präsident Bush, wobei ich hinzufügte: »Ohne dieses Vorgehen glaube ich nicht daran, dass es möglich sein wird, das durch die Resolution des Sicherheitsrates geforderte sichere Umfeld oder die Bedingungen zu schaffen, unter denen die gegenwärtigen Bemühungen der Vereinten Nationen, eine nationale Aussöhnung zu fördern, vorangebracht werden können. Dies betrifft auch die Aufgabe, den

Schutz der humanitären Hilfsaktionen sicher auf eine konventionelle friedenssichernde Operation der Vereinten Nationen zu übertragen.«

Das Pentagon ließ jedoch umgehend verlautbaren, es beabsichtige nicht, die Bürgerkriegsparteien zu entwaffnen, und das Weiße Haus unter Präsident Bush, der damals nur noch wenige Tage im Amt war, unternahm nichts gegen den Widerwillen der Militärs, ihre Arbeit richtig zu machen. Als die US-Marines am 9. Dezember 1992 am Strand von Mogadischu landeten, hielt eine große Zahl von Pressefotografen vor Ort den kuriosen Anblick von Marineinfanteristen in voller Kampfausrüstung fest, die den Strand erreichten und Stellung bezogen, ihre automatischen Waffen schussbereit, während Grüppchen gedankenverlorener Touristen träge zusahen. Die Marines übernahmen anschließend den Flughafen, wobei sie auf keinerlei Widerstand stießen.

Die amerikanischen Militäreinheiten lehnten es ab, die somalischen Milizen zu entwaffnen. Selbst wenn sie auf ein großes geheimes Waffenlager stießen, hatten die US-Befehlshaber der UNITAF die Anweisung, die Waffen nicht zu beschlagnahmen. Meiner Ansicht nach waren drei entscheidende Schritte erforderlich: die Entwaffnung der kriegführenden Gruppen, die Schaffung eines sicheren Umfeldes sowie eine funktionierende Arbeitsteilung zwischen der US- und der UN-Operation in der Region. Die Vereinigten Staaten vollzogen keinen einzigen dieser drei Schritte.

Immerhin veranlasste die bloße Anwesenheit der Unified Task Force die somalischen Warlords, die Kämpfe einzustellen. Im Lauf der folgenden fünf Monate ermöglichte die Task Force den Zugang zu immer entlegeneren Landesteilen. Die Lieferungen von Nahrungsmitteln und Medikamenten wurden bewacht und nicht-staatliche Organisationen weiteten ihre Hilfsaktionen aus. Die Folge war, dass die Unterernährung und die Zahl der verhungernden Menschern drastisch zurückging.

Das tragische Schicksal Haitis

Als sich die Vereinten Nationen 1992 zunehmend für Bosnien und Somalia engagierten, wurde ich gebeten, in Haiti zu intervenieren. Aufgrund meines großen Interesses für das Schicksal Schwarzafrikas hatte ich meine Aufmerksamkeit lange zuvor schon Haiti zugewandt, einem in der Neuen Welt gelegenen afrikanischen Land. Ich war mit dem westafrikanischen *voodoo*-Glauben und seiner haitianischen Spielart vertraut.

Jahre später, bei einer Konferenz im westafrikanischen Cotonou in Benin
im Jahr 1995, wurde ich gebeten, ein Denkmal mit dem Namen »Die
Pforte ohne Wiederkehr« einzuweihen. An der Innenseite des Eingangs
waren Sklaven abgebildet, die, in Ketten gelegt, weggeführt wurden; an
der Außenseite, mit Blick über das Meer Richtung Afrika, waren Darstel-
lungen ihrer Seelen sowie der Seelen ihrer Nachkommen, die zu Mutter
Afrika zurückkehrten, zu sehen. Jene zurückgekehrten Seelen könnten,
so glaubte man, von den in Haiti Lebenden durch *voodoo* konsultiert
werden.

Haiti, eine französischsprachige Nation, war die erste unabhängige
Republik Lateinamerikas und die erste unabhängige schwarze Republik
der Welt. Die durch die Sklavenrevolte gegen Napoleon I. 1804 entstan-
dene souveräne Unabhängigkeit Haitis wurde diplomatisch nicht anerkannt, weil die Sklaverei weiterhin legal war. Haiti, von der internationalen Gemeinschaft geächtet und Opfer der Großmächte, stellte seine
turbulente Geschichte auf seiner Flagge dar, die voller Kanonen und Ban-
ner ist. Doch obwohl Haiti aus einem Freiheitskampf hervorgegangen
war, wurde das Land über ein Jahrhundert lang von zahlreichen Diktatoren beherrscht, die allesamt vom Elend der Menschen profitierten.

Von 1843 bis 1911 wurden elf haitianische Staatsoberhäupter
durch Putsche gestürzt. Zwischen 1911 und 1915 wurden sechs Präsidenten ermordet. Das veranlasste die Vereinigten Staaten, die fürchteten,
Deutschland könne Haiti als Stützpunkt benutzen, um den Panamakanal
zu bedrohen, dazu, Haiti 1915 mit einer Streitmacht aus Marineinfanteristen zu besetzen. Die USA zogen ihre Streitkräfte erst 1934 wieder ab
und blieben noch viele Jahre lang eine wichtige politische Kraft. 1957 ergriff ein brutaler Diktator, François Duvalier, genannt »Papa Doc«, die
Macht und regierte mit Hilfe einer Schlägerbande namens »Tontons Macoutes«, die die gesamte Bevölkerung, einschließlich der Armee, in Angst
und Schrecken versetzte. Nach Duvaliers Tod 1971 trat sein Sohn Jean-
Claude »Baby Doc« die Nachfolge an. Korruption und die Unfähigkeit
Jean-Claudes führten am 7. Februar 1986 schließlich zu seinem Sturz
und seiner Flucht nach Frankreich ins Exil. Als ägyptischer Staatsminister für auswärtige Angelegenheiten war ich vom französischen Präsidenten gefragt worden, ob Ägypten dem jungen Duvalier Asyl gewähren
werde. Doch Präsident Mubarak hatte dies abgelehnt und mich schon
wegen der bloßen Frage gerügt. Ägypten habe schon zu viele politische
Flüchtlinge aufgenommen, erklärte Mubarak, und habe mit denen genug
Probleme.

Im 20. Jahrhundert wurde Haiti zum Symbol für das Leid und den Überlebenskampf der Dritten Welt, da es von allen südlichen Ländern mit den schwersten Problemen zu kämpfen hat: erdrückende Armut, brutale Diktaturen, Intervention von außen, Ausbeutung sowie eine Verschlechterung des Gesundheitswesens und der Umweltbedingungen. Aufgrund all dieser Faktoren ist Haitis Schicksal von internationaler Bedeutung.

Nach Baby Docs Vertreibung begab sich das haitianische Volk auf den langen und mühsamen Weg zur Demokratie. Nach mehreren Putschen kamen die verschiedenen politischen Parteien 1990 überein, einen vorläufigen Präsidenten zu nominieren. Dieser sollte die UNO dann um Unterstützung bei der Organisation und Überwachung demokratischer Wahlen bitten.

Das Ansinnen Haitis stieß bei lateinamerikanischen Staaten und anderen Dritte-Welt-Ländern nicht eben auf Gegenliebe, da es ihnen widerstrebte, einen gefährlichen Präzedenzfall zu schaffen. Die Bitte der Haitianer löste eine Debatte über die Interpretation von Artikel 2 (7) der UN-Charta aus, welcher eine Einmischung der UNO in die inneren Angelegenheiten eines Mitgliedstaates untersagt, sowie über die jeweiligen Zuständigkeiten der Vollversammlung und des Sicherheitsrates. Eine Kompromisslösung bestand darin, dass die Vollversammlung die Wahlen unterstützen, der Sicherheitsrat hingegen Hilfestellung bei den Sicherheitsvorkehrungen leisten solle. Schließlich stimmte die Vollversammlung einer Resolution zu, welche die OAS (Organisation Amerikanischer Staaten) mit der haitianischen Frage betraute. Die Vereinten Nationen würden Beobachter zu den Wahlen sowie Berater zur Sicherung der Wahlverfahren entsenden. Diese könnten aus militärischen Einrichtungen rekrutiert werden, wären jedoch keine Blauhelme.

Die Wahlen wurden als die demokratischsten in der Geschichte Haitis begrüßt. Der Sieg Jean-Bertrand Aristides – des populistischen und demagogischen Priesters der Barackensiedlungen – war überwältigend. Aristide, auch »Titid« genannt, erhielt bereits im ersten Wahlgang etwa 67 Prozent der Stimmen und wurde der erste vom Volk gewählte Präsident in der Geschichte Haitis. Nachdem die Vereinten Nationen ihr Mandat erfüllt hatten, zogen sie sich aus Haiti zurück. Später wurde der UNO allerdings der rasche Rückzug zum Vorwurf gemacht. Eine fortgesetzte UN-Präsenz, und sei es auch nur eine symbolische, hätte möglicherweise die folgenden Ereignisse verhindert.

Präsident Aristide wurde am 7. Februar 1990 in sein Amt einge-

setzt. Am 30. September 1991 wurde er durch einen Putsch des Militär-
befehlshabers Michel François gestürzt. General Raoul Cédras übernahm
die Führung der Junta, die das Land regierte. Venezuelas Präsident Carlos
Andrés Pérez gewährte Aristide Asyl. Später ging Aristide nach Washington, D.C.

Die OAS forderte die umgehende Wiedereinsetzung Aristides und
verhängte Sanktionen über Haiti. Obwohl Aristide versuchte, eine Intervention der Vereinten Nationen zu erreichen, überließen diese die Lösung der Krise der OAS. Diese Organisation, mit der ich mich während
meiner akademischen Laufbahn eingehend beschäftigt hatte, wurde von
dem Brasilianer João Clemente Baena Soares geleitet. Er war klein, stäm-
mig und pedantisch in Fragen des Protokolls. Und er verteidigte leidenschaftlich – und mit Recht – die Unabhängigkeit seiner Organisation.
Auf dem Umweltgipfel in Rio im Juni 1992 sagte ich Rio Baena Soares,
es sei mein Wunsch, dass regionale Organisationen eine wichtigere internationale Rolle bei der Kooperation mit den Vereinten Nationen spielten.

Zur gleichen Zeit – im Juni 1992 – erhielt ich einen Brief von Präsident Aristide, in dem er sich beklagte, dass die OAS »bis zum gegenwärtigen Zeitpunkt – trotz ihrer guten Absichten und unermüdlichen Bemühungen – nicht wisse, wie in Haiti die Demokratie wieder hergestellt
werden könne. ... Die Resolutionen des Außenministerrates der OAS,
die die Putschisten unter Druck setzen sollten, haben den gewünschten
Zweck nicht erfüllt.« Aristide schien entschlossen, unnahbar und wenig
umgänglich zu bleiben. Er erwartete, dass die OAS und die Vereinten Nationen die Demokratie in Haiti wieder herstellten und ihn wieder in sein
Amt einsetzten. Gleichzeitig versuchte er, die Organisationen gegeneinander auszuspielen, beschäftigte sich aber selbst in keiner Weise mit den
Problemen. Ich schickte eine Kopie von Aristides Brief an Baena Soares
und erhielt als Antwort ein Schreiben, in dem dieser ausführlich sämtliche Aktivitäten darlegte, die die OAS für Haiti durchgeführt hatte. Ich
verstand, wie schwierig es war, eine effektive Kooperation zwischen Haiti,
der OAS und den Vereinten Nationen zu erreichen.

Am Dienstagnachmittag, dem 15. September 1992, traf ich mit Präsident Aristide zusammen, der nach New York gekommen war, um einen
Medienpreis entgegenzunehmen. Wir hatten uns zuvor noch nie persönlich getroffen. Ich begrüßte ihn in meinem Büro und versicherte ihm, ich
würde alles in meiner Macht stehende tun, um das Interesse der Weltöffentlichkeit an Haiti wachzuhalten. Doch wenn der jetzige Status quo erhalten bleibe, sagte ich, würde dieses Interesse allmählich schwinden.

Präsident Aristide, ein kleingewachsener, schmächtiger Mann, der leicht schielte, drückte sich in gepflegtem Französisch aus. Seine langen Sätze näherten sich gelegentlich der Versform des Alexandriners an. Aristide, der das Auftreten eines salbungsvollen Prälaten hatte, hoffte darauf, dass der Sicherheitsrat etwas unternehmen werde. Ich erklärte ihm, dass die UNO sich nur eingeschränkt engagieren könne, da die Resolution der Vollversammlung der OAS die Verantwortung für das haitianische Problem übertragen habe. Außerdem riet ich ihm, er solle versuchen, von Seiten der Mitgliedstaaten der Vereinten Nationen größere Unterstützung zu erhalten.

Aristide nahm sich meine Empfehlung zu Herzen. Zwei Wochen später, am 29. September 1992 – ein Jahr nach dem Putsch –, hielt er während der Generaldebatte der Vollversammlung eine Rede. Abertausende von Haitianern hatten sich vor dem UN-Gebäude und in den angrenzenden Straßen versammelt. Vor einem voll besetzten Saal und in elektrisierender Atmosphäre stellte Aristide sein außerordentliches rhetorisches Talent unter Beweis. Er zitierte Cicero, Plato, Aristoteles und Archimedes und wechselte vom Französischen zum Kreolischen und wieder zum Französischen, gespickt mit lateinischen Zitaten. Aus dem ehemaligen Seminaristen war ein Dichter-Redner geworden: »Ich fand Haiti, wo die von Toussaint L'Ouverture gepflanzten Wurzeln der Freiheit fortbestanden und ... geschwächt, manchmal beschädigt, aber niemals herausgerissen wurden«: »*J'ai trouvé Haiti ou les racines de liberté plantées par Toussanint L'Ouverture sont toujours combattues, quelquefois battues, mais jamais abattues.*« Es war unmöglich, kein zwiespältiges Verhältnis zu Aristide zu haben. In seinem politischen Verhalten war er furchtbar stur und engstirnig, in der Öffentlichkeit hingegen eine faszinierende Gestalt. Er verkörperte die Hoffnung der Haitianer, von dem Elend in ihrem Land befreit zu werden.

Die Kooperation zwischen den Vereinten Nationen und der OAS

Am 24. November 1992 stimmte die Vollversammlung einer Resolution zu, durch die der Generalsekretär aufgefordert wurde, die Krise in Haiti in Zusammenarbeit mit der OAS zu lösen. In Wirklichkeit sollten sich die Vereinten Nationen um die Haiti-Frage kümmern. Aristide hatte die erste Runde seines Kampfes, die Kompetenzen der oas einzuschränken, gewonnen. Ich ernannte einen Sonderbeauftragten für Haiti, Dante Caputo, einen ehemaligen argentinischen Außenminister, der Französisch sprach. Caputo, der stolz auf seine romanische Identität war, war bereits der Sonderbeauftrage des Generalsekretärs der oas. Deshalb dachte ich, seine Ernennung würde der Schlüssel zur Lösung des Problems der Kooperation zwischen uno und oas sein. Es war ein innovativer Gedanke. Ich rief den amtierenden Außenminister Argentiniens an und bat ihn um seine Zustimmung. »Wir akzeptieren Ihre Entscheidung, auch wenn Dante Caputo der Opposition angehört«, sagte er halb ernsthaft, halb scherzhaft.

Präsident Aristide hatte um eine staatliche Delegation gebeten, die die Einhaltung der Menschenrechte überwachen und einen Dialog zwischen den haitianischen Parteien eröffnen sollte. Damit wollte er seine Rückkehr nach Haiti vorbereiten. Doch die us-Administration war sich, was Aristides Rückkehr anbelangte, unschlüssig. Beamte des State Department schienen die Wiedereinsetzung Aristides in sein Amt als moralische Notwendigkeit zu betrachten. Beamte des Verteidigungsministeriums und des Nachrichtendienstes hingegen befürchteten offenbar, dass Aristide durch die haitianische Armee ein gewaltsames Ende finden oder mit seiner Demagogie das Land weiter destabilisieren würde. Die offizielle us-Politik favorisierte ein umfassendes Mandat, das die Schaffung von Institutionen, die Bildung einer neuen Polizeitruppe und die Umwandlung des Militärs in eine Berufsarmee beinhaltete. Viele andere Nationen glaubten hingegen, jede Intervention dieser Art werde Haitis Souveränität verletzen und den eigentlichen Kompetenzbereich der Vereinten Nationen überschreiten.

KAPITEL 3

In Schwierigkeiten: Die Brennpunkte Bosnien, Kambodscha, Somalia und Haiti
(1993)

Mein Gesicht wirkte argwöhnisch und überheblich zugleich, als es die Titelseite des *Time Magazine* vom 18. Januar 1993 zierte.

Ein Jahr nach der Amtsübernahme wird Boutros-Ghali nicht von Enttäuschung sprechen wollen, doch seine ehrgeizigen Bemühungen, die Architektur einer neuen Weltordnung zu gestalten, sind ganz offensichtlich ins Stocken geraten. Unter seiner Verwaltung hat die UNO ihr Mandat der Friedenssicherung drastisch ausgedehnt – mit dem Ergebnis, dass sie bei einigen der jüngsten Initiativen behindert, ja sogar zurückgewiesen wurde. Obwohl der Generalsekretär nur auf Ersuchen des Sicherheitsrates tätig wird, wird ihm zum großen Teil die Schuld in die Schuhe geschoben. Ob zu Recht oder Unrecht, der Generalsekretär ist zum Blitzableiter für die Unzufriedenheit mit der UNO geworden und, allgemeiner, für die weitverbreitete Enttäuschung, dass die erhoffte neue Weltordnung aufgrund nationalistischer Ambitionen und ethnischer Feindseligkeiten in Gefahr ist, in ihr Gegenteil umgekehrt zu werden. Dabei spielt es keine Rolle, dass es der UNO bei all ihren guten Absichten an der nötigen militärischen Stärke, dem politischen Einfluss und womöglich sogar der moralischen Überzeugungskraft fehlt, um ihr Mandat zu erfüllen.

Eine neue US-Regierung

Im Januar 1993 stand der Antritt einer neuen US-Regierung an. Präsident Bush schickte mir einen herzlichen Abschiedsbrief: »Aufgrund meiner Auffassung, dass wir gemeinsam viel erreichen können, ist es mein

Ziel gewesen, die Vereinten Nationen und Sie persönlich zu unterstützen. Ich habe Ihre Bemühungen sehr geschätzt und glaube, dass viel erreicht worden ist.« Er fügte handschriftlich hinzu: »Boutros – die Arbeit mit Ihnen wird mir fehlen.«

Von den Personalplänen der angetretenen Clinton-Administration erfuhr ich nur indirekt über meine Mitarbeiter: Richard Thornburgh musste gehen. Das gleiche galt für Bushs Freund Joseph Verner Reed, der die Verantwortung für die Vorbereitung der Feierlichkeiten zum 50. Jahrestag der Vereinten Nationen übernommen hatte, einer Reihe von Veranstaltungen, die im Laufe des Jahres 1995 stattfinden sollten. An seiner Stelle ernannte ich Gillian Sorensen, die Beauftragte von New York City für die Vereinten Nationen und das diplomatische Korps. Ihr Mann Theodore Sorensen war der Redenschreiber für John F. Kennedy gewesen. Reed hatte seine Arbeit ausgezeichnet gemacht und mich weltweit bei zahlreichen Anlässen vertreten, an denen ich nicht selbst teilnehmen konnte. Deshalb war ich erfreut, als er anbot, für ein Jahresgehalt von einem Dollar als mein Sonderberater für Öffentlichkeitsarbeit und für das Verhältnis zwischen Führung und Belegschaft zu arbeiten. Später wurde mir gesagt, das Weiße Haus sei »sehr unglücklich« darüber, dass ich ihn behielt, weil er ein Republikaner sei.

Um der Clinton-Administration meinen guten Willen zu beweisen, schlug ich vor, sie solle einen Amerikaner benennen, den ich zum Untergeneralsekretär für Öffentlichkeitsarbeit berufen sollte. Auf diese Weise, sagte ich, würden die Vereinten Nationen und die Vereinigten Staaten zwar nicht gerade mit einer Stimme sprechen, aber zumindest übereinstimmend. Die Clinton-Administration lehnte mein Angebot ab, weil sie es offenbar für einen Versuch hielt, den Posten für Öffentlichkeitsarbeit gegen den Verwaltungsposten einzutauschen, den ich erstmals in der Geschichte der UNO einem Amerikaner übertragen hatte, Thornburgh. Als Ersatz für Thornburgh schlug die Administration Melissa Wells vor, eine Mitarbeiterin des US Foreign Service. Wells hatte mit dem *UN Development Program* (UNDP) in Uganda zusammengearbeitet und war mit beachtlichem Erfolg US-Botschafterin in Zaire gewesen. Durch ihre Ernennung würde ich meinem Ziel »50–50 bis zum 50.« näherkommen, das heißt, bis zum 50. Jahrestag der UNO 50 Prozent Frauen in Spitzenpositionen. Ich sprach lange mit Wells, sie war klug, freundlich und begeisterungsfähig. Ich gewann den Eindruck, dass ihre Erfahrungen mit Afrika bei den auf die Dritte Welt orientierten Vereinten Nationen von großem Nutzen sein würden. Ich bot ihr die Stelle an und sie akzeptierte.

Während des ganzen Jahres bei den Vereinten Nationen hatte Thornburgh distanziert und untätig gewirkt. Bei seinem Abgang ließ er hingegen einen überaus kritischen Bericht über die Reform der Vereinten Nationen durchsickern, dem ich in fast allen Punkten beipflichten konnte. Ich bedauerte nur, dass er keinen einzigen mir gegenüber erwähnt hatte, solange er im Amt war.

Am 14. Mai 1993 stattete mir eine Delegation des US-Ausschusses zur Verbesserung der Effektivität der UNO einen Besuch ab. Ich berichtete den Mitgliedern von den Empfehlungen der Volcker-Ogata-Kommission und äußerte die Hoffnung, US-Präsident Clinton werde den Bericht studieren. Was die Verwaltungsreform betrifft, so hätte ich auf Ersuchen der Bush-Administration Thornburgh und jetzt auf Ersuchen der Clinton-Administration Melissa Wells ernannt. Die Hälfte der in Verwaltung und Leitung der Vereinten Nationen beschäftigten Mitarbeiter seien US-Amerikaner. »Ich habe Frau Wells ein volles und uneingeschränktes Mandat erteilt«, versicherte ich der Delegation. »Wenn Wells zu dem Schluss kommt, das oder jenes muss für die Reform der UNO getan werden, dann werde ich es auch tun.«

Aber schon nach einem Jahr musste ich Wells absetzen, weil sie sich für die Aufgabe nicht eignete. Genau wie Thornburgh war sie durchaus imstande, Probleme in dem UN-Apparat zu erkennen, aber außerstande, Lösungsmöglichkeiten aufzuzeigen. Ich war der Meinung, ich hätte an beide Amerikaner die Vollmacht delegiert, eine Wende herbeizuführen, aber jeweils nach einigen Monaten merkte ich, dass die Probleme nur wieder an mich zurückgegeben wurden.

Auch auf der anderen Straßenseite der First Avenue, in der US-Mission bei den Vereinten Nationen, tat sich etwas. Die neue US-Botschafterin wurde mir durch eine Notiz des Ex-Präsidenten Jimmy Carter vom 1. Februar 1993 vorgestellt. Er wollte mich wissen lassen, »was für eine sachkundige und kompetente Person Madeleine Albright ist… sie ist sehr eng mit mir befreundet und ich kenne sie als ein Schwergewicht in jeder Hinsicht«. Ich wünschte mir sehr ein gutes Verhältnis zu ihr, weil ich wusste, dass ich ohne den guten Willen und die Kooperationsbereitschaft des obersten US-Repräsentanten nicht effektiv arbeiten konnte. Botschafterin Albright wirkte schüchtern und sehr liebenswürdig. Die kleine, pummelige Frau hatte stechende blaue Augen, die geradezu strahlten, wenn ihre Farbe von einem blauen Kleid unterstrichen wurde. Mit Außenminister Warren Christopher als Beschützer an ihrer Seite legte sie mir ihre Referenzen vor. Der Botschafterposten bei der UNO war ihr erstes diplomatisches Amt und sie räumte ein, dass sie im Laufe der Arbeit noch viel lernen müsse und bat mich, ihr dabei behilflich zu sein. Wir sprachen kurz über den Wechsel von der Universitätslaufbahn zur Diplomatie, den wir beide hinter uns hatten. Sie war nervös und hatte es eilig, an die Arbeit zu gehen. Außerdem war dies meine erste Begegnung mit Warren Christopher und dem tadellosen Sitz seiner Anzüge. Seine eigenartige Stimme faszinierte mich. Er wirkte in seiner neuen Rolle distanziert und beklommen zugleich.

Als die Clinton-Administration ihre Tätigkeit aufnahm, arbeiteten Madeleine Albright und ich gut und freundschaftlich zusammen. Sie rühmte meine Entschlossenheit, die Vereinten Nationen zu reformieren, und verglich mich mit einem »Zirkusdirektor, der beschlossen hat, seiner elefantösen Bürokratie Beine zu machen«. Ich war jedoch irritiert, dass sie augenscheinlich größeren Wert auf theatralische Posen legte als auf substanzielle Fragen. Sie schien wenig interessiert, ihre ausländischen Gegner auf dem Wege langwieriger diplomatischer Verhandlungen von den Standpunkten ihrer Regierung zu überzeugen. Vielmehr zog sie es vor, schöne Reden zu schwingen oder einfach wörtlich aus ihren Anweisungen zu zitieren. Scheinbar ging Albright davon aus, dass allein der nachdrückliche Hinweis auf amerikanische Interessen ausreichen müsse, um die Unterstützung der anderen Staaten zu erhalten.

Bosnien: Ein neuer amerikanischer Ansatz

Anfang 1993 war deutlich geworden, dass den Vereinten Nationen Aufgaben übertragen worden waren, die nicht nur weit über die traditionelle Friedenssicherung hinausgingen, sondern praktisch unbegrenzt waren und sich auf fast jeden Bereich des menschlichen Lebens erstreckten. In Kambodscha, Somalia und im ehemaligen Jugoslawien hatten die UN zahlreiche neue Pflichten in einer Vielzahl von Bereichen übernommen, zu ihnen zählten Lebensmittel, Wasser, Landminen, Seuchen, Flüchtlinge, Demokratisierung, Menschenrechte, soziale und wirtschaftliche Entwicklung sowie die Regierungsgewalt auf jeder Ebene. Vor allem aber verlangte die tragische Situation in Bosnien unsere Aufmerksamkeit; der Krieg auf dem Balkan verschlang den Großteil unserer Ressourcen. Während des gesamten vergangenen Jahres war der Sicherheitsrat entgegen der üblichen Arbeitsweise fast jeden Tag zusammengekommen und hatte eine beispiellose Zahl von Resolutionen und Erklärungen verkündet.

Mehr als zwei Millionen Menschen erhielten in Bosnien Hilfe von den Vereinten Nationen. UNPROFOR hatte über 40 000 Tonnen humanitärer Hilfe in belagerte Städte und Dörfer gebracht und bot zahllosen Flüchtlingen ihren Beistand an. Mit Hilfe der größten Luftbrücke in Europa seit der Berlin-Blockade hatten die Vereinten Nationen das Massensterben verhindert, das für den Winter vorhergesagt worden war.

Als Präsidentschaftskandidat hatte Clinton noch multilaterale Militäreinsätze in Bosnien gefordert und sein Amt mit der Erklärung angetreten, Bosnien sei Amerikas dringendste internationale Krise. Doch die Clinton-Administration legte einem effektiven Vorgehen rasch neue Steine in den Weg. Cyrus Vance rechnete sicher damit, dass die Vereinigten Staaten den Friedensplan akzeptieren würden, den er und David Owen ausgehandelt hatten. Die Schlüsselfiguren in Clintons neuem außenpolitischen Team waren vor gut 15 Jahren, als Cy selbst Außenminister war, seine Kollegen gewesen. Cys damaliger Stellvertreter Warren Christopher war jetzt Außenminister; Cys Politikplanungschef Anthony Lake war unter Clinton Nationaler Sicherheitsberater geworden und Cys Stabschef Peter Tarnoff Staatssekretär für politische Angelegenheiten. Der Friedensplan wurde dennoch abgelehnt. Das Clinton-Team wollte scheinbar nichts mit Cyrus Vance zu tun haben und noch weniger mit David Owen.

Schlimmer noch, die Chance für einen Frieden wurde verspielt, weil Clinton und Christopher den Vance-Owen-Plan mit scharfen Worten als eine Beschwichtigungspolitik gegenüber den Serben verurteilten. Sie hatten unrecht. Der Plan sah ein Staatsgebilde aus zehn Provinzen vor, das allen Gruppierungen gerecht geworden wäre. Bosnien wäre als multiethnischer und zunehmend entmilitarisierter Staat wiederauferstanden. Das serbische Ziel, ein »Großserbien« zu schaffen, wäre verhindert worden. Die Serben hätten große Teile des eroberten Gebietes und des gewaltsam angeeigneten Besitzes zurückgeben müssen.

Clinton und Christopher schoben all diese Bemühungen beiseite und erklärten, dass die Vereinigten Staaten ihren eigenen Friedensplan vorlegen würden. Sie forderten, das Waffenembargo für Bosnien aufzuheben. Sie erklärten, sie wollten Luftschläge gegen die Serben führen, obwohl sie genau wussten, dass Frankreich, Großbritannien und Russland dem niemals zustimmen würden. Eine Aufhebung des Waffenembargos hätte keineswegs »die Chancen auf dem Spielfeld« zugunsten der Muslime ausgeglichen, wie die Vereinigten Staaten behaupteten, sondern ein *»killing field«* geschaffen, wie Owen sagte. Und wenn die Vereinigten Staaten Luftschläge durchführten, dann würde das lediglich serbische

Vergeltungsschläge vor Ort gegen die UN Protection Force provozieren, der im wesentlichen europäische Soldaten aus Nato-Mitgliedstaaten angehörten. Sie waren mit einem Mandat des Sicherheitsrats ausgestattet und in kleinen Gruppen über ganz Bosnien verstreut, um ihre friedenssichernde Mission zu erfüllen. Unterdessen tobte der Krieg weiter und es herrschte kein Frieden, der hätte gesichert werden können. Washington ignorierte die Gefahr von Vergeltungsschlägen gegen diese Truppen, weigerte sich aber, US-Streitkräfte in dieser riskanten Situation einzusetzen. In den Augen der Welt außerhalb der Vereinigten Staaten ergab die Vorgehensweise der Clinton-Administration im Grunde keinen Sinn, es sei denn als Produkt eines undurchschaubaren Kalküls im Stile Machiavellis.

Vance und Owen suchten mich am 2. Februar 1993 in meinem Dienstzimmer auf. Am Vorabend hatte Vance US-Außenminister Christopher über den Vance-Owen-Plan instruiert. Obwohl die EU ihre volle und rückhaltlose Unterstützung des Plans erklärt hatte, schien Christopher skeptisch und ablehnend. Die Serben hatten dem Plan zugestimmt, aber die bosnischen Muslime gaben sich noch bedeckt, vor allem weil die negative Haltung der neuen Clinton-Administration sie in der Hoffnung bestärkt hatte, dass die Vereinigten Staaten ihnen ein besseres Ergebnis verschaffen würden. Am Abend zuvor hatte Vance Christopher gebeten, den bosnischen Präsidenten Izetbegović anzurufen und ihn zu drängen, zu weiteren Verhandlungen über den Plan nach New York zu kommen. Christopher hatte die Bitte kühl abgetan und einfach nur »von ihr Notiz genommen«. Das Gespräch endete mit einer Erklärung Christophers, dass die Vereinigten Staaten ihre Optionen prüfen wollten, zum gegenwärtigen Zeitpunkt ihre Unterstützung in dieser kritischen Frage jedoch nicht erteilen würden.

Während ich die Grenzen meiner Autorität kennenlernte, wollte ich alles in meiner Macht stehende tun, um den Plan zu retten. Ich beschloss, sofort einen Bericht für den Sicherheitsrat zu verfassen und auf die Annahme des Vance-Owen-Plans zu drängen. Am 8. Februar sprachen Vance, Owen und ich mit Mile Akmadžić, dem Führer der bosnischen Kroaten und Ministerpräsidenten Bosnien-Herzegowinas. »Nach meiner Meinung«, sagte er, »und nach der der meisten Bürger Bosniens und Herzegowinas ist der Vance-Owen-Plan die beste Variante; es gibt zu ihm keine Alternative außer Krieg. Aus unserer Sicht können wir den Krieg nicht erfolgreich beenden und für keine Seite zeichnet sich ein Sieg ab.« In Washington wurde der bosnische Außenminister Haris Silajdžić jedoch nicht aufgefordert, den Plan zu akzeptieren. Der amerikanische Widerstand hatte dem Vance-Owen-Plan einen schweren Rückschlag versetzt, wenn nicht gar den Todesstoß.

Am 10. Februar 1993 kündigte Christopher einen amerikanischen Friedensplan für Bosnien an. Mit der Vorlage eines eigenen Plans wollten sich die Vereinigten Staaten wohl an die Spitze der Friedensbemühungen setzen; statt dessen wurden alle Beteiligten vollends verwirrt, weil der neue Plan von dem Vance-Owen-Plan praktisch nicht zu unterscheiden war. Die Vereinigten Staaten versuchten einfach nur, die Forderung des Vance-Owen-Plans zu umgehen, für die Umsetzung des Abkommens 30 000 Soldaten an Ort und Stelle zu stationieren. Die Hälfte dieser Soldaten hätten Amerikaner sein sollen. Augenscheinlich wollte sich die neue us-Administration nicht in einen gefährlichen Konflikt im Ausland hineinziehen lassen, den Bush gemieden hatte. Clinton war wegen seines innenpolitischen Programms gewählt worden und Bush hatte verloren, so die Mehrzahl der Kommentatoren, weil er der Außenpolitik den Vorrang vor der Innenpolitik eingeräumt hatte.

Wenige Wochen später kündigte Christopher an, Präsident Clinton habe beschlossen, dass sich die Vereinigten Staaten »aktiv und direkt in die Vance-Owen-Verhandlungen einschalten und dadurch das Gewicht der amerikanischen Politik zum Tragen bringen werden«. Christophers Erklärung erweckte den Eindruck, dass die Vereinigten Staaten nunmehr den Vance-Owen-Plan unterstützen würden; zwischen den Zeilen ließ sich aber herauslesen, dass die Vereinigten Staaten die Absicht hatten, die Verhandlungen zu übernehmen und, wie Christopher es nannte, auf die Ideen von Vance und Owen »aufzubauen«. Gefragt, ob er erklären könne, was die USA damit bezweckten, sagte der ehemalige Außenminister Lawrence Eagleburger, er vermute, sie wollten die 43 Prozent des Gebietes reduzieren, die der Vance-Owen-Plan den Serben zugestand. Krieg und Verbrechen sollten noch zweieinhalb Jahre lang weitergehen, ehe die Vereinigten Staaten den Serben in Dayton 49 Prozent des Gebiets zusprachen. David Owen erklärte später: »Wenn George Bush die Wahl gewonnen hätte ... dann wäre der Krieg in Bosnien längst vorüber.«

Während die Vereinigten Staaten begannen, die Bemühungen von Vance und Owen durch eigene zu ersetzen, gingen Planer der Nato daran, gemeinsam mit dem UN Department of Peace-Keeping Operations und UN-Militärberatern eine Truppe zusammenzustellen, die ein Friedensabkommen vor Ort umsetzen sollte. 50 000 Soldaten wurden dafür benötigt. Ich befürwortete ein Modell, das den Vorgaben des damals in So-

malia stationierten Kontingents ähnelte, eine von Amerika angeführte
Kampftruppe, die um Einheiten aus einer Koalition anderer Länder erweitert und vom Sicherheitsrat autorisiert wurde. Wie im Fall Somalia
setzte ich mich dafür ein, dass ein derartiges Kontingent imstande und
bereit sein müsse, militärisch in Aktion zu treten, um Frieden zu schaffen, falls es auf gewaltsamen Widerstand stoßen sollte. Die Vereinigten
Staaten waren jedoch wenig geneigt, sich militärisch in Bosnien zu engagieren. Da jeder Waffenstillstand oder jedes Friedensabkommen den USA
keine andere Wahl ließ, als Soldaten abzustellen, erwiesen sich die Amerikaner in Wirklichkeit ausgerechnet dann als überaus unkooperativ,
wenn ein Schritt in Richtung Frieden möglich schien. Das führte zu
Spannungen zwischen Washington und einigen europäischen Regierungen, insbesondere den Regierungen Großbritanniens und Frankreichs,
die eine beträchtliche Anzahl Soldaten im Land stationiert hatten und
immer empfindlicher auf die Neigung der US-Regierung reagierten, deren Auftreten zu kritisieren, aber keine eigenen Truppen beizusteuern.

Im Oval Office

Für den 23. Februar 1993 hatte der Wetterbericht Schnee angekündigt,
deshalb reiste ich statt mit dem Flugzeug mit der Bahn nach Washington.
Ich traf mich im Oval Office mit Präsident Clinton und wir saßen uns auf
zwei Reihen aus Sofas und Stühlen gegenüber mit unseren Beratern an
der Seite. Blitzlichter erhellten die Szenerie, Kameras klickten und surr-
ten. Während die Reporter aus dem Raum gescheucht wurden, versuchte
ich, ein Gespräch in Gang zu bringen, indem ich Clinton mitteilte, ich sei
mit dem Zug angereist. »Ich glaubte, die ägyptischen Züge seien
schlecht«, sagte ich, »aber im Vergleich mit den amerikanischen schnei-
den sie noch gut ab.« »Amerikaner fahren lieber Auto«, sagte Clinton
kurz. Schon fürchtete ich, dass ich den Präsidenten dummerweise beleidigt hätte, indem ich die Eisenbahn seines Landes schlecht machte. Aber
alles war in Ordnung. Die Stimmung im Oval Office war, wie die Ägypter
sagen, *samme ala assal* (»geschmolzene Butter auf Honig«).

Clinton lobte mich und sagte, er sehe gern einen rührigen Generalsekretär an der Spitze der Vereinten Nationen. Er wisse jederzeit, wo ich
zu finden sei, indem er einfach die Zeitung aufschlage. Als wir die zahlreichen Konflikte mit UN-Beteiligung Revue passieren ließen, sagte Clinton, ich müsse zugeben, dass die Vereinigten Staaten einen beachtlichen

Anteil der Truppen beigesteuert hätten. Er sei erfreut gewesen über die Vorstellung, dass us-Soldaten in Somalia unter dem Befehl eines Generals aus einem anderen Land Dienst täten. Ich erklärte Clinton die Vorteile des Vance-Owen-Plans und bat ihn um seine Unterstützung, doch da schaltete sich Vizepräsident Gore ein und meinte, der Vance-Owen-Plan würde die Serben begünstigen und wiederholte hartnäckig die Argumente für die Aufhebung des Waffenembargos zugunsten der bosnischen Regierung. Die Vereinigten Staaten würden sich bemühen, den Vance-Owen-Plan zu unterstützen, sagte der Präsident, sähen aber »die Notwendigkeit, die geplanten Grenzen abzuändern«. Vor meinem Gespräch mit Clinton sagten mir Freunde, die ihn kannten, dass Clinton niemals »Nein« sage und dass ich genau hinhören müsse, um herauszuhören, wann ein »Ja« in Wirklichkeit »Nein« hieß. Bei seiner Bemerkung zu dem Vance-Owen-Plan schien mir dies der Fall zu sein.

Immer mehr stand auf dem Spiel. Die Kämpfe in Bosnien verschärften sich, als die Serben im Zuge der Ablehnung des Vance-Owen-Plans weiter vormarschierten. Cy Vance war niedergeschlagen, als er, Owen und ich am 1. März 1993 bei den Vereinten Nationen miteinander sprachen. »Wir stehen am Rande eines größeren Krieges«, sagte Vance voraus.

Noch am selben Tag stattete mir Botschafter Reginald Bartholomew, der von Clinton erst kürzlich zum Gesandten im ehemaligen Jugoslawien ernannt worden war, in Begleitung von Madeleine Albright einen Besuch ab. Ich begann das Gespräch, indem ich mich einmal mehr dafür einsetzte, dass die Vereinigten Staaten den Vance-Owen-Plan unterstützten. Bartholomew erklärte unbestimmt, es sei seine Aufgabe, an dem Vance-Owen-»Prozess« mitzuarbeiten. Ich sprach die Notwendigkeit an, amerikanische Nato-Soldaten bereitzustellen, um ein Friedensabkommen durchzusetzen. Bartholomew sagte: »Ich möchte Ihnen versichern, dass weder die Nato noch die usa irgendwelche Vereinbarungen wünschen, die nicht unter Aufsicht der Vereinten Nationen stehen. Um es ganz offen zu sagen, die usa und die Nato wollen nicht in der Patsche sitzen. Ich hoffe, der Generalsekretär versteht, was ich damit sagen will«, betonte er. Auf meine Frage, was »in der Patsche sitzen« bedeute, wurde mir gesagt, das sei Umgangssprache und so zu verstehen, dass die usa und die Nato für eine derartige Mission den Segen der internationalen Staatengemeinschaft und die un-Aufsicht wünschten.

Am 4. März 1993 kam der bosnische Serbenführer Radovan Karadžić zu mir nach New York. Vor dem amerikanischen Bezirksgericht für den südlichen Bezirk von New York war gegen Karadžić wegen »Völkermord, Kriegsverbrechen und Verbrechen gegen die Menschlichkeit« Klage eingereicht worden. Cyrus Vance und David Owen waren an meiner Seite, als Karadžić eintraf, eine aus zahlreichen Fernsehinterviews vertraute, stämmige Figur mit hoher Stirn, die einen Hang zu theatralischen Auftritten hatte. Ein offener Brief an das amerikanische Volk, den bosnische Serben unterzeichnet hatten, war in der *New York Times* veröffentlicht worden. Darin hieß es, der Bombenanschlag auf das World Trade Center in New York sei ein Hinweis darauf gewesen, was passieren könne, falls die Vereinigten Staaten beschließen würden, in Bosnien zu intervenieren. Cyrus Vance war ganz außer sich. »Wie können Sie es wagen!«, sagte er wütend. Nach diesem Angriff machte Karadžić sofort einen Rückzieher und erklärte, er habe Englisch nie sehr gut beherrscht und der Brief sei nicht als Beleidigung gedacht gewesen.

Wegen der Weigerung der bosnischen Muslime, den Vance-Owen-Plan zu akzeptieren, da sie seitens der Vereinigten Staaten Rückendeckung erhielten, hatte der Druck auf die bosnischen Serben nachgelassen, ernste Friedensverhandlungen zu führen. Der berufsmäßige Psychiater und vollendete diplomatische Schauspieler Karadžić begann, über die Ungerechtigkeit zu klagen, die der Vance-Owen-Plan seinem Volk zufügen würde. Die Serben würden »die am stärksten benachteiligte Gemeinschaft«, falls der Vance-Owen-Plan in Kraft treten sollte. Ich forderte Karadžić mit sehr scharfen Worten auf, den Plan zu akzeptieren. »Es ist nicht einfach gewesen, für Sie und Ihre Delegation die Erlaubnis zu erhalten, nach New York zu kommen«, sagte ich. »Jetzt ist der richtige Zeitpunkt. Sie sind isoliert. Sie haben die ganze Welt gegen sich. Akzeptieren Sie jetzt, ehe es zu spät ist. Die bosnischen Serben erwartet massiver Druck seitens der internationalen Gemeinschaft. Bislang war das noch gar nichts. Es ist wichtig, dass Sie sich die Entschlossenheit und den Willen der internationalen Gemeinschaft vor Augen führen«, sagte ich zu ihm, gleichzeitig ahnend, dass eine solche Entschlossenheit kaum wirklich existierte.

Die amerikanische Absage an den Vance-Owen-Plan hatte den Serben jedoch Luft verschafft. Karadžić spielte eindeutig auf Zeit, während seine serbischen Kräfte ihre Angriffe intensivierten und weitere Landgewinne erzielten. Paramilitärische Einheiten der Serben griffen zahlreiche Städte an, darunter Srebrenica. Zahllose Menschen kamen ums Leben und die humanitären Hilfslieferungen der UNO wurden unterbrochen. Tausende Muslime aus den umliegenden Orten, die von serbischen Truppen angegriffen oder besetzt worden waren, hatten in Srebrenica Zuflucht gesucht. Täglich starben 30 bis 40 Menschen bei Militäraktionen, an Hunger, Unterkühlung, oder weil es an medizinischer Ausrüstung oder am Überlebenswillen fehlte.

Das schiefe Bild der Medien

Am Sonntag, dem 7. März 1993, trat ich in der Nachrichtensendung *This Week with David Brinkley* auf. Ich sagte, dass wir weiterhin innerhalb des von Vance und Owen abgesteckten Rahmens Verhandlungen führen müssten. Wir hätten keine andere Wahl. Geduld sei vonnöten. »Setzen wir trotz aller Schwierigkeiten unsere Arbeit fort und geben wir dem Vance-Owen-Plan eine Chance«, sagte ich. George Will erklärte, die Serben würden siegen und die Nato und die Vereinten Nationen schienen »machtlos« zu sein. Sam Donaldson setzte mich massiv unter Druck: »Herr Generalsekretär, während Sie weiterverhandeln, schreiten die Serben offensichtlich vor Ort voran. Weitere Städte sind gefallen. Haben Sie keine Angst, dass die Serben am Ende nicht nur 70 Prozent mehr Gebiet haben werden, sondern alles?«

»Doch«, entgegnete ich, »aber wir haben uns den Abzug der Serben zum Ziel gesetzt, und wenn sie nicht abziehen, dann werden wir die erforderlichen Maßnahmen treffen müssen.«

»Nur welche Maßnahmen haben Sie denn im Sinn?«, fragte Donaldson.

»Ich bin der Ansicht, wenn wir nicht imstande sind, ihren Abzug zu erreichen, dann bleibt nur eine Lösung, nämlich die Erzwingung. Und die Mitgliedstaaten [der Vereinten Nationen] müssen bereit sein, Soldaten ins Land zu entsenden.«

Donaldson fragte, wie viele Soldaten benötigt würden, um die Serben zurückzudrängen.

»Ich bin kein Fachmann; das weiß ich nicht«, erwiderte ich, »aber es wird mit Sicherheit eine großangelegte Operation sein... und ohne die Beteiligung der Vereinigten Staaten wird es sehr schwer fallen, das zu erzwingen.«

Donaldson unterstrich daraufhin, dass »eine große Zahl Amerikaner der Ansicht ist, die Europäer sollten vorangehen, dass die Vereinigten Staaten nicht in vorderster Front irgendeiner Bodenoperation in diesem Gebiet kämpfen sollten«.

»Ja«, sagte ich, »aber wer führt denn in Wirklichkeit die Operation durch? Die Vereinten Nationen, und die Vereinigten Staaten sind ein wichtiges Mitglied der Vereinten Nationen. Aber wir befinden uns immer noch im Stadium der Verhandlungen, der humanitären Hilfe, der Wirtschaftssanktionen.«

»Nun, ich vermute, da haben Sie ganz recht, Sir«, sagte Donaldson, »aber ich gehe davon aus, dass viele Amerikaner sagen werden, die Menschen, die vor Ort sterben, sind keine Soldaten der Vereinten Nationen sondern Amerikaner.«

»Da stimme ich Ihnen zu«, erwiderte ich. »Deshalb müssen wir zum jetzigen Zeitpunkt auch die Verhandlungen fortsetzen.«

Als ich das Studio verließ, versuchte ich, den Sinn dieses konfusen Wortwechsels zu erfassen. Anfangs schienen diese Fernsehmoderatoren zu beklagen, dass die Vereinten Nationen nicht genug unternehmen würden, um die Serben im Kampf zu schlagen. Als ich daraufhin antwortete, dass ein solcher Schritt eine US-Beteiligung erfordern würde, da warfen sie mir augenscheinlich vor, dass ich die Vereinigten Staaten gegen den Willen des amerikanischen Volkes in die Kämpfe hineinziehen wolle. Mein Versuch, am Ende die Dringlichkeit der Verhandlungen zu unterstreichen, hatte scheinbar keine Wirkung.

Am nächsten Morgen lautete die Schlagzeile der *Washington Post:* UN-CHEF SAGT, SERBISCHE KÄMPFER KÖNNEN GEMÄSS DEM VERTRAG ZURÜCKGEDRÄNGT WERDEN. Das löste eine Welle der Empörung aus. Es entsprach zwar nicht genau dem, was ich gesagt hatte, aber die Wahrheit hat gegen eine falsche Darstellung selten eine Chance. Ich wurde beschuldigt, dass ich die Vereinigten Staaten in einen Krieg auf dem Balkan hineinziehen und US-Soldaten meinem Befehl unterstellen wolle. Präsident Clintons Berater George Stephanopoulos erklärte am 9. März eilig: »Wir haben keinerlei Gespräche über irgendwelche Maßnahmen geführt, die über unsere Äußerungen in der Vergangenheit hinausgehen, das heißt, dass wir den Einsatz von US-Streitkräften in Betracht ziehen würden, um ein bereits geschlossenes Abkommen durchzusetzen.« Vor meinem Auftritt in der Nachrichtensendung hatte mir die ehemalige US-Botschafterin bei den Vereinten Nationen, Jeane Kirkpatrick, in ihrer in mehreren Zeitungen erscheinenden Kolumne vorgeworfen, ich würde mich der Anwendung von Gewalt in Bosnien widersetzen. Jedesmal wenn der Sicherheitsrat in Erwägung zog, gewaltsam eine Lösung zu erzwingen, schrieb sie, habe Boutros-Ghali »um mehr Zeit gebeten, um eine politische Lösung zu finden«.

In einer Kolumne, die nach meinem Fernsehinterview erschien, erklärte Kirkpatrick: »Boutros Boutros-Ghali will sich zum Oberbefehlshaber der Welt ernennen: Vergangene Woche schlug er vor, US- und Nato-Soldaten in den Dienst der UNO zu stellen und dem Befehl des Generalsekretärs zu unterstellen, um serbische Truppen aus bestimmten Gebieten Bosniens zu vertreiben, falls sie sich weigerten abzuziehen.« Die Clinton-Administration, so Kirkpatrick, »lehnte klugerweise den Vorschlag ab, US-Soldaten in einen Landkrieg in Bosnien hineinzuziehen.« Kirkpatricks Darstellung prägte sich unauslöschlich in die Köpfe der Amerikaner ein. Sie hatte mir zweierlei vorgeworfen: einen Krieg zu verhindern zu versuchen und US-Soldaten unter meinem Befehl ins Gefecht schicken zu wollen. Weshalb schrieb sie solche Dinge? Sie musste doch wissen, dass das nicht der Wahrheit entsprach. Wir hatten miteinander gesprochen. Sie kannte mich. Ich konnte mir das nur dadurch erklären, dass Kirkpatrick sich einen innenpolitischen Vorteil für sich selbst versprach, indem sie den UN-Generalsekretär attackierte.

Die Rahmenbedingungen für Aktionen der UNPROFOR in Bosnien verschlechterten sich zusehends. Da der Vance-Owen-Plan von den Vereinigten Staaten abgeblockt wurde, diese aber weder imstande waren, selbst einen besseren Friedensplan vorzulegen, noch bereit waren, eine militärische Lösung zu erzwingen, hatten wir keine andere Wahl, als die Vereinten Nationen aufzufordern, die bisherigen Maßnahmen zu intensivieren: also humanitäre Hilfe zu leisten, auch wenn die Kämpfe sich verschärften. Hilfsleistungen wurden behindert, sabotiert oder für die militärischen Zwecke der kriegführenden Parteien instrumentalisiert. UN-Mitarbeiter wurden von Kämpfern aller drei Seiten gezielt angegriffen. Inzwischen hatten die Vereinten Nationen 548 Opfer zu verzeichnen, davon 51 Tote, und die Zahl der Getöteten und Verwundeten stieg unaufhaltsam an.

Ein Kriegsverbrechertribunal

Einer der abscheulichsten Aspekte des Krieges im ehemaligen Jugoslawien waren die massiven und systematischen Menschenrechtsverletzungen. Anthony Lewis nannte sie in der *New York Times* »die schlimmste Menschheitskatastrophe in Europa seit den Verbrechen der Nazis«. Papst Johannes Paul II. sprach von einem »abstoßenden Drama«, das »Europa demütigt und den künftigen Frieden ernsthaft gefährdet«. Der Sicherheitsrat hatte nochmals die individuelle Schuld all jener bekräftigt, die schwere Verstöße gegen die Genfer Konventionen oder Verletzungen der internationalen Menschenrechte begangen oder befohlen hatten. Der Rat ersuchte mich, eine Expertenkommission einzuberufen, die eine Datenbank über die Kriegsverbrechen zusammenstellen und die Ermittlungen vor Ort in die Wege leiten sollte. Mit seiner Resolution 808 von 1993 forderte mich der Sicherheitsrat auf, über sämtliche Aspekte der Angelegenheit Bericht zu erstatten, sowie konkrete Vorschläge für die Einrichtung eines internationalen Gerichtshofes vorzulegen. Die juristische Abteilung der UNO unter der Führung von Carl-August Fleischauer leistete ausgezeichnete Arbeit und ermöglichte es mir, einen Entwurf vorzulegen, der sich mit der umstrittenen Frage der gesetzlichen Grundlage für die Einrichtung eines solchen Gerichtshofes befasste. Damit wurde der Grundstein für ein Kriegsverbrechertribunal gelegt, das erstmals seine Vollmacht nicht von der Siegermacht eines Krieges erhielt, sondern von der internationalen Gemeinschaft insgesamt, vertreten durch die Vereinten Nationen. Der Vorschlag, mit Hilfe eines internationalen Gerichtshofes in Den Haag die Kriegsverbrecher im ehemaligen Jugoslawien zur Rechenschaft zu ziehen, bildete einen Meilenstein des internationalen Rechts.

Um diese Zeit, Mitte März 1993, veränderte ein neuer Faktor die Szenerie. Die Russen fassten nach dem Zusammenbruch der Sowjetunion wieder auf diplomatischer Ebene Fuß und bekräftigten ihre traditionelle Rolle als Schutzmacht der Serben, ihrer orthodoxen Glaubensbrüder. Der russische Außenminister Andrej Kosyrew hatte zu verstehen gegeben, es wäre besser, wenn die Vereinigten Staaten nicht länger von einseitigen Aktionen wie Luftschlägen redeten, sofern sie nicht einen echten Krieg auf dem Balkan provozieren wollten – einen Stellvertreterkrieg der außenstehenden Großmächte. Niemand konnte sich des Gedankens erwehren, dass 1914 der Erste Weltkrieg eben wegen eines solchen Stellvertreterkrieges in Bosnien ausgebrochen war.

In diesem Zusammenhang beschloss der UN-Sicherheitsrat Ende März, keine Gewalt anzuwenden, um die sogenannte Flugverbotszone durchzusetzen, das Verbot sämtlicher Militärflüge im bosnischen Luftraum mit Ausnahme der Flüge für UN-Operationen gemäß Resolution 781 des Sicherheitsrates. Die Anwendung von Gewalt, erklärten die Vereinigten Staaten, könne Präsident Boris Jelzins Position untergraben, weil den russischen Nationalisten Anlass zu Protesten gegeben würde. Diese forderten die Nato und die Vereinten Nationen lautstark auf, eine serbenfreundlichere Haltung anzunehmen. Ich führte lange Gespräche mit Kosyrew, der die Serben leidenschaftlich verteidigte und den Vereinten Nationen Befangenheit vorwarf. Ich erinnerte ihn daran, dass der Sicherheitsrat sämtliche Resolutionen, an die sich die UN-Truppen bei ihren Operationen zu halten hatten, verabschiedet habe, ohne dass Russland offen dagegen Einspruch erhoben hätte.

Nach einer Verschärfung der Kämpfe und weiteren Landgewinnen der Serben beschlossen die Muslime Ende März, der im Vance-Owen-Plan vorgelegten Aufteilung des Landes zuzustimmen. Die Briten und die Franzosen beantragten bei den Vereinten Nationen eine Resolution des Sicherheitsrates, die den Plan mit dem ganzen Einfluss des Rates unterstützen sollte, doch die Vereinigten Staaten machten wiederum einen Rückzieher. Warum? Die Erklärung liefert ein in Washington kursierender Witz: »Was ist schlimmer als ein Nein der Bosnier? Ein Ja der Bosnier«, weil die Vereinigten Staaten dann gezwungen wären, US-Soldaten bereitzustellen, um das Abkommen umzusetzen. Clinton hatte sich in zweifacher Hinsicht abgesichert. Auf der einen Seite blockierte er alle Anstrengungen, ein Friedensabkommen zu erzielen, weil ein solches Abkommen zur Folge hätte, dass US-Soldaten nach Bosnien entsandt würden. Auf der anderen Seite lehnte er Vorschläge ab, die Vereinten Nationen aus der unmöglichen Lage in Bosnien zu befreien, weil eine solche Evakuierung – jemand nannte es ein »Dünkirchen« – nur mit Hilfe von US-Soldaten erfolgreich durchgeführt werden konnte. Jahre später behauptete Richard Holbrooke in seinem Buch über den Krieg in Bosnien, Clinton habe bis 1995 nicht gewusst, dass die Vereinigten Staaten verpflichtet waren, US-Soldaten nicht nur im Falle eines Friedensabkommens zu entsenden, sondern auch für die Evakuierung der Blauhelmsoldaten im Falle eines Scheiterns. Beide vertraglichen Verpflichtungen waren jedoch allgemein bekannt und wurden während des gesamten UN-Einsatzes in Bosnien ausführlich diskutiert.

Am 1. April 1993 trat Cyrus Vance zurück. Ich konnte seine Entscheidung gut nachvollziehen. Er war von seinem eigenen Land und seinen eigenen ehemaligen Kollegen im State Department im Stich gelassen worden. Ich schlug vor, Cy durch Thorvald Stoltenberg zu ersetzen, den ehemaligen norwegischen Verteidigungs- und Außenminister. Er sprach Serbokroatisch, hatte als Diplomat in Jugoslawien Dienst getan und kannte das System der Vereinten Nationen genau, weil er Ende der achtziger Jahre Flüchtlingshochkommissar gewesen war. Der hochgewachsene Mann, der Englisch langsam und präzise sprach, konnte sich mit einer

endlosen Geduld die längsten und wütendsten Tiraden anhören. Er war
ebenso kühl wie seine nördliche Heimat.

Rivalen in Phnom Penh

Bis Anfang 1993 hatte das Wahlbüro der Vereinten Nationen in Kambodscha beinahe fünf Millionen Menschen registriert, eine Zahl, die nur
unwesentlich von der Gesamtzahl aller Wähler außerhalb der von den
Roten Khmer kontrollierten Gebiete abwich. Doch die Februar-Frist für
alle kambodschanischen Parteien, sich zu einer nationalen Wahl registrieren zu lassen, verstrich, und die Roten Khmer verübten, statt sich
dem Prozess anzuschließen, in den ländlichen Gebieten Kambodschas
gefährliche, destabilisierende Überfälle. Sie weckten in der Bevölkerung
die neuerliche Furcht vor einer Rückkehr der Schlächter aus den siebziger
Jahren.

Da die Lage sich zuspitzte, reiste ich im April 1993 nochmals nach
Kambodscha. Prinz Sihanouk holte mich direkt an der Gangway ab. Auf
dem Weg zum Königspalast spürte ich, dass er entmutigt und niedergeschlagen war. Vor meiner Ankunft hatte er öffentlich die Vereinten Nationen kritisiert und wiederum gedroht, als Oberhaupt des Obersten Nationalrates zurückzutreten. Ich bat ihn inständig, um des Volkes von
Kambodscha willen standhaft zu bleiben. Unser Gespräch wurde allmählich freundschaftlicher. Bei einem Treffen im Thronsaal des Palastes in
Gegenwart sämtlicher Mitglieder das Nationalrates bedauerte ich die Wi-
derspenstigkeit der Roten Khmer. Ich beschwor alle Parteien, die Wahl-
entscheidung zu respektieren, und versprach, das Wahlgeheimnis und
die Sicherheit der Wähler zu garantieren. Prinz Sihanouk spielte dabei
eine entscheidende Rolle. »Die Verantwortung des Prinzen«, sagte ich,
»ist nicht auf Kambodscha beschränkt, sondern reicht weit darüber hinaus, bis hin zu den Sorgen der gesamten Staatengemeinschaft.« Wenn die
Vereinten Nationen nämlich in Kambodscha Erfolg hätten, dann würde
das als Muster für ähnliche Operationen in anderen Teilen der Welt dienen. Ein Erfolg in Kambodscha würde sich positiv auf die gesamte internationale Gemeinschaft auswirken, der das Land angehört.

Hun Sen, der Chef der kambodschanischen Regierung und ihres politischen Arms, der Kambodschanischen Volkspartei (CPP), nahm an
dem Treffen teil. Ich hatte ihn bereits kennen gelernt, als er mich zu Beginn meiner Amtszeit in New York aufsuchte. Der junge, intelligente

Mann, der augenscheinlich nicht bei bester Gesundheit war, benahm sich wie der wahre, wenn auch nicht anerkannte Herrscher. In der palastartigen Umgebung der Gemächer Sihanouks wirkte Hun Sen wie ein militanter Bauer in einem Feld goldener Ähren. Als ehemaliger Führer der Roten Khmer war er zu dem Regime Heng Samrins übergelaufen, das von den einmarschierenden Vietnamesen 1979 eingesetzt worden war. Und jetzt hatte er als Nachfolger Heng Samrins beschlossen, nach dem Pariser Friedensabkommen auf ein neues Kambodscha hinzuarbeiten. Wegen der Entscheidung für diesen Kurs verdiente er Anerkennung. Er sprach keine Fremdsprache und hatte immer einen Übersetzer an seiner Seite. Sein Mangel an Bildung verstärkte den Eindruck eines gekränkten und isolierten Mannes, der aber in diesem Moment für die Geschichte des Landes unverzichtbar war. Hun Sen wollte möglichst viel ausländische Hilfe für sein Land und zugleich möglichst wenig internationale Präsenz. Die UN-Mission UNTAC in Kambodscha sollte die Schlüssel-Ministerien in seiner Regierung beaufsichtigen, aber er widersetzte sich dem hartnäckig und verwehrte den Mitarbeitern jeden Zugang zu den Parteigremien, wo, wie in allen kommunistischen Regimen, die wichtigen Entscheidungen getroffen wurden. Hun Sen wandte sich an mich: »Erst diesen Morgen wurde ein Flugblatt in Phnom Penh verteilt, das einer echten Kriegserklärung seitens der Roten Khmer gleichkam.« Khieu Samphan, Pol Pots Sprachrohr, war als Delegierter der Roten Khmer im Palast und wies sämtliche Vorwürfe gegen sie zurück. Vietnam sei der Feind, sagte er, und die von Vietnam in Phnom Penh eingesetzte Regierung – ein Seitenhieb gegen Hun Sen. Er lehnte die von der UNO organisierten Wahlen im Voraus ab und machte deutlich, dass wir mit größeren Unruhen rechnen mussten. Auch wenn Khieu Samphan und Hun Sen sich Prinz Sihanouk gegenüber stets ehrerbietig verhielten, war der gegenseitige Hass nicht zu übersehen.

Die Vereinten Nationen machen Druck

Ich kannte Prinz Norodom Ranariddh, Prinz Sihanouks Sohn, seit er an der Universität Bordeaux mein Assistent war. Ranariddh sprach und handelte wie sein Vater, aber ihm mangelte es an Sihanouks ausgeprägtem politischen Geschick. Dennoch spielten er und seine Partei FUNCINPEC eine zentrale Rolle bei dem Versuch der Vereinten Nationen, in Kambodscha ein Mehrparteiensystem einzuführen. Ich nahm Yasushi Akashi beiseite und drängte ihn, mit Hilfe japanischer Nichtregierungsorganisationen Gelder zu sammeln, damit eine Reihe politischer Parteien bei der Wahl antreten konnte und ihre Chancen stiegen. Das konnte als Einmischung von außen kritisiert werden, aber ich hielt es für notwendig, wenn wir eine echte Mehrparteienwahl haben wollten.

Als Hun Sens Regime versuchte, Ranariddh bei seinem Wahlkampf zu behindern, indem es ihm untersagte, mit seinem Flugzeug das Land zu bereisen, da stellten UN-Einheiten ihm einen Hubschrauber zur Verfügung. Eine demokratische Wahl bildete die Voraussetzung für einen neuen und legitimierten Anlauf Kambodschas zu einer Selbstregierung. Doch dem Volk Kambodschas war jede demokratische Kultur völlig fremd, daran sollte sich auch in den kommenden Jahren nichts ändern. Akashi tat, worum ich ihn gebeten hatte, und verteilte Geldbeträge. Dennoch war ich überzeugt, dass Hun Sen der einzige echte politische Führer im Land war und dass er, Mehrparteiensystem hin oder her, unweigerlich die maßgeblichen Entscheidungen treffen würde. Die Wahl musste wirklich frei und gerecht sein und ich wollte alles tun, um das zu garantieren. Gleichzeitig war ich mir aber darüber im Klaren, dass Hun Sen, unabhängig von dem Wahlergebnis, das Zentrum der politischen Macht anstreben würde. Keine andere politische Figur konnte sich mit seinem gebieterischen Auftreten, seiner Willenskraft und politischen Erfahrung messen.

Im Thronsaal bat ich die vier kambodschanischen Parteien mehrfach inständig, untereinander Toleranz zu üben, und erinnerte sie daran, dass die Hilfe der Vereinten Nationen keineswegs selbstverständlich war. Die UNO könne ebenso gut ermächtigt werden, Gewalt anzuwenden, drohte ich, obwohl ich in Wahrheit wusste, dass der Sicherheitsrat niemals so weit gehen würde.

Der Wahlkampf begann wie geplant am 7. April 1993, an dem Tag, als ich in Phnom Penh ankam. Bis Mitte Mai waren die für die Wahl erforderlichen Hilfsmittel, vor allem Stimmzettel und Wahlurnen, in Kambodscha eingetroffen. Rund 900 Beobachter aus 44 Ländern und der Interparlamentarischen Union kamen zum Einsatz und mit ihnen über 50 000 kambodschanische Wahlhelfer. Radio United Nations sendete 15 Stunden täglich. Relaisstationen waren aufgebaut worden, um die Reichweite der Übertragung zu vergrößern, und Hunderte von Rundfunkgeräten waren dank einer Spende der japanischen Regierung im ganzen Land verteilt worden. In den Sendungen wurde betont, dass die Wahl geheim sei, um den Versuchen der Roten Khmer zu begegnen, unter der

Bevölkerung Angst zu säen. Sie behaupteten, die Stimmabgabe würde nicht geheim bleiben, und bedrohten so diejenigen, die nicht für die Roten Khmer stimmten.

Am 8. April sprach ich im Fernsehen zu dem kambodschanischen Volk. Auf Französisch sagte ich, dass die gewaltige Zahl an Menschen, die sich für die Wahl registrieren ließ, beweise, dass das kambodschanische Volk eine freie und faire demokratische Wahl wünsche. »Ich habe eure Führer gebeten, auf Gewalt, Einschüchterung und Drohungen zu verzichten. Umgekehrt dürft ihr euch auch nicht einschüchtern lassen. Denkt daran, dass eure Wahl geheim ist. Niemand wird jemals wissen, wie ihr abgestimmt habt. Gebt eure Stimme mit reinem Gewissen der Partei eurer Wahl. Tut das zum Wohl eurer Kinder und Enkel. Tut das für die Zukunft und den Wohlstand in Kambodscha.«

Trotz der UN-Präsenz waren die Wochen vor der Wahl gekennzeichnet von Gewalt und Einschüchterungsversuchen. Kambodschaner aus allen vier Parteien wurden ermordet oder verwundet. Regierungsbeamte mehrerer Länder sowie Journalisten rieten mir wiederholt, die Wahl zu verschieben, doch das lehnte ich ab. In den letzten Apriltagen zogen die Roten Khmer all ihre Mitarbeiter aus Phnom Penh ab. Dieser Schritt wurde als Zeichen gewertet, dass sie die Absicht hatten, die Stadt anzugreifen. Meine Kollegen drängten mich, die UN-Mitarbeiter in sichere Landesteile bringen zu lassen. Den Bitten von Mitarbeitern, ihre Familienangehörigen zu evakuieren, werde entsprochen, erklärte ich, aber ich werde keine allgemeine Evakuierung anordnen. Ich blieb dabei, dass die Roten Khmer zu schwach seien, um eine ernste landesweite Bedrohung darzustellen. In Wirklichkeit hatte ich Angst um die Sicherheit der UN-Mitarbeiter, aber eine Entscheidung musste getroffen werden. Ich spürte, dass mir keine Wahl blieb, als mich auf meine politische Intuition zu verlassen, die mir sagte, dass ich recht hatte: Die Vereinten Nationen mussten das Risiko eingehen, den Terminplan für die Wahl strikt einzuhalten.

Am 28. April teilte Akashi mir telefonisch mit, die Lage sei schlimmer denn je. Die Roten Khmer traten zunehmend feindselig auf; UNTAC ergriff zusätzliche Sicherheitsmaßnahmen. Prinz Sihanouk war in Pjöngjang gewesen. Dort hatte Khieu Samphan mit ihm gesprochen und versucht, Sihanouks Unterstützung für die Roten Khmer zu gewinnen. Momentan hielt Sihanouk sich in Peking auf und erklärte, seine Ärzte hätten ihm befohlen, keine Reise anzutreten. Ich schickte ihm eine Nachricht, dass die für den 6. Mai angesetzte Sitzung des Obersten Nationalrates auch in Peking statt in Phnom Penh stattfinden könne und dass Akashi nach Peking fliegen und die Sitzung verfolgen werde. Mit diesem Schritt wollte ich Sihanouk dazu bewegen, nach Kambodscha zurückzukehren.

Am 21. Mai 1993 griffen die Roten Khmer eine UN-Einheit an, töteten zwei und verletzten sieben Angehörige eines chinesischen Pionierkommandos. Der Sicherheitsrat verurteilte einstimmig den Angriff und appellierte an das kambodschanische Volk, sein Wahlrecht wahrzunehmen. Am 22. Mai kehrte Sihanouk, wie ich gehofft hatte, nach Phnom Penh zurück und wandte sich mit dieser symbolischen Geste gegen das Ziel der Roten Khmer, die Wahl zu sabotieren und die UNTAC unverrichteter Dinge zum Abzug zu zwingen.

Ein neuer König für Kambodscha

Einen Tag nach Sihanouks Rückkehr begann die Wahl. Ein Unwetter brach über der Stadt aus und einige fürchteten, die Donnerschläge seien die Kanonen der zurückgekehrten Roten Khmer. Aber Hunderttausende von Wählern standen im strömenden Regen Schlange, um ihre Stimme abzugeben. Trotz ihrer von Angst geprägten Geschichte, trotz der jüngsten Einschüchterungsversuche und der ständigen Drohung, dass die Roten Khmer sich in irgendeiner Form an allen Wählern rächen würden, traten die Kambodschaner mutig vor und ergriffen die Gelegenheit, die die Vereinten Nationen ihnen verschafft hatten, die Souveränität ihres Landes und die internationale Legitimierung wiederherzustellen. 90 Prozent aller Wahlberechtigten gingen zur Wahl. Bis zur letzten Minute rechneten wir mit einem Angriff der Roten Khmer, aber er blieb aus. Der Boykott der Roten Khmer war gescheitert. Die Vereinten Nationen hatten gesiegt.

Die Ergebnisse wurden am 10. Juni bekanntgegeben: Prinz Ranariddhs FUNCINPEC erhielt 45,5 Prozent der Stimmen, Hun Sens Kambodschanische Volkspartei kam mit 32,2 Prozent auf den zweiten Platz, 18 andere politische Parteien teilten die übrigen Stimmen unter sich auf. Nach der Verfassung mussten die beiden Wahlgewinner eine Koalition bilden, um die Voraussetzungen für die Bildung einer Regierung zu erfüllen.

Ranariddh und Hun Sen flogen nach Pjöngjang und legten Sihanouk zwei Verfassungsformen vor: eine Republik und eine konstitutionelle Monarchie. Am 20. September 1993 kehrte Sihanouk nach Phnom

Penh zurück und verkündete, dass Kambodscha eine konstitutionelle Monarchie werden solle, das Königreich Kambodscha. Von Akashi erhielt ich folgende Nachricht:

> Am 24. September 1993 unterzeichnete Norodom Sihanouk nach seiner Wahl zum König von Kambodscha das königliche Dekret, nach dem Prinz Ranariddh zum Ersten Ministerpräsidenten und Hun Sen zum Zweiten Ministerpräsidenten ernannt wurden. Das bedeutet die Bildung einer neuen Königlichen Regierung von Kambodscha. Daraufhin leisteten König, die Regierung und die gesetzgebende Versammlung gemeinsam ihren Amtseid. Das Mandat der UNTAC ist damit beendet.

Vor der internationalen Presse erklärte König Sihanouk: »Von diesem Augenblick an ist das kambodschanische Volk wieder Herr seines eigenen Schicksals.« Ich beglückwünschte das Volk Kambodschas zu dieser historischen Leistung, die zeige, »was die internationale Gemeinschaft erreichen kann, wenn sie einig und entschlossen ist, ein lohnendes Ziel zu verfolgen und wenn das betroffene Volk bereit ist, gegenseitige Toleranz zu üben und Zugeständnisse zu machen«. Die Vereinten Nationen fühlten sich weiterhin verpflichtet, Kambodscha beim Aufbau des Staatswesens zu unterstützen, sagte ich. Nach der Wahl bestand Hun Sen jedoch darauf, dass die Vereinten Nationen das Land verließen. Hier zeigte sich die wachsende Verärgerung der politische Klasse in Kambodscha, König Sihanouk nicht ausgenommen, über das Ausmaß der Einmischung der Vereinten Nationen in die inneren Angelegenheiten des Landes und über die in manchen Fällen vernichtenden wirtschaftlichen und sozialen Auswirkungen der Anwesenheit einer so großen Zahl gut bezahlter Ausländer in einem vom Krieg verwüsteten Land, dessen Pro-Kopf-Einkommen unter 200 Dollar jährlich lag. Es gab keine Möglichkeit für die Vereinten Nationen zu bleiben.

Da Sihanouk nach der Wahl einen Putsch seitens Hun Sens fürchtete, kam er auf die Idee, eine »Nationalregierung von Kambodscha« auszurufen mit sich selbst als Staatsoberhaupt und Ministerpräsident und mit Ranariddh und Hun Sen als Erster und Zweiter Stellvertretender Ministerpräsident. Die Vereinten Nationen konnten gegen diesen Plan nichts unternehmen, der als »Putsch von oben« kritisiert wurde. Der König war wegen dieser Reaktion gekränkt und kehrte nach Peking zurück, um sich weiteren Chemotherapien zu unterziehen. Er überließ es Ranariddh und Hun Sen, sich miteinander auf politischer Ebene zu arrangieren. Das Ergebnis glich stark dem ursprünglichen Plan Sihanouks: Ranariddh und Hun Sen einigten sich auf eine Teilung der Macht und wurden zu Ko-Ministerpräsidenten, Sihanouk wurde als Staatsoberhaupt bestätigt. Kenner der Geschichte des Landes nannten dies eine typisch »kambodschanische Lösung«. Zur Überraschung vieler außenstehender Beobachter kooperierten Hun Sen und Ranariddh in den kommenden vier Jahren in der Regierung.

»Schutzzonen« in Bosnien

Zur gleichen Zeit, als Kambodscha mit der Hilfe der Vereinten Nationen wieder zusammenfand, fiel Bosnien auseinander. Im April 1993 stand Srebrenica kurz vor der Einnahme durch die serbischen Kräfte. Der Sicherheitsrat forderte in einer Resolution, dass sämtliche Parteien Srebrenica als eine »Schutzzone« behandelten, die von jedem bewaffneten Angriff oder feindseligen Akt ausgenommen sei. Ich wurde aufgefordert, die UN-Präsenz in Srebrenica zu erhöhen und für die Sicherheit der Kranken und Verwundeten und für die Lieferung humanitärer Hilfe an die Zivilbevölkerung der Stadt zu sorgen. Einige Wochen später erklärte der Sicherheitsrat Sarajevo und die bedrohten Städte Tuzla, Žepa, Goražde, Bihać und ihre Umgebung ebenfalls zu »Schutzzonen«. Zur Verstärkung des UN-Engagements bewilligte der Sicherheitsrat 50 weitere Beobachter, um die humanitäre Lage in diesen Gebieten zu überwachen.

In einer geschlossenen Sitzung des Sicherheitsrates am 4. Mai 1993 schlug ich in einem »Arbeitspapier« vor, eine Streitmacht aus 70 000 Soldaten zu bewilligen. Die Nato sollte die operative und taktische Kontrolle übernehmen. Die letzte strategische und politische Entscheidungsbefugnis sollte beim Sicherheitsrat liegen. Es sollte eine Blauhelmtruppe unter der UN-Flagge sein. Mein Vorschlag war die einzige Möglichkeit, den Bedenken Frankreichs und Russlands Rechnung zu tragen, die beide nicht den Streitkräften der Nato angehörten und einer reinen, von der UNO autorisierten Nato-Operation nicht zustimmen würden. Nach meinem Plan wäre ich in der Lage, jederzeit den Sicherheitsrat aufzufordern, »sämtliche Maßnahmen zu treffen, die für erforderlich gehalten werden, um die Militäroperation neu zu orientieren, zu korrigieren oder zu beenden«. Wenn die Streitmacht nicht so stark ist, sagte ich, dann bliebe den

Vereinten Nationen möglicherweise keine andere Wahl als abzuziehen, falls sie in Bosnien unter massiven militärischen Druck gerieten.

Die Vereinigten Staaten hielten meinen Vorschlag für »völlig inakzeptabel«. Damit lag die Vermutung nahe, dass die UN-Mission in Bosnien Washington zwei Zielen diente und sie deshalb ihre Arbeit fortsetzen musste: als Ersatz für eine direkte Intervention der Großmächte und als Sündenbock für Probleme, die durch die anhaltende Weigerung der Großmächte entstanden, endlich entscheidend zu handeln. Madeleine Albright und Peter Tarnoff statteten mir am 18. Mai 1993 einen Besuch ab. Ganz ruhig und geradezu unbekümmert schlug Albright vor, den auf der Londoner Konferenz vom August 1992 beschlossenen Ansatz »ein für alle Mal« fallen zu lassen. »Ich hasse es, in Diskussionen über die Karte von Vance und Owen verwickelt zu werden«, sagte sie. Statt dessen sollten wir zu einer »Balkan-Konferenz« übergehen. Ja, fügte Tarnoff hinzu, wir wollen »eine Balkan-Perspektive«. Ich fragte, was damit gemeint sei. »Sämtliche Donauanrainerstaaten«, sagte Albright. Ich sah wenig Sinn darin und setzte ihnen liebenswürdig auseinander, dass gewiss Änderungen und neue Denkansätze notwendig seien, dass diese aber lediglich Modifikationen des begonnenen Prozesses sein könnten. Die Londoner Konferenz sei der vereinbarte internationale Rahmen für den Umgang mit den Konflikten im ehemaligen Jugoslawien. Die Vereinigten Staaten hätten die Beschlüsse voll mitgetragen und könnten sie nicht einfach fallen lassen. Ich schlug statt dessen vor, die Londoner Konferenz ein zweites Mal einzuberufen.

Nach dem Besuch von Albright und Tarnoff saß ich fassungslos in meinem Dienstzimmer und wunderte mich über ihre unbekümmerte Missachtung eines immerhin offiziellen internationalen diplomatischen Vorgangs, den die Vereinigten Staaten gebilligt hatten. Ich hatte keine Ahnung, was sie eigentlich wollten, ich wusste nur, dass sie den Vance-Owen-Plan niemals übernehmen würden. Nach Vances Rücktritt hatte Owen auf diplomatischer Ebene viel geleistet, doch seine unverblümte Art torpedierte die Substanz seiner Arbeit. Owen machte kein Hehl aus seiner Verachtung für die Bosnienpolitik der Clinton-Administration und spürte, wie er später schrieb, dass sie den Krieg mit all seinen Opfern und ethnischen Säuberungen nur verlängerte. Als Folge wurde Owen zur persona non grata in Washington. Die starke Abneigung der Administration gegen ihn persönlich färbte auch auf die Haltung der Vereinigten Staaten zu den Vereinten Nationen selbst ab. Jedesmal wenn ich den Namen Owen gegenüber Albright nannte, fuhr sie hoch. »Erwähnen Sie nie-

mals den Namen dieses Mannes in Gegenwart des Präsidenten«, warnte
sie mich.

Am 27. Mai 1993 forderte der Sicherheitsrat von dem Sekretariat
innerhalb von weniger als 24 Stunden Arbeitspapiere 1. zur humanitären
Lage in jeder »Schutzzone« an, 2. zur militärischen Lage, 3. mit Karten
über den Frontverlauf der »Schutzzonen« und 4. zum Konzept einer
»Schutzzone«. Unter enormem Zeitdruck erstellten wir in der Tat diese
Papiere, mit dem Erfolg, dass die Vereinigten Staaten unsere »schwammi-
ge« Empfehlung ablehnten, mit Hilfe von Gewaltanwendung eine schrittweise Vergrößerung der Schutzzone anzustreben, was möglicherweise
den Einsatz von US-Streitkräften erfordert hätte. Noch im Februar war
Christophers Erklärung zur Bosnienpolitik der Clinton-Administration
in Europa so interpretiert worden, dass die Vereinigten Staaten Soldaten
nach Bosnien entsenden würden, aber jetzt war allen klar, dass die Vereinigten Staaten einem solchen Einsatz niemals zustimmen würden.

Um der amerikanischen Kritik an unserer eilends verfassten Antwort auf die Bitte des Sicherheitsrats zu begegnen, konnte ich nur allen
versichern, dass die Frage der Schutzzonen ausschließlich in die Zuständigkeit des Sicherheitsrates falle und dass ich lediglich die Absicht gehabt
hätte, den Mitgliedern einige Punkte zur Beratung vorzulegen. Die Haltung der Vereinigten Staaten war unverständlich. Im Frühjahr 1993 erklärte Staatssekretär Tarnoff öffentlich, dass die Vereinigten Staaten nicht
länger die führende Macht bei der Überwachung der weltweiten internationalen Sicherheit sein wolle. Aber die Vereinigten Staaten schwangen
weiterhin große Reden und drängten die Vereinten Nationen in immer
unhaltbarere Positionen, um ihnen dann aber die entscheidenden Ressourcen zu verwehren. Außerdem schreckten sie schon bei dem geringsten Anzeichen zurück, dass eine direkte Beteiligung der Vereinigten Staaten erwartet werden könnte. Wie einer meiner UN-Kollegen einmal
bemerkte: Die Vereinten Nationen wurden von den Vereinigten Staaten
und einigen anderen Nato-Mächten schlicht »auf den Arm genommen«.

Das Ringen um Luftschläge

Mit der Resolution 836 autorisierte der Sicherheitsrat am 6. Juni 1993
die UNPROFOR – sofern sie in Selbstverteidigung handelte –, als Antwort
auf Beschießung der Schutzzonen oder bewaffnete Einfälle in diese Zonen die erforderlichen Maßnahmen zu ergreifen, einschließlich der An-

wendung von Gewalt. Der Rat beschloss ferner, dass Mitgliedstaaten, die auf nationaler Ebene oder über regionale Vereinbarungen handeln (also die Vereinigten Staaten im Alleingang oder gemeinsam mit den Nato-Ländern), mit der Billigung des Sicherheitsrats »sämtliche notwendigen Maßnahmen« mit Hilfe des Einsatzes der Luftwaffe in und um die »Schutzzonen« treffen dürfen, um die UN-Truppen zu unterstützen.

Damit forderte der Sicherheitsrat die UN-Truppen auf, um es mit den Worten der Weißen Königin in *Alice hinter den Spiegeln* auszudrücken, »sechs unmögliche Dinge vor dem Frühstück zu tun«. Die »Schutzzonen« konnten in Wirklichkeit nicht sicher sein, weil die Vereinten Nationen weder über die nötigen Mittel verfügten, innerhalb dieser Gebiete begonnene Angriffe abzuwehren, noch vor Angriffen von außen abzuschrecken. Gleichzeitig wurde von den Vereinten Nationen erwartet, dass sie dem Einsatz von Nato-Flugzeugen gegen serbische Ziele zustimmten, die serbische Vergeltungsschläge gegen weitgehend wehrlose UN-Mitarbeiter oder Geiselnahmen nach sich ziehen konnten.

Der Sicherheitsrat forderte mich auf, ihm zu berichten, welche Maßnahmen für die Umsetzung von Resolution 836 erforderlich sind. Am 14. Juni anwortete ich, dass zusätzliche Bodentruppen eingesetzt werden müssten und dass ihnen Luftunterstützung gewährt werden müsse. Ich stimmte mit dem Befehlshaber der UN-Truppen überein, dass gut 34 000 weitere Soldaten benötigt würden. Mir wurde jedoch vom britischen ständigen Repräsentanten Sir David Hannay und anderen westlichen Botschaftern bei den Vereinten Nationen unmissverständlich klargemacht, dass eine solche Zahl nicht bewilligt werde. Hannay drängte mich, eine »kleine Lösung« mit 7600 Soldaten zu empfehlen. Widerwillig lenkte ich ein, sagte aber dem Sicherheitsrat, dass dies lediglich der Anfang sein dürfe und dass die UNPROFOR mit einer so schwachen Verstärkung ohne die Zustimmung und Zusammenarbeit der kriegführenden Parteien überhaupt nichts unternehmen könne. Tatsächlich wurden die 7600 Soldaten bewilligt, aber erst viele Monate später bereitgestellt, noch dazu nur zum Teil und unzureichend bewaffnet.

Ich forderte die Nato auf, die Luftunterstützung für die UN-Mission mit mir abzustimmen. Der erste Einsatz von Flugzeugen würde, sagte ich, von mir nach Rücksprache mit dem Sicherheitsrat beschlossen werden. Die Unterscheidung zwischen »Luftschlägen« und »enger Luftunterstützung« war wichtig. Während der gesamten Bosnienkrise brachten Politiker, Regierungsmitarbeiter, die Öffentlichkeit und die Presse die beiden Operationen ständig durcheinander. Die enge Luftunterstützung beschränkte sich gemäß der Resolution auf den Schutz angegriffener UN-Truppen. Luftschläge hingegen hatten eine strategische Funktion, ihr Einsatz würde signalisieren, dass eine friedenssichernde Mission ersetzt wurde durch einen Krieg der Nato und der Vereinten Nationen gegen als Feinde identifizierte Streitkräfte und ihre politischen Verantwortlichen.

Die UN-Truppen vor Ort zögerten nicht, enge Luftunterstützung anzufordern, wenn ein bestimmter UN-Einsatz bedroht wurde. Die Befehlshaber konnten jedoch Forderungen nach Luftschlägen gegen Ziele, die keine UN-Einsätze bedrohten, nicht nachkommen. Hier musste im wesentlichen zwischen Defensive und Offensive unterschieden werden. Die Vereinten Nationen mussten sich natürlich selbst verteidigen, aber mit Hilfe von Luftschlägen in die Offensive überzugehen, würde als ein kriegerischer Akt in einem internationalen Krieg gegen die Serben gewertet werden. Das hätte gegen das zentrale Ziel der langen Liste von Resolutionen des Sicherheitsrates zum ehemaligen Jugoslawien verstoßen, nach denen die Vereinten Nationen überparteilich bleiben sollten.

Während all dieser Wochen bewirkte die UN-Mission in Bosnien wegen ihres Mandats und ihrer Schwäche genau das Gegenteil dessen, was sie wollte. Indem sie bei der Evakuierung von Menschen mithalf, die von Terrormaßnahmen und vorrückenden Kräften bedroht waren, konnte den Vereinten Nationen vorgehalten werden, sie würden die ethnischen Säuberungen unterstützen. Und indem sie versuchte, Waffenstillstände auszuhandeln, trugen die Vereinten Nationen dazu bei, dass die Ergebnisse gewaltsamer Landgewinne besiegelt wurden. Die Phrasen »Schutzzonen« und »Luftschläge« bedeuteten in den Augen der Welt, dass die Vereinten Nationen die ersteren nicht aufrechterhalten konnten und die letzteren blockierten.

Die US-Mission bei den Vereinten Nationen ließ einen Brief von Madeleine Albright durchsickern, der Luftschläge empfahl. Die Presse berichtete, dass Präsident Clinton Luftschläge in Erwägung ziehe. Dabei wurde jedoch das Problem der UN-Mitarbeiter vor Ort außer Acht gelassen, die potenzielle Geiseln waren, falls Luftschläge aufgenommen würden. Niemand sprach an, was geschehen sollte, falls die Luftschläge die humanitäre Hilfe der Vereinten Nationen beenden würden. Niemand fragte, was geschehen sollte, falls die Luftschläge dem Verhandlungsprozess ein Ende setzen sollten. Niemand räumte ein, dass in der gegebenen Situation Luftschläge nur unter der Voraussetzung einen positiven Effekt haben konnten, dass die UN-Mission entweder ganz abgezogen oder mit einem erweiterten Mandat und den erforderlichen Ressourcen ausgestattet wurde, einschließlich einer effektiven Kampftruppe vor Ort. Und weder die Vereinigten Staaten noch ihre Bündnispartner in der Nato waren bereit, diese Voraussetzungen zu erfüllen. Beobachter bei den Vereinten Nationen hatten den Eindruck, dass Washington innenpolitisch daraus Nutzen ziehen wollte und großspurig von Luftschlägen sprach, wohl wissend, dass sie nicht in die Tat umgesetzt würden, weil ihre europäischen Bündnispartner niemals zustimmen würden, ihre UN-Mitarbeiter in Bosnien in Gefahr zu bringen. Wegen meiner hartnäckigen Forderung, dass ich als Generalsekretär über den Einsatz von Luftschlägen entscheiden müsse – eben weil UN-Soldaten in Gefahr waren –, konnten die Vereinigten Staaten darüber hinaus mir die Schuld geben, entscheidende Maßnahmen zu blockieren. Die Briten, die Franzosen und andere Regierungen, die gegen Luftschläge waren, folgten dem amerikanischen Beispiel und schoben ebenfalls dem UN-Generalsekretär den Schwarzen Peter zu.

Um diese Zeit, im Frühjahr 1993, war der Krieg in Bosnien praktisch vorüber. Die Serben hatten fast nach Belieben Gebiete erobert. A. M. Rosenthal schrieb in seiner Kolumne in der *New York Times* vom 4. Mai 1993: »Die Verleumder des Vance-Owen-Plans sollten sich entschuldigen.« Der Westen hatte sich mit seinen verwirrenden Schritten selbst blockiert und nichts getan, um den Vormarsch der Serben und ihre ethnischen Säuberungen zu stoppen. Und die Russen verhielten sich zu dieser Zeit auf eine Weise, die es den Vereinigten Staaten offenbar unmöglich machte zu handeln. Die Presse berichtete, dass die Vereinigten Staaten und Russland sich zum gegenwärtigen Zeitpunkt grundsätzlich einig wären, serbische Landgewinne zu akzeptieren. Es blieb dabei, die Vereinigten Staaten behaupteten, gewaltsame Aktionen ergreifen zu wollen, verließen sich dabei jedoch auf ihre Nato-Bündnispartner, die solche Aktionen ablehnten, und stellten die Vereinten Nationen als Sündenbock dar.

Am 30. Juli 1993 schickte mir Präsident Clinton einen Brief.» Die Tragödie auf dem Balkan hat einen kritischen Punkt erreicht«, schrieb er. »Der serbische Würgegriff gefährdet die Verhandlungen und die heroische humanitäre Mission der UNPROFOR.« Falls die Serben weiterhin versuchten, Sarajevo zu erdrosseln, so Clinton, »sollten wir die Luftstreitmacht der Nato in den Dienst unserer Diplomatie stellen«. Warren Christopher werde mich mit konkreten Vorschlägen anrufen, sagte der Präsident. Er wolle mich wissen lassen, für wie wichtig er diese Initiative halte.

Christophers Nonpaper

Am nächsten Morgen rief mich Christopher an und wiederholte diese Nachricht. Er sagte, er werde mir einen Brief mit den genauen Einzelheiten der amerikanischen Initiative zukommen lassen. Christophers zweieinhalb Seiten langer Brief mit einem angehängten Nonpaper kam am Nachmittag an. »Lieber Boutros«, schrieb Christopher, »die lobenswerten Bemühungen der UN-Streitkräfte in Sarajevo und in anderen Teilen Bosniens reichen nicht aus, um es mit dieser serbischen Offensive aufzunehmen.« Der Fall Sarajevos würde »den eigentlichen Fortbestand des Staates Bosnien-Herzegowina gefährden und kann die Hoffnungen auf Wiederherstellung eines normalen Lebens für Bosniens muslimische Bevölkerungsgruppe zerschlagen«.

Die Vereinigten Staaten betrachteten die Situation als »unerträglich«, schrieb Christopher. Der Brief erreichte mich am Samstag. Am Montag, dem 2. August, wollten die Vereinigten Staaten ihre Nato-Bündnispartner auffordern, »sich darauf vorzubereiten, in voller Übereinstimmung mit der UNO Luftstreitkräfte gegen Ziele der bosnischen Serben einzusetzen, wobei die Nato selbst Zeit und Ort festlegt«. Die Luftschläge, so der Außenminister, würden von der Nato »in voller Übereinstimmung mit den Vereinten Nationen durchgeführt, gemäß der in den Resolutionen 770 und 836 des Sicherheitsrats bereits erteilten Vollmacht. Wir sind der Ansicht, dass die Zeit zum Handeln gekommen ist und nicht länger aufgeschoben werden darf… Präsident Clinton hat mich angewiesen, Ihnen mitzuteilen, dass die Vereinigten Staaten entschlossen sind, entsprechend dieser Initiative rasch vorzugehen. Ich hoffe, wir können mit Ihrer vollen Unterstützung und Zusammenarbeit rechnen.«

Ein Nonpaper, wie es Christopher dem Brief beigefügt hat, ist eine Form amtlicher, aber nicht offizieller und damit dementierbarer diplomatischer Kommunikation. In diesem »Nichtpapier« äußerte Christopher die Hoffnung, dass die Serben die amerikanischen Warnungen ernst nähmen und die Belagerung Sarajevos beenden würden. Falls dies einträfe, so hieß es weiter, »müsste die Nato möglicherweise gar keine Luftschläge durchführen«. Ausführlich legte Christopher dar, dass diese Initiative uneingeschränkt mit den Vereinten Nationen koordiniert werde und dass ein solches Vorgehen bereits durch die UN-Resolutionen autorisiert sei. Er machte jedoch deutlich, dass »wir die Notwendigkeit einer ausdrücklichen Aufforderung seitens der UNPROFOR oder einer ausdrücklichen Autorisierung durch das UN-Hauptquartier nicht vorsehen«.

Unterdessen hatten die Vereinigten Staaten am Wochende öffentlich bekannt gegeben, dass sie auf eigene Faust Luftschläge führen würden. Das wurde schnell zu einem Ultimatum, wobei die USA sich auf die bereits in vorherigen Resolutionen des Sicherheitsrates erteilte Vollmacht beriefen. Christopher erhielt meine Antwort am 2. August. Ich hatte bereits bei dem Telefonanruf am Samstag Zweifel an dieser Initiative geäußert und wollte klarstellen, warum ich skeptisch war. Wie er wusste, hatte der Sicherheitsrat eine Reihe von Resolutionen zu der Frage des Einsatzes von Luftstreitkräften verabschiedet. Alle zusammengenommen hatten die Kriterien festgelegt, nach denen der Einsatz von Luftstreitkräften in Betracht zu ziehen war. Sie hatten mit den humanitären Hilfsmaßnahmen und dem Schutz der »Schutzzonen« gemäß Resolution 836 zu tun. Diese Vereinbarungen würden schon bald ein Stadium erreichen, »wo eine angemessene Kapazität vor Ort gegeben ist, die es dem UN-Befehlshaber ermöglicht, die Genehmigung von [enger] Luftunterstützung zu beantragen, falls die Notwendigkeit entsteht«. Mit anderen Worten, ich sagte Christopher, dass die Nato-Länder, die der UN-Mission Soldaten zur Verfügung gestellt hatten, bereits über dieses Thema diskutiert und beschlossen hatten, dass ohne die Zustimmung des Befehlshabers vor Ort keine Luftschläge geführt werden sollten.

In meiner Antwort legte ich meinen Standpunkt sorgfältig dar. Ich trug grundlegende Verantwortung in zweierlei Hinsicht, und mir blieb nichts anderes übrig, als danach zu handeln. Ich konnte nicht zustimmen, dass die Vereinigten Staaten oder irgendeine andere Macht ganz nach eigenem Ermessen und ohne eine koordinierte Absprache Luftschläge durchführen durfte, die das Leben der UN-Mitarbeiter vor Ort gefährdeten. Und ich konnte auch keinen militärischen Maßnahmen seitens der USA zustimmen, die über das hinausgingen, was der Sicherheitsrat mit der Stimme der Vereinigten Staaten in seinen Resolutionen genehmigt hatte.

»Begrüßen würde ich den Einsatz von Luftstreitkräften, wenn sie die Arbeit der UNPROFOR bei der Umsetzung des vom Sicherheitsrat erteilten Mandates unterstützen«, schrieb ich Christopher. »Aber ich bin sicher, dass Sie einräumen werden, dass der Einsatz von Luftstreitkräften weitreichende Konsequenzen nicht nur für die Sicherheit der UNPROFOR-Soldaten haben wird, sondern auch für das zivile UN-Personal vor Ort, für den Fortschritt der Friedensverhandlungen in Genf und für die Lieferung humanitärer Hilfsleistungen. Aus diesen ganz praktischen Gründen habe

ich fortwährend den Standpunkt vertreten, dass der erste Einsatz von
Luftstreitkräften auf diesem Schauplatz von dem Generalsekretär angeordnet werden müsse, auf die Empfehlung hin, die er von dem Befehlshaber der Streitkräfte und von dem Sonderbeauftragten des Generalsekretärs in dieser Region erhält.« Wie Christopher wusste, hatte ich dem
Sicherheitsrat am 14. Juni 1993 darüber Bericht erstattet und der Rat
hatte diese Vorgehensweise befürwortet.

Ich verfasste ebenfalls ein Nonpaper und legte es meiner Antwort an
Christopher bei. Darin skizzierte ich ein klares und einfaches Verfahren,
nach dem von der Nato Luftschläge gegen die bosnischen Serben oder irgendwelche anderen Verbände durchgeführt werden sollten – wie jeder
wusste, war damit der Einsatz von Bombern der us Air Force gemeint,
die in Aviano, Italien, stationiert waren. Der einzige Unterschied zu der
amerikanischen Initiative bestand darin, dass die Luftschläge von dem
un-Befehlshaber vor Ort angefordert und vom Generalsekretär nach
Rücksprache mit dem Sicherheitsrat genehmigt werden mussten.

Mein Brief an Christopher wurde an Jeane Kirkpatrick weitergelei-
tet, die in ihrer Kolumne daraus zitierte und mich anprangerte: »Wie
kann Boutros-Ghali den Anschein erwecken, dass er allein die Vollmacht
habe, die Anwendung von Gewalt in Bosnien zu befehlen?«

Die Taktik der drei Schritte

Als in den Medien die Rede von Luftschlägen war, zogen die Serben von
Sarajevo ab. Gewiss war dies eine begrüßenswerte Entwicklung, doch es
war zugleich der Beginn eines qualvollen und schändlichen Kalküls seitens Karadžić, einer raffinierten Taktik der drei Schritte, die seiner Ausbildung als Psychologe Ehre machte. Zuerst eroberten serbische Kämpfer
ein Gebiet und verübten Gräueltaten an der Zivilbevölkerung. Wenn die
erbosten Vereinigten Staaten mit einer gewaltsamen Intervention drohten, stoppte Karadžić den serbischen Vormarsch und der Westen atmete
erleichtert auf und verschob die Vorbereitungen konkreter Maßnahmen.
Schließlich forderte Karadžić öffentlich eine Gegenleistung für das »Zu-
geständnis« der Serben. In der entstehenden Verwirrung konnten die
Serben in aller Ruhe die eroberten Gebiete sichern und sich mit Blick
auf die nächsten drei Schritte neu formieren. So oft dieser Tanz auch wiederholt wurde, die Vereinigten Staaten schienen das Spielchen nicht zu
durchschauen.

Die Vereinigten Staaten wollten, dass die UN-Mission ohne amerikanische Beteiligung ihre Arbeit fortsetzte, gleichzeitig wollten sie aber volle Freiheit, nach ihrem Belieben Luftschläge durchzuführen, um gegenüber den Kriegsparteien ihre Entschlossenheit zu demonstrieren. Das war absurd und undurchführbar; die Nato-Partner der Clinton-Administration würden das nie zulassen. Amerikas Verbündete hatten Mitarbeiter vor Ort stationiert und eben diese Verbündeten bestanden darauf, dass den Vereinigten Staaten keine einseitige Vollmacht eingeräumt wurde. Außerdem glaubten die UN-Befehlshaber vor Ort, in erster Linie die Briten und Franzosen, nicht, dass die Vereinigten Staaten diese Luftschläge auch bei dem Verlust von Flugzeugen noch mit der erforderlichen Intensität führen würden, um den Krieg zu beenden. Es war an der Zeit, den Bluff der Vereinigten Staaten beim Namen zu nennen. Die »Zweifel«, die ich Christopher gegenüber geäußert hatte, wurden von den Briten und Franzosen bekräftigt, die Clinton-Administration zog ihre Initiative wieder zurück. Am 6. August 1993 stimmten die Vereinigten Staaten zu, dass UN-Befehlshaber die Kontrolle über die Luftschläge haben sollten: ob, wann und gegen welche Ziele sie geführt werden sollten. Einige Tage später billigten die Nato-Bündnispartner dieses Verfahren. Somit machten die Vereinigten Staaten einen Rückzieher, aber ich wurde beschuldigt, ich hätte den Einsatz von Nato-Flugzeugen für die Beendigung der Bosnienkrise verhindert. Von da an sollte ich für meine »Halsstarrigkeit« büßen.

Wenige Tage später sendete National Public Radio einen langen Bericht über meine Versuche, die Vereinten Nationen für eine neue Ära umzugestalten und über die scharfe Kritik seitens der Vereinigten Staaten an meinen Maßnahmen. Mein Beharren auf einem Vetorecht gegen Luftschläge habe den Kongress aufgebracht, hieß es in dem Bericht, und Madeleine Albright habe mich öffentlich getadelt. Ein Regierungsbeamter wurde jedoch mit den Worten zitiert, die Vereinigten Staaten »wollten einen dynamischen, mutigen Generalsekretär, und jetzt haben wir einen.«

Am 20. September 1993 empfahl ich, dass der Sicherheitsrat das Mandat der UNPROFOR um weitere sechs Monate verlängerte, die übliche Verlängerung von Friedensmissionen. Ich sagte, ich sei »stark versucht« gewesen, wegen der Kritik von beiden Seiten, der Gefahren und dem Missbrauch, dem die Mitarbeiter ausgesetzt seien, den vollständigen Abzug der Truppen zu empfehlen, doch ich sei zu dem Schluss gekommen, dass ein solcher Schritt lediglich weitere Konflikte nach sich ziehen werde.

Gewiss hatte sich dadurch eine schier unerträgliche Situation ergeben: ein anhaltendes Blutbad vor Ort, Anprangern der Hilflosigkeit der UNO und Druck der Medien auf die Vereinigten Staaten, endlich »etwas zu tun«. Mit diesem »Etwas« waren offensichtlich Luftschläge gemeint, die die Serben strafen und den Vereinigten Staaten und der Nato den Anschein von Entschlossenheit verleihen würden, ohne dass sie nicht hinnehmbare militärische Verluste am Boden riskierten. Brieflich hatte ich mit der Nato folgende Entscheidungsfindung vereinbart: Wenn der UN-Befehlshaber vor Ort Luftunterstützung anfordert und der oberste Zivilbeamte vor Ort dem zustimmt, dann werde ich einen Luftschlag billigen. Ich kann mich nicht erinnern, dass ich bis zum Ende des Jahres 1993 auch nur ein einziges derartiges Gesuch erhalten hätte – daran lässt sich ablesen, dass die Europäer nicht gewillt waren, ihre Soldaten in Gefahr zu bringen.

Somalia: Zurück an die Vereinten Nationen

Parallel zu Bosnien stellten sich im Jahr 1993 auch in Somalia Schwierigkeiten ein. Kaum waren die USA endlich in Somalia, da wollten sie auch schon wieder so schnell wie möglich abziehen. Am 3. März 1993 legte ich dem Sicherheitsrat meine Empfehlung vor, von der Unified Task Force (UNITAF) unter amerikanischer Führung wieder zu der Somalia-Mission der UNO zu wechseln, mit dem neuen Namen UNOSOM II. Die Sicherheitslage habe sich zwar verbessert, doch die Gewaltakte setzten sich fort. Deshalb kam ich zu dem Schluss, dass diese zweite UN-Mission die entsprechenden Vollmachten erhalten müsse, die es ihr ermöglichten, in ganz Somalia die Sicherheit wiederherzustellen. Auf Bitten des amerikanischen Nationalen Sicherheitsberaters Anthony Lake ernannte ich Jonathan Howe, einen ehemaligen Admiral der US Navy, zu meinem Sonderbeauftragten, der als Zivilist für UNOSOM II zuständig war. Wir kamen überein, dass Howe für eine kurze Zeit Dienst tun sollte und später von einem Nichtamerikaner abgelöst wurde, doch dazu sollte es nicht kommen. Howe hinterließ mit seiner Effektivität und Integrität einen tadellosen Eindruck. Seine Haltung war besonnen und offen kooperativ gegenüber jedem. Ich habe meine Entscheidung, Howe zu meinem Sonderbeauftragten für Somalia zu machen, nie bedauert.

Der Sicherheitsrat billigte meinen Vorschlag. Am 26. März 1993 beschloss der Rat mit seiner Resolution 814, dass die neue UN-Truppe

wenn nötig unter dem Befehl des Sicherheitsrates auch friedensschaffende Maßnahmen durchführen durfte, im Gegensatz zu dem friedenssichernden Mandat der ersten UN-Mission. Das war außerdem ein neuer
Ansatz.

Als der Übergabetermin näherrückte, hatten die Vereinten Nationen
aber noch nicht das erforderliche Kontingent erhalten. Ich schrieb am
3. Mai 1993 an Botschafterin Albright. Der Sicherheitsrat habe vorgesehen, sagte ich, dass die Übernahme schrittweise, ein Gebiet nach dem anderen erfolgen solle, sobald den Vereinten Nationen in einer bestimmten
Region angemessene Truppen, Befehlsstrukturen und Kontrolle zur Verfügung ständen:

> Zu diesem Zweck hatte ich erwartet, dass UNOSOM II noch vor der
> Abreise der US-Truppen eine Streitmacht von 28 000 Mann an Ort
> und Stelle unterstehen würde. Wie Sie wissen, ist dies nicht der Fall.
> Die gegenwärtige Stärke von UNOSOM II liegt bei knapp 18 000 …
> Mit Blick auf den Standpunkt Ihrer Regierung, den Sie mir erläuter-
> ten, habe ich jedoch beschlossen, dass ich keine andere Wahl habe,
> als die Übergabe des Befehls von UNITAF an UNOSOM II am 4. Mai
> 1993 zu akzeptieren. Sie werden mir zustimmen, dass diese Überga-
> be unter nicht gerade idealen Voraussetzungen erfolgt. Die Masse
> des US-Kontingents und ihre Ausrüstung ist bereits abgezogen wor-
> den, bevor sie von Kontingenten aus anderen Ländern abgelöst wer-
> den konnten.

Die Operation unter amerikanischer Führung wurde am 4. Mai 1993
durch eine seltsame und unkoordinierte Operation abgelöst. Generalleutnant Robert Johnson der Marines holte die UNITAF-Flagge ein. UNO-
SOM II trat unter dem türkischen Generalleutnant Cevik Bir, einem
tüchtigen und stillen Repräsentanten der von Mustafa Kemal Atatürk
eingeführten türkischen Militärtradition, ihren Dienst an. Birs Stellvertreter war der US-Generalmajor Thomas Montgomery. Nach dem Abzug
von UNITAF blieben annähernd 4000 US-Soldaten im Land, um die Logistik und Hilfsdienste zu übernehmen. Sie trugen blaue Barette und Ab-
zeichen, die sie als UN-Mitarbeiter auswiesen.

Ferner stellten die Vereinigten Staaten drei weitere amerikanische
Militäreinheiten bereit, die unabhängig von der Befehlskette der Verein-
ten Nationen agierten. Zum einen gab es die US Quick Reaction Force
(QRF) unter dem Befehl eines amerikanischen Colonels, die aus einem

leichten Bataillon mit Hubschrauberunterstützung bestand. Die QRF wurde an verschiedenen Standorten in Somalia stationiert und sollte bei Bedarf eingreifen, falls UN-Mitarbeiter in Schwierigkeiten gerieten. Für kurze Zeit stationierten die USA außerdem einen Landetrupp der Marines auf Schiffen unmittelbar vor der somalischen Küste, der ganz dem amerikanischen Befehl unterstand.

Darüber hinaus bat Jon Howe im Juni die Vereinigten Staaten, eine Spezialtruppe bereit zu stellen. Fast drei Monate lang, bis Ende August 1993, kam keine Antwort, dann schickten die USA die Delta Force, die aus Rangern der US Army und Sonderkommandos bestand. Diese Truppe erstattete unmittelbar dem US Joint Special Operations Command in Tampa, Florida, Bericht. Die Delta Force schlug beim Flughafen von Mogadischu ihr Quartier auf und war völlig unabhängig von anderen Operationen in Somalia.

Diese komplexe Befehlsstruktur würde noch zu Komplikationen führen.

Die Verhandlungen über eine nationale Aussöhnung Somalias waren während der ganzen Zeit in Addis Abeba, Äthiopien, fortgeführt worden. 15 der wichtigsten Bürgerkriegsparteien, Clanältesten und anderen Führer Somalias nahmen daran teil. Die Leitung der Konferenz hatte sich als äußerst schwierig erwiesen, doch die am 27. März getroffene Vereinbarung sah ein sorgfältig durchdachtes Zwei-Jahres-Programm für den Friedensprozess vor. Als Erstes sollten die Gemeinden Organe der lokalen Selbstverwaltung schaffen. Diese »Bezirksräte« sollten Repräsentanten in den jeweiligen »Regionalrat« entsenden. Je drei Delegierte aus den 18 Regionalräten, von denen wenigstens ein Delegierter eine Frau sein musste, sollten dann gemeinsam mit 15 Vertretern der Bürgerkriegsparteien und fünf Vertretern für Mogadischu einen Nationalen Übergangsrat bilden, der Somalias Souveränität, die mit dem nationalen Kollaps 1992 untergegangen war, repräsentieren sollte. Der Übergangsrat sollte eine Verfassung ausarbeiten, die sich an der Allgemeinen Erklärung der Menschenrechte und an den traditionellen somalischen Werten orientierte. Mit Hilfe dieser Maßnahmen sollte das Land wieder ein Mitglied der internationalen Gemeinschaft werden. Als Teil dieser Bemühungen verpflichteten sich die Führer der 15 Bürgerkriegsparteien zu einer vollständigen und gleichzeitigen Abgabe der Waffen. Gegen diese Verpflichtung wurde aber schon bald verstoßen.

Aidids Überraschungsangriff

Als UN-Einheiten am 5. Juni 1993 Waffenlager in und um Mogadischu inspizieren wollten, überfielen Bewaffnete, die Frauen als menschliche Schutzschilde benutzten, pakistanische UN-Soldaten auf ihrer Rückkehr zum Stützpunkt. Eine pakistanische Einheit, die ein Zentrum für die Lebensmittelausgabe bewachte, wurde ebenfalls angegriffen. 26 pakistanische Blauhelmsoldaten wurden getötet und 56 verwundet. Nach diesen Verlusten war ich entsetzt und zutiefst betrübt. Eine interne UN-Nachforschung ergab, dass General Mohammed Farah Aidid für den Anschlag verantwortlich war. Auf die Bitte des Sicherheitsrates hin beauftragte ich einen Experten, Professor Tom Farer von der American University in Washington, D.C., vor Ort Nachforschungen anzustellen. Sein Bericht bestätigte, dass die Angriffe lediglich auf Befehl von Aidid ausgeführt worden sein konnten.

Falls die Vereinten Nationen nicht angemessen reagierten, würde ein gefährlicher Präzedenzfall geschaffen. Andere Splittergruppen würden dann annehmen, dass Angriffe gegen die Vereinten Nationen straflos ausgeführt werden durften. Der Sicherheitsrat, mit der einflussreichen Stimme der USA, verabschiedete einstimmig Resolution 837, die mich als Generalsekretär ermächtigte, »alle erforderlichen Maßnahmen gegen alle diejenigen zu ergreifen, die für die genannten bewaffneten Angriffe verantwortlich sind«, einschließlich der Festnahme und der Haft bis zum Prozess und zur Bestrafung. Folglich begann am 12. Juni eine systematische Treibjagd, um Recht und Ordnung im Süden Mogadischus wiederherzustellen, der verwüsteten Hochburg Aidids, die zugleich der gefährlichste Ort des Landes war. Die Offensive dauerte mehrere Tage, Waffendepots und der Rundfunksender Radio Mogadischu wurden aus der Luft und auf dem Boden angegriffen. Am 17. Juni forderte Howe gemäß Resolution 837 öffentlich die Festnahme General Aidids, weitere Pläne wurden entworfen, um die Entscheidung des Sicherheitsrates in die Tat umzusetzen.

Die afrikanischen Nachbarländer Somalias litten zunehmend unter den Flüchtlingen, die das Land panikartig verließen. Ich war auf die Unterstützung dieser Länder angewiesen, fürchtete aber, dass sie in dem Vorgehen eine US- und UN-Operation sahen, die ohne Rücksicht auf ihre Bedenken durchgeführt wurde. Am 22. Juni 1993 schrieb ich an die Präsidenten von Dschibuti, Eritrea, Äthiopien und Kenia und versicherte ih-

nen, dass die »komplexe Militäroperation« der Vereinten Nationen zum
Ziel habe, die eklatanten Verstöße gegen den Waffenstillstand zu beenden, Recht und Ordnung wiederherzustellen und »den Prozess der Entwaffnung einzuleiten«, zu dem sich alle somalischen Bürgerkriegspartei-
en verpflichtet hatten. Diese Bemühungen würden, so hoffte ich, »zur
Sicherung des Friedens und der Stabilität in Somalia und damit am Horn
von Afrika beitragen«.

Aidids Leute gingen zu einer städtischen Guerillataktik über und
mobilisierten zahllose Zivilisten. Bewaffnete mischten sich unter Frauen
und Kinder und machten es damit den Soldaten der UNO und der QRF
unmöglich, sich zu verteidigen, ohne das Leben von Zivilisten zu gefährden. Ich teilte das allgemeine Entsetzen über diese skrupellose Art, Frau-
en und Kinder gewaltsam in die Schusslinie zu stellen.

Am 12. Juli 1993 bombardierte die QRF auf die Bitte der UN-Streitkräfte hin einen Komplex im Süden Mogadischus, den sie für Aidids
Befehlszentrale hielten. Die QRF-Soldaten durchkämmten das Gelände,
beschlagnahmten Waffen und Kommunikationsmittel und machten Gefangene. Nach ihrem Abzug fuhren Journalisten der internationalen
Presse an den Schauplatz. Aufgebrachte Somalier, von denen einige bewaffnet waren, umringten die Journalisten und griffen sie an. Vier von
ihnen kamen ums Leben.

Eine Debatte kam auf: Sollten wir Aidid weiter verfolgen oder sollten wir versuchen, einen politischen Handel mit ihm zu schließen? Ich
hatte keine Wahl, weil der Sicherheitsrat mit seiner Resolution den Auftrag erteilt hatte, Aidid zu fassen und vor Gericht zu stellen. Außerdem
stimmte ich der Resolution zu. Aidid hatte seinen Milizen befohlen, das
somalische Volk auszuhungern und Frauen und Kinder im Kampf als
Schild zu verwenden. Er hatte keinerlei Skrupel, Menschen zu töten, die
eine humanitäre Mission übernommen hatten. Madeleine Albright
stimmte mit mir überein. Am 10. August 1993 schrieb sie in der *New
York Times:* »Manche werfen der UN-Mission in Somalia vor, sie sei bewusst von ihrer humanitären Zielsetzung abgewichen, indem sie Militäroperationen gegen den abtrünnigen Warlord Mohammed Farah Aidid
durchführt... Wir standen vor der Entscheidung, ob wir unsere Sachen
packen und zulassen sollten, dass Somalia wieder im Chaos versinkt,
oder ob wir dem Kurs treu bleiben und dazu beitragen, dem Land und
seinem Volk auf dem Weg von einem gescheiterten Staat hin zu einer beginnenden Demokratie zu helfen. Um Somalias Willen und um unseret-
willen müssen wir standhaft bleiben.« Albright hatte Recht. Hier handel-

te es sich um den Aufbau eines Staatswesens, eine Aufgabe, die früher als etwas Großes und Edles angesehen wurde. Doch eine Staatsbildung war bei Politikern mehr und mehr verschrien als teure und nutzlose Verschwendung von us-Geldern und Mühe für undankbare Völker in abgelegenen Ländern.

Drängen auf eine politische Lösung

Während dieser Zeit bekam ich Schwierigkeiten mit der italienischen Regierung. Da die Italiener die ehemaligen Kolonialherren von Somalia waren, hätten sie, nach der üblichen Praxis der UNO, keine Soldaten dorthin entsenden dürfen. Für die UN-Mission in Mosambik hatte ich jedoch dringend Soldaten benötigt. Um ein italienisches Kontingent für Mosambik zu erhalten, musste ich notgedrungen italienische Streitkräfte in Somalia akzeptieren. Das war ein Fehler, die übliche Linie der Vereinten Nationen hingegen korrekt. Kaum hatte das italienische Kontigent somalischen Boden unter den Füßen, da verfolgte es nach den Anweisungen von Rom seine eigenen Ziele zu Lasten der gemeinsamen UN-Bemühung.

Die den UN-Truppen unterstellten italienischen Soldaten unter General Bruno Loi führten einseitige Gespräche mit Aidid, und es ging das Gerücht um, dass die Italiener ihn über die militärischen Manöver der UNO auf dem Laufenden hielten. Am 5. Juli 1993 erhielt ich eine Meldung, dass italienische Soldaten, die den Vereinten Nationen zugeteilt waren, »in einem kritischen Augenblick einfach ihren Widerstand aufgegeben hätten, als Hubschrauber der Quick Reaction Force bereitstanden, um 30 Milizen [Aidids] zu vernichten. Seither haben sie sich immer nur geduckt, wichtige Stellungen aufgegeben und Straßensperren in dem Gebiet verlassen. Informationen deuten darauf hin, dass die Aidid-Truppen mit ihrem Erfolg prahlen«. Als ehemalige Kolonialmacht in Somalia hatten die Italiener sich eingebildet, das somalische Volk zu »verstehen«, daraus erwuchs eine ganze Litanei von Vorschlägen für eine »Verhandlungslösung«. Sie verstanden die Somalier, während diejenigen, die in Aidid einen gefährlichen Warlord erblickten, das angeblich nicht taten. Aidid hatte in dieser Phase mit dem ehemaligen us-Präsidenten Jimmy Carter verhandelt, der nunmehr zu einem einflussreichen Gegner der militärischen Option und Befürworter einer politischen Lösung geworden war. Aber Aidid würde niemals einem anderen somalischen Clanführer die Herrschaft überlassen, und umgekehrt widersetzten sich die anderen Clanführer Aidids Machtansprüchen, weil er nur einem kleinen Subclan angehörte. Es war zwecklos, die Krise in Somalia über Verhandlungen mit Aidid lösen zu wollen.

Das war ein kritischer Augenblick in der UN-Geschichte. Seit dem Koreakrieg von 1950 hatten UN-Streitkräfte zum ersten Mal das Mandat erhalten, militärische Operationen gegen einen vom Sicherheitsrat näher bezeichneten Gegner durchzuführen. Für diejenigen, die die Vereinten Nationen mit der neutralen Friedenssicherung nach einem Waffenstillstandsabkommen identifizierten, kam diese Wendung wie ein Schock. Admiral Howe sagte zu mir treffend: »Sicherheit und Nachrichtendienst sind ganz neue Wörter für UN-Missionen.« Für die beteiligten US-Einheiten lautete der Auftrag eindeutig: Stoppt Aidids Truppen bei der Erneuerung eines Terrorregimes in Mogadischu. Unterdessen geriet die Clinton-Administration innenpolitisch immer stärker unter Druck, die Kämpfe zu beenden und den Menschen zu essen zu geben.

Ausschau nach Freunden

Am 26. August 1993 kam Madeleine Albright zu mir in den 38. Stock. Sie sprach die Klagen des Kongresses an, dass die Vereinigten Staaten zu stark beteiligt seien, und sagte, die Clinton-Administration wolle zeigen, dass die Bemühungen in Somalia »internationalisiert« werden. Sie wollte eine Ankündigung von mir, dass ich »einen Freundeskreis des Generalsekretärs« bilden wolle. Sie spielte auf eine Technik an, die ich bereits bei anderen UN-Friedensmissionen angewandt hatte: Repräsentanten der betroffenen Länder sollten mich beraten und mir zur Seite stehen. Ich sagte, eine solche Kerngruppe für Somalia sei bereits ein Jahr zuvor unter dem Vorsitz von Präsident Mubarak gebildet worden – sie setzte sich aus der Arabischen Liga, der Organisation für Afrikanische Einheit und der Organisation der Islamischen Konferenz zusammen. Ehe ich weitere Staaten hinzuziehen könne, müsse ich mit diesen Organisationen Rücksprache halten. Das sei nicht genug, sagte Albright. Die Vereinigten Staaten wollten so bald wie möglich erklären können, dass ich die Absicht hätte, »einen Freundeskreis« zu bilden. Jeder Einwand war nutzlos, also stimmte ich zu. Obwohl ich ihrem Wunsch im Grunde bereits nachgekommen war, indem ich die Regierungen der Nachbarstaaten Somalias sowie die afrikanischen, islamischen und arabischen Organisationen mit einbezogen hatte, wollte ich ihn gern erfüllen und der Clinton-Administration das Verdienst dafür vor dem Kongress überlassen. Als nächstes unterstrich Albright, wie wichtig es sei, Ägypten dazu zu bringen, Soldaten für UNOSOM II bereit zu stellen. Ich bestätigte, dass Ägypten 600 Blauhelmsoldaten nach Somalia entsenden wollte, aber für seine früheren Beteiligungen an anderen UN-Missionen noch nicht bezahlt worden sei. Albright antwortete mit einer kaum verhohlenen Drohung: Die Vereinigten Staaten lassen Ägypten Jahr für Jahr Hilfen in Milliardenhöhe zukommen. »Offen gesagt, das könnte für Ägypten ein großes Problem werden.«

Der Hauptgrund für dieses Gespräch unter vier Augen war die Frage, was mit Aidid geschehen solle. Aidids Ergreifung stehe unmittelbar bevor, sagte sie. Wir diskutierten ausführlich die Möglichkeit, Aidid zur Haft in ein anderes Land zu überführen und vor Gericht zu stellen. Die Vereinigten Staaten würden, wie ich erfuhr, zu diesem Zweck an andere Länder herantreten. »Wir hätten vermutlich weniger Probleme«, sagte ich Albright, »wenn Aidid schon vor drei Monaten verhaftet worden wäre«, als Admiral Howe erfolglos versucht hatte, die Unterstützung amerikanischer Spezialeinheiten zu erhalten. »Nun, da das Bestreben, ihn festzunehmen, kein Geheimnis ist, wird seine Ergreifung nicht einfach sein.« Damit endete unser Gespräch.

Warren Christopher und ich trafen uns am 20. September 1993 bei den Vereinten Nationen. Albright war bei ihm. Sichtlich erfreut teilte er mir mit, dass die Vereinigten Staaten an die Vereinten Nationen 420 Millionen Dollar an Rückständen zahlen und dass sie den laufenden Beitrag auf das Konto für Friedensmissionen überweisen würden. Die Höhe der Zahlung belaufe sich auf insgesamt 680 Millionen Dollar. Das sei schön, sagte ich, doch die Schwierigkeit bestehe darin, »dass die UNO zur Zeit jeden Monat 400 Millionen Dollar ausgibt«. Die der UNPROFOR übertragene Mission im ehemaligen Jugoslawien zehre einen Großteil des UN-Budgets auf. »Die amerikanische Zahlung wird nicht einmal die UN-Ausgaben von zwei Monaten decken«, stellte ich mit Bedauern fest. Nach dem Gespräch hatte ich den Eindruck, dass Christopher und ich, geprägt von gegenseitigem Respekt, einen ausgewogenen Meinungsaustausch über ein heikles Thema geführt hätten, aber aus Washington kam mir zu Ohren, dass Christopher über meine Reaktion zutiefst verstimmt war. Er hatte Worte des Dankes und der Wertschätzung von meiner Seite erwartet, weil die Vereinigten Staaten beschlossen hatten, etwas teilweise

zu tun, wozu sie gesetzlich in vollem Umfang verpflichtet waren: ihre
Schulden zu zahlen.

Albright war ebenfalls verärgert. Ich erkannte allmählich, dass sie,
wenn Probleme zwischen den Vereinten Nationen und den Vereinigten
Staaten zur Sprache kamen, zunehmend so reagierte, als würde sich die
Kritik speziell gegen ihre Arbeit als us-Stellvertreterin bei den Vereinten
Nationen richten. Eine solche Überempfindlichkeit ist unter unerfahre-
nen Diplomaten nichts Neues, die häufig den Eindruck haben, von ihnen
werde erwartet, dass sie sämtliche Probleme in den Beziehungen lösen,
mit denen sie beauftragt worden sind. Dennoch machte ich mir wegen
der Reaktion Christophers und Albrights nach unserem Gespräch Gedanken über meinen eigenen Stil. Die Beziehung der Vereinten Nationen
zu den Vereinigten Staaten war so wichtig, dass ich eine Möglichkeit hätte suchen müssen, sie auf meiner Seite zu halten. Das hatte ich versäumt.
Ich erkannte, dass der Umgang mit mir nicht gerade einfach war – das
galt allerdings auch für Christopher und Albright.

Somalia lag Christopher sehr am Herzen. Er sagte, dass die öffentliche Unterstützung für die amerikanische Beteiligung dramatisch abgenommen habe:»Die amerikanische Öffentlichkeit sieht nur eine Militäroperation der UNO und fragt sich, wo die politische Bemühung bleibt,
eine langfristige Lösung zu finden.« Ich entgegnete, dass die ersten
Schritte bereits eingeleitet seien. Ich hatte ein Treffen von 14 Staaten organisiert, um sie um Hilfe zu bitten (ich nannte sie aber nicht »Freunde
des Generalsekretärs«). In einigen Wochen werde ich selbst nach Somalia
fliegen. Und eine neue Somaliakonferenz in Äthiopien werde einen ersten Schritt in Richtung einer politischen Lösung darstellen. In Wirklichkeit seien auf diplomatischer Ebene und vor Ort in Somalia große Fortschritte erzielt worden, aber die weltweite Öffentlichkeit bekomme nur
Fernsehbilder über Aidids Widerstand in Mogadischu zu sehen, der eine
Ausnahme von der Regel sei.

Christopher fragte, ob wir versucht hätten, Aidid zu einer Zustimmung zum Waffenstillstand zu bewegen. Ich wies darauf hin, dass die
zweite UN-Mission in Somalia vom Sicherheitsrat – dem auch die Vereinigten Staaten angehörten – ausdrücklich verpflichtet worden sei, Aidid
zu verhaften und vor Gericht zu stellen. Eine neue Resolution sei erforderlich, um den Vereinten Nationen die Vollmacht zu erteilen, einen
Waffenstillstand anzustreben.»Gibt es irgendeine Möglichkeit, die Initiative Ex-Präsident Carters zu unterstützen?« Christopher bezog sich auf
Carters Vorschlag, die militärische Lösung aufzugeben und mit Aidid zu

verhandeln. »Nicht nach dem gegenwärtigen Mandat«, entgegnete ich. Innerhalb von 20 Tagen, sagte Christopher, »verlieren die USA womöglich die Unterstützung des Kongresses für die Fortsetzung der Operation.«

Er überreichte mir ein weiteres Nonpaper, das ich gleich nach unserem Gespräch las. Er wollte mich für eine neue Vorgehensweise gewinnen: Wir sollten die Suche nach Aidid stoppen, die Werbetrommel rühren, um die Aufmerksamkeit der Medien auf die humanitäre Seite der UN-Mission zu lenken, und die Möglichkeiten ausloten, Aidid aus Somalia herauszuholen und in einem anderen Land unter Hausarrest zu stellen. Es lag auf der Hand, dass die Vereinigten Staaten, nachdem sie es versäumt hatten, von Anfang an die Bürgerkriegsparteien in Somalia zu entwaffnen, seitens des Kongresses unter starkem Druck standen, sich aus dem daraus entstandenen Chaos zurückzuziehen.

Vom Sicherheitsrat – der mit der Stimme der Clinton-Administration einstimmig entschieden hatte – hatte ich jedoch immer noch das Mandat, die eingeschlagene Linie beizubehalten. Überdies verabschiedete der Sicherheitsrat am 22. September 1993 eine weitere Resolution (Nummer 865), in der die Strategie der UN-Operationen in Somalia unterstützt und bekräftigt wurde, dass alle Personen, die Angriffe gegen UN-Mitarbeiter begangen oder veranlasst hätten, wie Aidid, individuell für ihre Taten zur Rechenschaft gezogen würden.

Ich antwortete Christopher am 25. September ebenfalls mit einem Nonpaper. Das Blutvergießen in Mogadischu beherrsche zwar weltweit die Schlagzeilen, in Wirklichkeit erzielten aber die UN-Bemühungen in ganz Somalia wirkliche Fortschritte. Das somalische Volk wünsche sich sehnlichst, dass die Vereinten Nationen ihre Arbeit fortsetzten, und bemühe sich nach Kräften, sein Leben wieder in geordnete Bahnen zu lenken. Erste Fortschritte in Richtung einer Versöhnung der verschiedenen Clans seien erzielt worden. Die lokale und regionale Verwaltung würde wieder aufgebaut. Der Hunger sei weitgehend gestoppt worden. Die Ernteerträge hätten sich erhöht und deckten nunmehr rund die Hälfte des Landesbedarfs an Getreide. Krankenhäuser und Schulen würden ihre Arbeit wieder aufnehmen, Flüchtlinge würden zurückkehren.

Ich teilte Christopher mit, dass ich gemeinsam mit der Weltbank die nächsten Schritte des Wiederaufbaus Somalias ausarbeiten würde. Ich beabsichtigte, Mitte Oktober nach Mogadischu zu reisen, um die nichtmilitärischen Aspekte der Mission von UNOSOM II zu überwachen. Ich hatte Admiral Howe gebeten, die Möglichkeit einer somalischen »Übergangsregierung« auszuloten, die unsere Bemühungen unterstützen würde.

»Ich glaube«, schrieb ich an Christopher, »dass diese Initiativen mit Ihrer Unterstützung dazu beitragen werden, die Aufmerksamkeit der Medien von der Jagd auf Aidid abzulenken. Das heißt jedoch keinesfalls, dass wir das Problem, das er darstellt, ignorieren dürfen. Zum Bürgerkrieg in Somalia kam es wegen seiner Weigerung, nach dem Sturz von [Mohammed] Siad Barre, dem letzten Präsidenten von Somalia, die Macht mit anderen zu teilen. Dieser Konflikt wiederum brachte solches menschliches Leid mit sich, dass die internationale Gemeinschaft nicht untätig bleiben konnte.« Meine Kollegen und ich, betonte ich, hätten uns von Anfang an große Mühe gegeben, Aidid in den politischen Prozess und in die Suche nach einer nationalen Versöhnung einzubinden, und zu Beginn sei er auch recht kooperativ gewesen.

»Wegen der Ermordung von UN-Soldaten am 5. Juni«, teilte ich Christopher mit, »entstand jedoch eine neue Lage und der Sicherheitsrat war gezwungen, mich anzuweisen, die Verantwortlichen für dieses Verbrechen zu ergreifen und vor Gericht zu stellen. Solange der Sicherheitsrat nicht beschließt, diese Anweisungen zu ändern, bin ich verpflichtet, mit allen Mitteln zu versuchen, Aidid vor Gericht zu bringen.« Ich schrieb Christopher: »Ich weiß, dass Sie diese Mission verstehen und unterstützen.« In Wirklichkeit war ich mir da aber nicht so sicher. Die Clinton-Administration spürte den Druck einer feindseligen öffentlichen Meinung und wollte sich aus der misslichen Lage herauswinden.

Danach teilte ich Christopher mit, dass ich durchaus aufgeschlossen sei für »andere Möglichkeiten, Aidid zu neutralisieren, womit ich seine Entfernung aus Somalia in einen beaufsichtigten Wohnsitz in einem anderen Land meine, von dem aus er außerstande wäre, militärische Operationen seiner Anhänger in Somalia zu steuern oder auf andere Weise unsere Bemühungen zu blockieren, eine nationale Versöhnung zu erreichen.« Aber selbst wenn eine solche Lösung machbar wäre, dürfe uns das nicht davon abhalten, das vom Sicherheitsrat erteilte Mandat zu erfüllen.

Abschließend übermittelte ich Christopher, dass mich all diese Ereignisse in meiner bereits vor einem Jahr in den USA geäußerten Überzeugung bestärkten, als die Unified Task Force im Begriff war, ins Land einzumarschieren, dass unsere Bemühungen »keinen Erfolg haben werden, wenn es uns nicht gelingt, die Clans und Brügerkriegsparteien zu entwaffnen. Ich vertrat diesen Standpunkt unmissverständlich in dem

Brief vom 29. November 1992 an den Vorsitzenden des Sicherheitsrates. In meinem Brief vom 8. Dezember 1992 an Präsident Bush und in meinem Bericht an den Sicherheitsrat vom 19. Dezember 1992 wiederholte ich diesen Standpunkt.«

Die Tatsache, dass die amerikanisch geführte Einsatztruppe die Bürgerkriegsparteien nicht entwaffnet hatte, war der Hauptgrund dafür, dass ich keine vorzeitige Übergabe der Verantwortung an eine UN-Mission gewollt hatte. Und als die Übergabe sechs Monate früher stattfand, da hatte ich verlangt, dass eine beträchtliche US-Kampftruppe in Somalia bleibe.

»Jede Beschränkung für den Einsatz der Quick Reaction Force würde jetzt erheblich die Fähigkeit der UN-Streitkraft schwächen, die Parteien zu entwaffnen und würde den bei der Übergabe von der Unified Task Force an die zweite UN-Mission getroffenen Vereinbarungen widersprechen. Ein jetziger Abzug der Truppe hätte meiner Einschätzung nach eine rasche Zersetzung der gesamten UN-Mission zur Folge.«

Falls eine feindselige öffentliche Meinung die Vereinigten Staaten und den Sicherheitsrat veranlassen sollte, die UN-Mission aus dem Land abzuziehen, schrieb ich Christopher, »so würde das nicht nur das Volk Somalias zu einem Wiederaufleben des Bürgerkriegs und aller damit verbundenen Schrecken verdammen, sondern es käme auch einer Geringschätzung der Vereinten Nationen und der Bemühungen der Vereinigten Staaten und anderer Länder gleich, in Somalia den Frieden und eine menschenwürdige Existenz wiederherzustellen. Das hätte katastrophale Folgen für Ihre und meine Bemühungen, die Fähigkeit der Vereinten Nationen zu stärken, einen Beitrag für eine bessere Weltordnung zu leisten.«

Treffen mit Clinton in GA-200

Präsident Clinton hielt am 27. September 1993 eine Rede vor der Vollversammlung der Vereinten Nationen und wir trafen uns bei der Gelegenheit im Raum GA-200, einem kleinen Zimmer gleich neben dem Plenarsaal. Christopher, Albright und Lake begleiteten den Präsidenten. Clinton sagte, dass sie an der Law School einmal darüber diskutiert hätten, ob der Ausruf »Feuer!« in einem vollbesetzten Theatersaal unter das Grundrecht der freien Meinungsäußerung falle. »Ich hoffe, niemand ruft ›Feuer!‹ in diesem winzigen Raum.« »Keine Angst«, beruhigte ich ihn, »es ist schließlich der Job der Vereinten Nationen, auf der ganzen Welt Feuerwehr zu spielen.« Alle lachten über meinen lahmen Witz. Ich spürte echte Wärme und gegenseitiges Verständnis in diesem kleinen Raum.

Der Präsident sagte mir, er sei der festen Meinung, dass die Vereinigten Staaten ihre Schulden bei den Vereinten Nationen in voller Höhe und pünktlich zahlen müssten. Doch der Kongress sei es gewohnt, nicht zu zahlen, und es werde schwerfallen, ihn davon abzubringen. Um das zu erreichen, sagte er, »werde ich ihnen [den Kongressmitgliedern] versichern müssen, dass ich mit Ihnen über die UN-Reform gesprochen habe«. Ich antwortete mit einer Skizze meines Reformprogrammes. Aber ohne das Einverständnis der Mitgliedstaaten, sagte ich, würden meine Bemühungen um eine Reform unweigerlich im Sand verlaufen. »Wie Dr. Jekyll und Mr. Hyde drängen mich die Staaten in eine Richtung und widersetzen sich dann den Maßnahmen, die ich auf ihre Bitte hin unternommen habe.« Clinton lachte. »Sie meinen, sie wollen alles!« Er habe ein ähnliches Problem mit dem Kongress, sagte er. Ich war von diesem kurzen, aber angenehmen Treffen sehr angetan.

Weder Brot noch Fisch

Drei Tage später traf ich mich mit den Außenministern der fünf ständigen Mitgliedern des Sicherheitsrates: Qian Qichen aus China, Alain Juppé aus Frankreich, Andrej Kosyrew aus Russland, Douglas Hurd aus Großbritannien und Warren Christopher aus den Vereinigten Staaten. Dieses Treffen finde zwar jedes Jahr einmal statt, aber dieses Jahr sei ich »wegen der Finanzkrise der UNO nicht einmal imstande, Ihnen ein Mittagessen anzubieten«, entschuldigte ich mich.

Christopher sprach sehr wohlwollend: »Im Namen der Vereinigten Staaten möchte ich dem Generalsekretär unsere nachhaltige Unterstützung und Bewunderung für Ihre Bemühungen in den beängstigenden Aufgaben zusichern, von denen einige praktisch undurchführbar sind. Die Menschen messen Sie, Herr Generalsekretär, und die Vereinten Nationen an einem Grad der Perfektion, der an so vielen Fronten nicht erreicht werden kann.« Er versicherte mir, wenn die Vereinigten Staaten Veränderungen in der Organisation der Vereinten Nationen forderten, so »sollten diese als Anregungen ›eines ersten Freundes‹ betrachtet werden, um Botschafterin Albright zu zitieren«. Was Somalia anging, äußerte Christopher seine Billigung für meinen Entschluss, Mitte Oktober ins Land zu reisen. Er hoffte, ich würde nach Alternativen Ausschau halten, die eine politische Lösung fördern würden. Die Sitzung verlief in einer herzlichen Atmosphäre und war in jeder Hinsicht produktiv. Alle stimmten in »die Runde der Gratulationen für den Generalsekretär ein«, wie Außenminister Kosyrew es nannte und sprachen von der »wirklich unverzichtbaren« Rolle der Vereinten Nationen.

»*Inshallah* [Wenn es Allahs Wille ist]«, sagte ich, »werde ich nächstes Jahr imstande sein, Ihnen ein Mittagessen anzubieten.«

Die Delta Force tritt in Aktion

In einem Bericht an den Sicherheitsrat hatte ich das Thema der Befehlsstruktur und der Kontrolle in Somalia angesprochen. Wenn der Rat nach Kapitel VII der Charta ein Mandat erteile, stellte ich fest, lasse es sich nie ausschließen, dass es Opfer geben werde, doch die Gefahr könne minimiert werden, »falls an Ort und Stelle eine effektive Befehlsstruktur und Kontrolle durch den Befehlshaber der Truppe gewährleistet ist«.

Meine Ansichten hatte ich in einem Artikel auf der Meinungsseite der *New York Times* vom 20. August 1993 dargelegt. Die Vereinten Nationen würden versuchen, schrieb ich, »mit den Bedrohungen fertig zu werden, die von den regionalen Nationalismen und den ethnischen und Stammesgruppierungen ausgehen, die schuld daran sind, dass Staaten zerbrechen und auseinanderfallen. In Somalia haben der Staat und seine souveräne Autorität und Integrität infolge dieses Drucks aufgehört zu existieren. Die UNO versucht dort momentan die Wiederherstellung der Legitimität eines ihrer Mitglieder zu erreichen. Wenn manche also vorschlagen, dass die UNO ihre Bemühung beenden soll, sobald die Gewalt zunimmt, oder wenn die multilaterale Anstrengung durch die unkoordinierten Entscheidungen der Beteiligten behindert werden, so drohen das Scheitern einer Mission und der Verlust der Hoffnung einer Nation.«

Einige Zeit später erfuhr ich, dass fünf Tage nach meinem Bericht an den Sicherheitsrat die US Delta Force aus Sonderkommandos und Rangers das Joint Special Operations Command in Fort Bragg, North Carolina, zu ihrem Einsatz in Somalia verließ. Am Abend des 3. Oktober 1993 überfielen Soldaten der Delta Force in einer Operation, die ohne Wissen der UN-Mitarbeiter geplant, beschlossen und begonnen worden war, ein Gebäude in Südmogadischu, in dem sie nach den Meldungen des Nachrichtendienstes ein Treffen der wichtigsten Offiziere Mohammed Farah Aidids vermuteten. Die Delta Force stürmte das Haus und

nahm 24 Somalier fest, während amerikanische Hubschrauber mit Pan-
zerabwehrraketen das umliegende Terrain beschossen. Als die us-Soldaten jedoch den Rückzug in den Stützpunkt antraten, schossen die Somalier zwei Hubschrauber ab. Die Delta Force machte Anstalten, die
abgestürzten Piloten zu retten, sah sich aber plötzlich von Hunderten
von Somaliern umringt, von Männern, Frauen und Kindern. Die amerikanische Einheit saß in der Falle, feuerte wie wild in die Menschenmenge
und tötete, späteren Presseermittlungen zufolge, sage und schreibe tausend Afrikaner. Das Gefecht währte mehrere Stunden. un-Blauhelmsol-
daten, vor allem Malaysier und Pakistaner, wurden von den Vereinigten
Staaten angefordert, um die us-Ranger zu befreien. Zu diesem Zeitpunkt
waren bereits 18 us-Soldaten und ein malaysischer Soldat ums Leben gekommen, insgesamt 90 amerikanische, malaysische und pakistanische
Soldaten verwundet worden und ein amerikanischer Pilot war in Gefangenschaft geraten. Die Nachricht vom katastrophalen Fehlschlag des
Überfalls ging in den Fernsehbildern des nackten Leichnams eines us-
Soldaten, der von johlenden, höhnisch lachenden Anhängern Aidids
durch die Straßen geschleift wurde, um den ganzen Globus.

Der ehemalige us-Präsident Jimmy Carter schickte mir 48 Stunden
später per Fax einen Brief, den er soeben an Präsident Clinton abge-
schickt hatte. Carter hatte auf Aidids Bitte hin zwischen ihm und dem
Sicherheitsrat vermittelt. Aidid sei, berichtete Carter, von 40000 glü-
henden Anhängern umgeben, zum größten Teil Frauen und Kinder. Sie
verehrten Aidid als ihren Helden und würden ihr Leben für ihn opfern.
Seine 2000 bis 3000 Soldaten seien erfahrene Guerillakämpfer. Andere
somalische Stämme würden inzwischen »Aidid stark unterstützen«. All
das, teilte Carter Clinton mit, stehe »in einem krassen Gegensatz« zu
den Ansichten von Admiral Howe und Boutros-Ghali. Ich konnte mir
nicht denken, was er damit anderes meinte, als unseren Bericht, dass die
un-Mission in Somalia überall gute Fortschritte mache, außer in Aidids
Hochburg in Südmogadischu, und dass wir gemäß den Befehlen des Sicherheitsrates danach trachteten, ihn zu ergreifen.

Während seiner jüngsten Reisen in Ostafrika, so Carter weiter, sei er
auf die einhellige Meinung gestoßen, »dass Admiral Howe ein Versager
ist, mit einem beinahe fanatischen Glauben, dass er unbedingt einen militärischen Sieg in Somalia erringen müsse«. Selbst Boutros-Ghali hätte
»einen friedlicheren Weg akzeptiert«. Die Vereinten Nationen, schloss
Carter, würden von Somalia nun als eine Kolonialmacht betrachtet und
die Vereinigten Staaten seien zum verhassten Feind geworden. Der einzi-

ge Ausweg bestehe darin, »eine politische Lösung anzustreben, die nicht den Anschein einer Kapitulation erweckt«.

Außenminister Warren Christopher, Verteidigungsminister Les Aspin und Anthony Lake wurden am 5. Oktober vor den Kongress zitiert und wegen des Debakels der Delta Force in Südmogadischu heftig kritisiert. Noch am selben Abend, um 20.30 Uhr, erhielt Robert Oakley, der bei der syrischen Botschaft in Washington zu Gast war, einen Anruf, in dem er aufgefordert wurde, sofort ins Weiße Haus zu kommen. Oakley hatte die amerikanisch geführte Unified Task Force vom Dezember 1992 bis März 1993 geleitet und hielt sich seit sechs Monaten wieder in Washington auf, war aber von der Clinton-Administration niemals informiert oder zu Rate gezogen worden. Jetzt wollten sie, dass er nach Somalia zurückkehrt. Gemeinsam mit dem Präsidenten und all seinen Beratern diskutierte er im Kabinettsaal bis nach Mitternacht, was denn zu tun sei. Ein Teilnehmer meinte: »Wochenenddiplomatie im Stil der Renaissance.« Während all der Stunden zäher Diskussionen sagte Außenminister Christopher kein Wort, wie mir ein Teilnehmer anvertraute. Am Ende wurde beschlossen, dass die US-Streitkräfte aus Somalia abziehen müssten, dass Oakley aber als Zeichen, dass die Vereinigten Staaten die Verantwortung für die Ereignisse trügen, wieder nach Mogadischu geschickt werde. Als Deckmantel für den amerikanischen Abzug sollte eine andere US-Einsatztruppe unter einem anderen US-General entsandt werden, um den Anschein – aber nur den Anschein – von Stärke zu erwecken.

Am 7. Oktober 1993 kündigte Clinton in einer Ansprache an das amerikanische Volk an, dass die US-Streitkräfte in Somalia mehr als verdoppelt würden und dass sie »unter amerikanischem Kommando stehen werden«, als ob das an ihrem Status etwas ändern würde. Clinton neigte dazu, den Vereinten Nationen die Schuld an diesem rein amerikanischen Fiasko zu geben. Er sagte, er werde Oakley wieder nach Somalia schicken, um die Freilassung des gefangengenommenen US-Piloten zu erreichen und eine politische Lösung zu finden. Bis zum 31. März 1994 würden sämtliche amerikanischen Truppen aus Somalia abgezogen. Die Vereinigten Staaten waren in Schwierigkeiten geraten und suchten einen Ausweg.

Ich bewunderte Oakley. Der hochgewachsene, schlanke und ausgesprochen wortkarge Mann erinnerte mich an den ehrenhaften Sheriff in einem klassischen US-Western. Oakley und Howe waren seit Jahren miteinander befreundet, aber wenn Oakley wieder nach Somalia geschickt wurde, dann musste das Howes Stellung schwächen und Aidid stärken.

Oakley sagte später zu mir: »Die Somalier wollten, dass ich Generalgouverneur werde.« Zu Madeleine Albright sagte ich: »Ihr habt bereits auf militärischer Ebene Verwirrung gestiftet, jetzt wollt ihr auch auf diplomatischer Ebene ein Chaos schaffen.« Albright reagierte darauf, indem sie Oakley anwies, vor seiner Abreise nach Somalia nicht mit mir zu sprechen. Dennoch besuchte er mich in New York.

Am nächsten Tag, dem 8. Oktober, schickte mir Albright eine »Auswahl von Dokumenten betreffend der US-Beteiligung an UNOSOM II«. Aus den Dokumenten ging hervor, dass die Clinton-Administration Carters Vorschlag, Clinton solle »eine politische Lösung anstreben, die nicht den Anschein einer Kapitulation erweckt«, übernommen hatte. Mit anderen Worten, die USA wollten versuchen, Aidid entgegenzukommen, statt ihn zu ergreifen. Eine Woche später schrieb mir Carter: »Es lässt sich kaum vermeiden, dass Sie und ich gelegentlich anderer Meinung sind.« Er fügte hinzu: »Obwohl ich momentan kein spezielles Anliegen an Sie habe«, dränge er mich, meine Aufmerksamkeit von Somalia ab- und Liberia zuzuwenden. In gewisser Weise war ich über seine Bemühungen erfreut. Kein anderer Politiker von Carters Format widmete sich so stark dem afrikanischen Kontinent. Dennoch war ich irritiert. Die Vereinten Nationen hatten sich in Liberia bereits stark engagiert und wie konnte ich mich von Somalia abwenden, wenn mir der Sicherheitsrat mit der Stimme der Vereinigten Staaten andere Anweisungen erteilt hatte?

Es war offensichtlich, dass Clinton und seine Regierung dabei waren, den Vereinten Nationen die Schuld an dem Debakel der US-Ranger im Süden Mogadischus zu geben.

Unter der Schlagzeile DER GLANZ DER UNO IST VERBLASST war in einem Beitrag auf der ersten Seite der *New York Times* zu lesen: »Nach der Begrüßung der UNO als globalem Friedensstifter der Zukunft hat Präsident Clinton wegen Somalia scharf mit ihr gebrochen, indem er die außerordentliche Unzufriedenheit der Administration mit Generalsekretär Boutros Boutros-Ghali signalisierte und eine US-Beteiligung an weiteren Friedensmissionen an erschwerte Bedingungen knüpfte.« Es hieß jedoch weiter: »Die USA können den Vereinten Nationen nicht die Schuld an dem Angriff vom Sonntag geben, weil der den Angriff auslösende Überfall allein auf amerikanischen Befehl ausgeführt worden war« und von einer US-Truppe, zu der die Vereinten Nationen keinerlei Kontakt hatten.

Ungeachtet der Verluste der Ranger hatte der Überfall vom 3. Oktober Aidids Stellung einen fast vernichtenden Schlag versetzt. Doch in den USA schien allein der psychologische Schaden für die Vereinigten Staaten eine Rolle zu spielen. In der öffentlichen Meinung und im Kongress schlugen die Wellen gegen die US-Präsenz in Somalia hoch.

Vor nicht allzu langer Zeit hatten TV-Nachrichten eine Woge der Sympathie für die Opfer der Hungerkatastrophe in Somalia ausgelöst. Jetzt sendeten sie immer wieder und in voller Länge schmerzliche Bilder von dem US-Hubschrauberpiloten in Gefangenschaft und die Szene des toten Rangers, der durch die Straßen Mogadischus geschleift wurde. Mein alter Freund Charles Rangel, ein Kongressmitglied, sagte mir, die amerikanische Öffentlichkeit sei durch diesen Vorfall außerordentlich aufgestachelt worden, weil die Leute, die den Leichnam schleiften, Schwarze gewesen waren.

»Da die Jagd auf Aidid nunmehr gescheitert ist«, schrieb *The Economist*, »und zu viele Amerikaner in ihrem Verlauf ums Leben gekommen sind, muss ein Schuldiger gefunden werden: also wird auf die Vereinten Nationen ganz allgemein verwiesen und auf Herrn Boutros-Ghali und Admiral Howe im Besonderen. Mit einer selbst für amerikanische Verhältnisse außerordentlichen Chuzpe schreiben Kongressmitglieder und Kolumnisten die Geschichte um und behaupten, dass Amerika von seiner rein humanitären Absicht in Somalia durch die leidenschaftliche Rachsucht der UNO gegen General Aidid abgebracht worden sei.«

Das Weiße Haus fand rasch an dieser Version Gefallen. Nachdem der Senat am 16. Oktober 1993 die Entscheidung, die US-Soldaten aus Somalia abzuziehen, gebilligt hatte, warf Clinton den Vereinten Nationen vor, US-Soldaten damit beauftragt zu haben, die Verantwortlichen für die Tötung der 26 pakistanischen Blauhelmsoldaten im Juni zu suchen. Die Schlagzeile der *New York Times* vom 18. Oktober 1993 lautete: NACH DER UNTERSTÜTZUNG DER JAGD AUF AIDID GEBEN DIE USA NUN DER UNO DIE SCHULD AN DEN VERLUSTEN. Weit mehr stand aber auf dem Spiel. Senator Mitch McConnell aus Kentucky erklärte: »Der Multilateralismus ist tot, ermordet ... in den Straßen von Mogadischu« (*The Christian Science Monitor*, 17. Oktober 1993). Präziser berichtete *The Nation* aus Thailand: »Indem Clinton nicht einmal den malaysischen Soldaten, die die überlebenden Ranger retteten, seinen Dank aussprach, hat er praktisch die Vereinten Nationen zum Sündenbock gemacht.«

Das Somalia-Syndrom springt auf Haiti über

Nach dem katastrophalen Ranger-Überfall ging eine Botschaft um den Globus: Tötet us-Soldaten und Washington wird die us-Streitkräfte nach Hause beordern.

Mitte 1993 hatte der Sicherheitsrat gegen Haiti schwere Sanktionen verhängt. Die Entscheidung zeitigte unerwartete Ergebnisse: General Cédras willigte ein, mit Präsident Aristide zu sprechen. Die Begegnung fand im Juli auf Governor's Island statt, einer Station der us Coast Guard knapp einen Kilometer vor der Südspitze Manhattans im Hafen von New York, gegenüber der Freiheitsstatue. Die Gespräche gestalteten sich schwierig, weil Aristide wie auch Cédras sich weigerten, persönlich mit dem Gegenüber zu sprechen. Vermittler war Dante Caputo, der gemeinsame Sondergesandte des Generalsekretärs der Vereinten Nationen und der oas (Organisation Amerikanischer Staaten), der in einer langen Runde aus »Annäherungsgesprächen« zwischen den beiden hin und her pendelte. Am Ende einigten sich Aristide und Cédras auf ein zerbrechliches Abkommen.

Das Abkommen von Governor's Island sah folgende Punkte vor: Dialog zwischen den politischen Gruppierungen des Landes, Ernennung eines Ministerpräsidenten durch Aristide, Wiederherstellung der Integrität des Parlaments (Cédras hatte das Parlament mit Sonderdelegierten aufgefüllt und Aristide bestand darauf, dass diese ihren Hut nahmen), Aussetzung der Sanktionen, Modernisierung der Streitkräfte und der Polizeitruppe, eine Generalamnestie des Präsidenten für die Republik, einen neuen von Aristide ernannten Polizeichef, Rücktritt und Pensionierung von Cédras als Oberbefehlshaber der Streitkräfte, Aristides Rückkehr nach Haiti am 30. Oktober 1993 und Überwachung all dieser Punkte durch uno und oas.

In letzter Minute weigerte sich Aristide, das Abkommen zu unterzeichnen, und meine Kollegen baten mich um Hilfe. Ich rief Aristide an und besprach mit ihm ausführlich jede Komplikation und jede Befürchtung. Es gelang mir, ihn zu überzeugen, dass alle offenen Fragen in dem Abkommen sich noch berichtigen ließen, sobald er nach Haiti zurückgekehrt war. In erster Linie ging es darum, ihn wieder in sein rechtmäßig gewähltes Amt einzusetzen. Am Ende unseres Telefongesprächs versprach er zu unterschreiben. Im Juli, August und September wurde das Abkommen von Governor's Island umgesetzt. Aristide ernannte Robert

Malval, einen Unternehmer, zum neuen Ministerpräsidenten und am 27. August 1993 wurden die Sanktionen ausgesetzt. Sie würden von neuem verhängt, erklärte der Sicherheitsrat, sobald ich ihm meldete, dass das Abkommen nicht eingehalten werde.

Für Aristides Rückkehr nach Haiti war der 30. Oktober 1993 vorgesehen. Um Recht und Ordnung wiederherzustellen, bewilligte der Sicherheitsrat die sofortige Entsendung der United Nations Mission in Haiti (UNMIH), der ein militärisches Kontingent und 567 zivile Polizisten angehörten.

Am Morgen des 11. Oktober fuhren Dante Caputo und US-Botschafter Lawrence Pezzullo, Clintons Sonderbeauftragtem und Chargé d'Affaires, in einem Wagen der US-Botschaft in Richtung Hafen. Sie wollten die USS *Harlan County* empfangen, die amerikanische und kanadische Soldaten für die UN-Mission in Haiti an Bord hatte. Als sie sich dem Hafen näherten, wurde ihr Fahrzeug von Demonstranten durchgeschüttelt, die offensichtlich vom Militärregime angeheuert worden waren. Die beiden ignorierten dieses politische Spektakel und fuhren weiter. Die *Harlan County* ging vor dem Hafen vor Anker. Auf dem Kai riefen und gestikulierten weitere Schlägertrupps. Sie erklärten, Haiti werde »ein zweites Somalia« für die Vereinigten Staaten werden, und Demonstranten hielten ein Transparent hoch: »Willkommen in Mogadischu!« Wenige Stunden später lichtete die *Harlan County* den Anker und dampfte davon, um, offensichtlich auf Befehl des Weißen Hauses, nach Norfolk, Virginia, zurückzukehren. Die Demonstration am Kai hatte Erfolg. Port-au-Prince schien ein zweites Mogadischu für die Vereinigten Staaten zu werden.

Der Abzug der *Harlan County* bedeutete nicht nur eine Demütigung der Vereinigten Staaten, sondern auch der Vereinten Nationen, und er untergrub das Abkommen von Governor's Island. Madeleine Albright erklärte öffentlich, dass die von den Vereinigten Staaten in Somalia und in Haiti erlittenen Schlappen nichts miteinander zu tun hätten, und spielte die Bedeutung des *Harlan County*-Zwischenfalls herunter.

General Cédras nutzte eilig die Gelegenheit. In einem Brief vom 12. Oktober 1993 warf er Caputo vor, zu Unrecht die haitianische Armee beschuldigt zu haben, dass sie die antiamerikanischen Proteste am Kai geschürt hätte. Am 13. Oktober meldete ich dem Sicherheitsrat, dass der *Harlan County*-Zwischenfall einen Verstoß gegen das Abkommen von Governor's Island darstellte, und empfahl die Wiederaufnahme der Sanktionen. Der Sicherheitsrat verabschiedete eine neue Resolution, die nicht nur die Sanktionen wieder in Kraft setzte, sondern auch bestätigte, dass er »bereit sei, dringend die Verhängung zusätzlicher Maßnahmen zu erwägen, falls der Generalsekretär den Sicherheitsrat davon in Kenntnis setzen sollte, dass die Parteien des Abkommens oder eine andere Behörde in Haiti weiterhin die Tätigkeit der Mission behindert«.

In einem Brief vom 15. Oktober verlangte Präsident Aristide die unverzügliche Verhängung dieser zusätzlichen Sanktionen. Ich bin nie ein Freund von Sanktionen gewesen, aber in diesem Fall waren sie absolut notwendig, um das Ansehen der Vereinten Nationen zu wahren, das von der Inkonsequenz der amerikanischen Politik der Lächerlichkeit preisgegeben worden war. Seit dem Zwischenfall mit der *Harlan County* hatte sich General Cédras geweigert, mit Dante Caputo zu sprechen. Dieser wurde isoliert, es war ihm unmöglich, seine Mission zu erfüllen.

Der 30. Oktober 1993 verstrich, ohne dass Präsident Aristide ins Land zurückgekehrt wäre, wie es im Abkommen von Governor's Island vorgesehen war. Eine Reihe von Bemühungen, den Dialog wieder aufzunehmen, scheiterte. Ein für den 5. November in Port-au-Prince anberaumtes Treffen musste trotz meiner Bemühungen vertagt werden, weil die für die Militärs reservierten Stühle leer blieben. Ministerpräsident Malval befürwortete die Einberufung einer verfassunggebenden Versammlung. Ich unterstützte diese Initiative, musste jedoch später erfahren, dass Präsident Aristide dagegen war. Malval gab seinen Plan auf und trat am 15. Dezember zurück.

Die Freunde des Generalsekretärs für Haiti – Kanada, Frankreich, die Vereinigten Staaten und Venezuela – trafen sich am 13./14. Dezember in Paris. Der französische Standpunkt wich von dem amerikanischen ab. Washington gab allein dem Militär die Schuld, Paris hingegen erklärte, dass keine Partei das Abkommen von Governor's Island voll erfüllt habe, dass das Militär aber prinzipiell für die zögerliche Umsetzung die Verantwortung trage. Gegen Ende des Jahres 1993 wurde in Washington eine großangelegte Kampagne inszeniert, um Aristide zu diskreditieren. Ausgelöst wurde diese Diffamierung im Wesentlichen von einem »psychologischen Profil« der CIA, das durchgesickert war und dem Präsidenten mentale Probleme unterstellte. Aus der Sicht der Vereinten Nationen hatte es den Anschein, dass die US-Regierung gespalten war. Ihre zivile Seite widersetzte sich hartnäckig der haitianischen Junta. Das Militär und der Nachrichtendienst dagegen sahen in der haitianischen Armee einen entscheidenden Faktor für die nationale Stabilität und ein Bollwerk gegen die radikalen Anhänger Aristides. Die Vereinigten Staaten stellten gegenüber den Vereinten Nationen nie klar, welche Ziele und Absichten sie wirklich verfolgten.

Gegen den Wunsch der USA in Somalia

Kurz nach der Episode mit der *Harlan County* trat ich meine Reise nach Afrika und Somalia an, die ich schon lange vor dem Fiasko vom 3. Oktober geplant hatte. Vor nur zwei Wochen hatte Christopher noch meinen Plan begrüßt, nach Somalia zu reisen. Nun erreichte mich jedoch eine schroffe Nachricht von ihm, dass meine Anwesenheit in Somalia »die Situation nur verschlimmern« werde. Die Vereinigten Staaten wollten sich einseitig aus Somalia zurückziehen und sähen es am liebsten, wenn das Engagement der internationalen Gemeinschaft im Land danach beendet würde. Madeleine Albright drängte mich, meinen geplanten Aufenthalt in Mogadischu abzusagen, »um diesen zerbrechlichen Prozess nicht zu gefährden«. Der einzige zerbrechliche Prozess war der jüngste Versuch der Amerikaner, Aidid zu befriedigen. In Washington sagten Regierungsmitarbeiter der Presse, dass meine Anwesenheit in Somalia »Unruhen provozieren« werde.

Meine Kollegen bei der UNO bestürmten mich, dem Wunsch der Vereinigten Staaten zu entsprechen und das Land zu meiden. Ich war kurz davor, ihren Rat anzunehmen, als das Weiße Haus der Presse gegenüber enthüllte, dass die Vereinigten Staaten mir gesagt hätten, ich solle nicht nach Somalia reisen. Das brachte mich in eine unmögliche Situation. Nach der UN-Charta darf der Generalsekretär keine Anweisungen von einem der Mitgliedstaaten entgegennehmen. Die Vereinigten Staaten konnten über diesen Grundsatz hinwegsehen, aber ich konnte es nicht. Jetzt musste ich reisen.

Kurz vor meiner Abreise nach Afrika sprach ich mit einer Gruppe Staatschefs, die sich anlässlich der Eröffnung der Vollversammlung in New York aufhielten. Mit Blick auf Aidid sagte ich: »Dieselben, die für Somalias Zusammenbruch die Verantwortung tragen, trachten jetzt danach, Somalias Rettung zu verhindern und alles zu zerstören, was bislang erreicht worden ist. Das darf ihnen nicht gelingen.« Ich wusste, dass die Vereinigten Staaten Somalia verlassen würden. Dennoch sagte ich: »Wir dürfen Somalia nicht im Stich lassen.« Somalia versinnbildliche die Vereinten Nationen im Dienst eines seiner schwächsten Mitglieder – Beistand für einen Staat, dessen Staatswesen selbst in Frage steht. »Das Prin-

zip der Universalität ist in der Geschichte der Vereinten Nationen ver-
gleichsweise neu«, sagte ich. »Es ist etwas, das wir hegen und pflegen
müssen, denn es beinhaltet nicht nur Universalität in der Zusammensetzung der Mitgliedschaft der Organisation, sondern auch in dem Ausmaß
der Unterstützung und des Beistands, den sie ihren Mitgliedern gewährt.«

In Kairo traf ich mich im Präsidentenpalast mit dem regionalen
»Freundeskreis« unter dem Vorsitz von Präsident Mubarak. Die Generalsekretäre der Arabischen Liga, der Organisation für Afrikanische Einheit
und der Organisation der Islamischen Konferenz waren anwesend. Mubarak war damals auch Vorsitzender der OAU und sprach in dieser Funktion: »Sobald die Vereinigten Staaten aus Somalia abziehen, werden alle
anderen Länder diesem Beispiel folgen. Die Franzosen, Belgier und alle
westlichen Länder werden es den Amerikanern gleich tun. Und eine
Stunde nach dem Abzug der Amerikaner werde auch ich abziehen.«

Auf meinem Weg nach Somalia machte ich am 13. Oktober in
Dschibuti Halt, um mit Präsident Hassan Gouled Aptidon zu sprechen.
Er hielt sich in seiner Bergresidenz außerhalb der Hauptstadt auf. Ein alter, sowjetischer Hubschrauber wurde »mir zur Verfügung gestellt«. Als
ich ihn erblickte, hatte ich tatsächlich Angst, an Bord zu gehen, aber eine
Weigerung wäre eine Beleidigung für die Regierung Dschibutis gewesen.
Ich kletterte auf meinen Sitz und betete. Die Maschine erhob sich mit einem schrecklichen Getöse. Ein Besatzungsmitglied in meiner Nähe legte
seine Arme um einen Gegenstand, der heftig klapperte. Zehn Minuten
später landeten wir sicher zu meiner Verabredung mit dem Präsidenten.
»Machen Sie keine Witze, Sie müssen nach Somalia fahren. Sie sind der
UN-Chef«, sagte er zu mir. »Wenn Sie sich nie persönlich Ihren UN-Soldaten zeigen, wird Sie niemand ernst nehmen.« »Aidid«, sagte er, »ist ein
baudruche – ein Ballon, den die UNO und die USA mit heißer Luft gefüllt
haben; er repräsentiert absolut nichts in Somalia.« Das Überstehen des
ersten Hubschrauberflugs hatte mein Vertrauen für den Rückflug nicht
gerade gesteigert, aber die stotternde Maschine kam wiederum sicher
an. Die Besatzung strahlte mich voller Stolz auf ihre Leistung an.

Als nächstes machte ich einen Abstecher nach Nairobi, Kenia, und
sprach mit Präsident Daniel Arap Moi. Der 24. Oktober war der Tag
der Vereinten Nationen, gewissermaßen der Staatsfeiertag der Vereinten
Nationen. In Nairobi sollte er im afrikanischen UN-Hauptquartier gefeiert werden, wo ich vor kenianischen Mitarbeitern eine Rede halten sollte.
Ich beschloss jedoch, statt dessen den Tag mit den Blauhelmsoldaten in

Somalia zu verbringen. Ich bat Untergeneralsekretär James Jonah, mich bei den Feierlichkeiten in Nairobi zu vertreten, und informierte Admiral Howe telefonisch über die Änderung meiner Pläne. Er stellte ein kleines Flugzeug für mich bereit. Wir verließen das Hotel schon sehr früh am Morgen. Es war kalt. Auf dem Weg zum Flugplatz stießen wir auf Kenianer, die zu Fuß in die Hauptstadt gingen. Es handelte sich um Bewohner der Vororte, sie waren so arm, dass sie sich nicht einmal den billigen öffentlichen Bus leisten konnten. Wir hoben ab, als die prächtige afrikanische Sonne sanft über die Ebene aufstieg. Wir saßen zu viert in dem kleinen Flugzeug: Rolf Knutsson, ein hoher UN-Mitarbeiter aus Schweden, Thérèse Gastaut, die Sprecherin, und Stanlake Samkange, eine junger Mann aus Simbabwe, der Protokollführer. Nach weniger als zwei Stunden landete das Flugzeug in Baidoa im Landesinneren von Somalia.

Jonathan Howe begrüßte mich am Flugplatz, wie immer ruhig und zurückhaltend, mit vollendeten Manieren und trotz der jüngsten Aufregungen mit stählerner Entschlossenheit. Wir fuhren durch das ruhige und friedliche Stadtzentrum. Die Einwohner erkannten Howe, winkten und lächelten. In einer offenen Debatte im Hauptquartier der UN-Truppen wurde die Befürchtung geäußert, dass wegen der Entscheidung der Vereinigten Staaten auch andere Länder, die ein Kontingent abgestellt hatten, zu dem Schluss gelangen könnten, Somalia sei die Mühe nicht wert. Sogar noch schlimmer, die Somalier glaubten, dass die Vereinigten Staaten inzwischen für Aidid seien.

Bei einem Gespräch mit örtlichen Führern der Somalier betonte ich ausdrücklich, dass ich gekommen sei, um meine Solidarität mit den UN-Blauhelmen zu zeigen. Der Clanführer Muchtar Malaag Hassan erklärte, vor den Kämpfen und dem Ausbruch der Hungersnot sei dies »Baidoa, das Paradies« gewesen. Nachdem Baidoa in eine Totenstadt verwandelt worden war, sei sie jetzt dank der Vereinten Nationen wieder zu neuem Leben erwacht. Die somalischen Clanführer ergriffen der Reihe nach das Wort und sprachen lang und weitschweifig. Um dem Übersetzer die Arbeit etwas zu erleichtern, unterbrach ich ihre Rede von Zeit zu Zeit und rief aus: »Lang lebe das neue Baidoa!« Jedes Mal stimmten die Zuhörer begeistert in meinen Ausruf ein.

Ich besuchte eine Schule, die von dem Ananda Margu Universal Relief Team geleitet wurde, einer nichtstaatlichen indischen Hilfsorganisation. Dann suchte ich ein katholisches Waisenhaus auf, in dem sich zwei irische Frauen um 400 Kinder kümmerten. Nach einer Stippvisite bei einer Polizeistation, die von einheimischen, bei der UNO geschulten Poli-

zeibeamten besetzt war, flogen Admiral Howe und ich weiter nach Mogadischu. In einem Raum am Flughafen skizzierten die Generäle der verschiedenen beteiligten Länder eine schwierige, aber sich allmählich bes-
sernde Lage in Somalia. In einem von einer rumänischen Organisation
geleiteten Krankenhaus entdeckte ich einen ägyptischen Soldaten und
fragte den General, der mich begleitete, wie der Mann verwundet worden
sei. Der General flüsterte schmunzelnd: »Er hat eine Blinddarmentzün-
dung.«

Als ich wieder an Bord des Flugzeuges steigen wollte, das mich nach
Nairobi zurückbringen sollte, wurde ich von einer Gruppe ägyptischer
Soldaten bestürmt, die mich begrüßen und umarmen wollten. Meine
Leibwächter waren zunächst alarmiert, erkannten aber, dass ich von Be-
wunderern umlagert wurde, und schritten nicht ein. Später wurden
Fernsehaufnahmen von dem Gedränge benutzt um zu beweisen, dass
ich mit wütenden Protesten in Mogadischu empfangen worden sei.

In Nairobi traf ich einen aufgeregten und beunruhigten James Jonah
an, der mir sagte, unglaubliche Geschichten von feindseligen Demonstrationen und blutigen Zusammenstößen mit Soldaten seien verbreitet
worden. Und Boutros-Ghali habe zu seiner eigenen Sicherheit eilig in
ein sicheres Lager fliehen müssen. Unverzüglich hielt ich eine Pressekonferenz ab, um die Wahrheit zu sagen und die Situation zu beruhigen. Vor
allen Dingen wollte ich den UN-Mitarbeitern in Baidoa und an anderen
Orten in Somalia versichern, dass die Lage längst nicht so hoffnungslos
war, wie sie in den Medien dargestellt wurde. Doch in den folgenden Tagen meldeten die Journalisten weiterhin, dass mein Besuch in Somalia
massive feindselige und gefährliche Demonstrationen provoziert hätte.
Ich machte mir große Sorgen um die Moral der UN-Soldaten. Sie wussten, dass die Vereinigten Staaten im Begriff waren, ihre Sachen zu packen
und abzuziehen, und hatten verständlicherweise Angst vor dem, was danach folgen würde. Am nächsten Morgen flog ich nach Addis Abeba und
sprach mit Präsident Meles Zenawi. Gegenüber Somalia seien zwei verschiedene Strategien verfolgt worden, sagte ich, die amerikanische und
die der Vereinten Nationen. Jetzt ziehen die USA ab. Die Vereinten Nationen könnten ihre Arbeit auch ohne sie erledigen, sagte ich, aber nur
wenn die Vereinigten Staaten, die es gewohnt seien, bei jeder UN-Mission
eine wichtige Rolle zu spielen, die Vereinten Nationen gewähren ließen.

KAPITEL 4

Politik hat Folgen: Der Völkermord von Ruanda und andere Katastrophen
(1994)

Während des gesamten Jahres 1993 hatte ich in Reden und Artikeln versucht, eine grundlegende Debatte über die Bedeutung multilateraler Einsätze bei Konflikten wie in Somalia anzuregen. Wie als Reaktion darauf legte die Clinton-Administration ihre Politik in vier wichtigen Reden im September 1993 dar. Die UN-Einsätze in Somalia und Bosnien bildeten das Leitmotiv. Vor der UN-Vollversammlung erklärte Präsident Clinton: »Die Geißel erbitterter Konflikte stellt hohe Anforderungen an die UN-Friedenstruppen. Die Blauhelme haben häufig Wunder bewirkt. In Namibia, El Salvador, auf den Golan-Höhen und andernorts haben sie dazu beigetragen, Kämpfe zu beenden, die bürgerliche Ordnung wiederherzustellen und freie Wahlen durchzuführen. In Bosnien haben die UN-Friedenstruppen trotz der Gefahr und der Frustration dieser anhaltenden Tragödie mutig humanitäre Hilfe geleistet ... In Somalia haben die Vereinigten Staaten und die Vereinten Nationen bei einer beeindruckenden humanitären Hilfsoperation zusammengearbeitet, buchstäblich Tausende Menschenleben gerettet und die Sicherheit für praktisch das ganze Land wiederhergestellt.« Die USA würden die UN-Friedensmissionen unterstützen, sagte Clinton, und zwar nicht, »wie einige Kritiker in den Vereinigten Staaten argumentieren, um die amerikanische Außenpolitik einer anderen Instanz zu übergeben, sondern um unsere Sicherheit zu verbessern, unsere Interessen zu schützen und mit anderen die Kosten und die Mühe zu teilen, den Frieden zu erhalten. Friedenssicherung kann kein Ersatz für unsere nationalen Verteidigungsbestrebungen sein, sondern ergänzt sie in hohem Maß.« Allerdings, befand Clinton, sei es an der Zeit, hinsichtlich weiterer Friedensmissionen der Vereinten Nationen die Bremse zu ziehen, eine Position, die ich vollkommen teilte, weil wir für weitere Missionen kein Geld mehr hatten.

»Die Vereinten Nationen können sich nicht in jedem Konflikt auf der Welt engagieren«, verkündete Clinton. »Wenn das amerikanische Volk Ja zur UN-Friedenssicherung sagen soll, müssen die Vereinten Nationen auch Nein sagen können.« Clinton hatte wohl vergessen, dass die Vereinigten Staaten bei all diesen Einsätzen für eine UN-Beteiligung gestimmt hatten, darunter auch im Fall Bosniens, bei dem ich ein »Nein« empfohlen hatte.

Anthony Lake, der nationale Sicherheitsberater der USA, drückte in einer Rede an der Johns Hopkins University die Hoffnung aus, der Multilateralismus werde eines Tages zur Gewohnheit und es »ermöglichen, dass die Herrschaft des Gesetzes im Umgang der Nationen eine wesentlich zivilisierendere Rolle spielen wird, so wie es sich die Gründer der Vereinten Nationen vorgestellt hatten«. Aber, so schloss er, nur ein Faktor könne bestimmen, ob die USA multilateral oder im Alleingang handeln sollten, und das sei das nationale Interesse Amerikas.

In einer Rede an der Columbia University betonte US-Außenminister Christopher, der Multilateralismus sei nicht Zweck, sondern ein Mittel, das nur gerechtfertigt sei, wenn es der amerikanischen Außenpolitik diene. Wenn die Vereinigten Staaten die Bereitschaft zu einem Alleingang zeigten, erklärte Christopher, würde allein schon diese Tatsache »effektive multilaterale Reaktionen hervorrufen«.

Madeleine Albright zählte in einer Rede an der National Defense University verschiedene Punkte auf, die geklärt sein müssten, bevor die USA einer neuen UN-Friedensmission zustimmen würden. Dazu gehörten eine eindeutige Bedrohung des Friedens und der internationalen Sicherheit, ein klar definiertes Ziel, einen Waffenstillstand vor Ort, die Zustimmung der Konfliktparteien zu einer UN-Präsenz, die notwendigen finanziellen und menschlichen Ressourcen und das absehbare Ende eines Einsatzes.

Albrights Rede war in ihren Aussagen die deutlichste und definitivste der vier amerikanischen Erklärungen. Die UN-Botschafterin war zuvor kritisiert worden, dass sie einen »gewissen Multilateralismus« bevorzuge. Aber um sich konsequent an die neuen Bedingungen zu halten, hätten die Vereinigten Staaten sofort die Beendigung der UN-Missionen in Bosnien und Somalia fordern müssen.

Die Suche nach einer amerikanischen Linie

Seit dem Sommer 1993 war uns bei den Vereinten Nationen bekannt, dass am Entwurf des so genannten Presidential Review Document 13 (PRD 13) gearbeitet wurde, einem Versuch, die Bedingungen zu präzisieren, unter denen die US-Streitkräfte bei UN-Friedensmissionen mitarbeiten würden. Als Gegenleistung dafür, dass sich die amerikanischen Soldaten den Vereinten Nationen unterstellten, bestand das Pentagon darauf, dass die amerikanische Kommandokette intakt blieb, dass die amerikanischen Truppen Washington direkt Bericht erstatten durften und dass die amerikanischen Kommandanten angewiesen werden konnten, keinen Befehlen Folge zu leisten, die über das UN-Mandat hinausgingen, illegal oder militärisch unklug oder unvernünftig waren. Es hieß, das sei der Standpunkt von General Colin Powell. Ich hatte keine Einwände. Es gab keinen Grund, warum nicht ein System entwickelt werden sollte, das den amerikanischen Anforderungen nach Souveränität entsprechen und dennoch eine koordinierte, gemeinsame Friedensmission gemäß den Resolutionen des UN-Sicherheitsrates ermöglichen würde.

Am 27. Oktober 1993 rief der Direktor des Planungsstabes im US-Außenministerium in meinem Büro an und teilte mir mit, dass alle Hoffnungen, die er und andere in Washington hinsichtlich einer engen Kooperation zwischen den Vereinten Nationen und den Vereinigten Staaten für die kommenden Jahre gehegt hatten, in Mogadischu »zunichte gemacht« worden seien. »Mit dem PRD 13 standen wir kurz vor einer weit reichenden Strategie«, meinte er, nach der amerikanische Truppen an UN-Friedensmissionen hätten teilnehmen können. Doch jetzt sei dieser Entwurf »für immer in der Schublade verschwunden. Somalia wird verheerende Auswirkungen auf die Zukunft der UN-Friedensmissionen haben. Keine großen Einsätze mehr. Vielleicht ist es das Beste.« Der Direktor, Botschafter Samuel W. Lewis, trat schon bald zurück.

In den letzten Oktobertagen reiste ich nach Washington, D.C., um vor der United Nations Association of the USA zu sprechen, einer privaten landesweiten Vereinigung zur Unterstützung der Vereinten Nationen. Ich wollte außerdem mit Warren Christopher über die positiven Ansätze reden, die ich in Somalia gesehen hatte. Kurz bevor ich zum Bahnhof aufbrechen wollte, rief Madeleine Albright bei meinem Stabschef an und setzte sich vehement dafür ein, dass ich der Einladung der *Washington Post* zu einem Gespräch mit ihren Redakteuren nicht folgen sollte. Dieses

Vorgehen wurde ihr allmählich zur Gewohnheit. Meine bloße Anwesenheit in Washington, behauptete sie, würde in der Presse und im Kongress negative Gefühle gegen die UNO schüren. Tatsächlich war ich bei beiden stets gut angekommen, daher fragte ich mich, ob hinter ihren Bemühungen nicht etwas anderes steckte.

Im Zug nach Washington reichte mir ein Berater eine Auswahl aktueller politischer Karikaturen aus der *Washington Post*. In einer Karikatur ritt ich auf dem Helm eines amerikanischen Soldaten, fuchtelte mit einer Reitgerte und rief »Halali!«. »So viele Unruheherde, so wenig Zeit« lautete die Unterschrift. Die anderen Karikaturen machten sich über Clintons Unbeholfenheit und Unentschlossenheit in der Außenpolitik lustig.

Bei meinem Gespräch mit den Redakteuren der *Washington Post* wiederholte ich meine Überzeugung, dass keine Lösung für Somalia Erfolg haben konnte, solange die Konfliktparteien bis an die Zähne bewaffnet blieben. Nun würden die USA sie allerdings nie entwaffnen.

Am Abend sprach ich in der wunderbaren Säulenhalle eines Gebäudes aus der Zeit vor dem Bürgerkrieg vor der United Nations Association of the USA. »Ich habe viele Freunde in Washington«, scherzte ich, »meine Interessen liegen ihnen sehr am Herzen. Sie wollten nicht, dass ich nach Mogadischu reiste. Sie sagten, es sei nicht sicher. Aber als sie erfuhren, dass ich nach Washington kommen würde, sagten sie kein Wort. Ich nehme also an, dass ich hier sicher bin.«

Madeleine Albright hatte mir außerdem eingeschärft, mich in meiner Rede nicht kritisch über die ausstehenden UN-Beiträge der Vereinigten Staaten zu äußern. Ich hielt mich nicht an ihre Anweisungen, sondern erklärte: »Lassen Sie mich das ganz offen sagen: Ich brauche die Vereinigten Staaten. Die Vereinten Nationen brauchen die Vereinigten Staaten. Es gehört wahrscheinlich zu den wichtigsten Aufgaben unserer Zeit, dass wir die richtige Beziehung zwischen der UNO und den USA finden. Im Bereich Friedenssicherung belaufen sich die Rückstände im Budget der Vereinten Nationen auf tausend Millionen Dollar. Diese Rückstände sind nicht versehentlich entstanden, sondern beruhen auf Entscheidungen. Und sie werden Konsequenzen haben.

Wenn die Vereinigten Staaten trotz ihrer vertraglichen Bindungen durch die UN-Charta beschließen, ihren finanziellen Verpflichtungen nicht nachzukommen, können sie das tun. Wenn die Vereinigten Staaten ihren Beitrag an Bedingungen knüpfen oder einen Teil davon zurückhalten oder anders einsetzen wollen, sind der UNO die Hände gebunden. Doch ich möchte darum bitten, dass solche Schritte nicht zu leicht genommen werden. Wer einen solchen Schritt unternimmt, sollte gründlich darüber nachdenken, welche Folgen er haben kann – für den amerikanischen Einfluss auf die Vereinten Nationen und für den Präzedenzfall, der damit geschaffen würde.«

Vor meiner Rede saß ich am selben Tisch wie Vizepräsident Al Gore. Zu Beginn meiner Amtszeit als Generalsekretär, als Gore noch Senator war, hatte er mich bei den Vereinten Nationen besucht und sein Buch über die Umweltprobleme für mich signiert. An diesem Abend führten wir ein langes und lebhaftes Gespräch über die weltweite Wasserknappheit. Doch während meiner Rede war Gore die einzige Person im Saal, die bei meiner Kritik an den ausstehenden UN-Beiträgen der USA keine Miene verzog.

Eine Woche später kehrte ich nach Washington zurück und nahm auf Einladung der National Defense University an einem Seminar über ethnische Konflikte teil. Dieses Mal konnte ich die Stadt betreten und wieder verlassen, ohne dass Albright oder Christopher von meinem Aufenthalt erfuhren. Mein Name war allerdings oft in den Nachrichten. Die konservative Presse bezeichnete mich als den »Generalissimo-Sekretär«. In einem Artikel im *American Spectator* vom November 1993 hieß es: »Da Bill Clinton sich offenbar nicht um die amerikanische Außenpolitik kümmern will, ist es für Boutros-Ghali ein Leichtes, für ihn einzuspringen.« Und das generell positive Bild, das die *New York Times* von mir gezeichnet hatte, war einer Berichterstattung gewichen, in der die negativen Aspekte meiner Persönlichkeit und Politik stark hervorgehoben wurden.

Ein Desaster

Am Nachmittag des 8. November 1993 hatte ich im Außenministerium ein Gespräch mit Christopher und Albright. Der junge UN-Mitarbeiter, der mich begleitete und Notizen machte, beschrieb dieses Gespräch später als »schlimmer als eine Katastrophe«. Zuerst schien es, als wären wir alle drei – Christopher, Albright und ich – von unseren Beratern in zentralen Punkten falsch informiert worden. Später erkannte ich, dass ich nicht falsch informiert worden war, sondern dass die Wahrheit, wie ich feststellen musste, nicht genug war. Missverständnisse führten bei einem Thema nach dem anderen zu harschen, bitteren Wortwechseln.

Mein UN-Kollege James Jonah hatte mir wiederholt gesagt, dass die US-Streitkräfte in Mogadischu Gefangene festhielten, die sie bei den Einsätzen gegen die somalischen Konfliktparteien im Sommer gemacht hatten. Den Vereinten Nationen werde der Zugang zu ihnen verwehrt. Ich legte scharfen Protest bei Christopher ein.

»Aber die Gefangenen werden von UNOSOM II festgehalten!«, rief Christophers Berater Peter Tarnoff aus. Es war mir peinlich, dass ich von meinen eigenen Leuten eine falsche Information erhalten hatte und nun in Gegenwart von Christopher und Albright desinformiert wirkte. Später erfuhr ich, dass Jonah Recht gehabt hatte – die Gefangenen wurden von den USA festgehalten –, doch was die Besprechung betraf, war der Schaden bereits angerichtet.

Madeleine Albright brachte dann das Thema eines Untersuchungsausschusses zur Sprache, der durch eine Resolution des UN-Sicherheitsrates eingerichtet werden und der Frage nachgehen sollte, ob Aidid tatsächlich den Überfall auf die pakistanischen Blauhelme am 5. Juni in Mogadischu befohlen hatte. »Welcher Untersuchungsausschuss?«, fragte ich. »Welche Resolution?« Albright errötete vor Verlegenheit. »Ich habe Ihnen davon erzählt«, sagte sie. »Nun, dann erzählen Sie mir mehr«, antwortete ich, »weil ich von Ihnen noch nichts darüber gehört habe.« Jetzt schien Christopher durch Albright irritiert. »Wir haben diese Idee gerade erst gehabt«, meinte er.

Rasch wechselten wir das Thema und wandten uns Haiti zu. Ich erwähnte, dass der UN-Sonderbeauftragte für Haiti, Alvaro de Soto, mir berichtet hatte, »verschiedene Abteilungen der US-Regierung übermitteln den Haitianern unterschiedliche Signale«. Tatsächlich bestand das Problem schon seit längerem. Das Außenministerium betrieb in Haiti eine bestimmte Politik, während andere amerikanische Beamte, allem Anschein nach von der CIA, eine andere Linie verfolgten. Wir hatten das Thema schon zuvor mit der Clinton-Administration angesprochen.

Christopher verlor zum ersten Mal, seit ich ihn kannte, die Beherrschung. »Wollen Sie damit sagen«, fragte er ärgerlich, »dass es Mitarbeiter in der Regierung gibt, die sich nicht an die vom Präsidenten vorgegebene Politik gegenüber Haiti halten?« Christophers Ton gab zu verstehen, dass der Fehler bei mir lag. »Nein, nein«, versicherte einer meiner Berater eilig, »doch die Haitianer erhalten inoffizielle Informationen.« Nun war Christopher an der Reihe, verlegen auszusehen, weil er offenbar über das Vorgehen seiner Regierung nicht auf dem Laufenden war. Leider hatte Soto mir die Wahrheit gesagt; verschiedene Teile der amerikanischen Regierung hatten unterschiedliche Ansichten zu dem haitianischen Präsidenten Aristide. Das Außenministerium, das Verteidigungsministerium und die CIA vertraten offenbar jeweils eine eigene Position und verfolgten gegenüber Haiti ihre eigene Politik.

Wir wandten uns wieder dem Thema Somalia zu. Aufgrund der Erklärung der Vereinigten Staaten, dass sie sich am 31. März 1994 zurückziehen würden, hatten auch mehrere europäische und andere Länder beschlossen, ihre Kontingente abzuziehen. Der Sicherheitsrat, dessen wichtigstes Mitglied die USA war, hatte mich aufgefordert, einen Plan über das weitere Vorgehen vorzulegen. »Wie soll ich planen, wenn Sie sich einfach aus Somalia zurückziehen?«, fragte ich. »Sie verstehen die politischen Zusammenhänge nicht«, antwortete Christopher. »Sie werden Schwierigkeiten mit der amerikanischen Regierung bekommen. Sie und die Vereinten Nationen sind nicht gerade hilfreich.« Ich antwortete, dass Jonathan Howe in Somalia vor Ort sei. Er und Oakley waren sich darüber einig, was die Situation erforderte. »Howe sollte besser als wir wissen, was gebraucht wird«, sagte ich.

»Mit Howe haben wir gewisse Probleme«, murmelte Christopher. »Wir sind verärgert, dass so wenig Fortschritte in Hinblick auf eine politische Lösung gemacht wurden. Howe blockiert diese Fortschritte.« Ich widersprach energisch: »Ihr Amerikaner habt darauf bestanden, dass ich Admiral Howe hinzuziehe. Also ziehe ich ihn hinzu. Dann wollen Sie, dass er Tony Lake beim Nationalen Sicherheitsrat direkt Bericht erstattet. Lake wiederum gibt die Instruktionen aus Washington an ihn weiter. Dann läuft es schief. Sie geben ihm die Schuld. Und beschuldigen mich, weil ich ihm vertraute. Ich kann so nicht arbeiten.«

So ging es weiter. Christopher wiederholte wieder und wieder, dass die USA verärgert über die langsamen Fortschritte hinsichtlich einer politischen Lösung seien, womit er die Beschwichtigung Aidids meinte. Ich forderte ihn wiederholt auf, die langfristigen Absichten der USA zu Somalia zu erklären.

»In Ordnung«, meinte Christopher schließlich. »Die Vereinigten Staaten werden Sie verstärkt über unsere Absichten in Kenntnis setzen, aber die Vereinigten Staaten erwarten auch, dass sie von Ihnen in stärkerem Maße respektiert werden.« »Ich respektiere sie zu hundert Prozent«, erwiderte ich, »aber ich muss besser darüber informiert werden, was Sie wollen, was Sie tun und wohin Sie steuern.«

Am Ende unseres Gesprächs drückten Christopher und Albright ihren Unmut darüber aus, dass ich eine Einladung zu einem Treffen mit Kongressmitgliedern auf dem Kapitol am folgenden Tag angenommen hatte. »Es wird nicht gerade helfen, wenn Sie uns kritisieren«, sagte

Christopher. »Das ist keine gute Zeit, hierher zu kommen«, fügte Albright hinzu. »Sie werden versuchen, Sie und uns auseinander zu bringen.« Die beiden sollten sich keine Gedanken machen, versicherte ich ihnen, »ich werde Sie nicht betrügen. Ich werde den Kongress nur bitten, den Vereinten Nationen keinen allzu großen Schaden zuzufügen.«

Die Stabsmitglieder beider Seiten waren nach dem Gespräch erschüttert. »Es lief schlecht zwischen Christopher und BB-G«, meinte ein junger Amerikaner, »aber nicht so schlecht wie zwischen Albright und BB-G.« Der Sprecher des Außenministeriums beschrieb das Gespräch als »offen und ehrlich«, die diplomatische Bezeichnung für »brutal«. Informationen über die Besprechung gelangten an die Presse. Ein Regierungsmitglied, das anonym bleiben wollte, erzählte einem Reporter von der *New York Times,* wir seien »aufeinander losgegangen«.

Ich erkannte allmählich, dass ich weder bei Christopher noch bei Albright viel Spielraum hatte. Nach meinen Erfahrungen als Diplomat waren persönliche Beziehungen der Schlüssel. Es war mir jedoch nicht gelungen, eine Freundschaft zu Christopher aufzubauen, da er einen umfangreichen Terminplan hatte und ein verschlossener Mensch war. Außerdem bestand Albright darauf, zwischen uns zu vermitteln. Albright und mich verband Sympathie, doch sobald Probleme auftauchten, schlug die gegenseitige Zuneigung in Wut um. Christopher schien die Probleme, wie man zum Beispiel mit Aidid umgehen sollte, als unter seiner Würde zu betrachten; Albright wiederum sah in ihnen eine versteckte Attacke auf ihre Kompetenz. Beide waren sich ihrer Rolle offenbar nicht sicher. Ich konnte dieses Gespräch im Außenministerium nur mit einem früheren Gespräch mit Vertretern des Verteidigungsministeriums über Somalia vergleichen. Es war in einer völlig anderen Atmosphäre verlaufen, herzlich und vernünftig. Verteidigungsminister Les Aspin, Staatssekretär Frank Wisner und ich konnten anderer Meinung sein, ohne darin gleich eine persönliche Herausforderung zu sehen. Dieses Gespräch hatte mir Mut gemacht, ich sah es als Beweis, dass es mir möglich war, mit dieser US-Regierung zusammenzuarbeiten.

Abgeordnete und Senatoren

Am nächsten Tag hieß mich bei einem Frühstück mit dem außenpolitischen Ausschuss des Repräsentantenhauses der Kongressabgeordnete Tom Lantos aus Kalifornien herzlich willkommen. Lantos gratulierte mir zu meiner »Offenheit«. Aber »warum können nicht alle US-Truppen Somalia bereits am 31. Dezember 1993 anstatt erst am 31. März 1994 verlassen?«, fragte der Abgeordnete Benjamin Gilman. Ich nannte einige überzeugende Argumente für das spätere Datum, doch es war offensichtlich, der Kongress wollte, dass sich die USA so bald wie möglich aus Somalia zurückzogen. Nach einer zweistündigen heftigen Debatte erklärte Lantos, unser Gespräch sei ein Erfolg gewesen, und forderte mich auf, mehrere Male im Jahr wiederzukommen.

Beim Mittagessen mit den Angehörigen des *Congressional Round Table on Post Cold War Issues* erhielt ich einen Eindruck von der bewussten Desinformationspolitik, die irgendwo in Washington gegen die Vereinten Nationen betrieben wurde. Ein Kongressabgeordneter fragte mich, ob ich eine persönliche Abneigung gegen Aidid hegen würde. »Niemals«, antwortete ich mit einem ironischen Unterton. »Bei unserer Begegnung haben wir uns umarmt.« »Aber es stimmt doch«, fragte der Mann weiter, »dass Sie eine Farm in Somalia besaßen, die beschlagnahmt wurde, – und dass Sie es deswegen auf Aidid abgesehen haben?« Ich lachte und erwiderte, dass ich, wenn ich mir je eine Farm kaufen sollte, nicht eine in Somalia, sondern in den Vereinigten Staaten aussuchen würde. Das war ein Beispiel für die giftigen Behauptungen, die über mich in Washington kursierten.

Gegen Ende des Essens wiederholte der Kongressabgeordnete Neil Smith immer wieder: »Die USA werden nicht für Friedensmissionen zahlen, Friedensmissionen sind nicht beliebt.« Ich verteidigte die Friedenssicherung mit allen Argumenten, die ich aufbieten konnte. Im Kalten Krieg hätten die USA eine Milliarde Dollar am Tag für die Rüstung ausgegeben, im Vergleich dazu sei die Friedenssicherung günstig. »Nein«, sagte Smith, »wir werden nicht bezahlen.« »Und wie steht es mit der Moral?«, fragte ich. »Wie steht es damit, Leben zu retten, anderen Menschen eine Chance zu geben?« »Nein«, wiederholte Smith, »wir werden nicht zahlen.« Wir hätten bei diesem Thema keine gegensätzlicheren Ansichten vertreten können, doch unser Gespräch war von gegenseitigem Respekt geprägt, wie auch meine Sitzung mit dem Senat am Nachmittag.

Am Abend rief Christophers persönlicher Assistent meinen Berater an und bat darum, über das informiert zu werden, was ich in der Sitzung unter Ausschluss der Öffentlichkeit gesagt hatte. Christopher würde am nächsten Tag auf dem Kapitol sein, und sein Stab wollte ihn auf eventuelle Schäden vorbereiten, die ich verursacht hatte. Es gebe keinen Anlass zur Beunruhigung, erklärte ich; ich hatte die Entscheidung von Präsident

Clinton gelobt, die amerikanischen Truppen bis zum 31. März 1994 in Somalia zu belassen. Natürlich wäre es mir lieber, wenn sie länger dort bleiben würden, doch der Kongress wollte sie sofort abziehen, daher fand ich mich in der Rolle des eifrigen Befürworters von Clintons Entscheidung.

Meinen Beratern und den Referenten Christophers gebührt die Anerkennung, dass sie versuchten, die Beziehung zwischen Generalsekretär und Außenminister zu retten. Christopher machte den ersten Schritt und rief mich am 11. November 1993 an, zwei Tage nach unserem turbulenten Gespräch in Washington. Er entschuldigte sich für den »anonymen Sprecher«, der der *New York Times* erzählt hatte, wir seien »aufeinander losgegangen«. Ich scherzte, dass wir vielleicht wie früher die USA und die Sowjetunion zur Verhinderung eines Krieges einen »heißen Draht« einrichten sollten. Wir beendeten das Gespräch gut gelaunt und versprachen, engeren Kontakt zu halten. Doch während der ganzen Wintermonate wurde mein Stab immer wieder abgewiesen, wenn er versuchte, mit Christophers Stab ein persönliches Treffen zwischen dem Außenminister und mir zu arrangieren.

Die Vereinigten Staaten hatten dem Bemühen der UNO, in Somalia wieder eine nationale Einheit herzustellen, ein Ende gemacht. Uns blieb nichts weiter übrig, als den USA zu helfen, sich mit so geringem Schaden wie möglich zurückzuziehen. Das war nicht einfach. Madeleine Albright informierte mich, dass die Vereinigten Staaten den Vorsitz der Untersuchungskommission mit Jimmy Carter und den Präsidenten von Äthiopien und Eritrea besetzen wollten. Es sei ein schwerer Fauxpas, erklärte ich, »wenn Christen, darunter welche, die aus zwei benachbarten christlichen Ländern Somalias stammen, ein Urteil über das Töten von Muslimen durch Muslime fällen, und das in einem Land, das vom islamischen Fundamentalismus bedrängt wird«. Ich fragte Albright: »Haben Sie keinen Nachrichtendienst, der Sie berät?« Albright warf den Kopf zurück, rollte mit den Augen, verzog das Gesicht und schlug sich laut auf die Schenkel. Jede Bewegung ging fließend in die andere über und sollte mir vor Augen führen, wie sehr meine Worte sie zur Verzweiflung brachten.

Dennoch zeigte mein Protest Wirkung. Schon bald erhielt ich vom Außenministerium eine Namensliste, mit der sich arbeiten ließ. Ich nahm die Beratungen mit dem UN-Sicherheitsrat auf, denn ich wollte sicherstellen, dass die Untersuchungskommission nicht einfach von den Vereinigten Staaten dominiert wurde. Am 16. November nahm der Sicherheitsrat Resolution 885 an und autorisierte mich, die Kommission zu ernennen.

Zwei Tage später verabschiedete der Rat die Resolution 886 und verlängerte damit das Mandat von UNOSOM II bis Ende Mai 1994, zwei Monate nach dem Abzug der amerikanischen Truppen. Bis die Untersuchungskommission zu einem Urteil gelangt war, wurden die Haftbefehle für Aidid und andere ausgesetzt. Die UN-Truppen begannen mit der Entlassung der 42 Gefangenen, die verdächtigt wurden, an Angriffen gegen die Blauhelme beteiligt gewesen zu sein. Acht enge Berater von Aidid wurden später freigelassen. Ich wollte sie noch länger festhalten und so wenigstens ein Minimum an Beständigkeit in unserer Politik beweisen, aber Christopher bestand auf ihrer Freilassung. Die Untersuchungskommission durfte sich auf Druck der Vereinigten Staaten nur mit dem Tod der pakistanischen UN-Soldaten vom 5. Juni befassen, ein Hinweis darauf, dass die USA hofften, die Untersuchung würde Aidid entlasten, denn er hatte in aller Öffentlichkeit stolz die Verantwortung für den Tod der US-Soldaten am 3. Oktober übernommen. Mittlerweile verfügten wir über ein Geheimdienstdokument, das enthüllte, dass Aidid am 19. Oktober 1993 die Exekution von 54 Mitgliedern seines eigenen Clans und Herrschaftsapparats befohlen hatte. Für mich war damit die »Untersuchung« sinnlos geworden, doch die USA suchten weiterhin nach einer Möglichkeit, Aidid zu entlasten, damit er die führende Rolle bei einem politischen Versöhnungsprozess für Somalia übernehmen konnte. Dies würde auch den Rückzug der Vereinigten Staaten unter scheinbar ehrbaren Bedingungen rechtfertigen.

Die Vereinigten Staaten stellten Aidid weiterhin ins Zentrum einer »politischen Lösung«. Aidid war ihr Mann. Er wurde mit einem amerikanischen Flugzeug zu Verhandlungen nach Addis Abeba geflogen, von denen die Vereinten Nationen ausgeschlossen waren. Als »bizarr und ungebührlich« bezeichnete das *Wall Street Journal* dieses Vorgehen. Die Führer der anderen Parteien wollten sich nicht mit Aidid zusammensetzen, bevor er nicht die Rolle der UNO in Somalia anerkannte. Ihre Einstellung lautete: »Wenn er nicht mit den Vereinten Nationen verhandeln will, verhandeln wir nicht mit ihm.« Etwa ein Jahr später wurde Aidid von seiner Partei abgesetzt und wenig später bei einer innerparteilichen Auseinandersetzung angegriffen und tödlich verletzt. Da die Vereinigten Staaten sich aus der Angelegenheit zurückgezogen hatten, machte die Nachricht kaum Schlagzeilen. Aidids Nachfolge trat sein Sohn an, und die somalischen Konfliktparteien hörten nicht auf, sich zu bekämpfen.

Der Rückzug der Vereinigten Staaten aus Somalia leitete den Rückzug anderer Länder ein. Der Vorfall zeigte, dass die internationale Gemeinschaft nicht gewillt war, einen im Stich gelassenen Staat zu unterstützen. Ein Staat, der seine Regierung verliert, verliert seinen Platz als ein Mitglied der internationalen Gemeinschaft. Dennoch war ich entschlossen, mit den mir zur Verfügung stehenden Mitteln den Not leidenden Menschen in Somalia Hilfe anzubieten.

Die Presidential Decision Directive 13

Die Auseinandersetzung um den Multilateralismus und die amerikanische Haltung gegenüber den UN-Friedensmissionen hatte sich von den Reden auf politische Richtlinien verlagert. Paul Lewis von der *New York Times* gab am 19. November 1993 zu, dass Madeleine Albright ihm Einblick in einen geheimen Entwurf für das PRD 13 gewährt hatte. Der ursprüngliche Entwurf war nach dem amerikanischen Debakel in Mogadischu verschoben worden; der neue Entwurf, der im Titel zur Presidential Decision Directive 13 (PDD 13) erhoben worden war, würde eine amerikanische Beteiligung an den UN-Friedensmissionen eher verhindern als erleichtern. In dem Dokument, das Präsident Clinton noch nicht unterzeichnet hatte, wurden die Bedingungen näher ausgeführt, die Albright bereits in ihrer Rede vom 23. September an der Johns Hopkins University dargelegt hatte. Die Botschaft war eindeutig: Die Vereinigten Staaten bereiteten sich darauf vor, nahezu unüberwindliche Bedingungen für zukünftige UN-Friedensmissionen festzulegen, sobald diese von der »klassischen« Machart abwichen, d. h., wenn kein Waffenstillstand vereinbart worden war, nicht alle Beteiligten die Intervention der UNO wünschten oder wenn Probleme zu erwarten waren. Es war eine Widerstandserklärung der Regierung Clinton gegen jede Friedensmission, die schwierig zu werden drohte, nicht in kleinem Maßstab verlief und nicht von den USA geleitet wurde.

Henry Kissinger hatte sich in die Debatte mit einer Kolumne eingemischt, in der er die PDD 13 als ein »Rezept für Chaos« bezeichnete, weil es die amerikanischen Truppen nominell unter das UN-Kommando stellte, von den amerikanischen Kommandanten aber erwartete, die Anordnungen der UN zu ignorieren, wenn die US-Offiziere diese für »unklug« hielten oder meinten, sie würden über das UN-Mandat hinausgehen. Ich teilte seine Ansicht. Multilateralismus, also das Handeln im Rahmen der

UNO, schrieb Kissinger, sei »keine Politik, sondern die Flucht davor«, eine Form des amerikanischen Isolationismus, eine Möglichkeit für die USA, eigenverantwortliches Handeln zu vermeiden. Hier war ich anderer Ansicht; der amerikanische Unilateralismus, das schien für mich klar, war sogar noch isolationistischer, da man damit jede Entscheidung vermeiden konnte, die nicht direkt und dringend das nationale Interesse betraf.

Am selben Tag, an dem der Artikel zur PDD 13 in der *New York Times* erschien, war ich auf Einladung des Leiters der amerikanischen Militärakademie in West Point und stand im kalten Wind auf dem Exerzierplatz. Als erster UN-Generalsekretär in West Point traf ich mich mit Offizieren und Lehrern, besuchte ein Seminar, sprach vor dem Kadettenkorps und erfreute, angestachelt von meinem gutgelaunten Stab, die jubelnden Kadetten im riesigen Kasino mit dem Schlachtruf von West Point, »Beat Navy!«. In West Point wurde mir wiederholt bekräftigt, dass eine militärische Zusammenarbeit der USA mit den Vereinten Nationen zur Friedenssicherung und Friedensstiftung eine gute Sache sei.

In Washington war man jedoch anderer Meinung. Die PDD 13 würde einen Keil zwischen die Vereinten Nationen und die Vereinigten Staaten treiben und die Beziehungen noch problematischer machen. Ich hatte die Aufgabe, den Multilateralismus zu vertreten, die amerikanische Politik neigte dagegen zum Unilateralismus, der Multilateralismus diente bei Bedarf nur als Feigenblatt. »Die Beziehungen zwischen Boutros Boutros-Ghali und der amerikanischen Regierung haben eine Wendung zum Schlechten genommen«, erklärte *The Economist*: »Eine solche Bitterkeit zwischen beiden Enden des politischen Korridors New York–Washington hat es nicht mehr gegeben, seit U Thant – der einzige andere UN-Generalsekretär aus der Dritten Welt – den Zorn von Lyndon B. Johnson wegen seiner Opposition gegen den Vietnamkrieg auf sich zog.« Ich forderte meinen Stab auf, dem Nationalen Sicherheitsberater Anthony Lake vorzuschlagen, dass ich nach Washington kommen und mich kurz mit Präsident Clinton besprechen würde, um »die Sache zu bereinigen«.

Christopher ließ mich am 20. Dezember 1993 über seinen Referenten wissen, er und Anthony Lake hätten am Wochenende lange überlegt, wie sie auf die Bitte des Generalsekretärs um ein Treffen mit Präsident Clinton reagieren sollten. »Wir möchten Ihnen sagen, dass wir von einem solchen Treffen sehr gerne abraten würden.« Der Präsident sei erschöpft. »Vielleicht kann Boutros später nach Washington kommen.« Inoffiziell erklärte der Referent, Christopher hätte Madeleine Albright versehentlich gesagt, dass ich mich direkt ans State Department gewandt

hätte. Albright sei »sehr unglücklich« darüber, dass ich meine Bitte um
ein Gespräch mit Clinton nicht über sie ausgesprochen hätte.

Begegnung mit dem »Großen Führer«

Wieder einmal begab ich mich entgegen der Wünsche Washingtons auf
Reisen. Dieses Mal ging es um Nordkorea. Untersuchungen hatten ergeben, dass in Nordkorea Plutonium erzeugt wurde und Pjöngjang hatte
Inspektoren der Internationalen Atomenergie-Organisation (IAEA), einer unabhängigen Organisation der UNO, den Zutritt zu der verdächtig-
ten Produktionsstätte verweigert. Die UN-Vollversammlung hatte daraufhin eine Resolution verabschiedet, in der die Demokratische
Volksrepublik Korea aufgefordert wurde, zwei geheime Nuklearanlagen
nördlich der Hauptstadt Pjöngjang für eine Inspektion zu öffnen. Mein
Freund Hans Blix, Generaldirektor der IAEA, erklärte, dass das nordko-
reanische Regime durch seine Weigerung »die kontinuierliche Überwachung verletzt« habe, zu der es sich in einem Abkommen von 1992 selbst
verpflichtet hatte. Blix vermied es sorgfältig zu sagen, dass Nordkorea
den Atomwaffensperrvertrag gebrochen hatte. Das bedeutete, dass das
Thema noch nicht vor den Sicherheitsrat kommen würde. Dennoch wurde befürchtet, dass die Nordkoreaner an einer Atomwaffe bauten. In der
Vollversammlung verurteilte man übereinstimmend das Verhalten Nordkoreas. Daher bat ich um ein Treffen mit Präsident Kim Il Sung in Pjöngjang. Der Stabschef im State Department telefonierte mit meinem Stabschef. Die Botschaft lautete: »Wir sind der Meinung, er sollte nicht
gehen.« Dennoch kam Madeleine Albright zu mir und informierte mich
über den Stand der Kontakte zwischen den Vereinigten Staaten und
Nordkorea. Die USA erwogen ein »umfassendes Hilfspaket« für Nordkorea, wenn Pjöngjang einer Inspektion zustimmte. Immer wieder sagte
mir Albright: »Dieses Treffen findet nicht statt. Wir werden in den Medien nichts darüber verlauten lassen.«

Ich beschwor sie, sich keine Sorgen zu machen und zu versuchen,
die Bedenken Washingtons zu zerstreuen. Ich reiste schlicht und einfach
nach Pjöngjang, um die Regierung zur Vernunft zu bringen und zu vermeiden, dass sie die internationale Gemeinschaft noch weiter gegen sich
aufbrachte. Ich handelte nicht nur als UN-Generalsekretär, erklärte ich;
Kim Il Sung hatte eine lange und enge Beziehung zu Ägypten.

Während des Jom-Kippur-Krieges im Oktober 1973 hatte Kim Il

Sung Ägypten eine Staffel MiG-Kampfflugzeuge mit nordkoreanischen Piloten geschickt. Sie hatten während des gesamten Krieges den ägyptischen Luftraum überwacht. Der Oberbefehlshaber der ägyptischen Luftwaffe war zu der Zeit Hosni Mubarak. Aufgrund der nordkoreanischen Unterstützung Ägyptens würde Präsident Mubarak der Aufnahme voller diplomatischer Beziehungen zu Südkorea nie zustimmen. Ich selbst hatte seit vielen Jahren bei verschiedenen Konferenzen der Dritte-Welt- und blockfreien Länder ein Netzwerk aus persönlichen Beziehungen zu nordkoreanischen Regierungsbeamten aufgebaut. Gleichzeitig war sich die Regierung Südkoreas in Seoul durchaus bewusst, dass ich mich in Kairo unablässig für die Aufnahme diplomatischer Beziehungen zwischen der Republik Korea und Ägypten einsetzte, schließlich unterhielt fast die Hälfte aller Länder auf der Welt diplomatische Beziehungen zu beiden koreanischen Staaten. Meine Bemühungen scheiterten jedoch, sobald Mubarak erkannte, dass ich Fortschritte machte. Er würde Nordkorea nie enttäuschen. Es gab also mehrere gute Gründe für meine Reise nach Pjöngjang: Ich hatte Zugang zu beiden Teilen der Koreanischen Halbinsel; ich war der UN-Generalsekretär; und eine Resolution der Vollversammlung legitimierte die Rolle der Vereinten Nationen bei der derzeitigen Krise. Dennoch übten die USA weiterhin Druck aus, um meine Reise zu verhindern.

Als ich Südkorea verließ, wurde ich von einer Ehrengarde aus koreanischen Soldaten und Blauhelmen verabschiedet, amerikanische Truppen waren nicht zu sehen. Bei meiner Einreise in den Norden wurde ich erneut gegrüßt, dieses Mal von einem Kontingent der nordkoreanischen Streitkräfte. Zum ersten Mal erlaubte die Volksrepublik einem Ausländer, die Straße nach Pjöngjang zu benutzen. Der stellvertretende Außenminister empfing mich und begleitete mich während der langen Autofahrt in den Norden. Leah folgte in einer zweiten Limousine; Untergeneralsekretär Marrack Goulding fuhr in einem dritten Wagen. Nach dem westlichen Kalender war es Heiligabend. Die Straße war in hervorragendem Zustand, aber wie leer gefegt; während unserer fast vierstündigen Fahrt sahen wir kaum ein anderes Auto. Von der Straße aus erblickten wir große Fabrikgebäude, die alle offensichtlich leer standen. Ich fragte nach dem Grund. »Es ist Freitagnachmittag«, erklärte der stellvertretende Außenminister, »die Arbeiter sind alle schon im Wochenende.« Tatsächlich handelte es sich um »potemkinsche« Fabriken.

Bei unserer Ankunft in Pjöngjang wurde ich vom Außenminister begrüßt, dem ich oft bei internationalen Konferenzen begegnet war. Da ich

nun die Vereinten Nationen vertrete, erklärte er mir, sollte er nicht einmal mit mir sprechen, denn im Koreakrieg 1950 bis 1953 sei die UNO
Krieg führende Partei gewesen. Doch da ich ein alter Freund sei, mache
man eine Ausnahme. Es gebe keine Probleme zu besprechen; Nordkorea
würde eine sehr gute Beziehung zu den Vereinigten Staaten aufbauen
und brauche die Hilfe der Vereinten Nationen nicht. Mein Besuch basiere
daher auf einer »konstruktiven Verwirrung«; ich würde als UN-Generalsekretär empfangen werden, obwohl ich als solcher Kopf einer Organisation sei, mit der sich Nordkorea immer noch »im Krieg« befinde. Um
diesen Widerspruch zu umgehen, wurde ich überall, wo ich auftrat, als
der »*ägyptische* Generalsekretär« bezeichnet.

In Pjöngjang herrschte eine merkwürdige Atmosphäre. Es war bitterkalt. Wir sahen große Gebäude im sowjetischen Stil, doch sie waren
unbeleuchtet und standen offenbar leer. Strom war offensichtlich knapp.
Sobald wir einen Raum verließen, stürzte jemand hinein und machte das
Licht aus. Auf den Straßen waren nur offizielle Fahrzeuge zu sehen. Doch
der Konzertsaal, in dem eine kulturelle Veranstaltung für uns stattfand,
war ein wahres Lichtermeer mit farbigen Wasserspielen, die prächtig an-
gestrahlt wurden. Es gab Essen in Hülle und Fülle. Jeder sprach unablässig vom »Großen Führer« Kim Il Sung, es gab jedoch keinen Hinweis auf
seinen Sohn und Nachfolger Kim Jong Il, den »Geliebten Führer«. Niemand erwähnte ihn auch nur mit einem Wort.

Am nächsten Morgen saß ich in einem riesigen Zimmer, in dem sich
außer mir, dem Großen Führer und einem Dolmetscher niemand sonst
befand. Kim Il Sung verfügte meinem Eindruck zufolge über eine rasche
Auffassungsgabe und war sehr gut informiert. Seine Berater schienen
Angst vor ihm zu haben. Er war schwerhörig, daher wurde ich gebeten,
laut zu sprechen, obwohl er meine Sprache nicht verstand. Also hob ich
die Stimme und schrie beinahe. Der Dolmetscher übersetzte meine Worte schreiend, und Kim schrie zurück.

Meine Botschaft war einfach: Die Vereinten Nationen hatten zwei
koreanische Staaten als Mitglieder. Das UN-Entwicklungsprogramm unterhielt Büros in Pjöngjang und Seoul. »Ihnen steht daher eine Kommu-
nikationsstruktur zur Verfügung«, sagte ich zu Kim. »Die Vereinten Nationen sind bereit, Ihnen bei der Vereinbarung für ein Treffen mit dem
Präsidenten der Republik Korea, Kim Young Sam, zu helfen.« Kim Young
Sam war der erste zivile Präsident Südkoreas seit 1961. Der Große Führer sprach in überraschend warmen Tönen über seine Hoffnungen für eine Beziehung zu Südkorea. »Die Hindernisse«, meinte er, »liegen alle auf

deren Seite.« Als Beweis führte er Protokollverstöße oder nicht eingehaltene Höflichkeitsregeln an, wie zum Beispiel Jahrestage, die nicht begangen wurden, oder Briefe, die unbeantwortet blieben. Ich erwiderte, ich glaube ganz aufrichtig, dass die Politik Pjöngjangs durch übertriebene Ängste vor Gefahren beeinträchtigt werde, die gar nicht bestünden. In Folge davon verpasse die Volksrepublik Gelegenheiten, das Wohlergehen ihres Volkes zu fördern, ihr internationales Ansehen zu erhöhen und das Ziel einer baldigen Vereinigung voranzubringen.

»Doch jetzt«, verkündete Kim Il Sung, »habe ich eine Überraschung für Sie!« Da Weihnachten war, lud er meinen Stab und mich zu einem großen Festessen und gab Leah den Platz zu seiner Rechten. Der Tisch bog sich geradezu vor Essen und die Atmosphäre war herzlich, doch ein Gespräch schien unmöglich. Es herrschte ein langes, verlegenes Schweigen, das der Große Führer schließlich überwand, indem er mich bat, über die Geschichte der arabischen Literatur zu sprechen. Ich kam seinem Wunsch gerne und ausführlich nach, was alle Anwesenden offensichtlich mit Erleichterung erfüllte. Am Nachmittag wurde ich zum Haus von Kim Il Sungs verstorbenem Vater geführt; die Bedeutung dieses Besuches war nicht ganz klar. Während dieses Ausflugs betonte ich die starke internationale Unterstützung, die der Atomwaffensperrvertrag genoss. Obwohl die aktuelle Krise mit Nordkorea der Weigerung entsprang, der Internationalen Atomenergie-Organisation Inspektionen zu erlauben, konzentrierte ich mich bewusst auf die Wiedervereinigung der beiden koreanischen Staaten und die Bemühungen Nordkoreas, als verantwortungsbewusster Weltbürger akzeptiert zu werden.

Kurz vor Ende meines Besuchs zeigten mir die Nordkoreaner die neueste Ausgabe einer arabischsprachigen Zeitschrift. Das Titelbild war eine Karikatur, in der ich als der meistgehasste Feind Amerikas dargestellt war. Ich war überrascht, dass die Nordkoreaner solche Zeitschriften kannten und so schnell bekommen konnten. Der angebliche Hass der USA gegen mich ließ mich in der Wertschätzung der Nordkoreaner steigen. Mein Besuch in Pjöngjang, verkündeten sie, sei so erfolgreich verlaufen, dass sie mir ein Flugzeug zur Verfügung stellen würden, das mich zu meinem nächsten Ziel bringen sollte, die Volksrepublik China –. »Die Vereinten Nationen werden nur die Gebühren für die Landung in Peking bezahlen müssen.«

In Peking informierte ich die chinesische Regierung über meinen Besuch in Pjöngjang. Dann reiste ich nach Japan weiter und erstattete dem japanischen Außenministerium Bericht. Ich schickte meinen Vertreter nach Seoul, damit er die südkoreanische Regierung über die Gespräche in Kenntnis setzte. Wieder in New York berichtete ich Madeleine Albright am 28. Dezember ausführlich von meiner Reise. »Es ist unbedingt erforderlich«, sagte ich, »dass die USA einen hochrangigen Gesandten nach Pjöngjang schicken; schon allein dadurch könnte man die psychologischen Probleme Nordkoreas um die Hälfte reduzieren.« In Peking, Seoul und Tokio hatte man mir zugestimmt, dass die Entsendung eines wichtigen Gesandten der USA die dortigen Spannungen mildern und eine Möglichkeit für eine konstruktive Veränderung bieten könnte. Die gleiche Botschaft ließ ich Jimmy Carter zukommen.

Vor meiner Abreise nach Asien hatte ich im National Public Radio ein Interview mit einem amerikanischen Nordkorea-Experten gehört. Er meinte: »Boutros-Ghalis Reise nach Pjöngjang kann nicht schaden, sie kann sogar helfen.« Für die Clinton-Administration war meine Reise jedoch nur ein weiterer Punkt auf ihrer Beschwerdeliste gegen mich und die Vereinten Nationen.

Als Pjöngjang weiterhin eine internationale Inspektion verweigerte und bereits Reden über die Notwendigkeit eines amerikanischen Luftschlags gegen die Anlage von Yongbyon laut wurden, griff Jimmy Carter ein. Obwohl zunächst von der Regierung Clinton nicht gewollt, kehrte er aus Pjöngjang mit einer Abmachung zurück, die eine Konfrontation noch einmal vermied.

Ruanda: Tropischer Holocaust

Die neue amerikanische Haltung gegenüber UN-Friedensmissionen laut der PDD 13 und die Weigerung der USA, in Ruanda einzugreifen und den Völkermord zu stoppen, hat viel mit dem amerikanischen Debakel in Mogadischu zu tun.

Die Kämpfe zwischen den bewaffneten Truppen der ruandischen Regierung, die größtenteils aus Mitgliedern des Volkes der Hutu bestanden, und der Ruandischen Patriotischen Front (RPF), die überwiegend von Tutsi beherrscht wurde, brachen erstmals im Oktober 1990 entlang der Grenze zwischen Ruanda und Uganda aus. Nachdem mehrere Waffenstillstandsabkommen gescheitert waren, flackerte der bewaffnete Konflikt im Februar 1993 wieder auf. Zur Unterstützung der Friedensverhandlungen bat mich der UN-Sicherheitsrat, eine Mission auszusenden, die es mit weiteren Friedensgesprächen versuchen und die Möglichkeit einer Entsendung von UN-Militärbeobachtern entlang der ruandisch-ugandischen Grenze prüfen sollte. In Folge davon genehmigte der Sicherheitsrat am 22. Juni 1993 eine Mission von UN-Militärbeobachtern auf der ugandischen Seite der Grenze.

Am 4. August wurde in Arusha, Tansania, ein Friedensabkommen geschlossen. Auf Bitte der am Abkommen beteiligten Parteien richtete der Sicherheitsrat die United Nations Assistance Mission in Ruanda (UN-AMIR) ein, die die Einhaltung des Friedensabkommens überwachen und helfen sollte, die Sicherheit in Ruandas Hauptstadt Kigali aufrechtzuerhalten. Außerdem sollte die Mission humanitäre Hilfe leisten und bei der Rückkehr der Flüchtlinge helfen. Ich ernannte General Romeo Dallaire aus Kanada zum Befehlshaber und Jacques-Roger Booh-Booh, den ehemaligen Außenminister von Kamerun, zu meinem Sonderbeauftragten für Ruanda. Als Westafrikaner würde Booh-Booh die Situation in Ruanda objektiv betrachten. Außerdem wollte ich die afrikanische Präsenz bei der UNO verstärken. Mit dieser Ernennung gab es zwei afrikanische Sonderbeauftragte, die einem Generalsekretär aus Afrika bei Fragen des Friedens und Krieges in Afrika halfen. Der andere Afrikaner war Alioune Blondin Beye aus Mali, den ich zum Sonderbeauftragten für Angola ernannt hatte.

Ende des Jahres 1993 meldete ich dem Sicherheitsrat, dass die Konfliktparteien in Ruanda sich nicht an das Abkommen von Arusha hielten und die Situation nach wie vor kritisch sei. Obwohl mich der Sicherheitsrat gebeten hatte, Möglichkeiten für eine Reduzierung der UN-Truppenstärke in Ruanda zu erwägen, drängte ich ihn, die Entsendung eines zweiten Infanterie-Bataillons zu genehmigen. Der Sicherheitsrat folgte meiner Empfehlung in einer Resolution, die am 6. Januar 1994 verabschiedet wurde.

Juvénal Habyarimana wurde am 5. Januar 1994 gemäß dem Abkommen von Arusha als Präsident von Ruanda vereidigt. Doch die Parteien richteten entgegen dem Abkommen keine Übergangsregierung ein. Es kam zu zunehmend gewalttätigen Demonstrationen, bei denen sowohl Politiker als auch Zivilisten ermordet wurden.

Im Januar 1994 war ich nicht im UN-Hauptquartier in New York und daher über die Situation in Ruanda nicht ständig auf dem Laufenden. Erst drei Jahre später erfuhr ich, dass General Dallaire ein Telegramm an das UN-Department of Peace-Keeping Operations (DPKO) gesandt hatte, in dem er von den Behauptungen eines Informanten berichtete, dass Hutu-Truppen Massenmorde an den Tutsi vorbereiteten und dafür Waffenlager anlegten. Dallaire bat um die Genehmigung, die Waffen zu beschlagnahmen, doch seine Bitte wurde vom DPKO mit der Begründung abgelehnt, das UN-Mandat sehe für Ruanda solche Maßnahmen nicht vor. Am folgenden Tag, dem 12. Januar 1994, gab Dallaire gemäß seiner Instruktionen den Bericht des Informanten an den belgischen, französischen und amerikanischen Botschafter weiter. Mit anderen Worten, die Mächte, die das darauf folgende Massaker hätten verhindern können – die Vereinigten Staaten, Frankreich und Belgien –, wurden eindeutig und umgehend von der UNO über die schwere Bedrohung informiert.

Mein leitender politischer Berater Chinmaya Gharekhan informierte den Sicherheitsrat am 10. Februar über die wachsenden Spannungen in Ruanda, und in einem Bericht an den Sicherheitsrat vom 30. März drückte ich meine Besorgnis über ein Wiederaufflammen der Gewalt in Kigali und die Zunahme der ethnisch motivierten Verbrechen und Morde aus.

Am 6. April 1994 verlängerte der Sicherheitsrat mit der Resolution 909 auf meine Empfehlung hin das Mandat für die UN-Truppen bis Juli. Am gleichen Tag meldeten UN-Militärbeobachter am Flughafen von Kigali und beim Camp Kanombe, einem Posten der ruandischen Regierungstruppen, eine laute Explosion im Camp. Obwohl sie mit Gewalt daran gehindert wurden, der Ursache nachzugehen, hörten sie schon bald einen Bericht vom Tower des Flughafens ab, in dem gemeldet wurde, dass das Flugzeug des Präsidenten abgestürzt war. Wenig später wurde bestätigt, dass die Präsidenten von Ruanda und Burundi, Juvénal Habyarimana und Cyprien Ntaryamira, beide Hutu, ums Leben gekommen waren. Eine plausible Erklärung war, dass die beiden Opfer von Hutu-Extremisten geworden waren, die gegen die Konzessionen kämpften, die die Hutu-Präsidenten den Tutsi in Ruanda und Burundi eingeräumt hatten. Hutu-Führer erklärten jedoch, dass es sich bei den Attentätern um Tutsi handelte und starteten einen Rachefeldzug mit dem Ziel, die gesamte Tutsi-Bevölkerung umzubringen. Teile der Präsidentengarde gingen mit Gewalt gegen die politischen Gegner des Präsidenten vor und starteten eine Terrorkampagne gegen mutmaßliche Anhänger der von Tutsi geführten Ruandischen Patriotischen Front. Hunderte wurden getötet. Jugendliche Angehörige der Hutu-Milizen strömten auf die Straßen. Bewaffnet mit Macheten, Knüppeln und selbst gebauten Waffen zogen sie tötend, plündernd und brandschatzend durch Kigali. Menschenmassen drängten auf der Suche nach Sicherheit in die Einrichtungen der UNO. Als die Tutsi-Kämpfer der Ruandischen Patriotischen Front losstürmten, um ihre Anhänger zu schützen, brach in der Stadt Krieg aus.

. Die Morde überzogen ganz Ruanda, offensichtliche Ursache waren politische und ethnische Faktoren. Das Land stürzte in ein blutiges Chaos. Am 7. April suchte die ruandische Interimspräsidentin Agathe Uwilingiyimana Zuflucht im Lager des UN-Entwicklungsprogramms. General Dallaire sandte zu ihrem Schutz Schützenpanzerwagen, doch sie wurden von Straßensperren aufgehalten. Die UN-Truppen waren von ihrem Mandat her nicht berechtigt, mit Gewalt durchzubrechen. Der Kommandant war angewiesen, einzig zur Selbstverteidigung zu schießen. Die Wachen der Interimspräsidentin wurden überwältigt; sie selbst wurde verschleppt und ermordet. Bei den anschließenden Ausschreitungen wurden zehn belgische Blauhelme niedergemetzelt. Am folgenden Tag informierte ich den Sicherheitsrat, dass die UNO versuchte, ein Waffenstillstandsabkommen für Kigali auszuhandeln und für die Einsetzung einer politischen Autorität für die Übergangszeit eintrat. Ich machte den Rat darauf aufmerksam, dass eine Evakuierung des UN-Zivilpersonals unvermeidlich sein könnte. Nach den Schätzungen von General Dallaire, erklärte ich, erfordere eine Evakuierung zwei oder drei zusätzliche Bataillone. In den nächsten Tagen breiteten sich die Unruhen weiter aus. Menschenjagden und ethnisch bedingte Morde, in der Hauptsache an Tutsi, waren in vollem Gange. Wir standen einer Art »tropischem Völkermord« gegenüber. Das Internationale Komitee vom Roten Kreuz berichtete von Tausenden von Toten.

Das Eintreffen der französischen und belgischen Truppen in Kigali zur Evakuierung der Ausländer ermöglichte es der UNO, mehrere Zufluchtsstätten für vertriebene ruandische Zivilisten einzurichten. Bis zum 11. April hatten die französischen und belgischen Truppen fast alle ihre Landsleute evakuiert. Ich empfahl dem Sicherheitsrat, die gesamten UN-Truppen aus Sicherheitsgründen in Kigali zusammenzuziehen. Außerdem sollte die UN-Präsenz in Ruanda deutlich sichtbar sein. »Ein plötzliches Verschwinden der UN-Truppen«, sagte ich, »könnte die ganze Situation ausarten lassen und zu unberechenbaren Gewaltausbrüchen führen.«

Nächtlicher Besuch in Bonn

Der belgische Außenminister Mark Eyskens traf sich in Bonn mit mir. Die belgischen Truppen stellten das größte Kontingent der UN-Mission in Ruanda, und die Regierung in Brüssel war über den Tod der zehn belgischen Blauhelme erschüttert. Aufgeregt forderte mich Eyskens auf, alle UN-Truppen aus Ruanda zurückzuziehen, da sein Land beschlossen habe, das gesamte belgische Kontingent abzurufen. Belgien litt am »amerikanischen Syndrom«: Sich zurückzuziehen, sobald ernsthafte Schwierigkeiten auftraten. Ich sprach mich gegen einen belgischen Rückzug aus, doch wenn die Belgier dazu entschlossen waren, sollten sie zumindest ihre schweren Waffen zurücklassen, damit diese von den verbleibenden UN-Truppen benutzt werden konnten, sonst würden sich die Truppen in einer geschwächten Position befinden. Der Außenminister versprach, meine Bitte nach Brüssel weiterzuleiten. Doch die belgischen Truppen nahmen bei ihrem Abzug alle Waffen mit. Später erklärten sie, ihre Waffen seien für andere Truppen nicht kompatibel. Ich schickte am 13. April 1994 einen Brief an den Sicherheitsrat, in dem ich die Ansicht vertrat, dass es durch den belgischen Rückzug für die UN-Operation in Ruanda extrem schwierig geworden sei, ihrer Verantwortung nachzukommen. Es sei denn, die Belgier würden durch ein anderes gut ausgerüstetes Kontingent ersetzt. In dem Bemühen, Druck auf den Sicherheitsrat auszuüben, damit er die Entsendung weiterer Truppen genehmigte, schrieb ich, dass ich den Truppenkommandanten und meinen Sonderbeauftragten aufgefordert hätte, Pläne für einen Rückzug der UNO aus Ruanda vorzubereiten, falls wir keine zusätzlichen Truppen erhalten würden.

Am nächsten Tag wurde mir mitgeteilt, dass die Vereinigten Staaten, Frankreich und Großbritannien im Sicherheitsrat meinen Brief »mit unterschiedlichem Maß an Entrüstung« aufgenommen hätten. Der Auslöser war meine Andeutung, dass der Abzug des belgischen Kontingents Anlass zu weiterer Instabilität und für UNAMIR Grund zur Aufgabe sei. Madeleine Albright schlug vor, dass eine kleine Einheit in Kigali bleiben und »den Willen der internationalen Gemeinschaft zeigen« sollte. »Später sieht der Rat vielleicht, was für die Erteilung eines effektiven Mandats getan werden kann.« Ich antwortete so rasch wie möglich und versicherte dem Sicherheitsrat, dass ich nicht den sofortigen Abzug der UN-Truppen empfehlen würde, denn das sei weder ratsam noch machbar. Der Rat könne als Möglichkeiten einen phasenweisen Rückzug oder eine verstärkte UN-Mission, die autorisiert sei, friedensschaffende Maßnahmen durchzuführen, in Erwägung ziehen. Es war eindeutig, dass ich die zweite Möglichkeit bevorzugte, doch wieder kamen meine Ansichten nicht gut an.

General Dallaire meldete am 17. April, dass die UNO ein Bataillon zur Verteidigung des Flughafens von Kigali abstellen musste, denn der Landeplatz bildete die wichtigste Verbindung des Landes zur Außenwelt. Damit blieb nur ein halbes Bataillon als Begleitschutz für das Personal der humanitären Hilfe, die ohne eine Änderung des Mandats ohnehin nicht mehr länger möglich war. Dallaire berichtete, dass eine »dritte Kraft«, offenbar die junge Hutu-Miliz, in den letzten Tagen in Erscheinung getreten sei. Sie waren dreist, aggressiv und unverfroren. »Es handelt sich um eine sehr große, gefährliche und völlig irrationale Gruppe. Der Truppenkommandant hält sie für die gefährlichste Bedrohung.« Dallaire verlangte ein neues Mandat. Die UNO, erklärte er, »kann angesichts der moralisch gerechtfertigten Forderungen nach Hilfe/Schutz nicht mehr länger tatenlos zusehen. Ebenso wenig können [die UN-Friedenstruppen in Ruanda] ohne Genehmigung, Personal und Ausrüstung einfach [friedensschaffende] Maßnahmen starten ... Die Wahrung der jetzigen Truppenstärke ist unter diesen ernsten und widrigen Bedingungen sinnlos, führt zu gefährlichen Verlusten und demoralisiert die Truppe.«

Am 20. April erklärte ich dem Sicherheitsrat, dass das UN-Personal nicht endlos Risiken ausgesetzt werden könne, wenn es keine Möglichkeit gebe, den Aufgaben nachzukommen, für die es ursprünglich entsandt worden war. Ich bot drei Möglichkeiten an: (1) eine sofortige und massive Verstärkung durch mehrere Tausend zusätzliche Soldaten, die das Mandat zum Erzwingen eines Waffenstillstands besaßen; eine Möglichkeit, die ich bevorzugte; (2) das Zurücklassen einer kleinen Gruppe unter Dallaire, die versuchen sollte, einen Waffenstillstand auszuhandeln; oder (3) ein völliger Rückzug; eine Möglichkeit, die ich, wie ich schrieb, nicht favorisierte.

Am nächsten Tag reduzierte der Sicherheitsrat mit der Resolution 912 die UN-Truppen auf eine pro-forma-Vertretung von 270 Mann und beschränkte das Mandat auf Vermittlung und humanitäre Hilfe. Berichte aus Kigali schilderten entsetzliche Zustände: »Es gibt keinen Strom und kein fließend Wasser. Seit zwei Wochen liegen die Toten auf der Straße. Nachts werden sie von den Hunden gefressen.« Allmählich wurde deutlich, dass die Welt in Ruanda einem Völkermord zusah. Am 29. April 1994 drängte ich den UN-Sicherheitsrat in einem Brief, noch einmal zu erwägen, welche Maßnahmen er ergreifen oder ob er andere Staaten dazu autorisieren könne, die Massaker in Ruanda zu beenden. Ich schloss auch den Einsatz von Gewalt nicht aus. Das Ausmaß des menschlichen Leids und die Auswirkungen auf die Stabilität der Nachbarländer lasse dem Rat keine andere Möglichkeit, er müsse diese Möglichkeit überprüfen, schrieb ich. Ich forderte den Sicherheitsrat dazu auf, seine Entscheidung über den Abzug eines Großteils der 1700 UN-Soldaten noch einmal zu überdenken. Die wenigen, die zurückblieben, erklärte ich, seien nicht in der Lage, effektiv gegen den Völkermord vorzugehen. Der Sicherheitsrat debattierte fast den ganzen Freitagabend, handelte aber nicht. Auch in der folgenden Woche wurde er nicht aktiv.

Wochen des Terrors

Dann, am 3. Mai 1994, als in Ruanda die Massaker in vollem Gang waren, unterzeichnete Präsident Clinton die PDD 13. Diese Direktive, die mittlerweile in Presidential Decision Document 25 umgetauft worden war, bedeutete den Todesstoß für jede gemeinsame multilaterale Aktion zur Wahrung von Frieden und Sicherheit. Unter dem Titel »Die Politik der Regierung Clinton zur Reform multilateraler Friedensoperationen« waren die neuen Richtlinien hinsichtlich Ausmaß, Auftrag, Dauer, Ressourcen und Risiko einer Mission so eng gesetzt, dass nur die einfachsten, kostengünstigsten und sichersten Friedensmissionen gebilligt werden konnten, viele aktuelle UN-Missionen dagegen nicht. Die Richtlinien waren das Ende einer Politik, die Madeleine Albright zwei Jahre zuvor als »Politik des konsequenten Multilateralismus« bezeichnet hatte. In einer Schlagzeile hieß es: USA WOLLEN MIT DER WELT NICHTS MEHR ZU TUN HABEN.

Ich hatte Verständnis dafür, dass die Amerikaner ihr Land nicht zu einer Weltpolizei machen wollten. Aber es gab sicherlich ein breites Interesse an einer UNO, die, mit den richtigen Mandaten ausgestattet, die Lücke dort schließen konnte, wo die USA ihr Militär nicht einsetzen wollten. Clintons PDD 25 kam zu einer Zeit, in der sich die UN-Friedenssicherung auf ihrem höchsten Stand befand. Etwa 70 000 Blauhelme aus 70 Ländern dienten in 17 UN-Friedensmissionen auf der ganzen Welt. In den vergangenen vier Jahren waren mehr Operationen ins Leben gerufen worden als in den vorherigen vierzig Jahren zusammen. Alle waren vom Sicherheitsrat genehmigt worden, auch die USA hatten dafür gestimmt, doch die Mitglieder der Vereinten Nationen waren nicht bereit, für das zu bezahlen, was sie beschlossen hatten. Die Kosten beliefen sich auf etwa drei Milliarden Dollar im Jahr, von denen ein Drittel nicht bezahlt war.

Es war eine Sache, wenn die Vereinigten Staaten Bedingungen für ihre eigene Teilnahme an der UN-Friedenssicherung stellten. Auch ihre Zustimmung zu Friedensmissionen, die mit Streitkräften anderer Länder durchgeführt wurden, konnten die USA an Bedingungen knüpfen. Es war jedoch etwas ganz Anderes, wenn die USA versuchten, ihre Bedingungen anderen Ländern aufzuerlegen. Doch genau das tat Madeleine Albright. Mit der Veröffentlichung des PDD 25 setzte sie sich bei den Mitgliedern des Sicherheitsrates dafür ein, die neuen Clinton-Bedingungen anzuwenden, bevor die Resolution 918 vom 17. Mai 1994, die die Stärke und das Mandat von UNAMIR erweiterte, umgesetzt wurde. So sollte zum Beispiel erst einmal ein Waffenstillstand zustande kommen; die Parteien sollten einer UN-Präsenz zustimmen; UNAMIR sollte sich erst für die Durchsetzung eines Friedens engagieren, wenn die Ereignisse in Ruanda eine ernsthafte Bedrohung für den Frieden und die internationale Sicherheit darstellten. Standen Truppen, Gelder und Ausrüstung überhaupt in ausreichendem Maße zur Verfügung? Wie sah die »Rückzugsstrategie« aus?

Am 9. Mai verteilte ich eine inoffizielle Notiz, in der »ein mögliches Mandat und eine Truppenstruktur für eine erweiterte UN-Operation [in Ruanda]« umrissen wurde, »die fähig ist, Unterstützung für Flüchtlinge zu leisten und bei der Verteilung humanitärer Hilfe für die Bedürftigen zu assistieren«. In der Notiz wurde über eine Truppenstärke von 4000 Soldaten, 721 Mann Unterstützung, ein entsprechendes Hauptquartier und weiteres Personal nachgedacht. Ich sandte den Entwurf General Dallaire, der ihn für »wirklich exzellent« hielt, und betonte, vielleicht mit dem Gedanken an die Erfahrungen in Somalia, dass er die Ziele mit diesem Mandat und dieser Truppenstruktur nur dann erreichen könne, »wenn die zur Verfügung stehenden Truppen den Wunsch, die Entschlossenheit und den Mut zeigen, ein solches Engagement nach den klaren Regeln durchzuführen, die für diese Aufgaben festgelegt wurden«.

Zwei Tage später trug Madeleine Albright die amerikanische Position vor: »Wir haben ernsthafte Bedenken hinsichtlich der Vorschläge, eine große Friedensmission zu entsenden, die in ganz Ruanda operieren würde, um die Kämpfe zu beenden, Recht und Ordnung wiederherzustellen und die Bevölkerung zu befrieden.« Albright erinnerte an die Vorfälle in Somalia und warnte: »Die Konfliktparteien könnten mit Gewalt gegen eine solche Mission vorgehen.« »Tatsächlich«, erklärte Albright,

»ist es unklar, wie diese Mission zur Friedensschaffung genau aussehen oder wann sie enden würde.« Natürlich wussten Albright und alle anderen nur zu gut, dass die Mission den Völkermord beenden sollte, der noch in vollem Gange war. Das Verhalten des Sicherheitsrates war schockierend; er folgte widerspruchslos dem Beispiel der Vereinigten Staaten und leugnete die Realität des Völkermords. Obwohl es sich eindeutig um Völkermord handelte, waren die Sprecher der USA offenbar angewiesen, den Begriff zu vermeiden und damit auch ihre vertraglichen Verpflichtungen aus der Konvention über die Verhütung und Bestrafung des Völkermordes von 1948 zu umgehen. Die Vertreter der Vereinigten Staaten sagten einfach: »Fälle von Völkermord können aufgetreten sein und müssen untersucht werden.«

Es vergingen zwei weitere Wochen des unverminderten Terrors, bis sich der Sicherheitsrat zu einer Entscheidung durchrang. In der Resolution 918 vom 17. Mai 1994 dehnte der Rat das Mandat der UN-Mission aus und erhöhte die Stärke der UN-Truppen – die sich zu dem Zeitpunkt auf etwa 500 Mann aller Ränge belief – auf 5500 Mann. Ich wurde aufgefordert, die militärischen Beobachter der UNO, die nach Nairobi evakuiert worden waren, sofort nach Ruanda zurückzubeordern, das Infanteriebataillon, das sich bereits in Ruanda befand, zu verstärken, über Menschenrechtsverletzungen zu berichten und die Bemühungen zu beschleunigen, von der OAU Truppen für einen schnellen Einsatz zu bekommen. Ich schickte eine Delegation nach Ruanda, die Details für einen neuen Waffenstillstand und das neue UN-Mandat klären sollte. Schon bald konnte ich dem Sicherheitsrat berichten, dass die Parteien Waffenstillstandsverhandlungen unter der Schirmherrschaft der UNO zugestimmt hatten und bereit waren, mit den verstärkten UN-Truppen zusammenzuarbeiten. Ich drängte darauf, sofort die zusätzlichen Truppen zu entsenden, und appellierte erneut an die Mitgliedstaaten, das notwendige Personal und die erforderliche Ausrüstung zur Verfügung zu stellen, um dem Morden ein Ende zu bereiten. Es gebe keinen Zweifel, erklärte ich, dass es sich bei dem Töten in Ruanda um Völkermord handle. Jetzt bestehe die Möglichkeit, das Morden zu stoppen. Mille Collines (tausend Hügel), der Radiosender Kigalis, hetzte jeden Tag zum Völkermord auf. Ich forderte die USA auf, diese aufwieglerischen Sendungen zu stören, bekam jedoch zu hören, dass das zu teuer wäre.

Albright verwendete die Bedingungen von PDD 25, um Druck auf die anderen Mitglieder des Sicherheitsrates auszuüben, damit die Entsendung eines Kontingents von 5500 Mann nach Ruanda verschoben wurde, bis ich sie überzeugen konnte, dass sämtliche der zahlreichen amerikanischen Bedingungen erfüllt worden waren. »Die Entsendung von UN-Truppen in das Chaos von Ruanda ohne einen vernünftigen Operationsplan wäre Wahnsinn«, sagte sie gegenüber dem außenpolitischen Ausschuss des Repräsentantenhauses. Albright würde diese Position nicht vertreten, da war ich mir sicher, wenn sie nicht vom Weißen Haus eindeutig dazu autorisiert war. Meiner Erfahrung nach war sie stets sehr vorsichtig und »wartete auf Instruktionen«. Während der Völkermord in Ruanda weitertobte, hielt sie sich offensichtlich nur an ihre Anweisungen.

Würstchen im Weißen Haus

Einige Monate zuvor hatte mich Madeleine Albright gebeten, am Samstag, dem 28. Mai 1994, bei der Abschlussfeier der School of Foreign Service an der Georgetown University eine Rede zu halten. Albright war an der Schule Professorin gewesen. Ich hatte gerne zugestimmt und über Albright eine Anfrage übermitteln lassen, ob ich mich bei der Gelegenheit mit Präsident Clinton treffen könne. Ich musste bereits am 26. Mai nach Washington und eine ebenfalls seit langem geplante Rede an der School of Advanced International Studies der John Hopkins University halten. Das bedeutete, dass ich den ganzen Freitag, den 27. Mai, frei sei und jederzeit ins Weiße Haus kommen könne, erklärte ich Albright, als ich sie an meine Bitte erinnerte. »Oh, aber der Präsident ist sehr beschäftigt«, erwiderte sie. »Er bereitet sich auf seine Europareise vor.« Ich bat sie dennoch, mir dabei zu helfen, ein Gespräch zu arrangieren, obwohl es wieder einmal den Anschein hatte, sie wolle nicht, dass ich direkt mit Clinton sprach. Ich bat auch um ein Gespräch mit Warren Christopher.

Ich hörte nichts aus dem Weißen Haus. Eine Verabredung mit Christopher wurde vereinbart und dann wieder gestrichen. Daher hatte ich am Freitag keinen einzigen Termin. Einer meiner Referenten wies ein Mitglied von Christophers Stab dezent darauf hin, dass die Presse Wind davon bekommen könnte, wie ich den ganzen Tag in einem Hotelzimmer in Washington saß und mir die Regierung Clinton aus dem Weg ging. Plötzlich kam ein Anruf aus dem Weißen Haus: Kommen Sie sofort zu Präsident Clinton. Ich traf den Präsidenten, der von einem großen Gefolge umgeben war, im Oval Office.

Als ich auf Ruanda zu sprechen kam, sagte Clinton, wenn andere

Länder Truppen nach Ruanda senden wollten, wären die USA bereit, sie dorthin zu fliegen, wechselte dann aber rasch das Thema. »Zwei spezielle Angelegenheiten« würden ihn besonders interessieren, erklärte er. Die eine war die Schaffung des Postens eines Generalinspekteurs der UNO. Der Kongress mache daraus eine Bedingung für die Zahlung der ausstehenden Beiträge, sagte der Präsident. Ich wies darauf hin, dass Joseph Connor, der Kandidat der US-Regierung, den ich zum Untergeneralsekretär für Administration und Verwaltung ernannt hatte (die Position, die zuvor von Thornburgh und Wells bekleidet worden war), hervorragende Arbeit leiste, dennoch hielte ich einen Generalinspekteur für eine gute Idee. Tatsächlich hätte ich vor, einen deutschen Diplomaten für den Posten zu ernennen. »Ich wette, das wird jede Menge Würstchenwitze nach sich ziehen«, sagte Clinton, und seine sämtlichen Berater lachten leise. Später fragte ich meinen Stab, was Clinton gemeint habe, und erfuhr, dass es eine alte amerikanische Redewendung gebe, »sausage inspectors« (Würstcheninspektoren), und dass die Amerikaner die Deutschen mit Würstchen assoziierten.

Der zweite Punkt auf Clintons Themenliste – der eindeutig größere Bedeutung für ihn hatte, obwohl ich nie den Grund dafür erfuhr – war sein Wunsch, dass ich Dr. William Foege, einen Epidemiologen, der dem Carter Center in Atlanta angehörte, zum geschäftsführenden Direktor des Kinderhilfswerks der Vereinten Nationen (UNICEF) ernannte. Ich sagte Clinton, Dr. Foege sei sicher ein hervorragender Mann, doch ich hätte mich, wie Botschafterin Albright wisse, öffentlich dazu verpflichtet, 50 Prozent der leitenden Positionen der UNO mit Frauen zu besetzen. UNICEF sei eine Organisation, die für Frauen von besonderer Bedeutung sei. Clintons zahlreiche Berater wirkten plötzlich verstimmt.

Um die Spannung zu lösen, erzählte ich dem Präsidenten die alte arabische Geschichte von dem Wesir, der dem Sultan versprach, er könne einem Esel in fünf Jahren das Sprechen beibringen. Der Sultan hatte seinen Wesir ursprünglich köpfen lassen wollen, verschob die Exekution daraufhin aber um fünf Jahre. »Du Idiot!«, schimpfte die Frau des Wesirs später. »Du kannst doch einem Esel nicht das Sprechen beibringen!« »Vielleicht hast du Recht«, sagte der Wesir, »aber in fünf Jahren kann der Esel tot sein, der Sultan kann tot sein, ich kann tot sein – oder vielleicht schaffe ich es sogar, dem Esel das Sprechen beizubringen!« »Vier Möglichkeiten sind daher besser als eine«, erklärte ich. »Es ist besser, wenn man Zeit gewinnt.« Clinton und seine Wesire lachten über meine Geschichte. »Aber«, sagte ich, »ich kann wirklich nicht dem Beispiel der

Geschichte folgen und versprechen, dass ich Dr. Foege ernenne. Das könnte schwieriger für mich sein, als einem Esel das Sprechen beizubringen.« Damit verstummte das Gelächter, und unser Gespräch war beendet. Doch der Streit um die Ernennung Foeges sollte später wieder zur Sprache kommen und mich verfolgen.

Während der Präsident und ich im Oval Office scherzten, ging das Morden in Ruanda weiter. Am gleichen Tag, dem 27. Mai 1994, teilte ich der Presse mit, dass der Fall Ruanda ein Skandal war: »Es ist Völkermord ... und über 200 000 Menschen wurden getötet, doch die internationale Gemeinschaft debattiert immer noch, was zu tun ist.«

Operation Türkis

Die Bemühungen der Vereinigten Staaten, die Entsendung einer schlagkräftigen UN-Truppe nach Ruanda zu verhindern, hatten dank der Unterstützung Großbritanniens Erfolg. Die internationale Gemeinschaft unternahm nichts oder nur wenig, während die Morde in Ruanda unvermindert anhielten. Am 19. Juni wiederholte ich in einem Brief an den Sicherheitsrat die Notwendigkeit für eine schnelle und koordinierte Reaktion auf den Völkermord in Ruanda. Ich zählte die Angebote auf, die die UNO erhalten hatte, nachdem ich mich in Erwartung der Ausweitung des Mandats gemäß der Resolution 918 vom 17. Mai 1994 an die potenziellen Förderer einer UN-Truppe gewandt hatte. Ich forderte den Sicherheitsrat auf, über den Vorschlag Frankreichs zu beraten, einen Einsatz gemäß Kapitel VII zu unternehmen und so für die Sicherheit und den Schutz der Zivilisten in Ruanda zu sorgen. Die Franzosen würden bleiben, bis die UN-Truppe stark genug war und übernehmen konnte. Der Sicherheitsrat war einverstanden. Frankreich handelte aus tiefer Enttäuschung über die Blockade der USA. Wenn der Sicherheitsrat unter Führung der Vereinigten Staaten einer Stärkung der UN-Friedenstruppe nicht zustimmen würde, wollte Frankreich auf eigene Faust etwas unternehmen. Die Intervention Frankreichs bildete den Höhepunkt bei der Diskussion um die Weigerung des Sicherheitsrats, die UN-Präsenz in Ruanda zu stärken. Frankreich unterhielt schon seit langem enge Kontakte mit den Hutu und war daher nicht gerade ideal für diese Rolle. Doch die multilaterale Lösung war abgelehnt worden, daher gab es keine Alternative.

Empört schrieb mir General Dallaire einen wütenden Brief:

Seit der Verabschiedung der Resolution 918 vom 17. Mai 1994
wartet UNAMIR geduldig auf eine Verstärkung, um auszuschwärmen
und zu helfen, diese Massaker zu beenden... Die Ineffektivität der
Handlungsweise, die die entscheidenden Ziele der Mission erfüllen
soll..., kann von Anfang an nur als skandalös bezeichnet werden
und grenzt schon fast an Unverantwortlichkeit und an eine Gefähr-
dung der an der Mission Beteiligten vor Ort. Dieses Verhalten hat
den Verlust vieler ruandischer Menschenleben, Verluste in unserer
Truppe und natürlich die französische Initiative nach sich gezogen.

Dallaire verurteilte das Versagen des Sicherheitsrates und betonte, »frühe
und entschiedene Bemühungen, unter dem UN-Mandat Truppen und
Ressourcen herbeizuschaffen, hätten all das vermeiden und bereits jetzt
sehr viele Leben retten« können. Er hatte völlig Recht.

Dallaire schloss seinen Brief mit einer untypischen Abweichung von
der Form: »An dieser Stelle fällt es dem Truppenkommandanten sehr
schwer, ›Grüße‹ auszusprechen.«

Die französische Initiative, die Operation Türkis, startete am 23. Juni 1994 und erhielt vom Sicherheitsrat mit der Resolution 929 die Genehmigung, die Operation bis zum 21. August fortzuführen. Frankreich
schickte 2500 Mann zur Einrichtung einer »humanitären Schutzzone«
im südwestlichen Ruanda, die etwa ein Fünftel des Staatsgebietes umfasste. Einige Beobachter behaupteten, dass die Franzosen ihr Gebiet als Zu-
fluchtsort für ihre Hutu-Freunde benutzen würden, die den Völkermord
begonnen hatten. Andere wiederum wiesen darauf hin, dass in der französischen Zone zahlreiche Zivilisten vor dem Morden geschützt wurden.

Am 1. August teilte ich dem Sicherheitsrat mit, dass die Vereinten
Nationen noch genau so weit davon entfernt waren, die genehmigten
5500 Mann zusammenzubringen, wie am 17. Mai, dem Tag, an dem
die Resolution 918 angenommen worden war. Wir hatten uns an 19
Länder gewandt, die ursprünglich insgesamt über 30000 Mann zugesi-
chert hatten. Die wenigen, die nicht sofort absagten, knüpften an ihr Angebot Bedingungen, was unglaublich komplizierte Bemühungen nach
sich zog, die Soldaten des einen Landes mit der Ausrüstung eines anderen zu versehen. Derzeit waren nicht einmal 500 Mann vor Ort, und die
französischen Truppen hatten bereits begonnen sich zurückzuziehen.

Eine rasche UN-Intervention im April, wie ich sie dem Sicherheitsrat
empfohlen hatte, wäre bei weitem vorzuziehen gewesen. Wenn die UN-
Truppen zu der Zeit verstärkt anstatt verringert worden wären, hätten

vielleicht Zehntausende von Leben gerettet werden können. Wenn darüber hinaus die schnelle Eingreiftruppe der UNO, die ich 1992 vorgeschlagen hatte, Zustimmung gefunden hätte, wäre es vielleicht nie zum ruandischen Völkermord gekommen. Möglicherweise hatte ich mich beim Sicherheitsrat nicht nachdrücklich genug dafür eingesetzt. In Privatgesprächen mit UN-Botschaftern war mir immer wieder bedeutet worden, dass meine Bemühungen hoffnungslos seien; keine Regierung habe die Absicht, einzuschreiten und den ruandischen Völkermord zu stoppen. Viele von ihnen zitierten nun das PDD 25, doch dieses Dokument schien mir nur ein passender Vorwand für ihr eigenes Zögern zu sein.

Bis August 1994 hatten Aufständische gegen das von Hutu geführte Regime die militärische Kontrolle über den Großteil Ruandas errungen. Die Rebellen der von Tutsi dominierten Ruandischen Patriotischen Front (RPF) hatten aus ihrem Exil in Uganda operiert und bereiteten sich nun darauf vor, eine neue Regierung in Kigali einzusetzen. Das rasche Vordringen der RPF und die aufrührerischen Parolen ihrer Radiostationen führten dazu, dass Hutu scharenweise in das benachbarte Zaire flohen. Damit folgte auf den von Hutu ausgelösten Völkermord eine gigantische Flüchtlingswelle. An den Vereinten Nationen lag es nun, mit der humanitären Katastrophe so gut wie möglich fertigzuwerden. »Wenn dieser Exodus nicht endet«, warnte ich, »ist die Stabilität der gesamten Region gefährdet.« Doch wieder gelang es mir nicht, die Genehmigung des Sicherheitsrates für die Truppen zu erlangen, die zur Kontrolle der Flüchtlingslager gebraucht wurden.

Vor noch nicht allzu langer Zeit dachte die Welt, man könne einen Völkermord erkennen und stoppen. »Niemals wieder«, lautete die Parole. Doch hier lag ein erneuter Fall von Völkermord vor; in Kambodscha fielen über eine Million Menschen den Roten Khmer zum Opfer; im ehemaligen Jugoslawien wurde der Völkermord als »ethnische Säuberung« bezeichnet; in Somalia kam es zum Völkermord durch Hungertod, da die Warlords den Hungernden und Kranken gezielt Nahrungsmittel vorenthielten, 350000 Menschen mussten sterben, bevor der Sicherheitsrat sich zum Einschreiten entschloss. In Ruanda wurde fast eine Million Menschen getötet. Es war ohne jeden Zweifel Völkermord, dennoch unternahm der Sicherheitsrat nichts.

Frustration

In seiner Ausgabe vom 1. August 1994 brachte das _Time Magazine_ ein Interview mit mir, in dem ich, wie es in der Zeitschrift hieß, meiner Frustration über die Untätigkeit der internationalen Gemeinschaft Luft machte. Ich sagte, dass die Welt bei meiner Wahl im Jahr 1991 gedacht habe, die Vereinten Nationen könnten Konflikte mit einigen Tausend Mann regeln. Plötzlich hätten wir festgestellt, dass die UNO Blauhelme in 17 verschiedenen Operationen einsetzte, und dass anstelle von einigen Tausend Mann über 70 000 im Feld standen. Statt der 600 Millionen Dollar zur Friedenssicherung brauchten wir nun, da Staaten zusammenbrachen, Kriegsverbrechen um sich griffen und Völkermorde tobten, über 3 Milliarden Dollar.

Die Länder, die die finanziellen Mittel hatten, die Situation zu bereinigen, waren erschöpft, abgelenkt, unwillig, aller Visionen beraubt. Die Vereinigten Staaten, die während des Kalten Krieges etwa eine Milliarde Dollar am Tag ausgaben, hatten nun die anderen Regierungen dazu gebracht, relative Bagatellsummen zurückzuhalten, die für eine Beendigung des Völkermords dringend gebraucht wurden. In einem Brief an den Sicherheitsrat vom 3. August erklärte ich, »umso tragischer sei es, dass die internationale Gemeinschaft trotz der Tatsache, dass die meisten Mitgliedstaaten die Konvention über die Verhütung und Bestrafung des Völkermordes unterzeichnet haben, so lange mit einer Intervention zögert«. Mit Blick auf das Verhalten der Vereinigten Staaten sagte ich gegenüber der Presse: »Warum machen sie um Ruanda, wo eine dreiviertel Million Menschen ermordet wurde, kein solches Aufhebens wie um einen einzigen Dissidenten in China?« Ich rechnete ihnen vor, dass die Zahl der Toten in Ruanda für das Land die gleiche Bedeutung hatte, wie wenn in den USA zwischen neun und 18 Millionen Menschen ums Leben kommen würden.

Bosnien: Der Streit um Luftschläge

Während sich in Ruanda in den ersten sechs Monaten des Jahres 1994 ein schreckliches Blutvergießen abspielte, kämpfte ich immer noch mit der Frage der Luftschläge in Bosnien.

Yasushi Akashi hatte in Kambodscha gute Arbeit geleistet. Da sich die Europäer nicht bereit zeigten, die schwierigen Entscheidungen zu treffen, die im ehemaligen Jugoslawien notwendig waren, ernannte ich ihn zum Sonderbeauftragten des Generalsekretärs zur Leitung von UN-PROFOR. Akashi war in jeder Hinsicht für die Aufgabe qualifiziert, doch ich hatte den hervorragenden japanischen Diplomaten noch aus einem anderen Grund gewählt. Ich wollte damit die Europäer rügen, weil sie es nicht geschafft hatten, diesen Konflikt auf ihrem eigenen Kontinent beizulegen. Wichtiger war jedoch, dass Akashi gegen den politischen Druck in Jugoslawien völlig immun sein würde. Einem Katholiken würde man vorwerfen, er sei prokroatisch eingestellt, einem Muslimen, er sei probosnisch und einem orthodoxen Christen, er sei proserbisch. Als Japaner blieben Akashi derartige Vorwürfe erspart, doch nichts bewahrte uns vor Washingtons Unschlüssigkeit.

Am 18. Januar 1994 wies ich Akashi an, »detaillierte Pläne für Militäroperationen inklusive eines Einsatzes von Luftstreitkräften nach Bedarf« zu entwerfen und eng mit dem Nato-Kommando Süd in Neapel zusammenzuarbeiten. Der Nato-Gipfel in Brüssel im selben Monat hatte die Bereitschaft der Militärallianz bestätigt, Srebrenica mit Hilfe von Luftwaffen-Kampfeinsätzen zu verteidigen, aber die USA wirkten immer noch unentschlossen und nicht bereit, als die Frage aufkam. »Bei diesem Gipfel geht es nicht um Luftschläge«, sagte Christopher in Brüssel. Und Präsident Clinton bemerkte, dass der Einsatz der amerikanischen Luftwaffe von der Zustimmung des Kongresses abhängen würde. Dennoch hieß es in der Gipfel-Erklärung: »Wir bekräftigen unsere Bereitschaft, unter der Autorität des UN-Sicherheitsrates ... Schläge aus der Luft durchzuführen und die Einschnürung von Sarajevo, der Schutzzonen und anderer bedrohter Gebiete in Bosnien-Herzegowina zu verhindern.«

Das Problem war, auch wenn das weder von den USA noch der Nato direkt zugegeben wurde, dass ein Bombardement die UN-Friedenstruppen am Boden mehr gefährden als dem bosnisch-serbischen Militär schaden würde, wenn die Luftschläge nicht mit einer Bodentruppe koordiniert wurden, die fähig war, Territorium zu erobern und zu halten. Drei Elemente mussten miteinander abgestimmt werden: Kampftruppen am Boden; potenzielle UN-Geiseln, die in sichere Gebiete gebracht werden mussten, und ein längerer Kampfeinsatz in der Luft. Zwei der drei Voraussetzungen fehlten, und niemand war bereit, sich ernsthaft darum zu kümmern. Nur der dritte Punkt, die Luftschläge, wurde befürwortet. Der US-Militärexperte Elliott Cohen drückte es so aus: »Luftschläge sind eine ungewöhnlich verführerische Form der militärischen Stärke, weil sie, ähnlich der modernen Liebesbeziehungen, scheinbar Befriedigung ohne Verpflichtung bieten.« Schon bald nach dem Nato-Gipfel formulierte es ein ranghoher militärischer Berater der Nato, der britische Feldmarschall Sir Richard Vincent, direkter: »Ein Bombardement nützt nicht viel, wenn es nicht in Koordination mit der Infanterie durchgeführt wird.« Es gab keine Nato-, us- oder un-Bodentruppen in Bosnien und solange der Konflikt andauerte, würde es auch keine geben. Die 40 Tage andauernden intensiven Bombardements im Jahr 1991, die den Irak nicht dazu bringen konnten, sich aus Kuwait zurückzuziehen, waren offensichtlich vergessen; schon damals hatte man dafür eine Bodeninvasion gebraucht. Doch erst im Sommer 1995 fand eine solche Bodenoffensive in Bosnien statt.

Vincents Position wurde vom britischen Verteidigungsminister Malcolm Rifkind geteilt, der bestätigte, dass Luftschläge nur »unter ganz besonderen Umständen« durchgeführt werden sollten. In einem Brief an den Sicherheitsrat stimmte ich mit dieser Position völlig überein. Ich erklärte, ich sei gegen den Einsatz von Luftschlägen zur Öffnung des Flughafens von Tuzla, da es den un-Truppen vor Ort an den anderen Mitteln fehle, die für den Erfolg solcher Luftschläge notwendig waren.

Es gab noch einen weiteren Faktor: Mittlerweile war es ein offenes Geheimnis, dass die bosnischen Truppen für den Kauf von Waffen erhebliche finanzielle Unterstützung aus muslimischen Ländern erhalten hatten. Die Serben hielten den Flughafen von Tuzla für den Umschlagplatz der Waffenlieferungen. Wenn die Nato-Luftschläge zur Öffnung Tuzlas durchgeführt wurden, bestand erhebliche Gefahr, dass die Serben die Blauhelme überrennen würden, solange die un-Kräfte am Boden verwundbar waren.

Trotz dieser Bedenken erklärte ich am 21. Januar 1994 auf einer Pressekonferenz in Den Haag, dass ich Luftschläge befürworte und bereit sei, grünes Licht dafür zu geben, wenn ich darum gebeten würde, doch das sei bislang nicht geschehen. In einem Interview in der *New York Times* erklärte ich: »Jeder in Europa denkt, ich würde den Einsatz der Luftwaffe in Bosnien verhindern. Doch das werde ich nicht, wenn meine Berater sie einsetzen wollen.« Ich legte außerdem dar, dass ich einen Brief von der russischen Regierung erhalten hatte, in dem sie ihre Erwartung zum Ausdruck brachte, dass ich ihre Zustimmung einholen würde, bevor ich die Luftschläge in Bosnien genehmigte. Zu dieser Zeit drängten die Vereinigten Staaten als einziges Land auf Luftschläge, doch sie hatten am Boden auch keine Truppen, die gefährdet waren.

Die Vereinten Nationen waren ein leichtes Ziel. Kritiker der UNO aus der Clinton-Administration, im Kongress und in den Medien behaupteten, dass ein Einschreiten möglich sei, von feigen Friedenswächtern jedoch verhindert werde. Genau das Gegenteil war der Fall: Die Truppen zur Friedenssicherung waren entsandt worden, weil die USA und die Nato zu einem Krieg nicht bereit waren.

Jeane Kirkpatrick setzte ihre Angriffe gegen mich in einer Kolumne fort, die die Überschrift trug: BOUTROS-GHALI BLOCKIERT LUFTSCHLÄGE IN BOSNIEN (*New York Times,* 17. Januar 1994). Ich mache mich, schrieb sie, »schuldig an der drastischsten Machtergreifung in der Geschichte der internationalen Organisationen«. Ich müsse streng zurechtgewiesen werden, verkündete sie. »Kein Land und kein Präsident kann seine Truppen der ›Einsatzkontrolle‹ einer derartigen Kommandostruktur anvertrauen.« So entstand die haarsträubende Behauptung, dass ich, und nicht Präsident Clinton, der Oberbefehlshaber der amerikanischen Streitkräfte sei. Später wurde sie vom republikanischen Präsidentschaftskandidaten Bob Dole aufgegriffen und unermüdlich herumposaunt.

Das Massaker auf dem Marktplatz von Sarajevo

Am Samstag, dem 5. Februar 1994, wurden bei einem Artillerieangriff auf den Markt von Sarajevo 68 Zivilisten getötet und Hunderte verwundet. In Europa und Nordamerika reagierte man mit Empörung. Während die öffentliche Meinung in den USA mit überwältigender Mehrheit gegen eine amerikanische Beteiligung am Boden war, wuchs der Druck auf Clinton, aus der Luft zurückzuschlagen. An diesem ersten Februarwochenende war ich mit einer leichten Grippe zuhause. Dadurch hatte ich Zeit zum Nachdenken. Madeleine Albright rief an und sagte: »Wir müssen etwas unternehmen.« Der französische Botschafter rief an und meinte dasselbe, ebenso Akashi, der aus Bosnien anrief. Etwas musste unternommen werden. Am 6. Februar schrieb ich Nato-Generalsekretär Manfred Wörner: »Die Mörserangriffe auf Zivilisten in Sarajevo in der vergangenen Woche... machen es notwendig, sich umgehend auf Luftangriffe vorzubereiten, um weitere Attacken zu verhindern.« Ich forderte Wörner auf, eine Entscheidung zu suchen, »die den Oberbefehlshaber des Nato-Kommandos Süd ermächtigt, auf Bitten der Vereinten Nationen Luftangriffe gegen solche Artillerie- und Mörserstellungen in oder um Sarajevo auszuführen, die von der UNPROFOR für die Anschläge auf die Zivilbevölkerung verantwortlich gemacht werden«.

Wörner antwortete am 9. Februar: »Ich kann Sie informieren, dass der Nordatlantikrat heute Ihrer Bitte zugestimmt hat, Luftschläge zu genehmigen, um weitere Angriffe auf Sarajevo zu verhindern.« Wenn die Serben ihre schwere Artillerie nicht aus Sarajevo abzogen, würden sie von der Nato aus der Luft bombardiert werden.

Für genauere Angaben über die damit verbundene Vorgehensweise schrieb ich Wörner am 10. Februar:

Ich habe heute meinen Sonderbeauftragten für das ehemalige Jugoslawien, Yasushi Akashi, und durch ihn den Truppenkommandanten der UNPROFOR angewiesen, mit dem Oberbefehlshaber der Alliierten Streitkräfte Südeuropa die genaue Vorgehensweise für den Beginn und die Durchführung der Luftschläge endgültig festzulegen. Ich bat meinen Sonderbeauftragten sicherzustellen, dass diese Vorgehensweise, genau wie die bereits bestehende für eine enge Luftunterstützung, meine Verpflichtungen gegenüber dem Sicherheitsrat entsprechend berücksichtigt, ebenso meine Verantwortung für die humanitären Maßnahmen und für die Sicherheit des militärischen und zivilen Personals der Vereinten Nationen vor Ort in Bosnien und der Herzegowina. Daher habe ich meinem Sonderbeauftragten die notwendige Weisungsbefugnis erteilt, die, wie Sie vorgeschlagen haben, auch die Vollmacht umfasst, einer Bitte des Truppenkommandanten von UNPROFOR um Luftunterstützung zur Verteidigung des UN-Personals überall in Bosnien und Herzegowina nachzukommen.

Meine Briefe machten Schlagzeilen und wurden dahingehend interpretiert, dass ich Luftschläge befürwortete; wenn der Truppenkommandant am Boden Luftschläge wollte, könnte die Nato sie ausführen. Ich fürchtete jedoch nach wie vor, dass die Luftschläge zu Geiselnahmen führen würden. Am Spätnachmittag des 10. Februar erhielt ich einen Anruf von Christopher: »Ich wollte den Tag nicht beenden, ohne Ihnen für Ihre hervorragende Zusammenarbeit zu danken«, sagte er. Ich antwortete, dass ich in dieser Angelegenheit fast ununterbrochen mit Madeleine Albright telefoniert hätte. Ich erklärte Christopher, ich hätte mit meinem Vorgehen »das Ansehen der Vereinten Nationen« retten wollen. Ich hätte Akashi Vollmachten erteilt. »Wir beide wissen sehr gut«, sagte ich zu

Christopher, »dass die Entscheidung vom Militär getroffen werden wird. Doch zumindest werden wir einen Zivilisten dabei haben, der die mit einem Luftschlag verbundenen Risiken kennt und der Entscheidung eine zivile Dimension verleihen wird.« Ich sagte Christopher, dass Akashi berichtet habe, die Granaten, die am Samstagabend auf dem Markt von Sarajevo explodiert waren, hätten auch von den bosnischen Muslimen abgefeuert sein können, um damit eine Intervention der Nato zu provozieren. Christopher antwortete, er habe zahlreiche nachrichtendienstliche Berichte gesehen, sie gingen »in beide Richtungen«. Präsident Clinton sei meine Kooperationsbereitschaft bekannt, er »freut sich darauf, in dieser schwierigen Periode, die vor uns liegt, eng mit Ihnen zusammenzuarbeiten«.

Ich teilte Akashi mit, dass ich Luftschläge befürworten würde, wenn die serbischen Truppen die Ablösung der kanadischen UN-Truppen in der Garnison bei Srebrenica oder die Öffnung des Flughafens von Tuzla stören würden. Christopher stimmte meiner Position zu.

Tatsächlich saß ich zwischen den gegensätzlichen Positionen im Sicherheitsrat in der Klemme. Großbritannien und Frankreich hatten Bodentruppen vor Ort und wollten nicht, dass die USA Luftschläge durchführten. Die Russen, die sich als die historische Schutzmacht der Serben betrachteten, sprachen sich ebenfalls gegen Luftschläge aus und waren empört, dass ohne eine Abstimmung im Sicherheitsrat ein Ultimatum gestellt worden war, denn dadurch wurde ihnen die Möglichkeit entzogen, von ihrem Vetorecht Gebrauch zu machen. Die russische Duma hatte mit 280 zu 2 Stimmen eine Resolution verabschiedet, in der sie sich gegen Luftschläge aussprach.

An diesem Punkt intervenierten die Russen, um die Situation zu entschärfen. In einer dramatischen und einseitigen Aktion wurden russische Truppen um Sarajevo stationiert, um die Serben zu veranlassen, ihre schweren Waffen am 21. Februar von der Stadt abzuziehen. Diese Schritte, erklärten die Russen, machten das Nato-Ultimatum und die Drohung mit Luftschlägen überflüssig. Russland hatte sich als »Großmacht« zurückgemeldet. Der russischen Regierung war ein diplomatischer Coup gelungen. Für Sarajevo schien der Krieg beendet.

Doch die scheinbar erfolgreiche Drohung, Gewalt anzuwenden und so den serbischen Druck auf Sarajevo zu mindern, verschärfte nur die gegen mich gerichteten Schmähungen. Auf die Kritik, ich hätte die Luftschläge blockiert, folgten schon bald Angriffe, ich hätte meine Kompetenzen »überschritten«. MACHEN WIR UNS DIE UNO GEFÜGIG lautete die

Schlagzeile eines Artikels auf der Kommentarseite der *New York Times,* in dem ein ehemals hochrangiges Mitglied des Pentagon zu Wort kam. Die Vereinten Nationen, behauptete er, hätten sich zu einer Art Überstaat entwickelt, und ihr Generalsekretär Boutros Boutros-Ghali habe sich zum *chief executive officer* der gesamten Welt aufgeschwungen. Während des Kalten Krieges, hieß es in dem Artikel weiter, hätten die USA den durch das Veto der Sowjetunion blockierten UN-Sicherheitsrat umgangen, indem sie den Generalsekretär vom obersten Angestellten zum obersten Gewissen der Welt gemacht hätten. Ich solle angewiesen werden, in meine angestammte Position als »Funktionär« zurückzukehren. Irgendwie war ich innerhalb weniger Wochen von einem Generalsekretär, der angeblich jeden Einsatz von militärischer Gewalt ablehnte, zu einem Generalsekretär geworden, der der Chefkommandeur der ganzen Welt sein wollte. Und die Amerikaner schienen kurz davor zu stehen, die alte sowjetische Haltung zu übernehmen, dass der Generalsekretär nicht mehr sei als der oberste Verwalter der Organisation.

»Double key« oder »Dual key«

Am 2. März 1994 hielt ich eine programmatische Rede bei einem Seminar in Wien. Das Seminar trug den Titel »Friedensschaffung und Friedensbewahrung im nächsten Jahrhundert« und wurde von der österreichischen Regierung finanziell unterstützt. Bei einem allgemeinen Überblick über die dramatisch gestiegene Zahl und Komplexität der UN-Friedensmissionen konzentrierte ich mich auf den Ansatz des so genannten *double key,* des »doppelten Schlüssels«. UN-Truppen, erklärte ich, müssten zuerst eine Anfrage stellen, und dann würde die Zustimmung der Nato eingeholt; daher der Begriff »doppelter Schlüssel«. Da die Nato und die UNO gewisse Situationen unterschiedlich bewerten könnten, etwa dass die Nato von der Notwendigkeit von Luftschlägen überzeugt sei, die am Boden stationierten UN-Truppen jedoch aus Sorge um ihre Sicherheit dieses Mittel nicht einsetzen wollten, sei es von großer Bedeutung, am Prinzip des »doppelten Schlüssels« festzuhalten.

Dieser »doppelte Schlüssel«, über den ich mich mit der Nato abgestimmt hatte, wurde von den Medien mit dem Begriff *dual key,* »dualer Schlüssel«, verwechselt, ein Begriff, der sich auf das System bezog, mit dem die Vereinigten Staaten den Einsatz von Nuklearwaffen in den Händen ihrer Alliierten kontrollieren. Nun wurde ich in den Medien dargestellt, als ob ich die »duale Schlüssel«-Vollmacht über den Einsatz der amerikanischen Streitkräfte besäße.

Im April 1994 sammelten sich die serbischen Truppen zur Einnahme von Goražde. US-Verteidigungsminister William Perry, ein ruhiger, ernster Mann mit großer technischer und diplomatischer Erfahrung, erklärte, dass die USA »nicht in den Krieg eintreten« würden, um den Fall Goraždes zu verhindern. General John Shalikashvili, der Vorsitzende des Vereinten Generalstabs, fügte hinzu, dass Luftschläge um Goražde nutzlos seien. Dennoch wies ich die UN-Truppen am 9. April an, unter Einsatz »aller verfügbaren Mittel« zu versuchen, die Serben zum Rückzug in Stellungen zu bringen, die sie vor dieser jüngsten Offensive gehalten hatten. Obwohl ich Akashi mit den nötigen Vollmachten ausgestattet hatte und mich nicht mehr jeden Tag damit befassen musste, war ich derjenige, der die Anweisung ausgab, und zwar aus dem einfachen Grund, weil ich mich zum Zeitpunkt der Entscheidung gerade bei einem der damals regelmäßig angesetzten Gespräche mit Akashi befand.

Am nächsten Tag stand die Stadt unter schwerem Artilleriebeschuss, und die Serben rückten vor. Die UN-Beobachter baten um ein Eingreifen der Nato, und zwei amerikanische F-16-Kampfflugzeuge, die in Aviano in Italien stationiert waren, bombardierten Panzer in der Umgebung von Goražde. Weniger als 24 Stunden später folgte ein zweiter Angriff. Die Angriffe wurden von UN-Aufklärern geführt. Der *Daily Telegraph* schrieb am 11. April 1994: »Die Luftschläge wurden von Boutros Boutros-Ghali angeordnet«, und fügte hinzu, die Russen seien verärgert, weil sie nicht konsultiert worden seien. Radovan Karadžić erklärte, von nun an würden die Serben UNPROFOR als potenziellen Feind behandeln. Kommentatoren, die bislang genau für ein solches entschiedenes Handeln eingetreten waren, machten sich nun mit einem Mal Sorgen über die damit verbundenen Gefahren. Ein prominenter Nachrichtenkommentator aus Washington, Daniel Schorr, fragte: »Stolperte man damit über den Rubikon?« Ein BBC-Kommentator mit einem Hang zu anatomischen Klischees sprach von einer »Reflexhandlung. Washington hatte die Hände in den Schoß gelegt, jetzt könnte sich die amerikanische Regierung die Finger verbrennen.« Vielleicht am beunruhigendsten war die Tatsache, dass die Attacken nach monatelangen Ankündigungen kurz waren und nur wenige Bomben geworfen wurden. Außerdem reagierte die Nato nicht energisch genug, als britische und französische Einheiten bei den Vergeltungsschlägen der Serben angegriffen und beschossen wurden.

Am 18. April schrieb ich Wörner, die serbischen Angriffe auf Goražde würden die Notwendigkeit aufzeigen, Luftschläge zur Verteidigung der anderen fünf vom Sicherheitsrat zu »Schutzzonen« erklärten Städte zu genehmigen: Sarajevo, Tuzla, Žepa, Bihać und Srebrenica sowie deren Umgebung. Ich bat um eine Entscheidung zum frühest möglichen Zeitpunkt.

Die ganze Zeit über handelte ich unter dem Druck diametral entgegengesetzter Einflüsse. Russland war gegen Luftschläge; ich schrieb dem russischen Außenminister und versicherte ihm, die mit der Nato vereinbarte Vorgehensweise würde sicherstellen, dass kein Luftschlag ohne Zustimmung der UNO gestartet werden würde. Die islamischen Staaten dagegen wollten Luftschläge; ich schrieb daher dem Premierminister von Pakistan und versicherte ihm, ich würde »nicht zögern, Luftschläge zu genehmigen«, wenn die bosnisch-serbischen Truppen die Schutzzonen gefährden würden.

Die Belastungsprobe von Goražde

Die bosnischen Serben beschossen Goražde am Samstag, den 23. April 1994 von morgens bis zum frühen Nachmittag. Das Nato-Kommando Süd ersuchte die UNO um Genehmigung für Luftschläge. Akashi rief Wörner an und bat, dass die Nato nicht angreifen sollte, da er gerade einen Waffenstillstand mit Karadžić ausgehandelt hatte, zu dem die Entsendung eines UNPROFOR-Kontingents nach Goražde gehörte. Wörner sprach sich gegen einen Aufschub aus; die Serben würden das Ultimatum des Sicherheitsrates und die Glaubwürdigkeit von UNPROFOR und Nato auf die Probe stellen. Ich befand mich damals gerade auf Barbados, wo eine UN-Weltkonferenz zu kleinen Inselstaaten stattfand. Ich hoffte, dass trotz des kräfteverzehrenden Einsatzes der UNO in Bosnien meine Anwesenheit die Entschlossenheit der Vereinten Nationen verdeutlichen würde, ihren langfristigen Verpflichtungen für die Entwicklung nachzukommen. Die bloße Existenz der kleinen Inselstaaten ist durch den Anstieg des Meeresspiegels bedroht, verursacht durch umweltbedingte Klimafaktoren. Doch die mächtigen Industrieländer schenken dieser Tatsache keine Beachtung. Sobald ich in meinem Hotel auf Barbados war, rief ich Wörner an, und wir einigten uns darauf, sofort Luftschläge zu genehmigen, wenn sich die Serben nicht an die Rückzugsfrist von 16 Uhr GMT (Greenwich Mean Time) hielten. Bis dahin waren es nur noch zwei Stunden. Dann rief ich Akashi an und bat ihn, die Luftschläge zu genehmigen.

Auch Warren Christopher und Alain Juppé riefen mich auf Barbados an. Beide waren über Akashis Zögern bei der Genehmigung der Luftschläge nicht erbaut. Doch wie erwartet waren die britischen und französischen Befehlshaber am Boden gegen die Luftschläge, weil sie die Risiken für ihre Truppen und um die Glaubwürdigkeit der Mission fürchteten. Akashi hatte wirklich keine andere Wahl, als den Rat der Militärs zu respektieren. Doch in den Hauptstädten eben der Länder, die die Kommandanten für UNPROFOR ernannt hatten, forderten die Politiker und Außenminister Luftschläge. Bei der Kontroverse ging es in Wirklichkeit um eine Auseinandersetzung zwischen den Nato-Militärkommandanten vor Ort und den politischen Führern der Nato in den Hauptstädten – eine Auseinandersetzung, die auf dem Rücken der Vereinten Nationen ausgetragen wurde, weswegen man der UNO auch im Allgemeinen die Schuld daran gab.

Am 27. April meldete Akashi, dass sich die Serben an das Ultimatum der Nato gehalten hatten und ihre schweren Waffen aus der Umgebung Goraždes abzogen; die neueste Episode in einer scheinbar endlosen Reihe von Dramen, die Karadžić inszenierte, war damit abgeschlossen. Bezeichnenderweise verfügte der Serbenführer danach immer über mehr Territorium als zuvor.

Bei einer Pressekonferenz Ende April erklärte Akashi, dass die Vereinigten Staaten, meinten sie es wirklich ernst, Bodentruppen nach Bosnien entsenden müssten. Albright erklärte erzürnt, Akashi handle anmaßend. »Die Angestellten internationaler Organisationen sollten nicht vergessen, wer ihr Gehalt bezahlt«, sagte sie, ein merkwürdiger Kommentar, wenn man bedachte, dass die USA sich weigerten, ihre ausstehenden Beiträge zu zahlen. »Dank Ihnen«, sagte ich zu Akashi, »bin ich nicht mehr der Sündenbock Nummer Eins.«

Aristides Todesobsessionen

Die erste Hälfte des Jahres 1994 war nicht nur von dem Völkermord in Ruanda und den anhaltenden Schrecken in Bosnien geprägt, sondern auch von den wachsenden Spannungen und den Gerüchten über die Notwendigkeit einer amerikanischen Invasion auf Haiti. Am 5. März 1994 sprach ich unter vier Augen mit Präsident Aristide in New York und fand ihn verdrießlich und zu Wehklagen aufgelegt. Ich trat ihm gegenüber sehr bestimmt auf. Seine Sprunghaftigkeit, erklärte ich, werde von seinen

Feinden als Druckmittel genutzt, um Unterstützung gegen ihn zu sammeln. Bei einem UN-Bankett vor wenigen Monaten hatte Präsident Clinton mir gegenüber Aristides Einstellung angesprochen. »Wir müssen zusammenarbeiten, um mit ihm fertigzuwerden«, meinte Clinton.

Unser Gespräch unter vier Augen schien Aristide nur noch mehr aufzubringen. Nachdem sich unsere Berater wieder dazugesellt hatten, wiederholte er die Befürchtungen, die er mir gegenüber bereits bei der Unterzeichnung des Abkommens von Governor's Island geäußert hatte. Er habe nur auf meinen Druck hin unterschrieben, sagte er. »Dieses Abenteuer endet mit dem Tod«, verkündete er. Die Ideen, die er nun zu hören bekomme, »wiederholen nur eine Strategie, die zum Tode führt«. Tod war eine Obsession für ihn. »Tod, Tod, Tod.« Er wiederholte das Wort ungezählte Male.

Aristide schien es nicht eilig zu haben, einen neuen Premierminister zu ernennen, und lehnte den Entwurf des haitianischen Parlaments ab, nach dem eine neue Regierung gebildet werden und Aristide zurückkehren und seine Verpflichtungen als Präsident von Haiti wieder aufnehmen sollte. Solange die Junta unter Führung von General Cédras an der Macht blieb, waren Aristides Befürchtungen gerechtfertigt. Goulding erklärte, dass die Initiative des Parlaments dem Abkommen von Governor's Island entspreche und dass der Vorstoß daher die Unterstützung der internationalen Gemeinschaft habe. Dennoch hielt Aristides düstere Stimmung an. »Das Militär versteckt sich hinter den Parlamentariern und benutzt sie als Marionetten«, meinte er bitter – und er sollte Recht behalten.

Beim Abschied bat mich Aristide, in den Medien nicht den Eindruck zu vermitteln, er hätte einen Plan abgelehnt, den der Generalsekretär vorgeschlagen habe. Ich willigte ein, und wir entwarfen eine Pressemitteilung, dass die Initiative des Parlaments nach Einschätzung des Präsidenten nicht dem Abkommen von Governor's Island entsprach. Aristide bestand darauf, noch einen Satz hinzuzufügen, in dem betont wurde, dass die neue Initiative »im Tod enden« würde.

Claudette Werleigh, Aristides Außenministerin, griff behutsam ein und sagte, der Präsident meine, die Initiative des Parlaments würde zu stärkerer Unterdrückung und damit möglicherweise auch zu Todesfällen führen. Ich schlug vor, anstelle von »Tod« den Begriff »zum Scheitern verurteilt« zu verwenden. Das schien alle zufrieden zu stellen.

Nachdem Aristide den Plan der Parlamentsabgeordneten abgelehnt hatte, standen wir vor der Frage, was zu tun war: Weitere Sanktionen? Oder weitere Verhandlungen?

Mittlerweile war Haiti in den Vereinigten Staaten zu einem großen politischen Problem geworden, da sich Tausende von *boat people* nach Florida aufmachten. Viele wurden von der US-Küstenwache aufgegriffen und zurückgeschickt, andere wurden auf dem amerikanischen Marinestützpunkt Guantánamo auf Kuba interniert. Während des amerikanischen Präsidentschaftswahlkampfes hatte Clinton den damaligen Präsidenten Bush kritisiert, dass die haitianischen Flüchtlinge in ihre Heimat zurückgeschickt wurden. Doch deren Zahl war mittlerweile so groß, dass Clinton die Einreisebeschränkungen für Haitianer aus der Zeit der Regierung Bush noch verschärfte und eine Marineblockade zur Abwehr der *boat people* errichtete.

Im Frühjahr 1994 drängten die Kritiker der Haitipolitik, darunter zahlreiche Kongressabgeordnete, die Clinton-Regierung zum Handeln. Gerüchte über eine amerikanische Intervention oder gar Invasion zur Wiedereinsetzung von Präsident Aristide machten die Runde. In Washington wuchs die Spannung aufgrund der Krise.

Die Rückkehr des Pater Aristide

Zu meiner großen Überraschung wandte sich Clinton an die Vereinten Nationen, und am 6. Mai 1994 verhängte der Sicherheitsrat weitere Sanktionen: ein totales Handelsembargo, ein Verbot nichtkommerzieller Flüge sowie die Verweigerung von Visa und das Einfrieren der Konten der Militärjunta. Die Sanktionen sollten erst aufgehoben werden, wenn das haitianische Militär und die Befehlshaber der Polizei unter Führung von General Cédras und Oberst Joseph-Michel François zurücktraten oder Haiti verließen. Die Resolution forderte außerdem ein »entsprechendes Umfeld« für die Entsendung der UN-Mission und die Rückkehr des »demokratisch gewählten Präsidenten«.

Am Abend des 18. Mai trafen sich Madeleine Albright und Staatssekretär Peter Tarnoff mit mir in meinem UN-Büro. Ich berichtete meinen Gästen von Dante Caputos Beschwerde, seine Arbeit werde immer noch durch die Tatsache kompliziert, dass wir von der einen Regierungsseite eine Richtung und von der anderen Regierungsseite eine andere vermittelt bekamen. Tarnoff erklärte, den Vereinigten Staaten sei bewusst, dass verschiedene Kommunikationslinien bestünden. Christopher wolle mir versichern, dass Botschafter Lawrence Pezzullo, der amerikanische Sondergesandte für Haiti, der Vertreter Christophers sei. Er würde mir und

dem Außenminister Bericht erstatten. »Wenn andere sich als Mittels-
männer ausgeben«, sagte Tarnoff, »haben sie keinen Rückhalt. Pezzullo
ist unser Mann.« Doch Pezzullo trat schon bald zurück, offensichtlich,
weil er gegen die Entscheidung der USA war, militärisch zu intervenieren.

Ich mache mir Gedanken, erklärte ich, dass man den Vereinten Nationen vorwerfen könnte, sie würden sich für eine amerikanische Intervention einsetzen. UN-Mitgliedsländer aus der Dritten Welt hatten mich
gewarnt, nicht zuzulassen, dass die UNO eine Intervention legitimierte,
die nur den Interessen Washingtons dienen sollte.

Tarnoff erwiderte, er hätte heute zweimal mit Christopher gesprochen, und der Außenminister hätte ihn gebeten, auf meine Bedenken
einzugehen. »Wir sehen Haiti als eine Gelegenheit für das internationale
System, namentlich die Vereinten Nationen einschließlich der USA, in
einer Situation zu einem Ende zu kommen, was als Beispiel eines erfolgreichen Einsatzes Auswirkungen nicht nur auf Haiti, sondern auch auf
andere Länder haben wird«, sagte er. Christopher betrachte eine Intervention in Haiti nicht als rein amerikanisches Unterfangen, aber er be-
handle sie als dringend, erklärte Tarnoff. Ich würde es vorziehen, antwortete ich, wenn die Mission ohne Beteiligung der UNO durchgeführt
würde. Wenn aber die UNO beteiligt sei, sollten auch andere als US-Truppen mit von der Partie sein. Tarnoff sagte, das ließe sich regeln.

»Wäre es möglich, einen Kommandanten aus einem anderen Land
zu bestimmen, nicht aus den Vereinigten Staaten?«, fragte ich. Albright
meinte, der Kongress würde sich dagegenstellen. Ich stimmte ihr zu und
sagte, dass die UN-Sondereinheit in Haiti keine Einwände gegen die Ernennung eines amerikanischen Kommandanten habe.

Angesichts der abgebrochenen Verhandlungen und wirkungslosen
Sanktionen und des aus humanitärer Sicht untragbaren Status quo war
Gewalt fast unvermeidlich. Das Problem, erklärte ich Albright am 22. Juni, sei die Zustimmung Aristides. Dann nahmen die Spannungen in Haiti
dramatisch zu, als die Militärjunta unrechtmäßig den Richter Émile Jonaissant zum »provisorischen Präsidenten« ernannte, und zwar am
28. Juni 1994 um zwei Uhr morgens. Aristide, der seinen Wohnsitz immer noch in New York hatte, bat in einem Schreiben darum, die UN-Präsenz in Haiti zu verstärken; die Zahl der Blauhelme betrug damals weniger als 1200 Mann. Am 11. Juli befahl das haitianische Regime, dass der
gemeinsame Stab der UNO und OAS zur Überwachung der Menschenrechte sofort das Land verlassen müsse. Am 15. Juli berichtete ich dem
Sicherheitsrat, dass in Haiti stabile und sichere Verhältnisse geschaffen

werden müssten. Ich schlug drei Möglichkeiten für eine bewaffnete Intervention vor: eine UN-Truppe, eine multinationale Truppe mit einem Mandat des Sicherheitsrates oder eine multinationale Truppe für den Anfang, die dann, wenn friedliche Verhältnisse herrschten, durch eine UN-Mission ersetzt wurde.

Im Verlauf des Juli schien eine amerikanische Invasion immer wahrscheinlicher. Kriegsschiffe mit Marineinfanteristen nahmen Kurs auf haitianische Gewässer. Der Exodus der Haitianer verstärkte sich. Innerhalb von drei Tagen machten sich etwa 8000 *boat people* auf. Unter dem politischen Druck im eigenen Land ordnete Clinton Asylverfahren auf hoher See an. Es wurde berichtet, dass 30 Prozent der 15000 Menschen, die die US-Küstenwache auf See aufgelesen hatte, an Bord eines Lazarettschiffes, das in Kingston, Jamaica, vor Anker lag, Asyl erhielten. Das schürte natürlich den Drang zum Aufbruch. In einer plötzlichen Kehrtwendung gewährten die USA plötzlich kein Asyl mehr, sondern boten stattdessen an, die Flüchtlinge in »sichere Häfen« nach Panama und in andere Länder der Karibik zu bringen, wo sie, wie ein amerikanischer Regierungssprecher zu meiner Überraschung erklärte, von den Vereinten Nationen versorgt werden würden. Ich rief Guillermo Endara Galimany an, den Präsidenten Panamas, und hörte mir seine ausführliche Beschwerde darüber an, dass die Vereinigten Staaten ihm diese Entscheidung aufgezwungen hätten. Ich gab keinen Kommentar ab; das war eine bilaterale Angelegenheit zwischen zwei Mitgliedstaaten der Vereinten Nationen. Die Abmachung war nur von kurzer Dauer.

Da die Spekulationen über eine Invasion zunahmen, schlug Madeleine Albright vor, der Sicherheitsrat solle eine neue Resolution verabschieden. Diese Resolution stützte sich stark auf die dritte der Möglichkeiten, die ich dem Sicherheitsrat in meinem Bericht vom 15. Juli vorgeschlagen hatte. Die Sprache war ähnlich, als erster Punkt wurde die Notwendigkeit »stabiler und sicherer Verhältnisse in ganz Haiti« genannt, »um eine baldige Wiedereinsetzung der legitimen Machthaber zu erleichtern«. Die anschließende UN-Mission, für die ich 15000 Soldaten und 550 Polizisten ins Auge gefasst hatte, würde »den legitimen Machthabern helfen«, die Ordnung zu wahren und die Streitkräfte Haitis zu »professionalisieren«.

Am 29. Juli erhielt ich – nicht ohne Schwierigkeiten – einen Brief von Präsident Aristide. Er wollte die Resolution nicht unterzeichnen, weil er fürchtete, als Verräter gebrandmarkt zu werden, der die US-Marines zurück ins Land geholt hatte. Ich konnte ihn nur zu folgender vagen

Aussage bewegen: »Der Augenblick ist gekommen, da die internationale Gemeinschaft – eine Vertragspartei des Abkommens von Governor's Island – rasch und entschlossen handelt.« Um jegliches Missverständnis zu vermeiden, erhielt ich am nächsten Morgen einen zusätzlichen und eindeutigen Brief von Fritz Longchamp, Haitis ständigem Vertreter bei den Vereinten Nationen. Darin war die Zustimmung der legitimen haitianischen Regierung zum Beschluss des Sicherheitsrates enthalten. Was Aristide betraf, akzeptierte er nach außen hin weder eine US- noch eine UN-Intervention. Er wollte jede Verantwortung dafür von sich weisen, um sich gegen diejenigen stellen zu können, die um eine internationale Intervention gebeten hatten.

Die Militärintervention

Am 31. Juli 1994 verabschiedete der UN-Sicherheitsrat die Resolution 940, in der die Mitgliedstaaten autorisiert wurden, eine multinationale Truppe zu bilden und alle »erforderlichen Mittel« einzusetzen, um »das Ende der militärischen Führung auf Haiti« zu beschleunigen, »die rasche Rückkehr des rechtmäßig gewählten Präsidenten« zu ermöglichen und um »eine sichere und stabile Situation zu schaffen, die die Durchführung des Abkommens von Governor's Island zulässt«. Das Militärregime in Port-au-Prince reagierte mit der Verhängung des Belagerungszustands. Es wurde eine »freiwillige« Bürgerwehr zur Abwehr einer Invasion aufgestellt und verkündet, dass »Jean-Bertrand Aristide und Fritz Longchamp sich des Verbrechens des Hochverrats schuldig« gemacht hätten, »weil sie Briefe an die Vereinten Nationen sandten, die als Grundlage für die Resolution 940 dienten«.

Ich hielt mich zu der Zeit in Asien auf, wurde jedoch stündlich über die Lage in Haiti unterrichtet, denn das Vorgehen der UNO und die amerikanische Intervention sollten aufeinander abgestimmt bleiben. Am 12. September empfahl ich der haitianischen Militärführung von Tokio aus, das Land zu verlassen. Die Vereinten Nationen hätten ebenso wie die USA die Geduld verloren, sagte ich, eine Demokratie sei nicht wiederhergestellt worden; die diplomatischen Mittel der UNO seien erschöpft. Drei Tage später stellte Präsident Clinton der haitianischen Junta öffentlich ein Ultimatum: »Ziehen Sie sich jetzt zurück, oder wir werden Sie zwingen, auf Ihre Macht zu verzichten.«

Zurück in New York unternahm ich einen letzten Versuch zur Vermeidung einer Militärintervention und sandte meinen Berater, den schwedischen Diplomaten Rolf Knutsson, nach Haiti, wo er einen Kompromiss in letzter Minute aushandeln sollte, doch die Junta weigerte sich, mit ihm zu sprechen.

Plötzlich war wieder Jimmy Carter zur Stelle. Er suchte nach einer Möglichkeit, wie die amerikanischen Truppen ohne Widerstand in Haiti landen konnten. Madeleine Albright deutete mir gegenüber ihr tiefes Missfallen über Carter an, der wieder einmal Probleme für die amerikanische Regierung gleichzeitig löste und schuf. Carter entwarf noch auf dem Weg nach Port-au-Prince ein Abkommen. Er traf am frühen Nachmittag des 17. September ein und verhandelte bis spät in die Nacht.

Wir hatten Carter einige Ratschläge erteilt: Der Schlüssel für eine Lösung könnte in den Händen von Cédras' Frau Yannick liegen, einer schönen Intrigantin, die sowohl Einfluss auf den Führer des Militärs als auch auf den Polizeikommandanten hatte. Carter bot den haitianischen Diktatoren eine »ehrbare« Lösung an, die ihr Ansehen wahrte. Sie vermieden einen Konflikt mit den amerikanischen Streitkräften, indem sie ein Abkommen mit Émile Jonaissant, dem provisorischen Präsidenten Haitis, unterzeichneten, das den Rücktritt der wichtigsten Juntaführer vorsah. Carter entschuldigte sich bei Cédras und erklärte, er schäme sich für das Vorgehen seines Landes. Mit diesem erfolgreichen Schachzug schien Carter de facto zum Außenminister der Vereinigten Staaten avanciert zu sein.

Doch unabhängig von Carters Mission wäre die amerikanische Eingreiftruppe nur auf geringen oder gar keinen Widerstand gestoßen. Aber Carter hatte Erfolg, wo wir gescheitert waren. Es war ein schneller diplomatischer Triumph. Allerdings waren einige wichtige Prinzipien außer Acht gelassen worden. Carters Abkommen hätte, wenn es tatsächlich umgesetzt worden wäre, erlaubt, dass die Junta auf Haiti blieb. Dadurch wäre die Demokratie weiterhin gefährdet gewesen. Das Abkommen hätte zu einer Generalamnestie geführt, bei der alle Übeltäter der Justiz entkommen wären; außerdem wurde das Abkommen von dem rechtswidrig ernannten Präsidenten eines illegalen Regimes unterzeichnet und verletzte die Vereinbarungen des Abkommens von Governor's Island. Carters Abkommen wurde später fallen gelassen, als Unruhen die amerikanischen Streitkräfte zwangen, Gewalt einzusetzen. Erst danach konnte Aristide zurückkehren.

Am 19. September 1994 landeten 2000 Soldaten unter amerikanischem Kommando in Port-au-Prince. Am gleichen Tag reichte Dante Caputo seinen Rücktritt ein. Er wollte die UNO und die OAS nicht bei einer ausländischen militärischen Besatzung vertreten, die ihn an die amerikanische Politik des »Big Stick« zu Beginn des Jahrhunderts erinnerte. Caputo war an den Rand gedrängt worden und seit dem Vorfall von *Harlan County* unzufrieden.

Die Landung der Amerikaner schritt rasch voran, bereits eine Woche später waren 15 000 Mann vor Ort. In einer Rede vor der UN-Vollversammlung am 26. September lobte Präsident Clinton die Zusammenarbeit von UNO und USA auf Haiti. Sie zeige, dass eine »multilaterale Kooperation« notwendig sei und Erfolg haben könne. »Die Anstrengungen, die [die Vereinten Nationen und die Vereinigten Staaten] gemeinsam wegen Haiti unternommen haben, sind ein hervorragendes Beispiel. Mit der Unterstützung der Vereinten Nationen bieten amerikanische Truppen, zu denen nun das Personal einer stetig wachsenden internationalen Koalition von über zwei Dutzend Ländern hinzukommt, den Menschen auf Haiti eine Chance für die Freiheit.« Ich war erfreut, dass die Vereinigten Staaten und die Vereinten Nationen gut zusammengearbeitet hatten. Es hatte sich erwiesen, dass jeder den anderen unter bestimmten Bedingungen brauchte und dass ein armes Land von dieser Zusammenarbeit profitieren konnte.

General Raoul Cédras trat als Führer der haitianischen Junta zurück und traf am 13. Oktober in Panama ein. Der provisorische haitianische Präsident und seine Regierung legten ihr Amt nieder, und am 15. Oktober kehrte Präsident Aristide nach über drei Jahren im Exil in sein Land zurück.

Am 25. Oktober ernannte Präsident Aristide den Geschäftsmann Smarck Michel zum Premierminister. Das Parlament bestätigte seine Entscheidung, und die neue Regierung, der mehrere Mitglieder der Opposition angehörten, nahm ihre Arbeit am 8. November 1994 auf.

Von New York aus flog ich am 15. November nach Port-au-Prince. Premierminister Michel empfing mich am Flughafen, und gemeinsam fuhren wir zum Präsidentenpalast. Ein amerikanischer Schützenpanzerwagen fuhr voraus, verlor jedoch bald die Orientierung. Wir sagten dem amerikanischen Offizier, dass er in die falsche Richtung fuhr, doch er bestand darauf, dass er seine Anweisungen habe und sie nicht ändern könne. Nach einer langsamen Fahrt über steile, enge, mit Schlaglöchern übersäte Straßen fand der Schützenpanzerwagen schließlich wieder den richtigen Weg und führte uns zum Präsidentenpalast. Während der langen Fahrt kam ich zu dem Schluss, dass Michel ein Optimist war, der sowohl das Vertrauen von Präsident Aristide als auch der besitzenden Klasse genoss, die Aristides populistischer Politik ablehnend gegenüberstand. Als wir endlich am Präsidentenpalast eintrafen, begrüßte mich Aristide in einem Büro, das gerade erst frisch gestrichen und neu eingerichtet worden war. Er zeigte mir ein kleines Zimmer und deutete auf ein schlichtes Feldbett, auf dem er, wie er sagte, schlief, wenn er bis spät in die Nacht gearbeitet hatte.

Aristide klagte, dass die Amerikaner nicht genug täten, um die letzten bewaffneten Banden zu entwaffnen, Nachfolger der berüchtigten Tontons Macoutes, die für das Regime die Schmutzarbeit erledigt hatten. Ich antwortete ihm, ich hätte die USA ersucht, die Gruppierungen in Somalia zu entwaffnen. Es sei mir nicht gelungen, sie zu überzeugen, was zu einer Katastrophe geführt hätte. Doch in Haiti seien die Vereinigten Staaten bereit, die Risiken einer Entwaffnung auf sich zu nehmen. Haiti befand sich im Hinterhof der Vereinigten Staaten, und die Regierung Clinton konnte es sich nicht leisten, in diesem Fall zu versagen. Zuerst brachten die amerikanischen Soldaten die schweren Waffen unter ihre Kontrolle, die in Lagern aufbewahrt wurden, dann starteten sie ein Programm zum Aufkauf der Waffen. Über 30 000 Waffen wurden sichergestellt, von denen die Vereinigten Staaten 13 000 kauften. Die Straßensperren und Waffenrazzien der Amerikaner waren so effektiv, wie ich es mir für Somalia gewünscht hätte. Doch ich war erfreut, dass das, was ich vergeblich in einem Teil der Welt empfohlen hatte, sich in einem anderen Teil als unverzichtbar für den Erfolg eines wichtigen Einsatzes erwies.

Haiti blieb gezeichnet von tief greifenden wirtschaftlichen und kulturellen Gegensätzen. Aristides Wähler waren die armen Bauern und Obdachlosen, über 80 Prozent der Bevölkerung. Ihr Prokopfeinkommen betrug weniger als 100 Dollar im Jahr. Die übrigen 20 Prozent der Bevölkerung bildeten eine hierarchisch gegliederte bürgerliche Gesellschaft, die sich von einer Kreolisch sprechenden unteren Mittelklasse bis zu der ausschließlich Französisch sprechenden »Aristokratie« erstreckte.

Gegenüber Aristide betonte ich die Bedeutung einer nationalen Versöhnung und die Notwendigkeit, die Unterstützung des Bürgertums zu gewinnen. Dabei bemühte ich mich sehr, den väterlichen Ton zu vermeiden, der vermutlich von meinen vielen Jahren als Lehrer herrührt, doch ich bin mir nicht sicher, ob es mir gelang. Aristides Reaktion blieb mir verborgen; er hatte die unheimliche Fähigkeit, seine wahren Gefühle verstecken zu können, wann immer er wollte.

Vor dem Mittagessen im frisch renovierten Präsidentenpalast zeigte mir Aristide seine Bibliothek und die Bücher, die die Militärjunta beschädigt hatte. Wir stellten fest, dass wir dieselben französischen Schriftsteller bewunderten und diese im gleichen Alter entdeckt hatten. Präsident Aristide bot exzellenten Champagner, klassische Musik und ein erlesenes Essen für seine Gäste auf.

In Haiti schien mir Aristide gemäßigter und versöhnlicher als im Exil. Ich machte mir Sorgen, was geschehen würde, wenn die amerikanischen Truppen abzogen und die Vereinten Nationen blieben. Doch ich war mir sicher, dass die Vereinigten Staaten Haiti nicht in einem Zustand der Anarchie und Verzweiflung zurücklassen würden, wie sie es in Somalia getan hatten.

Trotz meiner Versicherungen gegenüber Aristide, dass die Vereinigten Staaten bereit seien, die Haitianer zu entwaffnen, machte ich mir Sorgen über die Verbitterung seitens der demobilisierten haitianischen Militärs, die ihre Waffen behalten durften, über die Frustration in der haitianischen Bevölkerung angesichts des Bandenunwesens und der wirtschaftlichen Stagnation und über die wachsenden Spannungen in Hinblick auf die näherrückenden Wahlen. Vor allem befürchtete ich, dass Aristides Ideologie, die unter dem furchtbaren Druck des Duvalier-Regimes entstanden war, zu eng sein könnte, um einen wirtschaftlichen Erfolg zu gestatten. Als ich Haiti verließ, erschien mir Port-au-Prince wie jede beliebige afrikanische Provinzstadt: das gleiche Klima, die gleiche Vegetation, die gleiche Farbe der Erde, die gleiche Unordnung, die gleiche Armut und das gleiche Gefühl der Hoffnungslosigkeit.

KAPITEL 5

Afrikas Platz in der Welt

(1992–1995)

Ich war als Kandidat Afrikas gewählt worden, um mich in meiner Eigenschaft als UN-Generalsekretär für die afrikanischen Interessen einzusetzen. Aus diesem Grund sowie wegen meiner jahrzehntelangen Beschäftigung mit den wirtschaftlichen, politischen und diplomatischen Problemen Afrikas nahm ich mir vor, die Belange dieses Kontinents während meiner Amtszeit zu fördern. Im Lauf der Zeit machte sich bei mir eine immer größere Enttäuschung breit. Aber je mehr ich erkannte, dass meine schlimmsten Befürchtungen wahr wurden, wuchs meine Entschlossenheit. Die UN-Mitgliedstaaten waren derart mit den in der Zeit nach dem Kalten Krieg entstandenen Konflikten – insbesondere jenen im ehemaligen Jugoslawien – beschäftigt, dass die Vereinten Nationen die ärmsten Länder der Welt zunehmend vernachlässigten. Währenddessen wurde die Organisation mit Aufgaben zur Friedenssicherung überhäuft, ohne die für einen Erfolg notwendigen Mandate übertragen bekommen zu haben.

Während des Kalten Krieges hatten die Vereinigten Staaten und die UDSSR darum gewetteifert, sich um die politischen und wirtschaftlichen Bedürfnisse afrikanischer Länder zu kümmern. Der Wechsel eines afrikanischen Staates von einer Seite zur anderen wurde als schwerwiegender Verlust betrachtet – oder als Sieg, je nachdem auf welcher Seite man sich befand. Die afrikanischen Regierungen lernten rasch, die Supermächte zum eigenen Vorteil gegeneinander auszuspielen.

Nach Ende des Kalten Krieges nahm das Interesse an Afrika stark ab. Die Globalisierung der Wirtschaft nahm eine dramatische Entwicklung, deren enorme Möglichkeiten der afrikanische Kontinent kaum nutzen konnte. Es fehlte an Ausbildung, Technologie und Infrastruktur. Der Kontinent litt unter schlechten Außenhandelsbedingungen und riesigen

Auslandsschulden. Die Kluft zwischen Arm und Reich wurde selbst für die wohlhabendsten Länder der Welt moralisch unerträglich und wirtschaftlich unvernünftig. Ohne Entwicklungsmöglichkeiten würden sich Konflikte in Afrika endemisch ausbreiten. Eine Demokratisierung wäre unmöglich und ein in den Abgrund führender Kreislauf von Hungersnöten, Krankheiten, illegaler Masseneinwanderung, Umweltzerstörung und Verbrechen würde nicht nur die ärmsten Länder belasten, sondern auch die Industrienationen erreichen.

Anfang Frühjahr 1992 wagte ich mich, um die Entwicklung Afrikas zu fördern, auf umstrittenes Terrain. Ich richtete ein Schreiben an die Präsidenten und Ministerpräsidenten der G-7-Länder (Großbritannien, Kanada, Frankreich, Deutschland, Italien, Japan und die Vereinigten Staaten) – die wohlhabenden Industrienationen der Welt, die alljährlich im Juni einen Wirtschaftsgipfel abhalten. In meinem Brief bat ich sie darum, sich mit dem Elend in Afrika zu befassen. Es bestehe die dringende Notwendigkeit eines Schuldenerlasses und einer grundlegenden Unterstützung, damit die Afrikaner die Dynamik einer globalen Marktwirtschaft nutzen könnten. Es sei, wie mir meine Berater sagten, vermessen für einen UN-Generalsekretär, einen solchen Appell an die G-7-Gruppe zu richten.

In den folgenden Jahren bis 1996 schrieb ich vor jedem der alljährlichen G-7-Gipfeltreffen den Teilnehmern einen Brief, in dem ich erneut darum bat, gemeinsame Maßnahmen zu ergreifen, um Afrika zu helfen. Jahr für Jahr erhielt ich nichtssagende Antworten. Auf jedem G-7-Gipfel wurden Afrikas Bedürfnisse beiläufig erwähnt, doch es folgten keine Taten.

Ein Rückschlag folgte dem anderen: ein hoffnungsloses Bild für Afrika und ein trostloses für die Vereinten Nationen.

Eine weitere Agenda

Nach der *Agenda für den Frieden* aus dem Jahr 1992 war ich der Meinung, dass es nun Zeit für eine »Agenda für Entwicklung« sei. Ende 1992 ersuchte mich die Vollversammlung in der Resolution 47/181, einen solchen Bericht vorzubereiten. Ich ging mit Enthusiasmus, aber auch mit Beklommenheit an diese Aufgabe heran und hoffte, dass sich der Schwerpunkt von kurzfristigen Notmaßnahmen auf die Unterstützung einer langfristigen Entwicklung verlagern würde.

In seiner Entstehungsphase führte die Idee der »Entwicklung« häufig zu Konfrontationen. Die koloniale Ausbeutung über viele Generationen hindurch ließ Entwicklung als eine Schuld der post-imperialen Mächte gegenüber jenen Ländern erscheinen, die sie einst zu beherrschen suchten. Entwicklungshilfe wurde nicht nur als ein Anliegen, sondern auch als ein Recht der soeben befreiten Völker betrachtet. Dass ein Fortschritt bislang nicht stattgefunden hatte, wurde auf das Erbe des Kolonialismus sowie auf die nachfolgende Ära, den Neokolonialismus, zurückgeführt. Die einzige Lösung, so glaubte man, bestünde darin, die »Enteigner zu enteignen«, das heißt in Entwicklungsländern die ausländischen Wirtschaftsbetriebe zu übernehmen. Als im Jahr 1956 auf Gamal Abd el Nassers Beschluss, den Suezkanal zu verstaatlichen, ein militärischer Angriff Frankreichs und Englands auf Ägypten folgte, wurde für alle Entwicklungsländer die Verknüpfung zwischen Entwicklung und Konfrontation offensichtlich.

Die Bewegung der blockfreien Länder in den sechziger Jahren institutionalisierte die Vorgehensweise der »Dritten Welt« beziehungsweise des »Südens« in punkto Weltpolitik. Dieser Ansatz ermöglichte es den Entwicklungsländern während des Kalten Krieges, Osten und Westen gegeneinander auszuspielen. Der Süden hatte sein eigenes Entwicklungsmodell. Weder kommunistisch noch kapitalistisch noch sozialistisch, tendierten die Länder zu Planwirtschaft mit autoritären Zügen. Die meisten Länder waren der Ansicht, nur ein Einparteiensystem sei den im postkolonialen Süden auftretenden Problemen gewachsen.

Mit dem Ende des Kalten Krieges verlor die Dritte Welt ihr Hauptdruckmittel gegen die Industrieländer. Das Scheitern der zentralen Planwirtschaften zwang die armen Länder zum Eingeständnis, wie wichtig freier Markt und Demokratisierung für die Entwicklung waren. Führende Entwicklungsländer suchten nach einer Möglichkeit, die Interessen der Dritten Welt vor die Gremien der großen Industrienationen des Nordens zu bringen. 1989 nahm ich in meiner Funktion als ägyptischer Staatsminister für auswärtige Angelegenheiten an einem außerordentlichen Gipfeltreffen der OAU über die Frage der Auslandsschulden in Addis Abeba teil. Wir erarbeiteten eine gemeinsame afrikanische Position und versuchten im Juli des gleichen Jahres in Paris, eine Group of Four (G-4), bestehend aus Ägypten, Indien, Venezuela und dem Senegal, zu etablieren. Sie sollte einen Dialog mit den Wirtschaftsmächten der G-7 beginnen. Doch der Widerstand seitens einiger Mitglieder der G-7 und mangelnder politischer Wille innerhalb der G-4 machten diese anfänglichen Bemühungen zunichte.

Mittlerweile wuchsen jedoch die alten Probleme der Armut, der Arbeitslosigkeit und der sozialen Verschiebungen, die einst mehr oder weniger dem ausschließlichen Zuständigkeitsbereich nationaler Politik angehörten, zu globalen Problemen heran, die auch globale Aufmerksamkeit erforderten. Umweltprobleme kümmern sich nicht um nationale Grenzen, und noch so gut gemeinte Maßnahmen einzelner Staaten helfen da wenig. Jedes Jahr vermehrt sich die Weltbevölkerung um rund 94 Millionen Menschen. Aufgrund von blutigen Konflikten, Armut und Hungersnöten überschreiten unzählige Menschen die nationalen Grenzen, und dies auf eine Weise, die sich konventionellen Gegenmaßnahmen entzieht. Terrorismus und Verbrechen, insbesondere der Handel mit Rauschgift, sind zu einem weltweiten Thema geworden. Diese globalen Probleme gedeihen auf dem kargen Nährboden der Unterentwicklung. Soll ein positiver Wandel eintreten, so wird man eine neue Grundlage für Entwicklung ausarbeiten, formulieren und so viele Menschen wie möglich davon überzeugen müssen.

Die Dimensionen der Entwicklung

Die genannten Überlegungen bildeten den gedanklichen Rahmen, innerhalb dessen ich daran ging, eine Agenda für Entwicklung zu verfassen. Der globale Kontext war nicht gerade günstig. Die reichen Länder befürchteten erneute Forderungen seitens der armen Regionen nach einer Umverteilung. Sie neigten dazu, das ganze Thema mit der Behauptung abzutun, Entwicklungshilfe sei ein veraltetes Konzept; jedes Land, so meinten sie, könne heute den »asiatischen Tigern« nacheifern, wenn es nur den Willen aufbringe, die Marktwirtschaft einzuführen. Doch für die Ärmsten der Armen, insbesondere in Afrika, war dies offensichtlich unmöglich. Diesen Ländern mangelte es sowohl an menschlichen Ressourcen als auch an Kapital und der nötigen Infrastruktur, ohne die sie sich die neue globale Wirtschaft nicht zunutze machen konnten. Und bald würde auch das asiatische Modell ins Stocken geraten.

Weitere Hindernisse rührten von den zahlreichen, auf nationaler und internationaler Ebene anzutreffenden Bürokratien her, die während der jahrzehntelangen weltweiten Bemühungen um Entwicklung entstanden waren und deren Strukturen schließlich erstarrt sind. Ihr Personal zeichnete sich durch eingefahrene Ideologien und persönliches Karrierestreben aus. Sie standen neuen Ansätzen keineswegs ablehnend gegenüber, neigten aber dazu, neue Ideen durch neue Parolen zu ersetzen. »Entwicklung« wurde zu »menschlicher Entwicklung« und später zu »nachhaltiger menschlicher Entwicklung« – aneinandergereihte Etiketten, wie eine Kolonne von Elefanten, jeder durch seinen Rüssel mit dem Schwanz des Vordermanns verbunden.

Dann wären noch die Entwicklungsländer selbst zu nennen: Viele von ihnen wurden von militärischen oder politischen Eliten regiert, die vom steten Strom der aus Übersee kommenden Entwicklungshilfe lebten. Sie fürchteten – oft zu Recht – die mit der Hilfe und den Krediten verknüpften Bedingungen, die ihnen von internationalen Finanzinstitutionen auferlegt wurden. Und sie sahen die Vereinten Nationen in ihrer institutionellen Rolle als ihr Sprachrohr und Anwalt und wären zufrieden, wenn ich lediglich die Reichen auffordern würde, den Armen zu helfen. Bei jedem Anzeichen dafür, dass die gewohnten Vorgehensweisen durch einen neuen Ansatz ersetzt werden könnten, wurden sie misstrauisch und leisteten Widerstand.

Trotzdem begann ich mit Eifer an einer Agenda für Entwicklung zu arbeiten. Bald wurde mir klar, dass diese Arbeit sowohl in intellektueller als auch in politischer Hinsicht sehr viel schwieriger war als die *Agenda für den Frieden*. Erstens hatten die Urheber der UN-Charta jenes Dokument 1945 zwar voller Zuversicht mit ausdrücklichen Bestimmungen über die Aufrechterhaltung des internationalen Friedens und der Sicherheit versehen, doch über Entwicklung sagten sie sehr viel weniger aus. Ausgehend von der Entstehungsgeschichte der UN-Charta schien es, dass die Ideen und die Faktoren des ökonomischen und sozialen Fortschritts bewusst im Unklaren gelassen worden waren. Zweitens war die Theorie volkswirtschaftlicher Entwicklung ein konzeptionelles »Schlachtfeld«. Die Theorien und Praktiken vieler Jahrzehnte hatten weder zu einem Konsens in der Vorgehensweise noch zu Zufriedenheit mit den Resultaten geführt. Auf diesem Gebiet stand man meiner Ansicht nach vor einem intellektuellen Bankrott. Drittens war dies bei den Vereinten Nationen ein politisch brisantes Thema. Jede Verlautbarung, jede Konferenz war einer peinlich genauen und überaus kritischen Prüfung ausgesetzt, hauptsächlich wegen der Angst der armen Länder, dass die Vereinten Nationen, unter dem Druck der reichen Staaten, nicht länger die Rolle des Sprachrohrs für die Entwicklungsländer spielen würden.

Beim Nachdenken über die Agenda für Entwicklung erkannte ich, dass die traditionellen Ansätze davon ausgingen, dass eine Entwicklung unter friedlichen Bedingungen stattfindet. Doch das ist selten der Fall. Die meisten Menschen streben im Kontext früherer, gegenwärtiger oder drohender Konflikte nach Entwicklung. Der Frieden ist nicht die Norm. Er muss erreicht werden, damit die Entwicklung weitergehen kann.

Als nächstes betonte ich die Rolle der Wirtschaft als Motor der Entwicklung. Und wirtschaftliches Wachstum hängt von einer nationalen Politik ab, die das Entstehen einer stabilen, auf privatem Sektor basierenden Wirtschaft begünstigt. Ohne sie ist jegliche internationale Unterstützung nutzlos. Doch ohne internationale Hilfe werden Schulden und Protektionismus alle Bemühungen um Entwicklung zunichte machen. Die politischen Dimensionen der Umwelt samt ihren erbitterten Auseinandersetzungen um die Nutzung der natürlichen Ressourcen müssen berücksichtigt werden. Da die sozialen Bedingungen die Prioritäten und die Richtung der Entwicklung bestimmen, besteht die offensichtlichste und schwierigste Aufgabe darin, Ursachen und Symptome von Armut, Hunger, Krankheit und Analphabetentum gleichzeitig zu bekämpfen. Produktive Arbeit, betonte ich, sei eine entscheidende Voraussetzung dafür, die Armut zu lindern und die soziale Stabilität zu erhöhen. Ich beharrte darauf – was besonders kontrovers war –, dass zwischen Entwicklung und Demokratie ein grundlegender Zusammenhang bestehe. Eine verantwortungsbewusste und repräsentative Regierung ist wahrscheinlich der wichtigste Faktor überhaupt.

Jede dieser fünf Dimensionen schien offensichtlich zu sein. Es zeigte sich jedoch, dass die neu aufgebrochenen Konflikte von der internationalen Gemeinschaft nicht bewältigt werden konnten, und ein Wirtschaftswachstum war unter von Chaos und Streit geprägten Bedingungen nicht möglich. Eine geschützte Umwelt würde die Entwicklung nachhaltig machen, doch selbst Regierungen, die sich verpflichtet hatten, umweltschädigende Praktiken einzuschränken, hielten dies nicht durch. Ein hohes Ausmaß an grenzüberschreitendem Verbrechen, an Migration, Krankheiten, Drogen und anderen gesellschaftlichen Übeln schwächte das soziale Gefüge. Selbst die Demokratie, nach dem Zweiten Weltkrieg als Gesellschaftsform der Zukunft gepriesen, wurde durch Regime in Frage gestellt, die behaupteten, zu viel Freiheit untergrabe Disziplin, Effizienz und die zentrale Amtsgewalt. Ich wies darauf hin, dass die Demokratie nicht nur jene positive, für eine langfristige Entwicklung notwendige Stabilität fördere, sondern auch die für den Erfolg im neuen Informationszeitalter entscheidende Kreativität. Die beiden Agenden – Frieden und Entwicklung – seien untrennbar miteinander verbunden, betonte ich.

Während der folgenden Monate veranstaltete der Präsident der Vollversammlung Anhörungen zu meinem Bericht, und die Entwicklung wurde zum zentralen Diskussionsgegenstand. Ein halbes Jahr nach der Darlegung meiner fünf theoretischen Betrachtungen schickte ich der Vollversammlung eine Flut von spezifischen Empfehlungen. Diese beinhalteten unter anderem einen gerechten Zugang zum Welthandel, zu Technologie, Investitionen und Informationen, einen zu vereinbarenden neuen Stufenplan für Entwicklungshilfe, Reduzierung der Schulden sowie einen kompletten Schuldenerlass für die ärmsten Länder.

Entwicklung ist für die Vereinten Nationen ein ebenso wichtiges Anliegen wie Frieden. Doch leider wurde »Entwicklungshilfe« zu einem nur ungern gehörten Wort. Entwicklung ist ein schwieriger und langfristiger Prozess, mit dem sich zu viele, sich überschneidende Teile des UN-Systems befassen. Und zahlreiche Staaten ziehen es vor, bilaterale statt multilaterale Hilfe zu gewähren. Sie sind zwar in Notfällen zur Großzügigkeit bereit, aber nicht, wenn es darum geht, langfristige Entwicklungsziele zu erreichen. Sie scheinen die alte Regel nicht zu kennen, dass Vorbeugen immer preiswerter ist als Heilen.

Eine »Kette« von Konferenzen

Meine in der *Agenda für Entwicklung* vorgebrachten Gedanken waren Teil umfassender politischer Bemühungen. Für Afrika war es wichtig, in das Zentrum weltweiten Interesses zu gelangen, das alle Dimensionen der Entwicklung berücksichtigte. Im Laufe meiner Amtszeit hielten die Vereinten Nationen zu diesem Zweck eine Serie internationaler Konferenzen ab. Sie waren noch vor meiner Amtszeit durch die Vollversammlung beschlossen worden, doch rasch nahm ich sie in die Hand und machte aus ihnen ein »Kontinuum«: Jede Konferenz sollte auf die vorherige aufbauen und gleichzeitig in kumulativer Weise zu jenen beitragen, die folgen würden. Wir vereinbarten eine Anzahl von Problemfeldern, die während der gesamten Konferenzserie auf der Tagesordnung stehen sollten, etwa die Förderung der Frauen. Dies war der erste Versuch, Probleme über verschiedene Konferenzbeschlüsse hinweg gründlich zu durchdenken.

Internationale Konferenzen sind allzu oft nur eine Gelegenheit, Spesenrechnungen aufzublähen und sich in teuren Hotels und schönen Städten in angenehmem, aber sinnlosem Palaver zu ergehen. Das gilt jedoch in keiner Weise für die von der UNO initiierten internationalen

Konferenzen zwischen 1992 und 1996. Über diese Gipfeltreffen wurde viel geschrieben, Positives wie Negatives. Dennoch muss man anerkennen, dass sie zu einer völlig neuen Methode führten, bei entscheidenden, länderübergreifenden Problemen eine internationale Übereinkunft zu erzielen.

Alle sechs großen Konferenzen beschäftigten sich mit einer Problematik, die jede Gesellschaft, jede Nation und jeden Staat betrifft: Umweltschutz in Rio, Menschenrechte in Wien, Bevölkerungsfragen in Kairo, soziale Entwicklung in Kopenhagen, Frauenrechte in Peking, Probleme der Städte in Istanbul. Und jede Konferenz beruhte auf einem umstrittenen Grundsatz oder einem anfechtbaren, gar geringgeschätzten Konzept.

Jede Konferenz endete – unter beträchtlichen Schwierigkeiten – mit einem Konsens und legte Normen fest, zu deren Einhaltung die Regierungen sich verpflichteten. Jede Tagung verstärkte die Einsicht, dass grenzüberschreitende Probleme ein legitimes Anliegen der internationalen Gemeinschaft sind und dass Regierungen, die gegen die Regeln verstoßen, sich ihrer Verantwortung nicht entziehen dürfen, indem sie, um eine kritische Prüfung abzuwehren, auf ihre Souveränität pochen. Diese Konferenzen setzten einen fortlaufenden Prozess in Gang, der es ermöglichte, Fortschritte oder ihr Ausbleiben dingfest zu machen.

Rio und das Prinzip der Nachhaltigkeit

Auf dem Gipfel von Rio 1992, der sich mit Umwelt und Entwicklung beschäftigte, kam die internationale Gemeinschaft – trotz der Proteste einiger wirtschaftlicher Interessengruppen – überein, dass eine Verschlechterung der Umweltbedingungen die wirtschaftliche Entwicklung weltweit beeinträchtige. Zum ersten Mal verpflichteten sich die Regierungen – auf der Ebene von Staats- und Regierungschefs –, in ihrer Wirtschaftspolitik internationale Konsequenzen für die Umwelt zu berücksichtigen. Von diesem Zeitpunkt an war es legitim, eine Regierung zu zwingen, für ihre Leistungen (gemessen an den in Rio festgesetzten Normen) Rechenschaft abzulegen.

Als ich mein Amt antrat, war die Umwelt nicht mein Hauptanliegen. Doch als ich mich eingearbeitet hatte, richtete sich meine Aufmerksamkeit schnell auf drei Personen, die sich sehr für den Umweltschutz interessierten. Al Gore, ab 1993 US-Vizepräsident, besaß ein großes Wissen und war engagiert, und jedesmal, wenn wir zusammentrafen, sprachen wir über den weltweiten Wasserbedarf. Tommy Koh, der wichtigste Diplomat Singapurs, mit dem ich in der Bewegung der blockfreien Länder zusammengearbeitet hatte, drängte mich dazu, mich aktiver um den Umweltschutz zu kümmern. Kohs Einsatz hat entscheidend dazu beigetragen, den Umweltgipfel von Rio zu einem Erfolg zu machen. Und dann gab es noch Maurice Strong, einen kanadischen Geschäftsmann, der noch von UN-Generalsekretär U Thant gebeten worden war, die erste internationale Umweltkonferenz 1972 in Stockholm zu koordinieren, und der dann zum ersten Direktor des UN-Umweltprogramms ernannt wurde. Er wollte meine Unterstützung für die Koordination des Rio-Gipfels gewinnen, an der er arbeitete, seit Pérez de Cuéllar ihn 1990 damit beauftragt hatte.

Ich betrachtete meine Funktion als die eines Kommunikators und sah mein Ziel darin, so viele Staats- und Regierungschefs wie möglich zu einer Teilnahme zu bewegen, insbesondere US-Präsident George Bush, dem es offenbar widerstrebte, nach Rio zu gehen, weil er befürchtete, im Präsidentschaftswahljahr eine innenpolitische, »anti-grüne« Opposition hervorzurufen. Bush gab seine Entscheidung, an der Konferenz teilzunehmen, bekannt, nachdem ich ihn im Weißen Haus aufgesucht und betont hatte, wie wichtig seine Anwesenheit in Rio sei. Ich rechnete es mir durchaus als Verdienst an, dass Vertreter aus 172 Ländern teilnahmen, darunter 116 politische Führer, sowie über 9000 Journalisten und etwa 3000 Vertreter nichtstaatlicher Organisationen.

Als ich einen Tag vor Beginn der Konferenz in Rio eintraf, war ich empört über die vielen UN-Beamten, die sich auf dem Schauplatz des Geschehens eingefunden hatten. Etliche von ihnen nutzten die Konferenz einfach als Gelegenheit, Urlaub zu machen. Als Neuling bei den Vereinten Nationen ahnte ich nicht, dass jede Abteilung und Behörde selbst entschied, ob sie einen oder mehrere Repräsentanten entsandte. Von diesem Augenblick an würde *ich* darüber entscheiden, wie viele UN-Beamten an einer Konferenz teilnehmen durften.

Am 3. Juni 1992 eröffnete ich in einem riesigen Sitzungssaal, eine Stunde von Rio entfernt, die Konferenz. Mit mir auf dem Podium standen der König und die Königin von Schweden, Portugals Ministerpräsident Mário Soares und dessen Ehefrau sowie Brasiliens Präsident Fernando Collor de Mello, attraktiv wie ein Filmstar und sich seines guten Aussehens sehr wohl bewusst – ein Eindruck, der durch seine junge Gattin vervollständigt wurde. Collor befand sich in politischer Bedrängnis.

Seine Kritiker bezeichneten ihn gleichzeitig als elitären Playboy und Radikalen, der eine gefährliche Wirtschaftspolitik verfolge.

Zu Beginn meiner Rede bat ich die Zuhörerschaft, zwei Schweigeminuten für die Erde einzulegen. Auf dem ganzen Planeten wurden die Menschen in diesem Augenblick Zeugen dieses Tributs. Das Paradox unserer Zeit, sagte ich, bestehe darin, dass die Erde durch Überentwicklung krank geworden sei, während sie gleichzeitig durch Unterentwicklung krank gemacht werde. Die Worte »Ökologie« und »Ökonomie« stammen vom selben griechischen Wort *oikoulogos* ab, »die Wissenschaft des Hauses«, und die Verbindung zwischen beiden Begriffen ist nicht nur etymologischer Natur, sondern es besteht eine echte Beziehung zwischen ihnen. Ich fuhr fort, wir müssten die Wissenschaft betreiben, unser eigenes Haus, die Erde, zu verwalten; ihr Reichtum sei nicht unser Eigentum, er sei uns lediglich von unseren Vorfahren zu treuen Händen für unsere Kinder geliehen worden.

In Rio diskutierte ich mit dem Meeresforscher Jacques Cousteau darüber, wie man sicherstellen könnte, dass die Konferenz langfristige Folgen habe. Wir überlegten, was am besten sei: eine neue UN-Organisation zu schaffen, das Mandat der Konferenz der Vollversammlung zu übertragen oder eine Kommission einzuberufen. Da ich versuchte, die Vereinten Nationen zu verschlanken, lehnte ich es entschieden ab, innerhalb des Sekretariats eine neue Abteilung für Umweltfragen einzurichten. Ich erklärte, es sei sehr viel besser, auf hoher Ebene erneut zusammenzutreten und zu prüfen, was getan wurde, um die in Rio eingegangenen Verpflichtungen zu erfüllen. Und tatsächlich wurde fünf Jahre später in der UN-Zentrale in New York eine der Revision dienende große Konferenz abgehalten. Dort berichteten Großbritannien und mehrere andere Länder, dass die in Rio getroffene Vereinbarung, Umweltschädigungen zu reduzieren, eingehalten worden war – ein Beweis dafür, dass der in Rio in Gang gesetzte Prozess wirksam war.

Am 10. Juni 1992 erhielt ich einen Telefonanruf von Marcos de Sa Coimbra, dem Kabinettschef des brasilianischen Präsidenten. Er war auch dessen Schwager und ehemaliger Botschafter Brasiliens in Kairo, wo ich ihn kennengelernt hatte. Er bestand darauf, dass ich an der Einweihung einer Schule in einem Vorort Rio de Janeiros teilnahm. Die Schule werde von Präsident Collor eingeweiht und solle den Namen »Schule der Vereinten Nationen« tragen. Ich war nicht sonderlich erpicht darauf, dorthin zu gehen, fühlte mich jedoch verpflichtet und sagte zu. Gemeinsam mit ausländischen und brasilianischen Würdenträgern flog ich mit dem Hubschrauber für eine Dreiviertelstunde an den Ort der Feierlichkeiten. Die Präsidentin Islands, Vigdís Finnbogadóttir, führte die Liste des Protokolls an. Der Erzbischof von Rio de Janeiro und eine ganze Reihe von Generälen waren anwesend. Die Hauptrolle spielte natürlich der charmante Präsident Brasiliens. Wir unternahmen einen Rundgang durch das Gebäude und sahen uns die Einrichtungen für die berufliche Ausbildung an. Während uns die Fernsehkameras auf Schritt und Tritt folgten, bemerkte ich mit Erstaunen, dass alle Schüler neue Kleidung trugen und dass sie eigentlich zu alt waren, um Schüler zu sein. Mir wurde plötzlich klar, dass die Schule keine wirkliche Schule war, sondern eine »potemkinsche« Schule. Ich ging hinüber zum Schwager des Präsidenten und fragte ihn, was hier vorgehe. »Das ist ein Werbetrick«, sagte ich. »Nichts von dem hier ist wahr!« Er zog mich mit einem Lächeln beiseite und flüsterte: »Ja, natürlich, aber eines Tages *könnte* es eine wirkliche Schule sein.« Er bat mich, meine Entdeckung für mich zu behalten, was ich auch tat.

Bei der Abschlusstagung in Rio speisten die Staatschefs an einer riesigen Tafel. Zu meiner Rechten saß George Bush, Präsident der Vereinigten Staaten. Zu meiner Linken saß Abdul Gayoom, Präsident der Malediven, einer Republik von mehr als tausend winzigen Inseln, etwa 480 Kilometer südlich des indischen Subkontinents gelegen. Jeder meiner Tischnachbarn wurde von einer großen Sorge umgetrieben. Der Präsident der größten Supermacht der Welt befürchtete, dass seine daheim politisch umstrittene Anwesenheit in Rio seine Chancen auf eine Wiederwahl mindern könnte; und tatsächlich beschloss er, das Rio-Abkommen nicht in Rio de Janeiro zu unterzeichnen, sondern später, zu einem weniger auffälligen Zeitpunkt und an einem anderen Ort. Der Präsident der Malediven wurde von einer weitaus größeren Sorge geplagt: Dass nämlich sein Staat von der Landkarte verschwinden könnte, verschluckt durch den in Folge der globalen Erwärmung steigenden Meeresspiegel. Trotz ihrer Sorgen hörten mir alle Staatsoberhäupter höflich zu, als ich das Prinzip der Nachhaltigkeit, gewissermaßen die Losung der Konferenz, verteidigte.

In meiner Schlussrede sagte ich, wir seien an einem neuen Punkt des menschlichen Bewusstseins angelangt. Vor Jahrtausenden sei zwischen Gott und der Menschheit ein moralischer Bund geschlossen worden, vor Jahrhunderten zwischen Bürgern und Staat ein sozialer Kontrakt. Und heute, an diesem Ort, sagte ich, seien wir aufgerufen, einen sich auf das Leben besinnenden Vertrag zwischen den Menschen und der Erde abzuschließen. Für die Menschen des Altertums seien die Wälder, Flüsse, Berge, Wüsten und Meere lebendig gewesen; sie alle hätten ein spirituelles Wesen besessen. Ich betonte, wir müssten dieses Gefühl wieder zum Leben erwecken und erkennen, dass die Erde eine Seele besitze, diese finden und schützen. Das sei der Geist von Rio.

Wien und das Recht auf Entwicklung

Die Wiener Weltkonferenz der Menschenrechte fand zu einer Zeit statt, als die Allgemeine Erklärung der Menschenrechte von 1948 und das Konzept der fundamentalen Rechte, die allen Menschen unabhängig von Rasse, Religion, Geschlecht, Gesellschaftsschicht, Kultur oder ethnischer Zugehörigkeit zustanden, in die Kritik geraten waren. Die Konferenz bekräftigte die legitimen und seit langer Zeit bestehenden kulturellen und historischen Praktiken einer großen Zahl grundverschiedener Gesellschaften. Es kam aber auch zur Sprache, dass viele Ansprüche auf Unterschiedlichkeit und Ausnahmen formuliert worden seien, um als Deckmantel für das repressive Vorgehen brutaler Regime zu dienen. Das »U-Wort«, die Universalität der Menschenrechte, wurde erneut bekräftigt. Wien ließ den Gedanken wieder aufleben, dass die Art und Weise, wie Regierungen ihre Bürger behandeln, keine Angelegenheit ist, die ausschließlich in die eigene Rechtsprechung eines Staates fällt; zumindest hoffte ich das.

Als Akademiker, Journalist, Politiker und Diplomat habe ich mich stets mit den Menschenrechten beschäftigt. Ich bin Mitglied nichtstaatlicher Menschenrechtsorganisationen gewesen, gehörte der Expertenkommission der Internationalen Arbeitsorganisation an und war an den Bemühungen der UNESCO in Sachen Kulturrechte beteiligt. Und ich war einer der führenden Verfechter einer 1978 von dem senegalesischen Präsidenten Léopold Senghor vorgeschlagenen Afrikanischen Charta der Menschenrechte. Dieser Vorschlag wurde schließlich zusammen mit dem besonderen Hinweis auch auf die Rechte »von Völkern« angenommen.

Aufgrund dieser Erfahrungen glaubte ich, ein Gespür dafür entwickelt zu haben, wie man bei diesen Themen mit den Völkern der Dritten Welt umgehen musste. Die schwierigsten Probleme im Bereich der Menschenrechte gibt es nicht in den Ländern Europas oder Nordamerikas, sondern in der muslimischen Welt, in China und Südostasien, auf dem indischen Subkontinent, in Afrika sowie in Teilen Lateinamerikas. In diesen Regionen, die in geographischer und demographischer Hinsicht den größten Teil der Erde ausmachen, sind jene religiösen, kulturellen, ethnischen und wirtschaftlichen Probleme angesiedelt, die die Anwendung einer universellen Norm der Menschenrechte erschweren, besonders wenn sie von außerhalb der Dritten Welt eingefordert werden.

Am 14. Mai 1993, wenige Wochen bevor die Wiener Weltkonferenz der Menschenrechte eröffnet wurde, traf eine Delegation der Menschenrechtsabteilung des in Atlanta beheimateten Carter Centers bei der UN ein, um sich mit mir zu treffen. Der ehemalige US-Präsident Jimmy Carter hatte in Vorausschau auf die Wiener Konferenz den Vorsitz bei einer Expertentagung geführt. Dort sei eine, wie man mir sagte, »Erklärung von Atlanta« formuliert worden und Carters Delegation sollte mich über die wichtigsten Punkte dieser Erklärung informieren. Vordringlich sei die Notwendigkeit, den Posten eines »UN-Hochkommissars für Menschenrechte« zu schaffen, eine hochrangige Autorität, die sämtliche Aktivitäten zur Wahrung der Menschenrechte weltweit koordinieren solle.

Ich erklärte sofort, dass ich von einer solchen Idee nicht viel hielte. Die Carter-Delegierten machten einen bestürzten Eindruck. Das würde möglicherweise, sagte ich, nur eine weitere große Bürokratie schaffen. Ich hatte schon mit dem neuen UN-Menschenrechtszentrum in Genf genug zu tun. Außerdem würden die Bemühungen um eine »Koordination« als Versuch angesehen werden, verstärkt Druck auf Länder der Dritten Welt auszuüben. Und dies würde lediglich deren Widerstand gegen die Fortschritte in der Menschenrechtsfrage stärken. Schon allein der Titel »Hochkommissar«, fügte ich hinzu, sei ein Überbleibsel des britischen Kolonialismus und sollte abgeschafft werden.

»Es besteht keine dringende Notwendigkeit einer solchen Stelle«, erklärte ich meinen Gästen. Sie sei Geldverschwendung und werde nationalistischen Widerstand hervorrufen. Außerdem werde damit der Gedanke der »universellen« Menschenrechte untergraben. Menschenrechte fördere man am besten Fall für Fall, meinte ich, und ohne großes Tamtam. »Dieser Vorschlag kann nur geäußert worden sein, um die nichtstaatlichen Organisationen und die öffentliche Meinung des Westens zufriedenzustellen.« Ich drängte die Delegierten, die Sache nochmals zu überdenken, und nannte das Beispiel der Demokratie. Die Vereinten Nationen würden von Ländern aus der ganzen Welt gebeten, sie bei ihren Bemühungen um eine Demokratisierung zu unterstützen. »Würde ich jedoch«, fuhr ich fort, »einen ›Sonderbeauftragten des Generalsekretärs für Demokratisierung‹ ernennen, würde dies jegliche Hoffnung auf Fortschritt zunichte machen. Ein institutionalisierter Ansatz wie dieser wird nur Misstrauen erwecken.« Meine Gäste waren schockiert. Nach einer langen und aggressiven Debatte gingen sie. Ich wusste, dass letztlich sie gewinnen würden und ich der Verlierer sein würde.

Ein chinesischer Dissident

Zur gleichen Zeit kam es zu einem Vorfall, der die komplexen Probleme der Menschenrechte im Zusammenhang mit den Vereinten Nationen offenlegte. Die United Nations Correspondent Association (UNCA) hatte einen chinesischen Dissidenten, Shen Tong, eingeladen, um am 25. Mai 1993 eine Pressekonferenz abzuhalten. Diese sollte im Clubraum der UNCA stattfinden, der sich im dritten Stockwerk des UN-Sekretariats befand. Der Botschafter der Volksrepublik China kam eilends auf mich zu und protestierte. In einem Versuch, die Lage zu entschärfen, telefonierte ich mit dem Vorsitzenden der UNCA und bat ihn, die Pressekonferenz an einen anderen Ort zu verlegen. Er willigte ein und ich informierte den chinesischen Botschafter über den Kompromiss. Doch als der UNCA-Vorsitzende die Entscheidung bekanntgab, hagelte es Proteste seitens der Mitglieder. Mir wurde vorgeworfen, die Redefreiheit zu zensieren, die Menschenrechte zu unterdrücken und die von Generalsekretär Dag Hammarskjöld vor über 30 Jahren gegebene Zusicherung zurückzuziehen, die UNCA könne frei über ihren Clubraum verfügen.

Trotzdem entschied ich, dass die Pressekonferenz des Dissidenten nicht im Gebäude des UN-Sekretariats abgehalten werden sollte, da die Veranstaltung ein gegen die Volksrepublik China gerichteter Akt der politischen Opposition war, und China war Mitglied der UNO. Außerdem hatte ich dem chinesischen Botschafter mein Wort gegeben. Ich sorgte für Räumlichkeiten im UN Institute for Training and Research, das sich an der First Avenue gegenüber dem Sekretariat befand. Dort sollte Shen Tongs Pressekonferenz stattfinden.

Am 19. Mai veröffentlichte ich hierzu eine Erklärung. Darin hieß es, ich hätte mich entschlossen, dass es »für diese Veranstaltung nicht angemessen wäre, im Gebäude des Sekretariats stattzufinden, angesichts der offensichtlichen Opposition zu einem Mitgliedsstaat der Vereinten Nationen«. Ich fuhr fort, ich »werde entschieden für die Redefreiheit und die Frage der Menschenrechte weltweit eintreten«. Zugleich würde ich als Generalsekretär »die Integrität des UN-Sitzes als eines Ortes wahren, der hauptsächlich für die Diplomatie der Mitgliedstaaten gedacht ist«. Ich erhielt mein Angebot aufrecht, dass von alternativen Räumlichkeiten der UNO Gebrauch gemacht werden könne. Die »Pressekonferenz« wurde auf dem Gehweg an der First Avenue abgehalten, gegenüber dem Sitz der UNO. Die Reporter waren weniger an der Person Shen Tongs interessiert als an der Konfrontation, die durch sein Erscheinen bei den Vereinten Nationen provoziert wurde.

Meine Entscheidung stieß auch innerhalb des Kongresses auf Unverständnis. Der Abgeordnete Christopher H. Smith aus New Jersey schrieb mir (eine Kopie ging an Außenminister Christopher) und drängte mich »ganz ausdrücklich«, meinen »unglückseligen Entschluss rückgängig zu machen«. Was ich getan hätte, erklärte er, werde sich gewiss negativ im Kongress auswirken, da dieser es in Betracht ziehe, »die Finanzmittel für Abmachungen freizugeben, die im Zusammenhang mit der [US-] Beteiligung an Programmen der Vereinten Nationen stehen«. In einem Leitartikel der *New York Times* wurde mir eine »gedankenlose Gleichgültigkeit« gegenüber der UN-Charta vorgeworfen und man behauptete, ich hätte Befehle aus China entgegengenommen. Madeleine Albright kritisierte meine Entscheidung ebenfalls, und zwar in einem an die UNCA gerichteten Brief. In diesem äußerte sie Ansichten, die, wie ein UN-Reporter es formulierte, »einen sensibleren Generalsekretär bis ins Mark getroffen hätten«. Meines Wissens war dies Albrights erste öffentliche Attacke gegen mich.

Ich konnte mir vorstellen, dass der Kongressabgeordnete und vielleicht auch die Chefredakteure möglicherweise nicht wussten, wie die Vereinten Nationen arbeiteten. Die US-Botschafterin aber wusste sicher, dass rational gesehen keine andere Entscheidung möglich war. Die Vereinten Nationen sind keine Regierung. Eine Regierung kann Außenpolitik betreiben; sie kann jemanden begünstigen, der gegen eine andere Regierung opponiert. Die UNO hingegen ist die Weltorganisation ihrer Mitgliedstaaten; sie kann ihre Räumlichkeiten nicht für Attacken gegen einen Mitgliedstaat zur Verfügung stellen. Der Presseclub war trotz Dag Hammarskjölds Zusicherungen nie zuvor für einen solchen Zweck benutzt worden. Viele offizielle und inoffizielle Redner haben innerhalb der Mauern der Vereinten Nationen die Regierungen von Mitgliedstaaten angeprangert, aber nur dann, wenn sie von einem anderen Mitgliedstaat unterstützt wurden. Kein Mitgliedstaat hatte einen chinesischen Dissidenten unterstützt. Ich fragte den UN-Botschafter Ägyptens, Nabil Elara-

by: »Was wäre, wenn die UNCA Scheich Abdul Rahman [den Fundamentalistenführer, der überführt wurde, den Bombenanschlag auf das World
Trade Center angeordnet sowie versucht zu haben, Präsident Mubarak zu
ermorden] einladen würde, in ihrem Raum im Sitz der Vereinten Nationen zu sprechen?« Elaraby sprang auf. »Unmöglich!«, rief er aus. »Nun«,
entgegnete ich, »für China bedeutet Shen Tong das gleiche wie Abdul
Rahman, nur auf der anderen Seite des politischen Spektrums.« Trotzdem hat das UN-Pressekorps nie aufgehört, wegen dieser Episode seine
Unzufriedenheit mit mir zum Ausdruck zu bringen.

Am 10. Juni 1993 traf ich in Wien zur Weltkonferenz der Menschenrechte ein. Ich hatte mir extra ein Zimmer in einem Hotel mit
Swimmingpool reservieren lassen, doch nach einer Runde Schwimmen
hatte ich keine Zeit mehr für weitere. Ein großes Problem war aufgetaucht. Die Österreicher hatten, ohne die Vereinten Nationen zu informieren, den Dalai-Lama eingeladen, an der Konferenz teilzunehmen.
Der Dalai-Lama war nicht nur eine auf der ganzen Welt verehrte religiöse
Gestalt, sondern er wurde von vielen Menschenrechtsaktivisten als Symbol der politischen Bemühungen angesehen, Tibets Rechte gegenüber der
Volksrepublik China durchzusetzen, zu der Tibet gehört. China erklärte,
es werde der Wiener Konferenz fernbleiben, wenn man dem Dalai-Lama
die Teilnahme gestatte, was bedeutete, dass ein Viertel der Menschheit
bei dem Gipfeltreffen nicht vertreten sein würde.

Die für mich erste Veranstaltung in Wien war mein Vortrag über
Bruno Kreisky. Diese Einladung hatte ich angenommen, da ich dem langen und freundschaftlichen Verhältnis, das ich zu dem verstorbenen
Bundeskanzler Österreichs gehabt hatte, Tribut zollen wollte. Ich schilderte den Zuhörern, wie Kreisky vor vielen Jahren, als die Verhandlungen
mit den Israelis über deren Rückzug aus dem Westjordanland und dem
Gaza-Streifen schlecht liefen, meine Niedergeschlagenheit bemerkt hatte.
»Wie lange haben Sie daran gearbeitet?«, fragte er mich. »Drei lange Jahre«, entgegnete ich. »Drei Jahre!«, rief Kreisky aus. »Es dauerte dreimal
solange, die Sowjets und die Amerikaner aus *Österreich* herauszubrin-
gen!« Damit erinnerte mich Bruno Kreisky daran, dass Diplomatie Geduld und Beharrlichkeit erfordert. Leider hatte ich nicht jahrelang Zeit,
sondern höchstens einige Tage, um das Problem der Anwesenheit des
Dalai-Lama zu lösen.

Ich war im Haus von Karl Kahane zum Essen eingeladen, einem
österreichisch-jüdischen Multimillionär, der ein Freund Bruno Kreiskys
gewesen war und entscheidend zur ägyptisch-israelischen Annäherung

beitragen hatte. Er wollte mir helfen, das Problem bezüglich des Dalai-Lama zu lösen, und hatte deshalb auch den österreichischen Bundeskanzler Franz Vranitzky und seinen Außenminister Alois Mock zu sich gebeten. Aber so sehr ich mich auch bemühte, ich konnte nicht in Erfahrung bringen, wer in Österreich den Dalai-Lama eingeladen hatte und unter welchen Bedingungen.

Das Problem löste sich auf einfache Weise. Der Dalai-Lama akzeptierte freundlich eine Einladung, an der nichtstaatlichen Konferenz in Wien teilzunehmen. Der Weltgipfel war von und für Staaten einberufen worden. Nichtstaatliche Organisationen waren herzlich willkommen, nahmen jedoch nur als Beobachter und innerhalb ihres eigenes Forums teil. Der Dalai-Lama verstand dies und verhielt sich dementsprechend. Nicht er, sondern andere Personen mit bestimmten politischen Zielen hatten damit vergeblich versucht, eine Konfrontation zu provozieren, die die Konferenz und die Sache der Menschenrechte gefährdet hätte. Als ich den Wiener Weltgipfel am 14. Juni 1993 eröffnete, war der Dalai-Lama nicht zugegen, dafür aber die gesamte chinesische Delegation.

Vier Monate nach der Wiener Konferenz wurde die Stelle eines Hochkommissars für Menschenrechte geschaffen, und ich nominierte für den Posten den ecuadorianischen Außenminister José Ayala Lasso, dessen Ernennung die Vollversammlung zustimmen musste. Er hatte erfolgreich Lobbyarbeit für die von der Vollversammlung angenommene Resolution zur Schaffung des Postens betrieben und sein Name war von der us-Delegation vorgeschlagen worden. Im Bereich der Menschenrechte hatte er wenig Erfahrung, doch er stammte aus der Dritten Welt und war ein geschickter Politiker. Dennoch war ich nach wie vor davon überzeugt, dass niemand in der Lage sein würde, aus einer solchen Position mehr zu machen als einen weiteren bürokratischen un-Ableger.

Natürlich haben nicht alle Menschen die gleichen Vorstellungen von der Kultur der Menschenrechte. Die Antwort liegt in der Praxis einer solchen Kultur. Die Prinzipien mögen universal sein, aber die Art und Weise, sie umzusetzen, erfordert eine beträchtliche Flexibilität. Die Anwendung der Menschenrechte wird so lange ein großes Problem darstellen, solange die Dritte Welt sie als ein Instrument der Intervention ansieht, das den politischen Zielen der Industrienationen dient – und solange jene reichen Länder davon überzeugt sind, dass ihre Art, die Menschenrechte durchzusetzen, die einzig mögliche ist.

Kopenhagen und die soziale Entwicklung

Bei dem im März 1995 in Kopenhagen abgehaltenen Weltsozialgipfel
standen die wechselseitigen Verflechtungen im gesamten »Kontinuum«
der Konferenzen im Zentrum. Es ist offensichtlich, dass wirtschaftliche
Probleme soziale Folgen haben und dass soziale Verschlechterungen wiederum die Wirtschaft untergraben. Die von der Gesellschaft am stärksten
empfundenen Übel haben sowohl soziale Ursachen als auch soziale Konsequenzen. Der Kopenhagener Gipfel konzentrierte sich auf die dringende und universelle Notwendigkeit, die Armut zu bekämpfen, produktive
Arbeit auszuweiten, die Arbeitslosigkeit zu verringern und die soziale In-
tegration zu fördern.

Die Entscheidung, sich bei einem Gipfeltreffen allein auf einen stark
vernachlässigten Teil der internationalen Gesellschaft zu konzentrieren,
kam überraschend. 187 Länder waren in Kopenhagen anwesend, nicht
weniger als 117 von ihnen wurden durch Staats- oder Regierungschefs
repräsentiert. Am innovativsten erwies sich die Gipfelkonferenz, als sie
das Prinzip billigte, 20 Prozent der überseeischen Entwicklungshilfe für
grundlegende Sozialleistungen zu verwenden. Im Gegenzug würden sich
arme Länder ihrerseits bereit erklären, 20 Prozent ihres Haushalts in solche Programme zu investieren.

In Kopenhagen hatte ich, in einem freundlichen Büro, das mir direkt
am Konferenzort zur Verfügung stand, ein herzliches und informatives
Gespräch mit Hillary Clinton. Sie sprach davon, wie schwierig es sei, das
Interesse der Medien an mittelfristigen Problemen wachzuhalten, von den
auf diesem Gipfel behandelten langfristigen Problemen ganz zu schweigen. Ich erläuterte ihr meine Sichtweise, dass nämlich dieser Zyklus von
Gipfeltreffen eine Möglichkeit sei, den wirtschaftlichen und sozialen Kalten Krieg zwischen Nord und Süd zu beenden, vergleichbar mit dem Ende
des politischen und strategischen Kalten Krieges zwischen Ost und West.
Die Konferenzen, sagte ich, würden uns helfen, die ausgetretenen Pfade
der Konfrontation zu verlassen. Mrs. Clinton meinte, es sei wichtig, die
multilaterale Perspektive der Vereinten Nationen aufzuzeigen und »immer und immer wieder« die Erfolge der UNO zu nennen, um sich mehr
Unterstützung zu sichern. »Das würde Ihren Einfluss bei anderen Bemühungen stärken«, sagte sie, »etwa in Bosnien. Im US-Kongress und anders-
wo, so scheint es, werden nur negative Dinge diskutiert.« Sie schlug eine
schrittweise zu verstärkende PR-Kampagne vor, um die Erfolge der Ver-

einten Nationen mehr ins öffentliche Bewusstsein zu rücken. Ich zeigte ihr die von mir initiierte Reihe der »Blauen Bücher« über UN-Operationen. Sie erwiderte, sie werde diese Bücher selbst verteilen, und schlug vor, sie an öffentlichen Orten, beispielsweise an internationalen Flughäfen, auszulegen. Mrs. Clinton lobte die gesamte Konferenzreihe und meinte, die Kongresse seien »das wirkliche Ziel multilateraler Diplomatie«.

Nach unserem Treffen begleitete ich sie zu ihrem Büro in dem für die US-Delegation vorgesehenen Konferenzbereich. Als wir gerade im Begriff waren, den US-Pavillon zu betreten, hielt ich inne und sagte: »Hier enden meine Hoheitsgewässer.« Ich küsste ihr die Hand und sie lachte. Am folgenden Tag, nachdem sie ihre Rede gehalten hatte, begleitete ich sie nochmals zu ihrem Büro. Als wir uns dem Bereich der US-Delegation näherten, beugte sie sich zu mir herüber und meinte lächelnd: »Achtung, Sie kommen nun in *meine* Hoheitsgewässer!«

Die Tücken des Protokolls

Auf dem Gipfel von Kopenhagen nahm ich an dem seltsamsten Abendessen teil, das ich je erlebt hatte. Über Fragen des Protokolls wird oft gespottet. In einem populistischen Zeitalter scheint es albern, altmodisch und undemokratisch. Es ist jedoch unbedingt nötig, wenn internationale Beziehungen reibungslos funktionieren sollen. Die Einhaltung unanfechtbarer Kriterien der Rangordnung verhindert unschickliche und mitunter gefährliche Auseinandersetzungen um den Vorrang. Wird ein Botschafter am unteren Ende der Tafel platziert, beruhigt ihn das Wissen, dass die weiter oben Sitzenden nur deshalb dort sitzen, weil sie früher als er selbst ihren Platz am Tisch eingenommen haben. Dennoch zeichnet sich die durch das Protokoll festgelegte Rangordnung durch unbegrenzte Vielfalt aus und bereitet Protokollbeamten häufig große Kopfschmerzen. Es wurde zum Beispiel darüber diskutiert, ob Kaffee einem höheren Rang entspreche als Tee. Und manchmal scheint die korrekte Rangordnung dem Instinkt zuwiderzulaufen. Ich habe gehört, dass beispielsweise US-Diplomaten immer wieder die Meinung vertreten, es sei gegen jede Vernunft, Gouverneure oberhalb von US-Senatoren zu platzieren, wie es ein ordnungsgemäßes Protokoll verlange.

Der Beamte, der die Sitzordnung für den Tisch entwarf, an dem Königin Margrethe II. von Dänemark Gastgeberin sein sollte, glaubte zweifellos, sie auf einem absolut zuverlässigen Prinzip aufzubauen: Die an diesem Tisch Sitzenden seien die Dienstältesten – hinsichtlich der Dauer ihrer Amtszeiten – aller am Weltsozialgipfel teilnehmenden Staats- und Regierungschefs. Auch Leah und ich würden dort sitzen, weil die Vereinten Nationen zusammen mit Dänemark Gastgeber der Gipfelkonferenz waren.

Zur Rechten der Königin am Platz des dienstältesten Gastes saß Fidel Castro, Kubas *maximo líder*. Entgegen dem Uhrzeigersinn folgten auf Castro Präsident Hassan Gouled Aptidon von Dschibuti, der seit der Unabhängigkeit von Frankreich im Jahr 1977 an der Spitze des Landes stand; Mrs. Suharto, Ehefrau des indonesischen Präsidenten; General Suharto, der 1968 zum ersten Mal gewählt worden war; Bundeskanzler Helmut Kohl, der seit dreizehn Jahren an der Macht war und zu diesem Zeitpunkt auch als EG-Ratspräsident fungierte; schließlich kam Leah. Zu ihrer Rechten saß Mobutu Sese-Seko, seit 1965 Staatsoberhaupt von Zaire, dann Mrs. Mobuto und ich. Außer bei Präsident Gouled stand hinter jedem Staatsoberhaupt ein Dolmetscher.

Auf jeder internationalen Versammlung ist Castro derjenige, der jedesmal, wenn er in der Öffentlichkeit erscheint, den stärksten Applaus bekommt. Dies war in Rio der Fall gewesen, als eine verblüffend große Menge, hauptsächlich junge Mädchen, aufgesprungen waren und dabei »Fidel, wir lieben dich!« riefen. Und es traf sogar zu, als Castro bei der Amtseinsetzung des südafrikanischen Präsidenten Nelson Mandela erschien und ihm in diesem historischen Augenblick die Schau stahl. Über die Jahre war Castro zu einem universellen Symbol der Opposition gegen die Macht der USA geworden. Verherrlichung und Bewunderung haben ihn aus der Umgebung seiner Politikerkollegen herausgehoben, wo auch immer er sich aufhält.

Kaum hatten wir unsere Plätze eingenommen, da schien sich Castro an der Gegenwart Kohls zu stören. »Mit welchem Recht sitzen Sie an diesem Tisch?«, wollte er vom deutschen Bundeskanzler wissen. »Dieser Tisch ist nur für die dienstältesten Staats- und Regierungschefs vorgesehen«, fügte Castro hinzu, als wüsste dies niemand. Kohl lief rot an. »Ich bin ein alter Politiker«, entgegnete er in einem Versuch der Selbstverteidigung, mit dem er Castros Attacke abwehren wollte. »Sie sind doch erst seit einigen Jahren Kanzler«, erklärte Castro. Ich beugte mich zu Königin Margrethe hinüber und flüsterte »Musik, Eure Hoheit« – »*La musique adoucit les moeurs!*« (Die Musik besänftigt die Menschen). Durch einen glücklichen Zufall schwoll in diesem Moment die Musik des Orchesters an und verhinderte weitere Gespräche.

Als die Fanfaren verklangen, meldete sich Castro erneut zu Wort. »Sie essen zu viel«, sagte er zu Kohl. »Sie sollten auf Ihre Ernährung achten.« Kohl entgegnete schlagfertig: »Ich hätte nicht gedacht, Herr Castro, dass Sie so sehr amerikanisiert worden sind, dass Sie sich so um das Körpergewicht sorgen.« Das ganze Gespräch wurde aus dem Spanischen ins Deutsche und aus dem Deutschen ins Spanische übersetzt, was die Spannung nur verstärkte.

»Können Sie mir das so genannte deutsche Wirtschaftswunder erklären?«, fragte Castro grinsend. Kohl parierte die Attacke mit den Worten: »Arbeit, Herr Castro, Arbeit – nicht Worte.« »Bitte, Ihre Hoheit«, sagte ich, »mehr Musik.« Diesmal war die Königin vorbereitet und Musik erklang über dem Tisch. Kohl wandte sich Leah zu und meinte: »Unglaublich, diese Tischordnung!« Später erzählte mir Kohl, dass er, als er an diesem Abend in seine Suite zurückgekehrt war, die Sitzordnung an jenem Tisch skizziert hatte, damit er sich an den Vorfall erinnern konnte. »Das habe ich auch getan«, entgegnete ich ihm.

Am folgenden Tag traf US-Vizepräsident Al Gore ein und stattete mir zusammen mit Madeleine Albright und Richard Holbrooke, dem stellvertretenden Außenminister, einen Besuch ab. Gore gratulierte mir zu dem Erfolg des Kopenhagen-Gipfels und meinte, er sei beeindruckt von der enormen Teilnehmerzahl internationaler Politiker. Präsident Clinton, so Gore, habe die Angriffe auf die Vereinten Nationen im Kongress zurückgewiesen. Er wolle in der amerikanischen Öffentlichkeit ein größeres Verständnis für die Vereinten Nationen wecken sowie ihre Unterstützung für die Sache der UNO gewinnen. Ich erzählte Al Gore von dem Gespräch, das ich einige Stunden zuvor mit dem indischen Premierminister Narasimha Rao geführt hatte. Im Hinblick auf die US-Regierung und den Kongress hatte ich zu Rao gesagt: »Gibt es nicht eine indische Redensart, in der es heisst ›Wenn der Elefant kämpft, wird das Gras zertrampelt‹?« Rao hatte entrüstet erwidert: »Die UNO ist kein Gras, sie ist das Parlament der Welt!«

Die UN-Weltgipfel der neunziger Jahre erwiesen sich für den globalen Wandel als ein völlig neuer Faktor. Ein erbitterter Kritiker dieser Konferenzen gab eine treffende Beschreibung: »UN-Treffen sind nicht nur Marathonsitzungen. Sie bieten die Gelegenheit, internationales Recht mit neuen Normen und Rechten zu füllen, wobei sich viele von ihnen hinter scheinbarem Routinekauderwelsch verbergen. Obwohl sie nicht für jede Nation unmittelbar verbindlich sind, werden sie möglicherweise nach einiger Zeit als herrschende Lehre in der Auslegung internationalen

Rechts angesehen und erhalten dadurch Rechtsgültigkeit.... UN-Konferenzen verfolgen heute in der harten Weltpolitik einen klaren Zweck.« Von mehreren Seiten wurden die Konferenzen als Weg kritisiert, die nationalen Parlamente zu umgehen. Doch in Wirklichkeit waren sie im weitesten Sinne demokratisch und markierten den Beginn einer neuen Form der Kontrolle, die Völker auf ihr Schicksal ausüben können – und zwar bei Problemen, die zu komplex sind oder zu sehr von bestimmten Interessengruppen dominiert werden, als dass sie im Rahmen einer nationalen Politik bewältigt werden können.

Ich war noch nicht lange aus Kopenhagen zurück, als mich Madeleine Albright aufsuchte, um sich wegen der nächsten UN-Weltkonferenz zu beschweren, die in China stattfinden und sich auf Frauenrechte konzentrieren sollte. »Ihre Vorbereitungen für Peking gehen zu langsam vonstatten«, erklärte Albright. Es sei offensichtlich, dass Gertrude Mongella aus Tansania, die UN-Direktorin für den Pekinger Gipfel, »nicht weiß, wie man eine Konferenz organisiert. Sie ist das Hauptproblem.« Ich versicherte Madeleine Albright, wir würden im Zeitplan liegen und uns effektiv mit allen eventuell auftretenden Problemen beschäftigen. Ich hatte ein Sonderteam von Experten zusammengestellt, die sich mit allen schwierigen Fragen der Konferenz auseinandersetzten. »Aber sie beschäftigen sich *nicht* mit den Problemen«, insistierte Albright. »Sie werden sich darum kümmern, das verspreche ich Ihnen«, antwortete ich. »Am Ende wird alles reibungslos funktionieren.« Bislang hatten die Vereinten Nationen den Zyklus der großen Konferenzen nahezu problemlos bewältigt. Wir wussten, was wir taten. Doch Albright war nicht zu beruhigen. »Amerika wird sich an dieses Gespräch erinnern«, warnte sie mich. Sie werde, sollte die Pekinger Konferenz ein Misserfolg werden, wieder darauf zurückkommen, erklärte sie. Die Pekinger Weltfrauenkonferenz, das erste in China abgehaltene Gipfeltreffen, war letztlich ein Erfolg. Doch auch dieser Umstand schien Albright nicht zufriedenzustellen.

Ein Gefangener der Erwartungen

Ein Jahr nach dem Völkermord in Ruanda reiste ich noch einmal nach Afrika. Der Bosnienkonflikt erreichte einen Höhepunkt; Srebrenica und Žepa waren erobert worden und die Serben waren im Begriff, die internationalen Bemühungen im ehemaligen Jugoslawien zunichte zu machen. Wie konnte ich zu diesem kritischen Zeitpunkt meine Abwesenheit in Bosnien oder im New Yorker UN-Sitz rechtfertigen? Immer wieder bedrängten mich Journalisten mit dieser Frage. »Weil«, entgegnete ich, »die Afrikaner, sollte ich diese schon lange geplante Reise absagen, sagen werden, in Afrika finde ein Völkermord statt – eine Million Menschen starben in Ruanda –, während sich der Generalsekretär nur für Srebrenica interessiert, ein Dorf in Europa.«

Michael Ignatieff, ein für den *New Yorker* arbeitender Journalist, reiste mit mir und beschrieb die Schauplätze. Jahre später wurde Ignatieff noch immer von Kollegen aus der Journalistenschaft scharf kritisiert, weil er positiv über meine Aktivitäten berichtet hatte (siehe zum Beispiel David Rieff, *The New Republic*, 27. April 1998). Seine Schilderung meiner Afrikareise fing dennoch meine Stimmung sowie den Charakter der damaligen Krise ein:

Donnerstag, 13. Juli 1995: Boutros Boutros-Ghalis Flugzeug fliegt von Kairo aus nach Süden. Es ist ein kleiner, vollgestopfter Privatjet; ein Gedränge von Gepäck und Menschen – ein siebenköpfiges Team, das durch drei Journalisten ergänzt wird. Ich wurde für eine Lagebesprechung nach vorn gerufen. Er ist ein ernsthafter, drahtiger und bleichhäutiger Mann in den Siebzigern, der allein an einem Fensterplatz sitzt und auf die sudanesische Wüste blickt. Er möchte über Afrika reden. Ich möchte über Bosnien reden.

Während eines sehr langen Abschnitts dieser Reise schien es, als könnten die Reporter ihre Gedanken nicht von Bosnien abwenden und würden es auch in Zukunft nicht tun können. Doch allmählich wurde ihnen die Realität und Bedeutung Afrikas bewusst. Ignatieff schrieb:

Montag, 17. Juli 1995: Bujumbura, Burundi. Es ist der fünfte Reisetag, und der einzige, der nicht erschöpft aussieht, ist der forsche, voller Energie steckende 72-jährige Boutros-Ghali, der im Mittelpunkt der Reise steht. Ich sehe nie, dass er sich entspannt – nie lockert er seine Krawatte –, und an diesem Morgen erscheint er, plötzlich aus einem Lift heraustretend, in seinem leicht vornübergebeugten Gang. Die Mitglieder seines Gefolges sind erschöpft: Man kann sie in den Korridoren des Hôtel Source du Nil sehen, wie sie in Bademänteln lange nach Mitternacht Telegramme in seine Zimmer bringen oder Anrufe aus New York entgegennehmen; ihre Betten sind mit Papier übersät. Er nimmt sie hart ran. Sein amerikanischer Sicherheitsbeamter, ein ehemaliger Polizist aus Darien, Connecticut, erinnert sich an die Tage mit Pérez de Cuéllar oder Waldheim, als auf den Reisen noch Zeit für Besichtigungen blieb. »Mit diesem Generalsekretär geht das nicht«, seufzt er. »Wenn er einen Blick auf den Terminkalender wirft und einen Zoobesuch entdeckt, dann fällt dieser unter den Tisch. Statt dessen gibt es ein weiteres Meeting...«

Schließlich berührt der Verfasser den Kern des Problems:

Ich bin eingeladen, an dem laufenden Prozess präventiver Diplomatie teilzunehmen. Boutros-Ghali sitzt am Kopfende eines mit Flanell überzogenen Tisches in seinem Hotel und hört den Führern der Tutsi und Hutu zu, die einander gegenüber sitzen. Die Hutus behaupten, dass die von den Tutsi dominierte Armee einen Ausrottungsfeldzug gegen sie führe; die Tutsi erklären, nächtliche Angriffe von Hutu-Extremisten hätten jeglichen grundlegenden Dialog unmöglich gemacht. Die Luft im Raum wird dick von Beschuldigungen und Gegenbeschuldigungen, starrenden Blicken und Verachtung.

Boutros-Ghali schweigt, bis alle zu Ende gesprochen haben. Dann sagt er ihnen, aufgrund ihres Verhaltens schäme er sich, sich als Afrikaner zu bezeichnen. Die beiden Parteien würden wohl annehmen, fährt er fort und blickt an beiden Reihen von Augenpaaren entlang, die sich gegenseitig nicht ansehen, dass die internationale Gemeinschaft sie retten werde. Da würden sie sich jedoch täuschen. Sie sollten mal an Beirut denken. »Viele gute Freunde von mir starben dort, weil sie das gleiche glaubten. Der internationalen Gemeinschaft ist es gleichgültig, wenn Sie sich bis auf den letzten Mann massakrieren. Die Gemeinschaft der Spender ist erschöpft. Sie ist es leid, Gesellschaften retten zu müssen, die offenbar unfähig sind, sich selbst zu retten.« Er legt die Hand flach auf den Tisch. »Sie sind reife Erwachsene – *majeurs et vaccinés*«, sagt er. »Gott hilft denen, die sich selber helfen. Nicht der Gegner ist Ihr Feind, sondern Angst und Feigheit. Sie müssen den Mut haben, Kompromisse zu akzeptieren. Das ist Sinn und Zweck einer politischen Klasse. Sie müssen Verantwortung übernehmen. Wenn Sie das nicht tun, wird niemand Sie retten.« Dann rafft er seine Papiere zusammen und schreitet davon.

Später an diesem Abend frage ich ihn im Hôtel Source du Nil, ob er eine solch bissige Sprache auch privat benutze.

»Nur wenn es sein muss.« Es ist in keiner Weise persönlich gemeint. Die Verärgerung ist eine professionell und sorgfältig geplante Operation, durch die eine feige regionale Elite zur Besinnung gebracht werden soll.

Wird das funktionieren?

Wir sind nur die Ärzte, erwidert er. Was können wir tun, wenn der Patient seine Medikamente nicht einnimmt?

Die Metapher stimmt nicht ganz. Diese Patienten lehnen nicht etwa die Medikamente ab. Sie stecken das Krankenhaus in Brand. Gibt es einen Punkt, an welchem man sie den Flammen überlassen soll – einen Punkt, an dem sich selbst ein Generalsekretär zu moralischer Abscheu hinreißen lässt?

Überall, wo er hingeht, erscheint er als Gefangener der Erwartungen, die jene bettelarmen Orte an die Vereinten Nationen und an jene übertriebene Fiktion namens internationale Gemeinschaft haben. Diese Erwartungen sind Rechtfertigung für die Organisation, der Boutros-Ghali vorsteht: Sie sind ihr wirkliches Mandat, ihr *raison d'être.* Und doch versucht er bewusst, auf die eine oder andere Weise, diese Erwartungen zurückzuschrauben, die zwangsläufige Enttäuschung in Grenzen zu halten und die Menschen zu zwingen, ihre eigenen Fähigkeiten wiederzuentdecken.

Ich frage ihn, ob er müde ist.

»Überhaupt nicht. Sie sehen mich, wie ich bin.«

Wird er sich nochmals bewerben?

»Ich habe 15 Monate Zeit, es mir zu überlegen.«

Kürzlich hatte er gesagt, die Leistung der Vereinten Nationen in den fünfzig Jahren ihres Bestehens sei es, ein funktionierendes internationales System geschaffen zu haben. Ich entgegne ihm, dass ich nach den ersten fünf Reisetagen kein funktionierendes internationales System erkennen kann. Ich sehe einen Dschungel, den man, verzweifelt improvisierend, unter Kontrolle hält.

Er schüttelt den Kopf. So schlimm sei es nicht. Es gebe mehr Gründe, hoffnungsvoll zu sein. Er ist nicht entmutigt. »Wir geben der internationalen Gemeinschaft Hoffnung.« Und dann entschwindet er, geht nach oben, trifft sich mit einem weiteren Milizenführer, an dessen Händen Blut klebt, nimmt einen weiteren Telefonanruf von Akashi in Zagreb oder dem Sekretariat in New York entgegen.

Die Nacht senkt sich auf das Hôtel Source du Nil. Am Swimmingpool ist es ruhig. Auf den Gängen, wo sein Stab hin und her huschte, herrscht Stille, die aber schon bald von einer Maschinengewehrsalve und dem scharfen, erschütternden Geräusch einer Granate unterbrochen wird. Die »ethnische Säuberung« ist knapp einen Kilometer von der Schlafstätte des Generalsekretärs im Gange.

Am 17. April 1996 schickte ich meine letzte Reihe von Briefen an die führenden Politiker der G-7-Staaten, deren diesjähriges Gipfeltreffen in Lyon stattfinden sollte. Ich nahm Bezug auf meine bisherigen Briefe und schrieb: »Die wirtschaftlichen, sozialen und umweltpolitischen Herausforderungen, mit denen Afrika konfrontiert ist, sind von beispiellosem Ernst. Gleichzeitig sind Afrikas Aussichten in punkto Entwicklung in vielerlei Hinsicht besser, als sie es viele Jahre lang gewesen waren. Sich diese Aussichten klarzumachen, wird eine neue Entschlossenheit in Afrika erfordern. Nötig ist auch ein erneutes Engagement der internationalen Gemeinschaft.«

In diesem Sinne drängte ich die Führungspolitiker der G-7-Länder, der Sonderinitiative der Vereinten Nationen für Afrika, die ich erst einige Wochen zuvor in die Wege geleitet hatte, ihre Unterstützung zuzusichern. Die Initiative, erklärte ich, »ist ein Versuch, den gemeinsamen Einfluss der Aktivitäten der Vereinten Nationen, der Weltbank, des Internationalen Währungsfonds, der Welthandelsorganisation und anderer Organisationen, die Afrika helfen, zu verstärken. Mit Unterstützung der G-7-Länder«, sagte ich, »kann das Ergebnis ein freieres, friedlicheres und florierendes Afrika sein, und somit eine freiere und friedlichere Welt.«

In Lyon stimmten die G-7-Staaten einer Afrika-Resolution zu. Bald darauf erhielt ich ein Schreiben vom Präsidenten der G-7, Jacques Chirac, in dem er fragte, was die Vereinten Nationen getan hätten, um diese Resolution umzusetzen. Gemeinsam mit den Leitern der Weltbank, der Welthandelsorganisation und des Internationalen Währungsfonds unterschrieb ich eine Antwort, in der detailliert geschildert wurde, was wir gemeinsam für Afrika getan hatten. Irgendwie waren die Führer der großen wohlhabenden Staaten dem Thema wieder einmal ausgewichen. Nach jahrelangen Bemühungen hatte ich sie schließlich dazu gebracht, sich mit Afrikas Notlage zu befassen, nur damit sie nun von mir wissen wollten, was *ich* denn getan hätte, um ihre Deklaration umzusetzen. Ein Jahr später, als ich nicht mehr bei den Vereinten Nationen tätig war, stellte us-Präsident Clinton beim G-7-Gipfel in Denver, Colorado, einen

Plan vor, den er als seine »Afrika-Initiative« bezeichnete. Und nochmals ein Jahr später, 1998, unternahm er eine ausgedehnte Reise durch Afrika, wo man ihm einen herzlichen Empfang bereitete. Doch offenbar vermittelte er lediglich die Botschaft, dass die Erfordernisse in punkto Sicherheit und Entwicklung auf einer regionalen und nichtstaatlichen Ebene erfüllt werden müssten und dass in einer globalen Marktwirtschaft die Rolle der internationalen Regierungen bestenfalls eine marginale sei.

Wie es bei Kindern am Ufer des Nils schon seit Jahrtausenden der Fall ist, flößte auch mir in meiner Jugend der Fluss großen Respekt ein. Als Erwachsener reiste ich immer wieder gen Süden zur Quelle des Nils, tief im Herzen des afrikanischen Kontinents. Ich lernte, dass hier nicht nur der Ursprung des Flusses, sondern auch der Ursprung der Menschheit liegt. Wir stammen alle »Out of Afrika«. Afrika ist unser aller Mutter und Ägypten ihre älteste Tochter. Deshalb liebe ich Afrika und versuchte mein ganzes Leben lang so sehr, diesem Kontinent zu helfen. Und deshalb verursachen die Gräuel, die in Afrika geschehen und dem Kontinent zugefügt werden, solchen Schmerz. Jeder aber, der Afrika kennt, weiß, dass das afrikanische Volk dies ertragen und letztlich obsiegen wird.

KAPITEL 6

Der arabische Raum und Israel

(1992–1993)

Ebenso wie mein Engagement für Afrika war auch die Identifikation mit der arabischen Welt während all meiner Jahre bei den Vereinten Nationen ständiger Hintergrund meiner Arbeit. Die Beziehungen zwischen den Vereinten Nationen und der arabischen Welt sind komplex und schwierig. Die UNO hatte zur Dekolonisierung der meisten arabischen Länder sowie zur Gründung des Staates Israel beigetragen, doch sie hatte bislang weder das Palästinenserproblem gelöst noch den arabisch-israelischen Konflikt bewältigt. Die vom Sicherheitsrat und von der Vollversammlung angenommenen Resolutionen, die in die Hunderte gingen, verschärften lediglich die doppelte Vertrauenskrise bezüglich der Vereinten Nationen: Für Israel war die UNO eine regelrechte Kriegsmaschine, die der Verurteilung, Isolierung und Aushöhlung des jüdischen Staates diente; für die arabische Welt stand die UNO in feudaler Abhängigkeit von den Vereinigten Staaten und würde niemals pro-arabische Resolutionen zugunsten Palästinas ausführen.

Dieses Misstrauen behinderte meine Arbeit als Generalsekretär erheblich. Ich versuchte es durch eine glaubwürdige Versöhnung zwischen den Vereinten Nationen und Israel zu überwinden. Vor und nach meiner Wahl lautete meine Botschaft an den Ministerpräsidenten von Israel: »In Camp David habe ich dazu beigetragen, einen Friedensvertrag zwischen Ägypten und Israel zustandezubringen. Jetzt würde ich gerne einen Friedensvertrag zwischen den Vereinten Nationen und Israel abschließen.«

Meine Botschaft an die arabische Welt war: »Ich bin ein Araber. Eure Probleme sind auch meine Probleme. Dies ist eine Gelegenheit, die sich auf Jahrzehnte hinaus nicht mehr ergeben wird. Helft mir, damit ich euch helfen kann.«

Es gab neben den Problemen Palästinas weitere, teils damit zusammenhängende Schwierigkeiten, mit denen sich die arabische Welt konfrontiert sah: die israelische Besetzung des Südlibanons, der Konflikt in der West-Sahara, der Bürgerkrieg im Jemen, die Sanktionen gegen Irak und Libyen, die Unruhen im Sudan. Außerdem waren die Probleme der arabischen Welt mit dem Ziel einer pan-islamischen Solidarität verwoben. Nicht nur für Fundamentalisten, für viele Araber ist die wahre Nation die Umma, die Gemeinschaft aller Muslime, und sie hat Vorrang vor der arabischen Nation. Ohne Vorbehalt müsse man Moslems überall auf der Welt unterstützen, sei es in Bosnien, Kaschmir oder Tschetschenien, in Berg-Karabach oder auf Zypern. Das nicht zu tun wäre anti-muslimisch und damit anti-arabisch. Während des dritten Arabischen Volkskongresses im März 1995 in Khartum erklärte der sudanesische Fundamentalistenführer Hassan al-Turabi, dass »der internationale Apparat namens UNO mittlerweile nicht mehr korrekt funktioniert und zu einer Waffe gegen die muslimischen Länder geworden ist«. Al-Turabi und ich kannten uns und misstrauten einander zutiefst.

In Büchern und Pamphleten, die auf den Straßen Kairos und anderer arabischer Hauptstädte verkauft wurden, wurde ich beschuldigt, die muslimische Welt verraten zu haben und ein Agent des US-Imperialismus zu sein. Eine Karikatur zeigte mich als Graf Dracula, der im Begriff steht, seine Eckzähne in die islamischen Länder zu schlagen. Dagegen unterstellten mir die politischen Kreise der Vereinigten Staaten, ich sei gegen Israel und generell gegen die USA eingestellt. In den arabischen Hauptstädten wurde ich somit bestenfalls als jemand betrachtet, der die arabische Sache nicht unterstützte, in Washington als jemand, der nicht neutral war.

In dieser ausweglos scheinenden Situation suchte ich mein Heil darin, die Resolutionen der Vereinten Nationen streng auszulegen, um meine Entscheidungen zu legitimieren und mein Handeln zu untermauern. Wann immer ich mit Problemen in irgendeinem Teil der Welt zu tun hatte, suchte ich nach Unterstützung, sei es innerhalb, sei es außerhalb der Vereinten Nationen. Stets war es mein Bestreben, ein Team oder eine Sondereinheit zu bilden, so dass jede Position der UNO nicht als einsame Entscheidung des Generalsekretärs, sondern als das Resultat eines Konsenses erschien. Ging es um Probleme im Nahen Osten, versuchte ich darüber hinaus, so objektiv wie möglich zu sein. Ich tat mein Bestes, um das Misstrauen auf beiden Seiten zu beseitigen. Um keine Emotionen zu schüren, besuchte ich weder Libyen noch den Libanon noch die von

Israel besetzten Gebiete. Auch Israel besuchte ich nie, mit einer Ausnahme: dem Begräbnis von Jitzhak Rabin.

Vor diesem Hintergrund hoben sich drei arabische Krisenherde ab – Palästina, Libyen und der Irak. Das heißt nicht, dass andere Probleme, denen ich große Aufmerksamkeit und Mühe widmete – etwa der Bürgerkrieg im Sudan oder Jemen oder die Zukunft der West-Sahara – weniger wichtig waren. Aber es wurde ihnen im Rahmen der Tagesordnung des Sicherheitsrates sehr viel weniger Zeit gewidmet. Ich habe mir weniger die Probleme ausgesucht, als ich von ihnen ausgesucht wurde.

Die Resolution 242

Kaum hatte ich an meinem Schreibtisch im 38. Stockwerk des UN-Gebäudes Platz genommen, da sah ich mich bereits mit einem Problem des Nahen Ostens konfrontiert. Auf einer Pressekonferenz am 19. März 1992 hatte ich erklärt, die im Jahr 1967 verabschiedete Resolution 242 des UN-Sicherheitsrates sei nicht verbindlich, weil sie nicht auf jenem Kapitel der Charta basiere, das die Durchsetzung der Resolutionen des Rates regele. Die Folgen meiner Äußerung brachen mit dem Getöse eines zusammenbrechenden Klaviers über mich herein. Die Resolution 242 behandelt den arabisch-israelischen Konflikt und erklärt, dass Gebiete abgetreten werden müssten, um einen Frieden zu erzielen. Wenn ich behaupte, die Resolution 242 sei nicht verbindlich, so tönte es mir von meinen arabischen Freunden entgegen, dann würde ich wohl damit meinen, Israel müsse sich nicht von der West Bank und aus Gaza zurückziehen.

Eine Stunde später gab mein Sprecher eine klärende Stellungnahme ab: »Die Äußerung des Generalsekretärs bezüglich der Resolution 242 des Sicherheitsrates, mit der er auf seiner Pressekonferenz an diesem Vormittag eine Frage beantwortete, sollte dahingehend verstanden werden, dass diese Resolution nicht durchsetzbar ist, da sie nicht auf der Grundlage von Kapitel VII der Charta der Vereinten Nationen angenommen wurde.« Ich war schlichtweg der Meinung gewesen, dass es kein Mittel für die Durchsetzung der Resolution gab.

Diese Verlautbarung stellte meine Kritiker keineswegs zufrieden und wenig später wurde mir von einer arabisch-amerikanischen Gruppe eine umfangreiche rechtliche Analyse unterbreitet, nach der meine Erklärung »im Widerspruch zu den Prinzipien der UN-Charta, zu den UN-Resolutionen und den Grundsätzen des Völkerrechts« stand. Der Fairness halber schickte ich die Denkschrift der Araber an den Rechtsberater der UNO, der mir mit einem ähnlich umfangreichen Memorandum antwortete. Am Schluss hatte er in Großbuchstaben geschrieben: KEINE RESOLUTION DES SICHERHEITSRATES KANN ALS UNDURCHFÜHRBAR BEZEICHNET WERDEN. Ich hatte verstanden. Ich beschloss, einige Zeit verstreichen zu lassen, bevor ich mich wieder zur arabisch-israelischen Problematik äußern würde.

Die Monate vergingen und ich stellte fest, dass meine Bemühungen, Frieden zwischen den Vereinten Nationen und Israel zu stiften, wie ich es schon zwischen Ägypten und Israel getan hatte, Früchte trugen. Während der letzten Jahre hatten die Vereinten Nationen mit internationaler Billigung der Isolierung Israels gedient. In der neuen Atmosphäre nach dem Ende des Kalten Krieges jedoch hatte die Vollversammlung ihre Resolution »Zionismus ist gleich Rassismus« aufgehoben. Und wie die israelische Regierung selbst zufrieden betonte, begannen die Vereinten Nationen, angesichts der 1993 in Oslo erzielten »Prinzipienerklärung« zwischen Israel und der PLO und des israelisch-jordanischen Friedensvertrages die Fortschritte des arabisch-israelischen Friedensprozesses zu begrüßen. Dies stand jedoch in starkem Kontrast zur Weigerung der Vereinten Nationen, nach der Unterzeichnung des Friedensvertrages zwischen Ägypten und Israel eine UN-Friedenstruppe für den Sinai bereitzustellen – einer der beschämendsten Augenblicke in der Geschichte der UNO.

In den neunziger Jahren wurden jedoch mehrere positive Schritte hin zu einem neuen Verhältnis zwischen der UNO und Israel unternommen. Die UN-Vertreter der arabischen Länder gaben ihr jährliches Ritual, die Rechtmäßigkeit des israelischen Staates in der Vollversammlung in Frage zu stellen, auf. Damit erkannten sie indirekt Israels Legitimität in der Gemeinschaft der Nationen an. Mit Zustimmung der meisten arabischen Länder wurde Israel zum UN-Informationskomitee zugelassen, und ein Israeli wurde in den administrativen Untersuchungsausschuss gewählt, der sich mit Personalproblemen befasst. Jahrzehntelang war Israel von allen Positionen in UN-Körperschaften, die durch Wahlen besetzt wurden, ausgeschlossen gewesen. In der alljährlich von der arabischen Gruppe vorgelegten Resolution, die eine Zusammenarbeit zwischen den Vereinten Nationen und der Arabischen Liga forderte, wurden alle israel-feindlichen und dem Friedensprozess abträglichen Bedingungen gestrichen, so dass Israel und die Vereinigten Staaten die Re-

solution unterstützen konnten. All diese Entwicklungen halfen Israel und
den Vereinten Nationen, ein neues Kapitel ihrer gemeinsamen Geschichte aufzuschlagen.

Libyen unter Anklage

Meine Beziehungen zur libyschen Regierung waren seit Präsident Sadats
historischem Besuch in Jerusalem im November 1977 überaus schwierig
gewesen. Libyen warf Ägypten vor, die palästinensische Sache und die
arabische Welt zu verraten, Ägypten beschuldigte seinerseits Libyen, in
Terrorakte verwickelt zu sein. Während der afrikanischen Gipfeltreffen
und Konferenzen der blockfreien Bewegung, aber auch in den UN-Voll-
versammlungen, hatte es regelmäßig verbale Konfrontationen zwischen
mir und dem libyschen Außenminister Ali Turayki gegeben. Gegen Ende
der achtziger Jahre verbesserten sich die Beziehungen zwischen Präsident
Mubarak und Oberst Muammar Gaddafi. Für Kairo war dies von großer
Bedeutung. Zum einen wegen der mehreren Hunderttausend in Libyen
tätigen ägyptischen Arbeiter und zum anderen, weil bessere Kontakte
Ägyptens Chancen erhöhten, mäßigend auf Gaddafis Politik einzuwir-
ken. Als Ägypten aufgrund seines Friedensvertrages mit Israel in der arabischen Welt isoliert war, war ich einer von Ägyptens Hardlinern gegen
Gaddafi gewesen. Daher hielt ich mich während der diplomatischen Versöhnung im Hintergrund.

Doch Anfang 1990 beschloss Präsident Mubarak, auf dem Rückflug
von einer Reise, auf der ich ihn begleitet hatte, einen Zwischenstopp in
Libyen einzulegen, um sich mit Gaddafi zu treffen. Die Aussicht, Gaddafi
persönlich kennenzulernen, beunruhigte mich. Die Präsidentenmaschine
landete auf einem Militärflugplatz irgendwo zwischen Bengasi und Tripolis. Oberst Gaddafi erwartete uns am Fuß der Gangway. Er umarmte
den Präsidenten und die anderen Mitglieder seines Gefolges, mich jedoch begrüßte er ohne Kuss und Umarmung, die er den anderen gewährte. Ich begriff, dass, selbst wenn auf der Ebene der Staatsoberhäupter und
hochrangigen Beamten eine Aussöhnung stattgefunden hatte, ich davon
ausgeschlossen war. Auf mir lastete die Vergangenheit. Diese Diskrimi-
nierung entging Mubarak nicht, der mich bei dem Mittagessen, das
Oberst Gaddafi in einem bescheidenen Wüstendomizil – Libyen besteht
nur aus Wüste – anbot, neckte: »Nehmen Sie ein wenig Makkaroni. Ich
werde Ihrer Frau schon nichts sagen.« Dann sagte er zu Oberst Gaddafi:

»Seine Frau verordnet ihm eine überaus strenge Diät, was das Essen betrifft. Sie verbietet ihm Brot, Nudeln und vor allem Makkaroni.«

Gaddafi zeigte sich sehr interessiert und fragte mich, ob ich Makkaroni möge. Als ich zugab, eine große Schwäche für Makkaroni zu haben, stand Gaddafi auf, servierte mir persönlich Makkaroni und erklärte, sie seien in Libyen hergestellt. Als ehemalige italienische Kolonie produzierte Libyen tatsächlich hervorragende Makkaroni.

Nachdem Gaddafi an seinen Platz zurückgekehrt war, beugte er sich über den Tisch und fragte mich: »Wenn Ihre Frau Ihnen verbietet, Makkaroni zu essen, warum lassen Sie sich dann nicht scheiden?«

»Weil ich Angst vor ihr habe«, erwiderte ich scherzhaft.

Gaddafi erklärte, meine Ehe werde sich tatsächlich als sehr stark erweisen müssen, denn er werde den libyschen Botschafter in Kairo anweisen, mir kistenweise Makkaroni ins Haus liefern zu lassen. Alle brachen in schallendes Gelächter aus und die Atmosphäre entspannte sich.

Als wir uns verabschiedeten, um den Rückflug nach Kairo anzutreten, umarmte der Oberst erst Präsident Mubarak und dann mich. Ich flüsterte ihm dabei zu, er solle die Makkaroni nicht vergessen.

Später wurde mir in Kairo von Gaddafi eine riesige Kiste Makkaroni – zweimal so groß wie ein Büroschreibtisch – geliefert. Die ägyptischen Sicherheitsbeamten waren beunruhigt und ließen mich die Lieferung nicht annehmen. Ich telefonierte mit Präsident Mubarak und fragte ihn, ob ich die Lieferung behalten oder ob ich einen Makkaroni-Laden aufmachen solle.

»Legen Sie den Telefonhörer zur Seite und holen Sie einen Bleistift.« Ich tat wie mir geheißen. »Erstens«, sagte Mubarak, »kein Laden. Zweitens, Sie dürfen Ihren Freunden nichts von den Makkaroni abgeben. Drittens, Sie müssen alle Makkaroni selber aufessen.«

Bald machte Mubarak aus dem Vorfall einen »running gag«, nicht nur über mich, sondern als Bemerkung, um beliebige Personen zu charakterisieren, die etwas Unpassendes sagten oder taten. Bei einer Pressekonferenz in London, die er hauptsächlich vor dort lebenden Ägyptern abhielt und auf der ich neben ihm auf dem Podium saß, stand ein fundamentalistischer Scheich auf und fragte Mubarak, warum er nicht einen Mann der Religion als Vizepräsident ernenne. Mubarak wandte sich mir zu und sagte für alle vernehmlich: »Dieser Mann hat zuviel Makkaroni gegessen.« Später eilten die Leute auf mich zu und verlangten, dass ich ihnen die geheime Bedeutung des Wortes »Makkaroni« erklärte.

Kurz nach meiner Wahl zum Generalsekretär sagte Mubarak bei

einem Telefongespräch zu mir, ich solle für Gaddafis PanAm-Problem eine Lösung suchen. Ich erwiderte, dass ich das tun werde, wenn er mir noch mehr Makkaroni schicke. »Boutros«, antwortete Mubarak, »er ist in der Lage und schickt Ihnen eine Makkaroni-Fabrik!« Gaddafi schien zu glauben, dass ich als Generalsekretär all seine Probleme mit Frankreich, Großbritannien und den Vereinigten Staaten aus der Welt schaffen könne.

Die Konvention von Montreal

Im November 1991 erließen die Vereinigten Staaten und Großbritannien Haftbefehle für die Festnahme und Auslieferung zweier libyscher Staatsbürger. Sie wurden beschuldigt, mit einem Bombenanschlag auf PanAm-Flug 103 die Gesetze Schottlands und der USA verletzt zu haben. Das Flugzeug war im Dezember 1988 über dem schottischen Lockerbie abgestürzt. Gleichzeitig verlangte Frankreich eine größere Kooperation seitens Libyens bei der Untersuchung eines offenkundig terroristischen Bombenanschlags auf den Flug 772 der Union de Transports Aériens (UTA) im September 1989 über dem afrikanischen Staat Niger.

Die libysche Regierung reagierte darauf mit der Aufforderung an die Vereinigten Staaten, Großbritannien und Frankreich, sich an den Nachforschungen Libyens über die Bombenanschläge zu beteiligen. Sie bestritt ausdrücklich jegliche Verwicklung in den Absturz über Lockerbie und bot an, den Fall dem Internationalen Gerichtshof in Den Haag zu übertragen. Die Vereinigten Staaten und Großbritannien lehnten den Vorschlag Libyens ab.

Die Gewalttat von Lockerbie berührte ein internationales Abkommen: die 1971 unterzeichnete Montrealer Konvention zur Verfolgung illegaler Handlungen, die die Sicherheit in der Zivilluftfahrt gefährdeten. Libyen, die Vereinigten Staaten, Großbritannien und Frankreich hatten den Vertrag unterzeichnet, der in den Zuständigkeitsbereich der International Civil Aviation Organisation (ICAO) fällt, einer Sonderbehörde der Vereinten Nationen. Die Montrealer Konvention verpflichtet Regierungen, jede Person gerichtlich zu verfolgen oder auszuliefern, die beschuldigt wird, an Bord eines Flugzeugs »eine Vorrichtung« angebracht zu haben, »die wahrscheinlich … Schaden verursachen wird, durch die die Sicherheit während des Fluges voraussichtlich gefährdet wird«.

Es gab jedoch zwischen Libyen und den Vereinigten Staaten beziehungsweise Großbritannien keine Auslieferungsvereinbarungen. Eine solche Situation regelt die Montrealer Konvention durch die Erklärung, dass jede Vertragspartei, sollte sie die Beschuldigten nicht ausliefern, dazu verpflichtet ist, »ohne Ausnahmen irgendwelcher Art sowie unabhängig davon, ob das Vergehen auf ihrem Territorium begangen wurde oder nicht, den Fall ihren zuständigen Behörden zum Zweck der gerichtlichen Verfolgung zu übergeben«.

Libyen hielt sich an die Montrealer Konvention. Die Verdächtigen wurden verhaftet und die anklagenden Staaten benachrichtigt; libysche Behörden baten um Beweismaterial, stellten Ermittlungen an und luden die Vereinigten Staaten und Großbritannien ein, sich daran zu beteiligen. Libyen gab auch Frankreich eine positive Antwort. Das Land bot den Franzosen eine enge Kooperation bei den von beiden Staaten durchgeführten Ermittlungen an.

Die Montrealer Konvention sieht ausdrücklich die Möglichkeit vor, sich zur Lösung von Problemen an den Internationalen Gerichtshof zu wenden, die mit der Interpretation oder Anwendung der Konvention zu tun haben. Der Internationale Gerichtshof hätte für ein offenes Forum gesorgt, in dem Beweismaterial der Amerikaner, Briten und Franzosen präsentiert und bewertet worden wäre. Hätte Libyen sich geweigert, die Entscheidung des Internationalen Gerichtshofes zu akzeptieren, wäre dies ein Verstoß gegen die UN-Charta gewesen und der Sicherheitsrat hätte sich einschalten können. Doch in diesem Fall lehnten die Vereinigten Staaten und Großbritannien Libyens Angebot ab, den Internationalen Gerichtshof einzuschalten. Statt dessen wandten sie sich direkt an den Sicherheitsrat und forderten diesen auf, dem Wunsch nach Auslieferung der beiden beschuldigten Libyer zuzustimmen.

Erste Verurteilung

Am 3. Januar 1992 – einer der ersten Tage meiner Amtszeit – erschienen die Botschafter Frankreichs, Großbritanniens und der Vereinigten Staaten in meinem zeitweiligen Wohnsitz im Waldorf-Astoria, um die Verantwortung Libyens für die Bombenanschläge auf den PanAm-Flug 103 und den UTA-Flug 772 zu erörtern. Es gebe zahlreiche Beweise gegen die beiden Verdächtigen, sagten sie, sie wären im Begriff, eine Resolution des Sicherheitsrates vorzuschlagen, die den Weg für Sanktionen gegen Libyen ebnen würde. In den folgenden Tagen suchten mich Vertreter Libyens auf. Am Sonntag, dem 19. Januar traf ich mit Ali Turayki zusammen, dem früheren libyschen Außenminister und einem meiner ehemaligen Widersacher. Den Libyern war signalisiert worden, die Resolution werde nicht durchkommen. Ich wusste, dass sie sich irrten, und versuchte, sie davon zu überzeugen. Am 20. Januar 1992 wurde die Resolution 731 einstimmig angenommen. Sie verlangte, dass die libyschen Behörden umfassend auf die Forderungen der Vereinigten Staaten, Großbritanniens und Frankreichs reagierten und dass sich der UN-Generalsekretär um die Kooperation Libyens bemühte, um diese umfassende Reaktion zu gewährleisten. Wie wir später feststellten, betrafen die Forderungen vier Punkte: die tödlichen Anschläge auf PanAm-Flug 103 und UTA-Flug 772, die Ausbildung von Terroristen in libyschen Lagern sowie Militärhilfe, die Libyen terroristischen Gruppen gewährte, insbesondere der Irisch-Republikanischen Armee (IRA).

Das Problem wurde durch Unklarheiten und Missverständnisse noch vergrößert.

Erstens waren die Libyer von selbsternannten Vermittlern umgeben. Einige dieser Leute waren armselige Hochstapler, andere waren wichtige internationale Unterhändler, wieder andere waren britische und amerikanische Anwälte. Alle erklärten den Libyern, sie könnten den Sicherheitsrat umgehen und den Streit mit Hilfe von hochrangigen Politikern in den Vereinigten Staaten, Großbritannien und Frankreich direkt beenden. Angesichts der einstimmig verabschiedeten Resolution des Sicherheitsrates waren die Libyer willens – vergleichbar einem Patienten mit einer unheilbaren Krankheit –, sich von Scharlatanen helfen zu lassen.

Zweitens hatten die drei beteiligten Nationen, auch wenn sie vereint und geschlossen gegen Libyen auftraten, voneinander abweichende Interessen in dieser Angelegenheit. Den Vereinigten Staaten ging es vor allem um die zerstörte PanAm-Maschine, da die meisten Opfer Studenten der Syracuse University, N.Y., waren. Die Briten interessierten sich hauptsächlich für die Waffenlieferungen Libyens an die IRA. Frankreich konzentrierte sich auf den UTA-Flug 772.

Drittens war die Legalität der Forderungen sowohl in der allgemeinen Rechtswissenschaft als auch bei den Anwälten Libyens umstritten, weil es keinerlei Auslieferungsabkommen zwischen Libyen und den drei Staaten gab. Es gab die unterschiedlichsten juristischen Interpretationen dessen, was von Libyen verlangt werden konnte.

Viertens war den Libyern nicht klar, worauf die UN-Resolution abzielte. Sie fragten sich, ob die Resolution 731 alles sei oder erst der Beginn umfassender Anstrengungen, um die libysche Regierung und Oberst Gaddafi zu stürzen. Aufgrund meiner Gespräche mit den Botschaftern der drei Nationen bezweifelte ich, dass sie sich selbst diese Frage beantworten konnten.

Außerdem war den Libyern nicht klar, was sie erwartete, sollten sie sich nicht an die Resolution 731 halten. Auch hier waren die Ratschläge der Vermittler und Höflinge, von denen es in Tripolis nur so wimmelte, widersprüchlich: Die drei Staaten werden nichts tun … Zeit schinden … Legen Sie Einspruch beim Internationalen Gerichtshof ein … Wir werden uns darum kümmern …

Im Januar 1992 – als die Resolution bezüglich der UN-Sanktionen noch nicht verabschiedet worden war – hatte ich in Mexiko bei der Feier zur Unterzeichnung des Friedensabkommens für El Salvador US-Außenminister James Baker getroffen. Baker hatte gehört, nordafrikanische Länder seien zur Versöhnung mit Libyen bereit und ich solle dabei in meiner Funktion als Generalsekretär die Vermittlerrolle spielen. Er bat mich, das Thema zu meiden. Die Vereinigten Staaten wollten eine UN-Resolution verabschieden, die von Libyen die Auslieferung der Verdächtigen verlangte.

Auf Wunsch der Libyer traf ich mich am 22. Januar, zwei Tage nach dem Beschluss des Sicherheitsrats, im Waldorf-Astoria mit der libyschen Delegation und am 25. Januar mit dem allein agierenden Ali Turayki. Ich versuchte sie davon zu überzeugen, dass es eine weitere Resolution geben werde, wenn sie nicht umgehend auf die Forderungen der drei Staaten reagierten. Die libysche Delegation vermittelte mir Gaddafis Bereitschaft, einen Gesandten von mir zu empfangen, einen Untergeneralsekretär russischer Nationalität namens Wassili Safrontschuk. Ich hatte mich für einen Russen entschieden, weil ich annahm, dass Russland nun, da der Kalte Krieg beendet war, eine konstruktive Rolle in der Weltpolitik spielen würde. Auch glaubte ich, der Einsatz eines russischen Patrioten würde dazu beitragen, das Vertrauen der Libyer zu gewinnen. Später musste ich erfahren, dass meine Entscheidung lediglich Misstrauen geweckt hatte.

Am Sonntag, dem 26. Januar, traf ich mit Botschafter Thomas Pikkering, meinem Nachbarn im Waldorf-Astoria, zusammen. Er versicherte mir, dass die Vereinigten Staaten beabsichtigten, Sanktionen zu verhängen, sollte Libyen nicht reagieren. Pickering – groß, kahlköpfig und von fast unerträglicher Ernsthaftigkeit – sprach in einem weichen, sehr schnellen Rhythmus, dennoch war jedes Wort genau artikuliert. Er war ein exzellenter Botschafter, der grenzenlose Geduld zeigte und seine

Emotionen verbarg. Sollte Libyen die Resolution 731 nicht erfüllen, wollten die Vereinigten Staaten durch eine weitere Resolution Sanktionen verhängen. Die USA wollten mit meiner Hilfe sicherstellen, dass sich Gaddafi dessen bewusst war.

Oberst Gaddafi traf am 25. Januar mit meinem Gesandten zusammen und versprach, die nötigen Schritte einzuleiten, um auf die Forderungen der drei Mächte zu antworten, bat aber um mehr Zeit. Einen Monat später schickte ich Safrontschuk erneut zu Gaddafi, doch dieser beharrte auf seinem bisherigen Standpunkt.

Am 26. Februar traf ich in Genf mit einer libyschen Delegation zusammen, die lediglich wiederholte, dass augenblicklich nichts weiter getan werden könne. Die Gesandten gaben keine Erklärungen ab, aber ich wusste, dass sie Zeit schinden wollten – in der Hoffnung, die von ihnen angeheuerten Anwälte und andere Unterhändler würden das Problem lösen. Sie schienen auch anzunehmen, ich könne auf irgendeine wundersame Weise die Angelegenheit bereinigen. Vergeblich erklärte ich, dass meine Machtbefugnisse sehr begrenzt seien und dass letztlich der Sicherheitsrat über die Sache entscheide.

Mittlerweile verbreitete sich in der arabischen Welt das Gerücht, die Resolution 731 sei in Wirklichkeit ein »Präsent« der USA für Syrien und den Iran, da diese den Golfkrieg gegen den Irak unterstützt – oder zumindest geduldet – hatten. Ursprünglich waren nämlich Syrien und der Iran verdächtigt worden, für den Bombenanschlag auf Flug 103 der PanAm verantwortlich zu sein. Die *New York Times* schrieb am 1. April 1992, dass Untersuchungsbeamte »die Beteiligung der ursprünglichen Verdächtigen, Iran und Syrien, nicht ausschließen können«.

Dadurch kam es zu Spekulationen, die Vereinigten Staaten hätten versprochen, dieses Verbrechen Syrien und dem Iran nicht anzulasten, wenn Syrien sich im Gegenzug dazu bereit erkläre, eine kleine Einheit für die Golfkriegskoalition abzustellen, und der Iran sich aus dem Konflikt heraushalte. Statt dessen machten die Vereinigten Staaten Libyen zum alleinigen Sündenbock für die Lockerbie-Katastrophe.

Am Sonntag, dem 1. März 1992, traf ich in New York erneut mit Botschafter Pickering zusammen, diesmal am Sutton Place. Unser Treffen verlief in lockerer und angenehmer Atmosphäre. Wir waren beide der Meinung, dass Gaddafi eine Verzögerungstaktik anwandte und versuchte, Verwirrung zu stiften, indem er eine Vielzahl von Vermittlern einschaltete. Zugleich, sagte ich, werde Libyen aber durch die Position der Vereinigten Staaten verwirrt. Wenn sich Libyen bereit erklärte, die

beiden des Anschlags auf den PanAm-Flug 103 beschuldigten Männer
auszuliefern – wäre die Sache damit erledigt? Oder wäre dies nur der Beginn einer neuen Reihe von Forderungen? Pickering konnte darauf keine
definitive Antwort geben. Er konnte lediglich nochmals bestätigen, dass
die Vereinigten Staaten beabsichtigten, Sanktionen über Libyen zu verhängen, wobei die Libyer nicht glaubten, dass die USA dies tun würden.
Am Montag, dem 23. März, traf ich mich mit dem libyschen Botschafter
El Houderi. Houderi, ein schüchterner, sehr höflicher und diskreter
Mann, zeigte sich guten Willens, doch er schien mit widersprüchlichen
Anweisungen aus Tripolis überhäuft zu werden. Wir erörterten die Möglichkeit, die beiden Verdächtigen an die Arabische Liga zu übergeben, um
Sanktionen zu vermeiden und eine erste Antwort auf die Forderungen
der drei westlichen Staaten zu geben.

Neue Sanktionen gegen Libyen

Am 3. März erhob Libyen beim Internationalen Gerichtshof Klage gegen
die Vereinigten Staaten und Großbritannien und bat das Gericht, zu erklären, dass Libyen sich vollständig an die Montrealer Konvention gehalten habe, dass die Vereinigten Staaten und Großbritannien die Konvention verletzt hätten und dass sie aufhören sollten, Libyen mit Gewalt zu
drohen. Am 31. März brachten die USA, Großbritannien und Frankreich
eine weitere Resolution des Sicherheitsrates durch (Nr. 748), in der es
hieß, Libyens Versäumnis, auf die Resolution 731 zu reagieren, komme
einer »Bedrohung des internationalen Friedens und der Sicherheit«
gleich. Diese Formulierung brachte Kapitel VII der UN-Charta ins Spiel
und ermöglichte es, neue Sanktionen über Libyen zu verhängen. In
Wirklichkeit besagte die Resolution, dass Libyen des Terrorismus schuldig sei.

Die Resolution 748 war für die Libyer ein Schock, denn sie waren
sich sicher gewesen, dass die Resolution nicht durchkommen werde.
Fünf Mitglieder des Sicherheitsrates enthielten sich der Stimme – Kap-
verdische Inseln, China, Indien, Marokko und Simbabwe – und drückten
damit – allerdings stillschweigend – ihre Missbilligung der Resolution
aus. In ihr wurde Libyen beschuldigt, den internationalen Terrorismus
zu fördern und terroristische Gruppierungen zu unterstützen. Es wurde
erneut eine sofortige Antwort auf die Forderungen der drei Staaten bezüglich der Bombenanschläge auf die Flüge PanAm 103 und UTA 772

verlangt, und eine Reihe von Sanktionen wurde aufgeführt, die am
15. April in Kraft treten sollten. Dazu gehörten ein Boykott des Luftver-
kehrs von und nach Libyen sowie sämtlicher Militärhilfe und eine Reduzierung der diplomatischen Vertretungen Libyens. Außerdem sollten sich
alle Staaten verpflichten, Verfügungen eines einzelnen Staates über das
Einreiseverbot mutmaßlicher Terroristen ebenfalls einzuhalten. In der
Resolution wurde der Generalsekretär wiederum aufgefordert, sich bei
der Umsetzung der Resolution um die Kooperation der libyschen Regierung zu bemühen.

In den Straßen von Tripolis kam es zu gewaltigen Demonstrationen
gegen die Resolution 748 und die Vereinten Nationen. Weil der Sicherheitsrat der Präsidentschaft Venezuelas unterstand, als die Resolution
verabschiedet wurde, zerstörten die Demonstranten die venezolanische
Botschaft. Am 12. April verurteilte der Sicherheitsrat diese Gewaltakte
und bestand darauf, dass Libyen für den Venezuela zugefügten Schaden
aufkomme.

Am 7. April schickte ich Wladimir Petrowski, ehemals stellvertretender Außenminister der Sowjetunion und nun hochrangigster Russe
bei der UNO, nach Libyen zu Oberst Gaddafi. Gaddafi schlug vor, eine
aus chinesischen und indischen Repräsentanten bestehende Untersuchungskommission nach Libyen zu entsenden. Diese solle bestätigen,
dass es dort keine Ausbildungslager für Terroristen mehr gab. Das war
zumindest ein konstruktiver Vorschlag. Am 11. und 12. April traf ich in
Genf mit einer großen libyschen Delegation zusammen und unterbreitete den Vorschlag eines Stufenplans. Ich hatte dabei an den arabisch-israelischen Friedensprozess gedacht, bei dem die heikelsten Punkte, etwa Jerusalem, bis zum Schluss der Verhandlungen aufgespart worden waren.

»Beginnen wir mit dem, was für Ihre Regierung am akzeptabelsten
ist ... Vermeiden Sie vor allem weitere Verzögerungen, denn dadurch riskieren Sie neue Sanktionen«, sagte ich. »Besorgen Sie erstens hieb- und
stichfeste Beweise dafür, dass es in Ihrem Land keine Ausbildungslager
für Terroristen mehr gibt. Das heißt, Sie werden die Anwesenheit einer
Expertenkommission akzeptieren müssen, die das Gebiet des libyschen
Jamarihya besuchen und inspizieren wird. Zweitens«, fuhr ich fort, »geben Sie den britischen Behörden genaue Informationen über Libyens
Waffenlieferungen an die IRA.« Ich räumte diesem Problem Vorrang vor
der Frage der Bombenanschläge auf die PanAm 103 und UTA 772 ein,
weil es weniger durch Handeln als durch Informationen gelöst werden
konnte.

»Beenden Sie drittens die Meinungsverschiedenheiten mit Frankreich bezüglich des UTA-Fluges 772.« Ich wusste, dass Libyen mit den Franzosen ein leichteres Spiel haben würde als mit den Amerikanern. Ich musste an die Bombardierung von Tripolis durch die US-Luftwaffe denken – eine Vergeltungsaktion für den terroristischen Bombenanschlag auf einen Berliner Nachtclub, bei dem US-Amerikaner getötet und verletzt worden waren. Frankreich hatte das Bombardement abgelehnt und den F-111-Bombern, die sich von England aus auf ihrem Flug zu den Zielen in und um Tripolis befanden, das Überfliegen französischen Territoriums untersagt. Der PanAm-Flug 103 war in einem erbitterten Teufelskreis der Gewalt gefangen. Dieser schwierige Fall, befand ich, solle als letzter Punkt die Tagesordnung abschließen.

»Liefern Sie viertens«, fuhr ich fort, »die beiden Verdächtigen an ein Land aus, das mit den drei Staaten verbündet ist, oder an ein neutrales Land oder an die Arabische Liga – ein Übergangsschritt, wobei vorausgesetzt wird, dass Libyen die Zuständigkeit der schottischen Gerichtsbarkeit anerkennt.«

Ich betonte, dass es sich hierbei um eine persönliche Initiative meinerseits handelte. Ich hatte das Einverständnis der betroffenen drei Länder nicht eingeholt und konnte auch nicht garantieren, dass die Durchführung dieser Schritte zur Aufhebung der Sanktionen führen würde. Die libysche Delegation wollte immer wieder dasselbe wissen: Sollte Libyen die Forderungen erfüllen, welche Garantie gäbe es, dass die drei Staaten nicht erneut Forderungen stellen würden? Wenn Libyen die beiden Verdächtigen an Großbritannien auslieferte, wie konnte es sicher sein, dass die Briten sie nicht den Vereinigten Staaten übergeben würden?

Wieder schickte ich Petrowski nach Libyen, aber ohne Erfolg. Zur Diskussion über das Problem der Waffenlieferungen nach Irland arrangierte ich Besprechungen zwischen den Briten und den Libyern. Zwar beschwerten sich die Briten, dass die gelieferten Informationen unvollständig seien, und die Libyer versicherten mir das Gegenteil, mir war jedoch wichtig, dass ein Gesprächsprozess in Gang gekommen war.

Von den USA, Frankreich und Großbritannien erhielt ich die Genehmigung, eine Untersuchungskommission nach Libyen zu entsenden, die feststellen sollte, ob es dort noch Ausbildungslager für Terroristen gab. Noch bevor ich dies durchführen konnte, änderten sie ihre Meinung. Ein US-Militäroffizier zeigte mir Satellitenaufnahmen, auf denen dort, wo sich einst Ausbildungslager für Terroristen befunden hatten, friedliche bäuerliche Landschaften zu erkennen waren. Somit bestehe, erklärten die Vereinigten Staaten, keine Notwendigkeit, eine Kommission nach Libyen zu entsenden.

Nach vielen Kontakten übergaben mir die drei Staaten ein gemeinsames Nonpaper, dessen Inhalt ich Mitte August 1992 an Oberst Gaddafi übermittelte: Es gäbe zwischen den drei Verbündeten keine geheimen Absprachen; sie würden keine neuen Forderungen stellen, nachdem Libyen die Resolutionen des Sicherheitsrates erfüllt habe. Und die Briten würden die beiden Verdächtigen nicht ausliefern, wenn sie vor ein schottisches Gericht gestellt würden, da die PanAm-Maschine über dem schottischen Lockerbie zerstört wurde.

Der Internationale Gerichtshof beschloss am 14. April, sich der Tatsache zu fügen, dass der Sicherheitsrat aktiv geworden war. Mehreren Richtern bereitete es jedoch Unbehagen, dass der Sicherheitsrat eingeschritten war, bevor der Fall entschieden worden war. Das Problem ähnelte jenem im Fall *Marbury vs. Madison*, wo der Oberrichter John Marshall das Prinzip der juristischen Prüfung festgelegt hatte, was dem Obersten Bundesgericht der USA die Vollmacht gab, einen legislativen Akt für null und nichtig zu erklären, wenn er mit der Verfassung unvereinbar war. In diesem Fall hätte der Internationale Gerichtshof die Interpretation der Charta durch den Sicherheitsrat anzweifeln können; er entschied sich jedoch, dies im gegenwärtigen Stadium des Prozesses nicht zu tun.

Als Generalsekretär war ich verpflichtet, die Resolutionen des Sicherheitsrates exakt durchzuführen. Doch als jemand, der sich zeit seines Lebens mit dem Völkerrecht beschäftigt hatte, bedauerte ich diese Situation, da sie das Völkerrecht in Verruf brachte und die Vereinten Nationen nicht als eine Organisation souveräner Staaten erscheinen ließ, die gemäß der Charta gleichberechtigt waren, sondern als politisches Werkzeug der Großmächte.

Am 6. Oktober fragte ich in New York den neuen libyschen Außenminister Ibrahim Bishari, warum ich keine Antwort auf das Nonpaper erhalten hatte. Ich warnte den Minister vor den vielen Anwälten und selbsternannten Vermittlern, die behaupteten, Verbindungen zu hohen Stellen zu haben. Denn diese, sagte ich, würden nur Verwirrung stiften und den Prozess ungemein erschweren.

Am 19. November 1992 akzeptierte Libyen prinzipiell, dass die beiden Verdächtigen vor Gericht gestellt werden sollten. Sie sollten allerdings nur gegen gewisse Garantien ausgeliefert werden – eine Antwort, die den drei Mächten missfiel, da die Vorbedingungen für eine Lösung sich dadurch lediglich vervielfachten. Ich traf mich mit Edward Kennedy, dem Senator von Massachusetts, der mit dem Fall befasst war, weil Bürger seines Staates in dem Flugzeug der PanAm umgekommen waren. Ich bestellte den libyschen Botschafter ein und informierte ihn darüber, dass Kennedy ein Öl-Embargo favorisiere und die drei betreffenden Staaten die Antwort Libyens auf ihr Nonpaper für unzureichend hielten.

Anfang des Jahres 1993 reiste ich nach Kairo, um gemäß dem koptischen Kalender Weihnachten mit meiner Familie zu verbringen. Dort traf ich mich am 7. Januar mit Omar Mustafa al-Muntasser, dem neuen libyschen Außenminister. Er entstammte einer alten libyschen Familie, hatte am Victoria College in Alexandria studiert und war charmant und liebenswürdig. Und er schien in der Lage zu sein, sich mit großer Gelassenheit durch Gaddafis Labyrinth zu bewegen. Er berichtete mir von seinem bevorstehenden Besuch in New York und dass er sich der ganzen Angelegenheit annehmen und eine rasche Lösung für das Problem, das Libyen mit der Erfüllung der Resolution 731 hatte, finden wollte.

Die Deportation der Palästinenser

Meine erste und, wie sich später herausstellen sollte, auch letzte Auseinandersetzung mit der Clinton-Administration betraf ein arabisch-israelisches Problem. US-Präsident Clinton hatte den Wahlkampf mit innenpolitischen Themen geführt und gewonnen. Doch kaum hatte er sein Amt angetreten, wurde er mit einer schwierigen außenpolitischen Aufgabe konfrontiert. Einen Monat zuvor, am 17. Dezember 1992, hatte Israel mehr als 400 Palästinenser aus dem Westjordanland und dem Gaza-Streifen in den Südlibanon deportiert. Hundert davon waren den Israelis zufolge islamische religiöse Führer. Sofort gab ich eine Erklärung ab, in der er hieß, dass der Sicherheitsrat wiederholt die Anwendbarkeit der Vierten Genfer Konvention von 1949 auf die von Israel besetzten Gebiete bestätigt hatte. Solche Deportationen waren darin ausdrücklich verboten. Israel hatte die Palästinenser wegen der eskalierenden Gewalt im Westjordanland und im Gaza-Streifen in den Libanon vertrieben. Ich verurteilte die Gewalt und drängte alle Seiten, eine Eskalierung zu vermeiden. Gemäß der Genfer Konvention waren die Israelis verpflichtet, ihre Entscheidung rückgängig zu machen und allen Deportierten die gesicherte und sofortige Rückkehr zu gestatten.

Am nächsten Tag, dem 18. Dezember, stimmte der Sicherheitsrat im

Einklang mit der Bush-Administration der Resolution 799 zu, in der die
Aktion der Israelis scharf verurteilt und erklärt wurde, dass das Vorgehen
Israels gegen die Genfer Konvention verstoße. Der Sicherheitsrat forderte, dass Israel die Deportierten zurückführe; ich sollte einen Vertreter
nach Israel entsenden und dem Sicherheitsrat Bericht erstatten. Für Washington bedeutete das Wort »Forderungen« einen ersten Schritt hin zur
Empfehlung von Sanktionen gegen Israel gemäß Kapitel vii der Charta –
eine Resolution, bei der die Vereinigten Staaten natürlich gezwungen wären, ihr Veto einzulegen. Die Kontroverse war dringlich und betraf nicht
nur die Vereinten Nationen und Israel, sondern auch die Vereinten Nationen und die usa. Die Israelis erwarteten, dass die neue Clinton-Administration sie von dem Druck, den der Sicherheitsrat auf sie ausübte, befreien würde.

»Der Anblick könnte kaum desolater sein«, berichtete die Presse aus
Marj al-Zuhour im Libanon. »Ein namenloser Streifen unfruchtbaren
Hügellandes im entlegensten Winkel des südöstlichen Libanon, mitten
im Niemandsland. Doch es scheint kein gottverlassener Ort zu sein. Dort,
auf der gewundenen Bergstraße, stehen über 400 Männer in Reih' und
Glied. Eine Menschenmasse, knieend, sich zu Boden werfend und sich
gemeinsam erhebend mit dem Ruf ›Allahu Akbar‹ – Gott ist groß –, der
von den Hügeln widerhallt.«

Diese Menschen, behaupteten die israelischen Behörden, seien Akti-
visten der fundamentalistischen Organisationen »Hamas« und »Heiliger
Islamischer Krieg«, die sich der Vernichtung Israels verschrieben haben.
Viele von ihnen hatten sich vor der Deportation monatelang in israelischen Gefängnissen in »administrativem Gewahrsam« befunden. Viele
behaupteten jedoch, sie seien in der Bewegung nicht aktiv und hätten zuvor keine Schwierigkeiten mit den israelischen Behörden gehabt, auch
wenn sie das gegen Israel gerichtete Vorgehen dieser Organisationen be-
fürworteten.

Ende Dezember 1992 entsandte ich James O. C. Jonah in den Nahen Osten. Ich hielt mich damals in Addis Abeba, der Hauptstadt Äthio-
piens, auf und versuchte dort, Gespräche zwischen den Führern der verschiedenen somalischen Parteien zu unterstützen. Jonah rief mich in
Addis Abeba an und sagte mir, er habe bei den Israelis auf Granit gebis-
sen. Sie hätten ihn bei arabisch-israelischen Fragen als »nicht objektiv«
abgelehnt. Ich wies dies entschieden zurück, doch es war Zeitverschwendung, sich mit dem Problem herumzuschlagen. Ich telefonierte mit Ministerpräsident Jitzhak Rabin und sagte ihm, ich würde gerne einen mei-

ner hochrangigsten politischen Berater, Chinmaya Gharekhan aus Indien, in den Nahen Osten schicken, um nach einer Lösung zu suchen. Während sich Gharekhan am 4. Januar 1993 auf den Weg nach Israel machte, erklärte ich, dass, sollte Israel die Resolution 799 nicht respektieren, ich dem Rat möglicherweise empfehlen müsse, weitere Schritte zu unternehmen, damit die Forderungen der Resolution erfüllt würden. Am selben Tag rief mich ein Beamter des US-Außenministeriums an und teilte mir mit, dass Rabin über meine Erklärung »empört« sei und dass der israelische Außenminister Shimon Peres die Vereinigten Staaten gebeten habe, gegen jede weitere Aktion des Sicherheitsrates ihr Veto einzulegen. Den Beamten des US-Außenministeriums zufolge waren die Israelis davon überzeugt, dass sie das »US-Veto in der Tasche« hätten.

Ich hatte Gharekhan angewiesen, Rabin eine Kompromisslösung vorzuschlagen: die schrittweise Freilassung der Deportierten, über einen gewissen Zeitraum, möglicherweise sogar ein Jahr oder länger. Wenn wir rasch verkünden würden, dass einige Palästinenser, etwa einhundert, zurückkehren könnten, ließe sich die Krise entschärfen. Sollte Rabin zustimmen, dann, so glaubte ich, würde ich den Sicherheitsrat dafür gewinnen können. Als Gharekhan jedoch Rabin den Vorschlag unterbreitete, erklärte der israelische Ministerpräsident, eine Rückkehr von hundert Palästinensern komme einer demütigenden Kapitulation Israels gleich. Außerdem, fuhr Rabin fort, seien ihm die Hände gebunden. Der Fall liege beim Obersten Gericht Israels, meinte er, und bevor dort keine Entscheidung getroffen sei, könne nichts unternommen werden.

Nach weiteren vergeblichen Diskussionen beschlich mich der Verdacht, die Israelis wollten dieses Problem gar nicht lösen, und zwar aus dem Grund, weil sie Clinton von seinem ersten Tag im Präsidentenamt an mit einer Krise konfrontieren wollten. Wenn die Vereinigten Staaten, unter Druck stehend, dem Wunsch Israels nachkamen und ihnen zusicherten, gegen jede weitere UN-Aktion ihr Veto einzulegen, würde dies während der gesamten Präsidentschaft Clintons die amerikanisch-israelischen Beziehungen prägen.

Am 13. Januar traf ich, nach Gesprächen mit dem scheidenden US-Außenminister Lawrence Eagleburger, in Paris mit Shimon Peres zusammen, allerdings ohne zu einem Ergebnis zu gelangen. Ich telefonierte mit Rabin und bat ihn, einem zweiten Besuch von Gharekhan zuzustimmen. Der internationale Druck nahm zu. Ich wollte demonstrieren, dass die Vereinten Nationen aktiv, fair und flexibel waren. Vor allem wollte ich die Krise lösen, bevor Clinton das Präsidentenamt antrat. Er sollte nicht

unter dem Druck, das erste Veto nach Ende des Kalten Krieges einzulegen, in das Oval Office einziehen. Dies konnte die neuerdings positive
Atmosphäre im Sicherheitsrat vergiften. In der Folge würden die Vereinigten Staaten dafür verantwortlich gemacht werden und sie würden im
Gegenzug die Vereinten Nationen verantwortlich machen.

Am 17. Januar ließ ich bei Präsident Bush anfragen, ob ich direkt
mit dem designierten Präsidenten Clinton sprechen könne. Ich stand unter großem Druck, dem Sicherheitsrat Bericht zu erstatten und ihm zu
empfehlen, weitere Schritte gegen Israel einzuleiten. Von Bush erhielt
ich keine Antwort, er war wohl zu sehr mit dem Auszug aus dem Weißen
Haus beschäftigt.

Daher ließ ich ohne Bushs Zustimmung Clinton über das State Department und seine Übergangsmannschaft die inoffizielle Bitte zukommen, mit ihm über eine wichtige Angelegenheit sprechen zu dürfen und
fügte hinzu, ich würde mich über ein enges und herzliches Verhältnis zu
Präsident Clinton und Außenminister Christopher sehr freuen. Durch
einen Berater erhielt ich die inoffizielle Antwort: »Der Übergang verläuft
chaotisch. Vorläufig ist kein Kontakt mit Clintons Team möglich.« In einer weiteren Nachricht betonte ich, dass ich gerne nach Washington
kommen und mit Präsident Clinton und Außenminister Christopher zusammentreffen würde. Ich hatte in meinem Kalender anderweitige Ter-
mine gestrichen und konnte zwischen dem 20. Januar und dem 12. Februar 1993 ein Treffen jederzeit einrichten.

Ich erhielt keine Antwort. Gharekhan traf am 17. Januar in Israel ein
und begann die zweite Runde intensiver Gespräche. Nach zwei Besprechungen mit Rabin berichtete er erneut, er könne bei den Israelis keinerlei Anzeichen von Flexibilität erkennen.

Viele politische Beobachter waren der Meinung, Warren Christopher sei mit dem Auftrag zum Außenminister gemacht worden, außenpolitische Probleme aus den Schlagzeilen herauszuhalten, damit sich
Präsident Clinton auf die Innenpolitik konzentrieren könne. Aufgrund
derer sei er ja auch gewählt worden. Da ich zuvor mit der Clinton-Administration weder sprechen noch sie konsultieren konnte, betrat Warren
Christopher am 20. Januar sein Arbeitszimmer im State Department,
um mit dem Problem der deportierten Palästinenser konfrontiert zu
werden, dem großes Medieninteresse zuteil wurde und in dessen Mittelpunkt nun die Vereinten Nationen standen.

Am 21. Januar rief mich der Vize-Außenminister Edward Djerejian
»auf Anweisung« von Christopher an: »Lassen Sie Gharekhan im Nahen

Osten. Christopher wird Rabin in dieser Angelegenheit unterstützen. Wenn es zu einer weiteren UN-Resolution des Sicherheitsrates kommt, werden die USA ihr Veto einlegen.« In Wirklichkeit besagte die Nachricht, die Vereinten Nationen sollten bei der Lösungssuche weiterhin erfolglos bleiben, damit die Vereinigten Staaten Zeit hatten, die Lösung selbst zu finden.

Nach meinem Gespräch mit Djerejian ließ man mich über einen meiner Berater wissen: »Boutros-Ghali hält man für die treibende, auf eine Konfrontation drängende Kraft. Christopher ist *wirklich verärgert* über diese Entwicklung.« Am folgenden Tag, dem 23. Januar, erreichte ein weiterer Telefonanruf aus dem State Department mein Büro. »Bringen Sie die USA nicht in die schwierige Situation, ihr Veto einlegen zu müssen«, lautete die Botschaft. »Christopher hat keine Lust, einen schlechten Start hinzulegen.« Aus bestimmten Gründen leiteten meine Mitarbeiter die Nachricht zu diesem Zeitpunkt nicht an mich weiter.

Mir blieb nur wenig Spielraum. Ich konnte Gharekhan, mit der einzigen Aussicht, abgewiesen zu werden, nicht einfach in Israel lassen. Mein alter Freund Ezer Weizman, der Präsident Israels, rief mich aus Jerusalem an und bat mich, den Bericht an den Sicherheitsrat hinauszuschieben. Das tat ich, denn ich wollte Israel ausreichend Zeit geben – solange es sich in Grenzen hielt –, um zu einer Entscheidung zu gelangen. Am 25. Januar aber hatte ich keine andere Wahl mehr. In meinem Bericht hieß es, »die Weigerung Israels, die sichere und sofortige Rückkehr der Deportierten, wie in Resolution 799 gefordert, zu gewährleisten, stellt meiner Meinung nach die Autorität des Sicherheitsrates in Frage«. Unter diesen Umständen, fügte ich hinzu, »würde ich meine Pflicht vernachlässigen, wenn ich dem Sicherheitsrat nicht empfehlen würde, die erforderlichen Maßnahmen zu ergreifen, damit die einstimmige Entscheidung, wie in Resolution 799 ausgeführt, respektiert wird«. Das State Department übermittelte eine inoffizielle Nachricht an mein Büro: »Boutros-Ghali befindet sich auf Konfrontationskurs.«

Der Sicherheitsrat begann nun, eine weitere Resolution auszuarbeiten, die sich stärker in Richtung Sanktionen bewegen mochte, beruhend auf Kapitel VII der Charta. Am 29. Januar entschied das Oberste Gericht Israels, dass die Deportationen nach israelischem Recht legal seien, solange individuelle Einsprüche erlaubt seien. Dies schien Israels Widerstand gegen das Völkerrecht und die anerkannten Vorgehensweisen lediglich zu festigen, denn es bedeutete, dass kollektive Deportationen ohne vorheriges Recht auf Einspruch legal waren.

Ein Mittagessen mit Christopher und Albright

Ich lud Warren Christopher am 1. Februar 1993 zum Essen ein und er nahm die Einladung an. Kurz bevor Christopher am Sutton Place eintraf, rief mich das State Department an und teilte mir mit, es sei ein Durchbruch erzielt worden: Rabin habe sich bereit erklärt, eine große Zahl der Deportierten freizulassen, eine Anzahl, sagte der us-Beamte, »die sich im Bereich der ursprünglich von Gharekhan vorgeschlagenen Zahl« bewege. Diese Zahl hatte sich auf 100 belaufen; die Israelis hatten eben angekündigt, sie würden 101 Palästinenser zurückbringen, die anderen würden später schrittweise folgen. Kurz bevor wir uns zum Essen trafen, gab Christopher eine Erklärung ab: »Präsident Clinton und ich freuen uns, bekanntgeben zu können, dass aufgrund intensiver Bemühungen und Gespräche in den letzten Tagen hinsichtlich der Deportationsfrage ein Durchbruch erzielt worden ist.«

Die Israelis hatten einen Sieg gegen die taufrische Clinton-Administration errungen. Sie hatten die Einwilligung der Amerikaner erhalten, bei jeder gegen Israel gerichteten Resolution ihr Veto einzulegen. Dann hatten sie den un-Kompromiss abgelehnt, um ihn als Geschenk für den neuen us-Präsidenten aufzusparen. Man hatte die Vereinten Nationen und mich als schwierig und anti-amerikanisch dargestellt.

Am Tag vor dem Essen mit Christopher rief die us-Mission an, um mir zu sagen, ich müsse auch Botschafterin Albright einladen. Dies tat ich sofort. Nach dem ersten Gang fragte ich Christopher und Albright, ob ich aufrichtig, aber inoffiziell sprechen könne. »Mr. Secretary, Madame Albright«, begann ich. »Ich bin mir zutiefst bewusst, dass die USA auf der Weltbühne die Hauptrolle spielen. Ich weiß, dass ich den Rückhalt der USA benötige, um Erfolg zu haben. Ich werde mich stets um diesen Rückhalt bemühen und zusehen, dass ich ihn auch verdiene. Erlauben Sie mir jedoch«, fuhr ich fort, »dass ich in der Öffentlichkeit gelegentlich eine andere Position einnehme als die der us-Politik. Dies würde der UNO helfen, ihren eigenen Charakter zu festigen und ihre Integrität zu wahren. Es würde auch dazu beitragen, den unter vielen Mitgliedstaaten vorherrschenden Eindruck zu zerstreuen, die UNO sei nur ein Werkzeug der USA.« Ich fügte hinzu, »es wäre auch im Interesse der USA. Es würde den Vereinigten Staaten mehr Möglichkeiten in der Außenpolitik verschaffen, wenn sie bei bestimmten Gelegenheiten die UNO auf einer glaubwürdigen Basis nutzen könnten.«

Ich war sicher, dass Christopher und Albright meine Sichtweise verstehen würden. Doch da hatte ich mich vollkommen getäuscht. Meine Worte schienen sie zu schockieren. Sie blickten einander an, als wäre der servierte Fisch verfault. Sie sagten nichts. Ich war entsetzt und wechselte schnell das Thema. Wenig später versuchte ich es erneut. »Vielleicht habe ich mich unklar ausgedrückt«, sagte ich. »Ich wollte lediglich einen Ansatz vorschlagen, der eine größere Flexibilität in der US- und UN-Diplomatie bieten würde.« Wieder Schweigen. Ich erinnerte mich an die Worte der verstorbenen israelischen Ministerpräsidentin Golda Meir: »Wenn Sie zu 99 Prozent meiner Meinung sind, dann sind Sie nicht auf meiner Seite.«

Es dauerte einige Zeit, bis mir völlig klar wurde, dass die Vereinigten Staaten die Diplomatie nur in geringem Maße als notwendig erachten; die Macht reicht ihnen. Nur die Schwachen vertrauen auf Diplomatie. Aus diesem Grund sind die Schwachen so besorgt um das demokratische Prinzip der souveränen Gleichheit von Nationen. Sie betrachten es als ein Mittel, welches dort ein kleines Maß an Gleichheit ermöglicht, wo es in Wirklichkeit keine Gleichheit gibt. Ich stamme aus einem Entwicklungsland und wurde gründlich in Völkerrecht und Diplomatie geschult. Irrtümlicherweise hatte ich angenommen, dass die Großmächte, besonders die Vereinigten Staaten, ihre Repräsentanten ebenfalls in Diplomatie schulten und deren Wert akzeptierten. Doch schon das römische Kaiserreich hielt die Diplomatie für überflüssig. Und die Vereinigten Staaten taten es ihnen nach. Diplomatie wird von einer imperialistischen Macht als Zeitverschwendung und Prestigeverlust angesehen sowie als Zeichen von Schwäche.

Als der peinliche Moment vorbei war, verlief das Essen auf angenehme Weise. Nachdem Christopher und Albright gegangen waren, saß ich in meinem Arbeitszimmer, blickte hinaus auf die Barkassen und Schlepper auf dem East River und dachte darüber nach, was geschehen war. Ich kam zu dem Schluss, dass Christopher und Albright nicht wirklich schockiert über meine Worte waren. Vielmehr war ich derjenige gewesen, der schockiert war. Sie hatten einfach gedacht, welch ein Narr ich sein müsse, um einen solchen Gedanken auch nur zu äußern.

Die *New York Times* warf mir in ihrem Leitartikel vom 3. Februar 1993 vor, ich sei »parteiisch«, da ich einen Bericht über die israelischen Deportationen von Palästinensern veröffentlicht hatte, während sich der Sicherheitsrat noch mit dem Problem befasste. Ich denke, dass diese Haltung, wie so viele Charakterisierungen durch die US-Medien und -Beamten in Washington, nur auf die Ignoranz bezüglich der Arbeitsweise der UNO zurückzuführen ist. Die Resolution 799 des Sicherheitsrates, für die die Vereinigten Staaten gestimmt hatten, verlangte von mir, einen Repräsentanten nach Israel zu entsenden und dem Sicherheitsrat Bericht zu erstatten. Nach drei solcher Missionen innerhalb von einem Monat blieb mir keine andere Wahl, als dem Rat am 25. Januar zu berichten, dass die Bemühungen um eine Erfüllung der Resolution gescheitert waren.

Das libysche Labyrinth

Am 27. Mai 1993, kurz vor meiner Abreise nach Nordafrika, wo ich mich um das West-Sahara-Problem kümmern wollte, kam der libysche Botschafter mit einer »dringenden und wichtigen« Nachricht Oberst Gaddafis zu mir. Er lud mich nach Tripolis ein, um eine endgültige Lösung des Lockerbie-Problems zu finden. Ich erklärte, ich könne meine Reiseroute nicht im letzten Moment ändern, und schlug ein Treffen in Genf oder Kairo im Juni, zum Zeitpunkt des OAU-Gipfels, vor. Statt dessen traf ich in New York mit Omar Mustafa al-Muntasser zusammen, der seine Haltung grundlegend geändert hatte. Er zeigte keinerlei Flexibilität mehr und erklärte mit Verweis auf eine juristische Grundlage, Resolution 731 verlange von Libyen keine Auslieferung der beiden Verdächtigen. Ich bezweifelte dies, versprach ihm aber, von der Rechtsabteilung der Vereinten Nationen umgehend ein juristisches Gutachten einzuholen, das ich Anfang April 1993 auch erhielt. Ich erläuterte al-Muntasser, dass sich die Resolution auf vier andere offizielle UNO-Dokumente stützte. Diese Dokumente verlangten ausdrücklich die Auslieferung der beiden Verdächtigen, damit sie vor einem US-amerikanischen oder britischen Gericht abgeurteilt werden konnten. Da diese Dokumente einen wesentlichen Bestandteil der Resolution bildeten, sei eine Auslieferung zweifellos notwendig.

Botschafter El Houderi, der al-Muntasser begleitete, konnte diese juristischen Feinheiten offenbar nicht verstehen. »Warum wird die Auslieferung der beiden Verdächtigen nicht in der Resolution erwähnt?«, wollte er wissen. Ich wiederholte, es bestehe keine Notwendigkeit einer Erwähnung, weil die Resolution eindeutig auf jenen anderen offiziellen Dokumenten basiere, die eine Auslieferung verlangten. Da sagte al-Muntasser: »Der Generalsekretär ist ein ausgezeichneter Jurist. Wir müssen seine Interpretation respektieren, selbst wenn wir sie nicht akzeptieren.«

Am 13. August 1993 erklärten die Vereinigten Staaten, Großbritannien und Frankreich vor dem Sicherheitsrat, dass sie, sollte Libyen die beiden Verdächtigen nicht bis zum 1. Oktober übergeben, eine neue und härtere Resolution gegen Libyen auf den Tisch legen würden. Die Folge war, dass Abdel Ati al-Obeidi, libyscher Botschafter in Tunis, den Fall im August in die Hand nahm. Er war vor allem ein Mann, dem Oberst Gaddafi vertraute. Al-Obeidi hatte als junger Assistent mit Professor Khairy Issa zusammengearbeitet, mit dem ich als Co-Autor ein oft nachgedrucktes Lehrbuch über internationale Beziehungen veröffentlicht hatte.

»Man kann auch sagen: Ich bin Ihr Student«, begrüßte mich al-Obeidi. Er war intelligent, sehr offen und direkt und er verteidigte geschickt die Sache Libyens. Es war klar, dass Libyen um jeden Preis eine weitere Resolution durch den Sicherheitsrat verhindern wollte.

Der Entwurf eben jener neuen Resolution wurde mir am 9. September von den Vertretern der Amerikaner, Briten und Franzosen vorgelegt. Über Libyen würden weitere Sanktionen verhängt, wenn das Land bis Ende des Monats nicht auf die Forderungen der Resolution 731 einging.

»Wenn die Libyer die beiden Verdächtigen ausliefern, werden Sie die Sanktionen dann aufheben?«, fragte ich die Repräsentanten der drei Staaten. Sie erwiderten, sie würden die Sanktionen außer Kraft setzen, um Libyen Zeit zu geben, die übrigen Forderungen zu erfüllen.

Ich bestand darauf, dass die Sanktionen bei einer Auslieferung der beiden Verdächtigen aufgehoben werden sollten; diese Aussicht würde die Libyer dazu ermutigen, die Forderungen zu erfüllen. Die Sanktionen zeitweilig auszusetzen würde nur den Verdacht Libyens verstärken, dass die Auslieferung der beiden Verdächtigen nur weitere Forderungen nach sich ziehen werde. Ich schlug vor, die neue Resolution um zwei oder drei Wochen aufzuschieben.

Am 14. September präsentierte mir al-Obeidi ein 33-seitiges libysches Memorandum, das detaillierte Fragen über das Gerichtsverfahren gegen die beiden Verdächtigen enthielt, über die Definition von Terrorismus, das Rechtssystem Frankreichs und das Verfahren zur Aufhebung der Sanktionen sowie lange Exkurse politischer und ideologischer Art. Al-Obeidi wünschte, dass der Sicherheitsrat davon absehe, eine weitere Resolution zu verabschieden, bevor er nicht den Fragenkatalog beantwortet habe. Dies werde es Libyen ermöglichen, die Resolutionen 731 und 748 zu erfüllen. Als ich das Memorandum den Botschaftern der USA, Großbritanniens und Frankreichs übergab, fragte mich der französische Botschafter: »Sagen Sie mal ganz ehrlich, glauben Sie, dass Libyen beabsichtigt, die beiden Verdächtigen auszuliefern?«

Ich wählte meine Worte mit Bedacht: »Eine Antwort auf ihren Fragenkatalog könnte sie ermutigen, auf die Forderungen des Sicherheitsrates einzugehen.« Der britische Botschafter Sir David Hannay fragte mich weiter aus. Madeleine Albright, ein Neuling bei der Bewältigung eines solchen diplomatischen Problems, hörte schweigend zu.

Schließlich erklärten sich die drei Botschafter bereit, den libyschen Fragenkatalog in einem gemeinsamen Dokument zu beantworten, vorausgesetzt, bestimmte Aussagen könnten voneinander abweichen, da zum Beispiel das französische, schottische und amerikanische Rechtssystem unterschiedlich wären. Ich persönlich glaubte, dass Gaddafi wieder einmal Zeit schinden wollte. Er wollte die beiden Verdächtigen nicht ausliefern, da einer davon zu seiner Verwandtschaft zählte. Diese Leute vor Gericht zu bringen, könnte in Libyen Widerstand hervorrufen und sein Regime destabilisieren. Außerdem versprachen die britischen, französischen und amerikanischen Anwälte und Agenten Gaddafi nach wie vor, sie könnten seine Probleme lösen. Gaddafi glaubte, durch das Hinauszögern des Verfahrens der UNO Zeit für jene Anwälte zu gewinnen, die für ihn einen Ausweg suchten. Doch bei jeder neuen Resolution des Sicherheitsrates würden ihm die Anwälte sagen, sie müssten nun wieder ganz von vorn beginnen.

Omar Mustafa al-Muntasser schrieb mir, dass Libyen die beiden Verdächtigen ermutige, nach Schottland zu gehen und sich dort vor Gericht stellen zu lassen. Er verlangte, dass schottische Anwälte nach Tripolis kommen sollten, »um unsere Bemühungen zu sehen, die beiden Verdächtigen, ihre Familien und Anwälte zu treffen, und mitzuhelfen, sie davon zu überzeugen, vor einem schottischen Gericht zu erscheinen«. Als Folge davon verlängerten die Amerikaner, Briten und Franzosen ihr Ultimatum am 1. Oktober 1993 um zwei Wochen. Die Angehörigen der Flugreisenden, die beim Anschlag auf die PanAm-Maschine getötet worden waren, reagierten verärgert. Amerika stand unter großem Druck, härtere Maßnahmen gegen Libyen zu ergreifen.

Am 11. November wurden durch die Resolution 883 des Sicherheitsrates neue Sanktionen über Libyen verhängt, die am 1. Dezember 1993 in Kraft treten sollten. Diese neuen Sanktionen sollten vorübergehend aufgehoben werden, wenn ich in meiner Eigenschaft als Generalsekretär den Sicherheitsrat informierte, dass Libyen zur Auslieferung der beiden des Bombenanschlags auf PanAm-Flug 103 beschuldigten Verdächtigen bereit sei, damit diese vor ein britisches oder amerikanisches Gericht gestellt würden.

Eine Vereinbarung auf Treu und Glauben

Einerseits verschärfte sich die Konfrontation durch diese neue Resolution. Andererseits behauptete Libyen, zur Erörterung eines beträchtlichen Zugeständnisses bereit zu sein. Daher beschloss ich, auf einen »einfacheren« Punkt der Tagesordnung zurückzukommen: die Waffenlieferungen an die IRA. Ich traf mich häufig mit den Libyern in Paris oder Genf, um dieses Problem zu besprechen. Doch trotz meiner Bemühungen kamen die Verhandlungen zwischen Großbritannien und Libyen nicht voran. Die Briten beharrten darauf, dass die ihnen übermittelten Informationen unvollständig seien, und die Libyer bezichtigten die Briten unlauterer Absichten. Bei einem langen und offenen Gespräch mit al-Obeidi stellte ich fest, dass die Libyer aus Misstrauen bestimmte Informationen zurückhielten. »Wer garantiert uns«, fragte al-Obeidi, »dass die Briten, wenn wir ihnen alle Informationen geben, nicht behaupten, sie seien damit unzufrieden, nur um den Amerikanern einen Gefallen zu tun? Wir hätten etwas gegeben und nichts dafür bekommen.«

»Anders ausgedrückt«, sagte ich, »Sie wollen sofort etwas dafür haben?«

Al-Obeidi lächelte: »Wenn wir den Briten die Informationen geben, was werden wir dafür von ihnen bekommen?«

Ich verkniff mir zu sagen: »Die Briten haben erklärt, Ihr Land sei schuldig; Sie können also nichts dafür verlangen.« Da ich im Namen der Briten nichts versprechen konnte, erklärte ich dem Libyer, das einzige, was er tun könne, sei, eine Bestätigung zu verlangen, ein Dokument, welches aussage, dass der Fall abgeschlossen sei.

Unterdessen verbreitete die US-Presse Berichte, in denen es hieß, einige Terrorexperten hätten herausgefunden, dass der Iran für den Lokkerbie-Anschlag verantwortlich sei, und es wurde der Vorwurf laut, die Vereinigten Staaten hätten voreilig gehandelt, als sie von Anfang an Libyen beschuldigten. Tiny Rowland, der Chef des Privatunternehmens Lonrho (London-Rhodesia) und eine einflussreiche Figur in allem, was mit Afrika zu tun hatte, suchte mich auf. Er hatte mir zuvor geholfen, in Addis Abeba Kontakte mit John Garang zu knüpfen, dem Rebellenführer im Südsudan. Auch in Mosambik hatte er eine wichtige Rolle gespielt. Nun

arbeitete er für die Libyer und hatte einen Fernsehfilm produziert, mit
dem er beweisen wollte, dass die angeklagten Libyer mit dem Flug 103
der PanAm nichts zu tun hatten. Ich lud den marokkanischen Botschafter ein, das Video mit mir anzuschauen. Obwohl ich den Film für zu lang
und kompliziert hielt, um überzeugend zu sein, hatten die Berichte in
den Medien eine gewisse Unsicherheit bewirkt, was die Schuld der Libyer
betraf.

Al-Obeidi akzeptierte meinen Vorschlag jedenfalls. Jetzt war es meine Aufgabe, Libyen dazu zu bewegen, Großbritannien Informationen
über die Waffen für die IRA zu geben, sowie die Briten dazu zu bringen,
ihre Zufriedenheit mit dem Material zum Ausdruck zu bringen. Dafür
benötigte ich fast zwei Jahre.

Gebete und Massaker in Israel

Am 12. November 1993 war Ministerpräsident Jitzhak Rabin Ehrengast
bei einem Abendessen im Haus des israelischen Botschafters bei den Vereinten Nationen. Man bat mich, eine Rede zu halten. Zu Beginn meiner
Rede konnte ich sehen, dass Rabin beunruhigt darüber war, was ich sagen
würde. Doch als ich fortfuhr, lehnte er sich auf seinem Stuhl zurück und
entspannte sich. »Ich entsinne mich«, sagte ich, »an die ersten Worte des
Buches *Joseph und seine Brüder* von Thomas Mann: ›Tief ist der Brunnen
der Vergangenheit.‹ Tief ist in der Tat der Brunnen der Geschichte – und
der vorgeschichtlichen Zeit – im Nahen Osten. Die Quelle des göttlichen
Geistes, der Funken menschlicher Größe und die Narbe der Gewalt reichen in unserer Heimat sehr weit in die Vergangenheit zurück. Was meine eigene Geschichte betrifft, so kann ich mich an keine Zeit erinnern, in
der ich nicht emotional, intellektuell oder beruflich vom heutigen Nah-
ostkonflikt tief betroffen gewesen wäre. Und ebenso betroffen war meine
Familie vor meiner Zeit. Theodor Herzl reiste zu Beginn des 20. Jahrhunderts nach Kairo, um mit meinem Großvater über eine jüdische Kolonie auf der Sinai-Halbinsel zu verhandeln. Dreißig Jahre danach, als
Ägypten dem Völkerbund beitrat, schlug mein Onkel in seiner Rede einen Dialog zwischen Juden, Moslems und Christen vor und rief zum
Frieden in dem Mandatsgebiet Palästina auf. Vierzig Jahre später begleitete ich offiziell Präsident Anwar as-Sadat nach Jerusalem.... Ich hoffe,
dass keine weiteren Generationen in den Brunnen der Zeit eingehen werden, bis ein umfassender Friede erreicht ist.« Bei dem Essen stellte sich

eine herzliche, familiäre Atmosphäre ein. Der israelische Botschafter Gad Jaacobi sprach ein Gebet und für einen Augenblick konnte man spüren, dass auch für den Nahen Osten die Zeit des Friedens gekommen war. Drei Monate später betrat ein in den USA geborener und in der jüdischen Siedlung Kiryat Arba lebender Israeli, Dr. Baruch Goldstein, das von Moslems und Juden als heilig verehrte Grab Abrahams in Hebron. Am Freitag, dem 25. Februar 1994, eröffnete er mit einer automatischen Waffe das Feuer und schoss während des Morgengebets auf Palästinenser. Zwischen 40 und 50 Palästinenser wurden getötet und mehr als 70 verletzt. Goldstein selbst wurde getötet, von wütenden Zeugen des Massakers zu Tode geprügelt. Im gesamten Westjordanland und im Gaza-Streifen brachen Unruhen aus. Israelische Soldaten feuerten auf Demonstranten und töteten 19 Palästinenser. Viele weitere wurden verletzt. An jenem Freitag wurde mehr Blut vergossen als an jedem einzelnen Tag, seit die israelische Armee diese Gebiete während des Sechstagekrieges 1967 erobert hatte.

Ich hatte lange die Hoffnung gehegt, die Vereinten Nationen könnten eine legitime und positive Rolle im Nahen Osten spielen. Deshalb schrieb ich noch am selben Tag an Jitzhak Rabin, um ihm mitzuteilen, dass die Vereinten Nationen bereit seien, die durch diese Ereignisse verursachten Spannungen abzubauen. Dazu gehörte auch, sollten alle Parteien dies wünschen und dem zustimmen, eine UN-Präsenz in Hebron. Einen ähnlichen Brief sandte ich Jassir Arafat, dem Vorsitzenden der Palästinensischen Befreiungsorganisation (PLO). James Rubin, Sprecher der US-Mission bei den Vereinten Nationen, attackierte mich wie immer und erklärte: »Wir halten die Vorschläge des Generalsekretärs nicht für besonders hilfreich oder nützlich.« Als mich ein arabischer Journalist darauf ansprach, meinte ich, es sei eigenartig, dass ich einen Brief an *Rabin* in Jerusalem geschickt, aber Antwort von *Rubin* aus New York bekommen hätte. Danach wurde ich in Briefen beschuldigt, eine antisemitische Bemerkung gemacht zu haben. Die *New York Times* schrieb, dass ich die Clinton-Administration irritiert hätte, weil die Nachricht meines Briefes an Rabin genau zu dem Zeitpunkt eintraf, als die Vereinigten Staaten versuchten, den Sicherheitsrat daran zu hindern, eine Resolution zu verabschieden, welche das Massaker in der Moschee von Hebron verurteilte. Dies war eine weitere Variante jener Schwierigkeiten, auf die ich ein Jahr zuvor im Zusammenhang mit der Resolution des Sicherheitsrates bezüglich der Deportation der Palästinenser gestoßen war.

Eine Woche war seit dem Hebron-Massaker vergangen. Die Vereinigten Staaten zögerten die Resolution vor dem Sicherheitsrat hinaus in der Hoffnung, die Israelis und die PLO würden sich zusammenfinden und eine gemeinsame Erklärung abgeben, die eine Resolution überflüssig machen würde. Diese Verzögerung war gefährlich, denn die Zeit des Freitagsgebets nahte und die Muslime in den Moscheen der gesamten islamischen Welt würden wahrscheinlich von erzürnten Priestern dazu aufgestachelt werden, mit Gewalt zu reagieren. Ich nahm Kontakt mit dem State Department auf und drängte die Vereinigten Staaten, dem Sicherheitsrat den Entwurf einer Resolution vorzulegen, den dieser in Erwägung ziehen könne. Dies würde den Vereinten Nationen eine verantwortungsvolle Rolle übertragen und den arabischen Regierungen die Möglichkeit geben, die Lage zu entschärfen. Zu meiner Zufriedenheit reagierten die Vereinigten Staaten positiv und ließen verlauten, dass der PLO ein amerikanischer Entwurf *ad referendum* vorgelegt worden sei. Trotzdem blieben mein Brief an Ministerpräsident Rabin und die Kritik der US-Mission an meiner Person den Menschen im Gedächtnis.

Die *New York Times* kommentierte, dass dies die aktuellste von mehreren Meinungsverschiedenheiten zwischen der Clinton-Administration und Boutros-Ghali sei. Die anderen würden Somalia und Bosnien betreffen sowie das Versäumnis der USA, ihre UN-Beiträge pünktlich zu bezahlen. Tatsächlich waren meine unablässigen Bemühungen, die Finanzkrise der UNO zu lösen, indem ich die Vereinigten Staaten drängte, ihre Schulden zu bezahlen, ein Leitmotiv, das sich durch sämtliche Kontroversen über regionale Konflikte zog. »Die Menschen mögen nichts weniger, als wenn man ihnen zusetzt«, sagte Madeleine Albright, »und Mr. Boutros-Ghali tendiert dazu, einem zuzusetzen.«

Erinnerung an Sadat

Im September 1994 war ich im Weißen Haus bei der Feier zur Unterzeichnung des Oslo-Abkommens anwesend, das für den arabisch-israelischen Friedensprozess ein bedeutender Fortschritt war. Dort schien vor meinem geistigen Auge meine Vergangenheit abzulaufen. Ich erinnerte mich daran, wie Sadat und Begin 15 Jahre zuvor anlässlich des Camp-David-Abkommens am selben Podium des Weißen Hauses gestanden hatten. Und ich stellte fest, dass Politiker, die damals dabei waren, auch heute anwesend waren: Die beiden ehemaligen US-Präsidenten Carter und Bush sowie Ex-Außenminister Henry Kissinger. Es bereitete mir eine persönliche Befriedigung zu sehen, dass Arafat, Rabin und Clinton dasselbe taten, was zuvor Sadat, Begin und Carter getan hatten. Doch während ich zuhörte und dieser neuerlichen Friedensfeier zusah, war ich erstaunt – und entsetzt –, dass niemand, weder Arafat noch Rabin noch Peres oder Clinton, in seiner Rede den Namen jenes ägyptischen Staatsoberhaupts auch nur erwähnte, das durch seinen Besuch in Jerusalem den ganzen Friedensprozess in Gang gesetzt hatte: Anwar as-Sadat.

Ich hatte 1979 und dann 1994 versucht, die Vereinten Nationen dazu zu bewegen, einen Beitrag zum arabisch-israelischen Frieden zu leisten. Es gab viele den Nahen Osten betreffende Ereignisse in den Annalen der UNO, die zu missbilligen waren: der erzwungene Truppenabzug der UN-Friedenstruppe aus dem Sinai vor dem Sechstagekrieg 1967, die Weigerung der Vereinten Nationen, den ägyptisch-israelischen Friedensvertrag anzuerkennen, die Resolution, die Zionismus mit Rassismus gleichsetzte. Dessen ungeachtet hatte ich die Rolle der Vereinten Nationen gestärkt, so weit es mir möglich war. Ich hatte das Büro der United Nations Relief and Works Agency for Palestinian Refugees in the Near East (UNRWA) trotz eines gewaltigen bürokratischen Protests von Wien nach Gaza verlegt. Ich hatte zur Unterstützung der UNO in den besetzten Gebieten einen Sonderkoordinator ernannt und mich darum bemüht, die bilaterale Hilfe für die Region zu verstärken. Doch trotz all dieser Bemühungen spielten die Vereinten Nationen weiterhin nur eine Nebenrolle.

Meine jahrelange Zusammenarbeit mit Jitzhak Rabin reichte zurück bis zu meinen Anfangstagen als ägyptischer Minister für auswärtige Angelegenheiten. Ich war von seiner Intelligenz und seinen offen geäußerten Überzeugungen beeindruckt. Am 4. November 1995 nahm Ministerpräsident Rabin an einer Friedenskundgebung in der Innenstadt von Tel Aviv teil. Er stimmte – gegen seine Gewohnheit – in den Gesang eines Friedensliedes ein. An diesem Tag wurde Rabin von einem fanatischen, fundamentalistischen jüdischen Terroristen ermordet. Es war ein furchtbarer Schock. Diese Tat stellte die Solidarität all jener, die einen Frieden im Nahen Osten anstrebten und sich vom Terrorismus nicht einschüchtern lassen wollten, auf eine harte Probe. Sobald ich von Rabins Ermordung erfuhr, rief ich den israelischen Botschafter bei den Vereinten Nationen, Gad Jaacobi, an und sagte ihm, ich wollte zur Beerdigung Rabins nach Jerusalem reisen. Am nächsten Abend buchte ich bei der El Al einen Flug.

Führende Politiker vieler Nationen zollten Rabin in der Knesset auf ergreifende Weise Tribut. Rabins Tod war ein schrecklicher Verlust, denn er hatte die Willenskraft besessen, gegen große Widerstände einen Frieden zu erreichen. Bei der Trauerfeier in der Knesset war es für mich ein eigenartiges Gefühl, aufgrund des Protokolls einen höheren Platz erhalten zu haben als jenen, zu dem mich meine Position als UN-Generalsekretär berechtigte. Das heißt, ich war höhergestellt als Staats- und Regierungschefs. Ich wollte kein Aufsehen erregen, indem ich mich woanders hinsetzte. Deshalb beruhigte ich mich mit dem Gedanken, mein durch das Protokoll festgelegter Platz sei möglicherweise eine ungewöhnliche Respektbezeugung der Israelis gegenüber den Vereinten Nationen. Als ich mit meiner Rede an der Reihe war, achtete ich darauf, den Namen Sadats zu erwähnen, der ebenso wie Rabin ermordet worden war, weil er an den Frieden geglaubt hatte. Ich war jedoch der einzige, der dies tat. Als der Leichnam Jitzhak Rabins in die Erde hinabgelassen wurde, dachte ich bei mir: »Wird sein Tod das Ende jener hoffnungsvollen Zeit bedeuten, die mit Sadat begann? Ist es unser Schicksal, zum Hass aus der Zeit vor Sadat zurückzukehren?«

Letzte Runde mit Libyen

Einen Monat nach Rabins Tod traf ich mit dem britischen Außenminister Douglas Hurd zusammen, um mit ihm über das Problem der libyschen Informationen über die Waffenlieferungen für die IRA zu sprechen. Ich wusste, dass es der Regierung Ihrer Majestät sehr schwer fallen würde, ihre Zufriedenheit mit den Informationen der Libyer in schriftlicher Form zu bestätigen. Deshalb sagte ich zu Hurd, er brauche mir seine Antwort nur verbal zu geben; ich würde Libyen ein schriftliches Dokument zur Verfügung stellen. Dies fand Hurd überaus fair.

Daraufhin teilte ich al-Obeidi mit, dass, wenn sämtliche Informationen, die Libyens Unterstützung für die IRA betrafen, an die Briten übergeben würden, ich ihm ein von mir unterschriebenes Dokument übergeben würde, welches das Thema Waffenlieferungen für abgeschlossen erklärte. Mein Statement würde als offizielles Dokument an den Sicherheitsrat übermittelt. Wenig später trat Hurd zurück; seinen Posten übernahm Malcolm Rifkind. Al-Obeidi sandte mir eine dringliche Nachricht, in der er sich besorgt darüber äußerte, ob die Abmachung nun hinfällig sei. Doch Rifkind bestätigte, dass er sich an Hurds Versprechen gebunden fühle.

Anfang 1996 informierte mich John Weston, der neue britische Botschafter bei den Vereinten Nationen, dass Großbritannien alle gewünschten Informationen von den Libyern erhalten habe. Jedoch beharrten die Briten darauf, dass mein Brief nicht darauf schließen lassen sollte, Großbritannien habe sich von der Sache der USA distanziert. Weston schien gegenüber dem gesamten Vorgehen misstrauisch zu sein.

»Es ist mein Brief, und nicht Ihrer«, erklärte ich. »Somit bin ich für den Inhalt verantwortlich, nicht Sie.« Die Verhandlungen mit Weston gestalteten sich schwierig. Er war nicht so unabhängig wie sein brillanter Vorgänger Sir David Hannay und eher darauf bedacht, den Amerikanern zu folgen. Ich war mir manchmal nicht sicher, ob Weston auf Anweisung des britischen Außenministeriums handelte oder auf eigene Faust.

Der Sicherheitsrat war darüber informiert, dass Großbritannien mit den von Libyen gelieferten Informationen über die IRA zufrieden war.

Im Zuge dieses ersten Erfolges wollte ich Libyen schneller dazu bringen, die Resolutionen 731 und 748 zu erfüllen. Doch das Gegenteil geschah.

Im Herbst 1996 verurteilten die Arabische Liga, die OAU, die blockfreien Staaten, die Gruppe 77 und die Vollversammlung der Vereinten Nationen auf eine libysche Kampagne hin die Sanktionen und forderten ihre Aufhebung. Ich erhielt einen wütenden Brief von Gaddafi, in dem er seiner Verbitterung über die Ungerechtigkeit, der das libysche Volk ausgesetzt sei, Ausdruck verlieh. In einer Anspielung auf den Namen »Lockerbie« nannte Gaddafi den US-Luftangriff von 1986 auf sein Land das »Locker-A Massaker«. Dieser Angriff sei, so sagte er, der Grund für die gegenwärtige Krise.

Ursprünglich hatte Gaddafi auf zwei Ebenen operiert: Über mich verhandelte er mit den Vereinigten Staaten, Großbritannien und Frankreich. Und hinter den Kulissen agierte er mit Hilfe seiner zahlreichen Vermittler. Nun appellierte er als Opfer der westlichen Großmächte an die öffentliche Meinung der Dritten Welt. Es gelang Gaddafi, die Sanktionen als einen Versuch des Westens darzustellen, das libysche Volk zu demütigen. Im April 1995 hielt er, mit seinen wallenden Gewändern bekleidet, eine Rede in der Aziziyah-Kaserne in Tripolis. Er verglich seine Entschlossenheit, den libyschen Pilgern den Weg nach Mekka zu ermöglichen, mit den mittelalterlichen Kreuzrittern, die dafür kämpften, den Christen den Zugang nach Jerusalem zu ermöglichen. »Wir wollen weder die Resolutionen des Sicherheitsrates verletzen«, sagte er, »noch verlangen wir, dass irgendein anderer Staat sie verletzt«, aber »Mekka ist eine andere Angelegenheit, die mit dem Embargo oder den Resolutionen des Sicherheitsrates nichts zu tun hat.«

Libyen demonstrierte seinen Widerstand gegen das Embargo im internationalen Luftreiseverkehr, indem es Flugzeuge voller muslimischer Pilger auf die Reise schickte. Dies weckte in der islamischen Welt und bei den Nationen der Dritten Welt Stolz, Unterstützung und Sympathie für Gaddafi und seine anti-westliche Haltung. Sie verurteilten in zunehmendem Maße die vom Sicherheitsrat über ihn verhängten Sanktionen. Kräfte innerhalb des islamischen Fundamentalismus wiesen darauf hin, dass die Sanktionen oder Waffenembargos der internationalen Gemeinschaft praktisch in jedem Fall gegen Muslime gerichtet wären oder sich zu deren Nachteil auswirkten: von Pakistan und Afghanistan bis zum Irak, Sudan, Libyen und Bosnien.

Den ersten Punkt auf meiner Liste – Libyens Unterstützung der IRA – konnte ich abhaken. Nun ging es darum, den französisch-libyschen Streit um den UTA-Flug 772 beizulegen. Diese Pattsituation konnte nicht einfach ignoriert werden, denn die Auswirkungen auf die internationalen Beziehungen gingen weit über Libyens Position als »Paria«-Staat hinaus.

Gegen Ende meiner Amtszeit war Gaddafi wütend auf mich. Er kritisierte mich öffentlich, was ich als Beweis dafür auffasste, dass ich in meiner Rolle erfolgreich war. Ein aktiver und unabhängiger Generalsekretär wird von allen Seiten unter Beschuss genommen – das war auch mein Schicksal.

Öl gegen Nahrung? – Der Irak

Während meiner Bemühungen, den Fall des unter Terrorismusverdachts stehenden Libyen zu klären, versuchte ich auch, dem irakischen Volk die Last der Sanktionen zu erleichtern. Als zwischen Irak und Kuwait noch die Kämpfe tobten, entsandten die Vereinten Nationen im Februar 1991 ein Team, das die humanitäre Lage des irakischen Volkes feststellen sollte. Diese von Sadruddin Aga Khan geleitete Mission schlug den Verkauf irakischen Öls vor, um den Kauf von »Nahrungsmitteln, Medikamenten und Material für den wichtigsten zivilen Bedarf« zu finanzieren.

Auf der Basis von Sadruddin Aga Khans Bericht nahm der Sicherheitsrat am 15. August 1991 die Resolution 706 an, die anderen Staaten erlaubte, jedes halbe Jahr irakisches Öl im Wert von 1,6 Milliarden Dollar zu importieren, und die vorsah, dass diese Summe auf einem Konto deponiert wurde, das der Generalsekretär verwaltete. Die Resolution 712 vom 18. September 1991 schilderte detailliert das Kontrollsystem für die Operation »Öl gegen Nahrung«.

Von diesem Zeitpunkt an wurde »Öl gegen Nahrung« zur Geschichte meines eigenen donquichoteschen Versuches, die Zustimmung des Iraks zu diesem Programm zu erhalten. Das irakische Volk, und nicht Saddam Husseins Regime, hatte unter den Sanktionen zu leiden. Die Menschen hatten ihre Arbeitsplätze verloren, die Gesundheit ihrer Kinder war bedroht und ihr allgemeines Wohlbefinden durch die strengen Restriktionen beeinträchtigt, denen der Strom an importierten und exportierten Gütern und Dienstleistungen unterworfen war. Der Plan sah auch vor, Kapital zu bilden, um Tausende von ausgewiesenen Arbeitern zu entschädigen, deren Lebensunterhalt gefährdet war und deren Eigentum beschlagnahmt oder zerstört worden war, als die irakische Armee 1990 in Kuwait eingefallen war. Das Programm sah vor, dass der Generalsekretär 30 Prozent der Einnahmen aus dem Ölverkauf in einen Entschädigungsfonds einbrachte, welcher vom Sicherheitsrat geschaffen worden war, jedoch noch kein Kapital aufwies.

Die Weltöffentlichkeit zeigte so gut wie kein Interesse für das Konzept »Öl gegen Nahrung«. Der Anstoß hierfür kam hauptsächlich von der UNO. Saddam Hussein schien sich nicht im Geringsten um das Wohl der ärmsten Irakis zu scheren. Entsprechend seinem eigenen, undurchschaubaren Selbsterhaltungstrieb oder seiner Selbstverherrlichung schwankte er auch in seiner Haltung den Verhandlungen gegenüber.

Zum ersten Mal traf ich Saddam Hussein während des iranisch-irakischen Krieges in Bagdad. Ich befand mich auf einer Mission für Präsident Mubarak und sollte versuchen, den Irak dazu zu bewegen, mit Ägypten wieder diplomatische Beziehungen aufzunehmen. Diese Beziehungen hatte der Irak aufgrund von Sadats Entscheidung, mit Israel Frieden zu schließen, abgebrochen. Die Irakis lehnten mein Anliegen ab mit der Begründung, sie hätten bei den Bemühungen der arabischen Welt, Ägypten zu isolieren, eine führende Rolle gespielt und könnten nun nicht die ersten sein, die diese Politik umkehrten. Ich argumentierte, dass ein solcher Präzedenzfall für eine wahre Führerschaft kein Hindernis sei. Immer, wenn ich Saddam Hussein sah, war er in Uniform. Auch alle seine Minister trugen Uniformen und grüßten ihn militärisch. Als ich nach dem Grund fragte, sagte man mir, der Irak befinde sich im Kriegszustand. Saddam nutzte geschickt die Spannungen, die durch seine Behauptung entstanden, der Irak sei ständig von einer Schar von Feinden

bedroht – eine Behauptung, mit der er damals die außergewöhnliche
Macht rechtfertigte, die er in einem permanenten militärischen Ausnah-
mezustand an sich gerissen hatte.

Die ersten Verhandlungen fanden im Januar 1992 statt. Doch der
Irak zog seine Entscheidung, an einer zweiten Runde teilzunehmen, zurück. Der Sicherheitsrat verurteilte diesen Schritt und erklärte, die Regierung in Bagdad müsse die volle Verantwortung für die humanitären Probleme ihrer Zivilbevölkerung übernehmen. Der Irak änderte erneut seine
Meinung und kehrte im Frühjahr 1992 an den Verhandlungstisch zurück. Doch die Gespräche führten zu keinem Ergebnis. Erneut waren
wir mit dem im Grunde widersprüchlichen Charakter der Sanktionen
konfrontiert: Die unschuldige Bevölkerung litt immens, doch das Regime spürte nichts oder wenig, während die gesamte Vorgehensweise lediglich die Kontrolle des Regimes über das Volk verstärkte.

Im folgenden Jahr, am 29. Juni 1993, traf ich mich in Genf mit dem
stellvertretenden Ministerpräsidenten Tariq Aziz. Ich drängte ihn, dem
Programm »Öl gegen Nahrung« eine Chance zu geben. Es sei nicht nur
ein humanitäres Programm, sagte ich, sondern es enthalte auch »den Sa-
men der Versöhnung zwischen dem Irak und der internationalen Gemeinschaft«.

Im Juli 1993 begannen neue Gespräche und sie verliefen allem Anschein nach erfolgreich. Der Rechtsberater der UNO, Carl-August Fleischauer, kam in mein Büro und wirkte überaus zufrieden. »Die Irakis haben
zugestimmt«, sagte er. »Natürlich ist ihr Einverständnis *ad referendum*.
Sie sind nach Bagdad zurückgereist, um die endgültige Genehmigung
einzuholen. Nächste Woche kommen sie wieder nach New York und
dann können wir vielleicht das Abkommen unterzeichnen.« Ich prophe-
zeite Fleischauer, dass das nicht geschehen werde. Und ich hatte Recht.
Saddam befahl seinen Verhandlungsführern, die Gespräche abzubrechen.
Seine Leute entschuldigten sich nicht, ja sie hielten es nicht einmal für
nötig, diesen Schritt zu begründen.

Mutmaßungen machten die Runde, dass Saddam Hussein dieses
Spiel trieb, um den Weltölmarkt zu manipulieren. Das klang durchaus
plausibel. Immer, wenn es hieß, die Gespräche über das Programm »Öl
gegen Nahrung« laufen gut, fiel in Erwartung des irakischen Öls auf dem
Weltmarkt der Preis für Erdöl. Wenn Hussein die Gespräche abbrach,
stieg der Ölpreis wieder, da man auf dem Markt davon ausging, dass die
Ölvorräte knapp würden. Ich akzeptierte diese Theorie jedoch nicht.
Hussein hält sich selbst für einen romantischen Helden, der sich den

Kräften des Bösen entgegenstellt. Er ist von der harten Realität globaler Angelegenheiten vollkommen isoliert und abgeschirmt. Er hat kein Gespür dafür, wie man mit internationalen Angelegenheiten umgeht, ganz zu schweigen von den Feinheiten der Termingeschäfte auf dem Ölmarkt. Er hat eine andere, ganz eigene Logik. Ich glaube, seine Logik war, dass das Leiden des irakischen Volkes in seinem Interesse lag, weil es die internationale Unterstützung der Sanktionen gegen sein Regime untergrub. Aus diesem Grund widerstrebte es ihm so sehr, das Programm »Öl gegen Nahrung« zum Abschluss zu bringen.

Unter den fünf ständigen Mitgliedstaaten im Sicherheitsrat waren China, Frankreich und Russland kompromissbereit. Jedes Land hatte seine eigenen Motive: den Wunsch, Waren an den Irak zu verkaufen, den Wunsch, Öl zu kaufen, und den Wunsch, dass man dem Irak ermögliche, seine Schulden zu bezahlen. Die Vereinigten Staaten und Großbritannien dagegen misstrauten Saddam Hussein; sie waren jedoch gewillt abzuwarten, ob das Programm »Öl gegen Nahrung« funktionieren würde. Die arabischen Staaten, insbesondere Kuwait und Saudi-Arabien, standen jeder Lockerung der Sanktionen feindselig gegenüber, sprachen dies aber nie offen aus.

Parallel zu den Bemühungen um »Öl gegen Nahrung« versuchte die un-Sonderkommission (UNSCOM) unter Leitung des schwedischen Botschafters Rolf Ekeus sicherzustellen, dass der Irak auf seine Massenvernichtungswaffen verzichtete. In der Hoffnung, bei den Waffeninspektionen auf irakische Kooperation zu stoßen, stellte Ekeus dem Irak in Aussicht, dass die Sanktionen komplett aufgehoben würden. Das ermutigte die Irakis, jede teilweise Aufhebung des Embargos, wie bei der Operation »Öl gegen Nahrung« vorgesehen, abzulehnen – in der Erwartung, sie könnten sich des Embargos möglicherweise vollständig entledigen. So schien eine Initiative der UNO gegen die andere zu arbeiten.

Im Oktober 1994 begannen die Irakis mit der Stationierung von Truppen in Richtung der kuwaitischen Grenze. Dies schürte Ängste, dass eine weitere Invasion kurz bevorstehe. Zur Abschreckung verlegten die Vereinigten Staaten rund 30 000 Soldaten in die Region des Persischen Golfes. Ich brachte sofort meine tiefe Besorgnis zum Ausdruck und wies die irakisch-kuwaitische Überwachungsmission der UNO (UNIKOM) an, jede möglicherweise feindliche Handlung oder Verletzung der 1991 nach dem Ende des Golfkrieges eingerichteten entmilitarisierten Zone zu melden. Ich forderte den Irak auf, umgehend und ohne Einschränkung die Grenze zwischen den beiden Ländern anzuerkennen, wie es die Resolution 833 des Sicherheitsrates festlegte. Einen Monat später verkündete Saddam Hussein, als Resultat unermüdlicher russischer Diplomatie, der Irak erkenne die Souveränität Kuwaits an. Im Gegenzug versprach Russland, sich zu bemühen, den Sicherheitsrat zu einer Aufhebung des Ölembargos zu bewegen. Die Vereinigten Staaten beharrten jedoch weiterhin auf ihrer Forderung: Bevor sie einer Aufhebung der Sanktionen zustimmten, müsste der Irak beweisen, dass er auch langfristig sämtliche UN-Resolutionen bezüglich der Massenvernichtungswaffen erfüllen würde.

KAPITEL 7

Ergebnisse, aber keine Lösungen
(1994–1996)

In der Diplomatie ist nie etwas abgeschlossen. Wer erwartet, er könne ein Problem lösen und sich dann anderen Dingen zuwenden, der täuscht sich. Ein Problem verändert sich vielleicht in der Größe, der Form oder Dringlichkeit, es verschwindet jedoch selten, man muss sich ständig darum bemühen. Diese Sichtweise wurde durch die Ereignisse im Herbst 1994 in den sehr unterschiedlichen Fällen Kambodscha, Bosnien, Haiti und dem Irak bekräftigt.

Kambodscha: Sihanouks Enttäuschung

Während meines Aufenthalts in Peking im September 1994 bat ich um eine Audienz bei Norodom Sihanouk. Stattdessen kam der König zu mir in mein Quartier im Gästehaus der Regierung, dem *Diao yu tai*. Er legte so viel Schwung und Gerissenheit an den Tag wie stets und schien durch seine Krankheit in keiner Weise beeinträchtigt. »Zum ersten Mal seit Beginn meiner Krankheit verlasse ich das Haus«, sagte er mit einem breiten Lächeln. Er kritisierte Hun Sens Regierung, weil sie die Pressefreiheit einschränkte, und das Militär, weil es sich weigerte, die Korruption auszumerzen. Nachdem er sich über die sich verschlechternde Situation in seinem Land beklagt hatte, fragte er: »Hat all das Geld, das Sie ausgegeben haben, denn gar nichts gebracht?«

»Die UNO fungierte als Arzt«, sagte ich. »Wir stellten Kambodschas Gesundheit wieder her. Doch langfristig gesehen ist der Patient selbst für seine Gesundheit verantwortlich. Der Arzt kann ihn nicht dazu zwingen, gesund zu leben oder eine bittere Medizin zu schlucken.«

Sihanouk starrte über den See. *Diao yu tai* bedeutet »Fischerpavillon«, und vom Fenster aus sahen wir eine Szenerie, die einem alten chinesischen Gemälde glich. »Die Vereinten Nationen hätten sich nicht zurückzuziehen sollen«, meinte er.

»Vielleicht«, antwortete ich, »doch den Vereinten Nationen fehlt es an Geld, und dem Sicherheitsrat fehlt es an der Bereitschaft, die UN-Truppen vor Ort zu belassen.«

Ich erklärte Sihanouk, dass die intensiven diplomatischen Bemühungen und die Millionen von Dollar, die für die Rückführung der Flüchtlinge, die Überwachung des Waffenstillstands, die Durchführung der Wahlen, die Ausarbeitung einer Verfassung und für den beginnenden Wiederaufbau des Landes aufgewandt worden waren, sich nicht nur gelohnt hatten, sondern für die Zukunft Kambodschas unverzichtbar waren. UNTAC hatte es den Menschen ermöglicht, ihren Willen frei zu äußern. Eine legitime, wenn auch nicht unbedingt erstklassige Regierung war gebildet worden. Kambodscha, ein altes Reich, war neu erstanden und hatte wieder internationale Anerkennung gewonnen. Weiter konnten und sollten die Vereinten Nationen nicht gehen. Die Leistung der UNO war nicht nur wesentlich, weil sie umfassend war, sondern auch, weil sie zeitlich begrenzt war. Der Aufbau eines neuen Kambodscha, erklärte ich Sihanouk, müsse dem kambodschanischen Volk selbst überlassen bleiben und würde Jahrzehnte brauchen. Es würde immer wieder Rückschläge geben, dennoch sei die UN-Mission ein Erfolg gewesen.

Ihren wahrscheinlich größten Fehler hatten die Vereinten Nationen im Jahr 1993 begangen, als wir darauf gedrängt hatten, dass nach der damaligen Wahl eine Regierung gebildet wurde, an der ausnahmsweise alle drei wichtigen Parteien beteiligt waren. Dies verstärkte bei der Wahl 1998 die Abneigung der zweit- und drittstärksten Partei, das Wahlergebnis zu akzeptieren. Aber ein gesundes demokratisches System für Kambodscha erforderte eine funktionierende Opposition, die eine Wahl als rechtmäßig anerkannte, als Kontrollinstanz zur Regierungspartei fungierte und daran arbeitete, bei zukünftigen Wahlen mehr Stimmen für sich zu gewinnen.

Im August 1998 wurde die aktuelle Lage in Kambodscha von den Medien (*The New York Times, The New Yorker, The New York Review of Books, The Economist*) geradezu als Katastrophe beschrieben, und die Regierung wurde als repressive Diktatur angeprangert.

Einige grundlegende Fakten lassen sich jedoch nicht leugnen. Die nationalen Wahlen 1998 wurden von Dutzenden internationalen Beobachtern, von denen einige über tausend Menschen im ganzen Land verteilt hatten, als frei und fair bestätigt. Die Wahlergebnisse entsprachen im Wesentlichen den Resultaten der von der UNO durchgeführten Wahlen im Jahr 1993, ein weiterer Beleg für ihre Gültigkeit. Bei einer hohen Wahlbeteiligung erzielte keine der Parteien eine Mehrheit, die Aufteilung der Stimmen unter den drei führenden Parteien war vergleichbar mit der von 1993. Auch 1998 erhielt Hun Sens Partei die meisten Stimmen, allerdings waren es nur 41 Prozent. Nach dem Wahlgesetz musste er daher für eine Regierungsbildung eine Koalition mit seinen Gegnern eingehen, ein Resultat, das sich kaum mit einer Diktatur verbinden lässt.

Ein Korrespondent namens Henry Kamm kam in seinem Artikel »Die kambodschanische Katastrophe« (*The New York Review of Books*, 13. August 1998) zu folgendem Schluss: Er sehe »keine andere Möglichkeit, als die Menschen in Kambodscha für eine Generation der Fürsorge neutraler Hände zu übergeben, ihr Land zu ihrem eigenen Besten zu verwalten und es allmählich einer heranwachsenden Generation von Kambodschanern zurückzugeben, die die notwendige Reife besitzen, Respekt gegenüber ihren Mitmenschen empfinden und bereit sind, die Verantwortung für das Land zu übernehmen«. Ironischerweise war die UNO mit genau diesen Absichten nach Kambodscha geschickt worden. Aber anstatt dass man ihr erlaubt hätte, sich für diese Aufgabe eine Generation Zeit zu lassen, wurden die Blauhelme nach weniger als zwei Jahren aus dem Land geholt.

Bosnien: Die Lage spitzt sich zu

Die Situation in Bosnien verschlechterte sich im Herbst 1994 zusehends. Wenige Wochen nach meinem Gespräch mit Sihanouk in Peking erhielt ich einen Brief vom amtierenden Nato-Generalsekretär Sergio Balanzino: »Im Geiste Ihrer früheren Bitten vom 6. Februar und 18. April an Generalsekretär Wörner um eine verstärkte Sicherung der Schutzzonen einigte sich der Nordatlantikrat, dass für die Durchführung von Nato-Luftschlägen die folgenden Bestimmungen gelten sollten.« Der Brief wiederholte das System des doppelten Schlüssels: Würden beide Schlüssel aktiviert, sollten Luftschläge »ohne taktische Warnung der schuldigen Partei« folgen. Jede Maßnahme zog eine weitere größeren Ausmaßes nach sich: »Für jeden Einsatz der Luftmacht wird ein Minimum von vier Zielen vom Oberbefehlshaber des Nato-Kommandos Süd und vom Befehlshaber der UNPROFOR genannt.« Welche Ziele jedoch tatsächlich angegriffen wurden, bestimmte die Nato anhand taktischer Überlegungen. Die neuen Bestimmungen deckten sich mit den bestehenden Resolutionen des Sicherheitsrates; nun wurde um meine Zustimmung gebeten.

Ich antwortete, dass ich dem nicht zustimmen könne. Wenn mit den UN-Truppen nicht über den Zusammenhang zwischen einem Verstoß und dem beabsichtigten Ziel eines Luftschlages beraten würde, wären Vergeltungsmaßnahmen wie in Goražde die Folge. Und wenn die UN-Truppen kein Mitspracherecht hätten, wie viele Ziele angegriffen werden sollten, wäre das Prinzip der Verhältnismäßigkeit in Gefahr. Als Beispiel zitierte ich einen Vorfall vom September 1993, als die Serben einen Schützenpanzerwagen angegriffen hatten, aber niemanden töteten. Mehrere Ziele für eine Vergeltungsaktion waren vorgeschlagen worden. Wenn alle getroffen worden wären, wäre die Reaktion unverhältnismäßig ausgefallen; selbst der damals begrenzte Einsatz der Nato-Luftstreitkräfte hatte die Serben veranlasst, den Flughafen von Sarajevo wieder zu schließen.

So war ich wieder einmal in eine Auseinandersetzung um Luftschläge verwickelt. Das grundlegende Problem – die im Mandat festgelegte Unparteilichkeit von UNPROFOR und die Weigerung, die für die vom Sicherheitsrat bestimmten Aufgaben erforderlichen Mittel bereitzustellen – war immer noch nicht gelöst worden. Ich sagte dem Nato-Generalsekretär unverblümt: »Ich denke, Sie sind mit mir darüber einig, dass wir uns nicht vorsätzlich in eine Position begeben sollten, in der wir gezwungen wären, die Notfallpläne für den Rückzug von UNPROFOR aus einer feindlichen Umgebung anzuwenden. Denn eine Befreiung der Friedenstruppen würde, wie Ihnen sicherlich bekannt ist, die Entsendung einer erheblichen Zahl von Kampftruppen erfordern.«

Am 30. November 1994 reiste ich nach Sarajevo. Die Situation hatte sich weiter verschlechtert, und Madeleine Albright bestand auf der Reise. Sie hatte mich eigens in Marokko angerufen, wo ich mich mit dem Problem Westsahara auseinanderzusetzen hatte. Ich teilte den Konfliktparteien in Sarajevo mit, dass die UN-Truppen abgezogen würden, wenn kein landesweiter Waffenstillstand zustande kam. Meine Warnung, berichtete die *New York Times,* »ist praktisch ein Ultimatum und eine Verzweiflungstat, nachdem die UNO in Bosnien eine schlimme Zeit durchgemacht hat«. Ich bat um ein Gespräch mit Karadžić am Flughafen von Sarajevo, doch er bestand darauf, dass ich für ein Treffen mit ihm nach Pale reisen sollte, dem Hauptquartier der bosnischen Serben. Ich lehnte ab, denn das hätte die Anerkennung seiner »Republika Srpska« durch die Vereinten Nationen bedeutet. Daher fand kein Gespräch zwischen uns statt. Die Republik Bosnien-Herzegowina war ein rechtmäßiges Mitglied der Vereinten Nationen. Karadžićs »Republik« wollte die Teilung Bosniens erzwingen.

Verwirrung im Kapitol

In Washington schlug Verteidigungsminister Perry in einem Interview eine Konföderation zwischen den bosnischen Serben und dem eigentlichen Serbien vor, mit einem Regierungssitz in Belgrad, der Hauptstadt des ehemaligen Jugoslawien. Das, meldete die Presse, »brachte das Außenministerium in Panik«. In der *New York Times* vom 4. Dezember 1994 las ich, dass die Vereinigten Staaten einen bedeutenden Richtungswechsel in ihrer Bosnienpolitik vollzogen hatten. Beim Urlaub auf seiner Farm in New England, hieß es in dem Bericht, hätte Anthony Lake ein Memorandum verfasst, in dem er zu dem Schluss kam, dass der Versuch, die Nato-Luftstreitkräfte gegen die bosnischen Serben einzusetzen, während sich Truppen aus Nato-Ländern vor Ort befanden und die Vereinten Nationen sich bemühten, unabhängig davon ihrem humanitären Auftrag nachzukommen, erhebliche Widersprüche berge. Die amerikanischen Forderungen nach Luftschlägen würden der Nato schaden und keine Erfolge bringen, ganz zu schweigen davon, dass sie die Vereinten Nationen schwächen würden. Daher empfahl Lake, die Vereinigten Staaten sollten nicht länger auf Luftschläge drängen, sondern sich für einen Waffenstillstand und eine diplomatische Lösung einsetzen. Die USA äußerten sich mir gegenüber nicht dazu. Alles, was ich wusste, stammte aus der Zeitung.

Am 8. Dezember 1994 übermittelte mir die US-amerikanische UN-Botschaft offiziell »Die folgenden von Präsident Clinton getroffenen Beschlüsse«. Clinton hatte entschieden, »dass sich die Vereinigten Staaten an einem von der Nato geführten Rückzug aller Truppen des Bündnisses in Bosnien mit Bodentruppen beteiligen würden«. Doch »die Vereinigten Staaten sind zum jetzigen Zeitpunkt gegen einen Rückzug der UNPRO-FOR, da die Truppen der UNO eine humanitäre Aufgabe zu erfüllen haben. Angesichts des heraufziehenden Winters hätte ein Abzug der UNPROFOR in dieser Situation katastrophale humanitäre Folgen.« Dennoch, so die Demarche weiter, »sollten die Notfallpläne der Nato und UNPROFOR für einen Rückzug sobald wie möglich fertiggestellt werden, da sich die Situation in Bosnien verschlechtern könnte… Darüber hinaus wären die

USA nur bereit, einem Rückzug von UNPROFOR zuzustimmen, wenn im Rahmen von Gesprächen geklärt würde, welche Schritte die internationale Gemeinschaft danach unternehmen sollte.«

Was in aller Welt bedeutete diese unzusammenhängende Botschaft? Erklärten die Vereinigten Staaten, dass sie den britischen und französischen UNPROFOR-Einheiten bei einem Rückzug helfen und die Einheiten der UNPROFOR, die nicht zur Nato gehörten, zurücklassen wollten? Ich wies meine Mitarbeiter an, Washington um Klärung zu bitten. Ich musste wissen, ob die Vereinigten Staaten wollten, dass sich die Vereinten Nationen aus Bosnien zurückzogen. Wenn ja, was genau hatten die Vereinigten Staaten vor? Wenige Stunden später kam die Antwort, die offensichtlich von Außenminister Christopher stammte: »Die Vereinigten Staaten wollen, dass UNPROFOR derzeit fortfährt wie bisher.« Die Botschaft der USA lautete also: »Macht einfach so weiter wie bisher.« Sollte jedoch die Diplomatie scheitern, *dann* sollten die UN-Truppen abgezogen werden. Doch die USA würden einem Rückzug der Vereinten Nationen nur zustimmen, wenn das Waffenembargo für Bosnien aufgehoben würde, und dann würden die USA den UN-Truppen, die nicht zur Nato gehörten, nicht beim Rückzug helfen.

Das war das Rezept für eine Katastrophe. Die Vereinigten Staaten waren bereit, Truppen zu stellen und ihre eigene Politik gegenüber Bosnien aufzugeben, doch sie wollten nicht dazu beitragen, dass die neue Vorgehensweise auch Erfolg hatte. Die USA würden die Nato-Truppen evakuieren, die den Vereinten Nationen unterstellt waren, sich aber weigern, anderem UN-Personal zu helfen. Auf der Kommentarseite des *Christian Science Monitor* erklärte ein ehemaliges hochrangiges Mitglied des Außenministeriums: »Wenn das mächtigste Mitglied der UNO deren Mandat nicht versteht oder versäumt, deren Mission zu unterstützen, ist es kein Wunder, dass die Rolle der Vereinten Nationen von Frustration und Misserfolgen gekennzeichnet ist.« Nach der Hälfte von Präsident Clintons vierjähriger Amtszeit schien sich die amerikanische Außenpolitik in einem Zustand der völligen Verwirrung zu befinden. Bezeichnenderweise erhielt mein Stab, wie als Reaktion auf diese Zeichen der Verwirrung, Anrufe von Botschaftern aus ganz Europa. In diplomatischen Kreisen gingen Gerüchte um, dass Christopher als Außenminister durch Madeleine Albright ersetzt werden sollte. Ob uns bei den Vereinten Nationen aufgefallen sei, dass Madeleine Vorbereitungen für den Aufbruch traf?

Mitten in diesem Durcheinander trat Expräsident Jimmy Carter auf den Plan. Reporter fragten mich nach meiner Meinung zu Carters Entschluss, nach Bosnien zu reisen. Ich erinnerte an sein Verhandlungsgeschick in Camp David 1978, wo seine Bemühungen zum ägyptisch-israelischen Friedensvertrag geführt hatten. »Diplomatie hat viele Facetten«, sagte ich der Presse, »und Präsident Carter kennt sie alle: die psychologischen, historischen, religiösen, kulturellen und persönlichen. Er hatte damals in den Bergen von Maryland vor allem deshalb Erfolg, weil er seinem Gegenüber ein Gefühl von absoluter Glaubwürdigkeit und fester Gesinnung vermittelte.«

Wieder einmal, wenn Carter intervenierte, um die verworrene amerikanische Außenpolitik zu retten, schlug Madeleine Albright vor, ich solle versuchen, Carter davon abzubringen. In den Fällen Nordkorea, Haiti und Bosnien spielten die Vereinten Nationen eine große Rolle, daher hätten meine Ansichten vermutlich Gewicht gehabt. Albright war mir gegenüber überraschend offen, was die Meinung der Clinton-Administration zu Carters Intervention betraf. »Können Sie nicht etwas unternehmen, um ihn davon abzuhalten?«, fragte sie herausfordernd. »Ich kann gar nichts tun«, antwortete ich. »Die Vereinten Nationen besitzen nicht das Monopol für Diplomatie.« Die Vereinigten Staaten seien das nicht gewohnt, meinte ich, doch die Vereinten Nationen schon. Es sei unsere tägliche Erfahrung, dass die USA und andere ständige Mitglieder des Sicherheitsrates sofort diplomatisch aktiv würden, sobald die Vereinten Nationen eine diplomatische Anstrengung unternähmen. Sie koordinierten, informierten und agierten in Angelegenheiten, bei denen sie über den Sicherheitsrat eigentlich die Vereinten Nationen gebeten hatten, etwas zu tun. Daher, sagte ich zu Albright, »verhält sich Jimmy Carter einfach nur genau so, wie sich die amerikanische Regierung gegenüber der UNO verhält«. Vielleicht konnte uns Jimmy Carter helfen, einen Ausweg aus dieser verworrenen Situation zu finden. Am 16. Dezember 1994 schickte ich Carter einen fünfseitigen Brief, in dem ich ihn über den Stand der Verhandlungen informierte und ihm viel Erfolg wünschte.

Jimmy Carter verhandelte Ende des Jahres 1994 auf Einladung Karadžićs intensiv mit den bosnischen Serben und den muslimischen Führern und brachte schließlich ein unterzeichnetes Waffenstillstandsabkommen zustande – genau das, was die Clinton-Administration wollte. Aber es gab auch negative Seiten: Die 70 Prozent des Landes, die von den Serben gehalten wurden, blieben in ihrer Hand, und Karadžićs »Republika Srpska« erfuhr erneute Anerkennung. In meinem Brief vom 16. Dezember hatte ich Carter informiert, die bosnische Regierung »befürchtet, dass ein Waffenstillstand auf unbestimmte Zeit den militärischen Status quo zu ihrem Nachteil festlegen würde«. Tatsächlich bestätigte Carter mit seiner Intervention genau diese Befürchtung, allerdings mit der schriftlichen Genehmigung des bosnischen Präsidenten Alija Izetbegović. Beide Seiten waren einverstanden mit einem sofortigen Waffenstillstand, der Freilassung von Gefangenen und Häftlingen, dem Eingreifen der UNPROFOR und einem viermonatigen Aussetzen der feindseligen Handlungen ab dem 1. Januar 1995. Die Vereinigten Staaten erklärten, die von Carter erzielten Vereinbarungen seien eine historische Chance, deren Umsetzung die Vereinten Nationen nun in Form genauerer Übereinkünfte entwickeln sollten. Skeptiker meinten, Karadžić habe die Einwilligung zur gewalttätigen Aneignung von 70 Prozent des bosnischen Territoriums und eine Ruhepause für die Wintermonate erreicht, in der sich die Serben auf ihre Frühlingsoffensive vorbereiten würden.

Am 31. März 1995 begrüßte der Sicherheitsrat den von Carter ausgehandelten Waffenstillstand und verabschiedete drei Resolutionen, die die UN-Präsenz im ehemaligen Jugoslawien neu strukturierten. Die jungen unabhängigen Republiken waren in zunehmendem Maße unzufrieden damit, dass eine einzige Truppe in allen Landesteilen operieren sollte; jede wollte ihre eigene UN-Einsatzgruppe. Daher wurde UNPROFOR, deren ursprüngliches Mandat für Kroatien galt, dann aber auf Bosnien und Mazedonien ausgedehnt worden war, dreigeteilt: UNPROFOR für Bosnien, UNCRO für Kroatien und UNPREDEP für Mazedonien. Der Oberbefehlshaber und sein Stab hatten ebenso wie mein Sonderbeauftragter Akashi ihr Hauptquartier in Zagreb, der Hauptstadt Kroatiens. Doch dann kündigte Kroatien der UN-Mission im Land, ein unheilverkündendes Vorzeichen für kommende Feindseligkeiten.

In den ersten drei Monaten des Jahres 1995 entspannte sich die Situation in Bosnien. Der von Jimmy Carter ausgehandelte Waffenstillstand war in Kraft getreten und der Winter hatte eingesetzt. Auch die Spannungen zwischen den Vereinigten Staaten und den Vereinten Nationen ließen nach und ich konnte meine Aufmerksamkeit wieder Haiti zuwenden.

Haiti: Wachwechsel

Für den 31. März 1995 war der Abzug der amerikanischen und multinationalen Truppen geplant. Trotz unserer Befürchtungen – oder vielleicht gerade deshalb – vollzog sich deren Ablösung durch die Vereinten Nationen ohne Probleme. Der Wachwechsel war von meinem Sonderbeauftragten Lakhdar Brahimi zunächst von New York und seit Februar 1995 von Port-au-Prince aus minutiös geplant worden. Die Übergabe verlief so reibungslos, dass die haitianische Bevölkerung den Unterschied zwischen der UN- und der US-Phase der Operation kaum bemerkte. Etwa zwei Drittel der Positionen beim Militär und ein Drittel bei der Polizei wurden von den multinationalen Truppen besetzt, wobei die USA das größte Militärkontingent stellten. Der Militärkommandant war Amerikaner und der Polizeichef war Kanadier; sie unterstanden einem Algerier. Die internationale Dimension der UN-Präsenz wurde respektiert, denn die Militärtruppe umfasste Soldaten aus 21 Ländern.

Die Zeremonie für die »Wachablösung« war für den 31. März angesetzt und Präsident Clinton sollte daran teilnehmen. Meine UN-Kollegen baten mich, schon einen Tag früher zu kommen und UN-Präsenz zu demonstrieren. »Wenn Präsident Clinton erst einmal da ist, werden die Medien Ihnen nicht einmal einen Blick schenken«, meinte ein junger Kollege.

Premierminister Smarck Michel und Außenministerin Claudette Werleigh empfingen mich am Flughafen von Port-au-Prince. Sie wollten über die Wahlen sprechen. Für die Eröffnung von Wahllokalen benötigten sie Räume. »Könnten Sie nicht einige Häuser mieten?«, fragte ich. Nein, erklärte der Premier. Nach jahrelanger Einschüchterung waren nur wenige Bürger bereit, sich selbst oder ihre Häuser sichtbar mit einer Wahl in Verbindung zu bringen. »Dann richten Sie die Wahllokale in Schulen ein«, sagte ich. »Sie müssen dafür nicht die ganze Schule schließen, ein oder zwei Räume genügen.« Wieder verneinte der Ministerpräsident: »Bei den Wahlen 1987 schickten die Eltern ihre Kinder nicht in die Schule, wenn dort Wahllokale untergebracht waren.«

Unsere Ankunft im Hotel beendete das Gespräch, das die großen psychischen Hindernisse für eine Demokratisierung Haitis zutage gefördert hatte. Das Hotel besaß sehr viel Charme und bot einen unverbauten Blick über die ganze Stadt. Im Bad entdeckte ich Ameisen. Ich betrachtete sie erfreut. In Ägypten und allgemein in der Dritten Welt gehören Ameisen zum täglichen Leben, sie teilen unser tägliches Brot mit uns. Ich liebe es, sie zu beobachten, wie sie Brotkrumen oder Zweige transportieren.

Lakhdar Brahimi klopfte und riss mich aus meinen Tagträumen. Es war Zeit für das Gespräch mit dem Premierminister. Angeführt von einem Panzerwagen brachte mich die amerikanische Einheit, die für meine

Sicherheit verantwortlich war, zur seiner Residenz. Er wartete jedoch auf mich in seinem Büro. Als wir uns schließlich trafen, war unser Gespräch kurz, ergebnislos und irgendwie angespannt. Danach wurde ich zu Präsident Aristide gebracht, wo sich das Gespräch wieder der Frage widmete, wie man geeignete Gebäude für die Wahllokale finden sollte. Am Abend gab Aristide ein aufwendiges Bankett für mich, das mit langen Reden auf Französisch endete. Meine Rede war ein langweiliger Standardtext, den ein müder Bürokrat verfasst hatte; Aristides Rede war improvisiert, brillant und voller Dynamik.

Bei meiner Rückkehr ins Hotel war es drückend heiß. Ich sah noch einmal nach den Ameisen im Bad, doch sie waren verschwunden; ich war also allein, niedergedrückt von dem Essen des präsidialen Banketts und den Problemen, die Haiti bevorstanden.

Am nächsten Tag versammelten wir uns im Ballsaal des Präsidentenpalastes und hörten uns weitere Reden an. In einem vorausgehenden persönlichen Gespräch mit Aristide erschien er mir trübsinnig und sogar noch weniger versöhnlich als ein Jahr zuvor, als wir uns allein in New York getroffen hatten. Schon bald wurden Aristide, Clinton und ich zu einem eigens errichteten Podium vor dem Präsidentenpalast geführt. Die Fotografen und Kameraleute befanden sich links von der Tribüne, dem besten Platz für Bilder, doch der amerikanische Präsident musste aufgrund seiner vorrangigen Stellung rechts stehen. Mir war dieses Medienprotokoll nicht bekannt, bis es mir aufgrund der Bemühungen der Amerikaner vor Augen geführt wurde, die vergeblich versuchten, diese Situation zu vermeiden. Das Weiße Haus wollte die Zeremonie zu einer amerikanischen Siegesfeier machen; meine Begleiter wollten dagegen, dass die Vereinten Nationen berücksichtigt wurden. Natürlich gewannen die Amerikaner. Trotzdem war nicht zu überhören, wie sich Madeleine Albright über die zahlreichen »UNO-Leute« auf dem Podium beschwerte. Als guter Diplomat war ich bereit zu verschwinden und den Ehrenplatz den Politikern zu überlassen, die die Aufmerksamkeit offenbar nötiger hatten.

Nach Präsident Clintons Ansprache hielt ich meine Rede auf Französisch. Die letzen Worte sprach ich in Kreolisch, was mir begeisterten Applaus einbrachte. Dann ergriff Präsident Aristide das Wort und improvisierte eine Rede auf Französisch, gemischt mit Kreolisch. Die Zuhörer waren wie elektrisiert durch diesen außergewöhnlichen Redner, seine Worte versetzten Tausende von Haitianern in Verzückung. Da ich Aristide schon mehrmals bei solchen Auftritten erlebt hatte, interessierte mich mehr die Reaktion von Präsident Clinton, der dieses Spektakel als Gelegenheit zu betrachten schien, Aristides Geheimnis auf die Spur zu kommen und zu erfahren, wie man eine Menge derart in seinen Bann ziehen konnte. Dann war die Zeremonie zu Ende, wir gratulierten einander und verließen Haiti. Uns allen war bewusst, dass die Gesundung dieses geschundenen Landes noch viel Zeit in Anspruch nehmen würde.

Irak: Endlos im Kreis

Angesichts der sich verschlechternden Ernährungslage und gesundheitlichen Verfassung der irakischen Bevölkerung bereitete sich der Sicherheitsrat im April 1995 auf die Verabschiedung der Resolution 986 vor. Sie erlaubte dem Irak über einen Zeitraum von 6 Monaten den Verkauf von Öl im Wert von zwei Milliarden Dollar im Austausch für Lebensmittel, Medikamente und humanitäre Hilfslieferungen im Wert von 1,3 Milliarden Dollar. Der Differenzbetrag sollte für die Entschädigung der Opfer der irakischen Aggression und zum Begleichen der Ausgaben der UN-Inspektions- und Entschädigungsprogramme verwendet werden. Die Abstimmung über die Resolution 986 wurde um 24 Stunden verschoben, um mir Gelegenheit zu geben, Bagdads Zustimmung zu erlangen.

Am Nachmittag des 14. April traf ich mich mit Tarik Aziz in meiner Residenz am Sutton Place. Da ich wusste, dass er katholisch war, betonte ich die symbolische Bedeutung, die eine Verabschiedung der Resolution am Karfreitag haben würde, doch er ging nicht auf meine Bemerkung ein. Er erhob Einwände gegen die Resolution, weil sie sich auf die nördlichen Provinzen des Irak konzentrierte, zu denen auch Kurdistan gehöre, und weil damit ein Großteil des Öls über die Kirkuk-Pipeline in die Türkei exportiert werden müsste. Ich verteidigte die Resolution und bekräftigte noch einmal die darin erwähnte territoriale Integrität und Souveränität des Irak. Außerdem autorisiere der Text den Generalsekretär und nicht den Sicherheitsrat dazu, den Verteilungsplan für Lebensmittel im Irak zu genehmigen, und es gäbe keinerlei Hindernisse für eine völlige Aufhebung der Sanktionen, wenn der Irak die Bedingungen erfülle. »Diese Resolution«, sagte ich, »könnte das Vertrauen zwischen dem Irak und der internationalen Gemeinschaft wiederherstellen.«

»Schauen Sie«, erklärte ich Tarik Aziz, »in acht Monaten beginnt in den USA das Wahljahr. Wenn Sie diese Resolution nicht annehmen, werden wir uns dieser Angelegenheit erst wieder Ende 1996 zuwenden, wenn Präsident Clinton wiedergewählt wird, und erst ein Jahr später, wenn er nicht gewählt wird.«

Tarik Aziz hörte zu und rauchte seine Havanna. Sein Gesicht zeigte das leichte nervöse Zucken, das in Momenten der Anspannung oder Ermüdung auftrat. Ich wusste, dass Saddam Hussein die Entscheidung treffen würde. Ich wusste auch, dass der Irak ein größeres Ziel hatte: Jede internationale Aufsicht über die irakische Ölförderung zu vermeiden und früher oder später die Aufhebung des Embargos zu erwirken.

Die Resolution 986 wurde am 14. April 1995 einstimmig verabschiedet. Am folgenden Tag verkündete Bagdad, dass die irakische Regierung die Resolution nicht akzeptieren würde. »Öl gegen Nahrung« war wieder einmal gescheitert. Trotz der Warnung meiner Kollegen, man würde mir eine Bevorzugung des Irak vorwerfen, traf ich mich einige Monate später mit dem Bruder Saddam Husseins und Vertreter des Irak beim UN-Büro in Genf. Wieder nannte ich zahlreiche Argumente für die Resolution 986. »Erklären Sie sich zu Verhandlungen bereit«, sagte ich. »Sie können sich jederzeit von den Gesprächen zurückziehen, wenn Sie unzufrieden sind, und Sie können jederzeit mit der Ölförderung aufhören. Die Lösung liegt in Ihren Händen. Warum zögern? Wenn das amerikanische Wahljahr erst einmal begonnen hat, wird Washington gegenüber dem Irak keinerlei Flexibilität mehr zeigen, geschweige denn ein solches Abkommen unterzeichnen.« Doch wieder stießen meine Argumente auf taube Ohren.

50-Jahr-Feier unter schlechten Vorzeichen

Das ganze Kalenderjahr 1995 über wurden die Feierlichkeiten zum 50. Jahrestag der Vereinten Nationen von der Haltung der Vereinigten Staaten überschattet. In Bosnien, Somalia und Ruanda hatten die USA die UN-Friedensmissionen missbraucht, zum Sündenbock gemacht und behindert und so zukünftige Missionen in Frage gestellt. Noch dringlicher war die Finanzkrise der Vereinten Nationen, die durch Washingtons Weigerung zu zahlen noch verschlimmert wurde.

Außerhalb der Vereinigten Staaten zollte man den soliden Leistungen der UNO Respekt und ihren bedeutenden Bemühungen, sich unter schier unmöglichen Bedingungen ihrer neuen Verantwortung in der Zeit nach dem Kalten Krieg zu stellen. Nur in den USA wurden die Vereinten Nationen als unfähige und aufgeblähte Bürokratie bezeichnet, die – so lächerlich das auch war – die amerikanische Souveränität bedrohte.

Ich hatte gehofft, im Januar ein Gipfeltreffen der Mitgliedstaaten des Sicherheitsrates abhalten zu können, drei Jahre nach dem ersten Gipfel, in dessen Folge die *Agenda für den Frieden* entstanden war. Ich sprach die Idee gegenüber dem argentinischen Präsidenten Carlos Saúl Menem an, da Argentinien im Januar 1995 die Präsidentschaft des Sicherheitsrates innehatte. Menem gefiel meine Idee, doch im Sicherheitsrat regte sich Widerspruch. Die Friedenssicherung war zu einem viel zu kontroversen Thema geworden, als dass man eine Diskussion unter den mächtigsten Ländern der Welt in einem derart exponierten Forum riskieren wollte. Daher fand kein zweiter UN-Gipfel statt. Ersatzweise beabsichtigte ich, die Feierlichkeiten zum 50. Jahrestag als eine Demonstration für die Ehrlichkeit meiner Reformbemühungen zu nutzen. Außerdem wollte ich Kritiker davon überzeugen, dass die Vereinten Nationen ein unverzichtbarer Apparat waren, um die von den Ländern der Erde angestrebten Ziele zu erreichen, darunter auch die der Vereinigten Staaten.

Der Fall Waldheim

Am 16. Juni 1993 hielt ich eine Rede vor der österreichischen Bundesversammlung. Ich war nach Trygve Lie, der dort vor vierzig Jahren gesprochen hatte, der erste Generalsekretär, der dazu eingeladen wurde. Ich beschloss, über Menschenrechte im Zusammenhang mit Ansichten zu sprechen, die ich bei der Wiener Weltkonferenz der Menschenrechte gehört hatte. Während meiner Rede blickte ich auf die Besuchergalerie, die für die Öffentlichkeit geschlossen worden war. Nur ein Mann saß dort: Kurt Waldheim. Etwa ein Jahr später erhielt ich einen Brief vom Wiener Bürgermeister und Landeshauptmann Helmut Zilk, in dem er mir von den Vorbereitungen für den 50. Jahrestag der UNO in Österreich berichtete. Der 24. Oktober 1995 würde auch, wie er mir schrieb, »ohne Zweifel eine Zusammenkunft all der bedeutenden Persönlichkeiten sein, die im Laufe der Jahre das Amt des Generalsekretärs der Vereinten Nationen innehatten. Ich hoffe,« hieß es in dem Brief weiter, »es ist nicht unangemessen, wenn ich Sie darum bitte, Dr. Waldheim zu helfen, damit er in die Vereinigten Staaten reisen und an den Feierlichkeiten teilnehmen kann. Ich weiß Ihr Verständnis sehr zu schätzen.«

Im Jahr 1987 hatte der US-Justizminister den Namen Kurt Waldheims auf die Überprüfungsliste der amerikanischen Einwanderungs- und Einbürgerungsbehörde gesetzt. Auf dieser so genannten *watch list* stehen unerwünschte Ausländer, denen die Einreise in die Vereinigten Staaten verwehrt wird. Nach dem amerikanischen Gesetz waren die Grenzen der USA jedem auch vermeintlichen Kriegsverbrecher und na- tionalsozialistischen Kollaborateur verschlossen – das heißt jedem Aus- länder, der nach Ansicht des Justizministers während der nationalsozia- listischen Herrschaft »die Verfolgung einer Person aufgrund ihrer Rasse, Religion, Nationalität oder politischen Überzeugung befohlen, dazu an- gestiftet oder dabei geholfen hat oder auf sonstige Weise daran beteiligt war«. Ein Jahr zuvor, im März 1986, nachdem Waldheim seine zweite fünfjährige Amtszeit als Generalsekretär der Vereinten Nationen beendet hatte und als österreichischer Bundespräsident kandidierte, waren Be- richte aufgetaucht, nach denen Waldheim als Oberleutnant der deut- schen Wehrmacht im Zweiten Weltkrieg an Aktionen auf dem Balkan teilgenommen haben soll, die man seit 1994 als »ethnische Säuberun- gen« bezeichnen würde.

Ein vergleichbarer Fall wie die Einreiseverweigerung für Waldheim war in den USA noch nicht vorgekommen. Waldheim war das Staatsober- haupt von Österreich, ein befreundetes neutrales Land, mit dem Wa- shington umfassende diplomatische Beziehungen unterhielt. Und nun wurde ich darum gebeten, von den USA die Zustimmung für eine Reise Waldheims nach New York zu einer Feier der Vereinten Nationen zu er- langen.

Einerseits: Warum sollte ich nicht einen ehemaligen Generalsekretär der Vereinten Nationen einladen? Die Vereinigten Staaten hatten ihn zweimal mit ihrer Stimme bei seiner Wahl zum Generalsekretär unter- stützt und ihm sogar für eine bis dahin noch nie dagewesene dritte Amts- zeit den Rücken gestärkt, bis Waldheim angesichts der Ablehnung Chinas auf eine Kandidatur verzichtet hatte. China wollte, dass der nächste Ge- neralsekretär aus einem Entwicklungsland kam. Waldheim war nie ver- urteilt worden. Und er war das in freien Wahlen bestimmte Oberhaupt eines demokratischen Landes. Außerdem gab es das so genannte Head- quarters Agreement, in dem sich die Vereinigten Staaten verpflichteten, den Vertretern anderer Nationen den Zugang zur UNO zu erlauben, un- abhängig von Washingtons politischer Einstellung ihnen gegenüber. Die Vereinten Nationen konnten nicht funktionieren, wenn die Vereinigten Staaten auf dem Posten des »Türstehers« bestanden.

Andererseits wusste ich nur allzu gut, dass die US-Regierung Waldheim nie die Einreise erlauben würde, oder wenn sie es tat, dann nur, um ihn zu verhaften, falls genügend Beweismaterial gegen ihn vorlag. 1988 hatten die Vereinigten Staaten Jassir Arafat die Einreise verweigert und ihn so daran gehindert, vor den Vereinten Nationen zu sprechen. Arafat stand ebenfalls auf der *watch list* und wurde von den Vereinigten Staaten der Verbindungen zum Terrorismus bezichtigt. Die USA würden im Fall Waldheim sicher genauso verfahren. Ich könnte ihn einladen und die Vereinigten Staaten die Konsequenzen tragen lassen. Doch eine derartige Kontroverse wäre nicht gut für die Vereinten Nationen. Sie würde die Beziehung zu den Vereinigten Staaten noch stärker belasten und könnte zu einem weiteren Beispiel für die Fähigkeit der USA werden, politischen Druck auf die UNO auszuüben, wann immer es ihnen passte.

In dieser Situation veröffentlichte das amerikanische Justizministerium, das meines Wissens nichts über die Frage der Teilnahme Waldheims an der 50-Jahr-Feier der UNO wusste, seinen Bericht über Waldheim aus dem Jahr 1987, auf dessen Grundlage der Justizminister Edwin Messe III. beschlossen hatte, Waldheim auf die *watch list* zu setzen. In dem Bericht stand, dass Waldheims Heeresgruppe für den Tod von 1200 griechischen Juden verantwortlich war. Die Juden waren auf Frachtkähne getrieben worden, die dann im Mittelmeer versenkt wurden. »Das Bild, das dieser Bericht von Waldheim zeichnet, ist das eines schlauen und gewissenlosen Befehlsempfängers, der es darauf anlegte, unschuldige Menschen auf dem Altar seines Ehrgeizes zu opfern«, hieß es in einem Kommentar in der Presse.

Ich konsultierte den Rechtsberater der Vereinten Nationen, der mich folgendermaßen informierte: »Der Fall Waldheim kann zwar als rechtliche Angelegenheit betrachtet werden, ist im Grunde jedoch eine politische und sollte daher dementsprechend behandelt werden ... Inoffizielle Sondierungen könnten bei den Behörden der Vereinigten Staaten vorgenommen werden. Anhand deren Reaktion könnten wir entscheiden, wie wir weiter verfahren sollten.« Auf Grundlage dieser Auskunft bat ich meinen Stabschef, Bürgermeister Zilk in einem allgemeinen, unverbindlichen Ton zu antworten. Jean-Claude Aimé schrieb daher am 7. April 1994, ohne Waldheims Namen zu nennen: »Ihre Bemerkungen wurden zur Kenntnis genommen und werden bei den abschließenden Arrangements berücksichtigt.« Ich sah zu der Zeit keinen Grund, die Angelegenheit direkt anzugehen; meiner Ansicht nach war es besser, die weitere Entwicklung abzuwarten. Um vor Überraschungen gefeit zu sein, bat ich einen meiner Berater, das US-Außenministerium auf das Thema aufmerksam zu machen. Wir hatten die amerikanische Regierung nicht nach ihrer Meinung oder um Rat gefragt, doch ich erhielt die Nachricht, das US-Außenministerium wäre mir dankbar, wenn ich die Angelegenheit so regeln würde, dass die Regierung nicht in eine schwierige oder unangenehme Situation käme.

Der österreichische Außenminister Alois Mock sprach mit mir mehrmals über die Angelegenheit und legte mir schließlich ein Memorandum vor, in dem die »erneute Verleumdung« Waldheims zurückgewiesen wurde. Mock hatte auch eine private Nachricht für mich: Laden Sie Waldheim ein, und er wird nicht kommen; entweder, weil er sich dagegen entscheidet, oder weil die USA ihn nicht einreisen lassen. Diesen Kompromiss schlagen wir Ihnen vor. Ich besprach die Sache mit meinem Stab, von dem einige schon mit Waldheim als Generalsekretär zusammengearbeitet hatten. »Wir kennen ihn«, sagten sie. »Wenn Sie ihn einladen, wird er auch kommen, und *Sie* werden in Verlegenheit geraten.« Wieder beschloss ich abzuwarten und erst einmal nichts zu unternehmen.

Im Herbst erhielt ich zur Eröffnung der 49. UN-Vollversammlung in New York einen bemerkenswerten Brief von Waldheim. Schon die äußere Form war sehr beeindruckend: ein dicker, steifer Briefbogen, bei dem jede Seite ein Drittel länger war als normales Papier. Auch Waldheims Unterschrift war überlebensgroß. Der Brief vermittelte mir den Eindruck, als sei ich der Empfänger einer Papstbulle im Mittelalter.

»Ich habe lange gezögert, Sie mit meinen persönlichen Problemen zu belästigen, die durch meinen Militärdienst im Zweiten Weltkrieg und die bedauerliche Tatsache hervorgerufen wurden, dass das amerikanische Justizministerium meinen Namen im April 1987 auf die sogenannte *watch list* gesetzt hat, wodurch ich nicht in die Vereinigten Staaten einreisen kann. Nachdem der Justizminister in Washington meine Akte kürzlich nach sieben (!) Jahren veröffentlichte, kam es zu einem erneuten, jedoch kurzen Wiederaufleben der Pressekampagne, ohne dass neue Punkte oder Beweise für meine persönliche Schuld erbracht wurden.« Die österreichische Botschaft in Washington, erklärte Waldheim, habe die Beschuldigungen offiziell zurückgewiesen und die Vereinigten Staaten um eine »Überarbeitung des Falles« gebeten. Zwei britische Untersuchungskommissionen, schrieb Waldheim, seien zu dem Schluss gekommen, dass die Beschuldigungen und Vorwürfe gegen ihn unbegründet seien.

»Vor kurzem warfen einige Zeitungen die Frage auf, ob ich an der 50-Jahr-Feier der UNO im nächsten Jahr teilnehme«, hieß es in dem Brief weiter. »Der Bürgermeister von New York, Herr Giuliani, äußerte sich, als er zu dem Thema befragt wurde, sehr zurückhaltend und verwies auf die Vereinten Nationen. In diesem Zusammenhang hielt ich es für wichtig, dass Sie meine persönliche Erklärung und das beigefügte Memorandum der österreichischen Regierung erhalten, welches die Angelegenheit klärt. Es ist wohl unnötig zu sagen, dass die Großmächte, bevor sie mich zweimal in das hohe Amt des UN-Generalsekretärs wählten, meine politische und militärische Laufbahn – da bin ich sicher – sorgfältig überprüften.«

Wieder konsultierte ich den UN-Rechtsberater, der vermutete, Waldheims Brief sei ein Versuch, mich in die Sache hineinzuziehen, um eine erneute Überprüfung des Falles durch kompetente Fachleute zu bewirken. Hans Corell, der UN-Rechtsberater, überprüfte für mich noch einmal die Verpflichtung der Vereinigten Staaten, Gäste der Vereinten Nationen »bei ihrer An- und Abreise« zum UN-Hauptquartier in New York nicht zu behindern und unverzüglich die erforderlichen Visa auszustellen. Corell ging auch noch einmal die »National Security Reservation« (»Vorbehalt hinsichtlich der nationalen Sicherheit«) durch, nach der sich die USA das Recht vorbehielten, »Personen die Einreise zu verweigern, die eine Bedrohung der Sicherheit darstellen.« Die Vereinten Nationen hatten diesen Vorbehalt nie akzeptiert oder anerkannt, erklärte Corell. Tatsächlich vertrat die UNO die rechtliche Position, das Headquarters Agreement bestätige den unbegrenzten Zugang für die Gäste der Vereinten Nationen. Wieder riet mir die Rechtsabteilung, die Angelegenheit sei »durch und durch politisch«, daher sollte ich sie »gegenüber den USA inoffiziell ansprechen und anhand deren Reaktion über Ihr weiteres Vorgehen entscheiden«.

Einige Mitarbeiter meines Stabes drängten mich, mich in dieser Sache nicht festzulegen und abzuwarten. Andere waren dafür zu handeln, denn sie fürchteten, dass Waldheims mögliche Teilnahme die New Yorker Medien desto stärker interessieren würde, je länger ich die Sache hinauszögerte. Dies würde ungewollte Aufmerksamkeit auf die UNO und mich lenken und uns politisch schaden. Ebenso wichtig, meinten diese Ratgeber, sei es für mich, *nicht* den Rat der Rechtsabteilung zu befolgen. Anstatt die Angelegenheit mit der amerikanischen Regierung zu besprechen und je nach ihrer Reaktion zu handeln, sollte ich die Entscheidung lieber selbst treffen.

Gillian Sorensen, den ich mit der Durchführung der 50-Jahr-Feier beauftragt hatte, machte sich Sorgen: »Verschiedene New Yorker Interessengruppen haben mir gesagt, es seien größere Demonstrationen zu erwarten, wenn er käme. Waldheim und seine Vergangenheit wären *die* Story und würden die historische Feier der UNO in den Hintergrund drängen.« Die Angelegenheit erledige sich nicht von selbst, fügte Sorensen hinzu, »sondern besitzt das Potential, uns alle in Verlegenheit zu bringen und weltweit negative Schlagzeilen zu machen«.

Im November 1994 bat mich das Simon-Wiesenthal-Zentrum in Los Angeles dringend, Waldheim nicht einzuladen. Rabbi Martin Hier erklärte, Waldheims Vorgeschichte »hat ihn für immer in Misskredit gebracht und das Amt des Leiters der weltweit wichtigsten Adresse für Menschenrechte herabgesetzt«. Im Vertrauen gaben mir einige amerikanische Juden zu verstehen, dass sich meine Entscheidung in dieser Angelegenheit auf meine Wiederwahl als Generalsekretär auswirken könnte. »Vielen Dank«, sagte ich, »ich werde der Sache weiter nachgehen.«

Wie auch die Wahrheit über Waldheims Dienst in der Wehrmacht aussah, es war nicht zu bestreiten, dass er diesen Lebensabschnitt verschwiegen hatte und dass die UN-Mitglieder, die seine Wahl und Wiederwahl zum Generalsekretär unterstützt hatten, nichts davon gewusst hatten (es sei denn, die eine oder andere »Großmacht« hatte, wie Waldheim andeutete, seinen Lebenslauf »sorgfältig geprüft« und die Sache dann ebenfalls vertuscht).

Ich rief meinen Vorgänger Pérez de Cuéllar an; er und Waldheim waren die einzigen noch lebenden ehemaligen Generalsekretäre. »Ich brauche Ihre Hilfe«, sagte ich. »Wenn ich Sie zur 50-Jahr-Feier einladen würde, und Waldheim nicht, wäre das ein Skandal. Doch wenn Sie damit einverstanden sind, werde ich bekanntgeben, dass ich nicht die Absicht habe, für die 50-Jahr-Feier Einladungen an ehemalige Generalsekretäre oder Präsidenten der Vollversammlung auszusprechen.«

»Können Sie keine andere Lösung finden?«, fragte Cuéllar. »Können Sie mir eine andere Lösung nennen?«, fragte ich zurück. »Nein«, meinte Cuéllar, »ich werde Ihnen also helfen.«

Daraufhin rief ich Kurt Waldheim an und teilte ihm mit, ich würde keine ehemaligen Generalsekretäre oder Präsidenten der Vollversammlung einladen, da ich diese Ausgaben aufgrund der Finanzkrise der UNO momentan nicht rechtfertigen könnte. Waldheim rief sofort Cuéllar an, der bestätigte, dass er auch nicht eingeladen war. Am 1. Februar 1995 berichtete die *New York Times* über meine Entscheidung mit der Bemerkung: »Diese Maßnahme verhindert eine Konfrontation mit Washington.«

Niemand äußerte sich zu meiner Entscheidung, weder im positiven noch im negativen Sinn. Doch die noch lebenden ehemaligen Präsidenten der Vollversammlung setzten mich sofort unter Druck. »Warum laden Sie uns nicht ein?«, fragten sie. Sie waren unzufrieden und von meinem Verhalten enttäuscht. Die Vollversammlung, erfuhr ich, sei bereit, eine Resolution zu verabschieden und alle ehemaligen Präsidenten einzuladen. Nach dem UN-Protokoll ist der Präsident der Vollversammlung ranghöher als der Generalsekretär. Wieder erklärte ich, die Vereinten Nationen könnten sich die Einladung nicht leisten. »Laden Sie sie ein, aber sagen Sie, Sie könnten nicht bezahlen; dann kommen nur die zwei oder drei, die bereit sind, selbst für ihr Flugticket aufzukommen.« Nein, sagte ich, ich hätte versprochen, niemanden einzuladen.

Einige Monate später reiste ich nach Wien, wo sich ein wichtiges UN-Büro befindet, und feierte den 50. Jahrestag der UNO mit dem dortigen Personal. Als Kurt Waldheim mich zum Essen in seine Residenz einlud, war seine Teilnahme bei der 50-Jahr-Feier kein Thema. Von unserem gemeinsamen Essen wurden Fotos gemacht und in der österreichischen Presse veröffentlicht. Die dortigen Medien bemerkten, dass es zwar die meisten Staatsbesucher ablehnten, sich mit Waldheim fotografieren zu lassen, Boutros-Ghali jedoch nicht zu diesen gehörte.

Einige Monate später, am 25. Januar 1996, hörte ich wieder von Waldheim. Er schickte mir einen Auszug aus einem Buch, das »von einem ehemaligen Agenten des israelischen Geheimdienstes Mossad« verfasst worden war. In dem Buch wurde behauptet, im Jahr 1987 wären Agenten heimlich in das Archiv der Vereinten Nationen an der Park Avenue eingedrungen. Sie hätten belastende Dokumente »zur späteren Verwendung« in Waldheims Akte eingeschleust, die von Benjamin Netanyahu, dem damaligen UN-Botschafter Israels, als Teil einer Verleumdungskampagne gegen Waldheim »entdeckt« worden wären. Grund für diese Kampagne war angeblich Waldheims kritische Haltung gegenüber dem israelischen Vorgehen in Südlibanon.

Ich ordnete eine Untersuchung des UN-Archivs an. Am 22. Mai 1996 schrieb ich Waldheim, man sei aufgrund einer sorgfältigen Überprüfung des Archivs »zu dem Schluss gekommen, dass es keine Grundlage für die Behauptung in dem Buch gibt, nach der sich jemand unerlaubt im UN-Archiv zu schaffen gemacht haben soll«. Die »Entdeckung« der Waldheim-Akte fand nicht im Archiv der UNO statt. Es gab keine anderen »Dokumente« in Waldheims Akte als einen einzigen Standardfragebogen, der nicht viel mehr als die üblichen Angaben zur Person enthielt.

Angesichts dieser Ereignisse war ich gespannt, was mein Freund Abe Rosenthal, ehemaliger Chefredakteur der *New York Times*, in seiner Kolumne am 24. Juni 1996 schreiben würde. Mein Interesse wurde noch dadurch verstärkt, dass die Vereinigten Staaten gerade verkündet hatten, sie würden meine Wiederwahl für eine zweite Amtszeit als UN-Generalsekretär mit ihrem Veto verhindern.

Rosenthal schrieb: »Wussten die Vereinigten Staaten, als sie [Waldheims] Kandidatur für den Posten des Generalsekretärs unterstützten, dass er auf der A-Liste verdächtiger Kriegsverbrecher stand, die 1948 in London aufgestellt wurde? ... Wenn nicht, wäre das sehr merkwürdig, denn schließlich stimmte der amerikanische Gesandte bei der Kommission für Kriegsverbrechen dafür, ihn [Waldheim] in die Liste aufzunehmen. Ein Bericht ging an das Außenministerium ... Und als er für den Posten des Generalsekretärs kandidierte, warum wurde in den Biographien des Außenministeriums jeder Hinweis auf seinen Militärdienst unterlassen – genauso wie er vergaß, diese Zeit in seinem Lebenslauf zu erwähnen? Wie revanchierte sich Waldheim bei den USA für deren dauerhafte Zuneigung? Zweimal setzten sie ihn erfolgreich als Kandidaten durch. Beim dritten Mal zählten die Vereinigten Staaten zu den wenigen Ländern, die ihn nochmals, wenn auch vergeblich, unterstützten. Niemand kann behaupten, die USA wären ihm nicht bis zum Ende treu geblieben.«

Auch ich stellte mir diese Fragen. Warum schien Washington 1988 auf eine Konfrontation aus und hielt Jassir Arafat als Demonstration ihrer Politik von den Vereinten Nationen fern? Und warum wollte die US-Regierung jetzt, im Jahr 1995, dass der Fall Waldheim still und ohne Kontroverse gelöst wurde?

Cherchez la Femme

Falls mir die Clinton-Administration die Lösung ihres Problems mit Waldheim als Verdienst anrechnete, verflüchtigte sich diese Anerkennung schon bald in der Hitze einer Auseinandersetzung, die Albright mehr zu verärgern schien als jede vorherige Kontroverse zwischen uns. Die Wahl des Direktors für das Kinderhilfswerk (UNICEF) zeigt im Kleinen, wie zwischen mir und der amerikanischen Regierung Differenzen entstanden.

Mit dem Ende der Amtszeit von James P. Grant, dem populären und enorm erfolgreichen Exekutivdirektor von UNICEF, informierte Madeleine Albright im Januar 1995 andere Länder über den Wunsch von Präsident Clinton, den Posten Dr. William Foege zu geben, einem Epidemiologen und ehemaligen Leiter der U.S. Centers for Disease Control sowie Mitglied am Carter Center in Atlanta.

Als Albright mich darüber informierte, erinnerte ich mich, dass Präsident Clinton mich bei unserem Gespräch im Oval Office im Mai 1994 gedrängt hatte, Foege zu ernennen. Ich gab Albright dieselbe Antwort wie damals Clinton: Dr. Foege sei zwar zweifellos ein hervorragender Kandidat, doch ich könne der Bitte leider trotzdem nicht entsprechen. Wie ich schon Präsident Clinton mitgeteilt hätte, hätte ich mich persönlich und öffentlich dazu verpflichtet, die Zahl der Frauen in leitenden Positionen bei den Vereinten Nationen zu erhöhen. Vor allem UNICEF würde davon profitieren, wenn es von einer Frau geleitet würde. Belgien und Finnland hätten bereits hervorragende Kandidatinnen vorgeschlagen.

Die Vereinigten Staaten hatten zwar finanziell am meisten zu UNICEF beigetragen und seit der Gründung von UNICEF 1946 war der geschäftsführende Direktor stets Amerikaner gewesen, heute jedoch war der Anteil der skandinavischen Länder am Etat von UNICEF höher, außerdem weigerten sich die USA, ihre ausstehenden Beiträge zu bezahlen. Darüber hinaus setzte Washington die Vereinten Nationen in zunehmendem Maße herab. Aus diesen Gründen akzeptierten die anderen Länder nicht mehr länger, dass UNICEF wie selbstverständlich von einem Amerikaner – oder einer Amerikanerin – geleitet werden sollte. Nach dem allgemein üblichen Verfahren lag die Entscheidung nach gemeinsamer Beratung mit den 36 UN-Mitgliedern, die im Exekutivrat von UNICEF saßen, beim Generalsekretär. Praktisch hieß das, dass ich langwierige und sorgfältige diplomatische Anstrengungen beim Rat unternehmen musste, um einen Konsens über die Person zu erzielen, die ich schließlich ernennen würde. »Die Vereinigten Staaten sollten eine Frau vorschlagen«, sagte ich zu Albright, »und dann werden wir sehen, was ich tun kann.« Albright rollte mit den Augen und verzog das Gesicht, mittlerweile ihr Standardausdruck für ihre Frustration mit mir.

Am 7. März besprach sich Albrights Stellvertreter Edward Gnehm mit einem Mitglied meines Stabs. »Die USA sind sehr unzufrieden mit Boutros-Ghali, weil er sich weigert, Foege zu akzeptieren, und stattdessen darauf beharrt, dass die USA eine Frau nominieren sollten«, sagte er. »Zwanzig Monate lang haben sich die Vereinigten Staaten bemüht, Stimmen für Foege zu sammeln. Der Generalsekretär versteht offenbar nicht, dass Präsident Clinton nicht von seinem Kandidaten abweichen kann.«

Die Frage sei, so Gnehm, »kann Madeleine die Äußerung des Generalsekretärs als Verpflichtung betrachten? Wenn die Vereinigten Staaten eine Frau auswählen, können wir dann auch sicher sein, dass Boutros-Ghali sie unterstützen wird?« Meine Antwort lautete: »Ja, wenn die Frau qualifiziert ist.« Daraufhin nannte mir die Clinton Administration die Namen von vier Frauen. Mit jeder führte ich ein langes und eingehendes Gespräch. Gleichzeitig traf ich mich den ganzen März über mit den Vertretern anderer Länder und deren Kandidatinnen für den UNICEF-Posten. Da viele Mitglieder über die Weigerung Washingtons, die ausstehenden UN-Beiträge zu bezahlen, verärgert waren, stieß jeder amerikanische Kandidat auf erheblichen Widerstand. Diese Stimmung steigerte sich noch durch die Tatsache, dass der amerikanische Kongress exakt zu diesem Zeitpunkt die Vereinten Nationen angriff. Senator Doles »Peace Powers Act« sah vor, dass die Gelder für die Friedenssicherung um die Summe direkter oder indirekter Unterstützung durch das Verteidigungsministerium gekürzt wurden. Das Gesetz würde die amerikanischen Gelder für die Friedenssicherung einseitig kürzen und US-Beamte, die den Kongress nicht über eine militärische oder finanzielle Unterstützung geplanter UN-Friedensmissionen durch die USA informierten, strafrechtlicher Verfolgung aussetzen. Das könnte beispielsweise bedeuten, dass die Vereinigten Staaten der UNO militärische Aktionen der Amerikaner in Somalia in Rechnung stellen konnten, die völlig unabhängig von der dortigen UN-Mission waren.

Im Repräsentantenhaus meinte der Abgeordnete Lee Hamilton: »Der National Security Revitalization Act (Gesetz zur Wiederbelebung der nationalen Sicherheit) würde vermutlich die Teilnahme der USA an den Friedensmissionen der Vereinten Nationen beenden [und] dazu führen, dass die UNO den Vereinigten Staaten Geld schuldet.« Ein Kommentator schrieb: »Ist der republikanische *Contract with America* ein Vertrag über die Vereinten Nationen?« Das *Wall Street Journal* bezeichnete das Einprügeln auf die UNO als »spaßigen, aber riskanten Frühjahrssport« und bemerkte, dass die negative Einstellung gegenüber den Vereinten Nationen von den amerikanischen Erfahrungen in Somalia herrührte. Im Kongress werde behauptet, »die Vereinigten Staaten werden von der UNO geführt, amerikanische Soldaten sind gezwungen, UN-Kommandanten zu gehorchen, und die UN-Bürokraten treffen die Entscheidungen in der amerikanischen Außenpolitik« – Schlussfolgerungen, die völlig unzutreffend waren.

Bemerkenswert daran war, dass die Politiker in Washington den

Kontakt zur Bevölkerung verloren hatten. Eine Umfrage von *Los Angeles Times* und *Mirror* im Februar 1995 zeigte, dass 62 Prozent der Amerikaner ein positives Bild von den Vereinten Nationen hatten. Und die Ergebnisse einer Daniel-Yankelovich-Umfrage deuteten darauf hin, dass die Amerikaner nicht wollten, dass die USA die alles allein erledigende Weltpolizei waren. Den Amerikanern gefiel die Idee, mit anderen Ländern und den Vereinten Nationen zusammenzuarbeiten.

Angesichts der Haltung der amerikanischen Politiker wurde die Aufgabe, die Welt davon zu überzeugen, dass wieder ein US-Bürger den Posten des UNICEF-Direktors erhalten sollte, immer schwieriger, auch wenn Albright mit rasch wachsender Verärgerung zunehmend Druck auf mich ausübte. Ich tat mein Bestes, aber es war nicht leicht. Am 5. April 1995 teilte ich Albright mit, dass ich noch etwas mehr Zeit brauchte, um die wichtigen Länder für eine amerikanische Kandidatin zu gewinnen. Anstatt mir etwas Spielraum zu geben, begannen die Amerikaner mit einer eigenen politischen Kampagne für ihre Kandidatin, ohne mich vorher zu informieren oder sich mit mir abzusprechen. Die Vereinigten Staaten erschwerten mir meine Aufgabe und beklagten sich gleichzeitig, dass meine Bemühungen keinen Erfolg hätten. Viele Länder im Exekutivrat von UNICEF waren verärgert und sagten mir, ich solle den USA ausrichten, sie könnten zur Hölle fahren.

Wieder besprach sich Gnehm auf Albrights Anweisung hin mit meinem Stab. »Sie steht schlecht da in Washington«, sagte Gnehm. »Sie behauptet, daran sei Boutros schuld, weil er auf einer Frau besteht. Sie behauptet, Boutros hätte versprochen, sich darum zu kümmern, aber Boutros habe nichts unternommen.«

Die Vereinigten Staaten hatten angenommen, dass der oberste Posten bei UNICEF in den Händen der Amerikaner bleiben würde, und diesen speziellen Amerikaner wollten sie selbst aussuchen: Dr. Foege. Da ich auf einer Frau bestand, hatte ich die Suche nach geeigneten Kandidatinnen neu eröffnet – und damit hatten Kandidatinnen aus anderen Ländern ebenso Chancen wie die Frauen auf Clintons Liste. Das beunruhigte Albright, die mir geradeheraus sagte: »Wenn keine Amerikanerin gewählt wird, bedeutet das eine persönliche Niederlage für mich.« Die Entscheidung lag wirklich nicht bei mir; sie war ein Vorrecht des UNICEF-Rats, der sich aus den UN-Mitgliedern zusammensetzte. Ich arbeitete privat, inoffiziell und eifrig daran, Unterstützung für die Amerikanerin zu sammeln, die ich nach reiflicher Überlegung aus Clintons Liste ausgesucht hatte: Carol Bellamy. Bellamy war die Leiterin des Peace Corps, hervorragend qualifiziert und hart im Nehmen, und ich konnte sie uneingeschränkt unterstützen. Ich ersuchte den Präsidenten des UNICEF-Rates, eine Probeabstimmung unter den Mitgliedern durchzuführen. Es gab fünfzehn Stimmen für Elisabeth Rehn aus Finnland und zwölf Stimmen für »die amerikanische Kandidatin«. Die übrigen Stimmen waren auf andere Kandidatinnen verteilt. Ich bat den Präsidenten des UNICEF-Rates, die Mitgliedstaaten davon zu überzeugen, dass die Vereinigten Staaten trotz ihrer massiven Rückstände bei den UN-Beiträgen und Washingtons verleumderischer Verzerrung der UN-Leistungen ihr Monopol auf die Führung von UNICEF behalten sollten.

Nach vielen langen und schwierigen Gesprächen, in denen der Präsident des Rates argumentierte, flehte und mir gut zuredete, erreichte ich schließlich die Zustimmung des Rates für Carol Bellamy. Doch ich hatte in Washington an Kredit eingebüßt, weil ich den ursprünglichen Vorschlag des Präsidenten abgelehnt hatte. Und ich zog mir die Feindschaft Madeleine Albrights zu, weil ich sie in der Zeit, die ich dafür brauchte, einen Konsens für eine amerikanische Kandidatin als Direktorin von UNICEF zu erzielen, im Weißen Haus »schlecht dastehen« ließ. Trotz meiner erfolgreichen Bemühungen, den Amerikanern den Posten zu erhalten, hatte ich mir den Unmut der Clinton-Administration zugezogen.

Die Feier in San Francisco

Die ersten größeren Feierlichkeiten anlässlich des 50. Jahrestags der Vereinten Nationen konzentrierten sich auf den 25. Juni 1995. An diesem Tag gedachte man in San Francisco der Unterzeichnung der UN-Charta am Ende des Zweiten Weltkriegs. Ich beschloss, diese Gelegenheit zu nutzen und überzeugende Argumente dafür zu liefern, warum die Vereinten Nationen ein wichtiger Faktor für die amerikanischen Interessen waren und warum die Vereinigten Staaten daher ihre ausstehenden Beiträge bezahlen und die Vereinten Nationen mit Respekt behandeln sollten.

Am Sonntag, den 25. Juni, fand in der Grace Cathedral auf dem Russian Hill ein konfessionsübergreifender Gottesdienst statt. In meiner Ansprache erklärte ich, vor 50 Jahren seien die Delegierten in San Francisco aufgefordert worden, »miteinander in Wettstreit zu treten, nicht für den Vorrang der Macht, sondern für den Vorrang der Selbstlosigkeit«. Heute, sagte ich, müssten wir uns fragen, wie weit wir die Fackel getragen hätten, die damals in San Francisco entzündet worden war.

Die Teilnehmer des Gottesdienstes in der Kathedrale waren bewegt von einem beeindruckenden Gebet und einem Lied, beides vorgetragen von Anhängerinnen der Bahai-Religion. Nur wenige der Anwesenden erkannten, dass die Frauen auf Farsi sangen, was durchaus Bedeutung hatte, da die islamische Regierung des Iran diese Religion als häretisch gebrandmarkt hatte und ihre Anhänger brutal verfolgte. Am Montag schloss ich mich Präsident Clinton bei der Gedenkfeier für die Unterzeichnung der UN-Charta an. Ich wurde eingeladen, mich mit dem Präsidenten in seinem Büro im Veterans Building zu treffen. Christopher, Albright und Lake waren ebenfalls anwesend, und ich wurde aufgefordert, über die ganze Bandbreite der derzeitigen UN-Missionen zu berichten. Ich sprach über Haiti, Osttimor, Liberia, Tadschikistan, Burundi, Westsahara, Guatemala, Mazedonien, Irak und vieles mehr. Der Präsident schien keine Eile zu haben und genoss offenbar meine ausführliche Tour d'horizon, die er als »ermutigend« bezeichnete.

Mit einer Äußerung vor der *United Nations Association of the* USA, einer privaten Organisation von amerikanischen UN-Befürwortern, sorgte ich in San Francisco für Aufregung. Gegen die fast schon hysterischen Einwände meiner Mitarbeiter ging ich sehr direkt auf die vielleicht gewichtigste Beschwerde Washingtons ein: Dass die Vereinigten Staaten zu viel für die Vereinten Nationen bezahlten. Ich verkündete, dass ich eine grundlegende Umstrukturierung der Beitragsbemessung befürworten würde, die die derzeitige Fähigkeit der Mitgliedsländer widerspiegeln sollte, ihren gerechten Anteil zu tragen.

Ich wich sogar von meinem vorbereiteten Text ab und schlug eine Reduzierung der US-Beiträge auf 15 bis 20 Prozent des Gesamtbudgets vor – was weit unter dem festgelegten Beitrag der USA von 25 Prozent lag. Später forderten einige der härtesten amerikanischen UN-Kritiker einen US-Beitrag von 20 Prozent ab dem Jahr 2000, doch als ich zu einer Reduzierung auf 15 Prozent aufrief, schenkte mir niemand Beachtung. Gegen die Vereinten Nationen zu sein, galt in der amerikanischen Politik als schick.

Nicht ein einziges republikanisches Kongressmitglied war zu den Feierlichkeiten für den 50. UN-Jahrestag in San Francisco erschienen. Das Hochgefühl des Freiheitskampfes, das bei der Gründung der Vereinten Nationen Pate stand, war längst verflogen. Andererseits gab Präsident Clintons Ansprache in San Francisco den Inhalt meiner eigenen Reden wieder. Auch er sprach von einer Zusammenarbeit zwischen den Vereinten Nationen und den Vereinigten Staaten. Die Medien Washingtons kommentierten die Situation zynisch, doch mit einem Körnchen Wahrheit, und erklärten, dass die Republikaner die Vereinigten Staaten aus den Vereinten Nationen *heraushalten* wollten, weil sie als Neoisolationisten nicht Weltpolizei spielen wollten. Die Demokraten dagegen wollten die Vereinigten Staaten als Mitglied der Vereinten Nationen *erhalten*, weil sie sich auf ihre soziale Agenda im eigenen Land konzentrieren wollten, anstatt Weltpolizei zu spielen. Für die konservative Rechte waren die Vereinten Nationen ein böswilliger Magnet, der die USA in fremde Probleme hineinzog. Für die liberale Linke waren sie ein nützlicher Idiot, mit dessen Hilfe man so tun konnte, als würden die Amerikaner etwas gegen eine Krise im Ausland unternehmen, ohne sich jedoch direkt zu beteiligen.

Einige Stunden später erhielt ich die Nachricht, dass es in Addis Abeba, Äthiopien, einen Attentatsversuch auf Präsident Mubarak gegeben hatte. Vor meinem geistigen Auge erschien das Attentat an Präsident Sadat. Gefühle der Liebe für Ägypten durchströmten mich. Plötzlich fragte ich mich, was ich so weit weg von meinem Land eigentlich tat. Der Aufenthalt in Kalifornien erschien mir wie eine sinnlose Wirklichkeitsflucht. Eigentlich war ich zu einem Empfang für Präsident Clinton im Haus eines wichtigen Förderers der Demokraten eingeladen, doch stattdessen nahm ich das nächste Flugzeug nach New York, wo ich mich ein wenig näher bei Ägypten und Afrika fühlte.

Bosnien: Zeit der Entscheidung

Carters Waffenstillstandsabkommen in Bosnien lief am 1. Mai 1995 aus, obwohl sich Akashi hartnäckig um eine Verlängerung bemüht hatte. Am Ende der ersten Maiwoche waren die Kämpfe in Sarajevo so heftig wie schon seit einem Jahr nicht mehr. Am 7. Mai tötete eine Granate in der Nähe von Sarajevo zehn Bosnier. Das Granatfeuer von Bosniern und Serben erreichte die seit einem Jahr größten Ausmaße. Mein Sondergesandter Thorvald Stoltenberg und der UN-Oberbefehlshaber General Bernard Janvier waren gegen Luftschläge, General Rupert Smith, der britische Befehlshaber für Bosnien, dafür. Mein Gefühl sagte mir, ich sollte den Rat von Janvier und von Stoltenberg befolgen. Wie immer befürchtete ich, dass auf die Luftschläge Vergeltungsmaßnahmen der Serben – vermutlich Geiselnahmen – gegen das UN-Personal folgen würden. Doch wenn die UN-Kommandanten vor Ort um Luftunterstützung baten, war ich bereit, sie zu unterstützen.

Am 12. Mai berief ich im Hôtel Crillon in Paris ein Treffen mit Stoltenberg, Akashi, Janvier und Smith ein. Während wir die Möglichkeiten der Vereinten Nationen in Bosnien besprachen, traf ein Brief vom britischen Außenminister Douglas Hurd ein, in dem er gegen meinen Entschluss protestierte, General Janviers Empfehlung der von General Smith vorzuziehen. Zu einem derartigen Protest würde es innerhalb der nationalen Streitkräfte niemals kommen. Die zivile Regierung entscheidet über die Vorgehensweise, und der verantwortliche General befolgt die Anweisungen. Wenn sich der Zweite in der Kommandokette nicht an die Anweisungen hält, wird er gefeuert. Doch Janvier war Franzose und Smith war Brite, daher konnten sie ohne Angst vor einer Entlassung durch ihre jeweiligen Landesregierungen streiten, und ebenso konnte die britische Regierung mit mir streiten. Diese wichtige Diskussion wurde plötzlich unterbrochen, als den Vereinten Nationen die Rechnung für die Benutzung des Salons präsentiert wurde. Ich verlor die Beherrschung angesichts dieser kleinlichen Demütigung und drohte, dass ich nie wieder das Crillon betreten würde. Die Rechnung wurde noch während unserer Besprechung storniert.

Janvier und Smith waren beide überzeugt, dass die Kämpfe eskalieren und UN-Mitarbeiter als Geiseln genommen würden. Tatsächlich waren sie bereits Geiseln, denn sie saßen praktisch schutzlos in den »Schutzzonen« fest. Janvier und Smith sahen unter diesen Bedingungen keine Zukunft für die UN-Truppen. Ihrer Ansicht nach hatte die UNO die Wahl, entweder unter einem neuen Mandat Krieg zu führen oder die UN-Truppen aus den Schutzzonen abzuziehen. Ein derartiger Schritt würde das größte Hindernis für Lufteinsätze der Nato beseitigen: die Verwundbarkeit der UN, deren Mitarbeiter von den Serben als Geiseln genommen werden konnten. Ich bevorzugte eindeutig einen Rückzug und eine Begrenzung der UN-Operation und bat Janvier und Smith, diese Möglichkeit den Nato-Befehlshabern zu unterbreiten und dann nach New York zu kommen und den Vorschlag dem Sicherheitsrat vorzustellen.

Am 16. Mai gab es mit anhaltendem Einsatz schwerer Waffen heftige Kämpfe in der Umgebung Sarajevos und entlang der von den Serben kontrollierten Straße nach Pale. Die Opfer beim zivilen und militärischen Personal der UNO nahmen zu. »Es hat den Anschein«, sagte ich an jenem Tag zum Sicherheitsrat, »dass das derzeitige Mandat der UN-Truppen mit seinen Kompliziertheiten und Widersprüchen weder wünschenswert noch erhaltenswert ist, sondern nur zur weiteren Frustration der Truppe beiträgt und der Länder, die die Soldaten stellen. Weitere Folgen sind eine fortgesetzte Desillusionierung der Konfliktparteien und ein erhöhtes Risiko für die Sicherheit des UN-Personals vor Ort.«

Am 22. Mai fasste ich in einem gelben Block die Situation für mich selbst zusammen: »Weder General Janvier noch General Smith sind der Ansicht, dass Luftschläge auf individueller oder selektiver Basis funktionieren werden – nur anhaltende Luftangriffe könnten Wirkung zeigen, doch sie würden viele Todesopfer fordern, wenn die UNPROFOR dort stationiert bleibt.« Meine Schlussfolgerung lautete: »Umverlegung und Verkleinerung der UN-Truppen.« Doch als Janvier am 24. Mai den Sicherheitsrat informierte, stießen seine Ausführungen bei den Vereinigten Staaten auf erheblichen Widerstand. Madeleine Albright attackierte Janviers Darstellung wütend als »ganz und gar falsch«. Janvier versuche, »die Sicherheitszonen fallen zu lassen«, sagte sie und verkündete, die Vereinigten Staaten würden den Vorschlag, UN-Personal zu ihrem eigenen Schutz abzuziehen, ablehnen.

Es war ein bizarrer Widerspruch. Die USA forderten freimütig Luftschläge in Bosnien, verhinderten sie jedoch gleichzeitig, da sie gegen einen Abzug der UN-Truppen waren. Wenn die UNO jedoch ihr Personal nicht zurückzog, waren die UN-Truppen dem Risiko ausgesetzt, als Geiseln genommen zu werden. Die Vereinigten Staaten wollten weiterhin an ihren rhetorischen Forderungen nach Luftschlägen festhalten, weigerten sich jedoch, die Schritte zu unternehmen, die für eine Durchführung erforderlich waren.

Die befürchtete Geiselnahme

Am 22. Mai bahnten sich in den Außenbezirken von Sarajevo schwer bewaffnete bosnische Serben gewaltsam einen Weg vorbei an einer kleinen, leicht bewaffneten französischen Blauhelmeinheit und entwendeten Artillerie aus einem UN-Waffensammellager, in dem die Waffen nach dem Carter-Abkommen gelagert worden waren. Schnell wurden weitere serbische Panzer und Raketenabschussrampen in Feuerstellung gebracht. Die Serben begannen die Stadt mit Granatfeuer zu überziehen. Sie feuerten sogar Waffen ab, die sich noch in den UN-Lagern befanden, und demütigten so bewusst die internationalen Truppen, die diese Lager bewachen sollten. Inzwischen feuerten die Truppen der bosnischen Regierung aus der Stadt zurück. Am Abend des 24. Mai warnten mein Sondergesandter und der Kommandant der UN-Truppen in Bosnien die bosnische Regierung und die bosnischen Serben, dass ihre Truppen aus der Luft angegriffen würden, sollten nicht alle schweren Waffen bis Mittag des nächsten Tages das Feuer einstellen. Eine zweite Frist wurde für den Abzug der schweren Waffen gesetzt, die in dieses Gebiet gebracht worden waren. Als die Serben die Frist nicht einhielten, wurde am 25. Mai 1995 um 16.20 Uhr der erste Luftangriff durchgeführt. Das Ziel war ein Munitionslager in der Nähe von Pale, der selbsternannten »Hauptstadt« der bosnischen Serben. Als Vergeltungsmaßnahme beschossen die Serben die »Schutzzonen« in ganz Bosnien. In Tuzla wurden 70 Menschen, darunter zahlreiche Jugendliche, getötet, Hunderte wurden verletzt. Schon bald traf ein »äußerst dringendes« Telegramm von Akashi ein: »Nach eingehender Beratung mit Militärs und Zivilisten beschloss ich heute Morgen, weitere Luftschläge gegen die bosnischen Serben zu genehmigen.« Diese zweite Staffel der Luftangriffe sollte, so Akashi, »als direkte Folge des Versäumnisses der bosnischen Serben verstanden werden, die Waffen zurückzugeben, die sie aus den Waffensammellagern entwendet hatten. Ein weiterer Grund ist der fortgesetzte Gebrauch schwerer Waffen in und um Sarajevo in Verletzung des Abkommens über schwere Waffen von 1994 und verwandter Resolutionen des Sicherheitsrates.« Der zweite Luftangriff erfolgte am 26. Mai um 10.30 Uhr.

Als Vergeltung für die Luftschläge der Nato nahmen die bosnischen Serben, wie vorausgesehen, insgesamt 370 Blauhelme als Geiseln und benutzten 17 davon als menschliche Schutzschilde, indem sie sie an potenzielle Ziele weiterer Luftangriffe anketteten. Dann ließen die Serben die Medien kommen, um diesen Schlag gegen die Glaubwürdigkeit der internationalen Gemeinschaft propagandamäßig auszuschlachten.

Bei meinem monatlichen Freitagslunch mit dem Sicherheitsrat am 26. Mai 1995 begab ich mich direkt auf Konfrontationskurs: »Leider hatte ich mit meinen Vorhersagen Recht«, sagte ich. »Wir haben nun drei unmissverständliche Präzedenzfälle. Jeder Luftangriff bringt eine neue Welle von Geiselnahmen und erfordert monatelange Verhandlungen mit den Serben, damit die UN-Mitarbeiter wieder freikommen. Ich gab die Anweisungen für diese Luftschläge. Ich hatte keine andere Wahl. Ich traf die Entscheidung, die dazu führte, dass Blauhelme als Geiseln genommen werden, und ich wusste nur zu gut, dass dies passieren würde. Und Sie wussten es auch.«

Am nächsten Morgen sagte ich in der Kammer des Sicherheitsrates: »Ich möchte Ihren Rat. Sollen wir einen dritten Luftangriff durchführen oder nicht?« Diese Entscheidung müsse ich treffen, erklärten alle Botschafter, nur Albright schwieg. »Wie immer«, sagte ich, »werde letztendlich ich die Entscheidung treffen und die Verantwortung tragen. Aber ich frage Sie um Ihren Rat. Sie geben mir doch sonst immer Ratschläge.« Keiner im Sicherheitsrat wollte mir einen Rat oder eine Richtlinie geben. Der Moment war einzigartig. Die Mitglieder des Sicherheitsrates, die es genossen, jedes Detail einer UN-Operation zu planen und in jeder Phase endlos Ratschläge zu erteilen, hatten mir plötzlich keinen Rat mehr zu bieten.

Die Luftschläge hatten die Situation in Bosnien in keiner Weise nachhaltig beeinflusst. Und den Vereinten Nationen blieb nun die Aufgabe überlassen, die Freilassung der Blauhelme zu erwirken, die als Geiseln genommen worden waren. Ich war über diesen kollektiven Verantwortungsverzicht schockiert. Die Mitglieder des Sicherheitsrats hätten zumindest anbieten können, ihre Regierungen zu konsultieren, doch niemand machte auch nur die leisesten Anstalten, der UNO in diesem kritischen Augenblick beizustehen. Die fehlende Führung der USA war entsetzlich. Die Clinton-Administration, kommentierte die *New York Times*, verhalte sich wie ein Kind an Halloween, das an einer Tür klingelt und dann die Flucht ergreift. Die Vereinigten Staaten machten gerne viel Geschrei um eine Sache und ließen sich von ihrer eigenen Rhetorik mitreißen, doch wenn es an der Zeit war, Verantwortung zu übernehmen, seien sie nirgends zu finden.

Die fehlende Option

Am 30. Mai 1995 legte ich dem UN-Sicherheitsrat einen Bericht vor, der vier Optionen vorstellte: Die erste war, die UNPROFOR abzuziehen. Ich sagte jedoch, ich könnte es nicht vertreten, die Menschen in Bosnien im Stich zu lassen und das Versagen der Vereinten Nationen einzugestehen, einen Krieg der »ethnischen Säuberungen« zu beenden.

Die zweite Option lag in der Beibehaltung des Status quo. Auch diese Möglichkeit konnte ich nicht befürworten, denn sie war unmöglich.

Die dritte bestand in einer Änderung des Mandats, damit die Truppen auch militärische Maßnahmen ergreifen konnten. Dies würde erfordern, erklärte ich, dass die UN-Truppen durch eine multinationale Truppe unter dem Kommando eines größeren Landes oder verschiedener beteiligter Länder ersetzt würden. Die Möglichkeit würde sich an der Operation »Wüstensturm« gegen den Irak orientieren.

Die vierte Option würde das Mandat der Vereinten Nationen auf eine rein vermittelnde und humanitäre Funktion beschränken; die Stärke der Truppe würde reduziert werden.

Das Wesentliche in meinem Bericht war jedoch »die fehlende Option«, das heißt, die UN-Truppen so zu belassen wie sie waren, aber mehr Luftangriffe einzusetzen, um sie zu »schützen«. Die Vereinigten Staaten und die Nato setzten sich für diese Möglichkeit ein, als ob die Luftschläge und Geiselnahmen zuvor nie geschehen wären. Ich hatte diese Möglichkeit bewusst ausgelassen, weil sie nur eine Verschlechterung der bestehenden Situation zu bieten schien, also noch druckvollere Aktionen gegen die bosnischen Serben und noch mehr Vergeltungsmaßnahmen. Ließ sich dieses Konzept überhaupt mit der unparteiischen Friedenssicherung und der humanitären Rolle vereinbaren, für die die UNPROFOR stehen sollte? Ich unterdrückte jedoch diese Befürchtungen und empfahl dem Sicherheitsrat, den Vorschlag Großbritanniens, Frankreichs und der Niederlande anzunehmen, eine schnelle Eingreiftruppe zum Schutz des UN-Personals aufzustellen. Ich hatte mich dafür entschieden, weil ich spürte, dass wir uns unaufhaltsam von der Friedenssicherung auf die Friedensschaffung zubewegten; die zusätzliche Feuerkraft würde helfen, das Leben der UN-Mitarbeiter zu schützen, wenn sich die Kämpfe verstärkten. Am 16. Juni nahm der Rat den Vorschlag an und billigte die Ergänzung von UNPROFOR um eine schwerbewaffnete Truppe von 12 500 Mann. In der Präambel der Resolution wurde jedoch »vermerkt«, dass UNPROFOR eine unparteiische Mission zur Friedenssicherung bleibe. Alice im Wunderland hätte diese Resolution sicher gefallen.

Zwei Tage später zog sich das UN-Personal von den Waffensammelstellen um Sarajevo zurück und die Serben ließen die letzten Geiseln frei. Die Karadžić-Formel hatte wieder einmal funktioniert: Der Serbenführer beging eine verachtenswerte Handlung, zog daraus Gewinn, machte dann eine »Geste des guten Willens« und stand bei den Medien im Mittelpunkt des Interesses.

Die Freilassung der Geiseln durch die Serben gab Anlass zu Gerüchten, ich hätte »ein Geschäft mit Terroristen« gemacht, um die Freilassung der gefangenen Blauhelme zu erwirken. Am 23. Juni versicherte ich der Nato: »Weder ich noch mein Sondergesandter noch der Befehlshaber am Kriegsschauplatz haben den bosnischen Serben irgendwelche Zusagen dahingehend gegeben, dass der Einsatz von Luftangriffen nicht mehr länger in Erwägung gezogen würde.« Außerdem bestätigte ich der Nato, dass ich Akashi die Vollmacht erteilt hatte, Luftschläge für den Schutz der UN-

Mitarbeiter zu fordern. Allerdings, meinte ich, sei es jetzt unbestreitbar, dass die Durchführung von Luftschlägen zu anderen Zwecken Geiselnahmen nach sich ziehen würde, daher behielte ich mir in dieser Situation jegliche UN-Entscheidung zur Genehmigung einer solchen Maßnahme vor. »Sie können sicher sein«, schrieb ich dem neuen Nato-Generalsekretär Willy Claes, »dass ich nicht zögern werde, Luftschläge zu genehmigen, wenn ich sie aufgrund schwerwiegender Verstöße für gerechtfertigt halte« und wenn sie den Zielen des Sicherheitsrates dienen würden.

Claes hatte die Nachfolge von Manfred Wörner als Generalsekretär angetreten. Die Nachricht von Wörners Tod kurz darauf war ein Schock, obwohl ich seit einiger Zeit von seinem Kampf gegen den Krebs gewusst hatte. Wörner war bei unserer gemeinsamen Arbeit stets konstruktiv und optimistisch gewesen. Tatsächlich war er zu der Ansicht gelangt, dass eine starke Partnerschaft zwischen Nato und UNO der Nato vielleicht die beste Möglichkeit bot, ihre neue Rolle in der Welt nach dem Kalten Krieg zu finden.

Der Horror von Srebrenica

Dann kam es zum schlimmsten Kriegsverbrechen in Europa seit dem Zweiten Weltkrieg. Die Niederlande waren das einzige westliche UN-Mitglied gewesen, das positiv auf meine Bitte vom Juni 1993 reagiert hatte, Truppen für die Einrichtung der vom Sicherheitsrat beschlossenen »Schutzzonen« zu stellen. Die »Schutzzone« in Srebrenica wurde einem leicht bewaffneten holländischen Bataillon mit etwa 450 Mann unterstellt. Die serbischen Truppen unter Ratko Mladić begannen ihren Angriff am 6. Juli 1995. Sie feuerten Raketen ab, die die Holländer in ihre Bunker trieben.

Akashi rang mit der Frage, ob eine enge Luftunterstützung die Serben vertreiben oder dazu führen würde, dass sie das Gebiet umso heftiger angriffen. Es war nicht klar, warum die Serben Srebrenica einnehmen wollten. Keine »Schutzzone« war bis dahin eingenommen oder besetzt worden. Waren die Serben so dreist geworden, dass sie dieses Risiko auf sich nahmen? Am 11. Juli 1995 erreichte Akashi um 12.25 Uhr die Bitte General Janviers um Luftunterstützung für die holländischen Blauhelme. Akashi genehmigte die Bitte sofort, und zwei Stunden später wurden die Luftangriffe durchgeführt. Doch als der niederländische Verteidigungsminister Joris Voorhoeve erfuhr, dass ein Luftangriff in Gang war, rief er sofort an und erklärte, die holländischen Soldaten befänden sich so nah bei den serbischen Schützen, dass die Luftschläge ihr Leben gefährden würden. Voorhoeve forderte Akashi auf, die Luftunterstützung einzustellen. Akashi hatte keine andere Wahl, als Voorhoevens Bitte nachzukommen.

Die »Schutzzone« Srebrenica befand sich nun in serbischer Hand. Zehntausende bosnischer Muslime wurden gefangen genommen. Etwa 20 000 muslimische Frauen und Kinder wurden in einem Akt der »ethnischen Säuberung« gezwungen, die Stadt zu verlassen. Dann begingen die Serben ein Massaker an den unbewaffneten muslimischen Männern im kampffähigen Alter. Die UN-Zivilbehörden erfuhren von den Gräueltaten, die Mladićs Männer verübt hatten, erst am 21. Juli, nachdem das letzte holländische Bataillon Srebrenica verlassen hatte.

Dass diese Gräueltaten nicht verhindert werden konnten, zeigt, dass wieder einmal die Lektionen der Vergangenheit vergessen worden waren. Nichts kann die atavistische Grausamkeit der Serben entschuldigen; die Unfähigkeit der internationalen Gemeinschaft mindert in keiner Weise die Schuld der Serben. Aber während der vergangenen drei Jahre war ihre Vorgehensweise ausreichend zur Schau gestellt worden: Wenn sie Territorium wollten, setzten sie jedes Mittel ein, um es zu bekommen. Die westlichen Mächte und die nicht verbündeten Förderer der bosnischen Muslime hatten das Konzept der »Schutzzonen« als eine Maßnahme erfunden, um die Serben davon abzuhalten, die isolierten muslimischen Gemeinden (und Garnisonen) in bestimmten Städten anzugreifen, die von Serben umgeben waren.

Mit der ganzen Unterstützung meiner Kollegen in Politik und beim Militär hatte ich wiederholt darauf hingewiesen, dass das Konzept der »Schutzzonen« besser definiert werden müsse, vor allem hinsichtlich der Grenzen der Zonen und der Frage, ob sie von den Truppen der bosnischen Regierung als Basis benutzt werden konnten, von der aus sie ihre eigenen Operationen in das von Serben gehaltene Gebiet unternahmen. Immer wieder drängte ich, dass mehr Ressourcen zur Verfügung gestellt werden mussten, damit die UNPROFOR ihre Aufgabe erfüllen konnte. Und wiederholt wies ich den Sicherheitsrat darauf hin, dass die UN-Truppen in den »Schutzzonen« die geringe Einsatzfähigkeit verloren, über die sie verfügten, weil die Serben die Lieferung von Lebensmitteln, Munition und anderen notwendigen Dingen systematisch behinderten. Die UN-Truppen fungierten in den »Schutzzonen« als Friedenswahrer, sie hatten weder die Genehmigung noch die Mittel, mit den Konfliktparteien zu kämpfen. Wenn der Sicherheitsrat meinen Empfehlungen nachgekommen wäre, hätte die internationale Gemeinschaft bessere Möglichkeiten gehabt, die serbischen Gräueltaten in Srebrenica zu verhindern.

Srebrenica war verloren. Dann fiel Žepa. Es wurde befürchtet, dass Goražde als nächstes fallen würde. Wenn das passierte, würden die Vereinten Nationen vermutlich ganz aus Bosnien vertrieben werden. Experten der Nato und UNO arbeiteten schon seit längerem an Plänen für einen von der Nato gedeckten Rückzug der UNPROFOR. Die Briten sprachen von einem »Dünkirchen«, die Franzosen verglichen die Situation mit Dien Bien Phu in Vietnam. Dort hatten die Franzosen 1954 die entscheidende Niederlage gegen die Vietminh erlitten, die den Rückzug Frankreichs aus Indochina zur Folge hatte. Ein völliger Rückzug aus Bosnien wäre eine Katastrophe gewesen. Rasch wurde eine zweite Londoner Konferenz organisiert, bei der eine Möglichkeit zum Schutz Goraždes gefunden werden sollte, damit die UN-Mission in Bosnien fortgesetzt werden konnte. Bei meiner Ankunft in London am 20. Juli 1995 sah ich auf der Straße Demonstranten mit einem großen Schild, auf dem Boutros-Ghali Seite an Seite mit Radovan Karadžić abgebildet war, dem Führer der bosnischen Serben, der als Kriegsverbrecher angeklagt war. Die Inschrift auf dem Schild war eine Anspielung auf die Zugehörigkeit zur orthodoxen Kirche und lautete:

BRÜDER IM GLAUBEN
BRÜDER IM VERBRECHEN

Bei der Londoner Konferenz gab es keine zwei Ansichten, die übereinstimmten. Man war sich offenbar darüber einig, dass die Vereinten Nationen vor Ort bleiben sollten, doch man wusste auch, dass die »Schutzzonen« nach dem derzeitigen Mandat nicht zu sichern waren. Ich besprach mich mit dem britischen Premierminister John Major. »Wir brauchen glaubwürdige Ergebnisse«, sagte er, »sonst können wir uns von UNPROFOR verabschieden.« Die Doppelmoral der USA war schließlich unhaltbar geworden. Die Vereinigten Staaten hatten eine militärische Kampfoperation vermieden, die für die Beendigung der Gräuel in Bosnien notwendig gewesen wäre, denn ein derartiger Einsatz hätte bedeutet, die amerikanischen Truppen einem Risiko auszusetzen. Nun war Clinton gezwungen, die Konsequenzen seines lange bestehenden Versprechens zu tragen, dass nämlich die USA amerikanische Bodentruppen schicken würden, um die UNPROFOR zu evakuieren, wenn die UN-Operation scheiterte.

Die extreme Situation veranlasste die Anwesenden schließlich, den Vorschlag anzunehmen, das UN-Personal abzuziehen, damit Luftangriffe durchgeführt werden konnten, ohne dass Blauhelme erneut als Geiseln genommen wurden. Man einigte sich darauf, dass ein serbischer Angriff auf Goražde oder eine der anderen verbleibenden »Schutzzonen« eine größere Aktion der Nato aus der Luft nach sich ziehen würde. Um den Entscheidungsprozess zu beschleunigen, beschloss ich, meinen Teil der Vollmacht des doppelten Schlüssels dem UN-Befehlshaber vor Ort zu übertragen, der sich dann mit dem Befehlshaber der Nato-Truppen in Südeuropa, Admiral Leighton Smith aus den USA, abstimmen würde.

Während diese Entscheidung noch besprochen wurde, war eine andere wichtige Entwicklung bereits in vollem Gang: Vorrückende kroatische Truppen, die heimlich von den Vereinigten Staaten aufgebaut worden waren, begannen nun mit ihren eigenen, vom Militär geführten »ethnischen Säuberungen«. Sie schlugen die Serben so weit zurück, dass sie nur noch 50 der einstigen 70 Prozent ihres Territoriums hielten. Die Bereitschaft der USA, diese kroatische Offensive auszurüsten und zu unterstützen, war der Preis, den Washington zahlen musste, um die bosnischen Kroaten davon zu überzeugen, eine Föderation mit den bosnischen Muslimen einzugehen. Dadurch wurde der Republika Srpska ein kroatisch-muslimisches Bündnis innerhalb der Grenzen Bosnien-Herzegowinas gegenübergestellt. Die Verlagerung der Macht am Boden ließ Luftangriffe zum ersten Mal als eine vernünftige Alternative erscheinen.

Die Übergabe des doppelten Schlüssels

Wieder zurück in New York, erhielt ich am Sonntag, dem 23. Juli 1995, Besuch vom britischen, französischen und amerikanischen Botschafter in meiner Residenz am Sutton Place. Sie baten mich, meinen Teil der Vollmacht am doppelten Schlüssel zu übergeben. Ich hatte mich bereits dazu entschlossen, bestand aber darauf, dass die Nato mir in einem Schreiben das Prinzip des doppelten Nato-UN-Schlüssels noch einmal bestätigte. Wenn ich eine schriftliche Bestätigung meiner fortgesetzten Befehlsgewalt hätte, sagte ich, wäre ich bereit, die Vollmacht offiziell dem Befehlshaber der UN-Truppen zu übertragen. Denn dann wäre es mir möglich, die delegierte Vollmacht zurückzufordern, wann immer ich es für nötig hielt. Die Nato sandte mir am 25. Juli ein entsprechendes Schreiben. In dem Brief des Nato-Generalsekretärs Claes wurde ich gebeten, Arrangements zu unterstützen, die die Entscheidungen über Luftschläge zu einer Frage »des gemeinsamen Urteils der Nato- und UN-Kommandanten« vor Ort machen sollten. Hauptsächlich Großbritannien und Frankreich drängten darauf, dass die UNO weiter an der Entscheidung über Luftangriffe beteiligt blieb. Die *New York Times* meinte dazu: »Mit fast 15 000 Soldaten vor Ort in Bosnien, die die Folgen zu tragen hätten, wenn sich die Bombardements und die serbischen Reaktionen in einer Spirale der Gewalt hochschrauben, bestanden die Länder auf verschiedenen Sicherungen gegen überstürzte amerikanische Luftangriffe.«

Am nächsten Tag, dem 26. Juli, gab ich eine Presseerklärung heraus, in der ich dem Beschluss des Nordatlantikrats, wie er mir in Claes' Brief übermittelt worden war, meine volle Unterstützung zusagte. Ich erklärte, ich sei einverstanden, »dass einem Angriff der bosnischen Serben in Goražde eine harte und entschlossene Reaktion entgegengesetzt werden soll, darunter auch Luftangriffe«. Um dies zu erleichtern, hätte ich beschlossen, die Vollmacht hinsichtlich der Luftschläge »mit sofortiger Wirkung« General Janvier zu übertragen, dem Oberbefehlshaber der UN-Friedenstruppen im ehemaligen Jugoslawien. Die Vollmacht, Luftunterstützung anzufordern, die ich schon lange an Akashi delegiert hatte, übertrug ich nun ebenfalls General Janvier. Ich sandte Janvier und Untergeneralsekretär Kofi Annan nach Brüssel, um dort die Modalitäten für die Umsetzung dieser Entscheidung auszuarbeiten. Das Ergebnis war ein geheimes UN-Nato-Memorandum, in dem sich beide Organisationen darüber verständigten, wie wir auf den nächsten serbischen Angriff auf eine der vier verbleibenden »Schutzzonen« – Goražde, Sarajevo, Bihać und Tuzla – durch den »rechtzeitigen und effektiven Einsatz der Luftmacht« reagieren sollten. Trotzdem machte US-Präsident Clinton im Widerspruch zur Sachlage bei einer Pressekonferenz am 27. Juli das Versäumnis der UNO, den Einsatz von Gewalt zu genehmigen, für die Situation verantwortlich. Akashi erstellte für die Reporter eine Liste mit der Überschrift »SRSG (Special Representative of the Secretary-General) Genehmigung von Luftschlägen«, die zeigte, dass er seit seinem Amtsantritt in Bosnien elf Lufteinsätze genehmigt und fast jeder Anfrage der Befehlshaber vor Ort entsprochen hatte.

Von da an erwartete ich, dass sich der Gang der Ereignisse ausschließlich auf dem Schlachtfeld entscheiden würde. Wir hatten die Serben gewarnt, dass ein Angriff auf Goražde oder eine andere »Schutzzone« entsprechend geahndet würde. Uns allen war vollkommen bewusst, dass es zu einem Angriff kommen würde. Obwohl Albright im Mai meinen

Vorschlag abgelehnt hatte, das UN-Personal abzuziehen, hatten sich die Blauhelme unter der Leitung des UN-Befehlshabers in Bosnien, Generalleutnant Rupert Smith, aus den ungeschützten Gebieten zurückgezogen. Daher waren Luftschläge zum ersten Mal eine realistische Alternative. Wenn die Serben angriffen, würde General Janvier die Entscheidung für die Vereinten Nationen vor Ort treffen, und Admiral Leighton Smith würde für die Nato genauso verfahren. Doch die Debatte um die Luftschläge war damit noch nicht beendet. Am 11. August erhielten wir von der Nato die Mitteilung, General Janvier sei nicht in der Lage gewesen, dem Vorschlag der Nato seine Zustimmung zu erteilen, präventive Luftangriffe gegen die Luftabwehr der bosnischen Serben zu fliegen. Das war korrekt, denn der Sicherheitsrat hatte in der Resolution 816 (zur »Flugverbotszone«) Präventivschläge gegen Raketen- oder Radarstandorte nicht genehmigt. Trotzdem bestätigte ich in meiner Antwort an die Nato am 15. August das Recht der Nato-Luftwaffe, Gegenmaßnahmen gegen ein Luftabwehrsystem durchzuführen, wenn feindliche Absichten gehegt wurden. Im Zusammenhang mit der Resolution 836 des Sicherheitsrats (über die »Schutzzonen«) erklärte ich: »Es ist bekannt, dass Maßnahmen zur Neutralisierung integrierter Luftabwehrsysteme ein notwendiger Bestandteil gradueller Luftoperationen gegen bosnisch-serbische Ziele sind, die die Sicherheitszonen bedrohen.« Diese Antwort bot eine erweiterte Interpretation, mit der Janvier arbeiten konnte. Mein Brief war so formuliert, dass er sich an die Resolutionen des Sicherheitsrates hielt, denn dazu war ich verpflichtet, gleichzeitig aber den Einsatz der Luftstreitkräfte in vollem Umfang ermöglichte, falls die Serben noch einmal angriffen, und das würde sicherlich geschehen.

Dann wurde den Vereinten Nationen in Goražde fast der Boden unter den Füßen weggezogen. Es war wieder einmal ein typisches Beispiel dafür, wie von den Vereinten Nationen erwartet wurde, dass sie ihren Verpflichtungen nachkamen, obwohl ihr die Mitgliedsländer die dafür notwendigen Mittel vorenthielten. Am 17. August erhielt ich vom britischen Außenminister einen Brief, in dem er die Absicht Großbritanniens bekräftigte, die Truppen zum festgelegten Rotationstermin am 22. August aus Goražde abzuziehen und sie nicht zu ersetzen. Wir versuchten, ein anderes Land anstelle von Großbritannien zu finden, hatten aber keinen Erfolg. In aller Eile bemühten wir uns, ein multinationales Bataillon zusammenzustellen, das aus je 100 Soldaten aus Russland, der Ukraine, einem islamischen Land und einem Nato-Mitglied bestand. Doch weder ein Nato-Mitgliedsland noch ein islamisches Land waren bereit, 100 Soldaten zu stellen. Und die russischen und ukrainischen Kontingente wurden von der bosnischen Regierung nicht akzeptiert, solange sich ihnen kein anderes Land anschloss.

Mir blieb keine andere Wahl, als 20 militärische Beobachter zu entsenden, die die britischen Blauhelme ersetzen sollten. Außerdem verwies ich auf die neuen Luftoperationen, auf die sich die Nato und die Vereinten Nationen geeinigt hatten, um so die Glaubwürdigkeit einer reinen Beobachterpräsenz zu erhöhen. Wie vorauszusehen war, führte dies zu Berichten, die Vereinten Nationen würden sich darauf vorbereiten, Goražde »aufzugeben«. Ich gab daraufhin am 18. Mai eine Erklärung heraus, in der ich die Situation darlegte und versicherte, die UNO bliebe kontinuierlich in Goražde präsent, wenn auch in Form von Militärbeobachtern. Ich sagte, ich sei weiterhin fest dazu entschlossen, »Angriffe von den Schutzzonen und vor allem den 60 000 Zivilisten fernzuhalten, die dort leben«. Diese Erklärung brachte mir weitere Schmähungen ein. Jeane Kirkpatrick erklärte in einer Kolumne der *Washington Post* vom 18. August, ich hätte »die Nato in Ketten gelegt«.

»Ein gemeinsames Urteil«

Am letzten Augustwochenende sollte ich nach Peking zur Weltfrauenkonferenz fliegen. Doch kurz bevor ich ins Flugzeug stieg, spürte ich heftige Grippesymptome. Ich musste meinen Flug stornieren und in meine Residenz am Sutton Place zurückkehren. Daher befand ich mich in New York, als der Angriff erfolgte, der unsere zuvor getroffenen Absprachen in die Tat umsetzte. Am 28. August wurde Sarajevo unter Mörserbeschuss genommen, 37 Zivilisten wurden getötet, fast 100 verletzt. Ich veröffentlichte umgehend eine Erklärung , in der ich diese verabscheuenswürdige Tat verurteilte und die Presse informierte, ich hätte das UN-Militärkommando angewiesen, »unverzüglich angemessen zu reagieren«. Die Situation erfordere »drastische Maßnahmen«, erklärte ich.

Schon bald schien es, als ob wir es mit einer weiteren Variante von Karadžićs mittlerweile bekanntem Vorgehen zu tun hätten. Richard Holbrooke, der neue amerikanische Gesandte, hatte mit Gewalt gedroht, wenn die bosnischen Serben nicht einer Teilung des Territoriums zwischen ihnen und der kroatisch-bosnischen Föderation im Verhältnis 51 zu 49 Prozent zustimmen würden. Es folgte der grauenhafte Angriff auf Sarajevo, und danach machte Karadžić seine üblichen »Konzessionen«

und erklärte, Holbrookes Plan könne als Grundlage für weitere Verhandlungen dienen. In früheren Fällen hätten die Nato-Mächte daraufhin gezögert und so Karadžićs Position gestärkt. Doch dieses Mal stand zu viel auf dem Spiel, außerdem waren wir vorbereitet.

Generalleutnant Rupert Smith und Admiral Leighton Smith führten am 28. August mehrere Gespräche und kamen zu dem »gemeinsamen Urteil«, dass die Bedingungen für Luftschläge, wie sie in dem Memorandum der Vereinten Nationen und der Nato vor einigen Tagen festgelegt worden waren, zutrafen. Um 19.25 Uhr bosnischer Zeit schickte Admiral Smith ein Fax an General Smith, in dem er erklärte: »Dementsprechend habe ich COMAIRSOUTH angewiesen, Ziele anzugreifen, die in der vereinbarten Zielliste aufgeführt sind, die von General Janvier und mir am 14. August 1995 unterzeichnet wurde.« Dieser Entschluss wurde an General Janvier bei der UN Zagreb übermittelt und dem UN-Hauptquartier in New York telefonisch am selben Tag um 7.30 Uhr ostamerikanischer Zeit mitgeteilt. Der Beginn der Luftangriffe wurde anhand der Wetterbedingungen und anderer taktischer Überlegungen festgelegt.

Am 29. August reichte mir José, der Verwalter in der Residenz am Sutton Place, etwa gegen 20 Uhr (etwa 2 Uhr am 30. August in Bosnien) eine Notiz, als ich gerade Gäste zum Abendessen begrüßte. Nachdem alle eingetroffen waren und sich bei einem Drink unterhielten, las ich die Notiz. Nato-Flugzeuge hatten damit begonnen, Ziele in Bosnien-Herzegowina zu bombardieren. Ich bat meinen Sprecher, die Medien darüber zu informieren, dass die Angriffe der Nato meine volle Unterstützung hatten.

Die Lage wurde treffend von der *New York Times* zusammengefasst (31. August 1995):

Ein so drastischer Angriff wurde schon oft von der Nato und den Vereinten Nationen angedroht. Doch bisher hatte bei den westlichen Verbündeten noch nie der politische Wille bestanden, ihn auch durchzuführen, weil sie fürchteten, in einen Balkankrieg hineingezogen zu werden. Außerdem sorgte man sich um die Reaktion Russlands, der traditionellen Schutzmacht der Serben. Moskau verurteilte die Bombardements heute, allerdings sind die Worte der russischen Regierung kaum bösartig oder drohend zu nennen.

Oft lähmten Differenzen zwischen den Vereinten Nationen und der Nato die Reaktion des Westens auf den Krieg, doch nun, da fast alle Friedenstruppen der UNO aus dem bosnisch-serbischen Gebiet abgezogen wurden und damit nicht mehr potenzielle Opfer einer Geiselnahme sind, konnte man sich besser über die Ziele einigen.

UN-Generalsekretär Boutros Boutros-Ghali erklärte heute, die Angriffe der Nato würden seine »volle Unterstützung« genießen. Er fügte jedoch hinzu, dass sich »die Vereinten Nationen nicht im Krieg mit den Serben befinden«.

Anfang September meldete Janvier, die Situation unterliege nun einer »anderen Logik« als früher und erfordere einen anderen Ansatz. Die Luftschläge würden fortgesetzt, bis die angekündigten Ziele – die Beseitigung der serbischen Bedrohung der »Schutzzonen«, der Abzug der schweren Waffen um Sarajevo und eine allgemeine Einstellung der feindlichen Handlungen – nach dem gemeinsamen Urteil der UN- und Nato-Befehlshaber erreicht worden waren. Die überwiegend anglo-französische schnelle Eingreiftruppe (RRF), deren Einrichtung als Teil der UN-PROFOR am 16. Juni vom Sicherheitsrat genehmigt worden war, hatte Stellungen in der Umgebung von Sarajevo bezogen und konnte die Luftangriffe unterstützen, indem sie die serbischen Artillerie- und Mörserstellungen im Umkreis der Stadt angriff. Allerdings war zu befürchten, dass sich die Luftangriffe der Nato, die friedensschaffenden Zwangsmaßnahmen der UNO gegen die bosnischen Serben (durch die RRF) und die kroatischen Angriffe gegen die Serben in Kroatien und Bosnien zu einem internationalen Krieg gegen die Serben entwickeln oder die Lage derart aus dem Gleichgewicht bringen könnten, dass eine unparteiische diplomatische Lösung unmöglich würde.

Am 30. August 1995, kaum einen Tag nach Beginn der Bombardements, rief Albright Untergeneralsekretär Annan an und fragte, wann die Luftangriffe aufhören würden. In einer Notiz, mit der mir Annan den Anruf Albrights mitteilte, drückte er sein Erstaunen darüber aus, dass sie ihm eine solche Frage stellte. Albright verstand offensichtlich nicht, dass der Entscheidungsvorgang über die Luftangriffe schon vor Wochen an die Kommandanten vor Ort delegiert worden war. Sie machte sich Gedanken, dass die Bombardierungen zu weit gingen und so den Friedensprozess scheitern lassen könnten. Annan sagte ihr, wir stünden in Kontakt mit unseren UN-Befehlshabern vor Ort. Er schlug vor, sie solle in der Angelegenheit ihre eigenen Militärbehörden kontaktieren. Die Bombardierungen waren notwendig, dennoch hatte Albright Recht: Zu viele Luftangriffe würden das Gegenteil bewirken.

Anfang September sollte in Genf unter dem Vorsitz Holbrookes ein

Gespräch stattfinden, bei dem ein Ende des Konflikts in Bosnien am Verhandlungstisch diskutiert werden sollte. Die Vereinigten Staaten bestanden darauf, dass der wichtigste diplomatische Gesandte der UNO für das ehemalige Jugoslawien, Thorvald Stoltenberg, von diesem Gespräch ausgeschlossen wurde. Stoltenbergs Ausschluss war eine unwürdige und unnötige Beleidigung der Vereinten Nationen durch die USA. Ich schrieb Christopher und bat ihn, Stoltenberg als Beobachter zuzulassen, denn schließlich sollte er als Gesandter der Vereinten Nationen zusammen mit Carl Bildt, der die Nachfolge David Owens als Gesandter der Europäischen Union angetreten hatte, als Vertreter der Londoner Konferenz anwesend sein, die im Jahr 1992 die Bemühungen der internationalen Gemeinschaft eingeläutet hatte, Frieden in Bosnien zu schaffen. Im letzten Augenblick wurde Stoltenberg die Teilnahme erlaubt, allerdings nur bei geschlossenen Sitzungen. Der UN-Operation wurde keinerlei Anerkennung gezollt. Die Vereinigten Staaten waren endlich bereit, sich zu beteiligen, und wollten keine UNO an ihrer Seite.

Während die Bombardierungen fortgesetzt wurden, berief ich Janvier, Akashi und Stoltenberg am 16. September zu Beratungen nach New York. Die Situation war kurz davor, außer Kontrolle zu geraten; ein gewisses Gleichgewicht musste zwischen den Konfliktparteien im ehemaligen Jugoslawien erhalten bleiben, wenn ein Friedensabkommen Aussichten auf Erfolg haben sollte. Die Russen waren beunruhigt, ihr Botschafter Sergej Lawrow drängte mich, meine Vollmacht des »doppelten Schlüssels« wieder auszuüben.

Am 18. September teilte ich dem Sicherheitsrat mit, ich würde die diplomatische Initiative der Amerikaner unter Leitung von Richard Holbrooke sehr begrüßen. Ich bezog mich auf meine Gespräche mit dem Sicherheitsrat in den Jahren 1993 und 1994, in denen es darum ging, dass Mitgliedsländer und regionale Organisationen wie zum Beispiel die Nato wesentlich besser geeignet waren, die Krise in Bosnien zu bewältigen, als die Vereinten Nationen. Ich zählte die Gründe dafür auf: das Ausmaß der erforderlichen Reaktion; die Schwierigkeiten der Vereinten Nationen, ziviles und militärisches Personal von den Mitgliedsländern gestellt zu bekommen; das Unvermögen der Vereinten Nationen, friedensschaffende Zwangsmaßnahmen ohne die dafür erforderlichen Mandate durchzuführen sowie das Versäumnis der Mitglieder, rechtzeitig ihre Beiträge für die Friedenssicherung zu bezahlen. Ich erinnerte den Sicherheitsrat daran, dass ich bereits im Mai vorgeschlagen hatte, die UNPROFOR sollte durch die Nato ersetzt werden, wenn es notwendig sein sollte, in Bosnien mit militärischer Gewalt vorzugehen. Angesichts der momentanen Situation drängte ich auf die Genehmigung einer prompten Übergabe an die Nato. Albright reagierte verärgert auf meinen Brief und sagte gegenüber Reportern: »Meiner Meinung nach neigt der Generalsekretär dazu, die Schuld bei den Mitgliedern zu suchen, wenn etwas nicht funktioniert. Funktioniert dagegen etwas, will er die Anerkennung dafür einheimsen.«

Am nächsten Tag, dem 19. September, drängte ich die kroatisch-bosnischen Kräfte, sich auf dem Schlachtfeld zu mäßigen und ihren Vormarsch zu stoppen, damit die Diplomaten ihre Arbeit leisten konnten. Am 20. September zogen die Serben ihre Artillerie rings um Sarajevo ab, und die Luftschläge der Nato wurden ausgesetzt. Nato-Generalsekretär Claes und ich stritten am Telefon, ob die Bombenpause vorübergehend war oder auf Dauer erklärt werden sollte. Am 22. September schrieb ich der Nato und bekräftigte meine Position, dass die Militäroperationen, die mit dem Einverständnis der Vereinten Nationen am 30. August begonnen hatten, beendet seien. Ich sagte, die UN-Befehlshaber vor Ort seien sich einig, dass die Zielsetzungen der Luftangriffe erreicht seien. Sollte es wieder zu einer Situation kommen, die eine ähnliche Reaktion erfordere, müsse eine neue Entscheidung gemäß dem UN-Nato-Memorandum getroffen werden.

Zu diesem Zeitpunkt hatte der Einsatz in Bosnien fast den gesamten UN-Haushalt von drei Milliarden Dollar für die Friedenssicherung verschlungen. Die Vereinten Nationen waren von den USA und der Nato dazu benutzt worden, den Krieg in Bosnien zu »internationalisieren«. Hunderttausenden von Flüchtlingen und verzweifelten Zivilisten hatten die Vereinten Nationen geholfen. Unzählige hatten ihr Leben verloren, doch dank der Vereinten Nationen waren auch Tausende von Leben gerettet worden. Durch die präventive Stationierung von Blauhelmen in Mazedonien war eine Ausweitung der Kämpfe verhindert worden. UN-Vermittler und Unterhändler hatten grundlegende Prinzipien gewahrt und schließlich die Grundzüge einer Einigung geschaffen. Die Vereinten Nationen hatten in Bosnien ehrenwerte und wertvolle Arbeit geleistet, doch der Schaden für ihr Ansehen und die Schmähungen, mit denen sie überhäuft worden waren, würden bleibende Wirkung haben.

Ironischerweise hielten die Vereinigten Staaten, die UN-Friedenstruppen nach Bosnien in ein Kampfgebiet geschickt hatten und dann, als der Krieg zu Ende war, ihre eigenen Kampftruppen zur Friedenssicherung vor Ort stationierten, an einer unparteiischen Haltung fest und lehnten es sogar ab, in ihrem Einsatzgebiet unter Anklage stehende

Kriegsverbrecher zu verhaften. Und während die Stärke der UN-Friedenstruppen unter Kriegsbedingungen 22 000 Mann betragen hatte, traten
die Vereinigten Staaten und die Nato ihre Aufgabe zur Friedenssicherung
in Bosnien mit nicht weniger als 60 000 Mann an.

Warum war Bosnien ein Misserfolg? Weil die USA sehr stark politisch beteiligt waren, sich aber weigerten, sich militärisch zu engagieren.
Von Präsident Bush, der 1991 gerade im Persischen Golf einen Krieg geführt hatte, konnte man nicht erwarten, dass er die USA entschlossen in
einen weiteren Krieg führte. Bush wollte nicht, dass Bosnien zu Unstim-
migkeiten zwischen den Vereinigten Staaten und ihren Partnern in der
Nato führte. Ebenso wenig wollte er, dass Bosnien zum Streitfall zwischen den USA und Russland wurde. Aus diesen Gründen waren sowohl
Bush als auch später Clinton damit einverstanden, die Vereinten Nationen einzusetzen – mit Mandaten, die die Krise als »humanitär« definier-
ten, weswegen sie nicht in den Zuständigkeitsbereich der Nato fiel. Für
die Beilegung einer schwerwiegenden internationalen Krise war dieser
Ansatz grundsätzlich falsch. Indem die Vereinigten Staaten und der
Westen die UNO in den Vordergrund schoben, ihr jedoch die Mittel ver-
weigerten, die sie brauchte, und sie dann als Sündenbock benutzten, gewannen sie zwar Zeit, aber um welchen Preis! Der Schaden für die ange-
schlagenen und fast bankrotten Vereinten Nationen wird sich nicht so
leicht beheben lassen. Ebenso verhält es sich mit dem Schaden an den
Grundprinzipien internationaler Politik: keine gewaltsame Aneignung
von Territorium, kein Völkermord und die Garantie der Integrität und
Existenz von UN-Mitgliedstaaten.

Ende des Sommers 1995 lieferte der kroatische Vormarsch die notwendige »Infanterie« am Boden, so dass mit Nato-Luftschlägen das
Machtgleichgewicht zu Ungunsten der Serben verschoben werden konnte. Der von den Serben gehaltene Anteil am Territorium bot ihnen zum
ersten Mal den Anreiz zu verhandeln. In dieser Situation griff Holbrooke
ein. Innerhalb von rund zehn Wochen gelang es ihm, einen Waffenstillstand und ein Abkommen auszuhandeln, das später als Dayton-Abkommen bekannt werden sollte.

In ihren ersten Wochen im Amt hatte im Jahr 1992 die Clinton-Administration dem Vance-Owen-Plan, nach dem die Serben 43 Prozent
des Gebiets eines einigen Staates erhalten sollten, den Todesstoß versetzt.
1995 war die amerikanische Regierung stolz auf ein Abkommen, das den
Serben nach fast drei weiteren Jahren voller Gräueltaten und Morde 49
Prozent in einem Land zusprach, das nun zweigeteilt wurde.

Das Abkommen, das durch die von den USA gelenkten Verhandlungen zustande kam, schuf zwei de-facto-, aber nicht de-jure-Staaten, die kroatisch-bosnische Föderation und die Republika Srpska, sowie einen de-jure-, aber nicht de-facto-Staat: Bosnien-Herzegowina. Laut dem Abkommen steht es beiden de-facto-Staaten frei, sich mit Kroatien oder der Bundesrepublik Jugoslawien (Serbien und Montenegro) zu vereinigen. Ich schrieb Christopher am 20. November 1995, gratulierte den Vereinigten Staaten und begrüßte das Dayton-Abkommen, denn es gab keine Alternative. Trotzdem ist das Abkommen ein merkwürdiges Artefakt der Diplomatie und enthält viele Fehler. Nur solange die kroatische Regierung in Zagreb und die jugoslawische Regierung in Belgrad die Fiktion eines bosnischen de-jure-Staates weiterhin als einen nützlichen Puffer zwischen sich ansehen, wird das Dayton-Abkommen auch bestehen. Sollte sich diese Haltung ändern, werden sich Serbien und die Republika Srpska sowie die Föderation und Kroatien vereinen, und Bosnien wird von der Landkarte verschwinden. Der kroatische Präsident Franjo Tudjman machte nie einen Hehl daraus, dass er sich dieses Ergebnis wünscht. Und Präsident Slobodan Milosevićs Verlangen nach einem »Großserbien« ist nur allzu bekannt.

Die schreckliche Geschichte des ehemaligen Jugoslawien hat vor allem zwei Opfer: die Menschen dieses unglücklichen Landes und die Vereinten Nationen, denen man vorwirft, sie hätten keine Lösung für die Katastrophe gefunden. Die Schuld liegt bei den Kriegsverbrechern im ehemaligen Jugoslawien und den Großmächten, die sich nicht auf eine gemeinsame Politik einigen konnten und ihrer Verantwortung, die Bemühungen der Vereinten Nationen um die Erhaltung von Frieden und Sicherheit zu unterstützen, nicht nachkamen.

Haiti: Im Séparée mit Gore

Für die UNO war der Fall Bosnien abgeschlossen. Ich kehrte im Oktober 1995 nach Haiti zurück, um den ersten Jahrestag von Aristides Rückkehr zu feiern und die Demokratisierung weiter voranzutreiben. Als das Weiße Haus von meiner Reise nach Haiti erfuhr, wurde beschlossen, Vizepräsident Al Gore ebenfalls hinzuschicken.

Premierminister Smarck Michel empfing mich am Flughafen. Er bestätigte sofort, dass sich sein Verhältnis zu Aristide verschlechtert hatte. Die beiden konnten sich nicht über das Privatisierungsprogramm einigen, und Michel hatte seinen Rücktritt eingereicht. In einem langen Vier-Augen-Gespräch versuchte ich Aristide klarzumachen, was der israelische Präsident Ezer Weizman – ein ehemaliger Pilot der Royal Air Force und Chef der israelischen Luftwaffe – einmal zu mir gesagt hatte: »Der schwierigste Teil des Fluges ist die Landung.« »Wenn Sie uns helfen«, erklärte ich Aristide, »die Wahlen frei und gerecht durchzuführen, die wirtschaftlichen Reformen fortzusetzen und die UN-Präsenz über den 6. Februar hinaus zu verlängern, werden Sie das Flugzeug erfolgreich landen.« Am meisten Sorgen machten mir die wirtschaftlichen Reformen. Aristide war in der linken Tradition groß geworden und gegen eine Privatisierung; Smarck Michel dagegen trat für die Schaffung eines dynamischen privatwirtschaftlichen Sektors ein.

Am nächsten Morgen nahm ich an der Feier zum Jahrestag teil und kehrte dann zum Flughafen zurück. Es schien von den amerikanischen Beamten absichtlich so arrangiert worden zu sein, dass Vizepräsident Al Gore eintreffen würde, wenn ich abflog, so dass uns nur ein ganz kurzes Treffen blieb. In der so genannten VIP-Lounge, die aussah wie das Séparée eines schmierigen Nachtklubs im hellen Tageslicht, begannen wir unser Gespräch. Ich war entzückt über die Art, wie sich der amerikanische Vizepräsident gern »Al Gore« nennen ließ. Für mich klang das wie ein arabischer Name, etwa wie al-Hassan oder al-Wazzan. Das Protokoll verlangte, dass ich »Mr. Vice President« sagte, obwohl ich ihn im Geiste »al-Ghor« nannte.

Ich berichtete »al Ghor«, dass ich bei meinem Gespräch mit Aristide eindringlich drei Punkte betont hatte. Zum einen bleibe nur wenig Zeit bis zu den Wahlen; Aristide musste also schnell in die Startlöcher kommen. Zweitens war Michel als Premierminister zurückgetreten, weil sich Aristides Lavalas-Partei den Verpflichtungen Haitis gegenüber dem Internationalen Währungsfonds und der Weltbank widersetzt hatte und keine Privatisierungen durchführen wollte; für die internationalen Investoren war das ein negatives Signal. Drittens sollte die UN-Präsenz über die derzeitige Frist vom Februar 1996 hinausgehen. Die Präsenz musste keine Blauhelme umfassen, sollte jedoch Polizisten und andere Experten stellen. Allerdings müssten wir Aristide dazu bringen, um eine Verlängerung des UN-Mandats zu ersuchen. Ich erklärte, Aristide müsste eine öffentliche Erklärung über die kommenden Maßnahmen abgeben. Nur er besaß die Verantwortung und das Charisma, um die Haitianer zu überzeugen. Der Vizepräsident meinte, er könne gegenüber Aristide dieselben Punkte vorbringen. Da er bereits früher mit Aristide zu tun gehabt hatte,

wusste Gore, dass es einige Zeit dauern konnte, bis Aristide überzeugt
war.

Dann erwähnte ich die Finanzkrise der Vereinten Nationen, denn sie
stand in engem Zusammenhang mit den Geldern, die für die Durchführung der kommenden Präsidentschaftswahlen in Haiti gebraucht wurden. Das un-Defizit belief sich mittlerweile auf 3,24 Milliarden Dollar.
Der Vizepräsident antwortete, Präsident Clinton sei sich der Tatsache bewusst, dass die Vereinigten Staaten mit ihren Zahlungen stark im Rück-
stand seien. Doch der Kongress müsse davon überzeugt werden, dass bei
den Vereinten Nationen wirklich Reformen durchgeführt würden. Die
Reform der uno stoße vermutlich bei der Bürokratie auf Widerstand,
meinte Gore.

»Das Problem«, erklärte ich, »liegt nicht bei der Bürokratie, sondern
bei den Mitgliedstaaten, denn nur sie können die vorgeschlagenen Reformen genehmigen. Da die usa ihre ausstehenden Beiträge nicht bezahlen,
zögern mittlerweile auch andere Länder.« Ich bemerkte, dass ich, um es
mit den Worten Madeleine Albrights auszudrücken, dem Vizepräsiden-
ten »auf den Pelz rückte«. Doch ich hatte so wenig Kontakt zu der politischen Führung der Vereinigten Staaten, dass ich es mir nicht leisten
konnte, diese Gelegenheit zu verpassen. Ich entschuldigte mich bei Gore,
dass ich die Finanzkrise bei einem Treffen angesprochen hatte, bei dem es
eigentlich um Haiti gehen sollte. Doch die Vereinten Nationen, erklärte
ich ihm, konnten ohne die notwendigen Mittel keine sinnvolle Arbeit in
Haiti leisten. Gore sprach mir seinen Dank für die enge Zusammenarbeit
mit den Vereinigten Staaten im Falle Haitis aus und nannte einige Beispiele, die zeigten, dass er die Entwicklung aufmerksam verfolgt hatte.
Dann verließen der Vizepräsident und sein Team den Flughafen und fuhren nach Port-au-Prince, und ich machte mich auf den Weg zu einem
ibero-amerikanischen Gipfel in Argentinien.

Chaos und Demokratie

Trotz unserer Bemühungen gab es bei den Kommunal- und Parlamentswahlen in Haiti ein furchtbares Durcheinander. Die Wähler suchten
vergeblich nach Wahllokalen, die ohne Ankündigung verlegt worden
waren. Oft erschien der Name eines Kandidaten nicht auf dem Wahlzet-
tel, was zu Demonstrationen und schließlich zur Annullierung der Wahl
führte.

Allerdings lernten alle aus diesen Fehlern, so dass die Präsidentschaftswahlen, die Ende 1995 abgehalten wurden, wesentlich besser organisiert waren. 24 Kandidaten waren im Rennen. Die Stimmabgabe verlief in Gegenwart von über 400 internationalen Beobachtern ruhig,
allerdings war die Wahlbeteiligung sehr niedrig. Sie lag bei etwa 28 Prozent, was der Tatsache zugeschrieben wurde, dass viele in der Bevölkerung Aristide, der nicht wiedergewählt werden konnte, gerne weitere drei
Jahre im Amt gesehen hätten. Eine Kampagne zur Verlängerung des
Mandats von Präsident Aristide um drei Jahre – die Länge seines Aufenthalts im Exil – hatte die Wahl gefährdet, bis Aristide unmissverständlich
erklärt hatte, dass er am 7. Februar 1996 sein Amt abgeben würde, wie es
von der Verfassung vorgesehen sei. Die Wahlbeteiligung schien aber auch
eine allgemeine Ernüchterung über den mangelnden greifbaren wirtschaftlichen Fortschritt widerzuspiegeln.

René Préval, der 1991 Aristides Premierminister gewesen war, wurde im ersten Wahlgang mit über 87 Prozent der Stimmen gewählt. Am
7. Februar 1996 trat er sein Amt als der erste demokratisch gewählte Präsident an, der in Haiti je auf einen demokratisch gewählten Präsidenten
folgte.

Im Gegensatz zu Aristide, der sich trotz unseres Drängens geweigert
hatte, zögerte Präsident Préval nicht, weniger als drei Tage nach seinem
Amtsantritt um die Verlängerung des UN-Mandats zu bitten, damit die
UNO der Regierung bei der Entwaffnung der Bevölkerung helfen und die
haitianische Polizei unterstützen konnte.

Der Fall Haiti ist ein Beispiel für konstruktive Arbeitsteilung und eine fast perfekte diplomatische und militärische Kooperation zwischen
den Vereinigten Staaten und den Vereinten Nationen. Haiti ist von einer
Demokratie zwar noch weit entfernt, doch der Grundstein wurde gelegt.
Und obwohl die Entwicklung von Wirtschaft und Gesellschaft noch in
weiter Ferne liegt, kann die Operation als Erfolg beurteilt werden. Die
Vereinten Nationen waren unverzichtbar, als die Vereinigten Staaten Haiti helfen wollten, ohne dabei den Anschein des Neokolonialismus zu erwecken. In Fällen, in denen die Vereinigten Staaten eine UN-Operation
unterstützen, aber nicht direkt intervenieren, wie zum Beispiel in Kambodscha, El Salvador und Mosambik, erhöhen sich die Chancen auf einen Erfolg der UNO. Doch wenn die Vereinigten Staaten eingreifen und
mit den Vereinten Nationen vor Ort konkurrieren oder sie von außen
kritisieren, wie zum Beispiel in Somalia, Ruanda und Bosnien, vervielfäl-
tigen sich die Chancen auf einen Misserfolg. Die Aufgabe besteht darin,

ein Balance zwischen einer zu starken und einer zu geringen US-Beteiligung zu finden.

Der Papst und die globale Polis

Der Oktober 1995 bildete den Höhepunkt der Feierlichkeiten für den 50. Jahrestag der Vereinten Nationen. Den dramatischen Beginn markierte seine Heiligkeit Papst Johannes Paul II., der auf dem Flughafen von Newark aus dem Flugzeug stieg und verkündete, er komme zu den Vereinten Nationen, um seiner tiefen Überzeugung Ausdruck zu verleihen, dass die Ideale und Absichten, die vor einem halben Jahrhundert zur Gründung dieser weltweiten Organisation geführt hätten, in einer Welt, die auf der Suche nach ihrem Sinn sei, wichtiger als je zuvor seien.

Allein die Auswirkungen eines Papstbesuches sind ehrfurchtgebietend: die abgeriegelten Straßen in Manhattan, das »Papamobil«, das gemessen die Park Avenue auf der falschen Seite hinunterfährt, das Aufgebot an Rettungswagen, die darauf warten, ohnmächtig gewordene Zuschauer aufzusammeln, der Polizeischutz und das Gefühl, das sich in der ganzen Metropole verbreitet, dass nämlich etwas Erhabenes vor sich geht. All das stand in bemerkenswertem Gegensatz zu dem Mann selbst, der mich am 5. Oktober 1995 im 38. Stock besuchte. Das Nordende des Stockwerks ist für die Diplomatie reserviert; im Südteil sind die Büros der Mitarbeiter und der Verwaltung untergebracht. Würdenträger, die auf Besuch kommen, wenden sich nie nach Süden, sondern bleiben auf der Nordseite, wie es ihrem hohen Rang entspricht. Doch der Papst sah, als er aus dem Fahrstuhl trat, entlang des Südkorridors aufgereiht die erwartungsvollen Gesichter der UN-Mitarbeiter aus jedem Land. Er ging zu ihnen, und es gab Tränen der Freude.

Ich war dem Papst schon mehrmals begegnet. Wie schon zuvor sprachen wir über die Weltpolitik und ihre Auswirkungen auf die Ärmsten und Schwächsten. Beim Aufbruch sah sich der Heilige Vater um und fragte: »Warum haben Sie nur moderne Skulpturen?« »Die werden uns von den Ländern zur Verfügung gestellt«, antwortete ich. Die Frage des Papstes enthielt eine Andeutung, auf die er in seiner Rede vor der Vollversammlung einige Minuten später näher einging.

Die Ansprache des Papstes vor der Vollversammlung wurde weder von der *New York Times* noch von der *Washington Post* vollständig abgedruckt; beide ließen einige der interessantesten Bemerkungen aus. Obwohl die Rede eine wichtige Äußerung bei diesem internationalen Ereignis von symbolischer Bedeutung war, wurde sie nicht näher analysiert. Die Ansprache des Papstes beschäftigte sich mit dem, was seiner Ansicht nach in der modernen Kunst in meinem Büro zum Ausdruck kam. Er sagte: »Es ist einer der größten Widersprüche unserer Zeit, dass der Mensch, der den Zeitabschnitt, den wir als ›Moderne‹ bezeichnen, mit der selbstsicheren Behauptung von seiner ›Mündigkeit‹ und ›Autonomie‹ begann, sich dem Ende des 20. Jahrhunderts nähert und sich vor sich selbst fürchtet, sich davor fürchtet, wozu er fähig ist und Angst vor der Zukunft hat.«

Wenn die Moderne uns eine philosophisch gestrandete Menschheit gebracht hat, stellt sich die Frage: Wie sieht es mit den Institutionen der Moderne aus? Die zentrale Institution der letzten zwei Jahrhunderte war sowohl in der Innenpolitik als auch beim internationalen Auftreten der Staat. Noch vor einem Vierteljahrhundert konnten politische Denker verkünden: »Heutzutage halten wir den Staat für etwas Selbstverständliches.« Diese Sichtweise stimmte bis in die achtziger Jahre, doch Katastrophen wie die in Somalia werfen Fragen auf.

Bei den Vereinten Nationen, der Weltorganisation der Staaten, muss das in die Kritik geratene Konzept des Staates augenfällig bestätigt werden. »Der Grundstein [der menschlichen Sicherheit] ist und bleibt der Staat. Respekt vor seiner fundamentalen Souveränität und Integrität ist für den gemeinsamen internationalen Fortschritt von entscheidender Bedeutung.« So formulierte ich in meinem ersten wichtigen Dokument nach meinem Amtsantritt als Generalsekretär.

Papst Johannes Paul ii. sprach von Angelegenheiten, die weit über den Staat hinausgehen. Er betonte, ihm sei bewusst, dass er zu »der gesamten Familie der Völker« spreche, »die das Antlitz der Erde besiedle«, und stellte eine logische Gedankenkette vor, die unabhängig von der jeweiligen Kultur oder Religion Gültigkeit besitzt.

Die unbestrittene Suche nach Freiheit auf der ganzen Welt, die durch das Ende des Kalten Krieges hervorgerufen worden sei, sagte der Papst, basiere auf »universalen Rechten«, die ein »universales moralisches Gesetz« widerspiegeln würden, das »im menschlichen Herz geschrieben« stehe. Dieses universale moralische Gesetz bildet die Grundlage für die universalen Menschenrechte, »die dem Menschen aufgrund seiner bloßen Menschlichkeit zustehen«. An dieser Stelle zollte Papst Johannes Paul ii. den Vereinten Nationen Anerkennung, denn sie hätten »kaum drei Jahre nach ihrer Gründung die Allgemeine Erklärung der Menschenrechte« formuliert, »die eine der höchsten Äußerungen des menschlichen Gewissens unserer Zeit ist«. Das universale moralische Gesetz, sagte der Papst, sei eine Art »Grammatik« für die Völker der Welt.

Aber, fuhr der Papst fort, im Gegensatz zur Erklärung der Menschenrechte von 1948 »hat sich bislang kein ähnliches internationales Abkommen entsprechend um die Rechte der Nationen bemüht«. Dies, erklärte er, werfe dringende Fragen nach Gerechtigkeit und Freiheit in der heutigen Welt auf.

Die Erklärung des Papstes zu den Rechten der Nationen, die sich wie die Menschenrechte von einem universalen moralischen Gesetz ableiten, wirft in der Tat schwerwiegende Fragen auf. Nationalismus gilt als Ursache für die schrecklichsten Kriege der Neuzeit. Der Nationalismus kann in der Tat, wie Papst Johannes Paul II. sagte, in seiner ungesunden Form die Verachtung anderer Nationen lehren. Auch die Religion kann in der Form des Fundamentalismus ernste Gefahren bergen. Trotz dieser Vorbehalte schien der Papst die Vorstellung einer Renaissance der Nationen und des Nationalismus zu einer Zeit zu befürworten, in der das Konzept des Staates eher kritisch gesehen wird.

So forderte der Papst am 5. Oktober 1995 bei den Vereinten Nationen unsere bisherige Denkweise heraus. Muss der Staat Grundstein der internationalen Ordnung bleiben, weil einfach kein anderes Konzept oder System in Sicht ist? Oder zeigte uns Johannes Paul II. die Keimzelle eines künftigen Systems auf?

Später wusch bei einer Messe in einem Stadion ein peitschender Regen die Gesichter Tausender Pilger, doch ihr seliges Lächeln oder den Geist des Gebetes konnte er nicht wegwaschen. Bei den Vereinten Nationen waren viele der Ansicht, der Papstbesuch sei »von allen das schönste Geschenk zum UN-Jubiläum« gewesen. Für mich persönlich war es der beeindruckendste Augenblick am 50. Jahrestag der Vereinten Nationen.

Clintons Lob

Die Feier zum 50. Jahrestag der UNO am 22. Oktober 1995 wurde von 127 Staats- und Regierungschefs besucht. Sie war die größte Versammlung von Staatsoberhäuptern in der Geschichte. Zu diesem Anlass wurde ich von Präsident Clinton mit überschwenglichem Lob bedacht. »Herr Generalsekretär«, sagte er bei seinem Trinkspruch, »ich danke Ihnen für Ihre Führung, Ihre Energie, Ihre Entschlossenheit und die Visionen, die

Sie für uns von der Zukunft der Vereinten Nationen und der Welt in den kommenden 50 Jahren gezeichnet haben. Mit Sicherheit stehen die Vereinten Nationen vor großen Herausforderungen, doch das Potenzial, noch mehr Gutes zu tun, ist ebenfalls vorhanden. Und wir glauben, dass Ihre Führung eine große Rolle dabei gespielt hat, uns bis hierher zu bringen.«

Ich war nicht gerade dafür bekannt, dass ich meine Fähigkeiten und Leistungen herunterspielte, doch selbst ich errötete, wenn auch nur kurz, als ich hörte, wie der Präsident der Vereinigten Staaten den Staatsoberhäuptern »meine sehr starke Führung der Vereinten Nationen« beschrieb:

Herr Generalsekretär, Sie haben die Ideale des Friedens, der Hilfe und Sicherheit aufgegriffen, die das Herz der Mission der UN bilden, und hart dafür gearbeitet, sie Wirklichkeit werden zu lassen. Mit dem Ende des Kalten Krieges blickte die Welt auf der Suche nach Beistand und Führung auf die Vereinten Nationen. Sie haben sich dieser Herausforderung gestellt, indem Sie die UNO effektiv an die vorderste Front der internationalen Politik gesetzt haben. Ihre Führungsqualität zeigt sich besonders bei der Verbesserung der UN-Friedensmissionen. Derzeit sind etwa 70 000 Blauhelme auf der ganzen Welt im Einsatz, etwa fünfmal so viel wie bei Ihrem Amtsantritt. Die Kooperation zwischen den Staaten verbessert sich, und die Einsätze werden effektiver.

Ihre Initiativen bei der Konferenz von Kairo, Ihre Bemühungen zur Verbesserung der Koordination der Entwicklungshilfe, die Einsetzung eines unabhängigen Generalinspekteurs und eine sinnvolle Kostenkontrolle sowie Ihre Arbeit zur Verbesserung der UN-Feldeinsätze – sie alle geben Zeugnis von Ihren herausragenden Führungsqualitäten.

Ich traute meinen Ohren nicht. Überall im Saal reckten die Zuhörer die Hälse, um mich zu sehen, versuchten, meinen Blick auf sich zu ziehen und mir ihre Glückwünsche zu übermitteln. Clinton, gestikulierten sie, ist auf Ihrer Seite! Clinton fuhr fort, mich mit Lob zu überschütten:

Vor allem haben Sie sich auf den Einsatz der Diplomatie zur Verhinderung von Blutvergießen und Konflikten konzentriert, und darauf, ständige Einrichtungen aufzubauen, die zu einer langfristigen Stabi-

lität innerhalb und, wie Sie so eloquent dargelegt haben, auch au
ßerhalb der Länder führen. Für diese Dinge und vieles mehr applaudieren wir Ihnen … Herr Generalsekretär, Sie haben sich darauf
konzentriert, die Art von Organisation aufzubauen, die Ihre Ideale
effektiv in die Realität umsetzen kann. Wir danken Ihnen für Ihre
Vision.

Ich zitiere diese Lobrede so ausführlich, weil mich die Clinton-Administration wenige Monate später so heftig kritisierte und erklärte, sie würde
ihr Veto gegen meine Wiederwahl einlegen. Damals erinnerte der Sprecher der Vereinten Nationen an Präsident Clintons anerkennende Worte
und verlas sie vor der Presse, was Albright sehr wütend machte. Im Jahr
1995, als Clinton meine »Energie … Entschlossenheit … und Vision«
rühmte, schrieb der *Economist*: »Boutros-Ghali ist der effektivste Leiter
der Vereinten Nationen in ihrer Geschichte, und die Amerikaner hassen
ihn dafür.«

Noch viel wichtiger als die Lobeshymnen war für mich die Erklärung, die von 127 Regierungschefs und Staatsoberhäuptern am 22. Oktober unterzeichnet wurde. Als Stellvertreter der Völker der Welt bestätigten sie feierlich die UN-Charta, sprachen den Männern und Frauen
der Vereinten Nationen ihren Dank aus, vor allem jenen, die ihr Leben
im Dienst der UNO gelassen hatten, und erklärten sich einverstanden,
dem 21. Jahrhundert eine UNO zu geben, die so »ausgestattet, finanziert
und strukturiert ist, dass sie den Menschen, in deren Namen sie gegründet wurde, effektiv dient«.

Das »Klassenfoto« aller anwesenden Staatsoberhäupter war ein Akt
für sich. Mit protokollarischer Präzision musste bestimmt werden, wer
wo stehen sollte. Gleichzeitig mussten wir dafür sorgen, dass bestimmte
Regierungschefs nicht zu nah beieinander standen. Oder wie es ein Mitglied des Stabes formulierte: »Wir wollen nicht, dass Castro hinter Clinton steht und ihm mit den Fingern Häschenohren macht.« Der Fotograf
brauchte über eine halbe Stunde, alle Staats- und Regierungschefs so aufzustellen, dass jedes Gesicht zu sehen war. König Hassan II. von Marokko
hatte Fieber und war daher verständlicherweise ungeduldig, doch er fand
sich mit allem ab. Als das Foto verteilt wurde, bemerkte jemand, dass auf
dem Bild eine Person mehr abgebildet war als die Gesamtzahl aller Politiker, die fotografiert werden sollten. Die UN-Mitarbeiter scherzten, es
handle sich um den allgegenwärtigen Joseph Verner Reed, doch ich
konnte nie mit Sicherheit feststellen, wer der mysteriöse Gast war.

Wochen später erschien in der *New York Times* ein Artikel, der sich nicht mit den Vereinten Nationen, sondern mit dem Elend der Ärmsten New Yorks befasste. Auf einem Bild von einem überfüllten Raum, in dem eine Familie lebte, konnte man ein Foto an der Wand hängen sehen, das Foto der Staatsoberhäupter am 50. Jahrestag der Vereinten Nationen. Was mochte diese armen Menschen dazu veranlasst haben, dieses Bild aufzuhängen? Meiner Ansicht nach konnten es nur Glaube und Zuversicht gegenüber den Vereinten Nationen sein. Ich schrieb der *Times* und wies auf diese versteckte Dimension des Artikels hin. Außerdem erklärte ich, dass das Problem der Wohnungsnot und mangelnder Unterkünfte nicht nur in New York bestehe; es sei ein globales Problem, das mit umfassenden Maßnahmen angegangen werden müsse, wie es bei der kommenden UN-Weltkonferenz in Istanbul geplant sei.

»Völlig unbeliebt«

Trotz Clintons Lob für mich war mein Image in den amerikanischen Medien Ende 1995 negativer als je zuvor. Ein Artikel machte mich, wie ich zu Leah sagte, »zu einem arroganten, ignoranten Scheich, der nur gebrochen Englisch spricht«. Madeleine Albrights Entschlossenheit, meine Kontakte mit Washington zu regeln, wurde immer aggressiver. Am Tag bevor ich nach Washington reisen und mich mit dem *Senate Foreign Relations Committee* auf dessen Bitte hin treffen sollte, rief Albright meinen Stabschef an und bestand darauf, dass ich das Gespräch absagte – was ich natürlich nicht tun konnte. »Er ist völlig unbeliebt auf dem Kapitol«, meinte Albright über mich. »Er ist Zielscheibe von Witzen. Er kommt bei den Amerikanern nicht gut an. Er ist zu unberechenbar.« Wenn ich unbedingt nach Washington gehen wolle, sagte sie, solle ich mich mit dem Komitee treffen und dann rasch die Stadt verlassen. »Er sollte nicht versuchen, sich mit anderen Leuten zu treffen«, beharrte sie.

Ende des Jahres 1995 wurde die Saga von den Vereinten Nationen und Bosnien von einem wirklich bizarren Vorschlag gekrönt. Die Vereinigten Staaten, die erklärt hatten, dass die Vereinten Nationen nach dem Dayton-Abkommen keinen Anteil an der kommenden Friedensmission in Bosnien haben sollten, verkündeten plötzlich, sie sollten eine Friedenstruppe für Ostslawonien stellen, den Teil des ehemaligen Jugoslawien, an dem sich die Konflikte schon bald wieder entzünden könnten. Wieder hatte es den Anschein, als ob die Vereinigten Staaten ihre eigenen

Soldaten keiner Gefahr aussetzen wollten und stattdessen unzureichend bewaffnete UN-Truppen ohne geeignetes Mandat vorschoben. Ich erklärte, dass eine Truppe in Ostslawonien stark genug sein müsse, um sich vor einem Angriff zu schützen. Es wäre vielleicht am besten, wenn, wie im Fall Bosnien, keine UN-Truppe, sondern die Nato/US Implementation Force vom Sicherheitsrat für diese Mission autorisiert würde.

Diese Haltung zog mir sofort den Zorn der Vereinigten Staaten zu. »Es ist ein schwerer Fehler«, verkündete Sprecher James Rubin, »wenn der Generalsekretär vor rechtmäßig einwandfreien Operationen zurückschreckt, die von den wichtigsten Mitgliedern des Sicherheitsrates unterstützt werden und die Aussichten auf Frieden für den Balkan steigern.« Vor allem, erklärte der Sprecher, »ist es töricht und kontraproduktiv zu argumentieren, die UNO sollte diese Operation vermeiden, weil dadurch ein schlechtes Licht auf die UN-Tätigkeit im ehemaligen Jugoslawien fallen könnte.«

Nachdem über 200 Blauhelme in Bosnien getötet worden waren, und das zu einer Zeit, in der die Vereinigten Staaten das Leben von Amerikanern nicht aufs Spiel setzen wollten, war die Behauptung, die Vereinten Nationen würden vor einer Pflicht »zurückschrecken«, verachtenswert. Wie ich schon bei unzähligen Gelegenheiten gesagt hatte, verfügten die Vereinten Nationen nicht über die Kapaziät, große und komplexe Operationen im Feld, die den Einsatz von Gewalt erfordern könnten, zu organisieren, zu unterstützen und zu leiten. Es gab nichts Gefährlicheres oder Verantwortungsloseres, als von einer Friedensmission zu verlangen, Gewalt anzuwenden, wenn ihre Zusammensetzung, Bewaffnung, Logistik und die Einsatzvorschriften dem widersprachen. Doch genau das hatten die Vereinigten Staaten und der Sicherheitsrat mit der UNPROFOR getan, und genau das sollte nun wieder passieren.

Vulgarité

Bei einer inoffiziellen Sitzung des Sicherheitsrates sagte ich in Gegenwart Albrights auf Französisch: »Ich war schockiert über die Äußerung des US-Sprechers ... und schockiert über deren Vulgarität.« Albright erklärte, meine Bemerkung sei inakzeptabel. Sie konnte nicht verstehen, wie ich so etwas sagen konnte. Die Presse machte eine große Sache daraus. Die Franzosen versuchten, die Konfrontation zu entschärfen, und erklärten, *vulgarité* bedeute im Französischen nicht dasselbe wie im Englischen, doch im Umfeld der Vereinten Nationen wurde meine Bemerkung als Schlag gegen Albright betrachtet, den sie niemals verzeihen würde. Für mich war der Vorfall ein Beispiel für Albrights überaus effektives zweigleisiges Verhalten: Persönlich trat sie als Freundin auf, doch über ihren Sprecher verleumdete sie mich. Sie wurde für ihre direkte Ausdrucksweise bewundert, war jedoch beleidigt und wütend, wenn jemand harte Worte gegen sie richtete.

Einige Tage später nahm Albright eine Einladung zum Essen in die Residenz am Sutton Place an. Ihr Assistent befürchtete einen peinlichen Vorfall und rief an, um zu fragen, wo Albright sitzen werde. »Die Botschafterin Albright wird als ranghöchster Gast direkt zur Rechten des Generalsekretärs sitzen«, lautete die Antwort. Sie kam und wir plauderten angeregt miteinander, als ob nichts vorgefallen wäre.

KAPITEL 8

Widerstand, Niederlage – und die Hoffnung auf Demokratisierung

(1996)

Irak: Kreative Obstruktion

An einem kalten Dezembertag 1995 sprach ich in einem kleinen Kurhotel in der Nähe von Genf mit dem irakischen Außenminister Tariq Aziz. Er bezeichnete die Resolution 986 erneut als eine Verletzung der territorialen Integrität des Irak und sagte, dass ich als Generalsekretär eine neue und gerechtere Formel für »Öl gegen Nahrung« anbieten müsse.

Ich erklärte Tariq Aziz, dass ich dazu nicht berechtigt sei, weil der Sicherheitsrat mit den 19 Punkten der Resolution 986 bereits einen außerordentlich detaillierten Plan verabschiedet habe. Demnach sei ich verpflichtet, »alles Erforderliche zu tun, um die effektive Umsetzung zu gewährleisten«. Nach einer kurzen Pause fügte ich hinzu: »Resolution 986 ermächtigt jedoch den Generalsekretär, ein Memorandum über eine Übereinkunft zur Umsetzung der Resolution mit dem Irak zu treffen… Ich könnte Sie zu entsprechenden Verhandlungen einladen, falls Sie mir garantieren, dass Sie meiner Einladung Folge leisten würden.« Tariq Aziz sagte, er werde mir bald antworten, und erkundigte sich nach meinen Reiseplänen.

»Ich muss Kuwait einen offiziellen Besuch abstatten«, sagte ich, »und werde mich Anfang Januar in Kairo aufhalten. Schicken Sie mir dorthin einen Gesandten mit Ihrer Antwort.«

In Kuwait inspizierte ich die UN-Truppen entlang der irakisch-kuwaitischen Grenze, wo die Kuwaiter auf ihrer Seite als Schutz gegen eine weitere Invasion des Irak einen riesigen Graben ausgehoben hatten. Ich drängte die Führung Kuwaits, eine flexiblere Haltung gegenüber dem Irak einzunehmen: »Ich meine das irakische Volk, das unter dem Boykott leidet und das bis zum Ende der Zeit euer Nachbar sein wird.«

Nein, sagte der kuwaitische Ministerpräsident, die Sanktionen müssten bis zum Ende von Saddam Husseins Regime in Kraft bleiben. Und der Emir von Kuwait war überrascht über meine Unterstützung für das Programm »Öl gegen Nahrung«. Er erinnerte mich daran, dass kuwaitische Kriegsgefangene immer noch in irakischen Gefängnissen säßen und dass der Irak die Absicht gehabt hätte, einen Mitgliedstaat der Vereinten Nationen auszuradieren. »Eine solche Aggression kann man nicht einfach vergessen«, sagte er ernst.

Während ich in Kairo im Kreis meiner Familie die koptischen Weihnachten feierte, erhielt ich eine Nachricht von Tariq Aziz: Falls ich den Irak einladen würde, über die Formel »Öl gegen Nahrung« zu verhandeln, so würde der Irak positiv antworten.

Wenn es um den Irak geht, ist nichts so einfach, wie man denkt. Als Erstes musste ich den Wortlaut meiner schriftlichen Einladung aushandeln, um Bagdads Widerstreben gegen die bloße Erwähnung der Resolution 986 zu umgehen.

Als ich endlich Bagdads Zustimmung zu dem Briefwechsel erhielt, befiel mich Angst. Ich wusste, dass ich einen Vorgang in die Wege geleitet hatte, der letzten Endes sowohl Washington als auch Bagdad missfallen würde.

Erste Gerüchte, wer an welchem Ort über welchen Gegenstand verhandeln würde, kursierten bereits. Um dem Murren der Amerikaner und Briten entgegenzutreten, kündigte ich an, dass die Verhandlungen in New York stattfinden und von Hans Corell, dem Rechtsberater der UNO, geleitet würden.

Bei den am 6. Februar 1996 aufgenommenen Verhandlungen ging es um die Art und Weise, wie Nahrung verteilt und wie Erdöl verkauft werden sollte. Botschafter Abd al-Amir al-Anbari, ein durchtriebener Diplomat und Fachmann für Ölexporte, führte die irakische Delegation an. Wiederum forderten die Iraker, dass die Resolution 986 mit keinem Wort erwähnt werde. Sie bestanden darauf, die Verhandlungen nach Bagdad zu verlegen. Das lehnte ich kategorisch ab. Mit Unterbrechungen wurden die Gespräche im März und Anfang April weitergeführt, bis die irakische Delegation die Erwähnung der Resolution 986 in einer Vereinbarung mit den Vereinten Nationen über eine neue Formel »Öl gegen Nahrung« akzeptierte.

Nun stellten sich die Amerikaner und Briten quer. Sie wollten den vereinbarten Plan studieren, bevor ich ihn dem Sicherheitsrat vorlegte. Resolution 986 ermächtigte jedoch den Generalsekretär ausdrücklich, eine Vereinbarung zu treffen und den Sicherheitsrat anschließend zu informieren. Ich steckte in einem Dilemma. Wenn ich das Memorandum allen Mitgliedern des Sicherheitsrates vorlegte, hatte ich mit 15 Verhandlungspartnern plus dem Irak Gespräche zu führen. Auf diese Weise würden wir niemals zu einer Einigung kommen. Wenn ich den Text nur den Vereinigten Staaten und Großbritannien gab, dann würde ich die übrigen 13 Mitglieder des Sicherheitsrates verärgern, vor allem die drei ständigen Mitglieder China, Frankreich und Russland, denen der Irak mehrere Milliarden Dollar schuldete. Aufgrund ihrer finanziellen Interessen kann es nicht verwundern, dass die drei Länder im Gegensatz zu den Vereinigten Staaten und Großbritannien Wert darauf legten, eine Lösung zu finden.

Bei einem schwierigen – geradezu unfreundlichen – Treffen setzten mir der britische und der amerikanische Vertreter auseinander, weshalb es völlig verständlich sei, dass sie eine Sonderbehandlung erhielten. Dann erinnerten mich die Vertreter Chinas, Frankreichs und Russlands, die den wahren Grund der Verzögerung genau kannten, daran, dass ich allein für das Memorandum zuständig und jede Verzögerung unberechtigt sei.

Ich versuchte al-Anbari davon zu überzeugen, dass es im Interesse des Irak sei, den ausgehandelten Plan an die Vereinigten Staaten und Großbritannien weiterzuleiten, weil diese zwei »problematischen Delegationen« mit Sicherheit den Plan »Öl gegen Nahrung« blockieren würden, falls sie mit dem Text unzufrieden wären.

Al-Anbari protestierte energisch und fürchtete, dass die Vereinigten Staaten die Verhandlungen erneut aufrollen wollten: »Ich hatte große Schwierigkeiten, Bagdad überhaupt zu einer Zustimmung zu diesem Projekt zu bewegen. Wie soll ich dort erklären, dass wir einen neuen Text aushandeln werden?«

»Die Zeit arbeitet gegen Sie«, sagte ich. »Sie lehnen es ab, Resolution 986 zu akzeptieren, und die amerikanische Präsidentschaftswahl wird vorerst weitere Verhandlungen unmöglich machen.«

Unterdessen hatte die zunehmend verzweifelte Lage des irakischen Volkes erste Proteste von Gruppierungen im Westen ausgelöst. Als Madeleine Albright im April 1996 an der Yale University einen Vortrag über die US-Außenpolitik hielt, wurde ihre Rede mehrmals von sorgfältig inszenierten Demonstrationen gegen den »Mord an irakischen Kindern« durch die Clinton-Administration unterbrochen. Im April fanden zwei weitere unangenehme Treffen mit den Amerikanern und Briten statt.

Sie schlugen Nachbesserungen des Textes vor, einige waren berechtigt, andere nicht.

Am Donnerstag, dem 2. Mai, rief mich Aziz während eines Zwischenstopps in Paris auf dem Weg nach New York an und sagte mir, dass al-Anbari zu Konsultationen nach Bagdad abberufen worden sei. Ich erwiderte, dass wir uns in einem Wettlauf mit der Zeit befänden und dass al-Anbaris Einbestellung den ganzen Prozess gefährden würde. Tariq Aziz wich aus und legte auf. Vier Monate zäher Verhandlungen waren umsonst gewesen, dachte ich. Die Vereinigten Staaten sind jetzt ganz mit ihren Wahlen beschäftigt und andere Länder werden nicht aktiv werden, solange sich die Vereinigten Staaten nicht an die Spitze setzen. Das irakische Volk wird weiter leiden.

Als ich im Begriff war, das Hôtel Crillon in Paris zu verlassen, erreichte mich ein zweiter Anruf. Al-Anbari war am Apparat und teilte mir erfreut mit, dass er am Sonntag in New York sein werde, die Konsultation in Bagdad sei verschoben worden.

Ich traf am Donnerstagmorgen, dem 2. Mai, um 9 Uhr in New York ein. Die moderne Technik und die Zeitzonen verleihen uns die Gabe, uns fast zur gleichen Zeit an mehreren Orten aufzuhalten. Beim Mittagessen sprach ich mit Jassir Arafat über die Unterstützung des Wiederaufbaus im Gaza-Streifen durch die UNO. Arafat äußerte die Befürchtung, dass Shimon Peres die bevorstehende Wahl in Israel nicht gewinnen würde. »Was werden Sie tun?«, fragte ich. »Den Ausgang der amerikanischen Wahl abwarten«, sagte er. Die amerikanische Präsidentschaftswahl schien alles zu überschatten.

Mein Flug nach Moskau war für den Nachmittag des 13. Mai geplant. Ich hätte das Memorandum über »Öl gegen Nahrung« gerne vorher noch unter Dach und Fach gebracht, aber die Verhandlungen gerieten wegen technischer Details ins Stocken. Statt den erfolgreichen Abschluss zu feiern, suchte mich am selben Tag Warren Christopher auf. Er teilte mir mit, der Präsident der Vereinigten Staaten habe beschlossen, meine Wiederwahl zu verhindern.

Israel: Die Bombardierung von Kana

Während ich mich erfolglos bemühte, die ermüdenden Verhandlungen mit dem Irak abzuschließen, verstärkte eine entsetzliche Krise im Nahen Osten Washingtons Vorbehalte mir gegenüber. Bei dieser letzten großen

»Schlacht« mit der Clinton-Administration ging es genau wie bei der ersten im Januar 1993 um die Zuspitzung der Krise zwischen den arabischen Staaten und Israel. Anfang April 1996 hatten die israelischen
Streitkräfte islamistische Guerillatruppen im Südlibanon angegriffen,
die zuvor Ziele in Nordisrael beschossen hatten. Unzählige Zivilisten
suchten in einem UN-Stützpunkt bei Kana Zuflucht (die Vereinten Nationen unterhalten seit dem israelischen Einmarsch 1978 eine Friedenstruppe im Südlibanon, UNIFIL). Der UN-Stützpunkt galt als der sicherste
Ort in der Kampfzone, doch am 18. April trafen israelische Artilleriegra-
naten das Gelände. Diese Granaten sind so konstruiert, dass sie in der
Luft explodieren und die Granatsplitter im weiten Umkreis möglichst
viele Menschen treffen. Und genau das geschah: Körper, auch die von
Kindern, wurden in Stücke gerissen, wenigstens hundert Flüchtlinge kamen bei dem Angriff grausam ums Leben. UN-Mitarbeiter in einer Entfernung von einer Meile berichteten von einer Art »Chor des Schreiens«.
Ich leitete eine Untersuchung ein und erstattete dem Sicherheitsrat Bericht. Einen vergleichbaren Fall hatte es noch nie gegeben. Die Streitkräfte eines UN-Mitgliedstaates hatten einen UN-Stützpunkt mit einer Friedensmission angegriffen.

Die Israelis erklärten sofort, dass es ein Irrtum gewesen sei, ein Un-
fall. Clinton sprach von »einem tragischen Fehlschuss bei Israels legiti-
mer Ausübung seines Rechtes auf Selbstverteidigung«. Die amerikanische Presse meldete, dass eine Guerillastellung der Hisbollah, mehrere
Hundert Meter von dem Komplex bei Kana entfernt, das eigentliche Ziel
des Angriffs gewesen sei. Eine Schlagzeile der *Washington Post* lautete:
HIGH-TECH-WAFFEN SIND NICHT UNFEHLBAR. Dem widersprachen jedoch die Aussagen von UN-Soldaten aus Norwegen, sie hätten vor und
während des Angriffs eine israelische Drone über Kana gesehen, das ist
ein unbemanntes Flugzeug, das Bilder von dem überflogenen Territorium aufnimmt. Ihrer Meinung nach mussten die Israelis gewusst haben,
dass es sich um einen UN-Posten handelte und sich dort unbewaffnete
Zivilisten aufhielten.

Ein israelischer Sprecher dementierte diese Aussage. Doch kurz nach
dem Angriff erhielt ich ein Video, das norwegische UN-Soldaten aufge-
nommen hatten. Die Drone war am Himmel zu sehen, dazu ertönte das
Geräusch explodierender Granaten. Danach war auf dem Video der UN-
Stützpunkt unter Beschuss zu sehen, wobei im Hintergrund noch das
Geräusch der Drone zu hören war. Daraufhin erklärte das israelische
Kommando, die Drone sei »mit einem anderen Auftrag« unterwegs ge-

wesen. Es hätte einen Fehler auf der Karte gegeben, man wäre davon ausgegangen, der UN-Stützpunkt läge knapp 150 Meter von seinem tatsächlichen Ort entfernt.

Ich traf alle Vorkehrungen, um sicherzustellen, dass mein Bericht über den Kana-Vorfall objektiv und gerecht ausfiel. Auf Bitten von Außenminister Ehud Barak, dem ehemaligen israelischen Generalstabschef, zögerte ich den Bericht hinaus, damit die israelische Regierung den Standpunkt überarbeiten konnte, den sie in dem Bericht gern wiederfinden wollte. Einen holländischen General aus dem UN Department of Peace-Keeping Operations hatte ich damit beauftragt, die Hinweise vor Ort zu prüfen. Der Vorfall fand breite internationale Aufmerksamkeit. Mit Ausnahme der israelischen und US-amerikanischen Medien schienen sich alle Kommentatoren einig zu sein, dass es nur zwei Erklärungen für das Gemetzel geben konnte: Die eine war außerordentliche militärische Unfähigkeit, was bei den überaus professionellen israelischen Streitkräften höchst unwahrscheinlich war; nach der anderen Variante hatten Hisbollah-Kämpfer ihre Stellungen in die Nähe des UN-Stützpunktes verlegt, weil sie sich davon einen Schutz gegen israelische Granaten erhofften, und die Israelis wollten demonstrieren, dass sie ein solches Vorgehen nicht dulden würden. Aber ein bewusst in Kauf genommener Angriff auf einen friedenssichernden UN-Posten und die Flüchtlinge, die dort Zuflucht gesucht hatten, ließ sich durch nichts rechtfertigen.

Nach Abschluss ihrer Ermittlungen erstatteten mir der zuständige holländische Offizier und sein britischer Assistent Bericht. Der holländische Offizier erklärte, dass er aufgrund seiner Ermittlungen, des Videos und der Zeugenaussagen auch von Israelis keinen anderen Schluss ziehen könne als den, dass es kein irrtümlicher Beschuss gewesen war und deshalb Israel voll zur Verantwortung gezogen werden müsse. Ich entgegnete, die Entscheidung, den Bericht unverändert weiterzuleiten, liege ganz allein bei mir und ich würde die volle Verantwortung dafür tragen. Es würde mein Bericht sein. Später sagte mir meine Beraterin Fayza Abulnaga, einige UN-Mitarbeiter hätten gewettet, dass ich nur sechs Monate vor der Entscheidung des Sicherheitsrates über meine Wiederwahl niemals einen Bericht veröffentlichen würde, der Israel so angriff und für die US-Administration so unerwünscht kam.

Mein Bericht schloss mit den Worten, dass es »unwahrscheinlich war«, dass der Beschuss des UN-Flüchtlingslagers »das Ergebnis prozeduraler oder grober technischer Fehler gewesen sei«. Israel war empört. Der Sprecher der US-Administration erklärte, dass ich »stärker daran interessiert sei, mit dem Finger auf Israel zu zeigen, als ein Klima des Friedens zu schaffen«. Der Sprecher der US-Mission bei den Vereinten Nationen erklärte, Botschafterin Albright sei außer sich, »dass der Generalsekretär beschlossen habe, ungerechtfertigte Schlussfolgerungen zu ziehen, die lediglich die Region spalten und polarisieren würden, statt nach den Lehren für die Praxis zu suchen, die verhindern könnten, dass sich eine solche Tragödie wiederholte«.

Die Clinton-Administration hätte am liebsten gar keinen Bericht gehabt, weil sie fürchtete, jede Kritik an Israel zum gegebenen Zeitpunkt würde die Aussichten von Shimon Peres bei der Wahl zum Ministerpräsidenten schmälern. Ob mein Bericht den Ausgang der Wahl in Israel beeinflusste oder nicht, lässt sich nicht sagen, jedenfalls wirkte er sich stark auf die Haltung der Clinton-Administration mir gegenüber aus. Clinton und Christopher waren schockiert wegen Benjamin Netanyahus Sieg über Peres, der die amerikanische Nahostpolitik aus dem Gleis warf. Sie waren der Meinung, dass ich ihre klar formulierten Wünsche missachtet und dadurch Peres' Position geschwächt hätte.

Diese Analyse war meiner Ansicht nach falsch. Netanyahu schlug Peres nicht wegen des Vorfalls bei Kana, sondern weil das Drängen der Vereinigten Staaten auf Fortschritte in Richtung Frieden zum ersten Mal in der Geschichte der arabisch-israelischen Verhandlungen nachgelassen hatte. Die bisherigen US-Regierungen hatten die Israelis stets gedrängt, Zugeständnisse zu machen, was die Israelis wiederum ablehnten. Seit Peres im Amt war, hatte der Widerstand jedoch aufgehört, und der Friedensprozess war schnell ins Rollen gekommen. Aus Washingtons Sicht war diese Situation überaus wünschenswert, weil sie es Präsident Clinton ermöglichte, prestigeträchtige politische Zeremonien abzuhalten und in fast regelmäßigen Abständen Erfolge zu verbuchen. Natürlich war diese Entwicklung wünschenswert, weil beide Seiten sich auf einen Prozess geeinigt hatten, der versprach, den Feindseligkeiten ein Ende zu machen. Doch das Tempo der Fortschritte ließ bei vielen Israelis die Alarmglocken klingen, denn sie hatten den Eindruck, dass ihre Regierung Zugeständnisse mache, während die Zahl der palästinensischen Terroranschläge gestiegen sei. Die Niederlage von Peres war ein wirklicher Rückschlag für die Clinton-Administration – und für den Friedensprozess – und es traf sich gut, dass sie den Vereinten Nationen – in erster Linie mir als dem Generalsekretär – wegen des Kana-Berichts die Schuld geben konnte.

Mein Bericht über das Massaker bei Kana provozierte einen Angriff in der Zeitschrift *U.S. News & World Report*. Ihr Herausgeber Mortimer Zuckerman deutete an, dieser Bericht ließe auf einen Antisemitismus meinerseits schließen. Unter den arabischen Völkern hingegen wurde das Massaker geradezu episch verklärt. Meine Rolle bei der Berichterstattung über den Vorfall fand nicht nur in arabischen und in Dritte-Welt-Ländern Anerkennung, sondern auch in Europa. Dort wurde ich auf der Straße angehalten und die Leute sagten mir, sie würden an mich als das »letzte Opfer von Kana« denken.

Zwei Jahre später besuchte ich Kana auf die Einladung der Einwohner hin. Sie feierten mich wie einen Helden, der ihrem Leiden die ihm gebührende Aufmerksamkeit verschafft hatte. Ich konnte meine Tränen nicht unterdrücken, als sie mich zu dem Grab der Kinder führten, die bei dem Beschuss des UN-Stützpunktes ums Leben gekommen waren. Gewiss habe ich nie ein Hehl daraus gemacht, dass ich die Sache der Araber und Palästinenser unterstützte, aber ich war als Generalsekretär immer bestrebt, objektiv zu bleiben. Mein Bericht über den Vorfall bei Kana wurde diesem Anspruch gerecht.

Jelzins Trinkspruch

Am 13. Mai 1996, dem Tag, an dem Warren Christopher mir eröffnete, dass die Vereinigten Staaten beschlossen hätten, meine Wiederwahl zu verhindern, flog ich nach Moskau zu dem Gipfeltreffen der Gemeinschaft Unabhängiger Staaten (GUS). Im Vorfeld hatten mir die Vereinigten Staaten, wie so oft, eine kleine Lektion erteilen wollen. Die Russen, wurde mir über ein Mitglied meines Beraterstabs zu verstehen gegeben, würden darauf drängen, dass die GUS von den Vereinten Nationen als eine legitime regionale Organisation anerkannt werde. Doch einige Mitgliedstaaten der GUS, so die US-Lektion weiter, wünschten dies nicht, weil sie fürchteten, dass Russland die GUS zu seinem eigenen Block oder seiner Einflusssphäre umwandelte. Die Vereinigten Staaten teilten diese Befürchtung und würden sich dem russischen Plan widersetzen. »Haben Sie also die politischen Folgen eines solchen Besuches bedacht?«, wurde ich gefragt.

Im Klartext hieß das: »Boutros-Ghali sollte nicht zu dem GUS-Gipfel in Moskau reisen, weil ein solcher Akt einer Bestätigung der GUS durch die UNO gleichkäme – was die Russen sich wünschten, die Clinton-Administration aber nicht.« Ich betrachtete diesen Standpunkt als absurd. Die GUS-Mitgliedstaaten kamen aus freien Stücken in Moskau zusammen und ich war als Generalsekretär zur Teilnahme eingeladen worden. Ich wollte der Einladung Folge leisten. Meine Teilnahme hatte nichts mit einer »juristischen Anerkennung« zu tun. Ich hatte alle Arten regionaler Gruppierungen aufgesucht, von den Commonwealth-Staaten über die Nato, die Arabische Liga, die Organisation für Afrikanische Einheit und die der Amerikanischen Staaten, bis hin zu den französischsprachigen und lateinamerikanischen Gruppen. Es gab absolut keinen Grund für mich, die Einladung zum GUS-Gipfel in Moskau abzulehnen.

Als erstes sprach ich in Moskau mit Außenminister Jewgenij Primakow, einem guten Freund von mir, den ich seit der Zeit kannte, als er noch als Arabienexperte der Sowjetunion in Kairo stationiert war. Ich kam nicht selbst auf meine weiteren Pläne zu sprechen, aber Primakow erklärte gleich zu Beginn, dass er meine Wiederwahl unterstützen werde. Ich entgegnete, dass eine vorzeitige Unterstützung durch Russland mit Blick auf die Vereinigten Staaten unter Umständen kontraproduktiv sei und bat Primakow, seinen Standpunkt nicht öffentlich zu verkünden. Am nächsten Tag, dem 16. Mai, sagte Präsident Jelzin bei einem Mittagessen im Kreml, dass er Russlands Unterstützung für mich bekräftigen wolle. Jelzin erhob sein Glas und sprach mit einem strahlenden Lächeln einen Toast auf meine zweite Amtszeit als Generalsekretär aus. Ich warf Primakow einen flehenden Blick zu. Als wir den Saal verließen, entschuldigte sich Primakow treuherzig, er habe keine Möglichkeit, auf Jelzin Einfluss zu nehmen.

Am Freitag, dem 17. Mai, hielt ich im Kreml in Gegenwart von 17 Staats- oder Regierungschefs einen Vortrag über die Bedeutung der Zusammenarbeit zwischen den Vereinten Nationen und regionalen Gruppierungen wie der GUS. Am Ende meiner Rede merkte ich, dass Jelzin Anstalten machte, eine Resolution zugunsten meiner Wiederwahl vorzuschlagen. Das hätten die Vereinigten Staaten als eine doppelte Provokation aufgefasst: Sie würden glauben, ich hätte das Versprechen, meinen Beschluss, für eine zweite Amtszeit zu kandidieren, nicht öffentlich bekanntzugeben, gebrochen. Außerdem würden sie annehmen, dass ich nach Moskau gereist sei, um mir die Unterstützung Russlands und der ehemaligen Sowjetrepubliken zu sichern. Aber ehe Jelzin das Wort ergreifen konnte, stellte mir der Präsident Kasachstans, Nursultan Nasarbajew, eine Frage zur UN-Reform – der kritische Augenblick war vorüber.

Am Samstagvormittag schlenderte ich in dem Garten der einstigen Datscha Stalins umher und sah mir ein kleines Gebäude an, das auf dem Gelände für Stalins Tochter erbaut worden war. Eine volle Stunde lang

ging ich spazieren und ließ meinen Gedanken freien Lauf. Am Ende war
mir klar geworden, dass ein Generalsekretär bei allen Spannungen immer
danach trachten musste, gute Beziehungen zu den Vereinigten Staaten zu
unterhalten – das bedeutete wiederum, dass die Amerikaner nicht durch
eine verfrühte Initiative der Russen zu meinen Gunsten verärgert werden
durften.

»*Seltsam und knifflig*«

Am 18. Mai sprach ich in New York mit Hans Corell. Er jubelte: »Das
Memorandum ›Öl gegen Nahrung‹ ist unter Dach und Fach. Hier ist
der vollständige Wortlaut.« Er wedelte das Papier über seinem Kopf.
»Zügeln Sie Ihren Enthusiasmus«, erwiderte ich. »Bei Saddam Hussein
kann man nie sicher sein.« Ich sollte recht behalten. Am nächsten Tag
suchten mich al-Anbari und Corell auf. Bagdad forderte eine neuerliche
Garantie: »Sie müssen uns garantieren, dass die Amerikaner keine neuen
Bedingungen stellen werden, sobald das Abkommen unterzeichnet ist.«
  Ich war nahe daran, meine Selbstbeherrschung zu verlieren. »Es tut
mir leid. Diese Garantie kann ich Ihnen nicht geben. Ich habe weder das
Recht noch die Vollmacht, im Namen eines Mitgliedstaates zu sprechen,
und schon gar nicht, wenn es sich bei dem Staat um die Supermacht han-
delt, die die Vereinten Nationen dominiert. Schließen wir dieses traurige
Kapitel und wenden wir uns anderen Dingen zu.«
  Corell war bestürzt, al-Anbari irritiert. Ich riss mich zusammen und
sagte auf Arabisch zu al-Anbari: »Versuchen Sie Ihrer Regierung klar zu
machen, dass sie wieder einmal Gefahr läuft, eine Gelegenheit zu verpassen, der ganzen Episode ein Ende zu machen.«
  Nachdem al-Anbari gegangen war, wirkte Corell niedergeschlagen.
»Ich habe in meinem Leben schon viele Verhandlungen geführt«, sagte
er, »aber so eine seltsame und knifflige Sache habe ich noch nie erlebt.«
  Am Donnerstag, dem 30. Mai 1996, erklärte Bagdad in aller Frühe,
dass der Irak das Memorandum akzeptierte. Bevor Saddam Hussein
noch einmal seine Meinung ändern konnte, beschloss ich, die Übereinkunft sofort zu unterzeichnen. Eilig wurden die Presse- und Fernseh-
teams zu einer Zeremonie am Vormittag zusammengerufen. Zuvor informierte ich die Mitglieder des Sicherheitsrates, dass die Übereinkunft
abgeschlossen worden sei, und ersuchte sie um eine informelle Sitzung,
bei der ich sie über die wichtigsten Passagen des Wortlautes informieren

könne. Nach der Unterzeichnung kehrte ich in den 38. Stock zurück und dankte Corell und seinem Team für ihre bemerkenswerte Arbeit in den letzten vier Monaten.

Doch die Vereinigten Staaten wollten nicht, dass das Programm »Öl gegen Nahrung« während des Präsidentschaftswahlkampfs anlief. Die Administration befürchtete, dass die Republikaner gewisse Passagen aus dem Memorandum als Beleg dafür zitieren könnten, dass Clinton Saddam Hussein Zugeständnisse gemacht hätte. Aus diesem Grund legte die amerikanische Delegation so großes Gewicht auf Form, Wortlaut und sämtliche Bestimmungen, die als eine Wiederherstellung der Souveränität des Irak gedeutet werden könnten. Sie befürchtete außerdem, dass Saddam Hussein nach dem Abschluss von einem Triumph sprechen würde. Diskret wurde mir von Washington bedeutet, ich solle darauf achten, dass der Irak die Unterzeichnung nicht als einen Sieg für Saddam Hussein und eine Niederlage für die Vereinigten Staaten feierte. In Anbetracht dieser Einwände bat ich unsere Sprecherin, von einem Sieg der humanitären Hilfe zu sprechen, der die Politik und die Auffassungen beider Seiten widerspiegelt.

Anfang Juni legte al-Anbari einen Plan für die Verteilung der humanitären Hilfslieferungen vor. Gemäß Resolution 986 war für die Billigung oder Ablehnung eines solchen Planes der Generalsekretär zuständig. Aber Madeleine Albright griff den Plan sofort an und warf Bagdad vor, »über die Hintertür Lastwagen ins Land zu holen«. Der Irak, so Albright, mache aus einem Programm zur Versorgung mit Lebensmitteln und Medikamenten ein Programm, das Telefonschaltanlagen und Computer umfassen werde. Wozu dieser Angriff? Wir hatten doch eben erst eine Übereinkunft getroffen und es war noch nichts in die Realität umgesetzt worden. Weshalb attackierten die Vereinigten Staaten eine Resolution, für die sie selbst gestimmt hatten, und ein Memorandum, das sie praktisch selbst diktiert hatten?

Die Stimmung wird hässlich

Auf einem Flug nach Istanbul im Juni 1996 zu dem so genannten »Städtegipfel«, der letzten in der Reihe der Weltkonferenzen, sah ich mir eine Sammlung kürzlich erschienener amerikanischer Zeitschriften, Kommentare und Nachrichtenmagazine durch. Die meisten enthielten gehässige Beiträge über mich. Ich hätte, so musste ich lesen, die Vereinigten

Staaten nach Somalia gelockt und das Kommando über die dortigen Streitkräfte übernommen; ich hätte Präsident Clinton davon abgehalten, Bomben zu werfen, um die Kriegsverbrecher in Bosnien zu stoppen; ich hätte versucht, weltweite Steuern einzuführen, um meine Macht bei den Vereinten Nationen zu vergrößern; und ich hätte die bewunderungswürdigen Bemühungen der Vereinigten Staaten um eine Reform der Vereinten Nationen abgeblockt. Trotz Meinungsumfragen, die zeigten, dass die überwiegende Mehrheit der Amerikaner die Vereinten Nationen guthießen und ihre Stärkung wünschten, wurde ich dafür verantwortlich gemacht, dass Amerika den Glauben an die Vereinten Nationen verliere und der Kongress nicht bereit sei, die hohen Schulden an die Vereinten Nationen zu bezahlen. In Wirklichkeit hatte der Kongress schon in den achtziger Jahren den Vereinten Nationen den Rücken gekehrt und sich geweigert, seine Schulden zu bezahlen – lange vor meiner Zeit. Selbst bei einigen Freunden der Vereinten Nationen und ehemaligen Mitarbeitern hatte ich mich unbeliebt gemacht. Die schienen es vorzuziehen, wenn die Vereinten Nationen so geblieben wären, wie sie sich in den Jahren des Kalten Krieges gegeben hatten: moralisch integer und im Allgemeinen passiv. In ihren Augen hatte der neue Generalsekretär die Weltorganisation auf einen gefährlichen Weg des Aktionismus geführt.

Mit der zunehmenden Kritik in der Presse gingen Spekulationen über mögliche Kandidaten für meine Nachfolge einher: Sadako Ogata, die UN-Flüchtlingshochkommissarin, Gro Harlem Brundtland, die Ministerpräsidentin von Norwegen, Mary Robinson, die Präsidentin von Irland, die der Clinton-Administration angeblich von Senator Edward Kennedy unablässig empfohlen wurde. Sie alle wurden von Journalisten befragt und alle antworteten im klassischen politischen Stil, dass ihre gegenwärtige Augabe ihnen sehr gefalle; aber sie sagten es auf eine Weise, die ihre Anhänger anspornte. Nach Shimon Peres' Wahlniederlage kam auch sein Name ins Gespräch. Sofort meldete die Presse, »amerikanische Regierungsmitarbeiter« hätten erklärt, falls Peres kandidiere, würde er die amerikanische Unterstützung erhalten. Ich erhielt einen Anruf von Jean Friedman, einem schwerreichen französischen Anhänger der Peace-Now-Bewegung in Israel und langjährigen politischen Mentor von Peres. Er hatte eine Idee: Warum sollte es keine zwei Generalsekretäre geben? Der eine sollte ich sein, Peres der zweite. »Ausgeschlossen«, sagte ich. »Die Charta müsste dafür neu geschrieben werden und jedes Schiff mit zwei Kapitänen geht unter.«

In Istanbul suchte mich am 5. Juni der Vertreter des Vatikans bei den

Vereinten Nationen, Erzbischof Martini, auf. Der Heilige Stuhl sei sehr erfreut über die Arbeit, die ich als Generalsekretär geleistet habe, sagte der Erzbischof, und würde meine Wiederwahl stark befürworten.

Am nächsten Tag fragte die us-Mission in New York bei meinem Stab an, wann ich nach New York zurückkehren würde, Außenminister Christopher würde versuchen, mich telefonisch zu erreichen. Sie erhielt die Auskunft, am 10. Juli nach meiner Teilnahme an zwei wichtigen Konferenzen: dem G7-Gipfel in Lyon und dem jährlichen Gipfel der Organisation für Afrikanische Einheit in Yaoundé in Kamerun. Ich nahm an, Christopher wollte, dass ich noch vor diesen Konferenzen meine Absicht ankündigte, nicht für eine zweite Amtszeit zu kandidieren. Darüber hinaus war für den 21. Juli ein arabischer Gipfel in Kairo angesetzt. Die Vereinigten Staaten wollten sicher, dass ich aus der Liste der Kandidaten ausschied, bevor die Afrikaner und Araber womöglich eine Resolution zu meinen Gunsten verabschiedeten.

Mein Stabschef Jean-Claude Aimé bat Botschafterin Albright am 6. Juni um ein»Vorabinfo«, eine normale diplomatische Gepflogenheit, jemanden im voraus über den Zweck eines angekündigten Anrufs zu informieren. Albright erklärte barsch: »Es geht um kein Thema, über das er im voraus informiert werden müsste«, und legte auf.

Am selben Tag rief mich Cyrus Vance in der Türkei an. »Gute Neuigkeiten!«, rief Cy aus. »Christopher hat einen Kompromiss erreicht: ein weiteres Jahr für Sie. Folglich haben Sie noch ein ganzes Jahr und ein halbes, um Ihre Reform der uno fortzusetzen.« Nein, sagte ich, nur zwölf Monate. Die kommenden sechs Monate fielen in meine erste Amtszeit. »Ja, natürlich«, sagte Cy, »aber von heute an hätten Sie noch anderthalb Jahre.« Er drängte mich, das Angebot zu akzeptieren. Ich lehnte ab. Für das Geschenk eines zusätzlichen Jahres »nehme ich kein Bakschisch«, sagte ich. Cy riet mir, den Vorschlag ernsthaft in Betracht zu ziehen.

Warum wollte Clinton, dass ich jetzt ankündigte, ich hätte die Absicht, mein Amt aufzugeben? Mein Stab war überzeugt, dass der amerikanische Wahlkampf der Grund dafür war. Senator Dole erntete jedesmal lauten Beifall, wenn er erklärte, dass unter seiner Präsidentschaft *niemals* amerikanische Soldaten unter dem Kommando von »Buutros Buutros-Ghali« Dienst tun würden. Mein Freund John Whitehead, ein führender Republikaner, ehemaliger Stellvertretender Außenminister und Vorsitzender der *United Nations Association of the* usa, hatte Dole gedrängt, damit aufzuhören. Sie wissen sehr gut, hatte er zu Dole gesagt, dass amerikanische Soldaten nicht von Boutros-Ghali befehligt worden sind und auch nie befehligt werden. Er fügte hinzu: »Den Namen eines Menschen zu veräppeln ist unter der Würde eines Kandidaten für das Präsidentenamt der Vereinigten Staaten.« »Das weiß ich«, erwiderte Dole, »aber Sie verstehen nicht: Das ist eine sichere Sache. Das bringt mir immer stehende Ovationen ein!«

Als mich Christopher am 7. Juni anrief, hielt ich mich gerade in Genf auf. Er war erstaunt, dass ich den Zweck seines Anrufes bereits kannte. Ich sagte ihm, Vance hätte mich über den »Kompromiss« informiert. »Wir sollten persönlich darüber sprechen«, sagte ich, »nicht über eine internationale Telefonleitung.« »Warum?«, fragte er. »Weil ich nicht einfach für mich sprechen und Ihnen Ja oder Nein sagen kann. Mein Land ist Ägypten. Präsident Mubarak hat mich für den Posten des Generalsekretärs vorgeschlagen. Ich repräsentiere Afrika. Ich kann nicht einfach auf eigene Faust entscheiden, ohne sie zu informieren oder zu Rate zu ziehen.« »Sie sind jetzt aber ein internationaler Staatsdiener«, sagte Christopher. »Sie sollten unabhängig sein.« »Ja«, entgegnete ich, »aber ich habe auch eine Verantwortung gegenüber denen, die mich gebeten haben, eine zweite Amtszeit zu übernehmen.«

»Man kann den Generalsekretär der Vereinten Nationen wohl kaum aufgrund des unilateralen Diktats der Vereinigten Staaten entlassen. Was ist mit den Rechten der übrigen Mitglieder des Sicherheitsrates?«, fügte ich hinzu. Christopher murmelte etwas Unverständliches und legte zutiefst verärgert auf. Als mein Stab mich nach Christophers Anruf fragte, gab ich an, er habe mit dem Programm »Öl gegen Nahrung« für den Irak zu tun gehabt. Ich fühlte mich immer noch an die Zusage gebunden, die ich Christopher gegeben hatte, kein Wort über diesen Gegenstand zu verlieren. Das Stillschweigen war auch in meinem eigenen Interesse; andernfalls würde sofort meine Arbeit darunter leiden und ich wäre nicht imstande, die nächste Runde der Reformen abzuschließen, die ich mit Joseph Connor eingeläutet hatte, einem Amerikaner, den ich auf den Posten für Finanzen und Verwaltung berufen hatte, den zuvor Thornburgh und Wells innegehabt hatten. Bei den mittäglichen Pressekonferenzen in New York fragten die Journalisten inzwischen regelmäßig, ob ich mich nun entschlossen hätte, für eine zweite Amtszeit zu kandidieren. »Noch nicht«, lautete die Antwort meines Sprechers. »Er wird sich erst in einigen Monaten entscheiden.«

Ich rief Präsident Mubarak in Kairo an. »Alle Ihre Vorgänger haben eine zweite Amtszeit übernommen«, sagte Mubarak. »Warum nicht auch Sie?« Mubarak kündigte an, er werde Clinton einen Brief mit der offiziellen Bitte Ägyptens schicken, Boutros-Ghali für eine volle zweite Amtszeit zu unterstützen. Wenig später telefonierte ich mit Präsident Nelson Mandela von Südafrika, um über die Menschenrechtsverletzungen in Nigeria zu sprechen. Als wir dieses Thema beendet hatten, bat ich ihn um seinen Rat. »Sie müssen eine zweite Amtszeit über die vollen fünf Jahre erhalten«, sagte er, »und ganz Afrika wird hinter Ihnen stehen.«

Der französische Präsident Jacques Chirac traf am 11. Juni in Genf ein, um eine Sitzung der Internationalen Arbeitsorganisation (ILO) zu eröffnen. Gemäß dem Protokoll saß ich beim Mittagessen neben ihm. Chirac sagte, er lehne jeden Kompromiss ab, ich müsse eine volle zweite Amtszeit bekommen. Er unterstütze mich rückhaltlos und sei in dieser Sache auch zu einem Kampf bereit.

Am selben Tag erschienen in der *Washington Post* zwei Beiträge über mich. In dem Beitrag auf der Meinungsseite hieß es, die »typisch amerikanische tölpelhafte Art« habe dazu geführt, dass der Administration das Thema entglitten sei. Inzwischen sei es zu spät, eine zweite Amtszeit Boutros-Ghalis zu verhindern, schrieb Jessica Tuchman Matthews, den Vereinigten Staaten sei es jedoch unmöglich, die Beziehungen zu den Vereinten Nationen zu erneuern, solange Boutros-Ghali Generalsekretär sei. In einem Beitrag zum gleichen Thema nannte mich ein Kolumnist, der für seine Insiderberichte über die offizielle Stimmung bekannt ist, »den am ärgsten geschmähten Mann in Washington«. Die Administration lehne eine zweite Amtszeit ab, so der Kolumnist, aber es werde an einem Kompromiss gearbeitet, Boutros-Ghali entweder eine ein- oder zweijährige Verlängerung zu gewähren oder ihm unter der Bedingung, dass er nach zwei Jahren zurücktreten werde, eine zweite Amtszeit über fünf Jahre zuzugestehen. Einige Mitarbeiter hielten diesen Beitrag für einen an mich gerichteten Wink der Administration. Ich war anderer Meinung. Einen Tag später widmete sich der Leitartikel der *Washington Post* dem Thema. Die Beziehungen zwischen der Clinton-Administration und Boutros-Ghali seien so schlecht, hieß es dort, dass es keine Möglichkeit mehr gebe, sie zu verbessern, folglich müsse ein neuer Generalsekretär gewählt werden. Boutros-Ghali sei eher ein General gewesen als ein Sekretär. Falls die Administration tatsächlich einen Beitrag der Presse zugespielt hatte, dann war es dieser, folgerte ich.

Noch am selben Abend traf ich mich in Istanbul mit dem israelischen Präsidenten Ezer Weizman. Vor Jahren hatten wir gemeinsam an dem Friedensprozess von Camp David mitgearbeitet. Wir saßen lange Zeit auf der Terrasse und betrachteten die Lichter entlang des Bosporus.

Keiner erwähnte den Kana-Vorfall oder meine Wiederwahl mit einem Wort. Vor einiger Zeit hatte mir Ministerpräsident Shimon Peres Israels volle Unterstützung für eine zweite Amtszeit zugesagt, doch Peres hatte die Wahl verloren, und mein Bericht über Kana hatte die Israelis gegen mich aufgebracht. In Israels neuer Likud-Regierung kannte ich niemanden persönlich.

Unterdessen hielt sich die irische Präsidentin Mary Robinson zu einem Staatsbesuch in den Vereinigten Staaten auf. Bei einem Zwischenstopp in New York sprach sie vor der *Foreign Policy Association*. Ihr Text, bemerkte ein UN-Beamter, »hätte aus einer Rede Boutros-Ghalis stammen können, aber sie entwirft ein Bild der UNO, das die Amerikaner sehen wollen«. Die *Irish Times* vom 13. Juni meldete, dass Clinton und Robinson bei ihrem Treffen im Oval Office über die Zukunft der Vereinten Nationen sprechen würden, dass sie aber »das heikle Thema ihrer möglichen Kandidatur als nächster Generalsekretär meiden« würden. Dennoch, so hieß es weiter, habe Clinton »bereits vertrauliche Gespräche mit Weltpolitikern« über einen Nachfolger für Boutros-Ghali geführt.

Am Spätnachmittag saß ich in Genf in dem Haus eines ägyptischen Freundes, Dr. Aleya Hamad, beim Tee, als mich ein Anruf Chiracs erreichte. Er hatte die Angelegenheit mit Präsident Mubarak besprochen und Chiracs diplomatischer Berater Jean-David Levitte hatte Außenminister Christopher angerufen und ihn gedrängt, die Haltung der Vereinigten Staaten zu ändern, aber ohne Erfolg. Zwei Tage später rief Chirac erneut an. Er und Mubarak hatten vereinbart, eine gemeinsame französisch-ägyptische Strategie auszuarbeiten, um eine zweite Amtszeit für mich als Generalsekretär zu erreichen. Das bestätigte mir Präsident Mubarak später persönlich.

»Na schön ... wir werden weitermachen«

Am Samstag, dem 15. Juni, brachte die *New York Times* eine Story, die aus einem Konflikt hinter den Kulissen eine öffentliche Auseinandersetzung machte. Die *Times*-Journalistin Barbara Crossette schrieb:»Um die Unentschlossenheit der Clinton-Administration, ob sie Boutros-Ghali bei einer zweiten Amtszeit als Generalsekretär unterstützen sollte, auszunutzen, wollen die Republikaner im Kongress die Diskussion an die Öffentlichkeit bringen und damit in den Präsidentschaftswahlkampf einbeziehen, wo Bob Dole die Schelte der UNO bereits zu einer Art Volkssport gemacht hat.« Dieser Artikel veranlasste das Weiße Haus, aus Angst, dass die Grand Old Party das Thema Anti-UN und Anti-Boutros-Ghali für sich besetzen würde, selbst mit einer Kampagne gegen mich an die Öffentlichkeit zu gehen.

Am Abend des 17. Juni, einem Montag, rief mich Christopher während eines offiziellen Besuchs in Genf erneut an. Auch diesmal bat ich ihn um ein persönliches Gespräch, um das Problem zu erörtern. »Wir können uns kurz vor dem G7-Gipfel in Lyon Ende Juni treffen«, schlug ich vor. »Nein«, sagte Christopher, »wir wollen das noch vor Lyon vom Tisch haben.« Die G7-Führer hätten doch vereinbart, in Lyon nicht über dieses Thema zu sprechen, sagte ich. »Woher wollen Sie das wissen?«, fragte Christopher scharf. »Ich möchte innerhalb von 24 Stunden eine Antwort von Ihnen.« Ich wiederholte, dass ich ihm keine Antwort geben könne, weil Mubarak soeben erst einen Brief an Clinton abgesandt habe, in dem er eine zweite Amtszeit für mich forderte. Mehrmals bat ich um eine Gelegenheit, mit Christopher persönlich zu sprechen, aber er lehnte ab. Die Art und Weise, wie er mit mir sprach, kränkte mich.

Lange vor Ablauf der 24 Stunden rief Christopher an und wollte meine Antwort. Ich sagte, dass ich keine Wahl hätte, als für eine zweite Amtszeit zu kandidieren. »Na schön«, sagte Christopher, »wir ziehen unser Angebot, ihre Amtszeit um ein Jahr zu verlängern, zurück und werden weitermachen.« Ich wusste damals nicht, was er mit »weitermachen« meinte und wollte auch nicht danach fragen.

Von Genf aus reiste ich nach Bonn, wo Außenminister Klaus Kinkel am 19. Juni mir zu Ehren in einem hell erleuchteten weißen Speisesaal mit Blick auf den Wald ein Dinner gab. In einer gelösten Atmosphäre rühmte er vor 140 Gästen meine Leistung bei den Vereinten Nationen. Als Antwort auf seine Frage sagte ich ihm privat, ich würde weiterhin jede Äußerung vor der Presse über meine Zukunft vermeiden. Ich beabsichtigte, erst nach der amerikanischen Wahl mein Schweigen zu brechen.

Nach dem Dinner kehrte ich in mein Zimmer im deutschen Gästehaus zurück, wo mich kurz vor Mitternacht ein Anruf aus der UN-Pressestelle in New York erreichte. Die UN-Korrespondentin der *New York Times*, Barbara Crossette, versuchte eine »Reaktion« von mir zu erhalten. Ein *Times*-Reporter war »auf höchster Ebene« ins State Department beordert worden und wurde davon in Kenntnis gesetzt, dass die Vereinigten Staaten gegen jeden Versuch, Boutros-Ghali für eine zweite Amtszeit als Generalsekretär zu wählen, ihr »Veto einlegen« würden. Diese Entscheidung sei »unwiderruflich«. Sobald ich das hörte, beschloss ich, vor der Presse anzukündigen, dass ich für eine zweite Amtszeit kandidieren würde. »Wollen Sie darüber nicht noch einmal nachdenken?«, fragte mich Fayza Abulnaga. »Sie haben noch etwas Zeit. Sie können sich den Zeitunterschied zwischen hier und Washington zunutze machen.«

»Meine Tochter«, sagte ich auf Arabisch, »mein Leben liegt hinter mir, nicht vor mir. Ich brauche nichts mehr zu fürchten, außer der Verletzung meiner Grundsätze. Gehen Sie gleich jetzt ans Telefon und sagen Sie denen, dass ich beschlossen habe, für eine zweite Amtszeit als Generalsekretär zu kandidieren.«

Nur wenige Stunde zuvor hatte ich der deutschen Presse gegenüber erklärt, ich sei noch unentschlossen. Doch nun fühlte ich mich von meinem Christopher gegebenen Versprechen entbunden. Die Integrität und die Unabhängigkeit des Amtes des Generalsekretärs standen auf dem Spiel. Über das anerkannte Verfahren, dass sich die UN-Mitgliedstaaten untereinander berieten, hatte sich ein Mitglied auf arrogante Weise hinweggesetzt. Mir blieb keine Wahl, ich musste erklären, dass ich für eine volle zweite Amtszeit als Generalsekretär kandidieren werde.

Die Schlagzeile der Titelstory in der *New York Times* vom 20. Juni 1996 lautete:

USA GEGEN INITIATIVE ZUR WIEDERWAHL DES UN-SPITZENBEAMTEN

ER WEIGERT SICH, ABZUTRETEN

WASHINGTON BEREIT, VETO GEGEN ZWEITE AMTSZEIT

BOUTROS-GHALIS EINZULEGEN

Der Story in der *Times* zufolge hatte Clinton seine Entscheidung bereits am 25. März getroffen. Die *Times* meldete nicht ganz korrekt, dass ich am 19. Juni erklärt hätte, ich würde für eine zweite Amtszeit kandidieren, ohne jedoch darauf hinzuweisen, dass ihre Korrespondentin mich zuvor von der US-Entscheidung in Kenntnis gesetzt hatte. Clintons Leute hatten sich das vermutlich ausgedacht, um einen Vorwand für ihren öffentlichen Widerstand gegen meine Kandidatur zu haben. Die BBC und andere Medien übernahmen diese Darstellung und erweckten gegenüber der Welt den falschen Eindruck, die Vereinigten Staaten hätten auf meine Ankündigung reagiert, obwohl es in Wahrheit genau umgekehrt war. Die BBC führte Clintons Entscheidung auf »innenpolitische Überlegungen« zurück und verwies darauf, dass er gegen Doles Ruf als Gegner der Vereinten Nationen ankämpfe. Auch in diesem Fall habe sich Clinton, wie schon so oft, aus Gründen der Wahlkampftaktik eine Position der Grand Old Party zu Eigen gemacht. In New York, so BBC weiter, »erklärten UN-Mitarbeiter, es werde Blut fließen«. Noch am selben Abend präzisierte der Sprecher des State Departments, Nicholas Burns, in der Fernsehsendung *NewsHour with Jim Lehrer* die US-Position: Die Clinton-Administration sei bei diesem Thema gespalten, sie sei für die Vereinten Nationen allgemein, aber gegen Boutros-Ghali. Ich hielt das für eine sehr geschickte Vorgehensweise: Damit konnten sich die über 70 Prozent Amerikaner anfreunden, die eine gute Meinung von den Vereinten Nationen hatten, gleichzeitig würde aber auch die kleine Zahl derer zufrieden gestellt, die Meinungsumfragen zufolge glaubte, die Vereinten Nationen wären eine Weltregierung, die mit schwarzen Hubschraubern heimlich in den amerikanischen Luftraum eindringe.

Ich fasste Mut, als ich hörte, dass Jemens Botschafter bei den Vereinten Nationen, Abdalla Saleh al-Ashtal, mich in der Sendung standhaft verteidigt hatte. Die US-Entscheidung, erklärte er, sei beleidigend, unangemessen und unerklärlich, es sei denn mit Blick auf die amerikanische Innenpolitik. In der Presse erschienen Meldungen, Dole sei »wütend«, dass Clinton ihm das Thema Anti-Boutros-Ghali entrissen hatte.

In Bonn sprach ich am 20. Juni auch mit Bundeskanzler Helmut Kohl. Er äußerte seine Bestürzung über die Ankündigung der USA und gab an, er werde mich unterstützen, müsse das aber im Verborgenen tun, hinter den Kulissen. Er forderte mich auf, falls ich einmal Hilfe brauchen sollte, mich sofort an ihn zu wenden. Von Bonn aus kehrte ich nach Genf zurück. Nach einem Frühstück am 24. Juni mit Kasachstans Präsident Nasarbajew verurteilte der Präsident der Presse gegenüber mit scharfen Worten ganz offen die amerikanische Position. »Wenn die USA ein Vetorecht haben, so haben auch China und Russland eines«, erklärte er. Das hatte ich nicht gewollt. Ich wollte die Vereinigten Staaten nicht weiter provozieren, sondern einen vernünftigen Kompromiss finden. Erleichtert stellte ich fest, dass die Worte des Präsidenten Kasachstans nicht von der internationalen Presse aufgegriffen wurden.

Wer auch immer versuchte, mir behilflich zu sein, brachte das Weiße Haus nur weiter gegen mich auf. In einem Interview für den Sender CNN und noch einmal bei der mittäglichen UN-Pressekonferenz verlas mein stellvertretender Pressesprecher Ahmed Fawzi die herzlichen Lobesworte für mich, die Präsident Clinton noch vor wenigen Monaten zum 50. Jahrestag der Vereinten Nationen ausgesprochen hatte. Fawzi achtete sorgsam darauf, dass die Presse jedes Wort davon noch einmal hörte und zitierte eine unerträglich lange Passage aus Clintons Rede: »Herr Generalsekretär, Sie haben die Ideale des Friedens, der Hilfe und Sicherheit aufgegriffen, die das Herz der Mission der UN bilden, und hart dafür gearbeitet, sie Wirklichkeit werden zu lassen. Mit dem Ende des Kalten Krieges blickte die Welt auf der Suche nach Beistand und Führung auf die Vereinten Nationen. Sie haben sich dieser Herausforderung gestellt, indem Sie die UNO effektiv an die vorderste Front der internationalen Politik gesetzt haben.«

Mein treuer Sprecher hatte mit seiner gut gemeinten Erklärung die Lage jedoch nur noch verschlimmert. Diese offiziellen Äußerungen des Präsidenten standen in einem unbegreiflichen Gegensatz zu seiner gegenwärtigen Einstellung. Tatsache ist jedoch, dass sich die Clinton-Administration schon seit dem Sieg der Republikaner bei den Kongresswahlen von 1994 Schritt für Schritt von mir abgewandt hatte. Das Weiße Haus spürte offenbar verstärkt die Notwendigkeit, mit den Republikanern zu wetteifern, wer der schärfere Gegner der Vereinten Nationen war. Mein einst geförderter und gerühmter Aktivismus war für die Administration zum Ärgernis geworden.

Bei der G7 in Lyon

Es war eine seltsame Fügung des Schicksals, dass ausgerechnet in diesem Jahr 1996 zum ersten Mal ein Generalsekretär der Vereinten Nationen auf der Tagesordnung des alljährlichen G7-Gipfeltreffens erschien. Ich wurde gebeten, über die UN-Reform zu sprechen, und freute mich auf den Vortrag. Ich hatte mehr Reformmaßnahmen bei den Vereinten Nationen durchgeführt als alle meine Vorgänger. Ich wollte diesen Weltpolitikern jedoch sagen, dass die von ihnen gewünschte umfassende Reform nicht von dem Generalsekretär bewerkstelligt werden könne, sondern von den einflussreichsten Mitgliedstaaten selbst ausgehen müsse. Ich wollte die Gruppe der Sieben für derart umfassende Reformen gewinnen.

Während ich nach Lyon unterwegs war, erschienen in den Medien zahllose Kommentare für und gegen meine Person. Die europäische Presse unterstützte mich. In der arabischen Welt, meldete die *New York Times,* herrsche »Wut und ein Gefühl der Machtlosigkeit. Die Wut wird sich voraussichtlich nicht in einer direkten Konfrontation mit den Vereinigten Staaten äußern, sondern langsam verinnerlicht werden und sich in eine tief wurzelnde Abneigung verwandeln.« In der ägyptischen und ara-

bischen Presse wimmelte es vor Beiträgen und Leitartikeln, in denen ich
gerühmt, Madeleine Albright hingegen angegriffen wurde.

Der Leitartikel der *New York Times* vom 23. Juni forderte mich auf,
still und in würdiger Form abzutreten. Das war der Beginn einer wahren
Flut von Ratschlägen seitens all derer, die vorgaben, sich um die Wahrung meiner »Würde« Sorgen zu machen. In Wirklichkeit ging es um ihre eigene Würde: Wenn ich freiwillig ginge, dann bliebe ihnen die unangenehme Aufgabe erspart, mich zu beseitigen. Madeleine Albright sagte,
als sie vor dem Kongress zur finanziellen Situation der Vereinten Nationen Rede und Antwort stand: »In allen Gesprächen habe ich ganz klar
gesagt, dass wir unser Veto einlegen werden und der UNO unsere Unterstützung entziehen werden, falls [Boutros-Ghali] gewinnen sollte.« Der
UN-Verbindungsbeamte in Washington berichtete, dass die Anwesenden
im Sitzungssaal des Kongresses »über den zweiten Teil ihrer Äußerung,
gelinde gesagt, überrascht waren«.

Andere Kommentatoren setzten sich vehement für mich ein. Rosenthal überschrieb seine Kolumne in der *New York Times* »Überfall auf
Boutros-Ghali« und prangerte die offene Verunglimpfung meines Namens und meiner Herkunft an, er sprach von einer Respektlosigkeit, die
gegenüber einem Mario Cuomo oder Martin Luther King niemals geduldet worden wäre. Senator Paul Simon meldete sich ebenfalls zu Wort und
verteidigte in einem Beitrag im *Christian Science Monitor* meine Leistungen als Generalsekretär.

Am späten Nachmittag des 25. Juni empfing mich Premierminister
John Major in der Downing Street. Mit äußerster diplomatischer Zu-
rückhaltung sagte Major, er schätze meine Arbeit und missbillige die
Vorgehensweise der US-Administration. Er äußerte sich jedoch nicht
über die britische Position zu meiner Wiederwahl. Später wurde mir
mehrfach gesagt, dass dies die übliche britische Praxis bei der Ernennung
oder Wahl internationaler Posten sei. Nach einem Gespräch in London
mit dem Generalsekretär des Commonwealth, Emeka Anyaoku, über
die Menschenrechtsverletzungen in Nigeria kehrte ich nach Genf zur
achten Verhandlungsrunde zwischen den Außenministern Indonesiens
und Portugals über Osttimor zurück. Wir drei unterhielten uns privat
auf einem Balkon mit Blick auf den Park des Palais des Nations und den
Genfer See. Wir einigten uns auf ein nächstes Treffen bei den Vereinten
Nationen in New York im Dezember. Ich sagte mit einem Lächeln, dass
wir uns dann möglicherweise zum letzten Mal sehen würden, falls es den
Amerikanern gelingen sollte, mich abzusetzen.

Am Abend des 27. Juni erreichte mich eine Botschaft von Mitarbeitern in New York. Sie schlugen einen Kompromiss vor: Wenn die Vereinigten Staaten ihren Widerstand gegen mich fallen ließen, würde ich einwilligen, nach dem Ende meines gegenwärtigen Mandats am 31. Dezember 1996 zwei weitere Jahre im Amt zu bleiben. Dann hätten wir eine Amtszeit von insgesamt sieben Jahren. Da viele Mitgliedstaaten in all den Jahren mit der Tradition, dem Generalsekretär zwei fünfjährige Amtszeiten zu gewähren, unzufrieden gewesen waren, würde meine siebenjährige Amtszeit einen Präzedenzfall schaffen für eine wirklich große UN-Reform: Von nun an sollten alle UN-Generalsekretäre nur für eine siebenjährige Amtszeit gewählt werden. Ich rief in New York an und sagte lediglich: »Ich habe euer Papier erhalten.« Ich war zu der Überzeugung gelangt, dass meine Telefongespräche von meiner Residenz in New York City aus und von unterwegs abgehört wurden. Ich beschloss aber, über diesen Kompromissvorschlag mit Mubarak und Chirac zu sprechen.

Trotz der Massen von Bürokraten und Reportern, die Lyon wegen des G7-Gipfels bevölkerten, strahlte die Stadt eine Atmosphäre angenehmer und lieblicher Ruhe aus. Mir wurde ein Zimmer in einer *auberge* namens Hôtel de La Tour Rose zugewiesen, das meiner Frau Leah sehr gefiel. Die Presse spekulierte, dass die Entspannung der französisch-amerikanischen Beziehungen »wegen Clintons Entscheidung, die Wiederwahl Boutros-Ghalis als UN-Generalsekretär zu verhindern, wenn seine Amtszeit am Ende des Jahres ausläuft, schon bald auf die Probe gestellt werden könnte. Präsident Chirac unterstützt Boutros-Ghali und hat das Clinton auch gesagt« *(The New York Times)*. Aus diesem Grund hat Chirac klugerweise bekannt gegeben, dass er nicht zulassen werde, dass das Thema während des Gipfels in Lyon angesprochen wird, wie ich Warren Christopher vorausgesagt hatte.

Am selben Abend nahm ich an einem Dinner teil, zu dem sämtliche Außenminister der G7-Staaten eingeladen waren. Christopher und ich plauderten ungezwungen miteinander, größtenteils über die UN-Reform. Ich nannte ihn »Chris«, er mich »Boutros«, als stünde nichts zwischen uns. Als wir uns später ein Feuerwerk ansahen, kam Präsident Chirac zu mir. Nach einigen abschätzigen Worten über das armselige Feuerwerk sagte er: »Wir werden Sie bis zum Ende unterstützen.« Dann stand plötzlich Premierminister Jean Chrétien aus Kanada neben mir und flüsterte mir zu, dass er meine Wiederwahl »trotz des Widerstandes unseres Nachbarn im Süden« unterstützen werde.

Am nächsten Morgen, dem 29. Juni, traf ich mich offiziell mit den

Staats- und Regierungschefs der G7 und erklärte in meinem Vortrag, wie die Weltbank, der Internationale Währungsfonds, die Welthandelsorganisation und die Vereinten Nationen gemeinsam versuchten, die Probleme der ärmsten Länder zu lösen. Präsident Clinton hörte mit sichtlichem Interesse zu. Während des folgenden Mittagessens schilderte ich den Staatsführern, wie ich noch vor dem Friedensabkommen von Oslo 1993 trotz des heftigen Widerstands des UN-Personals beschlossen hatte, das Hilfswerk der Vereinten Nationen für Palästina-Flüchtlinge im Nahen Osten (UNRWA) von Wien nach Gaza zu verlegen. Danach sagte Präsident Clinton zu mir: »Vielen Dank für diese Leistung. Damit helfen Sie Arafat.« Gegen Ende des Gipfels in Lyon erklärte der US-Sprecher, dass die Atmosphäre unter den G7-Staaten gegenüber »dem geplagten Boutros-Ghali« »korrekt und würdig« gewesen sei. Reuters meldete: »Der französische Präsident Jacques Chirac und der deutsche Kanzler Helmut Kohl ließen beide eindeutig durchblicken, dass sie der Ansicht seien, Boutros-Ghali habe eine zweite Amtszeit verdient.« Chirac erklärte, es sei allgemein bekannt, welche Achtung er und die Europäische Union mir entgegenbringen. Kohl sagte vor Reportern: »Jeder UN-Generalsekretär hatte eine zweite Amtszeit.« Der kanadische Premier Chrétien sagte auf seiner abschließenden Pressekonferenz: »Wir sind der Ansicht, dass Herr Boutros-Ghali unter schwierigen Rahmenbedingungen sehr gute Arbeit geleistet hat, und wir würden es begrüßen, wenn er wiedergewählt würde.«

Der Gipfel von Lyon endete mit einer Erklärung zugunsten der UN-Reform. Das G7-Kommuniqué kam der Note Eins-minus für Boutros-Ghali als Generalsekretär gleich, meinte ein Beobachter. Als ehemaliger Dozent war ich mit dieser Note ganz zufrieden. Ein japanischer Delegierter, der als eine Art »Sherpa« im G7-Stab mitgearbeitet und in den zwölf vorangegangenen Monaten an der Ausarbeitung dieses Kommuniqués beteiligt gewesen war, sagte zu einem ägyptischen Diplomaten in Tokio, dass der Text ursprünglich zahlreiche an mich gerichtete Komplimente enthalten habe. Die Vereinigten Staaten hätten aber in letzter Minute darauf bestanden, diese Passagen zu streichen.

Invasion der Lobbyisten

Aus New York erreichten mich Meldungen, dass Albright afrikanische Länder massiv unter Druck setze, mich bei der unmittelbar bevorstehenden Gipfelkonferenz in Yaoundé abzulehnen. Ein afrikanischer UN-Botschafter sagte meinem Stabschef, dass er »unzählige« Nachrichten aus der US-Mission erhalte. Madeleine Albright habe ihn sogar persönlich angerufen. »Zuvor kannte sie nicht einmal meinen Namen«, sagte er voller Verwunderung.

Mein UN-Kollege Lansana Kouyate war vor mir nach Yaoundé gereist und berichtete, dass die Amerikaner in großer Zahl am Schauplatz erschienen seien und die afrikanischen Staaten drängten, sich von mir abzuwenden.

Von Europa aus konnte ich verfolgen, dass die Weltpresse diesem Vorgang große Aufmerksamkeit schenkte, während die amerikanischen Medien ihn praktisch ignorierten. Ein Freund, der die University of California in Berkeley besucht hatte, erzählte mir, dass bei einem Fakultätspicknick am 4. Juli anlässlich des Unabhängigkeitstages kein einziger der vielen gebildeten und gewöhnlich gut informierten Gäste von der Kampagne der Clinton-Administration gegen mich wusste. Als er davon sprach, reagierten alle erstaunt: »Ich dachte, Boutros-Ghali sei in Ordnung«, sagte ein Professor. Trotz der allgemein geringen Beachtung in der amerikanischen Presse verwies Barbara Crossette in ihrem Artikel US-KRITIK AN DER UN-REFORM RÄCHT SICH auf die beachtliche Liste an Reformen, die ich als »Initiator« und der Untergeneralsekretär für Verwaltung Joseph Connor als »Exekutor« zu Wege gebracht hatten.

In einem weiteren Artikel der *New York Times* unter der Schlagzeile USA UND UNO: WER BRAUCHT WEN MEHR? wurde versichert, dass Clintons Bemühungen, Boutros-Ghali abzusetzen, »zu einem öffentlichen Ärgernis geworden sind, wenn nicht gar zu einem Fiasko«. Der Artikel hielt den Vereinigten Staaten vor, die Vereinten Nationen als ein »Feigenblatt« zu verwenden, das es ihnen erleichtere, »anderen die Schuld zu geben, nur nicht Präsident Clinton und dem Weißen Haus«.

Der Gipfel in Yaoundé

Nach meiner spät abendlichen Ankunft Anfang Juli in Yaoundé, der Hauptstadt Kameruns und dem diesjährigen Tagungsort der OAU-Gipfelkonferenz, machte ich mich am Sonntagmorgen sofort daran, die Delegierten für mich zu gewinnen. Obwohl ich vorgewarnt worden war, überraschte es mich doch, ein so starkes US-Team aus Regierungsmitarbeitern anzutreffen, die intensiv daran arbeiteten, mich zu diskreditieren. In der Lobby des Hotels begriff ich zum ersten Mal die volle Bedeutung des amerikanischen Wortes »lobbying«. Zahllose junge amerikanische Diplomaten schienen fortwährend von einem Teil des Hotels in einen anderen zu rennen. Jedesmal wenn ich einen Aufzug betrat, stieß ich auf einen nassgeschwitzten Beamten des American Foreign Service, der unterwegs zu einem Treffen mit afrikanischen Politikern war.

Der Stellvertretende Außenminister für afrikanische Angelegenheiten George Moose war an Ort und Stelle und bei ihm der Mann, der denselben Posten unter Bush inne gehabt hatte: Herman »Hank« Cohen, jetzt der Direktor einer Stiftung, die mit Afrika zu tun hatte. Ich kannte die beiden, weil ich oft mit ihnen zusammengearbeitet hatte. Am meisten wunderte ich mich über die Anwesenheit von Ahmedou Ould Abdallah, einen Mauretanier, den ich zu meinem Sondergesandten für Burundi ernannt hatte. Ould Abdallah war wie ein Aal in das amerikanische Lager geschlüpft, womöglich weil er überraschend die Vereinten Nationen verlassen hatte und Leiter von Cohens Stiftung geworden war. Meine Beraterin Fayza Abulnaga stellte Ould Abdallah wütend in einem Hotelkorridor und beschimpfte ihn als einen jämmerlichen Abtrünnigen.

Moose trat im Kameruner Fernsehen auf. Die Vereinigten Staaten, sagte er, würden *jeden* afrikanischen Kandidaten für den Posten des UN-Generalsekretärs unterstützen, sofern es nicht Boutros-Ghali sei. In meiner langen Laufbahn in der Welt der Diplomatie hatte ich einen so massiven, diffamierenden Propagandaaufwand noch nie erlebt. Ich konnte kaum glauben, dass ich das Ziel dieser gewaltigen Anstrengung der einzigen Supermacht war. Mooses Erklärung erwies sich als kontraproduktiv, weil die afrikanischen Staats- und Regierungschefs in Yaoundé über den drohenden Ton der amerikanischen Bemühung ebenso geschockt waren wie ich. Nur wer einmal ein hohes öffentliches Amt bekleidet hat, kann ermessen, was es heißt, das Ziel einer anhaltenden politischen Verleumdungskampagne zu sein. Wie dick das eigene Fell auch sein mag, so etwas zehrt an den Nerven. Ich hielt die Anspannung nur deshalb aus, weil ich sicher war, dass die ganze Kampagne lediglich aus innenpolitischen Gründen eingeleitet worden war und dass die Administration nach der Präsidentschaftswahl ihre Angriffe gegen mich einstellen würde.

Im Laufe von 24 Stunden sprach ich mit so vielen afrikanischen Staats- und Regierungschefs, dass ich unter dem Druck der Ereignisse den Überblick verlor. Der Präsident von Mosambik war für mich, der Präsident des Togo noch mehr. Der Präsident Sambias sagte, er »befürworte sehr stark« meine Wiederwahl. Der Präsident Algeriens sagte, er werde mich unterstützen, und dankte mir, weil ich gegen den Widerstand zahlreicher UN-»Apparatschiks« UN-Beobachter zu dem algerischen Referendum entsandt hatte. Der Präsident des Kongo gab an, dass er »emotional, praktisch und politisch« vollkommen hinter mir stehe, »eine realistische Einschätzung zwinge aber zu dem Schluss, dass es keinen Sinn habe, sich zu widersetzen, wenn die einzige Supermacht gegen Sie ist«. Ich sagte, dass mir keine andere Wahl bleibe, als Widerstand zu leisten – im Namen der Unabhängigkeit der Vereinten Nationen und wegen Afrikas Ansehen und Integrität.

Gegen Mitternacht klingelte das Telefon, als ich mich gerade zu Bett legen wollte. Jassir Arafat war auf dem Weg zu mir. Eilig zog ich mich wieder an, um den PLO-Vorsitzenden und sein großes Gefolge zu begrüßen. Ich sagte zu ihnen, dass ich nach diesem Tag etwas pessimistisch sei, ob die OAU imstande sein würde, der massiven amerikanischen Kampagne standzuhalten. Arafat wurde furchtbar wütend: »Sagen Sie das nicht! Sie werden sich durchsetzen! Wir stehen hinter Ihnen! Ihre Anwesenheit bei der UNO ist lebenswichtig!« Ich dankte dem Vorsitzenden für seine Unterstützung und machte Anstalten, ihn zurück zu seinen Räumlichkeiten zu begleiten. Er lehnte aus Gründen der Höflichkeit ab. Ich bestand darauf, weil es zum vorgeschriebenen Protokoll gehörte. Wir führten an meiner Tür ein blumiges Wortgefecht auf Arabisch, bis er mich überzeugte und sich verabschiedete.

Am Montag stand ich früh auf, um weitere Gespräche zu führen. Die Abstimmung stand unmittelbar bevor. Der Präsident von Eritrea reagierte verbittert auf meine Bitte um Unterstützung. Er sei gegen mich, sagte er, weil mein Land Ägypten »ein Geheimbündnis mit dem Sudan gegen Eritrea geschlossen« habe. »Das ist nicht wahr«, sagte ich. »Ich habe Beweise«, beharrte der Präsident. »Ägypten hat die letzte UN-Resolution, die gegen den Sudan gerichtet war, nur schwach unterstützt.« »Lassen Sie mein Land beiseite«, sagte ich. »Habe ich denn nicht viel für Ihr Land getan? Meine Vermittlung im Streit Eritreas mit dem Jemen hatte Erfolg. Das Abkommen wird soeben ausformuliert.« Der Präsident beruhigte sich. »Ich kann Sie unterstützen«, sagte er, »aber nicht Ihr Land.« Ich verstand den Sinn dieser zweideutigen Erklärung nicht, aber in Yaoundé widersetzte er sich nicht offen meiner Wiederwahl.

Ich überreichte Präsident Abdou Diouf aus dem Senegal eine Nachricht des ägyptischen Präsidenten. Mubarak bat Diouf, an seiner Stelle meine Kandidatur der OAU zu präsentieren. Aus taktischen Gründen hoffte ich, dass die afrikanischen Politiker noch vor der Eröffnung ihrer

offiziellen Gipfelkonferenz über die Resolution abstimmten, in der sie ihren Kandidaten für den UN-Generalsekretär nannten.

Neben den Staats- und Regierungschefs wurden nur ich und Salim
Ahmed Salim, der Generalsekretär der OAU, in den Großen Saal eingelas-
sen. Die Staatschefs zogen sich zu informellen Gesprächen in einen anderen Raum zurück. Ich konnte die Warterei auf das Urteil in dem großen
Saal kaum ertragen. Mir kam es so vor, als würde es eine Ewigkeit dauern.
Ich fühlte mich an meine Zeit als Student erinnert, als ich auf das Ergebnis einer Prüfung wartete.

Plötzlich stürzte Fayza in den Saal: »Wir haben die Resolution gewonnen! Einstimmig!« Nelson Mandela kam heraus, umarmte mich
und forderte mich auf, ihn zur offiziellen Sitzung der Gipfelkonferenz
zu begleiten. Er war nur für zwei Stunden nach Yaoundé gekommen, eigens für die Abstimmung.

Jassir Arafat sollte auf der offiziellen Sitzung die Eröffnungsrede halten, ein Privileg, das der PLO gemäß der Satzung der OAU als der letzten
Befreiungsbewegung gewährt wurde. Am Ende seiner Rede stellte Arafat
fest, dass die arabische Welt beschlossen habe, Boutros-Ghali bei seiner
Wiederwahl zu unterstützen, und beglückwünschte mich zu der Rückendeckung, die ich aus Afrika erhalten hatte. Das war die erste offizielle Erwähnung der Tatsache, dass die OAU soeben eine Resolution zu meinen
Gunsten verabschiedet hatte. Ich wurde mit stehenden Ovationen gefeiert, das heißt, nicht ich persönlich, sondern der Kontinent Afrika, der
hiermit der Supermacht Amerika die Stirn geboten hatte. Fayza saß in
diesem Augenblick hinter der US-Delegation. Ein amerikanischer Diplomat wandte sich einem anderen zu: »Was hat Arafat gesagt? Weiß er
überhaupt, wovon er redet?« Fayza lehnte sich vor und sagte zu den Amerikanern: »Es war vor zehn Minuten. Die OAU stimmte einstimmig für
eine zweite Amtszeit von Boutros-Ghali.« Der Amerikaner wurde blass.
Ein Delegierter sprang auf und verließ den Saal mit den Worten: »Wir
müssen sofort das State Department informieren!«

Der Wortlaut der Resolution:

ERKLÄRUNG DER GIPFELKONFERENZ IN YAOUNDÉ
ZU EINEM AFRIKANISCHEN KANDIDATEN FÜR EINE ZWEITE AMTSZEIT
ALS UN-GENERALSEKRETÄR

Die Versammlung der Staats- und Regierungschefs der Organisation
der Afrikanischen Einheit auf ihrer 33. Konferenz in Yaoundé, Ka-

merun, vom 8. bis zum 10. Juli 1996, *in Erinnerung* an Resolution
AHG/Res. 243 (XXXI) 1995, in der die Versammlung der Staats- und
Regierungschefs Boutros Boutros-Ghali für seine Initiativen an der
Spitze der Vereinten Nationen ihre Hochachtung ausdrückten,

1. BEKRÄFTIGT erneut die historische Bedeutung der Wahl eines
   Afrikaners zum Generalsekretär der Vereinten Nationen, die es
   Afrika ermöglichte, einen erheblichen Beitrag zur Wahrung der
   in der UN-Charta enthaltenen Prinzipien zu leisten und den Multilateralismus zu fördern;
2. MÖCHTE Dr. Boutros Boutros-Ghalis Wirken an der Spitze des
   UN-Sekretariats seit seiner Wahl 1991 gutheißen;
3. ERINNERT an die Tradition und die Praxis bei den UN, die darin
   besteht, den amtierenden Generalsekretär für eine zweite Amtszeit zu wählen;
4. EMPFIEHLT diesbezüglich, dass von dem gegenwärtigen Vorsitzenden mit all seinen Partnern, den UN-Mitgliedstaaten, alle erforderlichen Maßnahmen getroffen werden, um Afrika für die
   nächsten fünf Jahre ein zweites Mandat zu erteilen, und EMP-
   FIEHLT die Kandidatur von Dr. Boutros Boutros-Ghali für eine
   zweite Amtszeit als UN-Generalsekretär.

Als ich später mehrere Staats- und Regierungschefs persönlich anrief, um
ihnen zu danken, waren alle herzlich und optimistisch. Einer warnte
mich jedoch: »Das ist eine demütigende Schlappe für die USA; sie werden
desto wütender versuchen, Sie loszuwerden. Sie werden zum Bulldozer
werden.«

Bei Tagesanbruch landete ich auf dem Flughafen Charles de Gaulle
außerhalb von Paris. Ein französischer Journalist erwartete mich und
sagte, dass jeder einzelne Staats- oder Regierungschef in Yaoundé entweder von Außenminister Christopher oder von Sicherheitsberater Anthony Lake angerufen worden sei und dass eine amerikanische Delegation in
den Wochen vor der Gipfelkonferenz jedes afrikanische Land aufgesucht
habe, um gegen mich Stimmung zu machen. »Wenn die Amerikaner
doch eine ebenso große Energie für die afrikanische Entwicklung aufbieten würden«, sagte ich.

Desinformation

Das State Department versuchte, in erster Linie über seinen Sprecher Nicholas Burns, die Schlappe von Yaoundé als einen Erfolg auszugeben. Die Unterstützung Afrikas sei lediglich oberflächlich und halbherzig gewesen, versicherten die Vereinigten Staaten. Als Antwort darauf berichtigte OAU-Generalsekretär Salim Ahmed Salim diese falsche Darstellung: Die Erklärung sei »in einem überwältigenden Konsens getroffen worden«. Boutros-Ghali sei Afrikas Kandidat und die Entscheidung sei »in voller Kenntnis der von einem Mitglied des Sicherheitsrates [also den Vereinigten Staaten] geäußerten Sorge getroffen worden«. Doch die Desinformation wurde fortgesetzt: Angeblich seien nur wenige afrikanische Staatschefs anwesend gewesen. Wiederum korrigierte Salim Ahmed Salim die Meldung und erklärte, 29 Staatschefs seien anwesend gewesen, als die Entscheidung zu Gunsten von Boutros-Ghali gefallen sei.

Doch die Desinformation triumphiert in manchen Fällen über die Wahrheit. Die amerikanischen Medien übernahmen die Vorgabe des State Department und beachteten die OAU-Entscheidung kaum oder werteten sie als halbherzig ab. Afrikanische und europäische Zeitungen sprachen demgegenüber von einer scharfen Abfuhr für die US-Kampagne gegen mich.

Ein weiteres Motiv, das die USA gegen mich ins Feld führten, war die Behauptung, ich hätte das UN-Personal »demoralisiert«. Als ich jedoch wieder nach New York kam und das UN-Gebäude betrat, da empfing mich eine begeistert jubelnde und Beifall klatschende Belegschaftsversammlung. Ich hatte den zweifellos verdienten Ruf, meinen Mitarbeitern gegenüber hart zu sein. Sie wussten aber, dass sie meinen tiefen Respekt und meine Zuneigung hatten. Und der Widerstand der USA gegen mich hatten ihre Loyalität und Unterstützung nur noch gesteigert. Während CNN-Kameras die Szene festhielten, drängten sich Hunderte zu mir vor, um mir die Hand zu geben. Sie empfanden die Kampagne gegen mich als eine Kampagne gegen sie alle und gegen die Vereinten Nationen selbst. Ich war von der Herzlichkeit, die mir diese Freunde und Kollegen entgegenbrachten, beinahe zu Tränen gerührt.

Die *Washington Times* sprach von der »Begrüßung eines Helden« und fügte hinzu:

Der ägyptische Diplomat und Gelehrte, der am Ende seiner jetzigen Amtszeit 74 Jahre alt sein wird, hat beinahe alles getan, was die USA wollten – auch wenn er lautstark dagegen protestierte. Er hat Reformen im Sekretariat in die Wege geleitet, Mandate des Sicherheitsrates in Bosnien umgesetzt, von denen er wusste, dass sie scheitern würden, und versucht, aus den Brosamen, die ihm die Mitgliedstaaten hingeworfen haben, eine Mission in Ruanda zusammenzubringen. Und er hat die Vereinten Nationen durch ihre Rolle als Sündenbock für Probleme geführt, mit denen sich die Mitgliedstaaten nicht befassen wollten. Wie auch immer die Wahrheit seiner bewegten Amtszeit aussehen mag, sie ist im Wirbel der US-Politik untergegangen, die in Boutros-Ghali den idealen Prügelknaben für ein Wahljahr entdeckt hat.

Die Vereinigten Staaten machten sich daraufhin erfolgreich daran, meine Anhänger bei den Vereinten Nationen zum Schweigen zu bringen. Jeder, der in irgendeiner Form mit den Vereinten Nationen zu tun hatte und zu meiner Verteidigung das Wort ergriff, wurde vom Sprecher der US-Mission angegriffen, weil er angeblich von einem offiziellen UN-Posten aus eine »politische Kampagne« inszenierte, die von »den Dollars der amerikanischen Steuerzahler bezahlt wurde«. Reporter wurden in James Rubins Dienstzimmer in der US-Mission bei den Vereinten Nationen bestellt und mussten sich anhören, wie er die vorgebliche Beteiligung des Pressebüros an Boutros-Ghalis »Kampagne« als »skandalös« bezeichnete. »Das werden wir nicht vergessen!«, sagte Rubin. Die Folge war ein völlig einseitiger Wettkampf. Meine Seite war zum Schweigen gebracht worden, während die Gegenseite nach Belieben über mich herzog.

Washington war sich augenscheinlich nicht über die Folgen im Klaren, die dieser Angriff gegen mich für die Integrität der Vereinten Nationen hatte, oder scherte sich nicht darum. Mit der Drohung, gegen mich ein Veto einzulegen, hatten die Vereinigten Staaten einen neuralgischen Punkt berührt. Seit dem Ende des Kalten Krieges war das Veto nämlich praktisch verschwunden. Viele Mitgliedstaaten meinten, das Vetorecht solle auf Fragen des Weltfriedens und der internationalen Sicherheit beschränkt werden. Durch die fortwährende Drohung Washingtons mit einem Veto erhielt die Angelegenheit eine Dimension, die über die Unabhängigkeit des Generalsekretärs hinausreichte und die eigentliche Funktionsweise des Sicherheitsrates in Frage stellte.

Ich bat einen Mitarbeiter, einige dieser Befürchtungen auf geeigneter Ebene im State Department zur Sprache zu bringen. Die Antwort kam prompt: »Keine Bedenken. Wir machen unverdrossen weiter. Wir wollen Boutros-Ghali so schnell wie möglich aus dem Weg haben und sehen dann weiter. Wir betrachten die OAU-Resolution als einen Sonderfall und in der Tat als Zeichen, dass wir gewisse Fortschritte erzielt haben. Die Afrikaner schwankten.« Washingtons Außenpolitiker taten so, als seien sie praktisch unbesiegbar. Zum großen Teil war diese Siegesgewissheit darauf zurückzuführen, dass das Weiße Haus sicher war, dass Clinton wiedergewählt würde. Welche ausländische Regierung wollte es sich schon gleich zu Anfang seiner zweiten Amtszeit mit ihm verscherzen? In Polen fragte Madeleine Albright ganz offen: »Wen wollen Sie lieber zum Freund haben, Bill Clinton oder Boutros-Ghali?«

Ironischerweise bemühte sich die Clinton-Administration stärker darum, mich loszuwerden als den Serbenführer Radovan Karadžić, der als Kriegsverbrecher unter Anklage stand. Um diese Zeit war nämlich deutlich geworden, dass sich die Nato-Truppe in Bosnien unter US-Führung größte Mühe gab, ein Zusammentreffen mit Karadžić und anderen hochrangigen Personen, denen Kriegsverbrechen zur Last gelegt wurden, zu vermeiden.

Peking und Moskau sprechen mit einer Stimme

Am 1. Juli 1996 gab die chinesische Regierung eine Erklärung ab:

> China schätzt die positive Rolle, die Boutros-Ghali als Generalsekretär bei der Stärkung der Rolle der Vereinten Nationen gespielt hat. China versteht und unterstützt die Erklärung der OAU zur Kandidatur des Generalsekretärs der Vereinten Nationen und ist überzeugt, dass das Bestreben und die Haltung der OAU breite Sympathie und Unterstützung seitens der internationalen Gemeinschaft genießen.

Die chinesische Erklärung, die zeitlich in das Vorfeld eines Peking-Besuches von Clintons nationalem Sicherheitsberater Anthony Lake fiel, wurde in diplomatischen Kreisen als eine bewusste Ohrfeige für die Art, wie die Vereinigten Staaten mit diesem Thema umgingen, betrachtet.

Russland folgte mit einer noch schärferen Spitze gegen die Vereinten Staaten. Während Vizepräsident Gore in Moskau Präsident Jelzin zu seiner Wiederwahl gratulierte, erklärte das russische Außenministerium:

Bekanntermaßen hat sich die OAU-Gipfelkonferenz entschieden für eine zweite Amtszeit eines aus Afrika stammenden Generalsekretärs ausgesprochen und eine Wiederwahl des amtierenden Generalsekretärs Dr. Boutros Boutros-Ghali für diesen Posten empfohlen. Wir weisen auf die Bedeutung der Entscheidung dieses maßgeblichen Forums hin. Es bestätigt einmal mehr – ob es einem gefällt oder nicht –, dass Dr. Boutros Boutros-Ghali seitens der Weltgemeinschaft große Sympathie und Unterstützung genießt. Russland schätzt Dr. Boutros Boutros-Ghalis Rolle als Generalsekretär der Vereinten Nationen in hohem Maße.

Am 16. Juli informierte ich den Sicherheitsrat über eine Reihe aktueller Themen von Liberia und Zypern bis Westsahara und Osttimor. Sämtliche Ratsmitglieder richteten Fragen an mich mit Ausnahme des US-Repräsentanten, der mit zusammengekniffenen Lippen dasaß, offensichtlich um Washingtons Missfallen zu demonstrieren. Wegen der chinesischen und russischen Erklärungen bestürmten mich die Reporter mit Fragen zu meiner Wiederwahl. Ich begrüßte die Gelegenheit, meinen Standpunkt klarzustellen: »Ich bin mit den alltäglichen Problemen vollkommen ausgelastet und werde nicht imstande sein, sie zu meistern, wenn ich mich um meine Wiederwahl kümmere. Das liegt in den Händen der Mitgliedstaaten. Sie werden entscheiden müssen. Das ist nicht länger mein Problem.«

Um diese Zeit meldete die Presse, dass James Rubin die US-Mission bei den Vereinten Nationen verlassen würde, um sich Clintons Wahlkampfteam anzuschließen. Es wurde gemutmaßt, Rubin habe sich zu diesem Schritt entschlossen, weil er nicht mehr glaube, dass Madeleine Albright Außenministerin werden würde. In Pressekreisen war der Eindruck entstanden, dass die Kampagne gegen mich, die sie anführte, scheitern werde und ihre Stellung im Weißen Haus untergraben habe.

Im Juli und August waren die Amerikaner von den Olympischen Spielen in Atlanta und von den Nominierungskonventen der beiden großen Parteien ganz in Anspruch genommen. In den Vereinigten Staaten wurde deshalb der bemerkenswerten Serie diplomatischer Peinlichkeiten für die Clinton-Administration in Yaoundé, Peking und Moskau wenig Aufmerksamkeit geschenkt.

Meine Mitarbeiter blieben weiter mit ihren Kollegen in der Administration in Kontakt, und sei es nur, um einen Eindruck zu bekommen, wie diese die Situation einschätzten. »Sehen Sie«, sagte ein Beamter des

State Department am 17. Juli, »wir boten BB-G einen Handel zum 75. Geburtstag an. Ein Jahr länger und eine große Feier mit Lobreden seitens Clinton. Als Boutros das ablehnte, da herrschte Krieg.« Clinton, so der Beamte, »gewinnt nur mit seinem Beharren auf einem Veto. Das ist sein bestes Mittel in der amerikanischen Politik. Die amerikanische Presse und die Amerikaner kümmern sich nicht darum. Wir bekommen keinen Druck. Wir machen gute Innenpolitik.« »Wie dem auch sei«, meinte ein anderer Ansprechpartner in der Administration, »Clinton bleibt keine andere Wahl. Nachdem er sagte, seine Entscheidung sei unwiderruflich, kann er sie nicht rückgängig machen. Dole würde ihn in die Pfanne hauen.«

Aber was ist mit den chinesischen und russischen Beistandsbekundungen? fragten meine Mitarbeiter. »Vergesst Sie«, lautete die Antwort. »Es gibt Erklärungen der Außenministerien, und es gibt die wirkliche Diplomatie. Ihr könnt so viele Erklärungen von Außenministerien anführen, wie ihr wollt, aber sie zählen nicht. Die Russen sagen uns, dass ihre Erklärung von Jelzin nicht autorisiert worden ist.«

Von meinen Freunden im diplomatischen Corps erhielt ich ebenfalls Informationen. Am 20. Juli ließ ein lateinamerikanischer Botschafter verlauten, dass das Weiße Haus beschlossen habe, »den Prozess zu beschleunigen«. Die Vereinigten Staaten wollten die Sache Anfang September hinter sich haben – das heißt eine Abstimmung des Sicherheitsrates gegen mich erreichen. Auf diese Weise würde Präsident Clinton ein möglicherweise peinlicher Auftritt erspart bleiben, wenn er die UN-Vollversammlung, wie es schon immer die Aufgabe des US-Präsidenten war, mit einer Rede eröffnete.

Neue Drohungen

Als Nächstes versuchten die Vereinigten Staaten mit Hilfe einer neuen Drohung, die Entschlossenheit der afrikanischen Staaten, die für mich gestimmt hatten, zu schwächen. Am 22. Juli 1996 zitierte der Korrespondent der United States Information Agency (USIA) bei den Vereinten Nationen die Äußerung eines US-Beamten, dass die Afrikaner, falls sie standhaft bei Boutros-Ghali blieben, »die Chance verspielen würden, den Posten des Generalsekretärs für eine zweite Amtszeit mit einem Kandidaten aus Afrika zu besetzen«. Mit anderen Worten, die Afrikaner sollten schleunigst auf die Linie der Clinton-Administration einschwenken, sonst suchen sich die Vereinigten Staaten einen Nachfolger aus, der nicht aus Afrika kommt. Das bestärkte mich nur in meinem Entschluss, auf Afrikas Recht zu bestehen, den Posten für zwei volle Amtszeiten zu besetzen, wie es bei den Generalsekretären aus Europa, Asien und Lateinamerika der Fall gewesen war.

Im Gegensatz dazu waren die Pressemeldungen außerhalb der Vereinigten Staaten günstig. In der Ausgabe des *Economist* vom 20.–28. Juli 1996 hieß es, ich sei eine glückliche Wahl als Generalsekretär und der rechte Mann zur rechten Zeit gewesen. Ich wurde als »prinzipientreuer und unabhängig denkender Intellektueller« beschrieben, der »einfallsreich reagierte und sich mit den unzureichend umrissenen Mandaten herumschlug, die der Sicherheitsrat ihm übertrug«. Für die Amerikaner sei »das interventionistische Abenteuer schnell zu einer bitteren Erfahrung geworden, und sie richteten nun ihre Enttäuschung gegen die UNO und ihren alles andere als taktvollen Chef, einen Mann, der keine Dummköpfe um sich duldet.« Der *Economist* regte einen Kompromiss an: »Boutros-Ghali ist offen für die von der Europäischen Union vorgeschlagene Idee, die Amtszeit zu verlängern. Auf diese Weise ließe sich eine Auseinandersetzung im Rat vermeiden, aber vermutlich erst, nachdem und wenn Clinton die amerikanische Wahl im November gewonnen hat.« Das war eine Variante des Kompromissvorschlags, den ich gegenüber Präsident Mubarak und Chirac während des G7-Gipfels in Lyon erwähnt hatte. Arabische Freunde in Washington ließen mir die Nachricht zukommen, dass die Franzosen versuchten, die Vereinigten Staaten auf diese Linie zu bringen, aber ich war mir nicht sicher, ob das stimmte.

Am 22. Juli rief ein Reporter der *New York Times* meinen Mitarbeiter John Hughes an: »Die USA haben soeben diese außerordentliche Drohung ausgesprochen! Jamie Rubin. In der USUN. Amtlich. Er sagte, gegen jeden Mitarbeiter bei den Vereinten Nationen, der für die Wiederwahl Boutros-Ghalis tätig sei, werde von den USA ermittelt werden!« Rubin habe ominös verkündet: »Die wissen genau, wer gemeint ist!« Das Erschreckende daran, so der Reporter, sei die unablässige politische Aktivität des Weißen Hauses gegen Boutros-Ghali. »Das Weiße Haus zahlte die Flugkosten für diejenigen, die nach Yaoundé flogen, um Boutros-Ghali vor der OAU-Abstimmung zu demontieren«, sagte der Reporter, beispielsweise die der Regierungsmitglieder von Ruanda, die wegen meiner Anklage gegen den dortigen Völkermord verärgert waren.

Am nächsten Morgen, dem 23. Juli, berichtete die *New York Times* über die Drohung der USA gegen UN-Mitarbeiter und merkte an, die Administration sei »in heller Aufregung«, weil ich mich ihren Bemühungen, mich loszuwerden, nicht fügen wollte. Der Artikel nannte die Namen derjenigen, gegen die Rubin offensichtlich eine Ermittlung einleiten wollte, darunter Ahmed Fawzi, den stellvertretenden Sprecher der Vereinten Nationen, der amüsiert das uneingeschränkte Lob vor der Presse verlesen hatte, das mir Präsident Clinton vor weniger als einem Jahr ausgesprochen hatte. Ferner wurden die Amerikaner erwähnt, die ich nach Rücksprache mit der Clinton-Administration auf wichtige UN-Posten berufen hatte: meine Sprecherin Sylvana Foa, der Leiter des UN-Entwicklungsprogramms James Gustave Speth und Joseph Connor, der Untergeneralsekretär für Verwaltung und Management. Speth und Connor standen der Clinton-Administration nahe und waren beide über diesen plötzlichen Angriff schockiert.

Bei der mittäglichen UN-Pressekonferenz gab meine Sprecherin Sylvana Foa nicht klein bei. Das Ganze sei schändlich, sagte sie, und nannte Rubins Drohung eine »Einschüchterungspolitik«, die sie an die McCarthy-Ära erinnere. Möglicherweise, scherzte ein Reporter mit Blick auf den jüngsten Skandal in Washington, bei dem rund 900 FBI-Akten von Clintons Helfershelfern beschlagnahmt worden waren, sei das Weiße Haus in den Besitz von FBI-Akten über Amerikaner gelangt, die bei den Vereinten Nationen arbeiten.

Eine Schlagzeile der *Washington Post* lautete:

UN-STREIT UM BOUTROS-GHALI SPITZT SICH ZU
ANDERE MITGLIEDER GREIFEN USA WEGEN IHRES WIDERSTANDS GEGEN
EINE WIEDERWAHL DES GENERALSEKRETÄRS AN

Bislang deutete alles darauf hin, dass Madeleine Albright und die kleine, geheime »Task Force« weiterhin die Aufgabe hatten, mich zu beseitigen. Präsident Clinton und das Weiße Haus waren ganz mit dem Präsidentschaftswahlkampf und den Parteikonventen beschäftigt und gaben sich verständlicherweise den Anschein, als wüssten sie von nichts. Sobald die Presse jedoch Interesse an der Angelegenheit bekundete, konnte sie in den höheren Etagen nicht ignoriert werden. Ein hervorragender Geschäftsmann und Philanthrop aus der Demokratischen Partei und zugleich ein glühender Anhänger Clintons sagte mir, er sei »entsetzt« gewesen über die Machenschaften der Administration. Nach einer Spendenaktion für Clinton am 24. Juli in San Francisco schickte er eine Notiz an den Präsidenten, in dem es hieß, die gegen mich gerichteten Bemü-

hungen seien aus dem Ruder gelaufen und müssten sorgfältiger über-
prüft werden.

Auf der Seite der Republikaner informierte Joseph Verner Reed
Clintons Vorgänger. George Bush, der alle Geschehnisse um die Vereinten Nationen aufmerksam verfolgte, seit er selbst die amerikanische UN-
Mission geleitet hatte, war über die Stümperhaftigkeit der amerikanischen Bemühungen erschreckt. »Ich bin für Boutros«, sagte er. Er werde
versuchen, mir zu helfen, indem er ein ernstes Wort mit dem republikanischen Präsidentschaftskandidaten Senator Dole spreche. Dies alles bestärkte mich nur in meiner Entschlossenheit, weiterhin eine Wiederwahl
anzustreben. Doch die Kampagne Clintons hatte sich auf eine wasser-
dichte Strategie verlegt: Den Vereinten Nationen und mir wurde die
Schuld für sämtliche Fehlschläge in Clintons Außenpolitik in die Schuhe
geschoben. Die Republikaner, die bei ihrem Wahlkampf selbst erkannt
hatten, dass Schelte für die Vereinten Nationen ein sicheres Erfolgsrezept
war, würden sich niemals die Blöße geben, die Vereinten Nationen in
Schutz zu nehmen, und sei es, um Clintons Außenpolitik anzugreifen.
Die eigentliche Ursache war, dass die amerikanische Öffentlichkeit in
diesem Wahljahr an der Außenpolitik schlichtweg nicht interessiert war.
Nach einer Umfrage des *Wall Street Journal* und des Senders NBC rangier-
te »Außenpolitik« auf einer Liste von 16 Wahlkampfthemen abgeschla-
gen an letzter Stelle.

Der » Black Caucus« bezieht Stellung

Das erste positive Zeichen, das ich aus Washington erhielt, kam mit einem Brief des »Congressional Black Caucus«, einer Gruppe schwarzer
Kongressmitglieder, vom 16. Juli 1996. Deren Vorsitzender Donald Payne lud mich zu einem Treffen der Gruppe in Washington ein. »Vielen
Dank für Ihre außerordentlichen Bemühungen um eine Reform der Vereinten Nationen und für Ihre Vorreiterrolle bei dem Versuch, Licht in die
finsteren Orte der Welt zu bringen«, hieß es in dem Brief. »Der Congressional Black Caucus, der 40 freimütige Kongressmitglieder repräsentiert,
befürwortet eine Amtszeit für Sie über weitere fünf Jahre.«

Der Black Caucus verstand und würdigte meine Arbeit für die Entwicklung Afrikas, und zwar nicht nur als Generalsekretär, sondern während meiner gesamten Laufbahn. Wie als Antwort darauf erschien auf
der Leitartikelseite des *Wall Street Journal* ein langer Artikel: WARUM

AFRIKA EINEN NEUEN UN-GENERALSEKRETÄR BRAUCHT. Praktisch jede
Gewalttat, jede Unterdrückung und jeder Korruptionsfall in Afrika in
den letzten Jahrzehnten wurden mir darin angekreidet.

Mubarak in Washington

Eine Gelegenheit, etwas klarer zu sehen, ergab sich durch den Besuch
Hosni Mubaraks in Washington. Ich wusste, dass Mubarak Clinton bei
seinem Gespräch mit ihm am 31. Juli im Oval Office bitten würde, seinen Widerstand gegen meine Wiederwahl aufzugeben. Im Vorfeld des
Besuchs stellte die *New York Times* am 29. Juli 1996 fest, dass die amerikanische Entscheidung, mich nach nur einer Amtszeit abzusetzen, von
Ägypten als ein »persönlicher Affront« aufgefasst worden sei. Mehr noch,
die Presse und die öffentliche Meinung der gesamten arabischen Welt
seien durch die amerikanische Haltung in dieser Angelegenheit zutiefst
gekränkt worden.

Am 31. Juli flog ich nach Washington und sprach mit Mubarak in
einem hellen Salon des Blair House, dem Gästehaus der US-Administration, nach dessen Termin mit Clinton. Mubarak umarmte mich mit seinen langen Armen und musterte mich dann kritisch. »Sie sind dünn geworden«, sagte er. »Na«, erwiderte ich, »ich bin ja auch durch Dick und
Dünn gegangen.«

Präsident Clinton sei von sich aus auf das Thema zu sprechen gekommen, erzählte mir Mubarak. »Was machen wir mit Boutros?«, fragte
Clinton, als die beiden über das Gelände des Weißen Hauses schlender-
ten. Mubarak entgegnete, Boutros-Ghali sei in der arabischen Welt bei
Muslimen ebenso wie bei Christen sehr beliebt. Die amerikanischen Bemühungen, dem UN-Generalsekretär aus Ägypten eine zweite Amtszeit
zu verweigern, würden für Mubarak ein echtes politisches Problem darstellen. Ägyptens Ehre stehe dabei auf dem Spiel. Allen anderen Generalsekretären sei eine zweite Amtszeit gewährt worden. Warum nicht Boutros-Ghali? »Wir müssen einen Kompromiss finden«, sagte Mubarak zu
Clinton. Clinton schwieg. Dann sagte er zu Mubarak: »Boutros-Ghali ist
ein guter Generalsekretär, aber zu unabhängig.« Mubarak sagte zu diesem Thema nichts weiter, habe aber den Eindruck gehabt, wie er mir anvertraute, dass Clinton eigentlich nicht gegen mich sei. »Präsident Clinton ist in Ordnung«, sagte er. »Der Widerstand kommt aus dem State
Department.« Das bestärkte mich wiederum in meiner Überzeugung,

dass der Alptraum ein Ende hätte, sobald die amerikanische Präsidentschaftswahl vorüber war. »Sie müssen wissen«, sagte mir Mubarak, »dass
ich Sie bis zum Ende unterstützen werde. Ich habe eindeutige Anweisungen gegeben.«

Kurze Zeit später brachte Warren Christopher in einer Erklärung
vor dem Ausschuss für Internationale Beziehungen des Repräsentantenhauses einen Punkt zur Sprache, der im Folgenden zur einzigen Rechtfertigung der Amerikaner für ihre Kampagne gegen mich werden sollte. Er
erklärte, dass die Amerikaner erst nach meinem Abgang auch wirklich
glauben würden, dass die Vereinten Nationen reformiert werden würden,
und dass von dem Kongress erst dann erwartet werden könne, die US-
Schulden an die Vereinten Nationen zu bezahlen. »Der Präsident und
ich«, sagte Christopher, »haben deutlich gemacht, dass handfeste Reformen von essenzieller Bedeutung sind, um die Unterstützung des Kongresses und des amerikanischen Volkes für die Vereinten Nationen zu
fördern, und wir haben darauf bestanden, dass wir einen neuen Generalsekretär brauchen.«

Der folgende Wortwechsel zwischen Christopher und Kongressmitglied Lee Hamilton wirkt beinahe wie im voraus abgesprochen, damit
diese neue Formel auch amtlich dokumentiert wurde:

HAMILTON: Sie wissen vermutlich, dass in diesem Gremium, in diesem Kongress, und ich nehme an in der ganzen Welt, zahlreiche Spekulationen über den amerikanischen Standpunkt zum Posten des
Generalsekretärs angestellt werden. Und zwar in der Frage, ob wir
uns nun unwiderruflich auf diesen Standpunkt festgelegt haben
oder nicht.
CHRISTOPHER: Der Präsident hatte den Eindruck, dass wir ohne einen neuen Generalsekretär keine amerikanische Unterstützung für
die Vereinten Nationen mobilisieren können, die er sehr gerne unterstützen will …
HAMILTON: Ich stimme Ihnen zu. Der Kongress wird ohne neuen
Generalsekretär keine weiteren Zahlungen bewilligen.

Die europäische Presse sah das anders. In der deutschen Presse wurde die
Meinung geäußert, dass Amerikas Freunde, Partner und Feinde erstaunt
wären über die »einseitige Arroganz«. Clinton würde Boutros-Ghali
nicht deshalb blockieren, weil er sich als unfähig für Reformen oder unwillig erwiesen habe, sondern weil Clinton Dole ein Wahlkampfthema

nehmen wollte. Boutros-Ghali werde vom Weißen Haus zunehmend als »lästiger Rivale« oder »dickköpfiges Gegengewicht« empfunden. Albrights Stellvertreter Edward »Skip« Gnehm lieferte einen entlarvenden Kommentar, als mein Stabschef ihn direkt fragte: »Sag mal ehrlich, Skip, was haben die USA gegen Boutros-Ghali?« Gnehm zögerte einige Sekunden und antwortete dann: »Er machte nicht das, was wir von ihm wollten, und nicht so schnell, wie wir es uns wünschten.«

Trotz der harten Linie in der Öffentlichkeit gab es Anzeichen, dass Madeleine Albright besorgt war. Ihre Angriffe schienen meinen Rückhalt in der Welt außerhalb der Vereinigten Staaten nur zu stärken. In der Sonntagsausgabe der Londoner *Times* vom 28. Juli 1996 hieß es treffend: »Sämtliche Bemühungen der Clinton-Administration, [Boutros-Ghali] als arrogant, korrupt und ineffektiv hinzustellen, gingen nach hinten los.« Falls die Administration jedoch klein beigeben muss, »dann könnte nichts die USA ohnmächtiger erscheinen lassen«.

In Übersee setzte sich die Kette peinlicher Auftritte für US-Regierungsmitglieder fort. In Canberra sagte der australische Außenminister bei einer gemeinsamen Pressekonferenz mit Christopher, dass Australien »der Kandidatur von Boutros-Ghali nicht im Wege stehe«. Die Kommentatoren in anderen Ländern kritisierten die Vereinigten Staaten schärfstens. In China bemerkte die *Volkszeitung:* »Die meisten Länder haben sich dahin gehend geäußert, dass die Vorgehensweise der USA ... einem Akt der Hegemonie gleichkommt.« Die Vereinigten Staaten, hieß es weiter, »versuchen, die Wahl des UN-Generalsekretärs zu manipulieren, um ihr Ziel, die UNO zu beherrschen, zu erreichen.«

Der August sollte wie immer eine Zeit der diplomatischen Untätigkeit werden, um so mehr wegen der amerikanischen Präsidentschaftswahl. Ich mietete ein Haus in den Wäldern in Katonah, New York, und beschloss, mich zurückzuziehen. Wir meinten, dass die Angriffe der US-Mission gegen mich nach dem Weggang von Albrights Sprecher James Rubin zu Clintons Wahlkampfteam vielleicht etwas nachlassen würden. Meine Sprecherin Sylvana Foa erlaubte sich bei der mittäglichen Konferenz einen kleinen Scherz. Sie sagte »unserem guten Jamie Rubin« Lebwohl und händigte den Reportern kleine in Südafrika hergestellte Fläschchen aus mit dem Etikett »Boutros Boutros-Garlic« (Boutros Boutros-Knoblauch), eine Anspielung auf die legendäre Kraft des Knoblauchs, Vampire zu vertreiben.

Anfang August, als ich mich telefonisch von Katonah aus mit dem endlosen Zypernkonflikt, der Menschenrechtslage in Nigeria und der

Auseinandersetzung zwischen Jemen und Eritrea beschäftigte, drängten mich mehrere Staatsoberhäupter, in eigener Sache tätig zu werden. Königin Fabiola von Belgien rief an und sagte, sie bete für mich. Zwei Tage später führte ich ein langes, herzliches Gespräch mit Nelson Mandela. Als ich Präsident Glafcos Clerides anrief, um über die aktuellen Probleme in Zypern zu sprechen, sagte er mir, er habe mit Clinton gesprochen und sei »nicht pessimistisch«. Clinton schien bereit, eine Verlängerung der Amtszeit um zwei Jahre als Kompromiss in Betracht zu ziehen, »aber seine Mitarbeiter sind dagegen«, berichtete Clerides.

Ein republikanischer Nationalkonvent

In dem Haus in Katonah verfolgte ich am 15. August 1996, wie Senator Dole seine Antrittsrede nach der Nominierung zum republikanischen Präsidentschaftskandidaten hielt. Leah war bereits zu Bett gegangen, aber ich blieb auf und wartete ab, ob Dole einmal mehr seine »Buutros-Buutros«-Masche abziehen würde. Er tat es. Wenn er Präsident wird, sagte Dole, »dann werden unsere Streitkräfte wissen, dass der Präsident ihr Oberbefehlshaber ist – nicht Boutros Boutros-Ghali oder irgendein anderer Generalsekretär.« Ich spürte einen gewissen morbiden Reiz an der Sache. Der republikanische Präsidentschaftskandidat hielt es für effektiver, Clinton vorzuwerfen, dass er mir die Kontrolle über die amerikanische Außenpolitik übertragen habe, als Clintons Außenpolitik direkt anzugreifen. Wie konnte Clinton, so überlegte ich, jemals umschwenken, wenn ein solcher Vorwurf auf ihm lastete? Folgte man der Logik von Doles Argumentation, so blieb Clinton keine andere Wahl, als mich loszuwerden, um seine Autorität als Präsident zu behaupten. Andererseits, aus einem anderen Blickwinkel gesehen, hatte Dole in seiner Rede nur zwei Namen genannt: meinen und den Abraham Lincolns. Mein Name war in die amerikanische Geschichte eingegangen. Später kam mir zu Ohren, dass in Doles ursprünglichem Text mein Name gar nicht erwähnt wurde. Er hatte jedoch in letzter Minute der Versuchung nicht widerstehen können, seinen sicheren »Knaller« einzubauen.

Am nächsten Tag brachte mich Sylvana Foa in noch größere Schwierigkeiten. Bei der mittäglichen Pressekonferenz kommentierte sie die republikanische Wahlplattform und den Konvent mit den Worten: »Was in San Diego gesagt worden ist, wurde ganz offensichtlich aus politischen Gründen gesagt.« Es beunruhige sie, »dass eine Partei, die an die Spitze

Amerikas strebt, über die tatsächliche Arbeitsweise der Vereinten Nationen so schlecht informiert ist. Die Republikaner schüren nur die Paranoia.«

Ich gab ihr im Grunde recht, aber Foa war zu weit gegangen. UN-Mitarbeiter hatten keine Kommentare zu einer politischen Partei in einem souveränen Staat abzugeben. Ihre Worten gossen Öl in das Feuer derjenigen, die mich am liebsten bei lebendigem Leib braten würden. Aber ich hatte sie gerade deshalb ausgewählt, weil ich jemanden wollte, der verleumderische Angriffe auf die Vereinten Nationen nicht einfach hinnahm. Deshalb bat ich sie lediglich, das nächste Mal doch bitte zuerst bis zehn zu zählen.

Albright verlangte weiterhin hartnäckig, dass der Sicherheitsrat unverzüglich in Aktion trat und den nächsten Generalsekretär auswählte. Sie wollte die Angelegenheit schnell hinter sich bringen, damit Clintons Auftritt bei den Vereinten Nationen nicht vor dem Hintergrund einer erfolglosen Kampagne gegen mich stattfand. Während der Ratsvorsitzende informelle Gespräche führte, um sich Klarheit über die Wünsche der Mitglieder zu verschaffen, sagte Albright gegenüber Reportern, die Mitglieder würden »unverantwortlich« handeln, weil sie sich nicht intensiver um einen Nachfolger kümmerten. Ratsmitglieder hielten ihre öffentliche Erklärung in einer Phase, in der noch interne Gespräche geführt wurden, für unziemlich. Ein Botschafter wurde in der Presse mit den Worten zitiert, er habe »nie ein größeres diplomatisches Chaos erlebt, als das von Madeleine Albright angerichtete«.

Unterdessen hatte Chirac schon mehrmals Clinton wegen meiner Wiederwahl angerufen. Frankreich, und nicht Ägypten, stellte sich an die Spitze meiner Anhänger, denn Ägypten fürchtete, dass ein unmittelbares Eintreten zu meinen Gunsten die Beziehungen zu den USA belasten könnte. Immerhin erhielt das Land jedes Jahr rund drei Milliarden Dollar amerikanische Entwicklungshilfe. Diese Sorge ließ mir keine Ruhe. Ägypten musste sich unbedingt im Hintergrund halten und Chirac und Mandela die Auseinandersetzung mit der Clinton-Administration überlassen.

Am Sonntag, dem 18. August 1996, brachte die _New York Times_ einen Artikel mit der Überschrift:

US-BEMÜHUNG, DEN UN-CHEF ABZUSETZEN, GEHT INS LEERE

Mit einem Mal war das Interesse der Medien erwacht. Noch am selben Wochenende übertrug CNN eine Diskussion über Außenpolitik, an der die ehemaligen US-Außenminister Henry Kissinger, Alexander Haig, George Shultz und Lawrence Eagleburger teilnahmen. Shultz sagte, er sei der Meinung, dass ich »lausige Arbeit« geleistet hätte und warf mir vor, ich hätte amerikanische Luftschläge gegen die Serben verhindert. Eagleburger verteidigte mich wie immer vehement. Einig waren sich jedoch alle, dass die Clinton-Kampagne gegen mich schlecht inszeniert war und genau das Gegenteil bewirkte.

Am 20. August schrieb A. M. Rosenthal in seiner Kolumne in der *New York Times:* »Die Vereinten Nationen in der Form, wie sie Dole und der Wahlausschuss den Amerikanern vorspiegeln wollen, gibt es nicht: eine seltsame ausländische Erscheinung irgendwo da draußen, deren Oberbürokrat den USA sagen kann, was sie zu tun haben.« Kein Staat, so Rosenthal, »hat häufiger oder erfolgreicher die UNO dazu benutzt, internationale Unterstützung für militärische Operationen zu bekommen, als die USA.« In derselben Ausgabe der Zeitung wurde an anderer Stelle John Whitehead mit den Worten zitiert: »Ich habe noch nie ein so starkes, internationales Ressentiment gegen die USA erlebt als zur Zeit wegen der UNO... Vieles deutet darauf hin, dass die negative Haltung unseres Landes gegen die UNO, unsere Weigerung, die Beiträge zu bezahlen, unser geradezu brutales Fallenlassen des Generalsekretärs auf der ganzen Welt eine feindselige Stimmung und Ressentiments der Art heraufbeschworen haben, wie es möglich sein kann, dass ein Land, das seinen Beitrag nicht zahlt und eine Organisation nicht unterstützt, dennoch beansprucht, Einfluss zu nehmen.«

Freunde im Washingtoner Regierungsviertel sagten mir, dass die Clinton-Administration seitens der Medien nur auf großen Druck reagiere. Wenn das zutraf, dann könnten meine Chancen steigen. Ich konnte sogar etwas Positives in dem Artikel von Jesse Helms, dem rechtslastigen Vorsitzenden des Senatsausschusses für auswärtige Beziehungen, im *Wall Street Journal* mit der Überschrift: EIN ULTIMATUM FÜR DIE UN: REFORM ODER ENDE entdecken. Die von Helms geforderten »Reformen« waren so radikal, dass die Behauptung der Clinton-Administration, nach meiner Niederlage würde der Kongress die US-Schulden bezahlen, geradezu lächerlich wirkte. Falls seinen Forderungen nicht entsprochen werde, so Helms, »dann ist die UNO es nicht wert, gerettet zu werden, und ich werde mich an die Spitze der Befürworter eines Rückzugs der USA stellen«.

Einige Tage später erschien im *San Francisco Chronicle* ein alarmierender Leitartikel, der die Situation treffend schilderte: »Die plumpe, auf Wählerstimmen ausgerichtete Kampagne der Clinton-Administration, dem Generalsekretär der Vereinten Nationen Boutros Boutros-Ghali eine zweite Amtszeit zu verweigern, hat nicht nur der US-Führungsrolle bei den Vereinten Nationen stark geschadet, sondern hat auch dazu beigetragen, wichtige amerikanische Interessen auf einer ganzen Reihe von Feldern vom Außenhandel bis hin zum Terrorismus zu torpedieren. Um dem Ganzen die Krone aufzusetzen, scheint die Kampagne auf einen peinlichen politischen Flop zuzusteuern ... Boutros Boutros-Ghali ist in Wahrheit ein Weltdiplomat ersten Ranges und er wird insgeheim auch von den meisten sachkundigen Amerikanern als solcher gehandelt, selbst von Leuten wie Dole, die reflexartig die Vereinten Nationen kritisieren.«

Am 26. August informierte der Vorsitzende des Sicherheitsrates nach Abschluss seiner informellen Gespräche die Journalisten, dass im Rat Konsens geherrscht habe, die Frage der Wahl des Generalsekretärs frühestens Ende Oktober anzusprechen, und damit war Albrights Versuch gestorben, eine Abstimmung gegen mich schon Anfang September zu erreichen. Das war mehr als eine Abfuhr für Albright; es war ein Signal, dass der Sicherheitsrat sich bei der Entscheidung dieser Frage über ihren Kopf hinwegsetzen wollte.

Albright rührte weiter die Werbetrommel gegen mich. Sie lud sich selbst zu einem Gipfeltreffen lateinamerikanischer Staats- und Regierungschefs in Rio ein und wurde nicht gut aufgenommen. Am peinlichsten war ihr Besuch in Chile. Albright erklärte nach einem Gespräch mit hohen chilenischen Politikern gegenüber der Presse: »Ich glaube, dass wir bei der Suche nach einem neuen Generalsekretär Unterstützung gefunden haben.« ALBRIGHT GEWINNT CHILE GEGEN BOUTROS-GHALI lautete die Schlagzeile in der *Washington Times*. Danach gab jedoch das chilenische Außenministerium ein Kommuniqué heraus: »Chile hat Verständnis für die amerikanische Position, bleibt aber standhaft in seiner Unterstützung einer zweiten Amtszeit für Boutros-Ghali.« Albrights Abstecher nach Bolivien war ein weiterer Rückschlag. »Sie hat viel Porzellan zerschlagen«, meldeten unsere Quellen, »und die Bolivianer regelrecht beleidigt.«

Irakische Streitkräfte marschieren nach Norden

Anfang September entsandte Saddam Hussein eine große militärische Streitmacht in den Nordirak, um einer der kriegführenden kurdischen Splittergruppen beizustehen. Für diesen Teil des Irak galt seit dem Golfkrieg von 1991 ein Flugverbot. Er befand sich nicht mehr unter der alleinigen Kontrolle des Irak, denn die internationale Gemeinschaft hatte mit militärischer Unterstützung Einzug gehalten, um der Bevölkerung humanitäre Hilfslieferungen zukommen zu lassen.

Wegen dieses militärischen Schrittes ordnete ich an, die Umsetzung des Programms »Öl gegen Nahrung« zu stoppen. Am Montag, dem 2. September, bat Botschafter Edward Gnehm, der zweithöchste Mitarbeiter der US-Mission, um ein dringendes Gespräch im Haus am Sutton Place. Er umarmte mich überschwenglich, was für ihn ungewöhnlich war. Auf Arabisch (er hatte als amerikanischer Botschafter in Kuwait Dienst getan) sagte er, Washington habe ihn angewiesen, mich über die US-Position zu dem neuerlichen Konflikt mit dem Irak zu informieren: Bagdad hatte mit Tausenden von Soldaten, darunter auch Einheiten von Saddams Republikanischer Garde, die kurdische Stadt Erbil im Norden des Landes angegriffen. Es gab Meldungen von Exekutionen, Inhaftierungen und Razzien durch die irakische Geheimpolizei. Diese Handlungen des Irak bildeten einen eindeutigen Verstoß gegen Resolution 688 aus dem Jahr 1991.

»Die Vereinigten Staaten werden vermutlich mit dem Abschuss von Raketen intervenieren«, sagte Gnehm. Ziel von Gnehms Besuch war es, meine Zusicherung einzuholen, dass ich keine Erklärungen abgeben würde, die den geplanten Zwangsmaßnahmen der Vereinigten Staaten gegen den Irak zuwider laufen würden. Ich sagte ihm, dass ich die amerikanische Unterstützung benötige, um das Programm »Öl gegen Nahrung« umzusetzen, und dass ich jegliche Erklärung unterlassen würde, die humanitäre Hilfe gefährden könnte. Gnehm versicherte mir, dass es nicht Washingtons Absicht sei, das Programm »Öl gegen Nahrung« abzusetzen, auch wenn es durch die gegenwärtigen Feindseligkeiten verzögert werde. Er verabschiedete sich zufrieden und sichtlich erleichtert.

In einer seltsam anmutenden Operation griffen die Vereinigten Staaten Ziele an, die Hunderte von Kilometern von Saddam Husseins Operation im Norden entfernt lagen. Schiffe der US Navy im Persischen Golf und B-52-Bomber, die auf Guam stationiert waren, nahmen Luftabwehrstellungen im Süden des Irak mit Marschflugkörpern unter Beschuss.

Die Vereinigten Staaten versicherten, dass eine bereits verabschiedete Resolution, nämlich die Resolution 688, zu diesen Angriffen ermächtigt habe. Doch der Hinweis auf Resolution 688 war nicht hieb- und stichfest. Im Gegensatz zur Allzweckresolution 987 war Resolution 688 nicht gemäß Kapitel VII der UN-Charta verabschiedet worden, dem Teil über Zwangsmaßnahmen. Ebensowenig verletzte der Einfall irakischer Landstreitkräfte die Flugverbotszone, die in der Folge einseitig von den Vereinigten Staaten und ihren Verbündeten verhängt worden war als Versuch, Resolution 688 durchzusetzen. Die Flugverbotszone ist im Übrigen vom Sicherheitsrat niemals bestätigt worden. Die Vereinigten Staaten hätten vor unüberwindlichen Schwierigkeiten gestanden, wenn sie versucht hätten, vom Sicherheitsrat die Vollmacht zur Anwendung von Gewalt gegen den Irak zu erhalten. Der militärische Vorstoß des Irak in den Norden war gewiss bedauerlich, aber er war eine Operation der irakischen Regierung innerhalb ihres souveränen Territoriums.

Bei den Vereinten Nationen waren viele der Meinung, dass die US-Administration die Gelegenheit ergriffen habe, um die Wähler in der heißen Phase des Wahlkampfes mit der Entschlossenheit des Präsidenten zu beeindrucken. Die Tatsache, dass der Militärschlag nicht die Aktivitäten der irakischen Armee gegen die Kurden zum Ziel hatte, sondern sich auf Hunderte von Kilometern entfernte Militärbasen beschränkte, erhärtete nur den Verdacht, dass das Weiße Haus nach außen hin mutig erscheinen wollte, zugleich aber eine längere Auseinandersetzung mit Iraks Streitkräften sorgfältig vermied.

Saddam Hussein hatte den Vereinigten Staaten eine Niederlage beigebracht, indem er deren umfassendes, im Norden des Irak aufgebautes nachrichtendienstliches Netz zerschlug und die vielen Agenten ermordete oder vertrieb. Dies wurde von der amerikanischen Presse weitgehend ignoriert. Statt dessen bezeichneten sie Clintons Einsatz von Marschflugkörpern als eine entschlossene Reaktion auf eine weitere Herausforderung von Saddam Hussein. Großbritannien wollte die Vereinigten Staaten unterstützen und schlug eine Resolution vor, die den Einmarsch des Irak in den Norden verurteilte, gab den Plan aber auf, als Russland sein Veto androhte, wenn die Verurteilung nicht auch die amerikanischen Raketenangriffe mit einschloss. Viele Regierungen kritisierten die amerikanische Reaktion, einige meinten sogar, dass die Koalition, die die Vereinigten Staaten 1990/91 gegen Saddam Hussein gebildet hatten, an diesem Punkt erste Risse bekommen habe.

Als die Vereinigten Staaten ankündigten, dass sie bereit seien, weitere Marschflugkörper gegen den Irak einzusetzen, erklärte Russland eine solche Aktion für völlig inakzeptabel, solange sie nicht durch den Sicherheitsrat genehmigt worden sei. Der Sprecher des Repräsentantenhauses Newt Gingrich sagte, dass die Clinton-Administration es geschafft habe, die Vereinigten Staaten arrogant und ohnmächtig zugleich wirken zu lassen. Die Wahrheit war, dass Saddam Hussein an Boden gewonnen hatte und die US-Militärschläge ineffektiv und bedeutungslos erschienen. Auf politischer Ebene war die Clinton-Administration jedoch erfolgreich und andere Staaten schlossen sich an. Die Vereinigten Staaten hatten den Sicherheitsrat missachtet und kamen damit durch.

Kurz vor dem Zusammentreten der 51. Vollversammlung und der Wiederaufnahme der jährlichen offiziellen Tätigkeit bei den Vereinten Nationen verließ ich mein Landhaus in Katonah und kehrte in mein Dienstzimmer im UN-Sekretariat zurück. Unterdessen hatte das Gerede über andere Kandidaten für den Posten des Generalsekretärs nachgelassen. Die meisten Namen, die im Juni genannt wurden, hatten sich selbst verabschiedet oder galten als chancenlos. Beispielsweise erklärte das Kongressmitglied Christopher Smith Mary Robinson und Gro Harlem Brundtland wegen ihrer Befürwortung von Abtreibungen für inakzeptabel. Die Aufmerksamkeit galt allein mir, für oder wider Boutros-Ghali, wobei die Vereinigten Staaten auf der »Wider«-Seite praktisch allein standen. Die Clinton-Administration nannte niemanden mit Namen, weil sie offensichtlich fürchtete, dass ihr Kandidat als Marionette Amerikas betrachtet würde. Innerhalb der Vereinten Nationen wussten jedoch alle, dass der Wunschkandidat der Vereinigten Staaten Kofi Annan aus Ghana war, der jahrelang in der Personal- und Haushaltsplanung der Vereinten Nationen tätig war. 1993 hatte ich ihn vom Stellvertretenden Generalsekretär zum Untergeneralsekretär für Friedenssicherung befördert, in der Hoffnung, Afrikas Präsenz in den höheren Etagen der Vereinten Nationen zu verstärken. Annan wusste genau, dass er als Washingtons Kandidat für meine Nachfolge gehandelt wurde. Er war nämlich in mein Dienstzimmer gekommen und hatte erklärt, dass er sich niemals selbst als Kandidat für den Posten des Generalsekretärs ins Spiel bringen werde.

Anfang September erhielt ich weitere Loyalitätsbekundungen. Nach einem Mittagessen mit dem König und der Königin von Schweden im Haus am Sutton Place sagte der schwedische Botschafter zu mir: »Das heißt, dass Schweden ihre Wiederwahl unterstützen wird.« Die Unterstützung anderer brachte jedoch etliche Probleme mit sich. Trotz seiner anfänglichen Unzufriedenheit mit mir schickte Oberst Gaddafi von Libyen einen Gesandten, um mir mitzuteilen, dass »der Oberst« über das amerikanische Veto gegen mich »verärgert« sei. Was könne er für mich tun? Ich erwiderte so diplomatisch wie möglich: »Je weniger, desto besser.«

Am 13. September fuhr ich zu der Einladung des Congressional Black Caucus nach Washington und genoss die warmen Lobesworte des Vorsitzenden Donald Payne. Der Leiter der Pressestelle der Vereinten Nationen in Washington, Joe Sills, der während der ganzen letzten Zeit missmutig gewesen war, berichtete: »Die Stimmung hier in Washington hat sich gewendet. Die Anti-Boutros-Ghali-Kampagne wird nun als peinlicher Fehlgriff Clintons betrachtet. Selbst eingefleischte UN-Gegner nennen sie ›stümperhaft‹.«

Der Segen des Kardinals

Jedes Jahr um diese Zeit beginnt der Generalsekretär die UN-Tagungsperiode mit einem Besuch der Church of the Holy Family mitten in Manhattan, wo die neue Vollversammlung gesegnet werden soll. Am 16. September saß ich in der ersten Bank der Kirche, Kardinal John O'Connor leitete den Gottesdienst. Er genoss hohes Ansehen, war aber auch ein Mann des Volkes und eine wichtige Stimme in der amerikanischen Öffentlichkeit. Plötzlich hörte ich Kardinal O'Connor erklären, er werde auf seine üblichen Worte bei dieser Gelegenheit verzichten und etwas über mich sagen. Ich war sprachlos. In all den Jahren hatte der Kardinal stets den Vereinten Nationen gedankt, hatte aber nie eine Einzelperson ausdrücklich hervorgehoben.

»Ich möchte etwas sagen«, kündigte der Kardinal an, »das als politisch motiviert aufgefasst werden könnte, käme es nicht von einem Menschen, der sich der Moral und geistlichen Dingen widmet. Ich möchte meinen persönlichen Dank einem Mann aussprechen, der in meinen Augen ein außerordentlich feines Gespür für die moralischen und geistlichen Angelegenheiten der Weltpolitik bewiesen hat. Er ist ein Mann, mit dem ich persönlich gesprochen habe, ein Mann, der mich mit seinem Anstand beeindruckt hat, mit seiner Integrität, mit seiner echten Sorge um den Menschen. Nicht einfach nur abstrakte Ideen, nicht nur das allgemeine Konzept, Kriege zu verhindern oder Frieden zu bringen, oder das noch allgemeinere Konzept, den Hungrigen zu Essen und den Obdachlosen ein Dach zu geben, liegen ihm am Herzen. Er ist ausdrücklich und ganz konkret an dem Menschen interessiert, wie er nach dem Bild Gottes geschaffen ist. Ich freue mich, ich bin stolz, ich empfinde es als Privileg, dass Boutros Boutros-Ghali der Generalsekretär der Vereinten Nationen ist. Ich persönlich hoffe, Herr Boutros-Ghali, dass ich das Privileg haben werde, ihnen noch lange Zeit dienen zu dürfen. Ich danke Ihnen für das, was Sie getan haben.«

Die Kirche antwortete mit Beifall. Mir standen Tränen in den Augen. Danach brachte ich nur einige Worte des Dankes hervor.»Ich werde Ihnen weiterhin helfen«, sagte Kardinal O'Connor,»weil ich an Ihre Arbeit glaube.«

Zwei Tage später war ich bei dem jährlichen Mittagessen für die UN-Korrespondenten zu Späßen aufgelegt.»Ich bin froh, wieder bei der Arbeit zu sein«, sagte ich.»Ehrlich gesagt, habe ich mich in den Ferien gelangweilt. Es macht viel mehr Spaß, hier Reformen zu blockieren, schwarze Hubschrauber zu starten, weltweite Steuern einzuführen und meine Mitarbeiter zu demoralisieren.«

Dieser kleine Versuch, meine Feinde ein wenig zu foppen, indem ich mich über deren Vorwürfe gegen mich lustig machte, fand in den Medien weltweit stärkere Beachtung als alle bisherigen Äußerungen von mir. Die neue Tagungsperiode der Vereinten Nationen wurde mit dieser unbekümmerten Bemerkung eröffnet.

Clinton in New York

Am 29. September 1996, um 9.20 Uhr, traf ich Präsident Clinton am Eingang zum Gebäude der Vereinten Nationen. Mir schien es fast, als wären Tausende von Fotografen anwesend, um den Ausdruck auf unseren Gesichtern festzuhalten. Ich begleitete den Präsidenten zu Raum GA 200, dem Warteraum gleich hinter dem Saal der Vollversammlung. Albrights Berater hatten mit meinen Mitarbeitern lange über die Frage verhandelt, wer während des kurzen Treffens zwischen Clinton und mir anwesend sein sollte. Vor allem sorgten sie sich darum, dass die Presse eindringen und mich und Clinton gemeinsam fotografieren oder filmen könnte. Mein Stab stimmte der Forderung der Vereinigten Staaten zu, keine Presse zuzulassen. Wie nicht anders zu erwarten war, zwängten sich aber dennoch Kameraleute in den kleinen Raum und filmten Clinton und mich, Seite an Seite mit steinerner Miene, wie zwei ägyptische Statuen. Ich lehnte mich zu Clinton und flüsterte:»Lächeln!« Da kam etwas Leben in Clinton und er lächelte. Die Presse rätselte später, welchen Witz ich ihm wohl erzählt haben mochte.

Danach machte ich Anstalten, über Afrika, Terrorismus und den umfassenden Atomteststoppvertrag zu sprechen, zu dessen Unterzeichnung Clinton angereist war, aber es war schon an der Zeit für den Präsidenten, in den großen Saal der Vollversammlung zu gehen. Er stand auf, gab mir die Hand, drückte mir die Schulter mit seiner anderen Hand, sah mir tief und gefühlvoll in die Augen und sagte mit seiner angenehmen, rauhen Stimme: »Es tat gut, mit Ihnen zu reden.« Dann fügte er hinzu: »Ich werde über Abrüstung sprechen.« Ich wertete das als Hinweis, dass er den Widerstand der USA gegen meine Wiederwahl nicht erwähnen wollte.

Falls ich überhaupt eine Strategie für mein Verbleiben im Amt hatte, so bestand sie lediglich darin, bis nach der amerikanischen Präsidentschaftswahl durchzuhalten. Albrights Fehlschlag, eine Entschließung des Sicherheitsrates herbeizuführen, hieß, dass ich dieses Minimalziel bereits erreicht hatte. Unter der Schlagzeile VIELE LÄNDER VERÄRGERT ÜBER US-WUNSCH NACH NEUEM GENERALSEKRETÄR schrieb John Goshko in der *Washington Post*, US-Beamte würden einräumen, »dass die Vereinigten Staaten, da so viele Länder nicht bereit sind, zu akzeptieren, dass Boutros-Ghali gehen muss, und eine Diskussion über andere Kandidaten für den Posten des Generalsekretärs zu beginnen, nunmehr die Absicht hätten, ihre Kampagne bis nach dem Urnengang der amerikanischen Wähler am 5. November ruhen zu lassen«.

So weit hatte ich die Schlacht bislang gewonnen. Albright hatte eine Reihe demütigender Niederlagen eingesteckt. Clinton schien sich dessen erst vor kurzem durch private Gespräche und durch Pressemeldungen bewusst geworden zu sein. Die Presse sagte ganz unverblümt wie Murray Kempton in einem vernichtenden Artikel, dass die ganze Anti-Boutros-Ghali-Kampagne einzig und allein aus der Angst heraus inszeniert worden sei, dass Dole das Thema besetzen könnte. Einige Kommentatoren zogen finstere Parallelen. Der Pariser *Le Nouvel Observateur* nannte die Kampagne, in Anspielung auf die iranische Todesstrafe gegen Salman Rushdie, »eine amerikanische *fatwa* gegen Boutros-Ghali«.

Madeleine Albright sagte vor der *Overseas Writers' Association* in Washington am 3. Oktober, zum ersten Mal seit langem in gemäßigtem Ton: »Trotz der Tatsache, dass wir der Ansicht gewesen sind, es sei wichtig, diesen Prozess früher in Angriff zu nehmen, denke ich, dass wir – wenn die Leute das nicht vor der Wahl aufgreifen wollen – das nicht erzwingen können.«

Najibullahs schreckliches Ende

Die us-Kampagne flaute danach ab und dramatische Ereignisse zwangen meine Aufmerksamkeit auf einen anderen Schauplatz. In Afghanistan standen die radikalislamischen Taliban-Milizen kurz davor, die Hauptstadt Kabul einzunehmen. In dem dortigen un-Stützpunkt hatte der ehemalige Präsident Afghanistans, Mohammed Najibullah, nach dem Sturz seines Regimes 1993 Zuflucht gesucht. Da ich wusste, dass sein Leben in Gefahr war, hatte ich wiederholt vergeblich versucht, seine Freigabe und sicheres Geleit aus dem Land zu erreichen. Der afghanische Präsident Burhanuddin Rabbani hatte mir jedoch zugesagt, dass Najibullahs Leben geschont werde, Pakistan versprach, seine Durchreise zu erleichtern, und Indien wollte ihm Exil bieten, da seine Frau bereits als Flüchtling in Neu-Delhi lebte. Während die Taliban weiter auf Kabul vorrückten, schickte ich Untergeneralsekretär Marrack Goulding nach Kabul, um die Lage vor Ort zu sondieren. Er sprach mit Najibullah, der es ablehnte, Kabul zu verlassen, wenn er keinen würdevollen Abgang bekam. Er habe keine Angst vor den Taliban, sagte er. Sein einziger Feind war Ahmed Schah Massud, der berüchtigte Guerillakrieger, der die Sowjets erfolgreich bekämpft hatte. Goulding begab sich danach zur Führung der Taliban in Kandahar. Zu seiner Beunruhigung entdeckte er, dass die Taliban noch nie von den Vereinten Nationen gehört hatten. Er konnte ihnen nicht begreiflich machen, wer die un waren und was er bei ihnen wollte. Goulding gab ihnen ein Exemplar der un-Charta auf Arabisch und wies sie auf die Passage in Artikel 1 hin, dass die Menschenrechte für alle zu respektieren seien »ohne Unterschied der Rasse, des Geschlechts, der Sprache oder der Religion«. Die Taliban reichten den Text weiter und diskutierten ihn lebhaft. Ganz offensichtlich hatten sie das Dokument nie zuvor gesehen. Gouldings Ermahnung, Afghanistan müsse als Gründungsmitglied der Vereinten Nationen die Vereinbarungen respektieren, wer auch immer das Land regiere, stieß auf taube Ohren.

Als die fundamentalistischen Kräfte die Außenbezirke der Stadt erreichten, ordnete ich die Evakuierung der un-Mitarbeiter an. Wir drängten Najibullah, mit ihnen die Stadt zu verlassen, aber er weigerte sich, weil er Angst hatte, dass er auf dem Weg zum Flughafen ermordet würde. Als die Taliban Kabul eroberten, stürmten sie den un-Komplex, folterten und kastrierten Najibullah und hängten ihn auf. Ich hatte nie mit Najibullah gesprochen, aber er hatte in einem un-Gebäude Zuflucht gesucht

und ich schuldete ihm Schutz und Immunität. Seine Ermordung emp-
fand ich als eine persönliche Niederlage, die um so mehr schmerzte, als
ich einen traurigen Brief von seiner Frau erhielt.

Endlich erreichten mich einige gute Nachrichten. Die Schlagzeile
der *New York Times* vom 5. Oktober 1996 lautete: USA ZAHLEN 660
MILLIONEN DOLLAR SCHULDEN AN DIE UNO, »bringen damit ihre Beiträge von 1996 auf den aktuellen Stand und verringern die Rückstände für
Friedensmissionen deutlich«. Konnte das wahr sein? Mein ständiges
Drängen hatte am Ende womöglich Erfolg gehabt. Kurz nach Louis Farrakhans Marsch der eine Million Männer nach Washington im Jahr
1995 sei ich als »Eins-Komma-Drei-Milliarden-Mann« nach Washington marschiert, spielte ich ironisch auf die Gesamtsumme an, die die Vereinigten Staaten den Vereinten Nationen schuldeten. Die Clinton-Administration hatte fortwährend erklärt, der Kongress werde die Schulden
nicht zahlen, solange ich Generalsekretär sei. Die heutige Meldung entlarvte diese Behauptung als offensichtlich falsch.

Ich wollte allein mit Madeleine Albright sprechen und erwähnte gegenüber meinen engsten Mitarbeitern, dass ich mit dem Gedanken spiele, sie zu einem Abendessen unter vier Augen einzuladen. Sie waren entsetzt und bestanden darauf, dass ich nichts Derartiges unternahm. Meine
Berater waren sich sicher, dass Albright und ihre Einsatztruppe das Weiße Haus über das Ausmaß der internationalen Opposition, die ihre Kampagne gegen mich hervorgerufen hatte, nicht voll, auf jeden Fall unzutreffend informierten. Präsident Clinton, so meinten sie, werde sich
gerade erst über diesen Umstand im klaren. Falls ich mich jedoch an sie
wendete, so könne Albright dies als Beleg werten, dass ich am Rand der
Kapitulation stehe. Sie würde melden, dass ich »Einlenken signalisiert«
hätte, sagten sie, und Christopher würde das ausnutzen, um den afrikanischen Rückhalt für mich zu untergraben.

Deshalb lud ich Madeleine Albright, ohne meine Kollegen zu informieren, für Sonntag, den 6. Oktober, zum Abendessen ein. Da sie sich die
TV-Debatte zwischen Clinton und Dole ansehen wollte, vereinbarten wir,
uns am Montagabend zu treffen. Ich empfing sie in der Bibliothek. Als sie
um 19 Uhr erschien, zeigte ich ihr das neue Arrangement meiner Sammlung bronzener und silberner osmanischer Federhalter. Sie wurden von
der intellektuellen Klasse der Beamten in den Tagen des osmanischen
Reiches am Gürtel getragen und waren den Schreibern das Gegenstück
zu den Säbelscheiden der Janitscharen. Ich hatte ihr meine Sammlung
erstmals in den Anfangstagen unserer UN-Bekanntschaft gezeigt. Als ich

später einmal in ihrer Suite im Waldorf-Astoria zu Gast war, sah ich, dass sie mit einigen Kopien aus der Türkei eine eigene Sammlung dieser Stücke begonnen hatte.

Als wir uns an den Tisch setzten, sagte ich, ich hätte sie zu mir gebeten, um ihr persönlich zu sagen, dass ich ihr oder Clinton trotz der hässlichen Worte, die sie und ihr Sprecher mir gegenüber benutzten, nichts nachtrage. Madeleine Albright entgegnete, sie sei von der schroffen Art und Weise, wie das Weiße Haus und das State Department ihre Entscheidung mich abzusetzen angekündigt hätten, empört gewesen. Sie sei zu der Zeit in Südkalifornien in ihrer Limousine unterwegs gewesen, als sie telefonisch die Nachricht erhielt. Sie sagte, sie sei »in die Luft gegangen«. »Wie denken Sie sich das Ende der Angelegenheit?«, fragte sie mich. »Die Entscheidung liegt bei den Mitgliedstaaten«, erwiderte ich. »Das ist nicht mehr mein Problem.« Ich würde weiterhin meine Zusage einhalten, konstruktiv mit den Vereinigten Staaten zusammenzuarbeiten, weil ich die Ideale und Grundsätze, für die Amerika stehe, teilen würde. »In der Vergangenheit habe ich einmal dafür einen politischen Preis gezahlt«, sagte ich. »Nach der Verstaatlichung des Suezkanals durch Nasser wurde ich als ›proamerikanisch‹ gebrandmarkt und durfte nicht ins Ausland reisen.« Ja, sagte sie, davon habe sie gehört.

»Warum treten sie nicht einfach mit Würde zurück?«, fragte sie unvermittelt. »Wie kann ich das?« entgegnete ich. »Wie kann ich mich gegen mein eigenes Land Ägypten wenden, das meine Wiederwahl unterstützt?« Darauf entgegnete Madeleine, sie hoffe, ihre jetzige Kampagne, um mich aus meinem Amt zu verdrängen, werde die Beziehungen zur arabischen Welt nicht belasten.

Leah gesellte sich zu uns. »Warum versuchen Sie, meinen Mann zu zerstören?«, fragte sie. Madeleine antwortete auf diese Herausforderung mit dem Standardargument des State Department, dass Präsident Clinton keine andere Wahl habe, dass der Kongress die Absetzung fordere. Die Luft im Speisezimmer wurde stickig, unser Gespräch geriet ins Stocken und wenig später ging der Abend zu Ende.

Das Verhältnis zwischen Madeleine Albright und mir ähnelte einer Art Hassliebe. Auf ihre Bitte hin vereinbarten wir, regelmäßig einmal im Monat miteinander Abend zu essen. Leah willigte ein, uns bei diesen Treffen allein zu lassen. Madeleine Albright war bei dem Gespräch sehr offen gewesen und hatte mir von ihren persönlichen Problemen erzählt. Vor ihrem Wechsel zu den Vereinten Nationen war sie eine kaum bekannte Professorin und politische Beraterin der Demokraten gewesen. Ihre erste Begegnung mit der großen Politik hatte sie als Leiterin der US-Mission bei den Vereinten Nationen, und sie liebte den Schauplatz und blühte angesichts der Dramatik und privilegierten Stellung regelrecht auf.

Ihre gelegentlich ungeschliffene Ausdrucksweise war in Washington in beiden politischen Lagern beliebt. Ihre schlechteste Eigenschaft, was die Diplomatie anging, wurde somit durch ihr amerikanisches Publikum noch gefördert. Je ungehobelter sie mit den Repräsentanten anderer Länder sprach, desto mehr Zustimmung erhielt sie von ihren Landsleuten. Als ich darüber nachdachte, erkannte ich, dass ich im Grunde der Dumme war. Ich hatte ihren zunehmenden politischen Einfluss in Washington sträflich vernachlässigt. Sie muss außerdem geglaubt haben, dass ich sie auf intellektueller oder diplomatischer Ebene für keinen ebenbürtigen Partner hielt. Sie hatte nichts verlauten lassen, aber alles sauber von langer Hand geplant. Lange vor diesem Wahljahr 1996 hatte Joseph Verner Reed sie einmal sagen hören: »Ich werde Boutros glauben machen, ich sei sein Freund; dann werde ich ihm das Genick brechen!« Als mir das damals zu Ohren kam, tat ich den Spruch als lachhaft ab. Als Madeleine Albright darauf bestand, dass sie meine einzige echte Kontaktperson zur Clinton-Administration und zum Kongress bleibe, versuchte ich, ihren Forderungen nachzukommen, weil ich keine Spannungen zwischen uns beiden wollte und weil sie mich in ihrer herrischen Art davon abhielt, wirksame persönliche Beziehungen zu Washington zu entwickeln. Ich war ein guter Junge, aber ich war naiv. Fortuna ist eine Frau, hat Machiavelli einmal sinngemäß gesagt, und wenn man sie unterwerfen will, so muss man mit ihr kämpfen; aber in diesem Fall war die Frau kämpferisch und Fortuna war ihr wohlgesonnen.

Am nächsten Morgen stürmte Fayza Abulnaga in mein Büro und sagte, dass der Außenminister von Dschibuti unter massivem Druck der US-Mission bei den Vereinten Nationen in letzter Minute eingewilligt habe, den Text seiner Rede vor der Vollversammlung zu ändern und zu erklären, dass sein Land nicht länger meine Wiederwahl unterstütze. Ich schickte Fayza sofort mit einer persönlichen Botschaft zu ihm: »Ich habe einen Brief von Ihrem Präsidenten, in dem er mir seine Unterstützung zusichert. Diesen Brief werde ich verteilen, falls Sie nicht zu Ihrem ursprünglichen Text zurückkehren.« Die Vereinigten Staaten, wurde mir gesagt, hätten sämtliche Mitglieder der Vereinten Nationen gedrängt, mich in ihren alljährlichen Ansprachen vor der Vollversammlung weder zu nennen noch in irgendeiner Weise zu loben. Wenn dem so war, dann haben viele Mitglieder die Anweisungen der USA nicht befolgt.

Es hatte aber den Anschein, als sei Albrights Stern gesunken. Ein Reporter der *New York Times* ließ uns »Insiderinformationen« aus Washington zukommen: »Albright ist tatsächlich im Aus. Sie ist aus dem Begleitteam für Christophers Afrikareise gestrichen worden.« Der Reporter verwies auf eine soeben verabschiedete Resolution des Sicherheitsrates zur Öffnung eines Tunnels in Jerusalem, entlang der Westmauer des Haram al-Sharif, wie die Araber ihn nennen, oder des Tempelbergs, wie er bei den Juden heißt, und sagte weiter: »Albright bezog wegen der Resolution zu dem israelischen Tunnel auf politischer Ebene Prügel, weil sie diese durchgehen ließ, ohne dass die Palästinenser ebenso kritisiert werden wie die Israelis. Und sie ist aus Christophers Afrikareise gestrichen worden. Jetzt weiß sie, dass sie nicht Außenministerin werden wird.«

Christophers erste Safari

Eines Morgens hörte ich die Ankündigung im Radio, dass Außenminister Warren Christopher im Oktober in das südliche Afrika reisen werde. Das war seine erste Safari nach Schwarzafrika, seit er Außenminister geworden ist. Ich hielt es für erstaunlich, dass der höchste amerikanische Außenpolitiker sich nie die Zeit genommen hatte, den ärmsten Kontinent der Welt aufzusuchen. In den Jahren des Kalten Krieges hatten sich die Vereinigten Staaten und die UDSSR um die afrikanischen Länder gerissen. »Entwicklungshilfe« war damals ein wichtiges Konzept, und es war vorherrschende Meinung, dass die Frage, ob Afrika kommunistisch oder kapitalistisch wird, großen Einfluss auf den Wettstreit der Supermächte haben würde. Christophers Vernachlässigung Afrikas zeigte, wie sehr sich die Welt verändert hatte. Die Kluft zwischen den reichen und den armen Teilen der Welt war bei den Reichen weder von Interesse noch ein Grund, sich groß aufzuregen.

Aber jetzt plante Christopher mit einem Mal, nur wenige Wochen vor dem Ende seiner vierjährigen Amtszeit, eine Afrikareise. Nur wenige Tage zuvor war mir ein weiterer Aspekt dieses auffälligen, plötzlichen Interesses zugetragen worden: Vier Jahre lang hatten die in Washington akkreditierten afrikanischen Botschafter sich vergeblich um einen gemeinsamen Empfang im State Department bemüht, jetzt, in den letzten Wochen der ersten Clinton-Administration, habe Christopher unversehens eingewilligt. Die Vermutung liegt nahe, dachte ich, dass dies etwas mit der US-Kampagne gegen mich zu tun hatte. Christopher würde den

Afrikanern sagen, dass sie sich entscheiden müssten: entweder weiter darauf bestehen, dass ich wiedergewählt würde, oder der Realität ins Auge sehen und sich auf fünf – womöglich sogar zehn – weitere Jahre mit einem *anderen* Afrikaner als Generalsekretär freuen. In den letzten Wochen hatte die Clinton-Administration ja fortwährend erklärt, dass den Vereinigten Staaten jeder afrikanische Kandidat recht wäre, solange er nicht Boutros-Ghali hieße.

Mit dem einzigen Ziel nach Afrika zu reisen, meine Wiederwahl zu verhindern, wäre jedoch eine eklatante Kränkung gewesen. Das offizielle Ziel von Christophers Reise lautete deshalb, Gespräche über die »Friedenssicherung« zu führen. In Afrika schwelten mehr Konflikte als auf allen anderen Kontinenten zusammen. Afrika war der Schauplatz der weitaus größten Zahl an UN-Friedensmissionen. Die Vereinigten Staaten hatten sich jedoch bei der verpfuschten Friedensmission in Somalia 1993 die Finger verbrannt und im Folgenden eine weitere Beteiligung an Friedensmissionen in Afrika an umfangreiche Vorbedingungen geknüpft.

Um aus dieser misslichen Lage herauszukommen, hatten die Vereinigten Staaten eine bizarre Idee entwickelt. Im Sommer hatte ein CIA-Beamter informell zu einem meiner Mitarbeiter Kontakt aufgenommen und ihm mitgeteilt, dass der Nationale Sicherheitsberater Anthony Lake mit den Afrikaexperten in der Clinton-Administration einen Plan für eine künftige rein afrikanische Friedenstruppe aus 17 000 bis 25 000 Mann ausarbeite. Die Vereinigten Staaten wollten die Truppe logistisch unterstützen, sich aber nicht weiter daran beteiligen. Die Planung mit dem Decknamen »Carlisle« unter der unmittelbaren Aufsicht von Nancy Sodeberg, Mitglied des Nationalen Sicherheitsrats, sei bereits weit fortgeschritten. Das Pentagon »läßt sich jedoch Zeit«. Um dem Verteidigungsministerium entgegenzukommen, so der CIA-Beamte, würde die Aufgabe der Truppe lauten, »das Sterben zu stoppen, aber nicht das Töten« – mit anderen Worten, den Betroffenen Hilfe leisten, aber nichts gegen die Urheber der Kämpfe unternehmen. Die Truppe werde ein »Führungsland« benötigen, das die Befehlsstruktur und viele Soldaten, wenn nicht gar die Mehrzahl, bereitstellen sollte. Das müsse ein afrikanischer Staat mit einer leistungsstarken Militärführung sein: beispielsweise Ägypten. Der CIA-Beamte regte an, dass ich bei der Umsetzung behilflich sein könnte.

Der Plan war absurd und eine weitere Kränkung des Kontinents Afrika. Die Vereinigten Staaten erklärten praktisch, dass Afrika so unbedeutend und so lästig sei, dass es künftig nicht erwarten könne, von UN-

Friedensmissionen zu profitieren. Vielmehr solle es sich darauf einstellen, als einziger Kontinent aufgefordert zu werden, seine Konflikte allein zu lösen. Jedesmal wenn mir solche Vorschläge zu Ohren kamen, versuchte ich meinem Gegenüber verständlich zu machen, dass eine Regionalisierung der Friedenssicherung Gefahren in sich berge. Der deutsche Verteidigungsminister Volker Rühe erklärte mir, dass er den Einsatz deutscher Soldaten ausschließlich in Europa wünsche. In Tokio bekam ich Ähnliches zu hören: Japanische Soldaten sollten nur in Asien eingesetzt werden. Nein, erwiderte ich, der Sicherheit wird durch die internationale Solidarität am besten gedient. Die Vereinten Nationen wollen asiatische Soldaten in Europa und europäische Soldaten in Asien. Wir dürfen nicht zu Lasten der internationalen Solidarität zu einem Regionalismus zurückkehren.

Wenig später wurde die US-Initiative offiziell zum Anlass für die Afrikareise Warren Christophers im Oktober 1996 erklärt. Er unternehme die Reise, um Afrikaner für den Gedanken zu »erwärmen«. Mir schwante, dass Christopher das womöglich wirklich ernst meinte; für jemand, der sich in Afrika oder in Friedensmissionen auskannte, wäre das undenkbar gewesen. Die afrikanische Presse wusste sehr gut, weshalb er kam. Die Zeitung *Fraternité Matin* von der Elfenbeinküste kritisierte die Vereinigten Staaten scharf wegen des angedrohten Vetos gegen mich und warfen Washington vor, »das Mehrheitsrecht der OAU zu Grabe zu tragen«. Gleichzeitig brachte das Blatt jedoch Amara Essy, den Außenminister der Elfenbeinküste, als möglichen Nachfolger ins Spiel. Gerüchte kursierten, dass sich die Vereinigten Staaten möglicherweise wegen der Rückendeckung für mich an Afrika rächen würden. Christophers Aufgabe war es scheinbar, derartige Befürchtungen der afrikanischen Staaten noch zu schüren.

Die erste Station des Außenministers war Bamako, die Hauptstadt von Mali. Ich war erstaunt, dass Christopher als Erstes ein französischsprachiges Land aufsuchte, das enge Beziehungen zu Frankreich unterhielt, und dort für Positionen warb, denen sich Frankreich widersetzte: die Absetzung Boutros-Ghalis und die Bildung einer rein afrikanischen Friedenstruppe unter amerikanischer Vormundschaft.

Vor der Landung in Bamako sagte Christopher laut Reuters zu Reportern: »Auf allen meinen Stationen werde ich darüber sprechen, wie wichtig es ist, dass Afrika gute Kandidaten für den Posten des Generalsekretärs präsentiert... Wir meinen, afrikanische Kandidaten verdienen besondere Beachtung, aber wenn keine Kandidaten genannt werden, dann können wir auch keine in Betracht ziehen.« Mit anderen Worten, wenn Afrika den Posten des Generalsekretärs behalten will, dann sollte es besser Boutros-Ghali seine Unterstützung entziehen und schnell andere Namen vorschlagen.

Die *New York Times* meldete am 10. Oktober 1996 aus Bamako: CHRISTOPHER KOMMT, ABER AFRIKA RÜHRT SICH NICHT. Präsident Alpha Oumar Konaré erzählte mir am Telefon, was vorgefallen war. Christopher habe gesagt, dass das Gerücht, die Vereinigten Staaten würden ihren Widerstand gegen Boutros-Ghali nach Clintons Wiederwahl fallen lassen, jeder Grundlage entbehre. Die US-Position sei unwiderruflich. Präsident Konaré hatte entgegnet, dass Afrika sich bei der OAU-Resolution in Yaoundé festgelegt habe. Und die Vereinigten Staaten seien sich vielleicht nicht darüber im Klaren, fügte er hinzu, dass Mali sehr enge Beziehungen zu Ägypten unterhalte. Mali sei nur dann zu einer Änderung der eigenen Position bereit, wenn Präsident Mubarak seine Unterstützung für Boutros-Ghali aufgeben würde.

Christophers Vorstoß in das französischsprachige Afrika irritierte eindeutig Frankreich, und die Spannungen zwischen Frankreich und Amerika nahmen zu. Das schadete meiner Sache eher. Ein französischer Minister erklärte im Fernsehen: »Frankreich könnte sein Veto im Sicherheitsrat dafür verwenden, jeden Versuch der USA zu blockieren, ihren Kandidaten für den Posten des UN-Generalsekretärs durchzusetzen. Die Amerikaner haben nicht allein ein Vetorecht.« Die europäischen Medien schienen geradezu erfreut über die Kette peinlicher Fehlschläge, die Christopher in Afrika hinnehmen musste. Christophers Reise endete mit einem weiteren öffentlichen Rüffel für ein US-Regierungsmitglied: Vor laufenden Kameras erklärte Nelson Mandela bei einer gemeinsamen Pressekonferenz an der Seite von Warren Christopher in Pretoria, dass er »die US-Bemühungen, Boutros-Ghali als Generalsekretär abzusetzen, nicht unterstützen« werde. Mandela sagte zu Christopher: »Boutros ist mein Adoptivsohn.«

Christophers Idee einer afrikanischen Friedenstruppe stieß auf eine schwache Resonanz. AFRIKA HÖRT GLEICHGÜLTIGKEIT AUS EINEM US-HILFSANGEBOT HERAUS lautete die Schlagzeile einer afrikanischen Zeitung. Afrikaner hätten als Teilnehmer an UN-Friedensmissionen im Nahen Osten und in anderen Teilen der Welt ihr Blut vergossen. Jetzt werde ihnen gesagt, dass ihnen der Beistand von UN-Friedensmissionen bei ihren eigenen Konflikten verwehrt werde. »Hier wird auf schäbige Art und Weise mit zweierlei Maß gemessen«, kommentierte die Presse den Vorschlag. »Angesichts der jüngsten Geschichte hegen die Afrikaner den starken Verdacht, Christophers Vorschlag bedeute ein noch konsequenteres Abschreiben des Kontinents unter dem Deckmantel eines großartig klingenden Plans, für den später weder Geld vorhanden sein noch sich jemand zuständig fühlen würde.«

Nach seiner Rückkehr in die Vereinigten Staaten erklärte Christopher in einem Fernsehinterview, seine Reise sei ein Erfolg gewesen. Christophers Interviewer Jim Lehrer hatte ganz offensichtlich die Themen der Afrikareise nicht näher verfolgt. Bei ihrem Gespräch ging es unter anderem darum, dass Christopher mit seiner Afrikareise den Rekord für die meisten von einem Außenminister zurückgelegten Kilometer gebrochen hatte. Der Sprecher des State Department, Nicholas Burns, erklärte Christophers Mission ebenfalls zu einem Erfolg, ohne Widerrede seitens der Reporter. Es war eine Demonstration des Desinteresses der us-Medien an der Weltpolitik in der Ära nach dem Kalten Krieg und ihrer fehlenden Sachkenntnis. Lediglich Senator Paul Simon tanzte aus der Reihe. In einem Pressebeitrag vom 16. Oktober 1996 attackierte er Christophers »verfehlte« Politik gegenüber Afrika.

Christophers Beteiligung an dieser abwegigen Exkursion besagte in meinen Augen, dass die Vereinigten Staaten nervös wurden, weil ihr Versuch, mich loszuwerden, fehlgeschlagen war. Madeleine Albright hatte sich seit ihrem gescheiterten Versuch, den Sicherheitsrat Anfang September zu einer Entscheidung gegen mich zu bringen, in der Öffentlichkeit praktisch nicht mehr geäußert. Ihre Taktik war so eindeutig nach hinten losgegangen, dass allgemein angenommen wurde, sie habe den Platz für Warren Christopher frei machen müssen, der nun die Leitung der Kampagne gegen mich übernahm. Albrights eigene Bemühungen beschränkten sich zu dieser Zeit offenkundig auf die Beantwortung von Fragen, auf die sie stets gleichlautend erwiderte: »Wir wollen einen Generalsekretär, der jeden Morgen nach dem Aufwachen an nichts Anderes denkt als an die un-Reform.«

Mitte Oktober hielt ich mich in Europa auf. Der ägyptische Botschafter in Paris gab die Bemerkung der us-Botschafterin Pamela Churchill-Harriman an mich weiter, dass Präsident Clinton dem Druck seitens Albright und Christopher, mich abzusetzen, »nachgegeben« habe. Harriman deutete an, dass dieses Chaos nicht Clintons Idee gewesen sei; seine beiden außenpolitischen Berater hätten ihm das eingeredet und infolge des anschließenden Fiaskos an Ansehen eingebüßt. Harriman fügte hinzu, Clinton bleibe zum jetzigen Zeitpunkt jedoch nichts anderes übrig, als die Kampagne fortzusetzen, weil jede Kehrtwende zugunsten von Boutros-Ghali vor der Wahl von den Republikanern ausgenutzt würde.

Präsident Jacques Chirac sagte, er wolle nach Washington reisen und in meiner Sache mit Präsident Clinton sprechen. Er wolle auf die Kompromisslösung einer Verlängerung der Amtszeit um zwei Jahre drängen. In Deutschland wurde ich bei der Eröffnung des Internationalen Seegerichtshofes mit Jubelrufen und stehenden Ovationen gefeiert. In Lübeck aß ich in einer alten Bierstube zu Mittag und schlenderte danach durch die Gassen des alten Hafenviertels. Ich suchte das Geburtshaus Thomas Manns. Die Menschen erkannten mich und streckten die Hand mit dem Daumen nach oben aus.

Die unbeschreiblich herzliche Begrüßung, mit der ich in Deutschland empfangen wurde, kam mir wie ein Traum vor. Bei einer Konferenz in Lübeck erhielt ich minutenlangen Beifall. In Hamburg betonte Außenminister Klaus Kinkel, dass die Bundesregierung an meiner Seite bleiben würde. Die britische Zeitschrift *The Economist* brachte in der Rezension eines Buches über die UN-Reform einen Satz, von dem ich gehofft hatte, ihn veröffentlicht zu sehen: »Angesichts der verdrehten amerikanischen Meinung über Boutros-Ghali – dass er eine Weltregierung anstrebe – hält Präsident Clinton es mit Blick auf die Wählerstimmen für ratsam, sich seiner Wiederwahl zu widersetzen, trotz der Ansichten anderer Regierungen. Ein naheliegender Kompromiss würde ihm zwei weitere Jahre, also sieben insgesamt, gewähren, und mit dieser Amtsdauer, die die Autoren dieser klugen Studie an erster Stelle empfehlen, wäre allen Beteiligten gedient.«

Farrakhan bei den Vereinten Nationen

Um dieselbe Zeit ereignete sich ein merkwürdiger Vorfall, der mir sehr schadete. Vertreter von Louis Farrakhans *Nation of Islam*, einer amerikanischen Sekte, informierten uns, dass Farrakhan die Absicht habe, den ersten Jahrestag seines »Million Men March« auf Washington mit einem »Tag der Versöhnung« bei den Vereinten Nationen zu feiern. Gruppierungen sämtlicher politischer und religiöser Überzeugungen demonstrieren auf dem Platz vor dem UN-Gebäude und haben dazu auch das Recht. In diesem Fall kam erschwerend hinzu, dass die *United Nations Correspondents Association* (UNCA) Farrakhan gestattet hatte, im Pressebüro der UN-Korrrespondenten innerhalb des Sekretariats eine Pressekonferenz abzuhalten. Das erinnerte mich an die erbitterte Auseinandersetzung zwei Jahre zuvor, als die UNCA den chinesischen Dissidenten Shen Tong zu einer Pressekonferenz eingeladen und die Volksrepublik China bei mir scharf protestiert hatte.

Ich kam zu dem Schluss, dass die Clinton-Administration von dem bevorstehenden Ereignis in Kenntnis gesetzt werden sollte, nicht zuletzt, weil ich in Washington scharf kritisiert werden könnte, wenn ich UN-Räume als Plattform für Farrakhan zur Verfügung stellte. Folglich informierten die Vereinten Nationen das State Department über Farrakhans Absichten. »Schlagen Sie vor, dass die USA Protest einlegen wie die Chinesen?«, war die Reaktion des Mitarbeiters im State Department. Nein, versicherten wir ihm, wir wollen Sie lediglich informieren, damit es keine Überraschungen gibt. »Wie dem auch sei«, sagte der Mitarbeiter, »das wird der Clinton-Administration keine Probleme machen; jede kritische Äußerung wird sich gegen Boutros-Ghali richten.«

Als der Tag näher rückte, wurden die Pläne geändert, und die Vereinten Nationen informierten die Vereinigten Staaten wiederum über die Entwicklung. Als die UNCA erfuhr, dass Farrakhan von einem großen Gefolge aus Leibwächtern, den so genannten »Fruit of Islam«, begleitet werden sollte, erklärte sie, dass ihre Räumlichkeiten im Sekretariat zu beengt seien. Infolgedessen lud der Repräsentant Libyens bei den Vereinten Nationen Farrakhan ein, seine Pressekonferenz in einem offiziellen Konferenzsaal des Gebäudes der Vollversammlung abzuhalten. Das Ereignis wurde somit von einem Mitgliedstaat der Vereinten Nationen unterstützt, einem Staat, gegen den UN-Sanktionen verhängt waren und den die Vereinigten Staaten als einen Hort des Terrorismus und Feind des Staates Israel betrachteten.

Am »Tag der Versöhnung« waren mehr Polizisten mobilisiert als beim Papstbesuch. Die Querstraßen waren abgeriegelt oder wurden bis zur Second Avenue patrouilliert. Zwölf Krankenwagen standen auf dem Platz gegenüber des Sekretariats. Farrakhan sprach zu einer Zuhörermenge, die die First Avenue von der 42nd Street bis zur 44th bedeckte und darüber hinaus. Dann betrat er das UN-Hauptquartier und hielt seine Pressekonferenz ab. Als Farrakhan danach das UN-Gebäude wieder verließ, rief ein Reporter: »Wenn Sie Boutros-Ghali treffen würden, was würden Sie zu ihm sagen?« Farrakhan rief zurück: »Ich würde sagen, gerade weil Amerika gegen Sie ist, sollten Sie weitere fünf Jahre bleiben. Und ich hoffe, dass Sie stärker und stärker werden.«

Kurz nach meiner Rückkehr aus Deutschland wurde dem ehemaligen, einst auf amerikanischen Wunsch ernannten UN-Mitarbeiter Pedro San Juan auf der Leitartikelseite des *Wall Street Journal* Platz für einen Beitrag eingeräumt. In seinem Artikel behauptet er, dass ich Farrakhan zu dieser Demonstration und Pressekonferenz bei den Vereinten Nationen überredet hätte und dass Farrakhan mich mit seinen Pro-Boutros-Ghali- und Anti-Israel-Bemerkungen belohnt hätte. Ich hätte schamlos den Congressional Black Caucus unter Druck gesetzt, schrieb San Juan ferner. Dass jemand, den ich nie zuvor gesehen hatte, einen solchen Unsinn schrieb und dass das *Journal* dies an einer so exponierten Stelle druckte, ließ sich, so dachte ich, nur dadurch erklären, dass der Artikel von der »Einsatzgruppe«, die mich vernichten sollte, angeregt und platziert worden ist.

Wegen San Juans Artikel und wegen Farrakhans Äußerungen über die Juden bat ich um ein Treffen mit dem Vorsitzenden des *Council of Presidents of American Jewish Organizations*, dem Dachverband aller jüdischen Gruppierungen in den Vereinigten Staaten. Der Vorsitzende Malcolm Hoenlein rief eine Delegation aus dem ganzen Land zusammen und suchte mich am 31. Oktober auf, einen Tag nach meiner Bitte. Ich schilderte der Delegation ausführlich die Ereignisse und ihre Mitglieder würdigten ausdrücklich, dass ich mich direkt an sie gewandt hatte um ihnen zu berichten, was vorgefallen war.

Erstaunlicherweise hatten die Medien zwar ausführlich über Farrakhans Demonstration außerhalb der Vereinten Nationen berichtet, aber kein Wort verlauten lassen über das, was er innerhalb des UN-Gebäudes getan hatte. Infolgedessen wusste kein Regierungsbeamter, was sich in den UN-Räumlichkeiten abgespielt hatten – das heißt, bis Hoenleins Delegation um ein Treffen mit Vizeaußenminister Strobe Talbott bat und ihn fragte, warum die Clinton-Administration gegen Farrakhans Auftritt innerhalb der Vereinten Nationen nicht ebenso Protest eingelegt habe wie die Chinesen gegen den Auftritt Shen Tongs. Die Episode hatte keine langfristigen Folgen, aber es blieb der Eindruck, dass ich Farrakhan zu den Vereinten Nationen eingeladen und versucht hätte, den Vereinigten Staaten den Schwarzen Peter zuzuschieben.

Die Hilfe eines Senators

Nach meiner Rückkehr aus Deutschland fand ich mich in New York in einer ganz anderen Atmosphäre wieder. Die Europäer waren optimistisch und aufmunternd gewesen; ich wurde dort augenscheinlich bewundert.

In den Vereinigten Staaten waren die Medien bestenfalls gleichgültig, schlimmstenfalls feindselig.

Von dieser bedrückenden Stimmung umgeben, freute ich mich über den Anruf von Senator Paul Simon. Er sagte, er habe die Absicht, auf einer Pressekonferenz zu meiner Wiederwahl aufzurufen. Der Senator forderte mich auf, einige mir bekannte Kongressmitglieder anzurufen und sie zu fragen, ob sie an der Konferenz teilnehmen wollten. Ich rief die Senatorin Olympia Snowe und das Mitglied des Repräsentantenhauses Lee Hamilton an. Sie hielten das für eine gute Idee, wollten aber mit dem State Department Rücksprache halten. Sobald das State Department von meinen Anrufen Wind bekam, wies es die US-Mission bei den Vereinten Nationen an, bei der ägyptischen Botschaft in Washington Protest einzulegen. Madeleine Albright rief die Presse zusammen und erklärte, meine Telefonanrufe bei Kongressmitgliedern seien eine »grobe Einmischung in die Innenpolitik und die übliche Funktionsweise der amerikanischen Außenpolitik« gewesen. Dies war eine weitere Überreaktion, die jegliche Fürsprache für meine Sache verhindern sollte.

Die Administration konnte jedoch Paul Simon nicht das Wort verbieten, der am 5. November, dem Tag der Präsidentschaftswahl, seine Pressekonferenz abhielt. Er erklärte, es sei immer noch Zeit, einen großen Fehler zu vermeiden, nämlich UN-Generalsekretär Boutros Boutros-Ghali aus seinem Amt zu entfernen. »Die Staatengemeinschaft reagiert praktisch durchweg negativ auf unseren Schnitzer.«

Die Vereinigten Staaten hätten entweder aus innenpolitischen Gründen die Absicht, gegen Boutros-Ghali ihr Veto einzulegen, sagte er, »oder weil er in seltenen Fällen unabhängig von den US-Wünschen gehandelt hat. Weder der eine noch der andere Grund sind einer Großmacht würdig. Größe beinhaltet etwas anderes als den bloßen Einsatz von Macht. Unser Standpunkt ist inhaltlich falsch und wurde auch falsch angegangen. Eine vernünftige Kompromisslösung sollte gefunden werden.« Senator Simon nahm die Argumente des Weißen Hauses unmittelbar aufs Korn. Die Clinton-Administration hatte als Grund angegeben, dass ich ursprünglich erklärt hatte, lediglich eine Amtszeit anzustreben; Simon wies darauf hin, dass Clinton bei seiner Kandidatur für den Gouverneursposten in Arkansas 1990 erklärt hatte, er werde in zwei Jahren nicht für das Präsidentenamt kandidieren. Die Vereinigten Staaten hätten selbst Kurt Waldheim eine zweite Amtszeit zugebilligt, sagte Simon. Wenn sie sich jetzt gegen Boutros-Ghali stellten, so sei dies eine »Handlung, die sehr viele Staaten beleidigt, wobei diese eindeutig im Recht sind und wir im Unrecht«, und darüber hinaus sei es eine peinliche Angelegenheit für die USA. »Ich hoffe«, sagte Senator Simon, »dass nach unserer Wahl wieder ein vernünftiger Umgang mit dieser Situation möglich sein wird.«

Senator Simons direkte, aber liebenswürdige Art, sein tief verwurzeltes Gespür für Anstand und Ehre, seine Fliege und seine laute Stimme mit dem breiten Dialekt des Mittleren Westens – all diese Eigenschaften machen ihn in meinen Augen zu einem echten Repräsentanten von Amerikas Kernland. Ich dankte ihm telefonisch dafür, dass er sich in einer derart feindseligen Washingtoner Umgebung allein auf weiter Flur hinter mich gestellt hat.

Ein weiterer standhafter Anhänger aus der anderen Kammer des Kongresses symbolisiert für mich einen ebenso großartigen amerikanischen Stil und eine charakteristische Gesinnung: das Mitglied des Repräsentantenhauses Charles Rangel, demokratischer Abgeordneter aus New York. Charlie Rangels rauher Akzent der Straße und seine trotzige Rechtschaffenheit stehen für Amerikas städtische Schwarze. Am 22. Oktober schrieb Charlie an Kardinal O'Connor. Die Erklärung des Kardinals in der Church of the Holy Spirit, so Rangel, »spiegelt eindeutig die humanitären Sorgen der armen, sich entwickelnden Länder wider, bei denen der Generalsekretär besonders beliebt ist. Sie würden all denen, die sich eine Fortsetzung seiner Arbeit wünschen, einen großen Dienst tun, wenn Sie ähnlich denkende geistliche Führer dieser Nation überzeugen könnten, ihr Anliegen Präsident Clinton vorzutragen. Die geistliche und moralische Basis Ihrer Gefühle gegenüber dem Generalsekretär würde die Angelegenheit über die nationale oder internationale Politik stellen.«

Am 5. November 1996 erreichte Präsident Clinton mit Leichtigkeit seine Wiederwahl. Ich schickte ihm ein Glückwunschschreiben und sagte, es sei inspirierend für mich gewesen, die Funktionsweise der großen amerikanischen Demokratie aus nächster Nähe zu verfolgen. Am nächsten Morgen ging die überraschende Meldung ein, dass Warren Christopher als Außenminister zurücktreten würde. Nach einigen Telefonaten zwischen den Mitarbeitern der Vereinten Nationen und dem State Department entstand der Eindruck, dass die Meldung womöglich sogar Christopher überrascht hatte. Ich schrieb ihm einen herzlichen Brief und würdigte sein Engagement für den Frieden. Meine Briefe an Christopher trafen seltsamerweise nie den Ton, den ich mir wünschte. Zum einen hatte ich gelernt, Personen seines Ranges als »Exzellenz« anzureden, und hielt mich in den Briefen an andere Außenminister auch an diese Regel. Aber Christopher hatte mich »Boutros« genannt, folglich hatten meine Mitarbeiter schon 1993 darauf bestanden, dass ich ihn als »Chris« anzusprechen hatte. Das erschien mir jedoch vermessen, also schrieb ich statt dessen »Lieber Warren«. Ein Aufschrei war die Folge: »Niemand nennt ihn Warren!« riefen meine Mitarbeiter unisono. Deshalb schrieb ich in diesem letzten Brief: »Werter Herr Minister«. Christopher antwortete mit einer kurzen Notiz, dass ihn meine freundlichen Worte zu seinem Abgang in Anbetracht der jüngsten Geschehnisse überrascht hätten.

In den vergangenen Monaten hatte ich mir eingeredet, dass Clinton nach seiner Wahl die US-Kampagne gegen mich einfach im Sande verlaufen lassen würde. Viele Repräsentanten bei den Vereinten Nationen meinten ebenfalls, dass der Druck, mich abzusetzen, nach der Wahl nachlassen würde und ermunterten mich, weiterzumachen. Die von Madeleine Albright angeführte Kampagne gegen mich sei ein solcher Fehlschlag und so irrational gewesen, meinten sie, dass sie lediglich aus Sicht der amerikanischen Innenpolitik Sinn machte.

Der entscheidende Augenblick war gekommen. Würde Clinton seine Politik jetzt ändern, da er die Wahl gewonnen hatte? Oder war ich die erste außenpolitische Herausforderung für seine zweite Amtszeit geworden, eine Herausforderung, die er nicht verlieren durfte? Bis jetzt hatte meine »Strategie« einfach darin bestanden zu überleben. Diese Phase war am 7. November 1996 vorüber. Was sollte ich als Nächstes tun?

Unterstützung der Kirche

Die katholischen Bischöfe von Amerika hatten beschlossen zu versuchen, zu meiner Unterstützung eine Art Block zu bilden. Sie baten mich, Repräsentanten aller christlichen Glaubensrichtungen nach Sutton Place einzuladen. Bei diesem Treffen am 26. Oktober sagten mir die Delegierten, sie würden ihre Ansichten dem Präsidenten gegenüber deutlich machen. Kopien der Briefe an Clinton gingen später auch an mich. Es handelte sich um einen tiefgreifenden Ausdruck der Unterstützung durch die amerikanische Gesellschaft.

Der *National Council of the Churches of Christ* in den USA, der beansprucht, »33 Religionsgemeinschaften mit insgesamt 53 Millionen Gläubigen« zu repräsentieren, brachte seine Unterstützung für mich zum Ausdruck und drängte den Präsidenten, »mit innerer Ruhe Boutros-Ghalis bisherige Tätigkeit zu prüfen«. Fünf Jahre lang, hieß es in dem

Brief, »ist Generalsekretär Boutros-Ghali ein ständiger und starker Befürworter wichtiger US-Initiativen bei den Vereinten Nationen gewesen«. Der Brief war von 15 Kirchenführern unterzeichnet, von der African Methodist Episcopal Zion Church über das American Friends Service Committee bis hin zur Armenischen Kirche in den USA.

Einen ähnlichen Brief schickte der Beobachter der anglikanischen Religionsgemeinschaft bei den Vereinten Nationen an Clinton, Right Reverend James H. Ottley, der Vertreter des Erzbischofs von Canterbury und der anglikanischen Kirchen in 164 Ländern.

Der vorsitzende Bischof und Primat der Episkopalkirche, Edmond L. Browning, stimmte in die Lobeshymnen ein und betonte in einem Brief, dass ich »die Vereinten Nationen öffnete und es den Nichtregierungsorganisationen, auch den Religionsgemeinschaften, gestattete, sich in der Organisation zu Wort zu melden.«

Der Vorsitzende der National Conference of Catholic Bishops, Most Reverend Anthony M. Pilla, der Erzbischof von Cleveland, schrieb, dass die öffentliche Kampagne der US-Administration gegen mich »unnötig einseitig und spaltend« war »zu einer Zeit, in der die Konsensfindung so wichtig ist… Boutros Boutros-Ghali hat sich der moralischen und geistlichen Dimensionen der Weltpolitik mit außerordentlichem Fingerspitzengefühl angenommen.«

Der Scheich von Al-Azhar, der geistliche Führer der ehrwürdigsten muslimischen Lehranstalt, erklärte in der arabischen Presse, dass er mich unterstütze. Und die Koptische Orthodoxe Kirche verwies als »die älteste afrikanische Kirche der Welt« auf die »zehn Weltkonferenzen und Gipfeltreffen, die Dr. Boutros von 1992 bis 1996« für die Entwicklung der ärmsten Länder einberufen hatte. Sie ersuchte »Präsident Clinton und die amerikanische Regierung, sich auf die Seite der Wiederwahl von Dr. Boutros Boutros-Ghali und auf die Seite der Armen, Bedürftigen und Unterdrückten in der Welt und in Afrika zu stellen.«

Zurück zur politischen Welt. Mir war klar, dass ich die Unterstützung Afrikas sowie die Bereitschaft Chinas und Frankreichs, »gegen das US-Veto ein Veto einzulegen«, benötigte. Ich musste außerdem Clinton selbst meine Ansichten zu einem Kompromiss als möglichen Ausweg darlegen. Die Berichterstattung in den Medien blieb weiterhin unausgeglichen: Die Weltpresse verfolgte aufmerksam die ein- und ausgehenden Meldungen, während die amerikanische Presse sich dem Thema sporadisch und oberflächlich widmete. Immerhin teilten einige Artikel gut gezielte Schläge aus. Der Kolumnist Clyde Haberman der *New York Times* schrieb: »Ein bekannter ausländischer Einwohner wurde auf der East Side von Manhattan überfallen. Der Überfall, müssen Sie wissen, war seinem Wesen nach politisch motiviert. Das Opfer: Boutros Boutros-Ghali, Generalsekretär der Vereinten Nationen. Vor Monaten gab die Clinton-Administration bekannt, dass sie eher barfuß über glühende Kohlen gehen werde als ihm zu gestatten, weiter an der Turtle Bay tätig zu sein... Zahlreiche ausländische Diplomaten und Kommentatoren... sehen keinen Grund, Boutros-Ghali rauszuwerfen. Diese Leute sind überzeugt, dass die Administration ihm nur deshalb eine Abreibung verpasste, weil sie die Republikaner bei den Wählern ausstechen wollte, die bereit sind, dem riesigen Gebäude auf der East Side die Schuld für alles, was uns schmerzt, in die Schuhe zu schieben, selbst für Senkfüße.« Der Kolumnist wies darauf hin, dass die Vereinten Nationen schätzungsweise 3,3 Milliarden Dollar erwirtschaften und über 15 000 Arbeitsplätze für New York City schaffen würden und dass die Clinton-Administration »das im Hinterkopf behalten möge, vor allem, falls die Zahl wegen des Überfalls vor Augenzeugen in der Turtle Bay zurückgehen sollte, wenn auch nur geringfügig«.

Zumindest in den Augen naher Beobachter der Vereinten Nationen erlitten die Vereinigten Staaten einen erstaunlichen Rückschlag, als sie aus dem wichtigsten UN-Haushaltsausschuss, dem *Advisory Committee on Administrative and Budgetary Questions* (ACABQ), herausgewählt wurden. Die Vereinigten Staaten hatten gefordert, dass der UN-Haushalt unter Kontrolle gebracht werde. Ich hatte mein Möglichstes getan und erstmals in der Geschichte der Vereinten Nationen einen Haushalt mit einem Nullwachstum erreicht. Als das Abstimmungsergebnis verkündet wurde, klatschten die Ausschussmitglieder Beifall. Diese Kränkung war die direkte Folge von Washingtons Versäumnis, seinen finanziellen Verpflichtungen gegenüber den Vereinten Nationen nachzukommen; gleichzeitig bestand die US-Regierung aber darauf, dass die UN-Mitgliedstaaten sich nach ihren Wünschen bezüglich meiner Person und in anderen Punkten richteten. Als Reaktion auf diese Ohrfeige drängte der amerikanische politische Kommentator Daniel Schorr die Clinton-Administration zu einem Kompromiss und sagte, die US-Kampagne gegen mich hätte »ein unansehnliches Chaos« angerichtet.

In der *New York Times* forderte A. M. Rosenthal eine Verlängerung meiner Amtszeit um zwei Jahre, die »die Wut der UN-Mehrheit lindern würde... Eine Zustimmung durch Clinton würde beweisen, dass die USA den gesunden Menschenverstand, ihr Eigeninteresse oder den gebührenden Respekt für die Rechte und die Ansichten von Freunden noch nicht ganz verloren hatten.«

Am 12. November 1996 war Madeleine Albright bei einem inoffiziellen Mittagessen der Mitglieder des Sicherheitsrats im Restaurant La Grenouille still und sichtlich niedergeschlagen. Sie hatte gerade erfahren, dass der ägyptische Botschafter bei den Vereinten Nationen, Nabil Elaraby, auf Anweisung von Präsident Mubarak dem Sicherheitsrat eine Resolution vorlegen wolle, die meine Wiederwahl für eine volle fünfjährige Amtszeit forderte. Ägypten hatte die Unterstützung der beiden anderen damaligen afrikanischen Mitglieder des Sicherheitsrats, Botsuana und Guinea-Bissau. Botsuanas Botschafter Legwaile Joseph Legwaila erklärte gegenüber der Presse, dass Boutros-Ghali »der Kandidat des afrikanischen Kontinents für den Generalsekretär ist. Die USA stehen mit ihrem Widerstand gegen Boutros-Ghali fast allein.«

Nach dem Mittagessen sagte Albright zu dem französischen Botschafter Alain Dejammet: »Ein Kompromiss ist vielleicht möglich.« Zum ersten Mal hörte jemand, dass ihre Entschlossenheit nachgelassen hatte.

Ein hochgestellter Informant im State Department rief am Freitag, dem 15. November an, »um euch einen Eindruck zu vermitteln, wie es am Ende der Woche [vor der Abstimmung des Sicherheitsrats] läuft«. Clinton habe sich bereits in Richtung eines Kompromisses bewegt, wurde uns gesagt, sei aber inzwischen wieder zu seinem Veto umgeschwenkt. »Seine Berater sagten ihm, dies sei sein PATCO.« (Das wurde mir als eine Anspielung auf Präsident Reagans erste Herausforderung im Amt erklärt, ein Streik der Fluglotsen.) »Und solange Madeleine Albright als Außenministerin in Betracht kommt, können wir nicht anders, als ein Veto einlegen, weil sie inzwischen ganz mit der Absetzung Boutros-Ghalis identifiziert wird.«

Die *Washington Post* von diesem Freitagmorgen meldete: »Ein Bündnis aus 60 Frauengruppen wies gestern darauf hin, dass die weiblichen Wähler bei der Wahl letzte Woche für Präsident Clinton gestimmt hätten, und forderte die Administration auf, sie mit Arbeitsplätzen zu belohnen.« Sprecher des Weißen Hauses räumten ein, dass Frauengruppen sich beschwert hätten, »nachdem ein ungenannter Clinton-Berater Madeleine K. Albright in ›die zweite Reihe‹ der in Betracht kommenden Kandidaten für die Nachfolge von Außenminister Warren Christopher versetzt hatte.« Clinton verdankte seine Wahl den Stimmen der Frauen. Ein amerikanischer Freund sagte mir, die politisch einflussreichen Frauenorganisationen würden es trotz Albrights verpfuschter Kampagne gegen mich nicht dulden, dass er sie fallen lässt. Die Schlagzeilen vom folgenden Tag verkündeten, dass Präsident Clinton beschlossen habe, sein Versprechen zurückzunehmen, bis zum Ende des Jahres 1996 alle US-Soldaten aus Bosnien abzuziehen. Jetzt sei es unvorstellbar, wurde mir bedeutet, dass Clinton im Anschluss daran auch seine »unwiderrufliche« Entscheidung, gegen mich ein Veto einzulegen, rückgängig mache. Ich hörte aus Paris, dass Präsident Chirac mit Clinton Kontakt aufgenommen und auf eine Kompromisslösung gedrängt habe, aber eine scharfe negative Antwort erhalten habe. Premierminister Chrétien aus Kanada rief Clinton an und sprach lange über die Notwendigkeit, einen Kompromiss zu finden – Chrétien blitzte ebenfalls ab.

Die Kette gezielter Spitzen gegen die Vereinigten Staaten setzte sich jedoch fort. Ausgerechnet während der letzten Reise von Außenminister Christopher nach Peking erklärte die Nachrichtenagentur New China News: »China bewertet die wichtige Arbeit von Boutros-Ghali für die Stärkung der Rolle der Vereinten Nationen positiv… China billigt den Standpunkt der OAU zu einer Kandidatur Boutros-Ghalis und wird ihn unterstützen.« Die staatlichen Medien Chinas warfen den Vereinigten Staaten »protzige Anmaßung« vor und beschuldigten sie des Versuchs, die Vereinten Nationen durch die Blockade meiner Wiederwahl zu dominieren. Am stärksten berührte es mich, dass der Präsident von Honduras, Carlos Roberto Reina Idiaquez, der 1968 meine Vorlesungen in Paris gehört hatte, einen Brief in meiner Sache an Clinton schrieb. Ich war beeindruckt, dass ein so kleines Land, das so nahe bei den Vereinigten Staaten lag, die Stirn hatte, sich gegen die US-Regierung zu stellen.

Mitte November hatte ich mich in Rom beim Welternährungsgipfel aufgehalten und für eine Hilfsmission für die Flüchtlinge im Osten von Zaire geworben. Kurz nach meiner Rückkehr am Sonntagabend, dem 17. November, fragte Madeleine Albright, ob sie zu einem Gespräch in meine Residenz kommen dürfe. Ich sagte natürlich zu. Eine Stunde lang versuchte sie, mich zur Aufgabe zu bewegen. Die Vereinigten Staaten wollten eigens für mich eine Stiftung gründen, ich sollte sie leiten. Sie könne ihren Sitz in Genf haben. Sie bemerkte, vor nicht allzu langer Zeit hätte ich eine Rede über den internationalen Terrorismus gehalten. Vielleicht würde ich an einer Stiftung zur Bekämpfung des Terrorismus Gefallen finden. Abgesehen davon würde die Administration dafür sorgen, dass ich einen neuen Titel führen durfte. Ich wäre »emeritierter Generalsekretär der Vereinten Nationen«. Später hörte ich, dass Präsident Clinton denselben Vorschlag am Telefon auch Präsident Chirac unterbreitet hatte. Ich lachte nur. Diese Amerikaner, dachte ich, müssen unvorstellbar naiv sein. Es will ihnen nicht in den Kopf, dass ich einen Grundsatz verteidigen muss: die Integrität der Vereinten Nationen und die Unabhängigkeit des Generalsekretärs. Ich sagte aber nichts. Madeleine Albright zog erfolglos wieder ab.

Vierzehn dafür, eine dagegen

Am nächsten Morgen kamen die 15 Mitglieder des Sicherheitsrates der Vereinten Nationen zusammen, um über mich abzustimmen. Zum ersten Mal wurde sofort deutlich, dass 14 der 15 für mich stimmen würden. Das war für die Amerikaner ein Schock, weil sie nicht erwartet hatten, völlig isoliert zu sein. Das Ausscheren Großbritanniens traf die Vereinigten Staaten hart. Die Abstimmung wurde um 24 Stunden verschoben, in denen die USA massiven Druck ausübten, um das Ergebnis zu beeinflussen. Am nächsten Tag war die Situation jedoch unverändert. Albright rief Christopher an und bat um eine Bestätigung ihrer Anweisungen, was Christopher auch tat. 14 Stimmen wurden für eine volle zweite Amtszeit für mich abgegeben. Das Ergebnis lautete 14 dafür, eine dagegen; die Vereinigten Staaten legten Veto ein.

Wie der Zufall es wollte, sollte ich am selben Tag an einem Mittagessen des Sicherheitsrates teilnehmen, bei dem auch Madeleine Albright anwesend war. Während des Essens sah Madeleine zweimal zu mir herüber und winkte. Ich fragte einen Kollegen, was dieses Winken zu bedeuten habe, aber ihm war es völlig unerklärlich.

Bei einem Empfang am folgenden Abend im Hotel Plaza traf ich auf Henry Kissinger. »Was auch immer mit Ihnen geschieht«, sagte er, »Sie sind in die Geschichte eingegangen.« Das sei kein großer Trost für mich, entgegnete ich.

Im Leitartikel der *Washington Post* hieß es, die Vereinigten Staaten hätten »einen sträflichen Fehler« begangen, nicht zu sondieren, in welche Richtung die übrigen 185 UN-Mitgliedstaaten tendierten. »Es stellte sich heraus, dass sie sich einig waren, dem Generalsekretär eine zweite Amtszeit zu gewähren … Der angerichtete Scherbenhaufen wird sich nicht so ohne weiteres beseitigen lassen, aber die Umrisse einer Resolution zeichnen sich deutlich ab. Und wir würden wetten, dass es noch dazu kommen wird. Boutros-Ghali wird in nicht allzu langer Zeit gehen müssen. Wir vermuten, das wird nicht sofort sein, aber womöglich in einem Jahr.«

Mein Freund Charles Rangel schaltete sich am 22. November 1996 erneut mit einem »Offenen Brief an Außenminister Christopher zu dem US-Veto gegen UN-Generalsekretär Boutros-Ghali« in die Diskussion ein. »Als ranghohes Mitglied des Kongresses«, schrieb Rangel, »empfinde ich eine tiefe Verantwortung, die Handlungen meines Landes in allen Angelegenheiten, welche die nationale Sicherheit oder das Wohl des Landes betreffen, zu verteidigen, wie beispielsweise die jüngste Auseinandersetzung über die Führung der Vereinten Nationen.« Doch das US-Veto gegen Boutros-Ghali entbehre der Grundlage jeglichen Verständnisses, von der aus er die Politik seines Landes verteidigen könne. Die ganze Welt sehe in der Handlungsweise der Administration nichts anderes als einen politischen Versuch, die Isolationisten im Kongress zufrieden zu stellen. »Der Weg aus dem Dilemma«, schrieb Rangel an Christopher, »führt über die Aufgabe des Widerstandes gegen Boutros-Ghali.«

Eine Agenda für Demokratisierung

Das Veto der Vereinigten Staaten kam einer Ablehnung demokratischer Prinzipien gleich. Das Argumentationsmuster, dass Amerika für die Einführung der Demokratie in jedem Staat plädiere, sie zugleich aber in der Weltorganisation der Staaten ablehne, kehrte in der Presse der arabischen und der Dritten Welt unzählige Male wieder. Mir kam dies ebenfalls seltsam vor, weil das Hauptziel meiner Amtszeit als Generalsekretär die Demokratisierung war. Die Tatsache, dass eine einzige Stimme – die der Vereinigten Staaten – das Ergebnis bei den Vereinten Nationen dominieren konnte, schmälerte die Hoffnungen auf eine zunehmende Demokratisierung auf der internationalen Bühne.

In den vergangenen vier Jahren hatte ich viel Zeit mit den Überlegungen zu einer Agenda für Demokratisierung verbracht. Im Jahr 1992 hatte ich als Antwort auf das Gipfeltreffen des Sicherheitsrates eine *Agenda für den Frieden* vorgelegt und ein Jahr später hatte ich auf Bitten der Vollversammlung hin einen Bericht über eine *Agenda für Entwicklung* verfasst. Ich hatte jedoch kein Mandat, eine dritte »Agenda« zu schreiben, die über zwei oder drei kleinere Berichte zur Tätigkeit der Vereinten Nationen als Wahlhelfer in verschiedenen Ländern hinausging. Darüber hinaus war die Demokratie selbst, die am Ende des Kalten Krieges noch allgemein als die Gesellschaftsform der Zukunft gepriesen wurde, mit jedem Jahr verstärkt in das Kreuzfeuer der Kritik geraten. Außerhalb des Westens sagte man der Demokratie nach, sie sei auf sozialer Ebene polarisierend und ein Hemmschuh für die wirtschaftliche Entwicklung. Regime, die keine Demokratie in ihrem Land duldeten, nannten sie ein Werkzeug der amerikanischen Hegemonie.

Einen Bericht zu schreiben, sieht auf den ersten Blick wie eine einfache und alltägliche Übung aus. Aber nach der Charta der Vereinten Nationen ist der Generalsekretär zwar verpflichtet, der Vollversammlung einen Jahresbericht vorzulegen und dem Sicherheitsrat Bedrohungen des internationalen Friedens und der Sicherheit zu melden, abgesehen von diesen beiden Fällen war ich jedoch nicht befugt, Bericht zu erstatten, sofern ich nicht ausdrücklich von der Vollversammlung oder dem Sicherheitsrat dazu aufgefordert wurde.

Dennoch hatte sich schon zu Beginn meiner Amtszeit meine Überzeugung gefestigt, dass Demokratie – insbesondere der Prozess der Demokratisierung, an dessen Ende hoffentlich eine demokratische Ordnung steht – eine wichtige Voraussetzung für die Besserstellung der Völker in jeder Hinsicht ist. Nach meinem ersten Jahr im Amt bekundete ich öffentlich meine Überzeugung, dass Frieden, Entwicklung und Demokratie eng miteinander verknüpft sind. Ohne Frieden war eine Entwicklung unmöglich. Ohne Frieden und Entwicklung konnte die Demokratie nicht Fuß fassen. Die Demokratie bildete aber das Schlüsselglied der Kette: Ohne Demokratie konnten weder der Frieden noch die Entwicklung lange Bestand haben. Ein Volk, das nicht demokratisch seinen Willen äußern kann, wird früher oder später auf eine Konfrontation oder einen Konflikt zusteuern. Und eine Entwicklung ohne die Vorteile der Meinungs-, Versammlungs- und Redefreiheit, die eine Demokratie mit sich bringt, bleibt langsam, aber sicher hinter den Gesellschaften und Wirtschaftsformen zurück, die von der schöpferischen Vielfalt einer demokratischen Ordnung profitieren.

Das Wort »Demokratie« wird in der UN-Charta nicht erwähnt. Wenn ich meine Absicht, über die Vereinten Nationen und die Demokratisierung Bericht zu erstatten, weiterverfolgte, so war das im Rahmen der Kultur und der Politik innerhalb der UNO ein riskantes Unterfangen.

Ich versuchte zuerst, meine »Agenda« in Form einer Einführung zu einem Bericht einzuschieben, den die Vollversammlung über UN-Wahlhilfe angefordert hatte und der im August 1995 vorgelegt werden sollte. Als der UN-Apparat jedoch von meinem Plan erfuhr, schlug mir ein stürmischer Gegenwind ins Gesicht.

Meine höchste politische Beraterin, die beeindruckende Mexikanerin Rosario Green, mit der ich eng zusammengearbeitet habe, schickte mir ein Memorandum, in dem sie meinen Entwurf als »dogmatisch und paternalistisch« bezeichnete und mich inständig bat, noch einmal darüber nachzudenken. Andere hohe UN-Mitarbeiter belehrten mich, dass mein Plädoyer für eine Demokratisierung des internationalen Systems »schwach und unvollständig« sei. Die Vereinten Nationen seien nicht befugt, irgend etwas auf dem Gebiet der Demokratisierung zu unternehmen, was über das hinausgehe, wozu sie von den Mitgliedstaaten aufgefordert würden. Einige hätten um Beistand bei der Durchführung von Wahlen gebeten; aber kein Staat habe um etwas Ähnliches gebeten wie das, was ich in meinem Bericht geschrieben hätte. Deshalb sollte »die Idee einer Agenda für Demokratisierung« nicht weiterverfolgt werden.

Also erwähnte ich mein Projekt künftig nicht mehr und machte mich wieder daran, den Entwurf zu verbessern. Ohne meinen Mitarbeitern ein Wort zu sagen, schickte ich den Text zur Prüfung an mehrere angesehene Fachleute: an die Professoren Robert Dahl und Bruce Russett von der Yale University, an Professor Alfred Stepan von der Central European University und an Larry Diamond, Senior Fellow bei der Hoover Institution an der Stanford University. Sie alle, wie auch Cyrus Vance und Dr. David Hamburg von der Carnegie Corporation, schickten mir positive, Mut machende und konstruktive Kommentare.

Mit meiner »Agenda« begab ich mich auf sehr glattes Terrain, weil ich mich für eine Demokratisierung *zwischen* den Staaten einsetzte. Heutzutage führen weltpolitische Entscheidungen oft zu weitreichenden innenpolitischen Konsequenzen und können sich negativ auf die Demokratisierung innerhalb eines Staates auswirken und das Streben eines Volkes nach Demokratie aushöhlen. Wie können wir Staaten auffordern, demokratische Praktiken innerhalb ihrer Staatsgrenzen zu akzeptieren, wenn sie keine Hoffnung auf eine Demokratisierung zwischen den Staaten haben?

UN*besiegt*

Nach dem Abstimmungsergebnis 14:1 kam der Entscheidungsprozess der UNO zum Stillstand. Im Gebäude des Sekretariats hängte jemand im Aufzug ein kleines Plakat auf mit einem Zitat von Madeleine Albrights Sprecher:

>»DIE UNO KANN NUR DAS TUN, WAS DIE USA SIE TUN LASSEN.«
>*Jamie Rubin, Nationalkonvent der Demokraten, August 1996*

Der Rückhalt für mich hatte Bestand. Die afrikanischen Repräsentanten bei den Vereinten Nationen trafen sich am 21. November und bestätigten nochmals, dass ich der einzige afrikanische Kandidat sei. Die Franzosen meldeten, dass die Afrikaner psychologische Unterstützung von den Europäern erhalten würden, »die den Vereinigten Staaten mit Vergnügen ständig Kummer bereiten«. Die Russen, wurde mir gesagt, seien »bereit, gegen alles, was sich bewegt, ihr Veto einzulegen«. Es hatte den Anschein, als würde das Patt noch bis in den Dezember hinein anhalten, wenn Botschafter Francesco Paulo Fulci aus Italien den Vorsitz des Sicherheitsrates übernahm.

GEGEN DIE USA UNTERSTÜTZEN AFRIKANER EINE ZWEITE AMTSZEIT FÜR UN-CHEF meldete am 21. November 1996 die *New York Times*: »Ein längeres Patt bei den Vereinten Nationen hat es ermöglicht, dass eine begrenzte Unterstützung für den Generalsekretär in Washington aufkeimt, wo der Umgang der Administration mit der Angelegenheit ebenfalls zunehmend kritisiert wird.« Am späten Abend erreichte mich zu Hause ein Anruf von einer langjährigen Freundin, der Fernsehmoderatorin Barbara Walters. Sie redete fast eine Stunde lang und sagte, sie rufe im Namen einer »sehr hohen Person in der Administration« an, womit sie meiner Ansicht nach den Präsidenten meinte. Barbara sagte, ich würde einen »Titel« und »Vergünstigungen« erhalten, wenn ich nur den Kampf aufgeben würde. Es war derselbe Vorschlag, den Madeleine Albright mir bereits unterbreitet hatte, allerdings wurde er weit überzeugender präsentiert und von jemandem, der es wirklich gut meinte mit mir. Ich dankte Barbara, sagte aber, dass ich keine andere Wahl hätte. Die undemokratische Art der US-Kampagne gegen mich fordere den Widerstand geradezu heraus. Es gehe dabei um die Integrität des Amtes des Generalsekretärs und der Vereinten Nationen selbst. Einige Tage später erhielt ich eine herzliche und zutiefst reumütige Notiz. Barbara Walters schämte sich, dass sie in diese Rolle gedrängt worden ist. »Lieber Boutros«, schrieb sie, »ich hoffe, Ihnen ist klar, dass ich mit meinem Telefonanruf lediglich ein Bote war. Ich wünsche mir für Sie nur das, was *Sie* für das Beste halten. Was immer das ist, es ist das Richtige.«

Vor einem großen Publikum, das an einer UN-Konferenz zu den internationalen Auswirkungen des Fernsehens teilnahm, verfiel der Medienmagnat Ted Turner am 22. November plötzlich in eine leidenschaftliche Lobesrede auf mich. Das Publikum brach in Beifall aus. Turner sagte, dass er empört sei über Washingtons Weigerung, seine Schulden an die Vereinten Nationen zu begleichen, und dass er mit dem Gedanken spiele, die US-Schulden »aufzukaufen«. Ted Turner war seit langem schon ein begeisterter Anhänger von mir. Er sagte mir, er habe CNN-Mitarbeiter gebeten, »ein positives Image von Boutros-Ghali« zu entwerfen, aber sie wollten nicht auf ihn hören. Mit Recht, dachte ich.

Der Sicherheitsrat tagte spät am 25. November. Außer den afrikanischen Mitgliedern ergriff niemand das Wort. Es sei nicht nötig, noch einmal abzustimmen, sagten sie. Boutros-Ghali ist der einzige afrikanische Kandidat. Nach dem Ende des Treffens fragte ein Reporter: »Wann wird es eine zweite Abstimmung geben?« Botschafter Legwaila aus Botsuana antwortete: »Wenn wir 15 Stimmen für Boutros-Ghali haben!« Aber die afrikanischen Staaten befanden sich in einer misslichen Lage. Die Clinton-Administration drohte nicht nur, Afrika eine zweite Amtszeit zu verwehren, sondern erklärte auch, das hartnäckige Festhalten an meiner Person signalisiere der Welt, dass sich kein Schwarzafrikaner für den Posten des Generalsekretärs eigne. Ich fragte mich, wie lange Afrika diesem Druck standhalten könne.

Alle amerikanischen Botschafter waren angewiesen worden, ausländische Regierungen unter Druck zu setzen, damit sie gegen mich stimmten. Auf einer Pressekonferenz am 28. November 1996 enthüllte der griechische Außenminister, dass die Vereinigten Staaten wünschten, dass Griechenland seine Unterstützung für mich aufgebe. Griechenland nehme keine Befehle von irgendeiner ausländischen Macht entgegen, sagte der Außenminister, und zog über die »Intervention, Oberhoheit und Anweisungen« der USA her.

Anfang Dezember geriet die afrikanische Haltung ins Wanken. Zur gleichen Zeit, als die Vereinigten Staaten ihre Bereitschaft bekundeten, jeden anderen Afrikaner außer mir als Generalsekretär zu akzeptieren, forderten sie Ghana auf, sich offen für den US-Kandidaten Kofi Annan auszusprechen. Plötzlich tauchte auf den Gängen der Vereinten Nationen propagandaähnliches Material gegen mich auf. Paul Biya, Präsident des Kamerun und amtierender Vorsitzender der OAU, bekräftigte in einem Brief an alle afrikanischen Staats- und Regierungschefs erneut, dass die OAU-Gipfelkonferenz in Yaoundé mich als Kandidat für ein zweites fünf-jähriges Mandat auf dem Posten des UN-Generalsekretärs empfohlen hat. Der Brief stellte jedoch fest:»Diese Schritte können jedoch wegen des Ve-tos eines Ständigen Mitglieds des Sicherheitsrats keine Früchte tragen.« Deshalb wurden afrikanische Staaten,»die das wünschten«, aufgefordert, »andere qualifizierte Kandidaten neben der Kandidatur von Dr. Boutros Boutros-Ghali zu präsentieren.« Aus meiner Sicht wäre es ganz in Ord-nung, wenn sich die OAU auf einen anderen Kandidaten einigen könnte; wenn nicht, dann würde die Aufmerksamkeit möglicherweise auf eine Verlängerung meiner Amtszeit als kluge Kompromisslösung gelenkt.

Biyas Brief wurde von der US-Mission lautstark als Anzeichen einer Wende verkündet:

AFRIKANISCHE REGIERUNGSMITGLIEDER
IN SACHEN UN-SPITZENPOSTEN NICHT MEHR EINIG

lautete die Schlagzeile auf der Titelseite der *New York Times* vom 3. De-zember 1996. Darauf folgte die Story einer Nachrichtenagentur (Reu-ters, 3. Dezember 1996) mit der Ortsangabe Tunis. Präsident Mubarak wurde mit den Worten zitiert, er habe alles in seiner Macht stehende für mich getan:»Die Angelegenheit ist jetzt vorüber und wenn Boutros-Gha-li seine Kandidatur aufrechterhalten will, so liegt das an ihm.« Die *New York Times* wiederholte die Reuters-Story unter der Schlagzeile ÄGYPTEN BRICHT BEMÜHUNGEN ZUGUNSTEN VON UN-CHEF AB.

Ich rief Präsident Mubarak an. Der erklärte mit aller Klarheit, dass er mich weiterhin unterstützen werde. Ich fragte, ob ich öffentlich erklären dürfe, dass ich weiterhin seine Unterstützung hätte.»Ja«, sagte er,»ich wurde falsch zitiert.«

Die Afrikaner gaben immer noch nicht nach.»Afrikanische Gesand-te stehen geschlossen hinter Boutros-Ghali«, meldete das *Wall Street Journal* am 4. Dezember 1996. Ein Sprecher der afrikanischen Staaten im Sicherheitsrat sagte, dass sie»nicht die Absicht haben, zu der ägypti-schen Kandidatur Alternativen zu benennen«. Botschafter Fulci sagte in seiner Funktion als Vorsitzender des Sicherheitsrats zu Reportern, dass kein einziger neuer Name genannt worden sei.

Madeleine Albright war jetzt bei ihren öffentlichen Attacken jedes Mittel recht, von viel sagenden Andeutungen bis hin zu Verleumdungen. »Er kann nicht einmal ›United Nations‹ richtig aussprechen«, sagte sie zu Barbara Crossette. (Tatsächlich verschlucke ich manchmal das »s«.) In hinterhältiger Absicht erzählte Albright den Leuten, dass die Vereinigten Staaten »etwas über ihn wissen«, und versuchte damit, die Spekulationen zu schüren, dass sie irgendeine Verfehlung in meiner Vergangenheit aufgedeckt hätten. Diese Verunglimpfung veranlasste Kongressmitglied Rangel, an Außenminister Christopher zu schreiben: »Ich habe über diese Angelegenheit mit vielen hohen Regierungsmitgliedern gesprochen und ich bin zu der Einsicht gelangt, dass der Generalsekretär nie etwas getan hat, das die nationale Sicherheit der Vereinigten Staaten gefährdet hätte. Noch sind ihm irgendwelche Charaktermängel oder strafbare Handlungen zur Last gelegt worden. Und niemand kann leugnen, dass er mehr als irgendein Generalsekretär vor ihm dafür getan hat, den Betrieb der Vereinten Nationen zu vereinfachen.«

In Anbetracht von Madeleine Albrights Verhalten war es umso wichtiger, an meiner Kandidatur bis zum Ende festzuhalten, ganz gleich was geschah. Zugleich begann ich mir Gedanken über meine »Abschiedsrede« zu machen.

In einem Moment der Unaufmerksamkeit meinerseits wurde die Situation dann vollends verwirrend. Am Mittwoch, dem 4. Dezember, rief mich Botschafter Fulci an und äußerte seine Ansicht, dass der Sicherheitsrat darüber sprechen müsse, welche anderen afrikanischen Namen in Frage kämen. Das Gespräch wurde auf Französisch geführt. Ja, sagte ich, das sei nur recht und billig.

Nach dem Gespräch erklärte Fulci auf der mittäglichen Pressekonferenz, dass ich meine Kandidatur »suspended«, also »suspendiert« hätte. Auf Französisch und auch auf Englisch bedeutet das Wort eine vorübergehende Unterbrechung, doch die amerikanischen Medien fassten dies sofort so auf, dass ich aus dem Rennen ausgeschieden sei oder meinen Namen von der Liste gestrichen hätte. Die abendlichen Fernsehnachrichten begannen mit der nicht näher erläuterten Meldung: »Generalsekretär Boutros Boutros-Ghali hat seine Kandidatur für eine zweite Amtszeit suspendiert.« Der zugehörige Kommentar ließ vermuten, dass ich meine Kandidatur zurückgezogen hätte. Ich rief sofort Fulci an. Er habe lediglich ankündigen wollen, sagte er, dass es vorläufig keine Abstimmung über Boutros-Ghali geben werde, dass keine anderen afrikanischen Namen genannt worden seien und dass der Sicherheitsrat am

Freitag erneut zusammentreten werde, um über mögliche Kandidaten zu diskutieren.

Die Medien stellten das als Boutros-Ghalis Kapitulation dar. »Sind Sie zurückgetreten?«, wurde ich in einer Flut von Telefonanrufen immer wieder gefragt.

Madeleine Albright erklärte sofort vor der Presse, das sei der »Durchbruch«, den die Vereinigten Staaten angestrebt hätten. US-Beamte würden »im siebten Himmel schweben«, sagte meine Pressesprecherin. »Fulci hat das absichtlich getan«, sagte sie. Ich war anderer Meinung und verfasste eine Presseerklärung: »Pressemeldungen, dass ich meine Kandidatur ausgesetzt hätte, sind falsch. Ich bin immer noch der von der OAU empfohlene Kandidat für eine zweite Amtszeit als Generalsekretär der Vereinten Nationen. Der Vorsitzende des Sicherheitsrats stimmt dieser Klarstellung zu.« Ist eine Falschdarstellung aber einmal veröffentlicht worden, dann hat eine Richtigstellung keine Chance sich durchzusetzen, wenn man die Medien nicht auf seiner Seite hat.

Ich wollte meine Erklärung an das UN-Pressebüro weitergeben, damit sie noch am selben Abend rausging. Als der französische Botschafter Dejammet davon hörte, drängte er mich jedoch, nichts weiter zu unternehmen. Eine Erklärung abzugeben, käme einem »Overkill« gleich, sagte er. Präsident Chirac habe in Lissabon mit Vizepräsident Gore gesprochen und mit deutlichen Worten darauf gedrängt, dass die Vereinigten Staaten ihre Haltung änderten. Ich ließ mir den Versuch ausreden, den Sachverhalt klarzustellen, doch der Schaden war angerichtet. Jetzt würden andere Namen ins Spiel kommen.

Am nächsten Morgen, dem 5. Dezember 1996, schrieb die *New York Times* auf der Titelseite:

UN-CHEF STOPPT BEWERBUNG UM ZWEITE AMTSZEIT,
TRITT ABER NICHT AB
US-ANGEBOT WIRD VERSCHMÄHT
BOUTROS-GHALI STEHT WEITER ZUR VERFÜGUNG,
MACHT ABER ERSTEN SCHRITT IN RICHTUNG RÜCKZUG

»Ein merkwürdiger Last-Minute-Versuch seitens der Clinton-Administration, das Gesicht zu wahren, wird gemeldet. Angeblich wollte sie ihn [Boutros-Ghali] dazu bewegen, das Amt abzugeben, indem sie ihm die Leitung einer internationalen Stiftung und den Titel eines emeritierten Generalsekretärs angeboten hat. Diplomaten, die von dem Angebot wussten, gaben an, Boutros-Ghali habe abgelehnt,« und Berater des Generalsekretärs nannten den US-Deal »lächerlich«.

»Ein US-Beamter bemerkte«, meldete die *Times,* dass »die Feindseligkeit gegenüber den Vereinigten Staaten noch nie so deutlich spürbar gewesen sei, weil Diplomaten auf der ganzen Welt beobachteten, wie die Clinton-Administration Boutros-Ghalis Leistungen mit schwindender Glaubwürdigkeit attackierten... Solange Boutros-Ghali nicht als eine potenzielle politische Belastung in einem amerikanischen Wahljahr galt, hatten Regierungsmitglieder keinen Grund zur Klage über sein Verhältnis zu Washington.«

Am selben Tag meldete das *Wall Street Journal:* »Die Afrikaner sind dem Ägypter treu geblieben, selbst nachdem sie von dem Versprechen, ihn zu unterstützen, entbunden worden sind. Damit droht eine Sackgasse, während die Frist für eine Entscheidung verrinnt.« Auf den Gängen kursierten jedoch zahlreiche Namen, an erster Stelle Kofi Annan aus Ghana, Hamid Algabid aus Niger, Amara Essy aus der Elfenbeinküste und Ahmedou Ould Abdallah, mein ehemaliger Sondergesandter in Burundi, der in Yaoundé gegen mich gearbeitet hatte.

Ebenfalls am selben Tag ernannte Präsident Clinton Madeleine Albright zu seiner neuen Außenministerin. Ich erhielt einen Anruf des ägyptischen Außenministers Amr Moussa aus Kairo: »Das bedeutet, es ist aus.« Ich stimmte zu. Albright konnte nicht Außenministerin werden, ohne mich abzusetzen. »Wie hat Boutros-Ghali reagiert?«, wurde meine Pressesprecherin gefragt. »Er freut sich für seine teure Freundin Madeleine Albright, zu der er immer warme und herzliche Beziehungen unterhalten hat«, lautete die Antwort.

Ein letzter Versuch

Ich hatte drei Optionen. Ich konnte nichts tun und damit einfach meine »Hinrichtung« durch den Sicherheitsrat abwarten. Ich konnte »Selbstmord begehen«, indem ich sofort ankündigte, dass ich am Ende sei. Oder ich konnte weiterkämpfen und dadurch den Rat zwingen, mich zu »erledigen«. Ich wählte die dritte Option.

Am nächsten Morgen widmeten alle Zeitungen ihre Titelgeschichte Albrights Nominierung. Barbara Crossette schrieb, dass wir bei den Vereinten Nationen zwei Madeleine Albrights zu sehen bekommen hätten. Die erste sei eine leidenschaftliche Verfechterin eines »ausdrücklichen

Multilateralismus« gewesen, die Bosnien bombardieren, Kriegsverbrecher verhaften und Völkermorde beenden wollte. Nach dem republikanischen Sieg bei den Kongresswahlen von 1994 machte Albright dann anscheinend einen Rückzieher. »Sie führte eine Kampagne für die Absetzung von Generalsekretär Boutros Boutros-Ghali an, über den sie 1994 noch gesagt hatte, dass sie ihn ›wirklich bewundern‹ könne.« Bevor die Vereinigten Staaten sich »in eine alles andere als geschickte Kampagne mit dem Ziel, Generalsekretär Boutros-Ghali aus seinem Amt zu verdrängen, verrannten, und die Stimmung sich wegen dieser Angelegenheit gegen Washington wandte, schien Frau Albright ihren Posten in vollen Zügen zu genießen.«

Der ägyptische UN-Botschafter Nabil Elaraby suchte mich auf und berichtete, dass der Sicherheitsrat jetzt einen »gewaltigen Respekt« vor Albright habe, weil sie von Clinton befördert worden war. Er und viele andere drängten mich jetzt sehr, noch vor der nächsten Sitzung des Sicherheitsrates »mit Würde zurückzutreten«. In wenigen Tagen werde alles vorüber sein, sagte Elaraby.

Im Zuge ihrer Kampagne gegen mich hatten die USA Afrika nicht nur einmal beleidigt: der Versuch, die OAU-Resolution zu diktieren; die Weigerung, diese Resolution zu akzeptieren; die Behauptung, jeder Afrikaner werde akzeptiert werden, obwohl die Vereinigten Staaten sich längst für Kofi Annan entschieden hatten; die Drohungen, dass die Afrikaner, wenn sie die US-Entscheidung nicht akzeptierten, zur Strafe den Generalsekretärsposten ganz verlieren würden; und zuletzt die gehässige Bemerkung, Afrikas Unterstützung für mich lasse darauf schließen, dass sich kein Schwarzafrikaner für den Posten eigne. Dieses letzte Argument wurde vor allem von britischen Diplomaten vorgebracht – eine Art Arbeitsteilung zwischen den Vereinigten Staaten und dem Vereinigten Königreich bei den Vereinten Nationen.

Dies zusammengenommen veranlasste Sir Brian Urquhart, einen angesehenen ehemaligen UN-Mitarbeiter, einen Artikel auf der Meinungsseite der *Washington Post* zu veröffentlichen. Die Wahl sei so jämmerlich durchgeführt worden, sagte Urquhart, dass eine Verlängerung der Frist gewährt werden müsse, damit Afrika die Möglichkeit habe, seinen Kandidaten in einem von der Vernunft diktierten Prozess zu präsentieren.

Madeleine Albright kehrte im Triumph nach New York zurück. Auf einem Foto in der *New York Times* vom 7. Dezember wird ihre Ankunft an der US-Mission gezeigt. Sie rennt auf ihren Stellvertreter Edward

Gnehm zu, um ihn zu umarmen. »Man muss es ihr als Verdienst anrechnen, die Welt geeint zu haben – 185 Mitglieder gegen die Vereinigten Staaten«, wurde ein afrikanischer Diplomat in dem zugehörigen Beitrag zitiert. Doch die amerikanischen Medien waren von ihrem Erfolg beeindruckt. Ein Diskussionsteilnehmer in einer CNN-Sendung vom Wochenende sagte voller Bewunderung: »Mit ihr ist nicht zu spaßen – wie Boutros Boutros-Ghali herausgefunden hat!«

Kofi Annans Name stieg unterdessen an die Spitze der fünf afrikanischen Kandidaten auf. Ghanas Präsident Jerry Rawlings brachte einen offensichtlich mit Washington abgesprochenen Brief in Umlauf, dass die Wahl Annans »von den Vereinigten Staaten begrüßt« werde. Erstaunlicherweise unterstützten mich einige ausländische Staatschefs immer noch und versuchten, Präsident Clinton telefonisch zu erreichen, um ihn zu einem Kurswechsel zu bewegen. Präsident Nelson Mandela von Südafrika sagte mir, er habe mehrmals versucht, zu ihm durchzukommen, Clinton habe seine Anrufe jedoch nicht entgegengenommen.

Einmal mehr »Öl gegen Nahrung«

Am Montag, dem 9. Dezember 1996, informierte ich den Sicherheitsrat, dass in Übereinstimmung mit Paragraph 3 der Resolution 986 die Formel »Öl gegen Nahrung« eine Minute nach Mitternacht, New Yorker Zeit, in Kraft treten werde. Saddam Hussein würde einen Sieg feiern, weil irakisches Öl wieder durch die Pipelines fließen würde. In Washington herrschte Ruhe; die amerikanische Wahl war vorüber. Hussein, ein Meister der Doppeldeutigkeit, hatte mit seiner militärischen Operation gegen die Kurden im Norden Iraks genau den Punkt getroffen, der die internationale Gemeinschaft spalten würde. Sein Schritt war gerade am Rande dessen gewesen, was nach den Resolutionen des Sicherheitsrates noch erlaubt war, überschritt aber bereits die Grenze, an der die Amerikaner handeln mussten, weil sie sonst ihr Gesicht verlieren würden. Es trat dann sogar beides ein: Clinton reagierte und verlor im Rahmen der Weltpolitik das Gesicht, womöglich sogar in der amerikanischen Innenpolitik, was ihm viel wichtiger war. Für Hussein war es ein »lohnendes Verbrechen« und auf jeden Fall die Mühe wert. Er hatte seine Stellung in den nördlichen Provinzen des Irak gefestigt und eine Bresche in die von den USA angeführte Koalition geschlagen, die seit 1991 gehalten hatte. Die von den US-Marschflugkörpern getroffenen Luftabwehrstellungen im

Süden würden rasch wieder aufgebaut sein. Die nächste Kraftprobe wird die Frage sein, ob es ihm gelingt, das Programm »Öl gegen Nahrung« zu seinen Zwecken umzufunktionieren, oder ob die Vereinten Nationen dafür sorgen konnten, dass es auch wirklich den Not leidenden Menschen im Irak zugute kam. Ich betete, dass Letzteres eintreten möge, erwartete aber von Saddam Hussein, dass er das Programm »Öl gegen Nahrung« torpedierte, weil es seiner Ansicht nach seinem Hauptziel, einer völligen Aufhebung der Sanktionen, im Wege stand.

Abstimmung – aber nicht über Boutros-Ghali

Der Sicherheitsrat trat am Dienstag, dem 10. Dezember, zusammen, um über die afrikanischen Kandidaten abzustimmen. Ich war immer noch Kandidat, aber mein Name kam nicht in Betracht. Es ging darum, zu testen, ob irgendein anderer Kandidat außer Boutros-Ghali eine solche Abstimmung für sich entscheiden konnte.

Fulci verkündete die Ergebnisse: Hamid Algabid, 5 Stimmen dafür, 4 dagegen (darunter zwei ständige Mitglieder); Kofi Annan, 10 dafür, 4 dagegen (darunter ein ständiges Mitglied); Amara Essy, 7 dafür, 4 dagegen (darunter zwei ständige Mitglieder); Ahmedou Ould Abdallah, 3 dafür, 7 dagegen (darunter zwei ständige Mitglieder). Lediglich Annan hatte die für die Verabschiedung einer Resolution erforderliche Mindestzahl von neun Stimmen auf sich vereinen können, die Resolution konnte aber nicht verabschiedet werden, weil ein ständiges Mitglied dagegen gestimmt hatte. Es handelte sich um eine halbgeheime Wahl. Wie die einzelnen Mitglieder abstimmten, war nicht bekannt, aber die Stimmzettel der ständigen Mitglieder hatten eine andere Farbe. Somit war ersichtlich, dass gegen die Resolution Veto eingelegt worden war, wenn wenigstens ein ständiges Mitglied mit Nein stimmte. »Vielleicht ist es jetzt an der Zeit, wieder über eine Kompromisslösung für den Generalsekretär nachzudenken«, sagte der russische Repräsentant. »Ich bin inzwischen in einer besseren Position als zuvor, um Ihnen zu sagen, dass das nicht passieren wird«, sagte Albright und spielte damit auf ihren neuen Status als Außenministerin an. Das hätte ihr eigentlich eine Aura der Unbesiegbarkeit verleihen müssen, weil der Sicherheitsrat aber immer noch schwankte, blieb ich standhaft.

Als die Abstimmungsergebnisse im Sicherheitsrat verkündet wurden, waren die Franzosen und die Afrikaner empört, weil damit deutlich wurde, dass die Vereinigten Staaten und Großbritannien vereinbart hatten, gegen alle Afrikaner außer Kofi Annan ein »doppeltes Veto« einzulegen. Das wurde als eine völlig unnötige Kränkung Afrikas aufgefasst. Zugleich wurde dadurch Frankreich isoliert, weil es die einzige Macht war, die gegen Annan ein Veto einlegte. Ferner wurde damit der Welt signalisiert, dass der einzige akzeptable afrikanische Kandidat der Kandidat Amerikas und Großbritanniens war. Die Vereinigten Staaten gingen unverzüglich in den Medien zum Angriff über und sagten Reportern, dass die Franzosen »aus purer Bosheit« Veto eingelegt hätten und dass Frankreich sich schämen solle, einem Kandidaten im Weg zu stehen (Kofi Annan), »der eindeutig die Unterstützung der Mehrheit hat«. Beobachter verwiesen darauf, dass die Vereinigten Staaten sich zuvor wenig um die Mehrheitsverhältnisse geschert hatten, als ich 14 Stimmen gegen das alleinige Veto der USA hatte.

Nach der Sitzung begann eine hitzige Diskussion unter den afrikanischen Repräsentanten. Die drei Afrikaner im Sicherheitsrat – aus Guinea-Bissau, Botsuana und Ägypten – wurden massiv unter Druck gesetzt. Boutros-Ghali habe keine Chance, wurde ihnen gesagt; die USA würden nie aufgeben. Deshalb solle Ägypten seinen Standpunkt ändern. Ägypten sei es Afrika schuldig, nicht das Amt des Generalsekretärs für den Kontinent zu verspielen. Falls Ägypten nicht einlenke, würden die Vereinigten Staaten den Spitzenposten an keinen Afrikaner vergeben.

Am 11. Dezember trat der Rat wiederum auf der Stelle. Es gab vier Probeabstimmungen, alle identisch mit dem Abstimmungsergebnis vom Vortag. Der ägyptische Botschafter Nabil Elaraby sagte mir, Ägypten halte noch immer an mir fest.

Die Spannungen zwischen Frankreich und den USA erreichten einen Höhepunkt. Die Presse meldete, dass es der französische Außenminister Hervé de Charette bei einem Abschiedsessen der Nato für Außenminister Warren Christopher vorgezogen habe, den Raum zu verlassen, als sich dem Toast auf Christopher anzuschließen. US-Beamte nannten es »ein unglaubliches Beispiel für überempfindliches Betragen«; ein französischer Sprecher entgegnete, die Geschichte sei »eine boshafte Lüge«, die Frankreich in ein schlechtes Licht stellen solle. De Charette habe den Raum gar nicht verlassen, die USA hätten die Medien manipuliert.

Am Donnerstag, dem 12. Dezember, ergab die Probeabstimmung 14 Stimmen für Kofi Annan und eine dagegen, wobei Frankreich sein Veto einlegte. Am selben Abend hörten wir aus dem State Department, das Weiße Haus sei frustriert. Albright hatte mich immer noch nicht erledigt. Sie sollte jetzt eigentlich in Washington sein, mit dem Kapitol Kontakt aufnehmen und sich auf ihre Anhörungen vor dem Kongress vorbereiten. Statt dessen war sie bei den Vereinten Nationen und immer noch auf das Thema fixiert, das seit Monaten ihr Leben beherrschte: meine Absetzung.

Ich hatte den Eindruck, falls diese Linie am Freitag im Sicherheitsrat durchgehalten und bis in die nächste Woche gerettet werden konnte, dann würde der us-Bulldozer womöglich gestoppt werden. Am nächsten Dienstag, dem 17. Dezember, ging nämlich die Tagungsperiode der Vollversammlung zu Ende. Wenn ich nur den Freitag überstand, dann würde die Zeit möglicherweise für mich arbeiten.

Am nächsten Morgen, einem regnerischen Freitag dem 13., lauteten die Meldungen einhellig, dass die Franzosen standhaft bleiben würden. Um 12.30 Uhr trat der Sicherheitsrat zusammen und gab eine weitere Probeabstimmung ab. Ägypten stimmte wiederum für alle afrikanischen Kandidaten. Doch es handelte sich nur um eine Probeabstimmung; eine offizielle Abstimmung musste noch durchgeführt werden. Zu diesem Zeitpunkt spielten sich groteske Szenen im Sicherheitsrat ab. China wollte die offizielle Abstimmung auf Montag verschieben. Die Aussicht, noch mehr Zeit zu verlieren, brachte die Vereinigten Staaten und Großbritannien auf. Um die Probeabstimmung festzuklopfen, stürzte der britische Botschafter John Weston grinsend und atemlos aus dem Saal und verkündete das Ergebnis der Presse. Botschafter Fulci war wütend über diesen Affront gegen seine Rolle als Vorsitzender.

Dejammet rief mich an. Frankreich würde sein Veto aufheben. Chirac hatte ihm von Dublin aus diese Entscheidung mitgeteilt. Frankreich könne nicht länger allein stehen. Dejammet drängte mich, vor der nächsten offiziellen Abstimmung, die in wenigen Stunden stattfinden sollte, eine entgegenkommende Erklärung abzugeben. Ich sollte etwa sagen, riet mir Dejammet, dass ich im Interesse des Sicherheitsrates und der Organisation insgesamt hoffe, dass die Entscheidung (für Kofi Annan) einstimmig getroffen werde.

Ich saß an meinem Schreibtisch und hörte meinem Stab zu, der heftig darüber diskutierte, ob ich eine derartige Erklärung abgeben solle oder nicht. »Es ist das einzig Richtige für Ihr eigenes Ansehen und Ihre Würde«, sagte einer. »Es wäre eine elegante Möglichkeit, sich dem Unvermeidlichen zu beugen.« »Nein«, sagte ein anderer, »Sie haben die ganze Zeit über gegen die von einer Supermacht diktierte Wahl des Generalsekretärs gekämpft und dürfen jetzt nicht aufgeben. Die Mitglieder des

Sicherheitsrats wissen genau, dass sie einer amerikanischen Forderung nachgegeben haben; sie hoffen, das Sie die Last dieser Schuld von ihren Schultern nehmen, indem Sie die Mitglieder auffordern, für den US-Kandidaten zu stimmen. Tun Sie ihnen nicht diesen Gefallen.«

Ich hatte bereits beschlossen, sie zu zwingen, mich zu »erledigen«, und würde bei dieser Haltung bleiben. Noch vor der endgültigen, offiziellen Abstimmung gab Madeleine Albright gegenüber der Presse eine Erklärung ab: Sie sei erfreut über das Ergebnis. Was Boutros-Ghali angehe, er sei ein angesehener internationaler Staatsmann und habe sich seinen Platz in der Geschichte verdient.

Nach der Abstimmung bat ich meine Sprecherin, folgende Erklärung zu veröffentlichen:

> Der Generalsekretär spricht Kofi Annan aus Ghana seinen herzlichen Glückwunsch dafür aus, dass er die Empfehlung des Sicherheitsrates erhalten hat, der nächste Generalsekretär der Vereinten Nationen zu werden. Der Generalsekretär ist erfreut, dass die Entscheidung einstimmig gefallen ist, und freut sich besonders über die Tatsache, dass Afrika imstande gewesen ist, das Amt des Generalsekretärs für eine zweite volle Amtszeit zu behalten – ein Ziel, das der Generalsekretär während der letzten Monate stets angestrebt hatte. Der Generalsekretär hat in den vergangenen fünf Jahren eng mit Herrn Annan zusammengearbeitet und wünscht ihm Erfolg. Der Generalsekretär äußert seinen innigen Dank für die starke Unterstützung und Aufmunterung, die ihm in den vergangenen fünf Jahren von den Mitgliedstaaten und den Völkern der Vereinten Nationen zuteil geworden ist.

Als einer meiner engsten Berater etwas später am selben Tag nach Hause ging, bekam er zufällig ein Gespräch zweier weiblicher Mitarbeiter im Aufzug mit:

»Bist du zufrieden?«

»Oh, ja, es ist wunderbar.«

»Meinst du nicht auch, dass es so das Beste ist?«

»Ja, aber es wird schwer werden für Kofi Annan; die Amerikaner werden ihn stark unter Druck setzen.«

»Ja, aber es ist gut so.«

In der Tat waren viele un-Mitarbeiter zufrieden über diesen Ausgang. Sie konnten jetzt ruhigeren, friedlicheren Zeiten entgegensehen. Andere sahen eine zunehmend marginalisierte Organisation der Vereinten Nationen, die von Washington entweder ignoriert wurde oder praktisch ganz nach deren Anweisungen funktionierte. *The Economist* schrieb dazu: Die Clinton-Administration »hat auf feige Weise die zahllosen Demagogen und Geistesgestörten unter ihrer Wählerschaft bestätigt, die behaupten, die Vereinten Nationen wären für jedes Übel auf diesem Planeten verantwortlich – und da die meisten von ihnen auch an Außerirdische glauben, womöglich für alle Übel im ganzen Sonnensystem. In Amerika ist Boutros-Ghali zu einem roten Tuch für Spinner und Rechtsextreme geworden.« Nach meinem Abgang würden die Vereinten Nationen nicht mehr so stark das Angriffsziel und den Sündenbock für die Vereinigten Staaten abgeben. Ich befürchtete jedoch, dass sie in jeder Hinsicht eine nicht mehr so starke Figur abgeben würden. Einen vielleicht nicht ganz unbeabsichtigten Fingerzeig brachte die *New York Times* unter der Überschrift: LISTE DER AKTEURE FÜR CLINTONS ZWEITE AMTSZEIT STEHT FEST. Am Ende der Aufzählung von Clintons Personalentscheidungen wurde Kofi Annan als »eine weitere wichtige Ernennung« der Administration genannt, so als würde er in das Kabinett des Präsidenten eintreten. Das *Wall Street Journal* zog mit einem Leitartikel nach, in dem es Kofi Annan anwies, sich vom rechtsgerichteten Senator Jesse Helms die Marschrichtung weisen zu lassen.

Es fehlte noch die Pro-forma-Bestätigung des Sicherheitsratsvotums durch die Vollversammlung. Später dann, am 13. Dezember 1996, verabschiedeten sowohl der Sicherheitsrat wie auch die Vollversammlung per Akklamation Resolutionen, die mein Verdienst würdigten. Die tatsächliche Ernennung des neuen Generalsekretärs fand am letzten Tag der Sitzungsperiode statt. Meine Abschiedsansprache beschränkte sich auf drei Themen: Erstens, die Vereinten Nationen seien der Feuerprobe der Konflikte in der Ära nach dem Kalten Krieg ausgesetzt gewesen. Zweitens, es gebe keine Rechtfertigung für das Versäumnis der Vereinigten Staaten, ihre Schulden zu zahlen: »Nun, da ein neuer Generalsekretär ernannt worden ist, sollten unverzüglich sämtliche Rückstände beglichen werden, wie es in den vergangenen Monaten so häufig versprochen wurde.« Und drittens sprach ich von der Integrität und der Unabhängigkeit, die für die Rolle des Generalsekretärs von essenzieller Bedeutung sind. »Wenn man die Rolle des Generalsekretärs mit einem Wort umschreiben will, so ist es das Wort Unabhängigkeit«, sagte ich.

Die *New York Times* meldete: »Die Vollversammlung feierte ihren scheidenden Generalsekretär mit stehenden Ovationen und ernannte danach offiziell Kofi Annan aus dem westafrikanischen Land Ghana zu seinem Nachfolger.«

Dinner mit Madeleine

Madeleine Albright nahm meine Einladung zu einem letzten gemeinsamen Abendessen an dem Tag nach meinem Abschied von der Vollversammlung an. Sie kam pünktlich um 20 Uhr, trug ein elegantes blaues Kleid und überreichte mir ein Geschenkpaket, das eines der Souvenirs des State Department für ausländische Würdenträger enthielt.

Ich empfing sie in der Bibliothek, weil sich in dem Großen Saal die Kisten mit Büchern und Dokumenten stapelten, die nach Kairo geschickt werden sollten. Die Bibliothek war leer, fast unangenehm nackt. Der herrliche Matisse aus der marokkanischen Periode war dem Museum zurückgebracht worden und meine Sammlungen antiker Vögel und Federhalter waren bereits in Kisten eingepackt.

»Sehen Sie her, wie dünn ich geworden bin wegen des Kampfes, den ich in den vergangenen sechs Monaten gefochten habe«, sagte ich zu Madeleine.

»Ich habe auch einige Pfunde abgenommen«, sagte Madeleine Albright und streckte sich, um ihre Figur zu zeigen. Der Majordomus José unterbrach uns mit der Frage, was wir zu trinken wünschten.

Madeleine nahm kein Blatt vor den Mund: »Ihre Rede gestern war gehässig.«

»Gehässig? Ich erhielt minutenlangen stehenden Beifall. Dabei erwähnte ich die Vereinigten Staaten nicht einmal ausdrücklich!«

Sie beschränkte sich darauf, zu wiederholen: »Die Rede war gehässig.«

Ich wechselte das Thema. »Nun, da Sie Außenministerin geworden sind und es geschafft haben, mich zu beseitigen und Ihren Kandidaten durchzusetzen, sagen Sie mir als eine Freundin: Was war der eigentliche Grund dafür, dass die USA gegen mich Krieg geführt haben?«

Sie lächelte liebenswürdig. »Ich bin vom Senat noch nicht bestätigt worden und ich bin sehr abergläubisch. Noch ist nichts entschieden.«

»Wie dem auch sei, erklären Sie mir, warum Ihre Administration so hysterisch gegen meine Wiederwahl arbeitete.«

»Sie haben zu Beginn um nicht mehr als ein Mandat gebeten«, sagte sie und meinte damit die fünfjährige Amtszeit des UN-Generalsekretärs. »Die Vereinigten Staaten stimmten auf dieser Grundlage für Sie.«

»Da sind Sie falsch informiert«, sagte ich. »Die Vereinigten Staaten stimmten 1991 nicht für mich. Die USA enthielten sich. Ob ein oder zwei Mandate stand nie zur Debatte. Fragen Sie Botschafter Pickering, Ihren Vorgänger bei der UNO.«

»Sie symbolisieren die Vereinten Nationen und der amerikanische Kongress steht den Vereinten Nationen feindselig gegenüber. Ihnen wird auch vorgeworfen, dass Sie versucht hätten, die amerikanische Militärmacht zu beherrschen. Sie benutzten den ›doppelten Schlüssel‹, um Nato-Luftschläge gegen die Serben zu verhindern. Ihre Haltung wurde Ihnen von Militärkreisen in Washington übel genommen.«

»Aber Sie wissen sehr gut, dass diese Entscheidungen von den französischen und britischen Generälen getroffen wurden, die sich vor Ort aufhielten, von Offizieren Ihrer eigenen Nato-Verbündeten. Die Vereinten Nationen respektierten lediglich deren Empfehlungen. Die Generäle waren die Experten. Sie trugen die Verantwortung für das Leben ihrer Soldaten.«

»Ich weiß und ich habe Sie vor dem Kongress verteidigt, aber es wurde so aufgefasst, dass Sie das amerikanische Militär beherrschen wollten.«

»Gab es persönliche Gründe für Ihre Entscheidung?«

»Nein. Es war eine unwiderrufliche Entscheidung des Präsidenten.«

Es war sinnlos, länger bei diesem Thema zu bleiben. Sie hatte nicht die Absicht, mir die Wahrheit für die Entscheidung Washingtons zu nennen. Ich wechselte erneut das Thema.

»Madeleine, wenn ich für Washington der ›böse Ägypter‹ bin, so sind Sie die ›böse Amerikanerin‹ für die arabische Welt. In *Al-Ahram* erschien ein schockierender Artikel, in dem Sie an den Pranger gestellt werden, weil Sie die Kampagne angeführt haben, die einem arabischen Generalsekretär eine zweite Amtszeit verwehren sollte, der einzigen Region, der so etwas in der Geschichte der UNO widerfahren ist. Die Zeitung behauptet, dass die neue Clinton-Administration von Juden dominiert wird. In der arabischen Welt herrscht eine antisemitische Stimmung, die mich leider an die Zeit von Sadats Besuch in Jerusalem erinnert.«

»Ich bin nicht jüdisch, Boutros. Ich bin eine geborene Katholikin.«

»Sie wissen sehr gut, Madeleine, dass die Religion eines Menschen für mich keine Rolle spielt. Aber die Ansichten der arabischen Welt sollten Sie beunruhigen, weil Sie in Ihrer neuen Funktion mit dem Nahen Osten zu tun haben werden.«

»Ich zähle darauf, dass Sie, Boutros, mir helfen werden. Sie stammen aus der arabischen Welt, Sie kennen sie gut und Sie werden imstande sein, mich zu beraten. Ich werde immer Ihres guten Rates bedürfen.«

Da fiel mir die Formel ein, die bei der Verabschiedung eines Kollegen aus dem diplomatischen Corps in den Ruhestand wie eh und je unverändert angewandt wird: »Ich werde immer Ihres Rates bedürfen.« Es hatte den Anschein, als sei dies eine universal anwendbare Art und Weise, jemanden zu entlassen ... »Ich werde immer Ihres Rates bedürfen.«

Unser Gespräch wurde von Leah unterbrochen, die ankündigte, das Essen sei serviert. Ich holte die Ausgabe von *Al-Ahram,* um der künftigen Außenministerin zu zeigen, wieviel Raum dem antisemitischen Artikel in der Zeitung eingeräumt worden war. Zu dritt nahmen wir in einer angenehmen Runde das Dinner ein. Madeleine erzählte von der Kunst, Großmutter zu sein, ging sehr behutsam mit dem Fisch um und nippte kaum an dem ausgezeichneten Château Margaux Pavillon blanc Jahrgang 1993, den ich ihr zu Ehren geöffnet hatte.

Nach dem Dinner schien sie es eilig zu haben, uns zu verlassen. Sie hatte ihre diplomatische Mission geschickt abgeschlossen. Sie hatte ihre Kampagne gegen mich zielstrebig geführt, keine Gelegenheit ausgelassen, meine Autorität zu untergraben und meinen Ruf zu beschädigen. Dabei hatte Madeleine Albright während der ganzen Zeit ein unschuldiges Gesicht und ein freundliches Lächeln zur Schau getragen und mir gegenüber wiederholt ihre Freundschaft und Bewunderung geäußert. Ich erinnerte mich daran, was ein gelehrter Hindu einmal zu mir sagte: Es gibt keinen Unterschied zwischen Diplomatie und Täuschung.

Das Ende

Während sich meine Zeit bei den Vereinten Nationen dem Ende näherte, beeilte ich mich, meine Agenda für Demokratisierung in möglichst geeigneter Form abzuschließen. Wiederum zog ich meinen Stab zu Rate. Meine Berater waren immer noch gespalten: Die einen erklärten hartnäckig, dass ich nicht befugt sei, einen solchen Bericht zu verfassen, die anderen versuchten mich mit Hilfe ihrer bürokratischen Tricks dazu zu bringen, den Text komplett neu zu schreiben. Dazu hatte ich weder Zeit noch Lust. Insgeheim schickte ich einen Entwurf an den Finanzier und Philanthrop George Soros, der sich in den ehemals kommunistischen Ländern Mitteleuropas für die Demokratisierung eingesetzt hatte. Soros entgegnete, mein Entwurf sei sinnlos, weil die Vereinten Nationen keinen

Einfluss auf die Demokratisierung hätten und selbst keine demokratische Einrichtung seien. Ich beschloss dennoch weiterzumachen. Mir blieb kaum Zeit, meinen Bericht noch vor Beendigung der Tagungsperiode der Vollversammlung in das System der UNO einzuschleusen. Am letzten Tag schickte ich einen Brief an Razali Ismail aus Malaysia, den Präsidenten der Vollversammlung, und erklärte ihm die Kette der Vollmachten, die meiner Ansicht nach die Erstellung eines solchen Berichtes rechtfertigte. »Ich wäre dankbar, wenn Sie diesen Text als ein Dokument der 51. Vollversammlung in Umlauf bringen würden«, schrieb ich. Mein Bericht, den ich einfach »Supplement« nannte, wurde also verteilt. Danach bat ich das UN Department of Public Information, ihn im Format einer blauen Broschüre zu drucken, genau wie die *Agenda für den Frieden,* und das Büchlein *Eine Agenda für Demokratisierung* zu nennen.

Nach meinem Ausscheiden aus den Vereinten Nationen geriet mein »Schwanengesang« in Vergessenheit. Schon bald waren sämtliche Exemplare aus den Bücherregalen verschwunden. In einer Studie über die Vereinten Nationen hieß es später treffend: »Im Dezember 1996 gab Boutros-Ghali praktisch ohne ausdrückliches Mandat eine ›Agenda für Demokratisierung‹ heraus als Ergänzung zu zwei vorherigen – und kleineren – Berichten über die Maßnahmen für eine Demokratisierung. Diese letzte Agenda ist bei weitem die umfassendste und umstrittenste der drei Agenden, da sie jedoch kurz vor dem Ende von Boutros-Ghalis Amtszeit erschien, wurde ihr wenig Aufmerksamkeit geschenkt.«*

Am Morgen des Neujahrstages 1997 verließ ich New York. Auf dem Flughafen erwarteten mich zum Abschied mein Stabschef Jean-Claude Aimé und seine Frau Lisa Buttenheim, eine UN-Mitarbeiterin. Außerdem waren Joseph Verner Reed, Benon Sevan, der stellvertretende Generalsekretär, und Botschafter Fulci mit seiner Frau anwesend. Ich sagte zu Fulci: »Es ist jetzt Januar. Ihr Vorsitz im Sicherheitsrat endete gestern. Folglich sind Sie heute von allen protokollarischen Pflichten entbunden. Warum sind Sie hier?« »Ich bin hier als ein Freund«, sagte er. Während das Flugzeug zu seiner Flughöhe aufstieg, sagte Leah, die vergangenen sechs Monate seien ein nervenaufreibender Alptraum gewesen. Ich hörte kaum zu. Seit meine Tätigkeit bei der UNO vorüber war, hatte ich schon meine Gewohnheiten als Wissenschaftler wieder aufgenommen und analysierte für mich die Bedeutung der vergangenen fünf Jahre.

---

* Sydney D. Bailey/Sam Daws, *The Procedure of the United Nations Security Council,* 3. Auflage, New York 1997.

Schlusswort

Dieses Buch erzählte von einer verpassten Gelegenheit, eine internationale Übereinkunft über Frieden und Sicherheit in der Welt nach dem Kalten Krieg zu finden.

Jeder größere Konflikt der Neuzeit stellte die Nationen der Welt am Ende vor die Aufgabe, ein System zu schaffen, das Stabilität, Kooperation und die Möglichkeit des Fortschritts schuf.

Früher wurde die Aufgabe, nach einem Krieg das System der internationalen Beziehungen wiederzubeleben, im Durchschnitt innerhalb von fünf bis sieben Jahren bewältigt, mit unterschiedlichem Erfolg. Der Wiener Kongress, der auf die Napoleonischen Kriege folgte, brachte für Europa eine hundertjährige Ruhe vor größeren Konflikten. Der Versailler Vertrag und die Gründung des Völkerbundes nach dem Ersten Weltkrieg waren so fehlerhaft, dass sie schon innerhalb einer Generation den nächsten Konflikt nach sich zogen.

Nach dem Zweiten Weltkrieg führte der von den Amerikanern geführte Versuch, eine stabile, gerechte und kooperative internationale Ordnung zu erlassen, in San Francisco 1945 zur Gründung der Vereinten Nationen. Als junger Mann verfolgte ich dieses Ereignis mit Ehrfurcht und Bewunderung und seitdem glaube ich leidenschaftlich an die Vereinten Nationen. Sie boten die Gelegenheit, das zu erreichen, nach dem die Menschheit seit Anbeginn der Zivilisation strebt: eine Möglichkeit für alle Menschen, vernünftig miteinander zu reden, gemeinsam nach Wegen zur Erhaltung der Sicherheit zu suchen, gemeinsam zu handeln, Barmherzigkeit walten zu lassen, die Freiheit zu verteidigen, Gerechtigkeit und Fortschritt für ein besseres Leben zu ermöglichen. Doch die Phase der Begeisterung und Hoffnung, die auf die Gründung der Vereinten Nationen folgte, endete mit dem Beginn des Kalten Krieges.

Nach dem Ende des Kalten Krieges war es das Schicksal der Vereinten Nationen – und mein Schicksal als Generalsekretär –, an dem Versuch beteiligt zu sein, eine neue Struktur für die Zeit nach dem Kalten Krieg zu entwickeln, und zwar gemeinsam mit den Vereinigten Staaten, der einzigen verbliebenen Supermacht. Doch anstatt eine neue internationale Partnerschaft aufzubauen, mit der man sich dem 21. Jahrhundert stellen konnte, gingen die Vereinten Nationen aus diesen Jahren trotz einiger Erfolge schwer geschädigt hervor. Ein internationales System für die Zeit nach dem Kalten Krieg wurde nicht erreicht, die Zeit ungenutzt vertan. Wie eine Klammer stehen am Anfang und am Ende dieser Phase dramatische Ereignisse, die von großer Bedeutung für die Beziehung zwischen den Vereinten Nationen und den Vereinigten Staaten waren. Die von den USA geführte Koalition, die die irakischen Streitkräfte aus Kuwait vertrieb, wurde mit der Genehmigung des UN-Sicherheitsrates gebildet, und in der Folgezeit formte eine noch nie dagewesene Kette von Resolutionen die Haltung der Welt gegenüber Problemen, die durch diesen Krieg entstanden waren. Am anderen Ende dieses Zeitabschnitts stehen die unter der Ägide der Vereinigten Staaten geführten Verhandlungen in Dayton, Ohio, über ein Abkommen, das ein zwar vereintes, aber in Volksgruppen aufgeteiltes Bosnien zum Ziel hatte. Dabei wurden die Vereinten Nationen demonstrativ ausgeschlossen.

In diesen Jahren entstand hinsichtlich der Beziehung zwischen den wichtigsten Mitgliedsländern und dem Generalsekretär ein bestimmtes Schema. Die Mitglieder forderten mich auf, Reformen durchzuführen, obwohl sie wussten, dass ich nicht mit der Autorität ausgestattet war, dies zu tun. Genauso forderten sie die Vereinten Nationen auf, Konflikte zu beenden, versäumten es aber, die dafür notwendigen Mittel bereitzustellen und die Mandate zu erteilen. Sie erwarteten, dass die Vereinten Nationen enorm gewachsene Verantwortungsbereiche übernahmen, ließen aber gleichzeitig zu, dass sich die Finanzkrise verschärfte.

In der gesamten ersten Hälfte der neunziger Jahre erforderten viele kritische internationale Probleme eine möglichst enge Zusammenarbeit zwischen den Vereinten Nationen und den Vereinigten Staaten. Wenn den Vereinten Nationen erlaubt wurde, ihrer Aufgabe ohne die Einmischung der USA nachzukommen, wie etwa in Mosambik, verlief der Einsatz erfolgreich. Wenn die Vereinigten Staaten das Gefühl hatten, die Vereinten Nationen aus politischen Gründen zu brauchen, wie etwa in Haiti, erfüllte die Operation ebenfalls ihren Zweck. Doch wenn die Vereinigten Staaten den Anschein erwecken wollten, aktiv beteiligt zu sein, in Wirklichkeit aber harte Entscheidungen vermieden, wie zum Beispiel in Bosnien, Somalia und Ruanda, wurden die Vereinten Nationen falsch eingesetzt, missbraucht oder von den USA der Unfähigkeit bezichtigt, und die Operationen scheiterten auf tragische und schreckliche Weise.

Während meiner Jahre bei der UNO wurde mir nachgesagt, ich sei »für die Dritte Welt«, was oft heißen sollte, ich sei »antiwestlich« eingestellt. Zweifellos stamme ich aus der Dritten Welt, doch ich bin auch prowestlich geprägt; meine Ausbildung, meine Veröffentlichungen und die politischen Positionen, die ich seit Jahrzehnten vertrete, sprechen eine eindeutige Sprache. Allerdings bin ich nach wie vor der Ansicht, dass jeder Generalsekretär, gleichgültig aus welchem Teil der Welt er kommt, für die Entwicklungsländer eintreten sollte. In einer Welt, in der die reichen Länder den Ton angeben, ist es die Aufgabe der Vereinten Nationen, auf diejenigen zu achten, die aufgrund ethnischer Herkunft, Geschlecht, Religion, Alter, Gesundheit, Armut oder anderer Gründe an den Rand gedrängt werden. Und diese Pflicht erstreckt sich auch auf vernachlässigte oder ignorierte Kriege wie in Afrika, wo die Gewalt oft jedes Maß übersteigt, das man von Konflikten kennt, denen die Hauptaufmerksamkeit der internationalen Gemeinschaft und der Medien gilt, wie zum Beispiel auf dem Balkan oder im Nahen Osten. Während des gesamten fünfzigjährigen Bestehens der Vereinten Nationen stand die große Mehrheit der Probleme, die sie anpackten, in Zusammenhang mit der Dritten Welt. Soweit wir voraussehen können, müssen die Vereinten Nationen weiterhin eine Stimme für die schwächsten und am wenigsten beachteten Völker sein, sie vor den schädlichen Auswirkungen der Globalisierung schützen und ihnen dabei helfen, im Rahmen der globalen Wirtschaft erfolgreich zu sein.

Die Hegemonie einer einzelnen Supermacht ist eine vorübergehende Erscheinung, doch die Globalisierung ist eine unumkehrbare Entwicklung und weist ein bislang nicht gekanntes Ausmaß auf. Es gibt viele verschiedene Formen der Globalisierung: die der Kapitalströme, der Wirtschaft, der Technologie und der Informationen, die der Umweltveränderungen, die des Drogenschmuggels, der Kriminalität und des Terrorismus. Jede Globalisierung hat ihren eigenen Rhythmus und ihre eigene Geschwindigkeit und stellt uns vor neue Probleme. In vielerlei Hinsicht sind die Vereinten Nationen der einzige wirklich globale Apparat, diese Probleme anzugehen.

Die Begründer der Vereinten Nationen hatten nicht nur den Traum, dass die Organisation so eingesetzt werden würde, wie sie es sich 1945 in

San Francisco vorgestellt haben. Sie hofften auch, dass in einer Welt, die sich in nicht vorhersehbarer Weise verändern muss und wird, auch die Vereinten Nationen fähig sein würden, sich zu verändern, damit sie in dieser Welt erfolgreich bestehen können. Meiner Ansicht nach ist eine solche Veränderung immer noch möglich und kann Erfolg haben – wenn die Vereinigten Staaten sie zulassen.

Dank

Ich bin überaus dankbar für die Unterstützung, die ich bei diesem Projekt durch den Direktor der Hoover Institution, Dr. John Raisian, den stellvertretenden Direktor Charles Palm und die Archivarin Elena Danielson erhalten habe. Unentbehrlich für die Fertigstellung des Buches waren die klugen Beiträge des Lektors Romayne Ponleithner.

Zahlreiche Kollegen und Freunde haben mir bei der Vorbereitung dieses Buches geholfen. Da mich viele von ihnen gebeten haben, sie nicht zu erwähnen, werde ich sie nicht auflisten. Ihnen allen bin ich jedoch zu größtem Dank verpflichtet.

Register